烟台财政志

（1986—2015）

烟台市财政局史志编纂委员会　编

方志出版社
Publishing House of Local Records

图书在版编目（CIP）数据

烟台财政志 ： 1986—2015 / 烟台市财政局史志编纂委员会编. — 北京 ： 方志出版社， 2023.7
ISBN 978-7-5144-5750-6

Ⅰ. ①烟… Ⅱ. ①烟… Ⅲ. ①地方财政－财政史－烟台－1986-2015 Ⅳ. ①F812.9

中国国家版本馆CIP数据核字（2023）第146663号

责任编辑：李志瑜
责任校对：刘玉霞
责任印制：梅中英
出 版 者：方志出版社
地　　址：北京市朝阳区潘家园东里9号（国家方志馆4层）
邮　　编：100021
网　　址：http://www.zgfzcb.cn
发　　行：方志出版社图书营销中心（010-67110500）
印　　刷：山东麦德森文化传媒有限公司
开　　本：889毫米×1194毫米　1/16
印　　张：44
字　　数：926千字
版　　次：2023年7月第1版
印　　次：2023年7月第1次印刷
定　　价：276.00元

《烟台财政志（1986—2015）》编纂委员会

主　　任　黄永政　李建平　孙福勋

副 主 任　赵晓晖　刘宝革　任信美　张云鹏　沙淑春　王金钟　宫建国

　　　　　刘卫平　崔运政　张海岗　李岳霖

委　　员　（以姓氏笔画为序）

　　　　　于　波　于　晶　于希明　马广涛　王文波　王永刚　王传财

　　　　　王明霞　王京光　孔万里　付　强　丛永波　曲昌盛　刘万强

　　　　　刘福国　祁爱珍　许伏秋　许奎山　孙同旭　孙丽丽　孙海成

　　　　　李　俏　李　辉　李少鹏　肖玲玲　宋协光　初航正　张　焱

　　　　　陈　光　武海鹏　范丽娜　周白玉　房培宏　孟　阳　侯春光

　　　　　姜兆庆　徐　涛　徐　海　徐少明　高占军　盛　斌　常　健

　　　　　盖光义　隋广福　董彦锋　穆　心

专业顾问　李丕志　李迎春　崔运政

《烟台财政志（1986—2015）》编纂人员

主　　编　孙福勋

执行主编　周白玉　唐德玉　许伏秋

供　　稿　（以姓氏笔画为序）

　　　　　丁焕民　卜海涛　于　晶　于　澎　于青平　王　镇　王永刚

　　　　　王伟锋　王京光　王晓杰　付　强　冯瑞香　毕　佳　曲智勇

　　　　　吕守伟　刘　健　刘万强　刘文佳　刘宇航　孙　菁　孙丽丽

　　　　　杜成龙　李　俏　李　辉　李　鹏　李少鹏　李孝春　李林涛

　　　　　李明哲　杨军伟　初航正　张顺业　张洪亮　陈　光　陈　明

　　　　　范丽娜　林　涛　林玉辉　周　波　周　慧　赵　杰　侯春光

　　　　　姜英杰　姜英胜　徐　海　徐少明　高钰梅　唐韶龙　常　健

　　　　　崔运政　董新杰　穆　心

编　　务　周　慧

序

《烟台财政志（1986—2015）》历经数年编修，即将付梓出版，值得庆贺。这部志书遵循历史性与时代性相结合的原则，系统记述了烟台市 1986—2015 年财政事业发展历程，分类科学、史料翔实、编写严谨、观点客观，是烟台市财政系统历史文化建设的重要成果，具有很好的“存史、资政、教化”作用。

欲知大道，必先知史。作为中国近代北方最早开埠的通商口岸、中国首批沿海开放城市，1986—2015 年的烟台，与时代同步，与改革同行，经济社会发展取得巨大成就、发生巨大变化。烟台财政也在波澜壮阔的改革开放实践中锐意前行，财政收支规模快速增长，2015 年全市一般公共预算收入 542.66 亿元，一般公共预算支出 643.53 亿元，分别是 1986 年的 86 倍、112 倍，财政综合保障能力显著增强；公共财政体系不断完善，覆盖城乡居民的基本养老保险、教育、医疗、住房保障体系逐步建立，财政兜底线、补短板的民生保障网越织越密；财税管理改革不断向纵深推进，特别是随着分税制财政体制、乡财县管、建立预算公开制度等改革举措落地，财政管理的科学化、规范化水平明显提升，探索形成一大批在全国全省可复制、可推广的典型经验和改革亮点。

30 年栉风沐雨，30 年砥砺前行。翻阅《烟台财政志（1986—2015）》，记录的是历史，展现的是烟台财政人一心为公、理财为民的责任担当，敢为人先、勇争一流的精神风貌，勤勉尽责、严谨细致的优良作风。每一个数字、每一项工作背后，都回响着改革开放的强劲足音，映射着一代代烟台财政人不忘初心、开拓奋进的身影。

新征程赋予新使命，新时代呼唤新作为。习近平总书记指出："财政是国家治理的基础和重要支柱。科学的财税体制是优化资源配置、维护市场统一、促进社会公平、实现国家长治久安的制度保障。"当前，山东正深入学习贯彻习近平新时代中国特色社会主义思想，紧紧锚定"走在前、开新局"，奋力推进绿色低碳高质量发展先行区建设。作为山东新旧动能转换核心引领城市，烟台在其中肩负重任。相信在烟台市委、市政府坚强领导下，烟台市财政干部职工将继承和发扬优良作风，牢固树立"以政领财、财随政行"理念，以更加强烈的担当、更加昂扬的斗志、更加饱满的热情，踔厉奋发、勇毅前行，推动烟台财政事业不断开创新局面，为新时代社会主义现代化强省建设贡献更大力量！

是为序。

山东省财政厅党组书记、厅长 李峰

2023 年 7 月

城市名片

全国文明城市
国际葡萄·葡萄酒城
全国社会治安综合治理优秀城市（长安杯）
最佳中国魅力城市
中国投资环境“金牌城市”
联合国人居奖
中国人居环境奖
中国食品名城
中国优秀旅游城市
国家园林城市
国家环保模范城市
国家卫生城
国家知识产权示范城市
全国文化模范城市

城市名片

全国双拥模范城市
全国文明口岸
中国创新环境十强城市
中国最佳休闲城市
中国最具幸福感城市
国家历史文化名城
国家森林城市
中国最具生态竞争力城市
全国优秀会展城市
中国鲁菜之都
全国科教兴市先进城市
中国和谐管理城市
中国最具魅力金融生态城市
国家电子商务示范城市

三水地产
烟台站

烟台港

烟台火车站

烟台轸格庄立交桥

烟台蓬莱国际机场

烟台大剧院

烟台体育公园

捷龙三号运载火箭在烟台海阳成功发射

烟台会展中心

烟台开发区

万华烟台产业园

1993 年，财政部副部长项怀诚（左）在烟台调研基层财政工作

1993 年，财政部副部长金人庆（中）在烟台调研，山东省财政厅副厅长柏继民（右二）、烟台市人大常委会副主任高吉儒（右三）陪同

1993年8月，全国注册会计师考试第二次工作会议在烟台召开，财政部副部长张佑才（前排中），山东省财政厅副厅长张昭立（前排右五）、总会计师王云芳（前排左三）等出席会议

1994年8月，山东省省长赵志浩（左一）在烟台参加全省财税工作会议，烟台市财政局局长张仁强（左二）陪同

1995 年，财政部部长刘仲藜（左）在烟台参加全国财政工作会议，烟台市委书记王树建介绍有关情况

1995 年，财政部财政科学研究所所长许毅（左）在烟台参加全国财政科研工作会议

1995年，山东省财政厅厅长黄可华（左）到烟台调研，烟台市委副书记、代市长任海深（右）陪同

2003年，山东省财政厅厅长尹慧敏（右二）在烟台考察农业项目

2012 年 8 月，财政部部长谢旭人（左三）在烟台调研，山东省常务副省长孙伟（左四）、财政厅厅长于国安（左五）及烟台市委书记张江汀（左一）、市长王良（左六）陪同

2012 年 8 月，山东省财政厅厅长于国安在烟台参加全国农村综合改革办公室主任会议

2019 年 8 月，山东省财政厅厅长刘兴云（左二）在长岛县调研，烟台市财政局局长李建平（左三）陪同

2023 年 7 月，上半年全省财政经济运行分析会议在烟台召开，省财政厅厅长李峰讲话

2000 年，烟台市财政局局长张仁强在全国劳动模范和先进工作者表彰大会上

2011 年，烟台市财政局有关领导在企业调研

2014 年，烟台市财政局局长黄永政在全局干部职工大会上讲话

2016 年 2 月，烟台市财政局召开 2015 年工作总结暨 2016 年工作部署会议

2019年9月，烟台市财政局局长李建平在全局“不忘初心、牢记使命”主题教育工作会议上讲话

2020年11月，烟台市财政局党组理论学习中心组学习

2022 年 10 月，烟台市财政局局长孙福勋在市委党校中青年干部培训班上讲课

2022 年 10 月 16 日，烟台市财政局组织收看党的二十大开幕盛况

2005 年 2 月，烟台市财政局机关第一党支部组织全体党员在牟平区雷神庙接受革命传统教育

2006 年 6 月，烟台市财政局举办第五届“全民健身”登山比赛

2009 年 4 月，烟台市财政局举办学习实践科学发展观演讲比赛

2010 年 4 月，烟台市财政局举办全市财政系统文秘培训班

2011 年 8 月，烟台市财政局干部职工参加拓展训练

2011 年 10 月，烟台市财政局在北京大学举办全市财政系统公共管理高级研修班

2012 年 3 月 8 日，烟台市财政局妇女同志到招远参观黄金博物馆

2012 年 4 月 21 日，烟台市财政局在浙江大学举办全市财政系统青年干部素质提升班

2019 年 5 月，烟台市财政局离退休干部党支部在许世友将军在胶东纪念馆开展“主题党日”活动

2020 年，烟台市财政局代表队参加市直机关第九套广播体操比赛

2021 年 6 月，烟台市财政局机关党委组织党员到养马岛党性教育基地接受革命传统教育

2023 年 6 月 28 日，烟台市财政局机关党委组织党员接受党性教育

全国先进财会工作集体
中华人民共和国财政部
一九九五年十月

全国财政系统
先进集体
中华人民共和国人事部
中华人民共和国财政部
二〇〇六年十二月

全国"两基"工作先进单位
中华人民共和国国务院
二〇一二年九月

全国财政系统先进集体
中华人民共和国人力资源和社会保障部
中 华 人 民 共 和 国 财 政 部
二〇一九年十二月

2011年度全国财政信息工作
先进单位
中华人民共和国财政部
二〇一二年三月十四日

全省财政系统
先进集体
山东省人力资源和社会保障厅
山 东 省 财 政 厅
山 东 省 公 务 员 局
二〇一六年一月

授予：烟台市财政局全省财政系统
先进集体
山 东 省 人 事 厅
山 东 省 财 政 厅
一九九八年十二月

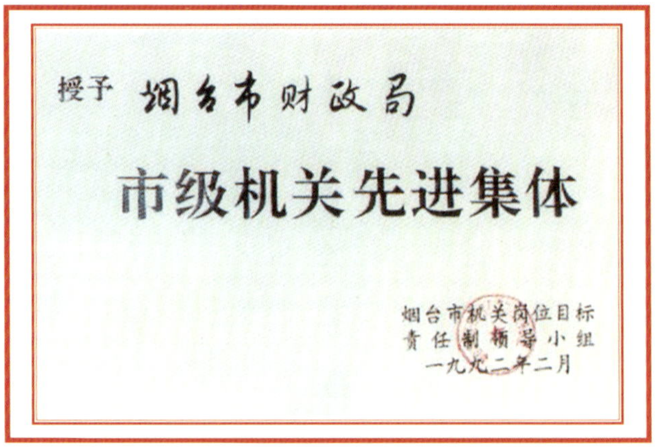
授予 烟台市财政局
市级机关先进集体
烟台市机关岗位目标
责任制领导小组
一九九二年二月

奖给烟台市财政局
市级机关先进集体
烟台市机关岗位目标责任制领导小组
一九九〇年三月

奖给：烟台市财政局
市级机关先进集体
烟台市机关岗位目标责任制领导小组
一九九一年三月

奖给 烟台财政局
机关岗位
责任制工作
先进集体
中共烟台市委
烟台市人民政府
一九九一年十月

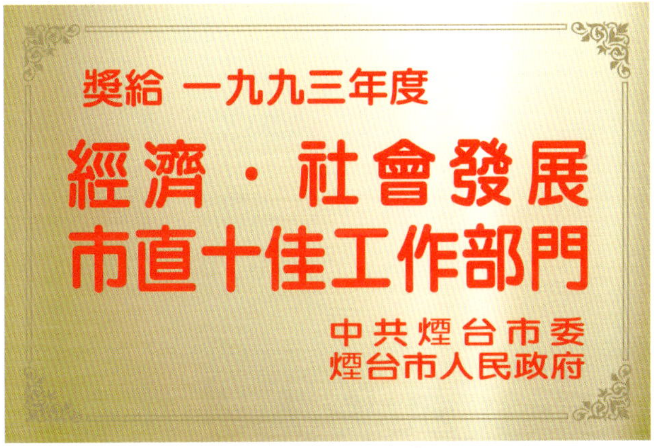
獎給 一九九三年度
經濟·社會發展
市直十佳工作部門
中共煙台市委
煙台市人民政府

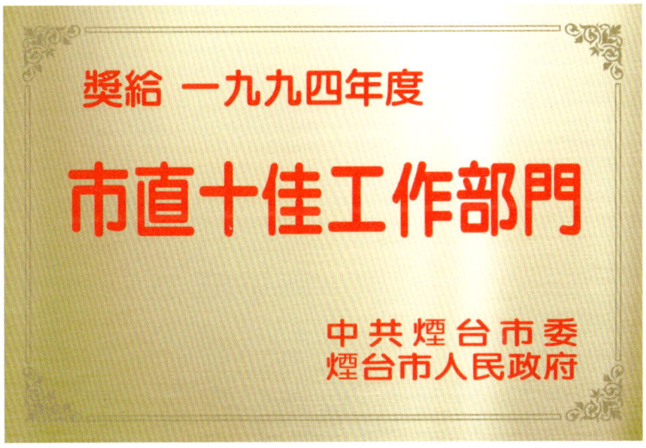
獎給 一九九四年度
市直十佳工作部門
中共煙台市委
煙台市人民政府

一九九五年度
市级机关
先进集体
中共烟台市委
烟台市人民政府
一九九六年二月

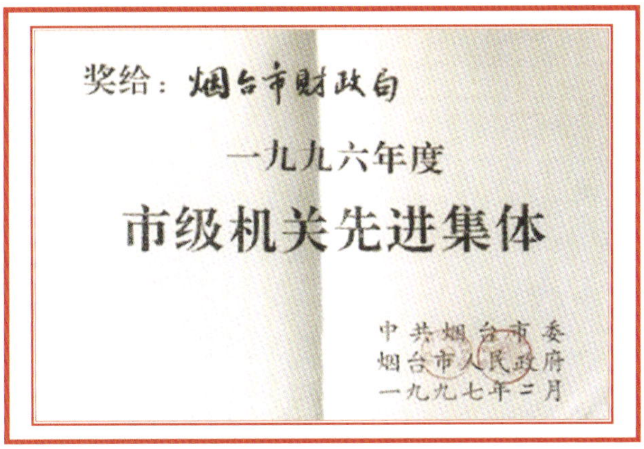
奖给：烟台市财政局
一九九六年度
市级机关先进集体
中共烟台市委
烟台市人民政府
一九九七年二月

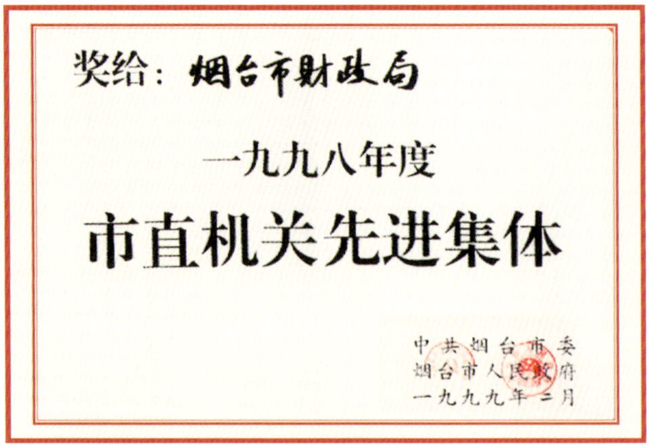
奖给：烟台市财政局
一九九八年度
市直机关先进集体
中共烟台市委
烟台市人民政府
一九九九年二月

1999年度
文明机关单位
中共烟台市委
烟台市人民政府
二〇〇〇年三月

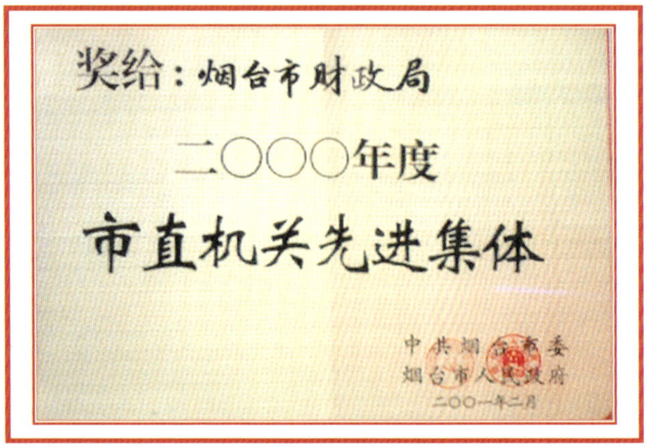
奖给：烟台市财政局
二〇〇〇年度
市直机关先进集体
中共烟台市委
烟台市人民政府
二〇〇一年二月

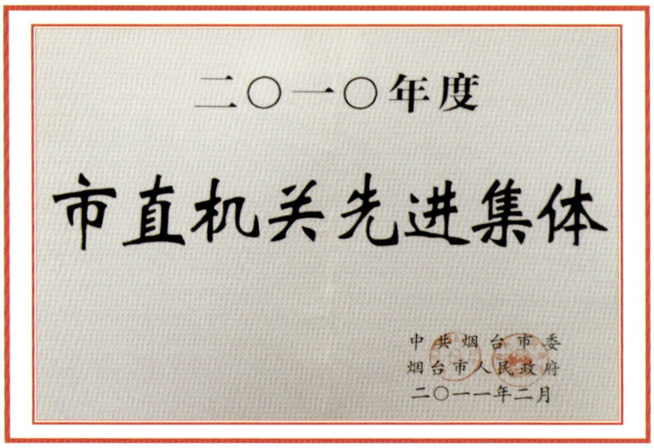
二〇一〇年度
市直机关先进集体
中共烟台市委
烟台市人民政府
二〇一一年二月

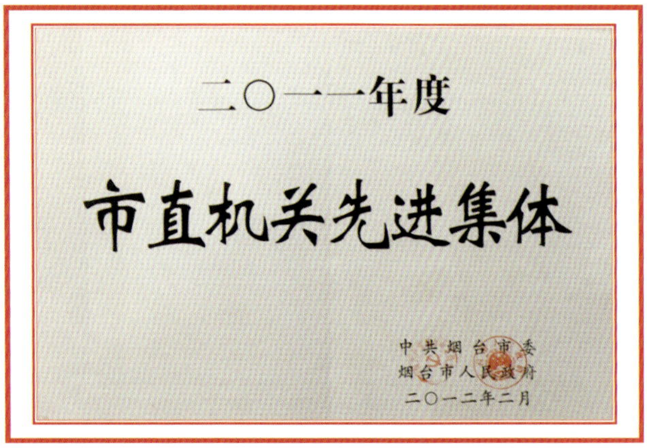
二〇一一年度
市直机关先进集体
中共烟台市委
烟台市人民政府
二〇一二年二月

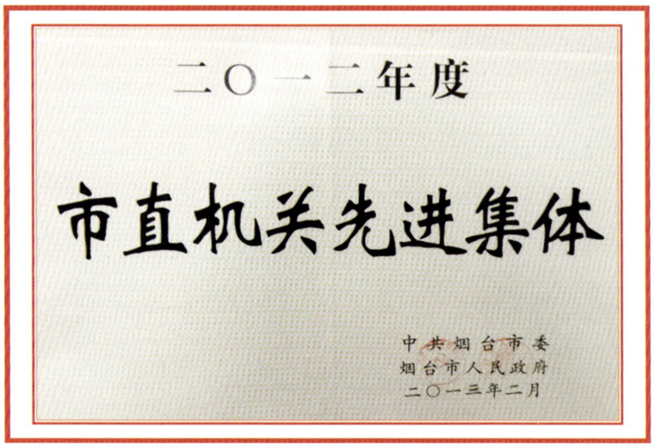
二〇一二年度
市直机关先进集体
中共烟台市委
烟台市人民政府
二〇一三年二月

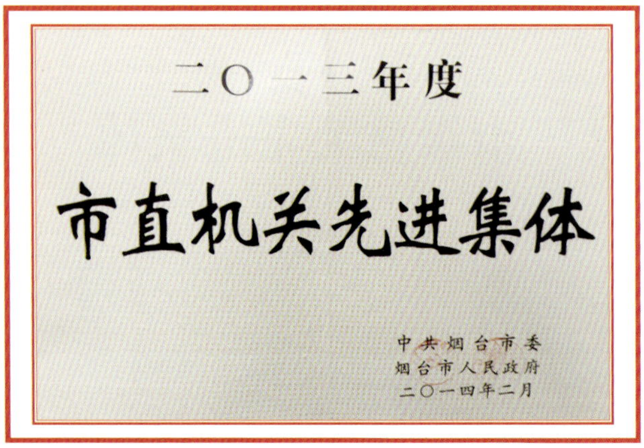
二〇一三年度
市直机关先进集体
中共烟台市委
烟台市人民政府
二〇一四年二月

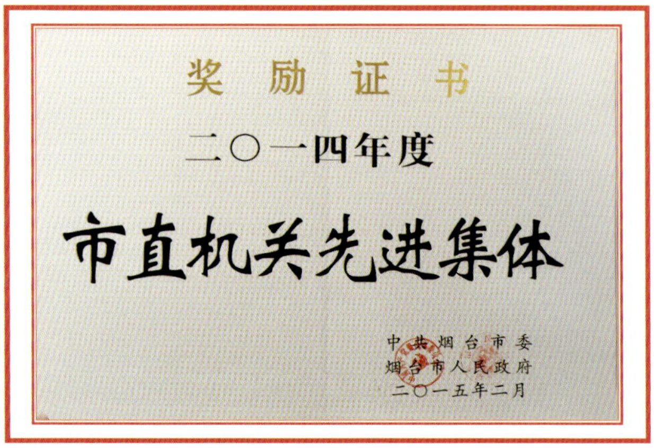
奖励证书
二〇一四年度
市直机关先进集体
中共烟台市委
烟台市人民政府
二〇一五年二月

二〇一五年度
科学发展卓越贡献奖
中共烟台市委
烟台市人民政府
二〇一六年二月

二〇一六年度
科学发展卓越贡献奖
中共烟台市委
烟台市人民政府
二〇一七年二月

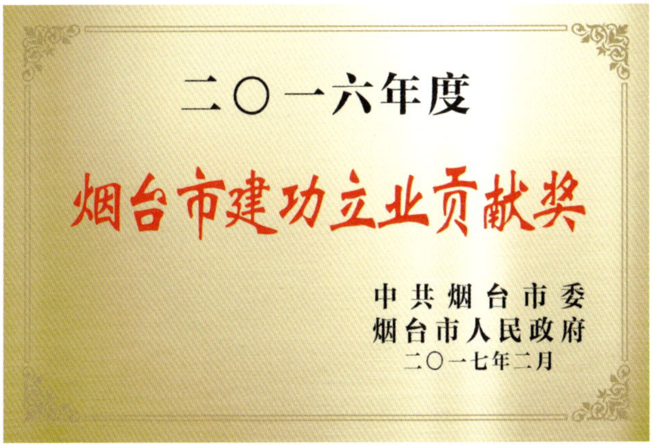
二〇一六年度
烟台市建功立业贡献奖
中共烟台市委
烟台市人民政府
二〇一七年二月

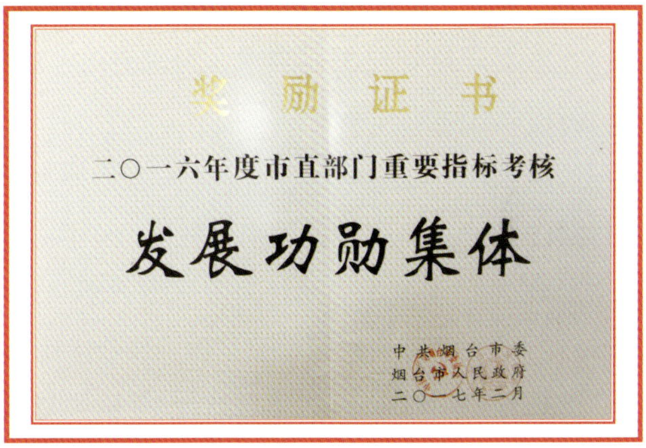
奖 励 证 书
二〇一六年度市直部门重要指标考核
发展功勋集体
中共烟台市委
烟台市人民政府
二〇一七年二月

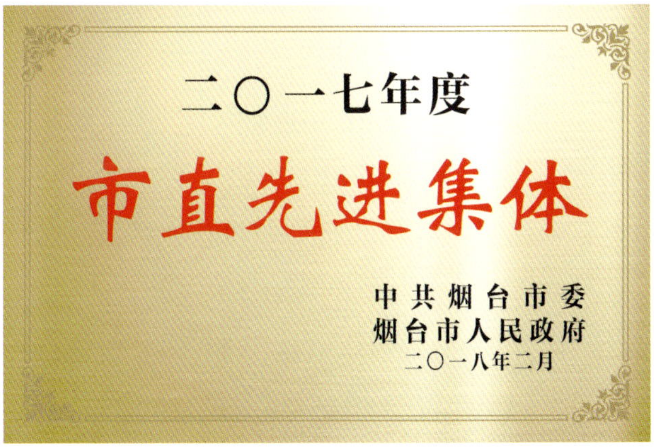
二〇一七年度
市直先进集体
中共烟台市委
烟台市人民政府
二〇一八年二月

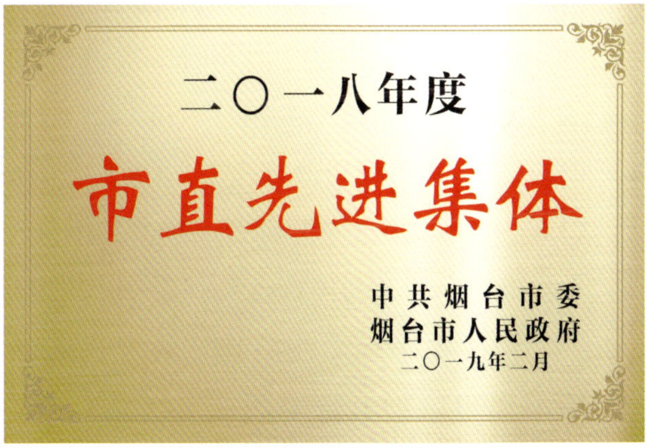
二〇一八年度
市直先进集体
中共烟台市委
烟台市人民政府
二〇一九年二月

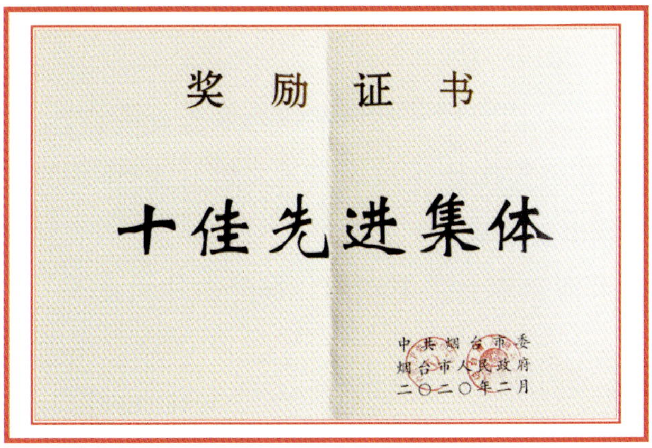
奖 励 证 书
十佳先进集体
中共烟台市委
烟台市人民政府
二〇二〇年二月

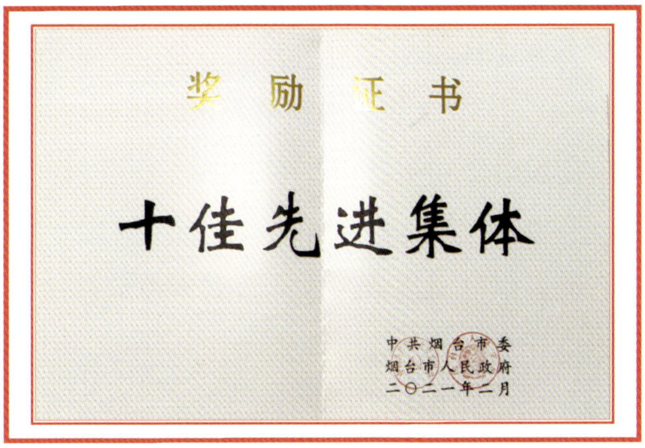
奖 励 证 书
十佳先进集体
中共烟台市委
烟台市人民政府
二〇二一年二月

凡例

一、本志以马克思列宁主义、毛泽东思想、邓小平理论、“三个代表”重要思想、科学发展观和习近平新时代中国特色社会主义思想为指导，坚持辩证唯物主义和历史唯物主义的立场、观点和方法，遵循依法修志和实事求是原则，按照《地方志工作条例》和《地方志书质量规定》等要求，力求全面客观展示“七五”至“十二五”时期烟台市财政改革历程和各项工作全貌。

二、本志为《烟台市财政志（1840—1985）》续志，上限起自1986年，下限断至2015年。为更好地梳理纵向脉络，个别事项上溯或下延，第四编“机构与队伍”内容下限延至2020年。本志图片时限适当下延。

三、本志采用编章节目体，综合运用述、记、志、图、表、录等体裁，设概述、大事记、财政收入、财政支出、财政管理、机构与队伍、附录七部分内容。

四、本志所记××年代均指20世纪××年代。

五、本志机构或单位名称首次出现时用全称，之后再次出现时一般用简称，如“烟台市人民政府”“山东省财政厅”和“烟台市财政局”分别简称为“市政府”“省财政厅”和“市财政局”。地方财政预算收支，1997—2011年称“一般预算收支”，2012—2014年称“公共财政收支”，2015年起称“一般公共预算收支”，本志未作统一表述，所称财政收入、财政支出通指一般公共预算收入、一般公共预算支出。

六、本志行文使用规范的现代语体文，数字用法、标点符号用法分别采用国家标准《出版物上数字用法》（GB/T 15835—2011）、《标点符号用法》（GB/T 15834-2011），计量单位采用国家技术监督局1993年12月发布的《量和单位》系列国家标准。为照顾社会使用习惯，部分情况仍使用“亩”作为面积单位。

七、本志资料源自烟台市财政局档案资料、历年收支决算报表和市财政局机关各科室、局属各单位。涉及国民经济统计资料的数据以《烟台市统计年鉴》为准；涉及1986年的数据，除有标注外均含威海四县市（当时的威海市、荣成县、文登县、乳山县）。图表资料以随文插叙为主，数据表按编排序。图片主要源自烟台市财政局，部分图片由有关单位及个人友情提供。

目录

第三编　财政管理

第四编　机构与队伍

附　录

概　述

改革
创新

1986—2015年是中国社会主义市场经济体系逐步建立和完善、政府公共财政体制框架初步形成的重要改革与发展时期。30年来，烟台市各级财政部门积极顺应改革开放大潮，紧紧围绕全市中心工作，解放思想、实事求是、锐意改革、开拓进取，扎实做好聚财、管财、用财三篇文章，坚持开源节流与增收节支同向发力，促进发展与保障民生统筹推进，深化改革与加强管理协调联动，走出一条符合时代要求、切合烟台实际的财政改革之路，为推动烟台经济社会持续健康发展发挥了重要作用。全市各级财政部门坚持“两手抓、两手硬”，在做好财政业务工作的同时，注重干部队伍和财政文化建设，财政管理水平不断提高，社会形象显著提升。

培植壮大财源，财政收支迈上新台阶

全市各级财政部门主动适应改革开放、经济又好又快发展的形势要求，积极运筹资金，挖掘增收潜力，依法治税管费，努力保持财政收入持续平稳较快增长，做大做强地方财政实力，为有效解决经济社会发展中各种矛盾和问题提供强有力的财力保障。1994年实施分税制财政体制后，财政部门更加注重财源建设，提升财政资金使用效益和政策效果，财政收支规模不断迈上新台阶。全市地方财政收入由1986年的6.3亿元增加到2015年的542.66亿元，增长85倍多。2015年，地方财政支出643.53亿元，较1986年的5.74亿元增长111倍。

发挥财政职能，支持经济社会发展

全市各级财政部门始终坚持把支持发展作为第一要务，及时转变工作思路，改革创新支持手段和体制机制，通过安排预算资金、制定扶持政策、发展产业引导基金、推广运用PPP模式等，加强财政调控，发挥财政资金“四两拨千斤”作用，有力促进了地方经济结构调整和经济社会发展。2005年，通过推进农村税费改革试点，烟台市比山东省和全国提前一年全面取消农业税，实现对农业由“取”到“予”的转变。在减轻农民负担的同时，持续加大对“三农”的投入，建立多元化、全方位的支农投入机制，促进农业增效、农村发展和农民增收。适应公共财政支持经济建设资金逐步退出一般竞争性领域的改革要求，地方财政预算资金安排重点开始投向高新技术产业、现代服务业、公共基础设施、生态环境等经济社会发展关键领域和薄弱环节，促进科技创新和发展方式转变，为各类市场经济主体和各项事业发展创造持续优化的财税政策环境。

以人为本关注民生，推动各项社会事业发展

随着公共财政制度的建立和完善，全市各级财政部门不断调整优化财政支出结构，坚持集中财力为民办实事，公共财政支出逐步向民生工程和社会事业发展的基础环节倾斜、向教育事业和城乡基本公共服务体系建设倾斜、向困难群体和困难地区倾斜，经济与社会发展的协调性不断增强。30年间，从改善办学条件、保障教师待遇、资助贫困学生等方面入手，建立覆盖城乡各环节的教育经费保障机制，推进农村义务教育学校“全面改薄”，促进全市教育事业快速发展；以支持实施乡镇卫生院维修改造工程、加强城市社区卫生服务体系建设、推进医药卫生体制改革、实施公立医院改革等为重点，不断提升城乡公共卫生服务能力；以支持建立和完善社会保障体系为目标，着力推进社会保障体系改革，逐步健全完善养老、医疗、失业、工伤、生育等基本社会保险以及社会福利、

优抚救济、最低生活保障等多层次的社会保障体系，促进和谐社会建设。

深化财政改革，完善和创新管理体制机制

全市各级财政部门贯彻落实中央、省、市有关改革部署，积极推进财政体制、预算管理等重大改革，财政管理体制与运转机制日臻完善。为正确处理各方面利益关系，实现财权与事权相匹配，2002 年开始，及时改革调整市以下财政体制，充分调动各级增收节支的积极性。同时，市财政部门不断创新工作思路，相继实施以部门预算、国库集中支付、政府采购、投资评审和“收支两条线”等为主要内容的预算管理制度改革，建立健全预决算公开机制，推行第三方中介机构独立绩效评价，完善政府债务管理风险监控和预警机制，初步建立起适应现代财政制度要求的预算管理体系，并制定一系列财政资金管理制度，做到用制度管钱管人管事，全面提高财政管理科学化、规范化、精细化水平。

加强财政监督检查，规范财经秩序

全市各级财政部门履行财政监督职能，不断完善监督检查制度，财政法规建设取得明显成效。自 1985 年按国务院统一部署开展一年一度的税收财务物价大检查，至 2003 年实行政府投资评审制度，到 2014 年推行预决算公开与绩效评价考核，覆盖收入征管和预算执行各环节的财政监督管理体系基本形成。30 年来，通过贯彻实施《中华人民共和国会计法》（以下简称《会计法》）《中华人民共和国预算法》（以下简称《预算法》）等法规和连续六轮五年普法教育，全市财政干部牢固树立依法行政、依法理财观念，按照分事行权、分岗设权、分级授权、强化流程控制、依法合规运行的要求，加强内部控制制度建设，切实将权力关进制度的“笼子”。同时，学习借鉴国内外财务会计管理先进经验，加强全社会会计基础工作和会计诚信建设，强化注册会计师行业监管，为维护和规范财经秩序做出了积极贡献。

一

1986—1993 年，随着经济体制改革的不断深入，烟台市在财政体制、财务管理等方面进行一系列改革，通过实行“分灶吃饭”财政体制，完善国营企业“利改税”和推行两轮企业承包经营责任制，对行政事业单位实行预算包干办法等，充分调动了各级各方面改革与发展的积极性，全市财政收支稳定增长，财政工作整体步入新时期。全市地方财政预算收入从 1986 年的 6.3 亿元增加到 1993 年的 17.6 亿元；预算支出由 1986 年的 5.7 亿元增加到 1993 年的 13.8 亿元，8 年累计支出 67.9 亿元。

改革市县乡三级预算管理体制

1985—1987 年，山东省对烟台市采取“总额分成加增长分档分成”的体制办法。其间由于区划调整（1987 年威海市升格为地级市，相应划出威海、荣成、文登、乳山四县市）、企业上划下划等原因，总额分成比例相应调整两次，1986 年实际执行分成比例为 45.5%，1987 年调整为 51%。1988—1993 年，山东省对烟台市的财政包干体制改为“定额上缴加比例递增”办法，定额上缴基数为 31227 万元，每年按递增 8% 包干上缴，分成收入增长 8% 以上部分再实行两档分成与全留。

1986—1987 年，按照省对市的体制规定，市对各县（市、区）仍延续“总额分成”体制，

具体分为“总额分成加增长分成”“收入全留加定额补助”（仅对支大于收的长岛县）和“黄县体制”（黄县当时是山东省财政的试点县）。1988—1993年，根据省对烟台市预算管理体制的调整，市对莱州、莱阳、龙口、牟平、芝罘、蓬莱、招远、栖霞实行“定额上缴加比例递增”体制；对福山、海阳实行“上解递增包干”体制；对长岛仍实行“收入全留加定额补助”；对经济技术开发区实行收入全留政策；取消“黄县体制”。

1986年，全市已普遍建立乡镇财政，开始实行市、县、乡三级预算管理体制。乡镇财政收支管理体制具体由各县（市、区）政府确定。

深化企业财务管理体制改革

1986—1993年，全市各级财政部门围绕“放权让利”“放水养鱼”，对国营企业利润分配制度与成本费用管理进行系列改革。1986—1987年，主要是完善第二步“利改税”方案，通过调减调节税或承包费，支持企业发展。同时选择部分企业实行资产经营责任制和承包经营责任制试点。1988年起，全市国营集体企业普遍推行承包经营责任制，按照“包死基数、确保上缴、超收多留、欠收自补”原则，把国家与企业的利润分配关系通过承包合同的形式界定下来，承包期限一般为3年。1991—1993年，全市大部分企业又实行了新一轮或第二轮承包经营责任制。1993年11月，《中共中央关于建立社会主义市场经济体制若干问题的决定》提出：“建立适应市场经济要求，产权清晰、权责明确、政企分开、管理科学的现代企业制度”，进一步明确国有企业改革方向，以减税让利为特征的企业承包制转向以所有制实现形式为主的产权制度改革。当年，全市按财政部统一部署，全面实施“两则两制”财务制度改革，明确国有企业利润分配实行规范的税利分流制度，实现企业财务会计制度的国际接轨，建立适应市场经济体制、促进企业公平竞争的制度体系。

改革预算外资金管理机制

1986年，根据国务院《关于加强预算外资金管理的通知》和省政府有关文件要求，全市行政事业单位和企业主管部门的预算外资金实行“计划管理、财政审批、专户存储、银行监督”管理制度。1993年，烟台市在全省率先出台《烟台市预算外资金管理办法》，推行预算外资金收支两条线专户代管办法，并将代管范围逐步扩大到乡镇。按照“财政代管、专户储存、收支两条线”管理要求，当年全市代管资金总额达18.7亿元，国有企业及主管部门提留的各项基金按规定退出预算外资金范畴。同时，全市各级各部门逐步建立健全预算外资金会计核算制度和预决算制度，不断强化对预算外资金的管理和监督，严格按照规定用途合理使用，资金使用效益明显提高。

探索建立国有资产管理制度

1990年，烟台市按照“政企分开、两权分离”的改革思路，开始探索国有资产管理体制，设立国有资产管理机构，逐步开展国有资产管理工作。1992年，在全市范围开展国有资产产权登记管理，对1554个企事业单位的57.67亿元国有资产进行年检登记，全面摸清全市国有资产存量、结构和管理状况。当年10月，成立烟台市国有资产经营公司（全国第二个、全省首个），在政府授权范围内代行国有产权所有者职能，实现国有资产由实物管理到价值管理的转变。国有资产经营公司参与完成原烟台自行车厂的破产清理和资产拍卖工作；

对虹口宾馆南宾楼进行有偿转让，开创烟台市国有资产向个人出售的先例。1993 年，市财政局制定《关于进一步加强国有资产管理工作的意见》，对全市 336 户实行中外合资和股份制改造企业的国有资产依法进行评估，对 2126 户行政事业单位国有资产进行清查，推进国有资产运营机制形成。

利用财政信用支持经济发展

80 年代初，全市财政部门开始筹集资金，利用财政周转金、工交"小贷"等财政信用机制支持工商企业、农业及社会文教等事业发展。1988 年，烟台市信托投资公司成立，是山东省第一家经中国人民银行批准成立、以开展财政信用业务为主的地方非银行金融机构。该公司成立后，按照"扶优限劣、培植财源"原则，依托信托平台优势，积极开展金融信托业务，缓解企业资金紧张状况，促进地方经济发展。

推行事业单位企业化管理

财政对各类事业单位长期实行全额预算、差额预算和自收自支三种预算管理形式。1990 年，烟台市逐步扩大事业单位实行企业化管理试点范围，根据《关于烟台市事业单位财务管理暂行规定》，对全市事业单位进行分类排队，重新界定预算管理形式，并将承包经营责任制引入有收入事业单位的财务管理，充分调动其创收积极性，开展多种经营，为社会提供多种服务，逐步实现经费自给自足，减少财政补助支出。

开展税收财务物价大检查

1989 年 10 月，烟台市税收财务物价大检查办公室（以下简称大检办）由挂靠市税务部门转为隶属市财政局的副处级非常设机构，次年明确为常设机构。按照中央和省统一安排，大检办开始牵头组织实施一年一度的全市税收财务物价大检查工作。税收财务物价大检查重点检查企业执行税收、物价、财务制度的情况以及行政事业单位收费项目，重点解决税收流失和经济管理秩序紊乱问题，并开展会计工作达标升级考核，在治理经济环境、整顿经济秩序、加强宏观调控、促进党风与社会风气好转等方面发挥了重要作用。

二

1994—2006 年，是改革开放深入推进、社会主义市场经济体制日臻确立、经济社会步入快速发展的重要历史时期，中国财政工作长期形成的国家财政观逐步向公共财政理念转变，预算收支管理也开始由传统核算体系向公共预算体制过渡，全市各项财税改革取得重大突破，财政管理水平全面提高，财政收支也不断迈上新台阶。2006 年，全市一般预算收入突破百亿元大关，达到 112.42 亿元，是 1994 年的 9.9 倍；一般预算支出 143.69 亿元，是 1994 年的 8.9 倍。

落实分税制财政管理体制改革

1994 年 1 月 1 日起，全国开始实行分税制财政体制，将各项税收划分为中央税、地方税和中央与地方共享税三大类，并按照税种划分财政收入级次，以调动各级政府发展经济、培植财源、组织收入的积极性。在执行中央统一政策的前提下，省政府发布《关于印发〈关于实行分税制财政体制的意见〉等 7 个改革方案的通知》，对各市（地）实行分税制财政管理体制。是年年底，烟台市分税制财政体制框架基本建立。从 1997 年起，省财政将中央与省级企业缴纳的城镇土地使用税、印花税下放到县级。1998年起，省不再参与国有土地出让收入分成。2002年，中央先后实施企业所得税、营业税和个人所得税分享改革，打破按企业隶属关系划分所得税归属的传统体制，对企业所得税和个人所得税收入实行中央、省与市按比例分享（企业所得税中央、省、市分别按50%、10%、40%的比例分享，2003年后比例调整为60%、8%、32%）。同时，通过降低体制上缴市递增上缴比例，完善出口退税分担机制等举措，进一步理顺了省以下财政分配关系，并相应调整完善市、县两级管理体制，实施财政收入分档奖励政策，调动县（市、区）的增收积极性。2004年，烟台市政府对芝罘区、开发区、莱山区、龙口市、栖霞市、长岛县等县（市、区）财政体制作了调整。2007年，将银行、证券、保险等特殊行业营业税及其他在县（市、区）缴库的市级税收下放县（市、区）管理，取消县（市、区）的原体制上解，地方税收实行市与县（市、区）按比例分享，促进市、县两级合力发展区域经济。分税制财政体制的实施和调整完善，为建立现代财政制度奠定了良好基础，对调动地方各级财政的积极性、促进经济社会发展发挥了体制支撑作用。

加强地方财源建设

全市各级财政部门把支持农村经济发展作为财源建设的重点，加大资金保障力度，促进“两高一优”（高产、高效、优质）现代农业发展，采取多种方式吸引社会资金，重点扶持“两水一牧”（水果、水产、畜牧）生产和加工，提高农业产业化水平和对地方财政收入的贡献能力。把抓好骨干财源建设，做大做强国有大中型企业，膨胀发展企业集团，作为地方财源建设的重中之重。根据中共烟台市委、烟台市人民政府关于工业经济发展的总体要求，自1996年起，市财政先后筹集设立重点企业技改项目发展基金、企业自主创新专项资金等，重点支持工业“2358”工程（“十五”末年，全市销售收入达到100亿元以上的企业2家、50亿元以上的企业3家、30亿元以上的企业5家，20亿元以上的企业8家）和“3·50”工程（“十一五”期间，集中培育50户重点企业、50个中国名牌产品和中国驰名商标、50个具有较强自主创新能力的技术中心），加大企业技术改造和自主创新投入，扶持一批骨干财源和新兴财源建设项目。同时，大力支持饮食服务、旅游、建筑安装、交通运输等行业发展，增加营业税的收入比重。通过多措并举推进财源建设，全市财政收入快速增长，1997—2006年，相继突破20亿元、30亿元、40亿元、50亿元、60亿元、80亿元和100亿元大关。

强化国有资产监管

1994—2006年，烟台市积极探索建立国有资产监督、管理和营运体系，围绕企业、公司制改建和股份公司上市等产权制度改革，财政部门严把产权界定、资产评估、产权交易、收益分配等环节，杜绝低估漏估、低价出售或变相私分国有资产等行为。对国有资产拍卖、转让收入和参股分红，由财政部门会同国有资产管理部门组织收缴，全部纳入财政专户管理，用于国有资产的再投资，促进国有企业战略性重组。同时，继续推进中小型企业的租赁、兼并、联营和出售，启动实施国有资产授权经营管理试点，组建国有资产控股公司，改进对企业经营者的奖励与监督机制，促进国有资产保值增值，全面推进现代企业制度建设。

建立完善政府采购制度体系

1998年，《烟台市政府采购管理暂行办法》经第75号市长令颁布实施，机关事业单位和接受财政补助的社会团体进行基础设施、公共工程建设以及购置办公、通讯设备、机动车辆等，均实行公开招标、议标，实施政府采购。1999年，烟台市政府采购管理办公室（简称“采购办”）成立，各县（市、区）也相继成立政府采购监管机构。烟台市公布年度首批政府采购目录，先后进行行政事业单位机动车辆统一保险、车辆定点维修、大宗办公物品、医疗器械和公共工程项目等招标采购活动。当年合同采购额1.14亿元，节省资金2957万元，资金节约率20.55%，提高了财政资金使用效益。2000年起，烟台市进一步扩大和规范政府采购范围，重点对大宗印刷品、国际机票、大宗药品和财政性资金投入项目等进行集中采购，并将预算外资金支出的大宗项目纳入政府采购范围。出台《烟台市政府采购集中采购代理机构管理暂行规定》《烟台市政府采购标准化》等文件，进一步拓展政府采购领域，拉长政府采购链条，强化采购全程监管，逐步建立起独具特色的规范运作、专家决策、多重制约、直接支付、全程服务的烟台市政府采购运行模式，国家、省财政部门给予高度评价。

开展政府投资评审工作

2000年，烟台市开始不断完善财政性投资项目管理方式，逐步实行项目资金管理、工程概预（决）算编审等基建财务管理与工程招标、组织施工、质量监督、工程验收等基建管理职责分离制度，提高财政性资金投资效益。2003年，烟台市政府投资评审中心成立，进一步明确财政投资评审工作职责范围，规范工作流程，完善管理办法，指导各县（市、区）相继建立政府投资评审机构。各级财政投资评审机构坚持围绕中心、服务大局开展工作，评审范围逐渐拓展至行政政法、城市建设、社会保障等各个领域财政投资，涵盖预算、结算、竣工财务决算等多个环节，在节约财政支出、服务绩效管理等方面发挥了重要作用。

试行国库集中支付制度

2000年，烟台市开始试行国库集中支付制度，实行管钱与管事相分离，强化对资金使用过程的跟踪管理，切实杜绝资金挤占、挪用和浪费行为。2001年，在集中支付行政事业单位工资、住房公积金、养老保险及政府采购资金的基础上，进一步对各项财政专款实行国库集中支付，逐步提高集中支付的比重，改变财政资金拨付方式，减少支出流转环节，实现对财政支出的全程监控，提高资金使用效益。2006年，出台《烟台市财政国库管理制度改革试点方案》，市级国库集中支付改革试点正式实施，年末，各县（市、区）国库集中支付制度全面启动。

推进部门预算改革

2001年，省政府办公厅转发省财政厅《关于试编2001年省级部门预算的意见的通知》，要求按照“一个部门一本预算”原则编制部门预算，将部门的所有收入和支出按照统一的内容和形式编报，纳入部门预算管理，完整反映部门全部收支活动。烟台市级财政首先在农业、教育、环保等部门开展部门预算试点工作。2003年试编范围扩大到公安、法院等10个部门，2004年全面推开，以部门为基础、以零基预算为方法、以预算内外资金统筹安排为特征的综合预算管理模式形成，财政资金分配的科学性、规范性和预算约束力明显增强。

实施农村税费改革

按照中央、省的部署安排，烟台市率先在莱州市开展农村税费改革试点，新的农村税费改革政策从2001年夏征开始实施，当年农民减负率达到29%，为全市乃至全省推行农村税费改革工作积累了宝贵经验。2002年6月，省委、省政府印发《山东省农村税费改革（试点）实施方案》，烟台市认真落实上级政策要求，全面推行农村税费改革试点,取消“三提五统”“两工”等专门面向农民征收的行政事业性收费、政府性基金和集资项目，依法依规取缔针对农民的乱摊派、乱收费。2003年，烟台市5个市（区）进行了农业特产税改革，直接为农民减轻负担1.7亿元。2004年，烟台市在全市范围取消农业特产税。2005年，烟台市比全国、全省提前一年全面取消农业税，农业税从此退出历史舞台。农业税取消后，各级财政加大了农村综合改革支出力度，对农村村级组织运转和各项公益事业给予资金补助，促进全市社会主义新农村建设。

加强非税收入征管

烟台市持续强化预算外资金管理，对一般性的行政事业单位收费采取“核定收支计划、收入全额上解、支出统筹安排、结余政府调剂使用”管理体制；对用于公共工程和社会公共事业的各种专项基金、附加和收费，实行“核定收支计划、收入全额上解、支出专款专用、政府合理运筹”管理体制；对各种社会保障性基金，实行“收入全部上解、收支挂钩、专款专用、滚动增值”管理体制。1998年，《烟台市预算外资金管理实施细则》印发执行，对市级行政事业单位预算外资金账户进行全面清理，确认账户771个，撤销账户443个，纳入市级财政专户管理的资金达4亿元。1999年，开始对预算外资金实施收支统管，推行“票款分离”和“罚缴分离”制度，统筹运用预算内外综合财力，将政府性资金全部纳入财政预算管理。2004年，落实财政部通知精神，加强政府非税收入管理。2005年，全市基本形成以计算机网络为支撑的非税收入征管体系。2006年，全省非税收入征管系统全面升级，非税收入管理更加规范。

扩大政府性基金预算规模

1996年，国务院出台《关于加强预算外资金管理的决定》，将养路费等13项数额较大的政府性基金或收费纳入财政预算管理。1997年，烟台市开始按规定单独编报政府性基金预算。2000年，国有土地使用权有偿出让收入开始纳入政府性基金预算管理。随着房地产市场的快速发展，国有土地使用权有偿出让收入逐年攀升，带动政府性基金预算收支规模持续增长。2006年，全市政府性基金预算收入达15.37亿元（其中,国有土地使用权出让收入12.78亿元，占83.15%),是1997年财政基金收入的10.3倍。政府性基金预算支出在城市基础设施建设与改善城乡人居环境等方面发挥了重要作用。

三

2007—2015年，全市各级财政部门适应全市经济发展高速增长的要求，认真落实积极的财政政策，全面深化改革，系统推进现代财政制度建设，不断创新财政资金使用方式，对经济和各项社会事业的保障能力不断增强。2007年，实施政府收支分类改革，核心内容是将财政支出由传统的按经费性质或用途划分，改为按政府职能或部门预算分类，标志着公共财政收支体系已初步建立。2013年，中共十八届三中全会通过《中共中央关于全面深化改革若干重大问题的决定》，指出“财政是国家治理的基础和重要支柱”，将财税体制改革提升到前所未有的高度。2015年1月1日，新《预算法》颁布实施，现代财政制度体系建设步入加快推进阶段。

推进预算管理制度改革

推进预决算公开制度。2013年，选取部分县（市、区）开展财政预决算公开试点；2015年，除涉密部门外，市政府组成部门均向社会公开政府预决算、部门预决算和“三公”经费预决算，成为全省四个按时实现预算全部公开的地市之一。完善政府预算体系。2010年，根据《国务院关于试行社会保险基金预算的意见》，开始试编烟台市社会保险基金预算；2013年起，开始试编市级国有资本经营预算；2014年，进一步扩大国有资本经营预算编制范围，实现市级国有资本经营预算全覆盖；2015年，烟台首次将市级“四本预算”全部提交市人代会审查，将所有政府收入和支出全部纳入预算管理。探索推行预算绩效管理。2013年，烟台市启动预算绩效评价试点工作，将绩效管理嵌入预算管理链条，加快实现预算编制有目标、预算完成有评价、评价结果有应用的全过程绩效管理；2015年，制定市级预算绩效管理办法，明确从当年起，对市级500万元以上财政拨款安排的投资类和发展类项目实施绩效目标管理，切实做到“花钱必问效、无效必问责”。建立跨年度预算平衡体系。市级财政利用一般公共预算历年累计净结余和部分政府性基金项目结余结转资金，建立预算稳定调节基金，以丰补歉，推进跨年度预算平衡，2015年，预算调节基金总规模达到3.68亿元。完善国库集中支付制度。这一时期，全市的市、县、乡三级普遍推行以国库单一账户体系为基础、以国库集中支付为主要方式、以信息技术为支撑的国库集中支付管理制度，市本级和14个县（市、区）共计1904个预算单位全部纳入国库集中支付改革范围，截至2015年年底，全市162个乡镇（含街道办事处及园区）全部建立国库集中支付制度，改革覆盖率达到100%。

培植支柱产业发展

2007年，市委、市政府印发《关于进一步加强财源建设的意见》，全市广泛开展财源建设年活动。烟台市财政坚持把膨胀收入规模、改善收入结构作为财源建设的重点，通过运用财政贴息、担保、补贴等手段，发挥财政杠杆撬动作用，培植壮大支柱产业、重点企业、产品集群、名牌产品等骨干财源，深入挖掘服务业、民营经济、海洋和临港产业等新兴潜力财源，做大做强市区经济、县域经济两大板块财源，形成了财政与经济良性互动、协调发展的新机制。2010—2015年，全市一般公共预算收入相继突破200亿元、300亿元、400亿元、500亿元。2015年，一般公共预算收入过30亿元的县（市、区）8个，其中，5个市（区）过50亿元。财政收入持续增长，为全市经济社会快速发展和民生改善提供了重要支撑和保障，青烟威荣城际铁路、蓬莱国际机场、引黄济烟调水工程等一大批事关地方长远发展的基础设施建成或投入运营。

调整完善市县财政体制

2013年，省政府印发《关于进一步深化省以下财政体制改革的意见》，按照存量不动、增量调整原则，下划省级部分收入，建立统一规范的税收增量分享机制，取消原体制递增上解政策，进一步完善市县财政体制。按照全省财政体制调整精神，烟台市对县（市、区）财政体制进行调整，基本形成利益共享、风险共担、激励相容的市县财政体制。2013—2015 年，除上缴中央、省级收入外，对高新区、昆嵛山保护区、保税港区继续实行“收入全留、专项补助”的财政体制；对开发区实行定额上解的财政体制。在市委、市政府确定的帮扶期内，继续对栖霞市和长岛县实行“收入全留”的财政体制，市级集中的财力全额返还。

建立政府债务融资管理体制

2009 年，为避免国际金融危机对中国经济发展的影响，财政部代理发行地方债券 2000 亿元。当年，烟台市争取到通过省财政转贷的第一批地方政府债券 4.6 亿元。2010 年，烟台市财政开始以系统化方式管理地方政府性债务，对全市政府性债务实行科学管理和动态监测。2014 年，烟台市率先制定《烟台市政府债务管理暂行办法》和《烟台市政府债务风险指标预警监测暂行办法》，建立政府债务融资机制，防范和化解债务风险。2015 年，烟台市开始运用债务率、新增债务率、偿债率和逾期债务率等指标，按季度对市级和各县（市、区）债务风险进行评估，对债务风险较高的县（市、区）进行预警提示和督促整改；加大新增政府债券争取力度，做好债券置换工作，充分发挥地方政府债券融资在稳增长、防风险、惠民生方面的积极作用。

改革财政资金投入扶持方式

积极发展产业引导基金。烟台市按照公共财政资金退出一般竞争性领域的要求，设立政府产业发展引导基金，放大财政资金乘数效应，引导社会资本投入实体经济，促进经济转型升级。2014 年，烟台市以创建山东省区域性基金管理中心为契机，围绕优势产业升级、新兴产业培育、园区建设等方面，集中力量加大招引和设立基金力度，初步形成基金建设全面开花、梯次结果的良好开局。烟台市在全省率先出台股权投资引导基金管理办法，保障基金工作规范运作，为基金中心建设和发展打下制度基础。

推广运用政府和社会资本合作（PPP）模式。按照中央和省财政要求，筛选符合烟台经济社会发展特点的政府和社会资本合作项目，建立全市 PPP 项目储备库，加大项目推介力度，取得明显成效。截至 2015 年，烟台市纳入财政部综合信息平台的项目达到 48 个，合同总投资 292.6 亿元，涉及污水处理、垃圾处理、园区开发、土地储备、医疗养老等多个领域。

初步建立政府购买服务管理机制。2014 年起，烟台市将政府购买服务工作列为重要改革事项，制定印发《关于推进政府向社会力量购买服务的实施意见》。2015 年，烟台市在全省率先出台《烟台市政府购买服务管理办法（暂行）》，印发《政府购买服务范围审核办法》等文件，明确政府购买服务的购买主体和承接主体、购买范围和指导目录以及购买方式、程序等。

强化行政事业资产管理

2013 年，烟台市首次开展市级行政事业资产全面清查，共清查市级行政事业单位及所属企业、社会团体 596 家，核实资产 725 亿元；规范行政事业单位资产管理，重新制定《烟台市市级行政事业国有资产处置管理办法》，明确资产配置标准，完善资产管理制度。2014 年，烟台市组织开展行政事业资产处置专项检查，共检查单位136家，涉及资产90亿元。

转变财政监督职能

烟台市各级财政部门根据公共财政制度对财政监督职能转变的新要求，重视财政监督机构建设，理顺财政业务科室日常监督与专职监督工作关系，创新开展财政监督检查等活动，加大对财政专项资金监督检查力度；积极贯彻落实中央八项规定精神，配合各级党委巡察工作，维护财经纪律，促进廉政建设。2015年，制定《烟台财政监督检查办法（试行）》和《烟台市财政局内部控制基本制度》，梳理、评估财政管理中的八类风险，实施事前防范、事中控制、事后监督与纠正的风险防控管理体系。

综观烟台财政30年的改革发展历程，要做好财政工作、推动财政事业改革发展，必须牢固树立大局意识，主动把财政工作融入党委、政府中心工作中谋划，确保财政工作始终保持正确的前进方向；必须牢固树立发展意识，始终把支持发展、服务发展放在首位，正确处理经济与财政的关系，统筹处理好稳增长、促改革、调结构、惠民生与防风险的关系，在服务发展中深化财政改革、强化财政管理，推动地方经济社会持续健康发展；必须牢固树立改革创新意识，大力推进体制、机制和制度创新，用改革的办法化解矛盾、解决难题，推动财政管理水平不断提高；必须牢固树立以人为本、理财为民理念，始终坚持以人民为中心的发展思想，把惠民生作为重点优先予以保障，切实解决人民群众最关心、最直接、最现实的利益问题，扎扎实实为人民群众办实事、办好事；必须重视加强党建工作和财政干部队伍建设，始终坚持党的领导，持续开展对党员干部的政治理想信念教育，打造一支素质过硬、作风优良、廉洁勤政的财政干部队伍，为推进烟台财政事业改革发展、各项工作率先走在前列提供强有力的组织保障。在新的历史时期，全市各级财政部门继续以习近平新时代中国特色社会主义思想为指导，强化责任担当，积极主动作为，扎实做好本职工作，努力为建设制造业强市、海洋经济大市、宜业宜居宜游城市和现代化国际滨海城市做出更大贡献。

1986—2015年烟台市历年财政收支分县（市、区）情况统计表

单位：万元

年度 县（市、区）	1986		1987		1988		1989		1990		1991		1992		1993	
	收入	支出	收入	支出	收入	支出	收入	支出	收入	支出	收入	支出	收入	支出	收入	支出
合计	63022	57482	69756	55586	84561	66626	93399	79008	103487	90009	127899	100571	126446	99772	175786	138493
市本级	23588	25024	23411	15359	27337	16394	27437	21450	29293	21768	37471	27731	33430	24344	43616	30945
芝罘区	2835	3776	4814	3285	5955	4298	7168	5645	8084	6206	9582	7145	10275	7993	13082	10180
福山区	2311	2110	2359	2233	3327	3054	3905	3642	4653	4031	5322	4517	5541	4811	6910	5962
龙口市	5539	3487	6189	4413	7571	5092	8607	6299	10004	7087	12115	8103	12377	8031	17421	12731
莱阳市	4346	3616	4732	4900	5775	5962	6170	6155	6521	7079	8090	6975	7816	6719	9531	7703
蓬莱市	3530	2891	3729	3172	4377	4519	4974	4573	5607	5782	6696	6076	7317	6846	10159	9370
招远市	3831	2875	4537	4107	5375	4006	6099	4888	6993	6395	8388	6532	8772	6524	12828	10330
莱州市	6123	3970	7358	6044	9183	6354	10134	7651	11415	8747	14100	9687	14101	9075	19008	11566
栖霞市	3628	2774	4116	3839	4794	5138	5667	5005	6270	6563	7431	6360	6778	6073	8613	7327
海阳市	2923	2824	3265	3308	4014	4748	4801	4637	5229	6142	6470	5965	6601	6187	8001	6862
牟平区	3587	2681	4047	3304	4978	4742	5704	5818	6451	6721	8266	6962	8442	7335	12394	10767
长岛县	781	1456	1202	1622	1241	1580	1466	1897	1581	2042	1932	2459	1978	2627	2390	2966
开发区					634	740	1269	1349	1387	1445	2036	2059	3018	3207	11833	11784
莱山区																
高新区																

续表

年度 / 县（市、区）	1994		1995		1996		1997		1998		1999		2000		2001	
	收入	支出	收入	支出	收入	支出	收入	支出	收入	支出	收入	支出	收入	支出	收入	支出
合计	113259	161220	142731	194018	185297	245901	222708	280214	274852	341642	321178	380793	376908	444077	466063	534224
市本级	25889	32643	31732	39339	45452	52747	53013	59353	69157	79878	80672	84139	92372	97768	115956	120185
芝罘区	7985	12741	9646	13985	11718	16803	14453	19474	17270	22670	18997	24899	21998	28407	28118	34900
福山区	4687	6709	5766	7677	7269	9386	8823	10665	10635	13436	11912	14778	13879	16683	17000	22299
龙口市	10364	13865	13431	15829	18081	21931	21984	25366	28002	30535	35316	37564	42036	43752	51016	52013
莱阳市	6959	9100	8228	9396	10199	11916	12276	14575	16736	18906	20019	22076	23369	26276	30019	33628
蓬莱市	7715	11565	9691	13475	12120	17205	14939	19913	18071	22631	20798	25114	24560	29189	31810	36700
招远市	8853	12205	10834	13555	13565	16886	16834	19799	20522	24523	24217	28154	28818	33188	34582	39928
莱州市	11638	14958	15398	19558	20380	24115	24772	27644	30072	34570	35109	37969	40007	43720	41006	42030
栖霞市	5933	10161	7156	10656	9206	14971	10344	15107	11846	17509	13852	19693	16080	21566	18237	25845
海阳市	5882	8797	6900	9474	7740	12409	8808	13287	10500	15454	12236	18377	14320	19665	18290	24392
牟平区	6874	10559	9793	13729	11329	15475	13771	18003	16636	22293	18965	24703	21762	27859	26121	31870
长岛县	1712	2787	2058	3275	2677	4944	3294	5442	3388	5078	3728	5828	4109	7208	4439	6752
开发区	7316	13600	10405	20739	13130	22995	16032	26314	17507	27184	19339	28964	25852	38080	38049	49467
莱山区	1452	1530	1693	3331	2431	4118	3365	5272	4510	6975	6018	8535	7746	10716	11420	14215
高新区																

续表

年度 县（市、区）	2002		2003		2004		2005		2006		2007		2008		2009	
	收入	支出	收入	支出	收入	支出	收入	支出	收入	支出	收入	支出	收入	支出	收入	支出
合计	452311	648516	551744	755238	640214	920456	870413	1141058	1124217	1436891	1408190	1744960	1661663	2092492	1891166	2480328
市本级	108933	135880	122174	157445	140307	183036	163202	235974	196909	286105	225458	325920	260420	386184	287320	484553
芝罘区	26298	41327	33900	48778	42217	59103	54552	69509	71041	88533	90236	112229	108300	133042	121198	155190
福山区	15801	22995	19600	27428	24128	35567	35229	42957	48001	56600	63520	74286	78013	85780	90517	110998
龙口市	50028	65770	62028	77791	80158	97638	120000	138432	160016	177379	210600	222582	250060	271325	291660	321807
莱阳市	32586	43297	37758	48326	40017	58568	54023	67616	65369	80366	67996	89036	68676	96857	70050	110116
蓬莱市	30003	43835	40006	56007	50006	72393	70016	85627	86206	106573	100168	122392	110017	130990	126631	159671
招远市	33008	51027	42880	58833	51080	74962	72688	92319	96880	117320	127500	145791	155550	180619	180000	207830
莱州市	37701	53721	48650	62195	57000	78126	81007	94445	105307	124011	138137	158305	165117	205975	191288	228040
栖霞市	16052	32162	19608	34692	16507	40431	21837	47998	25496	56242	25602	58848	28162	71602	32029	87005
海阳市	20281	31709	26505	38292	30500	48411	41237	56790	53280	73747	70009	92120	84136	120201	100008	137384
牟平区	23839	38302	26827	41654	24836	45562	32722	52381	41590	64059	56542	81057	61881	91663	70019	110963
长岛县	4009	9709	4728	11138	2885	11740	3789	13742	5040	14659	6350	19635	8002	27288	10018	30483
开发区	41744	60172	50119	70803	57565	87502	85111	105861	120332	138881	160254	176561	200313	208864	230412	240206
莱山区	12028	18610	16961	21856	23008	27417	35000	37407	48750	52416	65818	66198	83016	82102	90016	96082
高新区																

续表

年度 县（市、区）	2010		2011		2012		2013		2014		2015	
	收入	支出	收入	支出	收入	支出	收入	支出	收入	支出	收入	支出
合计	2377958	3238648	3031922	4075326	3573589	4768714	4372295	5417439	4901646	5748633	5426570	6435311
市本级	339586	604621	424020	714050	442009	850119	240676	938077	248667	976208	298353	1071887
芝罘区	143175	187340	174071	228264	206796	252920	473678	264497	530506	276153	600083	330600
福山区	115001	139797	150500	170445	200358	217767	252732	233302	284407	265490	300069	287807
龙口市	367000	404633	475668	526337	585686	632145	715686	715820	795057	787677	900517	869280
莱阳市	80557	166196	93536	172267	80337	180708	110579	253267	125021	248186	138376	295820
蓬莱市	158686	202543	200675	255498	236098	301643	255449	330872	272058	331586	300017	376966
招远市	225600	273440	285300	344468	338100	410150	415088	457558	465000	491271	502200	534618
莱州市	240177	304667	303737	388687	360007	454732	464507	517747	520678	556912	572757	619232
栖霞市	40107	124925	50577	139473	63222	166148	79397	196258	90016	211752	100006	248418
海阳市	128006	183067	162008	246639	175116	261078	221236	276794	247146	288331	269567	333557
牟平区	100128	146386	150198	198497	193198	239287	234038	256266	257456	269976	235681	291747
长岛县	12518	38569	12118	42573	8058	47414	10518	75743	11728	83950	12901	68781
开发区	300009	318632	380008	460011	466009	526027	600628	594746	700172	612693	792600	729025
莱山区	120011	129977	157613	164827	201518	199936	270018	252732	304114	271534	331718	289411
高新区	7397	13855	11893	23290	17077	28640	28065	53760	49620	76914	71725	88162

注：1. 1986 年不含威海四县市

2. 1991 年按照当年决算编制口径含社保基金收入 14319 万元、支出 8521 万元

3. 市本级收支包括保税港区和昆嵛山保护区

4. 县（市、区）统一取用 2015 年的名称

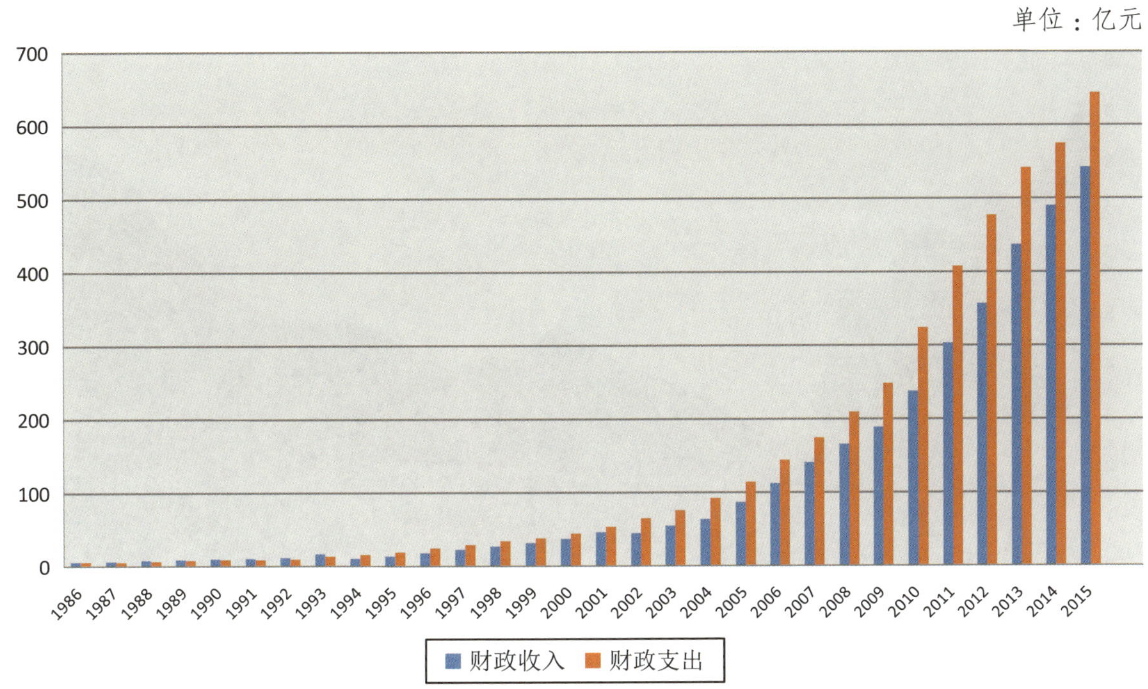

1986—2015 年烟台市财政收支图

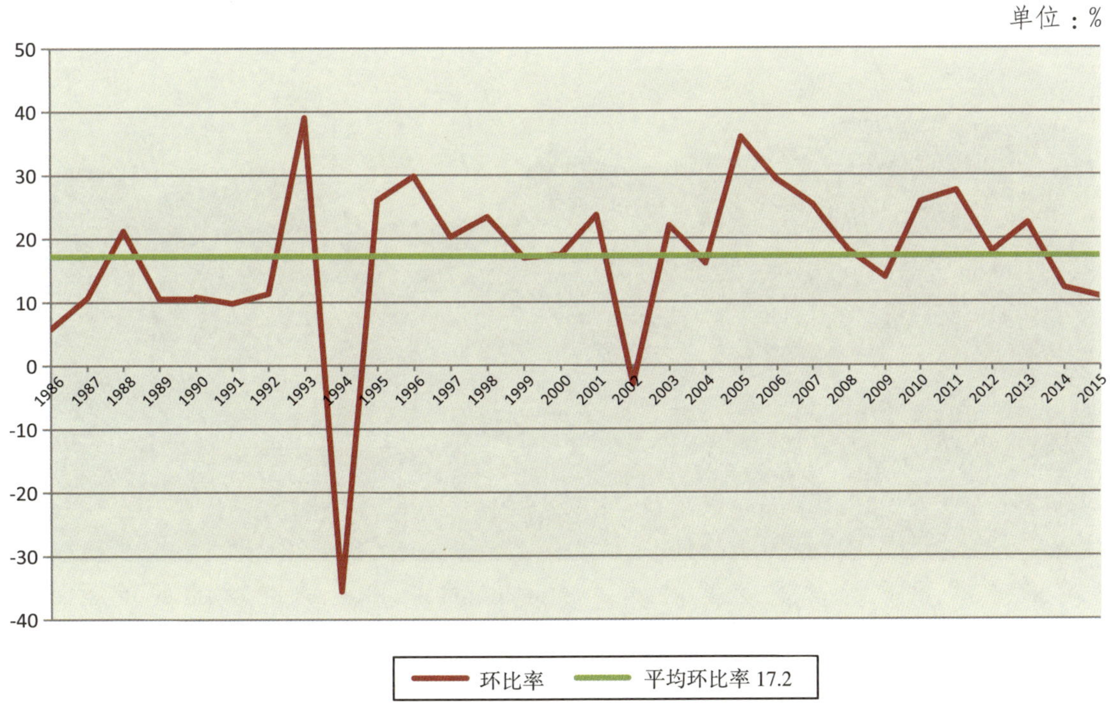

1986—2015 年烟台市财政收入环比图（环比计算未考虑财政体制调整等因素）

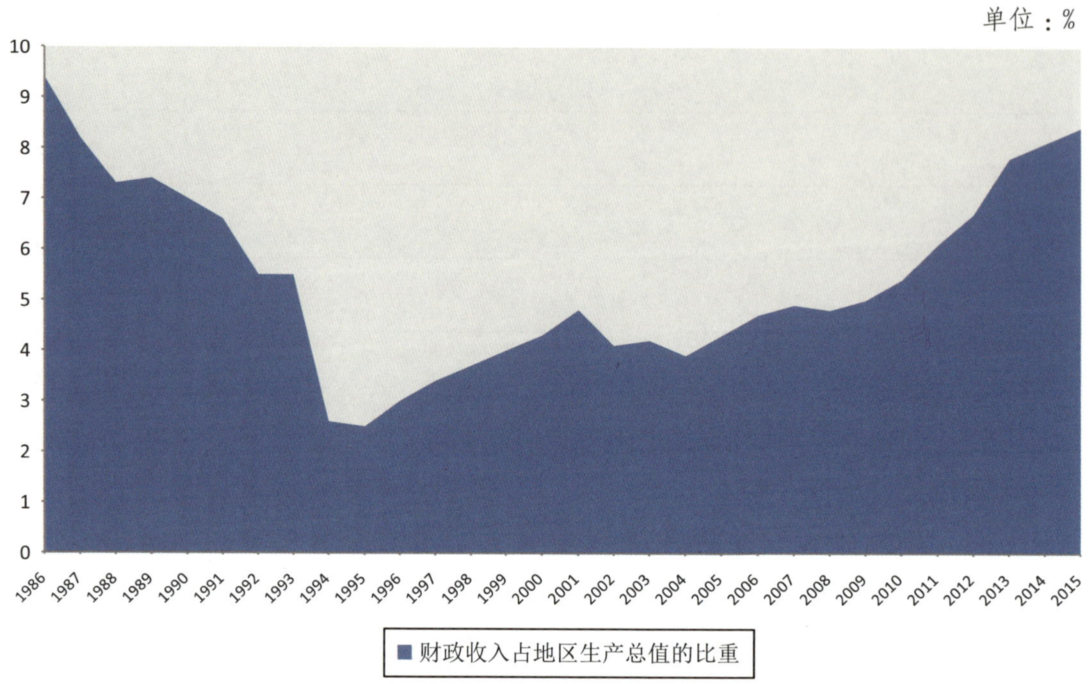

1986—2015 年烟台市财政收入占地区生产总值比重图

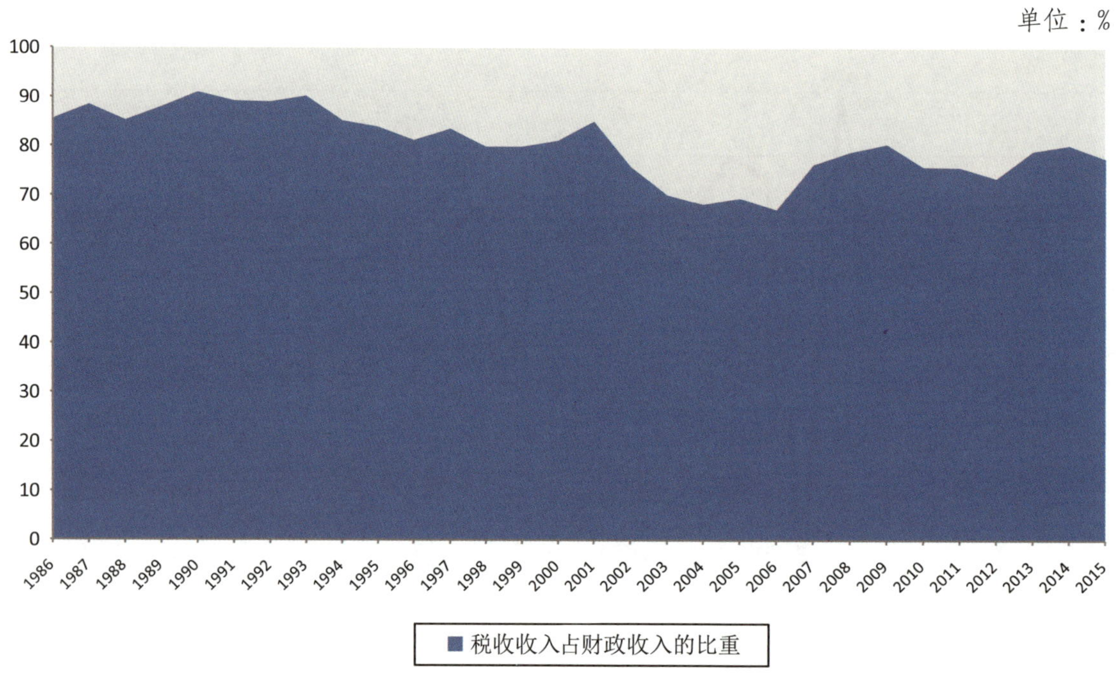

1986—2015 年烟台市税收收入占财政收入比重图

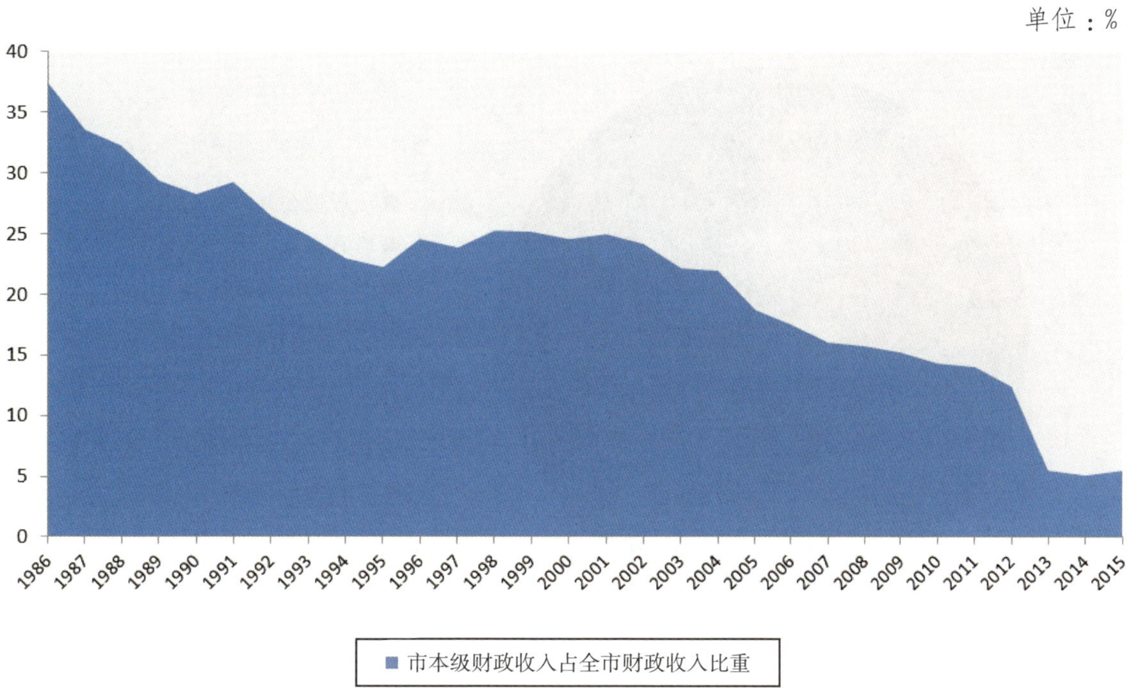

1986—2015 年烟台市市本级财政收入占全市财政收入比重图

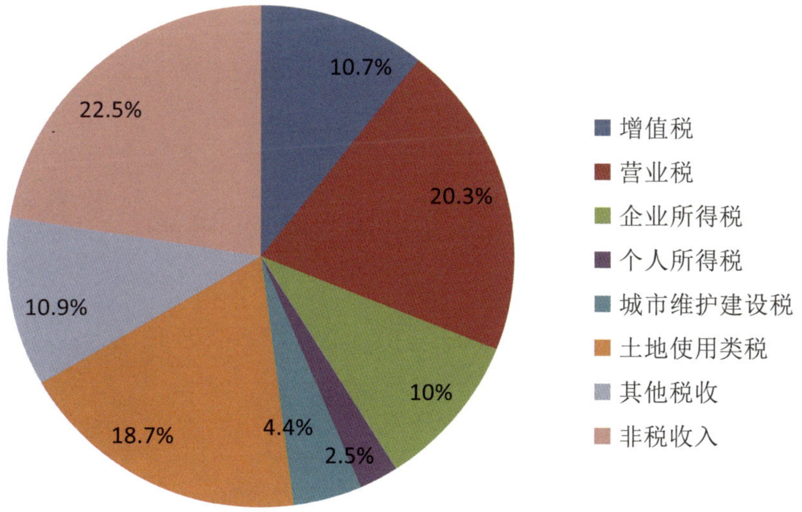

2015 年烟台市财政收入分项结构图

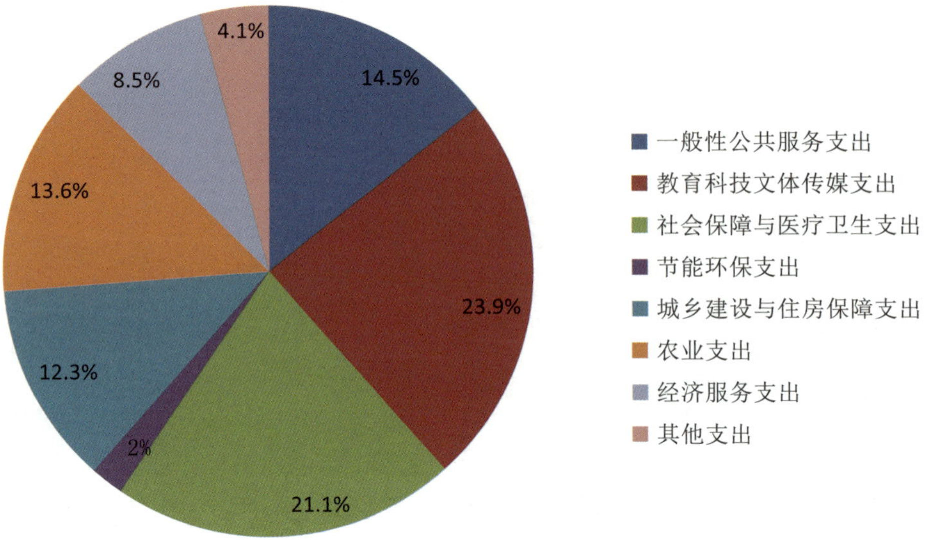

2015 年烟台市财政支出分项结构图

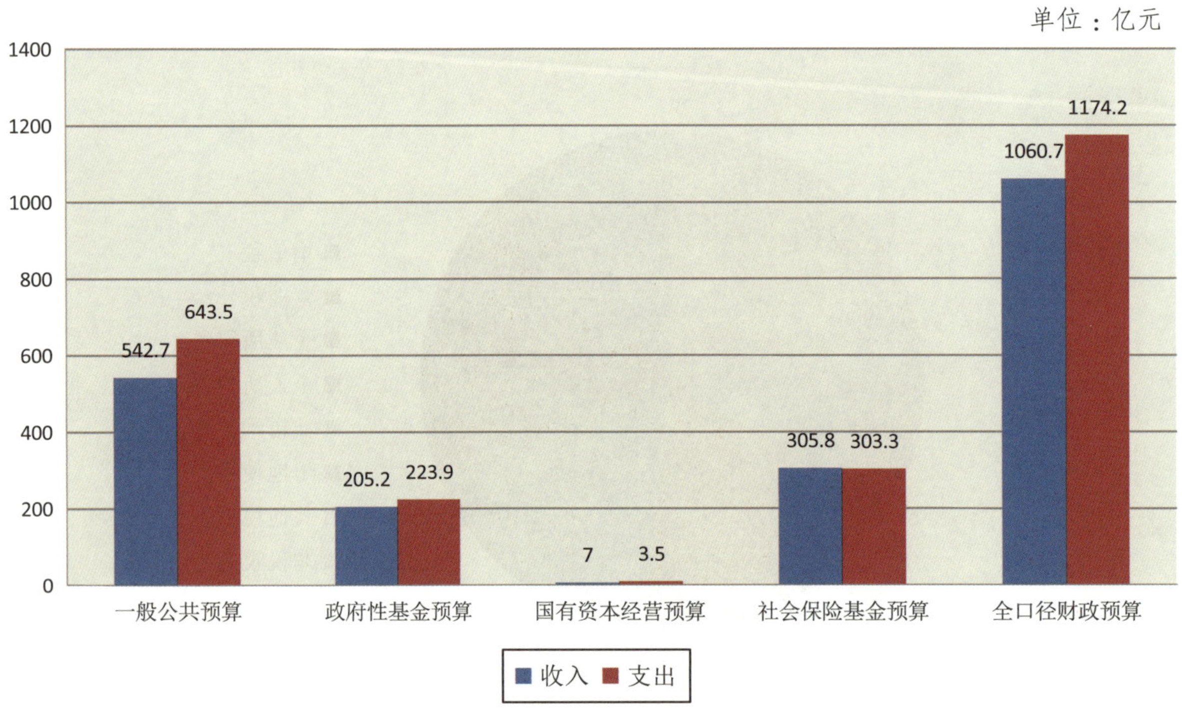

2015 年烟台市全口径财政预算收支总量对比图

大事记

历史印记

1986 年

2 月　烟台市财政局撤销企业财务科，工作人员并入烟台市财政驻厂员管理处，驻厂员管理处设综合科、工交企业财务管理科、商业企业财务管理科、外贸企业财务管理科、监察科。

3 月 18 日　烟台市财政科学研究所成立，科级事业单位，编制 10 人（市编委〔1986〕43 号）。

5 月 8 日　山东省会计干部中等专业学校烟台分校成立（鲁财会字〔1986〕8 号）。

9 月　市财政局会同中国人民银行烟台市分行等单位对全市行政事业单位和企业主管部门的预算外资金实行“计划管理、财政审批、专户存储、银行监督”管理制度。

是月　市财政局批复同意毓璜顶宾馆、烟台山宾馆实行事业单位企业化管理（烟财行字〔1986〕第 230 号）。

12 月 17 日　烟台市公房租金管理所设立，科级事业单位，编制 6 人（市编委〔1986〕80 号）。

是年　烟台市被国家确定为住房制度改革试点市；粮食财务体制由省级财政下放地方管理。

1987 年

2 月 17 日　烟台市开始对农业特产征收农业税（〔1987〕烟财农字第 13 号）。

7 月 9 日　市财政局调整充实会计职称改革领导小组，设立专门办公室，负责全市会计职称评审工作。

8 月 5 日　市财政局加强小型技措贷款使用管理，“财政小贷”收回后不再委托市建行办理（〔1987〕烟财企字第 87 号）。

8 月 21 日　根据财政部《关于耕地占用税具体政策的规定》，烟台市耕地占用税 50% 留地方，建立农业发展专项资金。

9 月　全市乡镇财政工作经验交流会召开，调动乡镇财政增收节支积极性。

10 月 9 日　根据山东省财政厅、人事局、编委〔1987〕鲁财人字第 73 号通知，烟台市设立副处级中央企业财政驻厂员处，内设外贸企业财政驻厂员科。

是年　山东省成立地级威海市，因区划变动，省对烟台市财政收支基数作相应调整。省与市的能源交通重点建设基金分成办法由原来的超收分成改为总额分成。支持海阳、莱阳两个贫困县经济发展，自该年起，连续三年，每年支持两县各 100 万元支农资金。投资 2300 余万元，提高城区综合功能，改善居民生活和工作环境。在市直各单位推行预算包干管理制度。进行税收、财务、物价大检查，查出各类违纪资金 2129 万元，补缴入库 1281 万元。

1988 年

1 月 2 日　烟台市公房租金管理处、山东省会计干部中等专业学校烟台分校改为副处级事业单位（烟政编〔1988〕3 号）。

1 月 27 日　根据市政府意见，市财政局将原委托市建设银行发放的部分贷款及分成款转作市交通银行资本金，共计 1000 万元（〔1988〕烟财企字第 9 号）。

3月8日 驻厂处中企科、外贸科的10名中央驻厂员编制划归中企处，增设省级驻厂员科，调整后编制为34人，其中，省级7人（市编委〔1988〕25号）。

6月28日 市财政局增设农业税征管科（市编委〔1988〕92号）。

7月2日 烟台市信托投资公司划归市财政局代管（烟政办发〔1988〕81号）。

12月19日 根据烟台合成革总厂下放地方管理的情况和财政部通知精神，市财政局规定该厂每年实现利润的50%用于归还基本建设借款，50%留利，留利中32%上缴市财政、68%企业留用（〔1988〕烟财企字第163号）。

是年 烟台港务局实行烟台市和交通部“双重领导、以市为主”的管理体制，财政部核增烟台市以港养港收支预算1254万元。市财政局对全市统一着装情况进行清查，查出未经国务院批准擅自着装的部门、单位142个，共6359人，开支总额244.75万元。

1989年

8月8—10日 全省预算外资金管理工作会议在蓬莱县召开。

9月14—18日 全国十四城市（县）住房制度改革研讨会在烟台召开。来自北京、上海、沈阳、南京、蚌埠、唐山、常州、南平、济宁等地的代表参加会议。国家体改委、国务院房改办及山东省有关部门领导应邀出席。烟台市副市长、市房改领导小组常务副组长杨金镜到会介绍试点情况，市财政局分管负责人和市公房租金管理处相关人员参加会议研讨。

10月11日 市财政局印发《烟台市中外合资企业中方财务管理暂行规定》，明确中外合资企业中方分得利润及场地使用费等中方权益问题（〔1989〕烟财企字第148号）。

10月11—17日 财政部地方预算管理司在烟台召开1989年全国财政决算工作会议。

是年 烟台市全面开征农林特产农业税。

1990年

2月 市财政局执行财政部《国有土地使用权有偿出让收入管理暂行实施办法》，明确国有土地使用权出让收入地方财政留用部分不参加体制分成，主要用于城市土地开发建设。

3月3日 市财政局组织代表队参加全省首届会计知识大赛，获团体第二名。

4月9日 烟台市蓬莱财会之家成立，科级事业单位，隶属市财政局，经费自收自支（市编委〔1990〕26号）。

6月 烟台市恢复征收城乡契税。

7月25—28日 全省财政、税务局长会议在烟台市芝罘宾馆召开，国务委员兼财政部部长王丙乾到会，中共山东省委书记姜春云讲话。

8月 贯彻省财政厅《关于进一步加强乡镇企业财务管理的意见》，全市集中开展乡镇企业财务管理和会计达标升级工作。

9月24—25日 市财政学会、会计学会第二次代表会议在华侨宾馆召开。

是月 张仁强任烟台市财政局局长（烟政任〔1990〕5号）；贯彻省财政厅、省高级法院、检察院、公安厅、司法厅《关于加强耕地占用税征收管理工作的联合通知》精神，全市依法开展耕地占用税征收工作。

10月13日 市税收财务物价大检查办公室由非常设机构转为副处级常设机构，仍设在市财政局（市编委〔1990〕147号）。

是月 国际农发基金会和联合国开发计划署官员及专家一行4人到烟台检查国际农发基金贷款项目准备情况，批准实施农业项目贷款2150万美元。

11月2日 市财政局取消各种形式的罚没收入提留分成办法，各执法部门所需办案业务经费列财政支出预算管理（〔1990〕烟财预字第59号）。

11月19—20日 全市首次国有资产管理工作会议在莱州市召开。

是月 市财政局加挂烟台市国有资产管理局牌子。

是年 烟台市财政局获山东省财政厅、人事局、总工会授予的全省先进财会工作集体称号。

1991年

2月3日 为推进市区污水处理工程总投资1.49亿元利用外资项目，市财政局向省计委出具不可撤销人民币担保1200万美元。

3月 烟台市开始全面开放国债转让市场。

6月21日 市财政局组织代表队参加全省财政系统珠算比赛，获团体第一名。

7月 经市委、市政府同意，市财政局设置总会计师职位。

12月2日 烟台合成革总厂、冷冻机总厂、张裕葡萄酒公司等11户企业列入全省第一批125户国营大中型工交企业名单，按国家有关规定，这批企业在“八五”期间可按销售收入的1%提取补充流动资金。

是年 市财政局参与拟定并贯彻执行市委、市政府《关于进一步搞活企业若干问题的规定》《关于市属企业第一轮承包兑现的意见》，通过落实各项财政财务政策，为地方国营企业增加生产发展资金26395万元，通过财政信用向企业贷款41300万元。市劳动竞赛委员会授予市财政局劳动竞赛优质服务单位。

1992年

3月9日 根据上级统一要求，市财政局对乡镇企业和农村合作经济组织会计专业岗位实行会计证管理制度（烟财会字〔1992〕1号）。

4月6日 根据《关于加强企业财务管理工作的通知》规定，企业财务部门负责人、会计主管人员的任免、调动，须经同级企业主管部门和财政、税务部门批准（烟政发〔1992〕36号）。

6月30日 市财政局开始对全市会计专业技术人员开展继续教育工作。

是月 市财政局设立国有资产管理办公室，具体承办国有资产管理业务。

8月 中共烟台市财政局总支部委员会改为中共烟台市财政局机关委员会，设1名专职副书记（正科级）。

10月 烟台市国有资产经营公司成立，隶属市财政局，在政府授权托管范围内代行国有产权所有者职能。

是年 全市行政事业单位共创办经济实体3750个，7447名机关工作人员转入实体公司工作，市财政局制定《关于机关事业单位兴办经济实体的意见》予以支持。市国有资产经营公司对虹口宾馆南宾楼进行有偿转让，是烟台市首例国有资产向个人转让。

1993 年

1 月 1 日 根据财政部《全国非贸易外汇留成办法》有关规定，市财政部门负责全市非贸易外汇收支管理工作(烟财企字〔1993〕1 号)。

2 月 烟台财会培训中心设立，为差额拨款副处级事业单位，由财政部、省财政厅和市财政局共同领导，以市财政局领导为主。

6 月 全省首届财税系统老年运动会在烟台化工部培训中心举办。

7 月 1 日 烟台市开始实施《施工房地产开发企业财务制度》《施工企业会计制度》《房地产开发企业会计制度》(烟财预字〔1993〕42 号)。

8 月 20 日 全国注册会计师考试第二次工作会议在烟台召开，财政部副部长张佑才出席会议，省财政厅副厅长张昭立、总会计师王云芳和全国 30 个省、自治区、直辖市考试办主任共 112 人参加会议。

11 月 29 日 根据财政部和省财政厅通知精神，市财政局要求各级财政机关与所办经济实体脱钩（烟财监字〔1993〕第 6 号）。

12 月 26 日 全国国债工作会议在烟台大酒店召开，财政部副部长金人庆出席会议，省财政厅和烟台市有关领导与会，各省、自治区、直辖市和计划单列市的综合计划处处长参加会议。

是月 在烟台会计师事务所基础上组建中华会计师事务所，副处级事业单位，隶属市财政局，经费自收自支，核定事业编制 60 人；市财政局印发《关于企业经营者任期效益目标的核定意见》，进一步完善市属企业经营者（厂长、经理）的考评奖惩机制（烟财企字〔1993〕238 号）。

是年 根据全国、全省统一部署，自 7 月 1 日起，烟台市全面实施《企业财务通则》和《企业会计准则》，市财政局组织全市 2 万多名企业会计人员参加业务培训。烟台市在全省率先出台《烟台市预算外资金管理办法》，推行预算外资金收支两条线的专户代管办法，代管范围逐步扩大到乡镇，当年全市代管资金总额达 18.7 亿元。

1994 年

1 月 25 日 烟台市开始实行海域使用证和有偿使用制度（烟财综字〔1994〕第 6 号）。

4 月 1—15 日 根据市政府要求，市财政局组织相关人员赴香港芝兴公司进行财务状况核查。11 月 7 日 向市政府报送《关于香港芝兴公司财务状况的报告》(烟财企字〔1994〕第 160 号)。

5 月 31 日 市财政局确定，自本年度起，建立市级文化企业发展专项基金，支持宣传文化企业发展（烟财企字〔1994〕第 71 号）。

6 月 6 日 财政部副部长刘积斌到烟台指导财政工作，副市长杨金镜、范庆梅等领导陪同活动。

6 月 20—27 日 全国财政系统大检查干部培训班在烟台财会培训中心举办，国务院税收财务物价大检查办公室副主任吴建武、沙南安，财政部副司长周秉建、刘义彬，省财政厅厅长黄可华、纪检组长丛吉滋，副市长范庆梅等出席开班仪式。

是月 根据省政府、济南军区关于改革军粮供应体制的通知精神，地方财政不再支付军粮差价补贴，全部改由中央和省财政负担（烟财企字〔1994〕第96号）。

7月4日 市政府批复，同意烟台市国有资产管理局与烟台市财政局实行合署办公。

7月18日 烟台财会培训中心举行开业典礼，全国人大常委会副委员长王丙乾应邀出席并剪彩。

7月20日 根据中央关于党政机关不准经商办企业的指示精神和上级统一部署，市财政局印发文件，要求全市各级党政机关与所办经济实体财务脱钩，脱钩后的经济实体统一纳入预算管理（烟财预字〔1994〕第49号）。

7月25日 财政部副部长金人庆、省财政厅厅长黄可华等领导到烟台指导工作。

8月28—31日 全省财税工作会议在烟台财会培训中心召开，省长赵志浩出席会议并讲话。

是月 烟台市财政局农业税征收处成立，科级事业单位，编制10人，负责中央、省、市驻芝罘区单位农业特产税及市区契税征收工作（烟编〔1994〕52号）。

9月20日 财政部境外企业财务研讨班在烟台财会培训中心举办，财政部副司长要秀珍到会。

是月 为适应财税体制改革需要，烟台市委决定建立中共烟台市委财税工作委员会。

10月11日 财政部副部长张佑才一行到烟台指导工作，省财政厅副厅长柏继民和烟台市有关领导陪同活动。

10月18日 根据省财政厅意见，中华会计函授学校由财政、农业部门联合办学改为由财政部门独立办学。自本年度起，该校在全市举办会计学专业业余大专和本科班，由山东经济学院、山东财政学院、山东省中华会计函授学校联合办学。

11月11日 烟台市税务周转金移交财政部门，纳入财政有偿资金统一核算管理（烟财预字〔1994〕66号）。

12月4—8日 财政部副部长迟海滨一行到烟台指导工作，省财政厅副厅长谢大文和烟台市有关领导陪同活动。

12月5日 经烟政编〔1994〕14号文件批准，烟台市独立设置国有资产管理局，由市财政局管理。是月，撤销原国有资产管理办公室。

是年 全面实行分税制财政体制改革，当年烟台市地方财政收入113259万元，较上年增长23.4%，地方财政支出161220万元，较上年增长16.4%，按照财政体制结算，全市可用财力168008万元，扣除专项结余6590万元，当年收支相抵结余198万元。财政部副部长项怀诚到烟台调研基层财政工作。筹集资金220万元，宣传烟台苹果，使其成为第四届世界妇女大会唯一指定专用苹果。全市抽调2000余人，组成640余个检查小组，对6662个单位进行财务检查，查出违纪金额4666万元。

1995年

1月1日 全国开始实施《中华人民共和国预算法》；市财政局贯彻《关于行政性收费纳入预算管理有关问题的通知》精神，第一批行政性收费纳入预算管理。

1月13日 市财政局设立税政科，所需编制在局内部调剂解决。

4月6—10日 全国财政系统商业粮食物资年度决算会审会议在烟台财会培训中心召开，财政部商贸司副司长罗宏福、省财政厅副厅长柏继民出席会议。

5月8日 市财政局设立基本建设财务科，所需编制在局内部调剂解决。

5月16日 财政部全国综合与改革工作会议在烟台财会培训中心召开，财政部党组成员、部长助理谢旭人出席会议并讲话。

5月26日 按财政部规定，烟台市正式实行住房公积金制度（烟财房字〔1995〕3号）。

是月 中共烟台市委、烟台市人民政府和驻烟部队授予烟台市财政局拥军优属模范单位称号。

7月 烟台市蓬莱财会之家成建制下放给蓬莱市财政局管理。

8月29日 财政部比较税制研讨会在烟台召开，财政部税政司司长刘克崮，中国国际税收研究会副会长韩绍初、唐腾翔，省财政厅厅长黄可华、副厅长孙肇琨等出席会议。

9月1日 市财政局收回原委托市建行代行的全部财政职能（烟财字〔1995〕第48号）。

10月 烟台市财政局获财政部全国先进财会工作集体称号。

11月1日 中国财政学会暨第十二次全国财政理论讨论会在烟台财会培训中心召开。全国人大常委会副委员长王丙乾，财政部原副部长田一农、副部长迟海滨等领导及专家学者共200余人出席会议。

12月4日 为完善分税制财政体制，减轻县（市、区）负担，市对县（市、区）原定额上缴递增比例由8%降为6.5%，收入增长6.5%以上部分省、市不再参与分成（烟财预字〔1995〕124号）。

是月 市政府对口援助西藏聂拉木县140万元资金，市财政局对各县（市、区）资金负担进行分配（烟财预字〔1995〕133号）。

是年 市财政局对市级268户企业的882万平方米土地进行了国有土地估价，确认批复估价入账总价值218000万元，结束了国有企业账面无土地价值的历史。市级筹集城市住房基金1300万元，收缴公积金550万元，保证了房改工作顺利实施。全市消灭历年财政赤字2009万元，所有县（市、区）累计无赤字。全国财政科研工作会议在烟台召开。全国财政工作会议在烟台召开，财政部部长刘仲藜出席会议并讲话。

1996年

1月18日 国家税务总局党组书记、副局长项怀诚一行到烟台检查指导工作，山东省和烟台市有关领导陪同活动。

1月23日 根据市委、市政府《关于扶持市直重点工业企业发展的决定》（烟发〔1996〕3号），市财政建立重点技改项目发展基金，每年至少从市级地方机动财力和预算外资金中集中2000万元、统筹集中重点企业上缴所得税的15%部分，专户储存，有偿使用。

1月30日 根据《烟台市市级机构改革实施意见》（烟发〔1996〕4号），市财政局内设市税收财务物价大检查办公室；管理市国有资产管理局。

3月25日 财政部党组成员、纪检组长金莲淑一行到烟台检查指导工作。

4月24日 根据《烟台市城市居民最低生活保障暂行办法》(烟政发〔1996〕11号),市民政局、财政局、劳动局、统计局制定印发《实施细则》,自该年度起实行,当年市、区居民最低生活保障线标准为按户计算月人均120元。

9月6日 市财政局开始在全市范围内整顿会计工作秩序,提高会计工作质量。

10月3日 根据市编委会议纪要精神,原由地税部门指导监督的集体企业财务工作划归财政部门负责;国家和省、市投资的基本建设项目的预、决算由市财政局负责审查审批。

11月 原行政事业财务科分设为社保科、文教行政科。

12月6日 市财政局制定《关于加强企业财务管理与监督的实施意见》,市政府办公室转发执行(烟政办发〔1996〕177号)。

12月19日 根据国务院和省、市政府有关指示精神,市财政局会同有关部门拟定《烟台市市级帮困基金筹集与使用意见》,由市政府印发执行(烟政发〔1996〕123号)。

是年 市财政拨款1000万元支持机场候机楼及联检部门办公楼建设,拨款4000万元支持市图书馆主体工程建设;市财政局对全市1.07万个单位的会计秩序进行了整顿,对1483户国有企业进行了年检登记,首次开展行政事业单位产权登记工作,登记资金总额70.69亿元。

1997年

3月4日 市财政局印发《关于对地方金融企业和非银行金融机构进行调查登记的通知》,明确地方金融企业和非银行金融机构财务管理工作归口市财政管理(烟财企字〔1997〕18号)。

4月11日 市财政局与中国专利局达成协议,由烟台财会培训中心接收安排专利干部学院的部分资产和工作人员。

5月15日 市财政局会同有关部门印发《烟台市住房公积金管理实施细则》,规范住房公积金的缴存、支付、使用和管理(烟财房字〔1997〕第5号)。

8月6日 执行《山东省行政复议实施办法》,市财政局成立法制宣传教育领导小组。

9月1日 根据《山东省会计基础工作规范化验收实施办法》,市财政局在全市开展会计基础工作规范化验收工作;印发《烟台市〈会计证管理办法〉实施细则》,加强会计人员从业资格管理。

9月25日 市财政局成立预算外资金管理处,副处级事业单位,内设财务科、票据科、征管科和稽查科,人员编制20名。

11月10日 市财政局执行《山东省住房资金财政监督管理暂行办法》,加强住房资金监管工作(烟财房字〔1997〕9号)。

是年 烟台市推进社会保障制度改革,调整城镇居民最低生活保障线标准,实行农村最低生活保障线制度,拨付帮困基金救助困难职工,维护社会稳定。市财政拨付资金1.05亿元支持莱山机场国际候机楼等城市基础设施建设,保证第二届APEC国际果蔬博览会顺利召开。执行财政部《农业事业单位财务制度》《中华人民共和国契税暂行条例细则》。控制社会集团消费的不合理增长,停批进口小汽车和行政事业单位移动电话,停批欠发教师工资的县(市、区）用财政拨款购买小汽车。

1998年

1月1日　烟台市实施新的《财政总预算会计制度》和《事业单位会计准则（试行）》《事业单位会计制度》。

3月9日　省财政厅鲁财基字〔1998〕4号批复，烟台市建设工程概算、预算、决算审查工作由财政部门负责。

7月14日　市财政局会同有关部门转发财政部等四部委《企业职工基本养老保险基金实行收支两条线管理的暂行规定》，明确在国家社会保障预算制度建立以前，基本养老保险基金纳入单独的社会保障基金财政专户管理（烟财社字〔1998〕54号）。

8月17日　市财政局转发财政部《基本建设财务管理若干规定》，加强和规范基本建设投资的财务管理（烟财基字〔1998〕18号）。

10月25日　全省财政工作会议在烟台财会培训中心召开，各市财政局长、预算科长、办公室主任参加会议。

是月　财政部驻山东省财政监察专员办事处烟台组撤销，市财政局接收其人员、资产。

12月17日　烟台市财政局获山东省人事厅、财政厅全省财政系统先进集体称号。

12月30日　《烟台市政府采购管理暂行办法》经市政府第5次常务会议通过并发布实施。

是月　省以下工商管理系统实行垂直管理，烟台市工商局财务上划省级财政。

是年　《烟台市预算外资金管理实施细则》（烟财综字〔1998〕10号）印发执行，市财政局对市级行政事业单位预算外资金账户进行全面清理，确认账户771个，撤销账户443个，纳入市级财政专户管理的资金达4亿元。全市以政府名义对外签约和通过上级政府催收的外债总额为1.31亿美元，其中，逾期外债达4427万美元。财政部部长项怀诚到烟台调研基层财政工作。

1999年

1月6日　烟台市政府采购管理委员会成立（烟政发〔1999〕2号）。下设办公室，设在市财政局（以下简称采购办）。

是月　采购办公布1999年度烟台市首批政府采购目录，印发《烟台市政府采购招投标组织管理暂行规定》《烟台市政府采购履约和验收暂行规定》和《关于市直行政事业单位机动车辆实行统一保险的通知》。

3月20日　市编办确定采购办为正处级事业单位，核定编制15人，参照国家公务员管理（烟政编〔1999〕4号）。

4月8日　市财政局向市政府报送《关于市经贸委工业投资公司兑付资金拨付情况的紧急报告》（烟财字〔1999〕13号），安排资金5100万元用于兑付存款，化解地方金融风险。

4月20日　烟台市会计师事务所改制，原有档案移交市财政局，按规定办理注销手续，其财务关系自7月1日起、人事关系自10月1日起与市财政局脱钩。

5月18日　烟台信托投资公司归并到山东省齐鲁信托投资有限公司（烟政函〔1999〕43号）。

6月4日　烟台市级药品医疗卫生器械实

行政府集中采购（烟财字〔1999〕17号）。

6月25日 针对烟台市利用世界银行住房与社会保障贷款4000万美元项目运作中存在的财务问题，市财政局向市政府提出预警意见，防范地方财政风险（烟财字〔1999〕22号）。

6月28日 市财政局实行办事效率监督卡制度，试行办事效率承诺服务制度，提高全局工作效率（烟财字〔1999〕23号）。

8月9—13日 全省财政工作会议在烟台召开，副省长黄可华、省财政厅厅长张昭立等领导出席会议。

8月12日 市财政局执行市政府《烟台市预算外资金账户管理办法》《烟台市预算外资金上缴下拨财政专户管理办法》和《行政事业性收费“票款分离”管理办法》，全面加强预算外资金管理。

11月6—10日 全国财政系统信息工作会议在烟台财会培训中心召开，财政部副部长高强出席会议并讲话，副省长黄可华、省财政厅厅长张昭立等领导与会。

12月9日 烟台市会计事务服务中心设立，科级差额预算单位，核定编制7人。

是年 全市拨款1.3亿元，其中，市本级3473万元，重点支持高新技术项目和新产品开发、中俄基地建设以及引进国外智力等。投入城市建设资金3.79亿元，其中，国债转贷和债券1.93亿元，用于保证污水处理工程和市区环境综合整治等重点建设项目。拨款600万元支持西藏自治区聂拉木县和山东省菏泽地区脱贫致富。

2000年

2月28日 市财政局转发《山东省财政执法监督检查暂行办法》等五项制度，进一步规范财政行政执法行为（烟财法字〔2000〕1号）。

3月12日 烟台市财政局获市委、市政府文明机关单位称号。

3月26日 地方彩票市场的监管职能由同级财政部门承担（烟财综字〔2000〕5号）。

3月27日 市财政局会同有关部门落实中办发〔1999〕21号文件精神和财政部等五部委《行政事业性收费和罚没收入实行“收支两条线”管理的若干规定》，加强全市行政事业性收费和罚没收入管理（烟财综字〔2000〕11号）。

4月16日 烟台市财政信息中心设立，科级全额预算单位，核定编制8人。

4月19日 烟台市执行《山东省海域使用金征收管理暂行办法》，明确海域使用金是财政一般预算收入（烟财综字〔2000〕23号）。

是月 烟台市财政局局长张仁强获国务院全国先进工作者称号。

6月 全市财政系统开展新《会计法》宣传月活动。

7月1日 烟台市开始实施新《会计法》。

8月15—22日 财政部财政专员办纪检监察干部培训班在烟台财会培训中心举办，财政部纪检组长金莲淑出席会议并讲话。

8月24日 市财政局向市政府报送《关于烟台正海电子网板有限公司国债专项资金办理意见的请示》（烟财字〔2000〕20号），理顺该企业财务管理体制，明确市级与开发区国债资金偿还承诺责任。

是月 烟台市直机关事业单位实行财政统一发放工资，市直32个行政事业单位首批纳入工资统发范围，统发工资人数1288人。

9月24—29日 财政部全国法制工作会议暨法规处长培训班在烟台财会培训中心举办，财政部部长助理廖晓军出席会议并讲话。

10月16日 烟台市财政局信息工作列全国地市级财政局第一名，获财政部表彰。

11月8日 市财政局向市政府报送《关于撤销烟台市信托投资公司的清算方案》，成立工作组，开展清算工作。

12月 中共烟台市委财税工作委员会撤销。

是年 市财政拨款1445万元支持旅游景点开发建设，5660万元支持体育主场馆建设，筹集资金5820万元支持门楼水库挖潜、提水等城市应急供水工程。全市推行财政委托银行统一发放工资制度。

2001年

1月12—17日 财政部农业综合开发办公室在烟台财会培训中心举办全国农业综合开发培训班。

2月15日 市财政局开始在全市范围内开展农村税费改革调查摸底工作（烟财〔2001〕3号）。

3月26—29日 财政部农业司在烟台财会培训中心举办天然林保护财务制度培训班。

3月28日至11月中旬 市财政局牵头在全市范围内开展税源普查工作。

是月 市委、市政府批准《烟台市财政局职能配置内设机构和人员编制规定》，明确划出职能2项，划入职能7项，增加职能6项，转变职能6项，设16个职能科室和机关党委。

4月24—27日 财政部中央10个试点部门预算工作座谈会在烟台财会培训中心召开。

5月10—12日 财政部行政政法司在烟台财会培训中心举办全国行政政法财务管理培训班，行政政法司司长冯秀华、省财政厅副厅长宋文平等领导与会。

6月5日 烟台市财政驻厂员管理处撤销，其人员的行政关系、工资关系移交市财政局（烟政办发〔2001〕40号）。

6月10—17日 财政部预算司在烟台财会培训中心举办全国财政系统非贸易外汇管理知识培训班，预算司司长张弘力、干部教育中心主任王建国等领导与会。

7月20日 隶属烟台市财政局的烟台华阳热电公司移交市城市管理局管理（市政府会议纪要第76号）。

是月 财政部企业国有资本与财务管理制度培训班在烟台财会培训中心举办，财政部企业司副司长刘祝余、省财政厅副厅长孟凡利与会。

8月 叶文君任烟台市财政局局长（烟政任〔2001〕12号）。

9月17—20日 财政部国库司在烟台财会培训中心召开地方部分省市预算执行分析座谈会，财政部副部长肖捷等领导出席会议。

9月18日 财政部农业司巡视员张振国到烟台参加第三届APEC果蔬博览会。

10月 财政部全国教科文工作会议在龙口市召开，财政部副部长张佑才出席会议并讲话，省财政厅副厅长于国安等领导参加会议。

11月27日至12月3日 财政部所得税税源调查会审会在烟台财会培训中心召开，财政部税政司司长解学智、副司长史耀斌等领导与会。

12 月 4—9 日 财政部国库管理制度改革试点座谈会在烟台召开，财政部纪检组长金莲淑出席会议并讲话。

12 月 29 日 市财政局在市行政审批中心设立窗口，办理出国用汇审批核销和会计证管理业务。

是月 烟台市 12 个县（市、区）208.1 万亩森林全部列入省森林生态效益林补助资金试点范围，每年全市增加林业投资 1045 万元。

是年 烟台市率先在莱州市开展农村税费改革试点，新的农村税费改革政策从夏征开始实施，当年农民减负率达到 29%。市财政拨付 1000 万元保障下岗职工基本生活，筹措粮食风险基金 4620 万元，发放职工一次性住房补贴 4381 万元，受理审批职工住房公积金贷款 3400 万元。

2002 年

1 月 7 日 市财政局在《烟台日报》公告 30 种影响范围广的行政事业性收费票据，将全市范围内流通的票据样本汇编成册，印发市直有关部门和单位。

4 月 22—24 日 国务院税费改革领导小组办公室在烟台举办全国第一期农村税费改革培训班，全国 16 个省、自治区、直辖市税费改革办公室人员参加培训。

4 月 28 日 副省长黄可华到烟台督导农村税费改革工作，市长杨金镜、副市长张幸福陪同活动。

5 月 20—30 日 财政部社保司在烟台财会培训中心举办全国养老保险金精算培训班。

6 月 市财政局举办全市财政系统《优化烟台发展环境开创财政工作新局面》征文、演讲活动，选拔优胜选手参加烟台市“环境建设年”演讲比赛，获一等奖。

8 月 27 日 市委办公室、市政府办公室印发《关于腾岗安置城镇就业困难群体的通知》，由财政对妥善安置“4050”人员的用人单位给予岗位开发补贴、社会保险费补贴、商业综合保险补贴三项补助。

9 月 9—23 日 审计署驻济南特派员办事处对烟台市 2001 年至 2002 年 8 月底的国债资金使用情况进行专项检查。

10 月 23—26 日 财政部金融司在烟台财会培训中心举办外国政府贷款管理培训班。

11 月 12 日 市财政局印发《烟台市政府债务监督管理暂行规定》（烟财〔2002〕24 号），理顺政府债务管理职责，防范和控制债务风险。

是年 烟台市全面推行农村税费改革试点，取消“三提五统”“两工”等专门面向农民征收的行政事业性收费、政府性基金和集资项目，依法依规取缔针对农民的乱摊派、乱收费。加大对栖霞、长岛的扶持力度，全面启动乡镇“双增工程”。

2003 年

4 月 22 日 市财政局成立非典型肺炎防治工作领导小组，当年拨付防治资金 1200 万元。

是月 撤销文教行政科，分设行政政法科、教科文科。

5 月 8 日 市财政局会同市劳动和社会保障局转发《财政部劳动保障部关于促进下岗失业人员再就业资金管理有关问题的通知》，促进就业和再就业工作（烟财社〔2003〕34 号）。

7月 全市开展“会计诚信建设年”活动（烟财会〔2003〕4号）；全市药品监督管理系统经费和资产上划省级管理（烟财社〔2003〕53号）。

10月16日 市财政局印发《烟台市市级部门基本支出预算管理办法（试行）》和《烟台市市级部门项目支出预算管理办法（试行）》，推进部门预算编制改革（烟财〔2003〕17号）。

11月24日 市财政局转发财政部《关于深化地方财政国库管理制度改革有关问题的意见》，按照由易到难、稳步推进、规范操作原则，确保国库管理制度顺利实施（烟财库〔2003〕6号）。

12月31日 烟台市政府投资评审中心设立，编制15名，按全额预算单位管理。

是年 烟台市出台16项支持对外开放政策措施，全年用于涉外经济补助、奖励等资金6362万元，拨付出口退税专项资金8503万元，完成出口退税18.5亿元。扶持34户高新技术企业新产品开发资金1330万元，拨款4000万元设立中小企业贷款担保基金。在全省率先建立下岗失业人员贷款担保基金1000万元。拨付（借）26个“双增工程”乡镇专项资金7460万元，安排“三农”资金6000万元用于农业产业化龙头企业贷款贴息等。在5个市（区）进行了农业特产税改革，直接为农民减轻负担1.7亿元。

2004年

1月30日 烟台市财政局建成开通门户网站，网址：http://czj.yantai.gov.cn。

2月 烟台市53户企业列入山东省享受财政专项资金扶持的高新技术企业名单。

3月 市财政局与蓬莱市政府签署项目转贷协议，实施世界银行贷款沿海资源可持续开发项目（烟财金〔2004〕3号）。

4月6日 烟台市贯彻国家粮食补贴改革政策，对种粮农民实行直接补贴（烟财建〔2004〕32号）。

5月9日 市编办批复同意市政府投资评审中心内部机构设综合科、评审一科、评审二科，中层领导干部职数6名。

6月25日 市财政局会同市民营经济发展局印发《烟台市民营企业项目贷款财政贴息补助资金管理暂行办法》，支持民营企业发展（烟财企〔2004〕27号）。

6月28日 烟台市政府投资评审中心挂牌开展工作。

8月12—15日 财政部在烟台财会培训中心举办全国财政系统投资评审业务培训班，全国35个省、自治区、直辖市和计划单列市财政厅（局）评审中心主任及业务骨干300余人参加培训，省财政厅副厅长孟凡利作会议发言。

12月3日 市财政局转发省财政厅《关于开展“乡财县管乡用”改革试点工作的指导意见》，进一步加强乡镇财政管理（烟财预〔2004〕56号）。

是年 烟台市财政局获得山东省精神文明建设委员会“省级文明机关”和“省级文明单位”称号；全市财政支农支出10.8亿元，占财政支出比重达10%；全市全面取消农业特产税，农业税税率下调3%，全年减轻农民负担3.2亿元，人均减负71元；市财政筹措资金7.1亿元支持南大街、滨海景区、二马路拓宽改造等重点城市建设工程，筹措资金 3 亿元解决城市建设拖欠农民工工资问题，安排专项资金 1000 万元启动市区夜间经济。

2005 年

1 月 烟台市执行财政部《小企业会计制度》《村集体经济组织会计制度》《民间非营利组织会计制度》。

3 月 11 日 市财政局转发省财政厅《山东省用于农业土地开发的土地出让金管理实施暂行办法》，按规定从市、县本级土地出让金中划出 20%，专项用于农业土地开发（烟财综〔2005〕11 号）。

5 月 8 日 市财政局制定《烟台市财政“双增工程”专项资金管理暂行办法》，促进农民增收、财政增收（烟财农〔2005〕28 号）。

5 月 10 日 根据《山东省地方教育附加征收使用管理暂行办法》，烟台市地方教育附加收入列政府性基金预算管理（烟财综〔2005〕19 号）。

7 月 12—13 日 全国财政厅（局）长会议在烟台财会培训中心召开，财政部部长金人庆出席会议并讲话，山东省省长韩寓群，省委常委、烟台市委书记焉荣竹等领导与会。

7 月 26 日 根据国务院《深化农村信用社改革试点方案》精神和省财政厅要求，市财政局转发《关于对农村信用社保值储蓄补贴资金进行专项检查工作》的通知，部署开展检查工作。

8 月 31 日 应财政部部长金人庆邀请，乌干达财政、计划和经济发展部长尼兹拉·苏鲁马（H. E. Mr. Ezra Suruma）一行 6 人到烟台参观访问，市长周齐、副市长李淑芹在金海湾酒店会见代表团。

11 月 9 日 根据《烟台市财政国库管理制度改革试点方案》（烟政办发〔2005〕97 号），市财政局印发执行《烟台市市级财政国库管理制度改革试点资金支付管理办法》和《烟台市市级财政国库管理制度改革试点会计核算暂行办法》（烟财库〔2005〕5 号、6 号），保证财政国库管理制度改革顺利实施。

11 月 19 日 市财政局会同市卫生局转发《山东省新型农村合作医疗基金财务管理暂行办法》，规范新农合医疗基金财务管理，维护参合农民合法权益（烟财社〔2005〕87 号）。

是年 烟台市比全国和全省提前一年全面取消农业税，全市减轻农民负担 1.86 亿元。筹集资金 1270 万元，支持高致病性禽流感防治和冬季防雪救灾工作。

2006 年

2 月 23 日 市财政局转发《山东省农村五保供养资金管理暂行办法》，保障农村五保对象基本生活、住房、医疗等支出，维护其合法权益（烟财社〔2006〕4 号）。

5 月 9 日 市财政局印发《烟台市政府收支分类改革工作实施方案》（烟财预〔2006〕21 号），全面启动政府收支分类改革的实施准备工作。

5 月 12 日 市财政局部署开展财政管理年活动（烟财办〔2006〕5 号）。

是月 市财政局转发《山东省财政厅支持社会主义新农村建设的实施意见》，印发执行《烟台市财政局支持社会主义新农村建设联席会议工作规则》(烟财办〔2006〕8号)。

8月28日　落实市政府意见，市财政局确定由芝罘区、福山区、莱山区、牟平区为市信用担保有限公司筹措资本金共2000万元(烟财预〔2006〕4号)。

10月8日　《烟台市积极探索政府投资评审监管新模式》在《山东政务信息特刊》(47)刊发。烟台市市长孙永春对市财政局投资评审经验做法作出批示，要求在全市财政系统推广。

11月24日　市财政局印发《实施〈中华人民共和国公务员法〉工作方案》，贯彻落实国家公务员法(烟财发〔2006〕15号)。

11月27日　市财政局转发财政部《金融类企业国有资产产权登记管理暂行办法》，开展地方金融类企业国有资产产权登记工作(烟财金〔2006〕22号)。

12月6日　市财政局印发《关于开展2006年度行政事业单位国有资产产权登记和管理信息统计工作的通知》，加强行政事业单位资产管理(烟财办〔2006〕18号)。

是月　市财政局增设行政事业资产科；转发《财政部关于完善和推进地方部门预算改革的意见》，要求编制2007年预算时全面推行规范的部门预算制度(烟财预〔2006〕70号)；转发《财政部关于进一步推进乡财县管工作的通知》，确定2008年年底前，原则上都要推行乡财县管(烟财预〔2006〕71号)；印发《烟台市农村义务教育阶段学生免收杂费实施管理办法》(烟财教〔2006〕131号)，自2007年起，对全市范围内的农村义务教育阶段学生免收杂费。

是年　烟台市财政局获人事部、财政部全国财政系统先进集体荣誉称号；全市地方财政收入突破百亿元大关，达112.42亿元，支出143.69亿元；烟台市实施“万村千乡”市场建设工程，对800个列入国家财政补贴范围的农家店进行配套扶持；全市投入资金3亿元完成1512个村自来水工程建设，筹措资金4385万元完成农村中小学危房改造等工作。

2007年

1月1日　烟台市实施政府收支分类改革。

1月18日　市政府投资评审中心增设评审三科，主要负责土地储备成本核定和征地拆迁补偿审查工作，人员编制调整为20名。

是月　市委、市政府印发《关于进一步加强财源建设的意见》和《2007年全市财源建设工作考核办法》，全市广泛开展财源建设活动。

2月28日　市财政局会同市委组织部等部门印发《关于实施乡镇统筹发放村干部工资补贴的指导意见》，进一步加强和规范村干部工资补贴管理，保障村干部工资补贴及时足额发放(烟财〔2007〕3号)。

是月　根据烟政发〔2007〕16号《关于调整和完善市对县市区财政管理体制的通知》，各县(市、区)原就地缴入市级国库的税收下放县(市、区)管理，取消按比例递增上解的体制办法。

3月8—10日　市财政局相关人员参加财政部国际司在北京召开的首次全球环境基金工作会议，争取落实全球环境基金赠款500万美元，用于市政区化粪池改造试验项目。

是月　世界银行亚洲地区负责人克赛先生到烟台考察市区污水处理厂工程进展情况。

5月10日　市财政局主要领导及各科室

单位主要负责人参加省财政厅首次“阳光政务热线”直播连线活动。

5月16—18日 财政部新闻宣传培训班在烟台财会培训中心举办，财政部办公厅主任廖路明、省财政厅副厅长于国安与会。

5月22—28日 烟台市财政系统领导干部研讨班在上海国家会计学院举办，各县（市、区）财政局和市局各科室、单位共47人参加培训。

6月28日 市财政局转发《山东省农村居民最低生活保障资金管理办法》，确保农村居民最低生活保障制度顺利实施（烟财社〔2007〕33号）。

10月17日 《中国财经报》第一版发表《烟台规范采购当事人行为》专题报道，推广烟台政府采购经验。

10月22日 烟台市政府采购大厅正式投入使用。

是月 市财政局印发《关于调整中央四大部门企业税收财政分配关系及有关预算管理问题的通知》，进一步规范增值税、所得税分享机制（烟财预〔2007〕60号）。

12月19日 烟台市首次会计从业资格网上考试成功启动。

是月 财政部、商务部在烟台召开家电下乡试点工作会议，全市推行家电下乡惠农补贴政策。

是年 以实施工业“3·50”工程为总抓手，财政拨付资金1.7亿元，支持四大支柱产业和50户重点企业等骨干财源建设项目膨胀规模、争创名牌及循环经济发展。安排资金促进服务业“双50”工程、万村千乡市场工程和民营企业公共服务体系建设，进一步优化财源结构和区域财源优势。全市安排义务教育保障机制改革资金2.58亿元，重点用于免除城乡义务教育阶段学生杂费和贫困家庭义务教育阶段学生的教科书费，全市义务教育阶段学生全部实行免费教育。完善城乡卫生服务体系，省、市两级拨付补贴资金6894万元，在全市推行新型农村合作医疗制度，农民参合率达到93.4%。完善四位一体财政支出管理模式，将市级所有单位资金全部纳入集中支付范围。

2008年

1月4日 烟台山英国领事馆旧址等19个维修项目列入2007—2010年省级重点文物保护补贴项目投入规划（烟财教〔2008〕1号）。

1月17日 市财政局会同市教育局印发文件，调整完善农村义务教育经费保障机制改革的有关政策，推进和深化农村义务教育改革（烟财教〔2008〕3号）。

3月11日 市财政局会同市对外贸易经济合作局出台鼓励外经贸发展若干政策措施，支持外向型经济发展（烟财企〔2008〕5号）。

是月 《人民日报》《光明日报》《中国财经报》和中央电视台等新闻媒体对烟台市以部门预算为基础、政府采购为手段、投资评审为支撑、国库集中支付为保障的“四位一体”财政支出管理改革给予专题系列报道。

6月3日 市财政局印发《关于压缩公用经费支出支援四川地震灾区的通知》（烟财〔2008〕4号）。当年压缩机关事业经费5%以上，财政拨付各类资金1.47亿元，专项用于抗震救灾和对口支援四川省北川县灾后重建工作。

8月5日 市财政局会同市新闻出版局转

发《山东省农家书屋工程建设省级专项资金管理暂行办法》，农家书屋建设资金政府资助部分以县、乡财政为主，市级财政视工作开展情况给予适当补助（烟财教〔2008〕57号）。

12月8日　市财政局会同市劳动和社会保障局转发《关于印发山东省城镇居民基本医疗保险基金管理暂行办法的通知》，促进城镇居民基本医疗保险试点工作（烟财社〔2008〕38号）。

是月　为应对国际金融危机冲击，中央实行积极财政政策，出台十项措施扩大内需，全国新增投资4万亿元，当年安排1000亿元，市财政局积极争取上级资金，落实配套资金，加强资金监管，保障烟台市投资项目顺利实施。

是年　市财政投资8.9亿元支持红旗路续建、山海南路延伸等城市道路建设，3.9亿元支持文化中心、朝阳街历史街区改造等文化设施建设，4.4亿元推进火车站、机场改造等基础设施项目建设。全市新农村建设和各项民生事业投入不断加大，实现城乡义务教育全免费和城乡医疗保障全覆盖。市财政局成立推进财源建设工作领导小组。

2009年

1月7日　交通部门及所属事业单位的正常经费开支纳入地方财政一般预算管理（烟财预〔2009〕1号）。

是月　市政府与省财政厅签署《世界银行贷款农民工培训和就业项目的转贷协议》，利用世行贷款300万美元。

3月　贯彻落实市委、市政府《烟台市大力繁荣发展文化事业实施纲要》，全市各级文化文物部门归口管理的公共博物馆、纪念馆和全国爱国主义教育示范基地，全部免费向社会开放；非税收入由银行代收（烟财综〔2009〕7号）。

5月20日　市财政局核定莱山区、牟平区和高新区财政划转基数，确定自本年度起，市对高新区实行划分收支、收入全留、专项补助的财政管理体制（烟财预〔2009〕16号）。

6月　为满足十一届全运会烟台赛区的场地要求，市财政筹措资金7000多万元对牟平养马岛赛马场进行改扩建，安排专项资金652万元对体育馆进行维修改造；财政部行政事业单位资产管理信息系统培训班在烟台财会培训中心举办。

7月14—19日　全国资产评估行业地方协会秘书长培训班在烟台财会培训中心举办，财政部副部长丁学东出席会议并讲话。

是月　市级预算单位公务卡改革全面实施并正式上线运行。

8月20日　市财政局会同市旅游局印发《烟台市旅游发展资金使用办法》，促进全市旅游业发展（烟财行〔2009〕50号）。

是月　市财政局会同市纪委等部门在全市范围内开展“小金库”重点检查（烟财〔2009〕5号）。

9月1—4日　财政部全国非税收入培训班在烟台财会培训中心举办。

10月23—27日　中国城镇财政研究会在烟台财会培训中心召开年会。

10月28日至11月1日　全国十城区财政工作研讨会在烟台财会培训中心召开。

11月　烟台市、县食品药品监督管理机构及所属事业单位的资产和财务经费划归同级财政部门管理。

12月4日 市编办批复同意市政府投资评审中心内部机构增设咨询评价科，人员编制增加5名，其中，中层领导干部职数增加2名。

12月25日 市财政局会同市委组织部、市人事局印发《烟台市人才开发专项资金管理办法》，促进人才强市和科教兴烟战略实施（烟财行〔2009〕69号）。

是年 莱阳市被列为山东省直接管理县（市）财政体制改革试点县，财政体制由省财政直接核定，财力性转移支付和专款补助由省财政单独核定下达，烟台市不再参与分享其税收收入和各项非税收入。市财政局争取省财政转贷第一批地方政府债券4.6亿元，年利率1.8%，全部分配县（市、区）使用，缓解县（市、区）政府财政吃紧的状况。全市全面落实家电、汽车和摩托车下乡政策，兑现补贴资金1.51亿元，拉动农村消费16.88亿元。

2010年

3月 根据《2009年基层医疗卫生机构实施国家基本药物制度和综合改革以奖代补专项资金管理办法》，市财政局会同有关部门制定《关于基层医疗卫生机构实施基本药物制度补偿机制的试行意见》，当月起，7个区、市一律取消药品加成，实行零差率销售（烟财社〔2010〕7号）；原由市人事局承担的全市会计专业技术资格考试管理职能重新划归市财政局。

5月31日 根据烟政办发〔2010〕33号《关于印发烟台市财政局主要职责内设机构和人员编制规定的通知》，市财政局内设18个职能科室，行政编制81名；印发《烟台市财政局各科室职责范围暂行规定》和《烟台市财政局各科室工作关系划分暂行规定》，明确各科室职责分工（烟财办〔2010〕3号、4号）。

6月19日 烟台市预算外资金管理处更名为烟台市非税收入管理处，挂烟台市财政局票据管理中心牌子，仍为副处级全额预算管理事业单位。

是月 市财政局设立烟台市文化产业发展专项资金，会同市委宣传部印发《烟台市文化产业发展专项资金管理办法》（烟财教〔2010〕66号），当年预算安排500万元。

8月 省财政厅批复同意烟台市财政局《烟台市清理化解农村义务教育债务实施方案》，全市开展清理化解农村义务教育债务工作，至2011年6月底，全市共向5618个债权人兑付相关债务资金2.48亿元，完成省审核锁定债务的100%。

9月20日 新华社《经济参考报》发表《烟台政府采购："大采购"理念下的新模式》专题报道。

10月28日 财政部部分省市外经贸资金管理座谈会在烟台财会培训中心举行。

是月 市财政局会同有关部门转发财政部《关于加强地方政府融资平台公司管理有关问题的通知》和《财政部关于规范地方各级政府部门举债和担保承诺行为的通知》，加强融资平台管理，规范融资行为（烟财预〔2010〕21号、24号）。

11月8日 烟台市财政局办公地址由芝罘区毓西路17-1号迁至莱山区府后路2号。

11月10日 市财政局转发《财政部关于将按预算外资金管理的收入纳入预算管理的通知》，自2011年1月1日起，按财政专户管理的非税收入（不含教育收费和福利彩票发行费）全部纳入一般预算管理（烟财预〔2010〕16号）。

11月30日 烟台市委烟委〔2010〕56号通知，撤销烟台市财政局党组，建立中国共产党烟台市财政局委员会。

是月 财政部国际金融组织贷款项目财务会计核算培训班在烟台财会培训中心举办，财政部国际司司长郑晓松、省财政厅副厅长张洪军等领导与会。

12月22日 市委组织部批复同意建立中国共产党烟台市注册会计师行业委员会，隶属市财政局党委。

12月26日 烟台市行政事业单位国有资产实施有偿使用，国有资产收入收缴国库管理（烟财资〔2010〕6号、7号）。

是月 国家农业综合开发办公室在烟台财会培训中心举办全国农业综合开发“十二五”规划工作座谈会暨省级农发办主任培训班。

是年 全市地方财政收入突破200亿元；全市继续开展党政机关、事业单位“小金库”专项治理活动,纳入治理范围的3875个单位(市直378个）全部开展“回头看”自查自纠，覆盖面达100%，重点检查发现“小金库”16个，涉案金额662万元。根据《国务院关于试行社会保险基金预算的意见》，开始试编烟台市社会保险基金预算。省将食品药品监督管理职能及财务体制下放市级管理。

2011年

1月24日 市财政局人事科更名为组织人事科，承担党委的日常工作；会计科增挂注册会计师行业管理办公室牌子，承担市注册会计师行业党委的日常工作。

2月 烟台市财政局工会工作委员会和中国共产主义青年团烟台市财政局委员会成立。

3月1日 耕地占用税和契税征收管理职能由财政部门划转地税部门（烟财基〔2011〕1号）。

3月21日 市财政局印发《烟台市市级财政资金安全管理办法》，对财政预算内资金、纳入财政专户管理的预算外资金、社会保障资金和其他财政性资金进行规范管理（烟财办〔2011〕6号）。

6月13日 市财政局会同市中小企业局印发《烟台市扶持中小企业发展的若干意见》，推动民营经济新一轮发展（烟财企〔2011〕15号）。

7月14日 市财政局会同市经信委出台财政补助资金政策，支持“8515工程”企业技术改造，推动发展新兴产业（烟财企〔2011〕27号）。

是月 栖霞市列入国家农业综合开发县。

9月5日 根据市政府意见，市级财政安排1.5亿元，专项用于建立蓝色经济区建设资金（烟财〔2011〕6号）。

11月15日 市财政局会同市旅游局设立旅游促销资金，支持烟台市旅游事业发展（烟财行〔2011〕52号）。

11月17日 市财政局会同市科技局设立烟台市自主创新与转方式调结构科技引导专项资金，加强科技创新，推动发展方式转变和经济结构调整（烟财教〔2011〕95号）。

12月8日 根据市政府《关于确定昆嵛山国家级自然保护区财政管理体制的通知》（烟

政发〔2011〕60号），市财政局确定从2011年起三年内，市对昆嵛山保护区实行“划分收支、收入全留、专项补助”的财政管理体制（烟财预〔2011〕55号）。

是年 全市地方财政收入突破300亿元，第三产业提供地方税收占全市地方税收的比重达49.91%。设立1亿元规模的信贷周转金，为中小企业按时还贷、续贷提供资金支持。发放粮食直补、农机购置补贴等3亿元，兑付家电下乡及以旧换新补贴资金5.3亿元，投入农民就业创业扶持资金2700万元。投入资金9300万元支持公共文化服务体系建设。

2012年

1月1日 烟台市城镇职工基本医疗保险基金、烟台市城镇居民基本医疗保险基金和烟台市城镇职工生育保险基金实行市级统筹管理，全市所有一体化管理的村卫生室全部开始实施基本药物制度；区级土地出让收入全额纳入市级基金预算管理。

3月2日 市财政局会同市委农村工作办公室设立烟台市生态文明示范村创建奖励资金（烟财农〔2012〕1号）。

3月12日 根据市政府《关于保税港区财政管理体制的通知》，市财政局核定芝罘区和保税港区财政划转基数，确定从2011年起三年内，对保税港区实行“划分收支、收入全留、定额补助”的财政管理体制（烟财预〔2012〕9号）。

4月2日 张明玉任中共烟台市财政局委员会书记（烟任〔2012〕28号）。

4月28日 烟台市第十六届人民代表大会常务委员会第二次会议决定：任命黄永政为烟台市财政局局长（烟政任〔2012〕9号）。

5月 市财政局会同市商务局、物价局制定《烟台市市区“菜篮子”工程专项资金管理暂行办法》，规范资金分配与管理（烟财企〔2012〕17号）；财政部金融司在烟台财会培训中心举办小额贷款财政贴息资金管理信息系统和外债风险管理培训班。

6月5日 市财政局开始对信托融资违规担保行为进行清理检查（烟财〔2012〕3号）。

6月8日 市财政局设立烟台市政府投融资管理处，为正科级内设机构，所需人员编制由内部调剂解决。

7月1日 栖霞市、长岛县纳入新型农村养老保险国家试点，基础养老金中央、省级财政补助达到75%。

8月20—21日 全国农村综合改革办公室主任会议在烟台财会培训中心召开，财政部部长谢旭人、综改办主任王卫星、山东省常务副省长孙伟等领导出席会议，中央7个综改成员单位、10个相关部门及各省综改办主任等150人参加会议。会后，谢旭人到蓬莱市、芝罘区等地调研。

8月29日 全面推行市级国库集中支付改革（烟财库〔2012〕7号）。

10月31日 财政部全国部门决算培训会议在烟台财会培训中心召开。

是月 世行GEF首席执行官石井菜穗子女士一行考察世行贷款烟台污水处理厂和GEF化粪池管理示范项目。

是年 市财政落实增值税转型改革政策，企业设备类固定资产抵扣减征税款26亿元，减轻小微企业税负2000万元。落实资金4.95亿元用于亚沙会场馆建设。筹措资金4亿元支持市区新建廉租住房、回购公租房和发放廉租住房租赁补贴。因在全市基本普及九年义务教育和基本扫除青壮年文盲工作中表现突出，国务院授予烟台市财政局全国“两基”工作先进单位称号。

2013 年

1 月 1 日 各县（市、区）工商、质监部门经费划入同级财政管理。

2 月 20 日 烟台市试行编报市级国有资本经营预算（烟财企〔2013〕2 号）。

4 月 22 日 市财政拨付四川省雅安市政府 300 万元专款，支持地震灾区建设。

5 月 19 日 烟台市成立营业税改征增值税试点工作领导小组，办公室设在市财政局，全市“营改增”试点工作自 8 月 1 日起正式启动。

7 月 2—5 日 全国财政系统投资评审业务培训班在烟台财会培训中心举办，全国 35 个省、自治区、直辖市和计划单列市的评审中心代表 100 余人参加培训，财政部投资评审中心主任李绍刚、干教中心党委副书记郭宝正出席开班式并讲话，省财政厅副厅长文新三出席会议。

是月 世界银行在华项目案例编写交流研讨会在烟台财会培训中心举办。

8 月 13—14 日 财政部全国预算执行分析和财政总决算综合业务培训班在烟台财会培训中心举办。

是月 蓬莱市被确定为全省“美丽乡村建设”试点单位，省财政奖补项目资金 1000 万元。

9 月 27 日 市财政局印发《烟台市市级部门预算管理工作规程（试行）》，建立运转有序、统一协调、职责明确、管理规范的工作运行机制（烟财办〔2013〕17 号）。

10 月 20 日 根据《烟台市人民政府关于进一步调整理顺市对县市区财政管理体制的意见》（烟政发〔2013〕27 号），市财政局核定市与县（市、区）财政体制基数，进一步理顺市对下财政体制关系（烟财预〔2013〕57 号）。

12 月 全市涉农补贴“一本通”新信息管理系统试运行。

是年 全市地方财政收入突破 400 亿元，其中，超过 40 亿元的县（市、区）5 个。实施财税质量提升计划，地方税收收入占财政收入的比重达到 77.2%。市财政多渠道筹集拨付资金 20 亿元，支持东部海洋经济新区建设。安排资金 3.2 亿元，对栖霞市和长岛县财政体制给予重点倾斜。选取部分县（市、区）开展财政预决算公开试点。筹集胶东红色文化建设专项资金 3500 万元。深化政银合作，完成首笔城投债发行，累计拨付资金 46 亿元投入市区重点项目建设。启动预算绩效评价试点工作，将绩效管理嵌入预算管理链条，加快实现预算编制有目标、预算完成有评价、评价结果有应用的全过程绩效管理。首次开展市级行政事业资产全面清查，共清查市级行政事业单位及所属企业、社会团体 596 家，核实资产 725 亿元。

2014 年

1 月 20—22 日 财政部在烟台财会培训中心举办全国新修订《行政单位会计制度》培训班，国库司司长翟钢到会讲话。

2月 市财政局制定《关于推进政府向社会力量购买服务的实施意见》，市政府办公室印发执行（烟政办发〔2014〕20号）。

6月16—18日 财政部全国财政体制培训会议在烟台财会培训中心举办。

8月 市财政局会同市委农村工作办公室印发《烟台市生态文明示范区示范村项目和资金管理办法》《烟台市生态文明示范村创建及奖补资金管理办法》；会同市海洋渔业局印发《烟台市海域使用金管理办法》。

9月29日 烟台市财金投资有限公司正式成立，烟台市财政局与山东省财金投资有限公司共同出资。

是月 烟台市被列入全国八个省级国家养老服务产业试点范围，成为全国唯一的地级试点城市，财政部3亿元专项资金和省财政厅5000万元配套资金落实到位。

10月31日 烟台市级和所有县（市、区）全面公开财政预决算、部门预决算和“三公”经费预决算。

11月12日 落实中央、省、市关于推进事业单位改革工作的总体部署，市财政局成立事业单位改革领导小组，张明玉任组长。

是月 市财政局与省财政厅签署《关于城市污染治理基金贷款的转贷协议》，贷款2000万元用于市区外夹河污水主管网配套工程建设。

是年 东部新区完成投资25.7亿元，海洋经济中心、金山湾两大核心板块快速成型。拨付资金31.2亿元推动立体交通网络和城市基础设施建设，青烟威荣城际铁路按时通车，龙烟铁路开工建设。安排补助资金7950万元用于黄标车淘汰及新能源公交车购置。整合资金3.4亿元推进美丽乡村、生态文明示范村建设。

2015年

1月4日 省人力资源和社会保障厅、公务员局批复（鲁人社字〔2015〕1号），烟台市政府投资评审中心、烟台市非税收入管理处（挂烟台市财政票据管理中心牌子）列入参照《中华人民共和国公务员法》管理范围。

1月23日 市编委确定，市政府采购管理办公室、市政府投资评审中心、市非税收入管理处、市财政信息中心、市财政科学研究所、市会计事务服务中心为公益一类事业单位。

2月15日 根据市委、市政府《关于深化财税体制改革的实施意见》（烟发〔2015〕2号），市财政局确定现代预算管理制度改革试点县，莱阳市为省级试点，芝罘区为市级试点（烟财预〔2015〕3号）。

3月25日 烟台市财政局股权投资引导基金暨推广运用政府和社会资本合作（PPP）模式工作领导小组成立，黄永政任组长。

4月9—10日 财政部《政府采购实施条例》培训班在烟台财会培训中心举办，全国各省、自治区、直辖市财政厅（局）政府采购办、集中采购中心负责人及相关人员共300余人参加培训。

6月10日 市政府投资评审中心增设评审稽核科，事业编制调整为31名，科级中层领导职数调整为12名。

6月18日 市财政局设立财政监督检查办公室，副处级规格，撤销监督检查科。

6月24日 经市政府同意，市财政局会同市农业局调整完善农业三项补贴政策，自该年度起，小麦农作物良种补贴、种粮农民直接补贴和农资综合补贴统一合并为农业支持保护补贴（烟财基〔2015〕13号）。

7月10日 市财政局党委印发《烟台市财政局关于加强文化建设的实施方案》（烟财发〔2015〕12号）。

7月20日 烟台市会计人员继续教育管理平台正式启用，全市会计人员继续教育报名和后台监管等实现全程网络化管理，同时开通会计管理官方微信公众平台“烟台会计”微信号ytkj0535。

10月 烟台市财金投资有限公司代市政府出资2000万元，参股省级天使投资引导基金投资5000万元设立的子基金。

11月2—6日 财政部《财政总预算会计制度》培训班在烟台财会培训中心举办。

11月6日 市财政局成立财政志编纂委员会，启动《烟台财政志（1986—2015）》编纂工作（烟财办〔2015〕12号）。

11月27日 市政府投资评审中心职能调整，不再承担土地储备成本核定和征地拆迁补偿审查工作职责。

12月15—18日 财政部国家农业综合开发资金管理暨财务工作培训班在烟台财会培训中心举办，国家农发办主任卢贵敏到会讲话。

12月21日 市财政局党委印发《烟台市财政局党委议事规则》（烟财发〔2015〕23号）。

12月23日 落实中央和省、市有关农村扶贫开发工作要求，市财政局设立财政专项扶贫资金（烟财农〔2015〕34号）。

12月31日 市财政局印发《烟台市财政局公共关系内部控制办法（试行）》《烟台市财政局机关运转内部控制办法（试行）》《烟台市财政局政策制定内部控制办法（试行）》《烟台市财政局法律风险内部控制办法（试行）》《烟台市财政局预算编制内部控制办法（试行）》《烟台市财政局预算执行内部控制办法（试行）》《烟台市财政局岗位利益冲突内部控制办法（试行）》《烟台市财政局信息系统管理内部控制办法（试行）》8个专项内部控制办法，加强内部风险防控（烟财办〔2015〕23号）。

是年 全市162个乡镇（含街道办事处及园区）全部建立国库集中支付制度，改革覆盖面达到100%。全市地方财政收入突破500亿元，达到542.66亿元，支出达643.53亿元，全市收入超过30亿元的县（市、区）8个，其中，5个市（区）超过50亿元。市级“四本预算”首次全部提交市人代会审查，所有政府收入和支出全部纳入预算管理。财政部门创新财政扶持方式，把发展产业基金作为抓产业促发展和深化财政改革的突破口，先后发起设立烟台市健康医药产业基金、烟台市科技成果转化基金、烟台市工业转型升级基金、烟台市环保产业基金、烟台市现代果业基金、烟台市养老服务产业基金等26只基金，基金规模达124亿元，放大财政资金效应6.3倍，区域性基金管理中心建设开局良好。全市所有乡镇财政所全部达到省规范化标准，其中，14个乡镇财政所达到省级示范型标准。

第一编　财政收入

团结拼搏

第一章　工商税收

1986—1993 年，烟台市工商税收征管执行 1983 年和 1984 年两步利改税时国务院颁布的有关税收条例。1986 年，国家对国营企业征收国营企业所得税、国营企业调节税，并在预算收入科目中单列国营企业所得税、国营企业调节税两个类级科目；同时，对中外合资和外资企业分别征收中外合资经营企业所得税、外国企业所得税，对集体企业征收集体企业所得税，作为款级科目在工商税收类级收入科目中统计和反映。1986 年，烟台市工商税收（包括工商税收、国营企业所得税、国营企业调节税 3 个类级科目）8.59 亿元，占地方财政收入的比重为 103%。1994 年，国家实施工商税制改革，建立以增值税为核心的流转税课税体系，统一内资企业所得税，实施新修订的个人所得税法，调整、撤并和开征相关税种。此后，中国工商税种由 32 个减少到 18 个。1994 年，烟台市工商税收（包括工商税收、企业所得税、所得税退税类 3 个类级科目）9.63 亿元，占地方财政收入的 85%。2007 年，全国人大通过《中华人民共和国企业所得税法》，实现了内外资企业所得税的统一，2008 年 1 月 1 日执行。2013 年，烟台市全面推行营业税改征增值税（简称“营改增”）试点。2015 年，烟台市工商税收 372.16 亿元，占全市地方一般公共预算收入的 68.6%。

第一节　增值税

1984 年，烟台市将原工商税征税对象中部分工业品和农、林、牧、水产品划作产品税的征税对象。同年，烟台市执行《中华人民共和国产品税条例（草案）》和《中华人民共和国增值税条例（草案）》。

1986 年，烟台市产品税收入占流转税收入（包括增值税和营业税）的 43.9%。1993 年，增值税征收范围扩大，烟台市产品税收入占比降为 17.4%。产品税、增值税、营业税成为当时三大主体流转税种。

1994 年 1 月 1 日，烟台市执行《中华人民共和国增值税暂行条例》，产品税自行废止。

增值税纳税人分为一般纳税人和小规模纳税人，一般纳税人按照规定抵扣进项税额，增值税的基本税率定为 17%、13% 和零税率，小规模纳税人按 6% 征收。

根据山东省国税局《关于增值税若干具体问题的意见》，烟台市个人缴纳增值税销售货物的起征点为月销售额 600 ~ 1500 元，销售应税劳务的起征点为月销售额 300 ~ 500 元。2004 年 6 月，销售货物和应税劳务的起征点分别调高为月销售额 5000 元和 3000 元。

2009 年 1 月 1 日，烟台市实施增值税转型改革，增值税由生产型转为消费型。增值税一般纳税人购进（包括接受捐赠、实物投资）或者自置（包括改扩建、安装）固定资产发生的进项税额，可凭增值税专用发票、海关进口增值税专用缴款书和运输费用结算单据，从销项税额中抵扣。调整小规模纳税人的征收率，由工业 6%、商业 4% 统一调整为 3%。

2010 年，烟台市落实国家增值税税收政策，进一步调整一般纳税人资格认定条件。一是将从事货物生产或者提供应税劳务的纳税人，以及以从事货物生产或者提供应税劳务为主、并兼营货物批发或者零售的纳税人，年应征增值税销售额标准由 100 万元降低为 50 万元；其他纳税人年应征增值税销售额标准由 180 万元降低为 80 万元。二是新开业的纳税人和已开业但销售额未超过标准的小规模纳税人，均可以向主管税务机关申请资格认定。此次调整降低了一般纳税人门槛，大量中小企业纳入一般纳税人管理范围，降低了中小企业税负。

2013 年 8 月，烟台市推行“营改增”试点改革，试点行业包括交通运输业和部分现代服务业。根据试点方案，在增值税 17% 标准税率和 13% 低税率基础上，新增 11% 和 6% 两档税率。租赁有形动产等适用 17% 税率，交通运输业、建筑业等适用 11% 税率，其他部分现代服务业适用 6% 税率。当年，对增值税小规模纳税人月销售额不超过 2 万元的企业或非企业性单位，按国务院规定暂免征收增值税，扶持小微企业发展。2014 年 1 月，铁路运输和邮政业纳入“营改增”试点，6 月，电信业纳入“营改增”试点。

1986—2015 年烟台市增值税收入统计表

表 1-1

单位：万元

年度	决算数	年度	决算数	年度	决算数	年度	决算数	年度	决算数
1986	34107.8	1992	50057	1998	47844	2004	75101	2010	318398
1987	29119.8	1993	76750	1999	54623	2005	154559	2011	358306
1988	32206.1	1994	28880	2000	63830	2006	191340	2012	378652
1989	35450.2	1995	32716	2001	81315	2007	232612	2013	422784
1990	40116	1996	36960	2002	95911	2008	258461	2014	527834
1991	42886	1997	41713	2003	103757	2009	299500	2015	580551

注：1. 1986—1993 年含产品税收入

2. 1994 年后为地方分享部分入库数

3. 2014 年、2015 年分别含“营改增”收入 100663 万元、113963 万元

第二节　营业税

1984 年，烟台市将营业税从原工商税中划出，恢复为独立税种。1994 年 1 月 1 日，烟台市施行《中华人民共和国营业税暂行条例》《中华人民共和国营业税暂行条例实施细则》，对交通运输业、建筑业、金融保险业、邮电通信业、文化体育业、娱乐业、服务业、转让无形资产和销售不动产征收营业税，按税目实行三档差别比例税率：娱乐业为 5% ~ 20%，交通运输业、建筑业、金融保险业、邮电通信业、文化体育业为 3%，金融保险业、服务业、转让无形资产

和销售不动产为5%。

2013年8月1日，烟台市开始推行"营改增"试点改革。至2015年年底，除建筑业、房地产业、金融业、生活服务业外，其他原缴纳营业税的行业均改为缴纳增值税。

1986—2015年烟台市营业税收入统计表

表1-2　　单位：万元

年度	决算数	年度	决算数	年度	决算数	年度	决算数	年度	决算数
1986	18733.1	1992	36656	1998	54718	2004	145449	2010	454285
1987	16690.1	1993	42987	1999	59034	2005	171186	2011	570886
1988	22972.2	1994	28933	2000	73062	2006	194415	2012	663103
1989	27541.9	1995	33259	2001	73695	2007	248774	2013	945680
1990	29792.9	1996	42550	2002	94459	2008	303393	2014	1022290
1991	32186	1997	50510	2003	117238	2009	339709	2015	1101939

第三节　企业所得税

1985年，烟台市执行《中华人民共和国集体企业所得税暂行条例》，停止执行原对集体企业征收的工商所得税。1988年，烟台市执行《中华人民共和国私营企业所得税暂行条例》。1991年7月1日，烟台市执行《中华人民共和国外商投资企业和外国企业所得税法》。

1994年1月1日，烟台市执行《中华人民共和国企业所得税暂行条例》，对国营、集体、私营等内资企业实行统一的企业所得税。

2008年1月1日，烟台市执行《中华人民共和国企业所得税法》《中华人民共和国企业所得税法实施条例》，全市内外资企业统一实行新的企业所得税法，实行产业优惠为主、区域优惠为辅的税收政策体系。

1986—2015年烟台市企业所得税收入统计表

表1-3　　单位：万元

年度	合计	集体企业所得税（工商所得税）	城乡个体工商业户所得税	私营企业所得税	国有企业所得税类	所得税退税	外商投资企业和外国企业所得税	国有企业调节税类
1986	26170.7	11478.3	88.2		12840.6		20.9	1742.7
1987	19012.6	8313.3	116.1		10297.5		31.9	253.8
1988	20053.3	7590.8	611.6		11197.6	-99.5	58.7	694.1
1989	18373.3	6885.9	527.1	2.9	10454.5		55.4	447.5
1990	16824.4	6586.2	339.9	12.1	8918.5		72.6	895.1

续表 1-3

年度	合计	集体企业所得税（工商所得税）	城乡个体工商业户所得税	私营企业所得税	国有企业所得税类	所得税退税	外商投资企业和外国企业所得税	国有企业调节税类
1991	18729	8452	683	9	9056		170	359
1992	16249	6605	789	21	7869		280	685
1993	16123	6120	1126	17	7785		631	444
1994	18112				17216	−30	926	
1995	24752				23416	−157	1493	
1996	34420				30833	−40	3627	
1997	44532				38810	−5	5727	
1998	58062				50589	−9	7482	
1999	70557				70570	−13		
2000	93613				93615	−2		
2001	157787				157787			
2002	66877				66877			
2003	54680				54680			
2004	67237				67237			
2005	79836				79836			
2006	104956				104956			
2007	137629				141471	−3842		
2008	172549				179208	−6659		
2009	161241				161931	−690		
2010	248633				249301	−668		
2011	341568				341815	−247		
2012	418955				418955			
2013	518149				518149			
2014	543220				543220			
2015	544042				544042			

注：本表反映各类经济类型企业缴纳的企业所得税及企业所得税退税，其中，1986—1993 年包括国营企业所得税类、国营企业调节税类

第四节　个人所得税

1986年，烟台市执行1980年《中华人民共和国个人所得税法》，工资、薪金所得起征点为800元。1987年1月1日，烟台市执行《中华人民共和国个人收入调节税暂行条例》，对个人收入征收个人收入调节税。1999年11月1日，烟台市执行国务院《对储蓄存款利息所得征收个人所得税的实施办法》，恢复对储蓄存款利息征收个人所得税，税率为20%，后经几次调整，烟台市遵照执行。2002年，个人所得税收入实行中央与地方按比例分享。2006年1月1日，烟台市扩大纳税人自行申报范围，将工资、薪金所得减除费用标准由800元/月提高至1600元/月；2008年3月1日，将工资、薪金所得减除费用标准由1600元提高到2000元；2011年9月1日，工资、薪金所得，适用超额累进税率，税率为3%～45%，将工资、薪金所得减除费用标准由2000元提高到3500元。

1986年，烟台市个人所得税收入2万元，2015年达到135985万元。

1986—2015年烟台市个人所得税收入统计表

表1-4　　　　单位：万元

年度	决算数	年度	决算数	年度	决算数	年度	决算数	年度	决算数
1986	2	1992	610	1998	15850	2004	18623	2010	43321
1987	26.8	1993	1524	1999	18230	2005	22827	2011	57038
1988	113.2	1994	2799	2000	21962	2006	25687	2012	65480
1989	410.8	1995	5077	2001	29516	2007	31502	2013	136560
1990	671.2	1996	7670	2002	16709	2008	33751	2014	110110
1991	886	1997	11469	2003	15510	2009	34050	2015	135985

注：1. 1987—1993年主要为个人收入调节税
　　2. 2002年后为地方分享收入数

第五节　资源税

1986—1993年，烟台市资源税的主要来源是盐税。1986年，烟台市实现盐税收入1479.9万元。1993年12月，国务院重新修订《中华人民共和国资源税暂行条例》，将盐税纳入资源税的征收范围。1994年，烟台市实现资源税收入757万元。

在中国境内从事资源开采的单位和个人为资源税的纳税人。资源税征税范围仅限于矿产品和盐。矿产品包括原油、天然气、煤炭、其他非金属矿原矿、黑色金属矿原矿、有色金属矿原矿；盐包括固体盐和液体盐。资源税共设7个税目和若干子税目，实行定额税率，从量征收。

2011年11月起，烟台市对原油、天然气改为从价计征资源税，当年，资源税收入53387万元。2014年12月起，实施煤炭资源税从价计征改革，即在停止征收涉煤企业相关收费和基金基础上按照4%税率征收。2015年，烟台市实现资源税收入143137万元。

资源税除了海洋石油资源税为中央收入外，其他矿产资源税均为地方收入。烟台市矿产资源比较丰富，主要征税范围有煤炭，非金属矿产（白云石、大理石、硅灰石、花岗石、滑石、钾长石、建筑用砂、菱镁矿、膨润土、其他建筑石料、其他黏土、石膏、石灰石、石墨、石英砂、天然矿泉水、页岩、萤石、长石），黑色金属矿（主要是铁矿石），有色金属矿（主要是岩金矿石），海盐。

1986—2015年烟台市资源税收入统计表

表1-5　　单位：万元

年度	决算数	年度	决算数	年度	决算数	年度	决算数	年度	决算数
1986	1479.9	1992	597	1998	1026	2004	9651	2010	46726
1987	898.7	1993	548	1999	1222	2005	13740	2011	53387
1988	741.1	1994	757	2000	1325	2006	24611	2012	98252
1989	772.5	1995	976	2001	1286	2007	29280	2013	91337
1990	701	1996	1097	2002	2220	2008	30983	2014	167611
1991	594	1997	890	2003	5006	2009	42210	2015	143137

注：1986—1993年资源税主要为盐税收入

第六节　城市维护建设税

1986年，烟台市执行《中华人民共和国城市维护扩建设税暂行条例》，城市维护建设税实行地区差别税率：纳税人所在地在市区的，税率为7%；纳税人所在地在县城、建制镇的，税率为5%；纳税人所在地不在市区、县城、建制镇的，税率为1%。1986年，烟台市城市维护建设税收入3102.7万元，2015年达到236952万元。

1986—2015年烟台市城市维护建设税收入统计表

表1-6　　单位：万元

年度	决算数	年度	决算数	年度	决算数	年度	决算数	年度	决算数
1986	3102.7	1992	6234	1998	15145	2004	41338	2010	93579
1987	2788	1993	6623	1999	17859	2005	46563	2011	157890
1988	3728.9	1994	7822	2000	18508	2006	54807	2012	178190
1989	4574.7	1995	10280	2001	20719	2007	65884	2013	196551
1990	4588.3	1996	12260	2002	27372	2008	70186	2014	221486
1991	5616	1997	14149	2003	33900	2009	77503	2015	236952

第七节　房产税

1986年10月1日，烟台市执行《中华人民共和国房产税暂行条例》。房产税的纳税人是拥有房屋产权的单位和个人。产权属于全民所有的，由经营管理的单位纳税；产权出典的，由承典人缴纳；产权所有人、承典人不在房产所在地的，或者产权未确定以及租典纠纷未解决的，由房产代管人或者使用人缴纳。房产税的征税范围为城市、县城、建制镇和工矿区。

房产税率采用比例税率，按房产余值计征，税率为1.2%；按租金收入计征，税率为12%。1986年，烟台市房产税收入75.5万元，2015年完成122202万元。

1986—2015年烟台市房产税收入统计表

表1-7　　单位：万元

年度	决算数	年度	决算数	年度	决算数	年度	决算数	年度	决算数
1986	75.5	1992	2654	1998	11485	2004	29728	2010	74315
1987	1360.1	1993	2991	1999	14108	2005	38952	2011	84583
1988	1567	1994	3742	2000	16874	2006	47719	2012	85370
1989	1504.4	1995	5251	2001	18461	2007	49551	2013	107432
1990	2019.7	1996	6332	2002	21745	2008	55848	2014	122640
1991	2578	1997	9150	2003	25244	2009	74927	2015	122202

第八节　印花税

1988年10月1日，烟台市执行《中华人民共和国印花税暂行条例》。书立、领受以下凭证的单位和个人，都是印花税的纳税人：购销、加工承揽、建设工程承包、财产租赁、货物运输、仓储保管、借款、财产保险、技术合同或者具有合同性质的凭证；产权转移书据，包括财产所有权和版权、商标专用权、专利权、专有技术使用权等转移书据；营业账簿，指单位或者个人记载生产经营活动的财务会计核算账簿；权力、许可证照，包括政府部门发给的房屋产权证、工商营业执照、商标注册证、专利证、土地使用证等；经财政部确定征税的其他凭证。

印花税的税率采用比例税率和定额税率两种。在印花税的13个税目中，采用比例税率的有11个税目，共4档，分别是千分之一、万分之五、万分之三和万分之零点五；对一些无法计算金额的凭证，或者虽载有金额，但作为计税依据明显不合理的凭证，采用定额税率，按每件缴纳一定数额的税款。1988年，烟台市印花税收入26万元，2015年达到58561万元。

1988—2015年烟台市印花税收入统计表

表 1-8　　单位：万元

年度	决算数	年度	决算数	年度	决算数	年度	决算数	年度	决算数
1988	26	1994	389	2000	2046	2006	14314	2012	45821
1989	526.9	1995	770	2001	2117	2007	18317	2013	51351
1990	631.2	1996	941	2002	3031	2008	20516	2014	56933
1991	603	1997	1295	2003	5296	2009	27904	2015	58561
1992	533	1998	1290	2004	8265	2010	39458		
1993	407	1999	1596	2005	12091	2011	46347		

第九节　城镇土地使用税

1988年11月，烟台市执行《中华人民共和国城镇土地使用税暂行条例》，正式开征城镇土地使用税。

2007年1月1日，烟台市执行国务院重新修订的《中华人民共和国城镇土地使用税暂行条例》。城镇土地使用税采用有幅度的差别定额税率，按大、中、小城市和城市、县城、建制镇、工矿区，分别规定不同税额。按城镇规模大小，每平方米土地的年税额分别为：大城市1.5～30元；中等城市1.2～24元；小城市0.9～18元；县城、建制镇、工矿区0.6～12元。该条例后经几次修订，烟台市遵照执行。

1989年，烟台市城镇土地使用税收入581.6万元，2015年达到380213万元。

1989—2015年烟台市城镇土地使用税收入统计表

表 1-9　　单位：万元

年度	决算数	年度	决算数	年度	决算数	年度	决算数	年度	决算数
1989	581.6	1995	2036	2001	6020	2007	55794	2013	242947
1990	894.2	1996	2323	2002	8053	2008	99723	2014	259214
1991	898	1997	2470	2003	12682	2009	120809	2015	380213
1992	745	1998	3318	2004	18425	2010	140922		
1993	824	1999	4826	2005	28380	2011	148697		
1994	1782	2000	6583	2006	37695	2012	152458		

第十节　土地增值税

1994年，《中华人民共和国土地增值税暂行条例》开始实施，凡有偿转让国有土地使用权、地上建筑物及其他附着物并取得收入的单位和个人为土地增值税的纳税人。

土地增值税以转让房地产取得的收入减除法定扣除项目金额后的增值额作为计税依据，

按照四级超率累进税率进行征收。增值额未超过扣除项目金额50%的部分，税率为30%；增值额超过扣除项目金额50%、未超过100%的部分，税率为40%；增值额超过扣除项目金额100%、未超过200%的部分，税率为50%；增值额超过扣除项目金额200%以上部分，税率为60%。1996年，烟台市土地增值税收入仅为7万元，2015年达到369921万元。

1996—2015年烟台市土地增值税收入统计表

表1-10　　单位：万元

年度	决算数	年度	决算数	年度	决算数	年度	决算数	年度	决算数
1996	7	2000	350	2004	16209	2008	65889	2012	164720
1997	43	2001	440	2005	32251	2009	69479	2013	226381
1998	117	2002	1125	2006	55181	2010	107959	2014	238578
1999	170	2003	6686	2007	74557	2011	123570	2015	369921

第十一节　车船税

1951年，烟台市执行政务院颁布的《车船使用牌照税暂行条例》，征收车船使用牌照税。1973年，对国营、集体企业征收的车船使用牌照税并入工商税，1984年恢复征收。1986年10月1日，烟台市执行《中华人民共和国车船使用税暂行条例》，对外资企业和外籍个人拥有使用的车船仍依照《车船使用牌照税暂行条例》的规定征收车船使用牌照税。2007年1月1日，烟台市执行《中华人民共和国车船税暂行条例》，合并车船使用牌照税和车船使用税，将车船税定性为财产税，对内外资企业和个人统一征收，调整税目分类，提高税额标准，调整减免税范围。车辆按照公安交通管理部门的分类方法划分为载客汽车、载货汽车、三轮汽车低速货车、摩托车四个税目，船舶单独作为一个税目。2012年1月1日，烟台市执行《中华人民共和国车船税法》。1986年，烟台市车船税收入12.4万元，2007年收入6109万元，2015年达到48115万元。

1986—2015年烟台市车船税收入统计表

表1-11　　单位：万元

年度	决算数	年度	决算数	年度	决算数	年度	决算数	年度	决算数
1986	12.4	1992	531	1998	1718	2004	3506	2010	19492
1987	509.9	1993	649	1999	1620	2005	3528	2011	24231
1988	497.4	1994	669	2000	2593	2006	4057	2012	31784
1989	573.6	1995	776	2001	3243	2007	6109	2013	37390
1990	483.2	1996	1233	2002	3424	2008	12128	2014	42358
1991	536	1997	1417	2003	3663	2009	15724	2015	48115

第十二节　其他工商税收

1986—2015 年，烟台市工商税收还包括以下税种：屠宰税、牲畜交易税、集市交易税、奖金税（对国营企业、事业单位、集体企业分别按不同税率征收）、国营企业工资调节税、建筑税 / 固定资产投资方向调节税等。

1994 年 1 月，国务院印发《关于取消集市交易税、牲畜交易税、烧油特别税、奖金税、工资调节税和将屠宰税、筵席税下放给地方管理的通知》。

2006 年 2 月，国务院令第 459 号废止了《屠宰税暂行条例》。2012 年 11 月，国务院发布《关于修改和废止部分行政法规的决定》，废止了《中华人民共和国固定资产投资方向调节税暂行条例》。

1994 年中国的税制体系

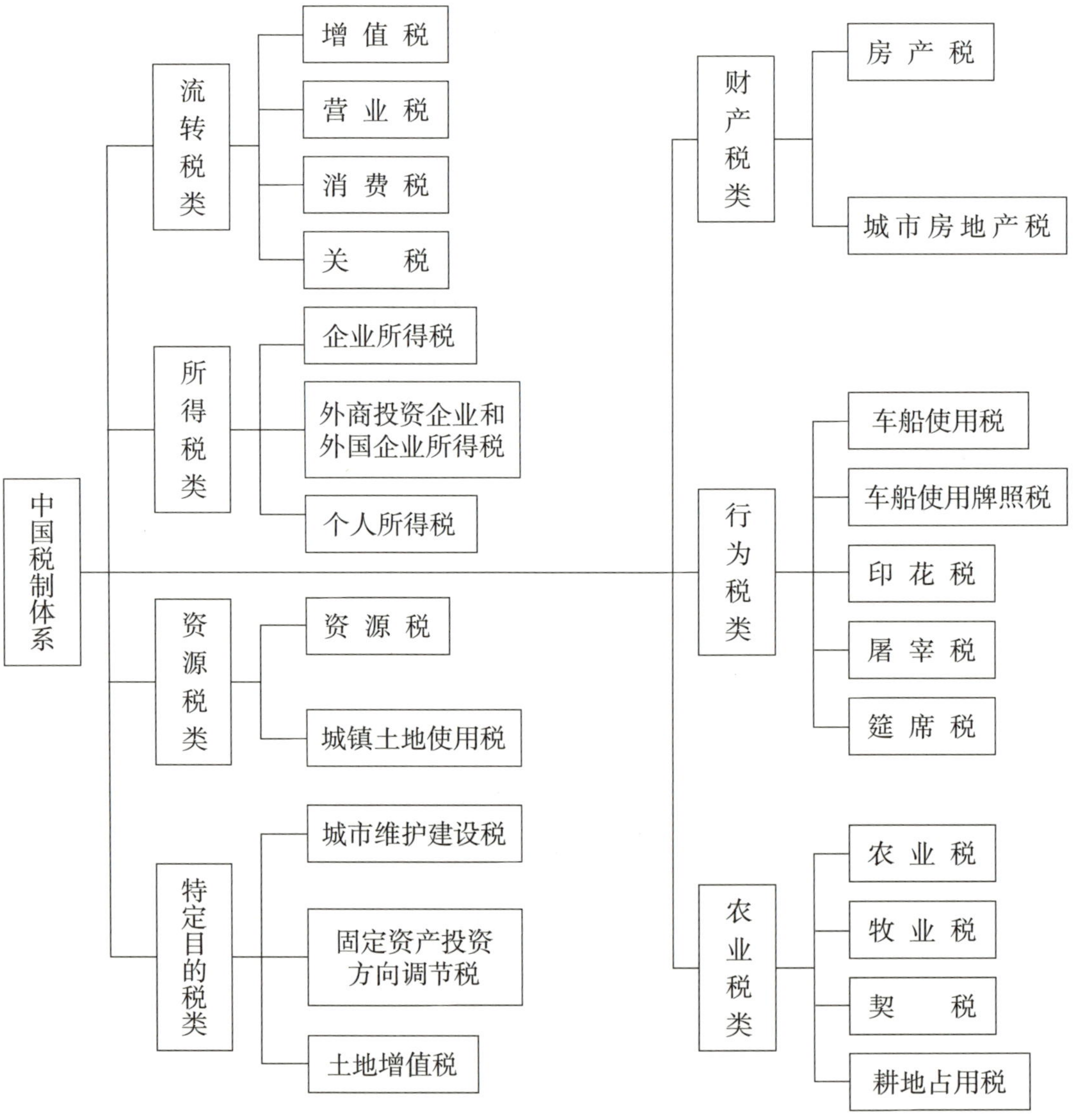

2015 年中国的税制体系

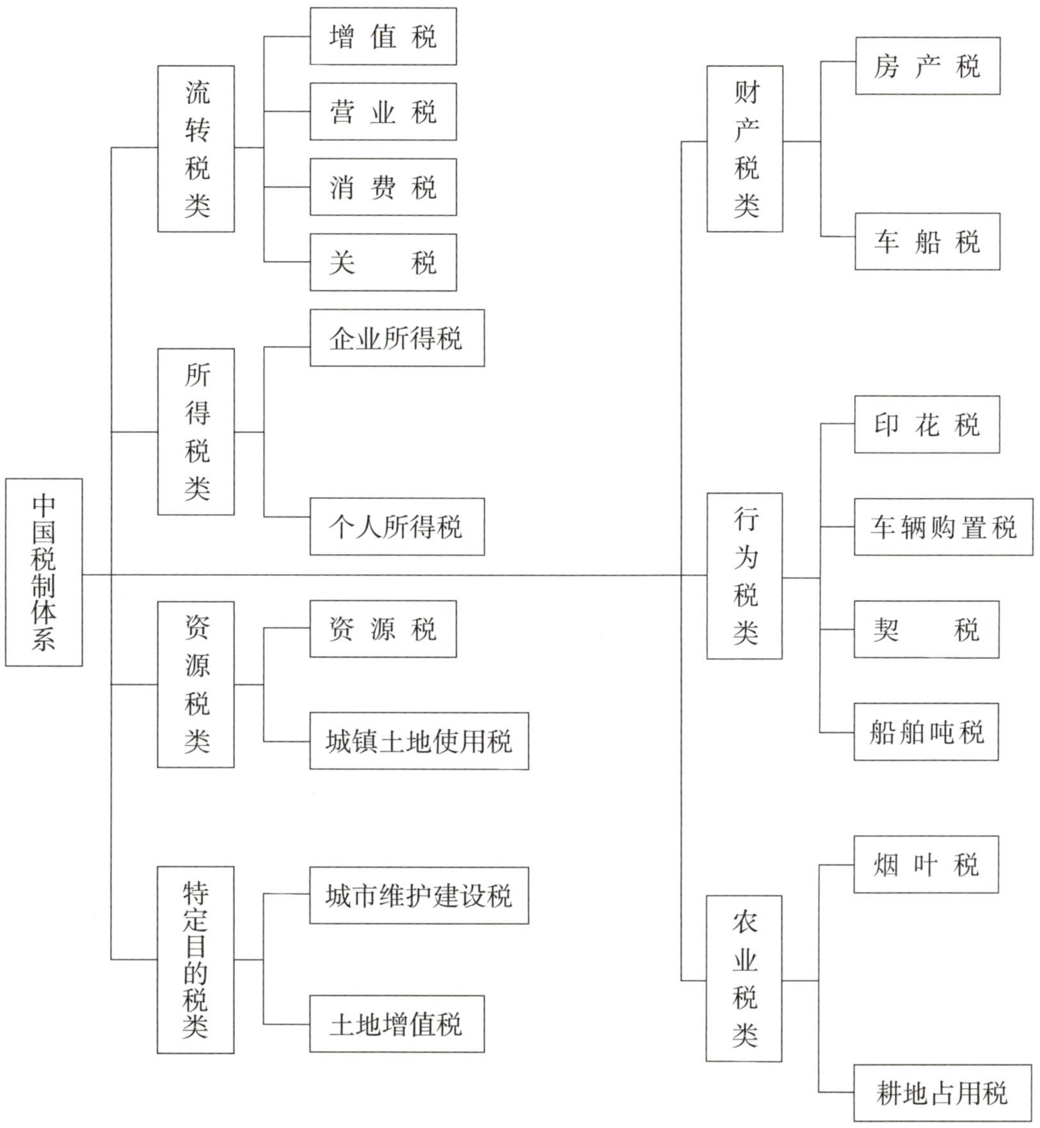

第二章　农业税收

1986—2004年，烟台市农业税收入累计41.76亿元，占同期全市财政收入的9.1%。2005年12月29日，第十届全国人大常委会第十九次会议决定，自2006年1月1日起在全国全面取消农业税。烟台市于2005年在全市范围取消农业税。2011年3月，全市耕地占用税和契税征管职能由烟台市财政局划转烟台市地税局。

第一节　农业税

1986—2001年，烟台市农业税征收执行国务院1958年6月发布的《中华人民共和国农业税条例》和《山东省农业税征收实施规定》（鲁财乙字〔1958〕第1207号），这期间，农业税除征收对象有一定调整外，其他政策比较稳定。

2002年，根据《中共中央国务院关于进行农村税费改革试点工作的通知》（中发〔2000〕7号）精神和省委、省政府统一部署，烟台市全面开展农村税费改革试点，直至2005年全面取消农业税，这期间，农业税征管工作执行的主要政策是中共山东省委、山东省人民政府2002年6月发布的《山东省农业税征收暂行办法》、省财政厅《关于农业税征收管理的若干规定》和《烟台市农村税费改革（试点）实施方案》（烟政发〔2002〕63号）。

计税标准

1988年以前，农业税的征税范围包括：粮食作物和薯类作物的收入；油料等经济作物的收入；园艺作物的收入。1988年开始单独计征农业特产税后，园艺作物中的农业特产品从农业税征收对象中分离，之后农业税征收对象限于粮食、油料、蔬菜等农作物收入。

农业税以常年产量作为计税依据，即根据土地的自然条件和当地的一般经营情况评定各种农作物正常年景下的产量，常年产量评定以后，一定时期内保持相对稳定，对因勤劳耕作、改善经营而提高单位面积产量的，常年产量不予提高；因怠于耕作而降低单位面积产量的，常年产量不予降低。按照“稳定负担、鼓励增产”的原则，让广大农民充分休养生息，1986—2001年，烟台市亩均农业税计税常年产量一直维持在1961年核定的水平，基本没有进行调整。2001年，全市农业税平均计税常产每亩为72公斤标准粮。随着粮食产量和价格的提高，农业税实际负担率一直呈下降趋势，至2002年农村税费改革前，全市农业税实际负担率平均为2%。

烟台市计征农业税的标准粮统一确定为小麦，各种作物收入一律按照中等质量小麦的收购牌价折合计算，折合比例小麦为1、玉米为0.83、高粱为0.84、地瓜干为0.75、大豆为2、花生果为2.54、蔬菜为0.2。标准粮计税价格执行全省统一规定，由省财政厅根据国家粮食收购价格并参照市场价格确定。1990年以前计税价格相对稳定，1993年粮食购销价格逐步放开后，随着粮食价格起伏波动，全市农业税每公斤标准粮计税单价分别确定为：1993 年为 0.68 元，1994—1995 年为 1 元，1996—1998 年为 1.46 元，1999 年为 1.36 元，2000 年为 1.18 元。全市农业税税率执行 15%，同时按正税税额收取 15% 的农业税附加。

2002 年，全市在继续保留改革前农业税征收对象的基础上，将原征收农业特产税的大田西瓜、甜瓜、甜叶菊 3 种农产品改为征收农业税。全市统一确定每公斤标准粮计税价格 1.14 元，计税价格一经确定，未经市级政府批准，各县（市、区）不得自行调整。全市税率统一确定为 6%，同时按正税税额收取 40% 的农业税附加。国有农场、部队、企业自办农场等适用税率为 3%，不征收农业税附加。农业税费改革试点后，2002 年，全市农业税收入总额由 2001 年的 7861 万元增至 20931 万元。

从 2002 年起，农业税附加不再作为乡镇财政预算外收入，改属村集体性质资金，由乡镇财政专户存储，按行政村设置户头管理。具体使用须由各村编制年度收支预算报乡镇经管部门和财政部门审核，按照以收定支原则和年度预算确定的开支项目，村委会按月提出拨款和报销申请，经乡镇经管部门审核后，由乡镇财政部门予以拨款或报销。

计税档案管理

1986—2001 年，农业税计税基础档案实行动态管理。每年春季，财政部门依照有关规定进行一次年度计税基础的核实变更，对每年因非农业建设用地而占用的农业税计税土地，从农业税计税基础档案中将计税面积、常年产量予以扣除。主要包括：县以上人民政府批准的大型水利基本建设工程占地；县以上交通局规划主办并直接管理，县以上人民政府批准的交通公路占地；经过土地管理部门依法批准的其他企事业单位占地。办理计税基础扣除，须具备被占地单位核减土地的申请、县财政部门代表当地人民政府的批准手续并经乡镇财政部门实地勘察和抽丈。对农田基本建设的田间工程（如沟、路、渠、林四结合等）占地，一般不予扣除。同时，对已满免税年限的开荒地等，及时核增计税基础。

2002 年农业税夏征前，为适应新的农业税制要求，全市开展了大规模的农业税计税土地面积和计税常产核实工作，简称“两核”。1. 核实计税面积。主要是根据第二轮土地承包合同，对农民从事农业生产的，计税土地为第二轮承包用于农业生产的土地。对个别尚未进行第二轮承包或第二轮承包工作不规范的，先完善第二轮承包合同，再据此确定计税土地面积。2. 核定常年产量。以村为单位，按照 1994—1998 年主要农作物平均产量和规定的比例折算为标准粮后核定，采取群众公认、愿意接受、简便易行的方式落实到户并实行公示制度。为防止基层出现高估或低估问题，一般由县级政府对所属乡镇测算核定一个计税常年产量总额，实行上限控制，由乡镇政府组织农业、财政、土地、统计等部门人员和村民代表，按照实事求是原则逐村逐户核定落实。对“干部田、机动地、两田制”等农村土地第二轮承包的遗留问题，首先按照中央关于土地承包的有关政策进行调整和完善，将其全部纳入计税土地面积。对承包费高于农业税收及其附加的，由发包方负责缴纳改革后的农业税收及其附加；对承包费低于农业税收及其附加的，由双方协商，重新签订合同，依据合同约定确定纳税人。

2002年重新建立农业税计税档案后，全市计税常产大幅提高，计税常产总额由2001年的44412万公斤标准粮提高到343949万公斤标准粮，全市亩均计税常产568公斤。

征收方法

从1985年开始，根据财政部关于农业税改为按粮食“倒三七”比例价折征代金的要求，全市农业税由以征粮为主改为以折征代金为主。财政部门人员充足的，直接组织征收，或继续与粮食部门协作，派人驻粮库收税。财政部门人员不足的，委托粮库代征。1992年，烟台市按照国务院有关规定开始改革粮食流通体制，放开粮食购销价格。为确保国家粮食储备，1993年4月，根据山东省财政厅、粮食局关于农业税征收粮食实物结算问题的通知精神，烟台市农业税征收办法改为“实物征收、货币结算”，以征收实物为主，对经济作物产区、渔业集中产区及没有粮食合同定购任务或粮食定购任务小于公粮任务等缴纳公粮有困难的，实行折征代金的办法，直接以货币缴纳。全市农业税计税价格调整为0.68元/公斤。财政部门在征收前将应纳农业税额通知纳税人并抄报粮食部门，农民以粮缴税，粮食部门以质论价，以完成农业税金额任务为准，按规定期限定期与财政部门结算税款。一般情况下，大多数地方在夏征一季基本能够完成全年农业税征收任务。财政征收机关在农业税征收旺季派员入驻粮站，确保及时完成征收任务。

2002年农村税费改革后，不再下达农业税粮食任务，一律征收代金，由财政（农税）部门依法征收，大多数县（市、区）以征收机关自征为主，人员不足的委托粮食部门代扣代收农业税款。对农村税费改革前由村集体经营收入负担乡统筹费和村提留的，改革以后，有能力的村集体经济组织继续代村民缴纳农业税和农业税附加，村集体没有能力代缴的，由农民个人依法缴纳。农业税仍分夏、秋两季征收（1月1日至8月31日为夏征期，9月1日至12月31日为秋征期），夏季征收额原则上不低于全年应纳税额的70%，纳税人自愿，可以夏季一次性缴清。

按照农村税费改革后专业化、规范化征管要求，全市农业税征管工作实行新制度。1.纳税登记制度。征收机关对纳税人计税土地面积、常年产量、适用税率等农业税基本要素核实登记，经纳税人签字后，纳入计税档案管理，并向农民发放纳税卡，对农业税计税档案普遍实行电子化管理。2.纳税通知制度。农业税开征前，征收机关向纳税人送达农业税纳税通知书，纳税人按照通知书的要求按时缴纳税款。纳税人不按期缴纳的，下达《农业税限期纳税通知书》，责令其限期缴纳，必要时征收机关依法采取强制执行等措施。3.税收公示制度。对农业税税源、征收任务、实际征收额和减免等情况进行张榜公示，接受农民的监督。4.推行“一税一票”“一户一票”制度，杜绝白条收税和税费混征。5.落实“三定”征收制度，即定税额、定时间、定地点。为方便群众纳税，提高税收服务质量，一些乡镇在镇驻地建立农业税征收服务厅，在村庄建立农业税征收服务点。

为适应农村税费改革后新形势要求，市政府于2002年出台《关于加强县乡农税机构建设的意见》，这是继1994年农税机构变革后第二次重大机构调整。全市13个县（市、区）全部组建了农业税收征收管理局，除莱山区和芝罘区外，均为正科级建制。乡镇财政所更名为财税所，有的还成立了农税所，与财政所合署办公。同时，各乡镇通过机关内部调剂、社会公开招考等形式进一步充实农税干部队伍，当年，全市新增农税干部 147 人，全市构建起以农税征管机关为主体依法治税、乡村干部协税护税的征管新体系。

减免政策

1986—2001 年，农业税减免政策主要包括三个方面：灾歉减免，按照“轻灾少减、重灾多减、特重全免”原则，全年农作物总产量比正常年景产量歉收不足三成的不减，歉收六成以上的全免，歉收三成以上不足六成的，酌情减征；社会减免，对革命烈士家属、在乡的革命残疾军人及其他纳税人，因缺乏劳动力或其他原因纳税确有困难的，经县以上人民政府批准，可以减征或者免征农业税；优待减免，农业科学研究机关和农业学校进行农业试验的土地免征农业税，纳税人依法开垦荒地或者用其他方法扩大耕地面积所得到的农业收入，从有收入时起免征农业税 1 ~ 3 年。全市农业税实际减免数额主要以灾歉减免为主。

农业税减免实行计划管理，每年由省财政厅根据烟台市农业灾歉程度分配一定数量的农业税减免指标，同时按照此额度给予一定比例的补助资金，差额部分由当地财政配套解决。2001 年，省财政厅下达烟台市农业税灾歉减免指标 1900 万元，由省财政厅全额补助。在具体办理农业税减免过程中，首先由纳税人据实申请，征收机关在深入调查和群众民主评议的基础上，提出减免对象和减免税额分配方案，将减免税额落实到户，农业税附加与正税同时减免。这期间，全市农业税减免以先征后退方式为主，也有地方实行税前直接减免方式。

2002 年开始，农业税实行灾歉减免、社会减免和鼓励生产性减免政策。灾歉减免按照“轻灾少减、重灾多减、特重全免、分级负担”原则，从当年起，省财政厅不再对各市下达减免指标，由县级财政部门根据实际情况自行确定减免规模，省财政厅每年根据各地市灾情和农业税减免落实情况，对因减免影响地方财力部分给予一定数额的重大灾歉减免补助资金。一个乡镇部分村庄受灾的，减免资金由县、乡财政负担；整个乡镇或几个乡镇同时受灾的，由市地及其以下财政负担；整个县或几个县大面积受灾的，由省、市财政给予专项补助。这期间的农业税减免范围较前有所扩大，主要包括：对农村中的烈属、伤残军人、老复员军人，给予减免农业税照顾；对农村中的特困户、丧失劳动能力的残疾人，经批准可以适当减免农业税；对 70 岁以上老年人平均分配的土地，免征新增农业税及附加；对依法开垦荒地、荒滩或者用其他方法扩大耕地面积所得到的收入，经批准，1 ~ 3 年内免征农业税；农业科研机构和农业院校用于农业实验的土地所取得的收入，经批准免征农业税；对税费改革后新的库区移民给予 3 ~ 5 年内免征农业税照顾；对高坡度山区的贫困农民，在一定时期内减免农业税；对平均分配承包土地较多的农户，改革后的税收负担超过原“三提五统”和原农业税及附加部分的给予减免，对因投标承包土地超过全村平均水平或跨村承包土地的种粮大户，纳税确有困难的，经批准可给予适当减免照顾。农业税减免批准权归县级以上政府。农业税减免所需资金，由各级财政预算作出相应安排。乡镇一般从农业税收入中预留 8%，用于一般性自然灾害的减免和社会减免，其中 3% ~ 5% 由县级财政集中管理，专项用于受灾乡镇的农业税减免。纳税人按照农业税减免政策规定，向乡镇征收机关提出书面申请，乡镇征收机关严格审核后，报县级征收机关审批。社会减免一律采取税前直接减免的方式。其他减免以税前直接减免形式为主。

2003年，根据省财政厅《关于农业特产税政策调整有关具体问题的通知》和省农村税费改革领导小组《关于2003年农业特产税政策调整方案的批复》意见，烟台市开始进行农业特产税改征农业税工作。当年，全市有5个农业特产税收入比重较低、财政状况较好的县（市、区）全面取消了农业特产税，其他县（市、区）进行部分特产税品目改征农业税调整，统一将芦笋、药材、花卉、苗木、塑料棚蔬菜和瓜果、生姜、大蒜等园艺作物收入，水产品收入，林木产品收入，食用菌收入等改征农业税。改征农业税的农业特产品计税收入原则上参照粮食作物收入确定。对利用滩涂、海水进行养殖以及捕捞的水产品收入，按其一般生产条件下正常年景收益情况确定计税收入。

烟台大樱桃

2004年1月1日，烟台市全面取消农业特产税，全市农业税税率实行减半征收，即执行3%税率。国有农场、部队、企业自办农场等在当时税率基础上减半征收。

2005年，根据中央农村税费改革精神，烟台市在全市范围全面取消农业税，全市农民提前一年实现“零税赋”。

1986—2004年，全市实现农业税收入148053万元，占“农业四税”收入的35.45%。

1986—2004年烟台市农业税收入情况表

表1-12　　单位：万元

年度	入库数
1986	2507
1987	2931
1988	2926
1989	2390
1990	2689
1991	2806
1992	3409
1993	4256
1994	6024
1995	6222
1996	9106
1997	8503
1998	9141
1999	7969
2000	6564
2001	7861
2002	20931
2003	27386
2004	14435

注：1986—1987年含农林特产税入库数

第二节　农业特产税

1983 年 11 月，国务院发布《关于对农林特产收入征收农业税的规定》（国发〔1983〕179 号），决定对农业特产品收入单独计征农业税。1986 年，根据省政府《关于对农林特产收入征收农业税的试行办法》（鲁政发〔1986〕88 号），烟台市对农林特产品收入单独计征农林特产税。1994 年，国家实施税制改革和分税制财政体制改革，对农林特产税政策作了较大调整，将原产品税中的部分应税农产品改征农业特产税，明确农业特产税全部作为地方财政收入，农林特产税自此改称农业特产税。

计税标准

农林特产税主要征收范围是园艺收入（水果、人工培植药材、桑茧、花卉、苗木等），林木收入（木材、花椒、核桃、板栗、柳条等），水产收入（水生植物、淡水养殖、滩涂养殖等）三大类。园艺收入的税率为 6%，林木和水产收入税率为 5%，上述收入中少数获利大的产品，税率可高于 6%，但不得超过 15%；对少数不能定产的农林特产，按实际产量或估产计算征收，税率一律定为 5%；对与粮食及其他作物间作，收入较高的农林特产，在原农业税负担基础上，加成 20% ~ 50% 征收。

1989 年 3 月，根据国务院《关于进一步做好农林特产农业税征收工作的通知》（国发〔1989〕28 号），烟台市开始进入农林特产税全面征收阶段，全市农林特产税政策作了若干调整：将果用瓜和海水养殖产品收入列入征税范围；农林特产税一律按照产品的实际收入计算征税，保留加成征收办法；修订税率，对海淡水养殖产品、水果、果用瓜、原木四类大宗农业特产品执行全国统一税率（海淡水养殖产品税率为 10%，其中，海参、鲍鱼等水珍品税率为 15%；水果税率为 10%，其中，苹果为 15%；果用瓜税率为 10%；原木税率为 8%）。

1993 年，为促进高产优质高效农业的全面协调发展，解决农林特产税执行中名义税率高、实际税负低的问题，根据《山东省征收农林特产农业税实施办法》，全市农林特产税税率改按以下标准执行：海淡水养殖产品税率 8%（含水珍品）；水果税率仍维持 10%，其中，苹果税率降至 12%；果用瓜税率 8%；原木税率 7%。对其他农林特产收入执行 5% 的税率。1989—1993 年，全市累计征收农林特产税 14350 万元，成为全省农林特产税的重点征收大户。

根据省政府《山东省征收农业特产农业税

烟台海洋牧场

办法》（山东省政府令第55号），从1994年7月1日起，烟台市农业特产税征收改按新的品目和税率执行。

1994年烟台市农业特产税税目税率表

表1-13

征税范围		适用税率（%）	
类别	具体征税品目	生产者	收购者
园艺产品	苹果、梨	12	
	其他水果	10	
	干果	10	
	果用瓜	8	
	蚕茧	8	
	芦笋、药材、花卉、经济林苗木	5	
水产品	海淡水、滩涂养殖、海淡水捕捞	8	5
	水生植物	8	
林木品	原木	8	8
	腊条、柳条、荆条、紫穗槐条	5	
牲畜产品	牛皮、猪皮、羊皮、羊毛、兔毛、羊绒		10
食用菌产品	黑木耳、银耳	8	8
	香菇、蘑菇	8	
贵重食品	海参、鲍鱼、干贝、鱼唇、鱼翅	8	25
其他	生姜、大蒜	5	

1996年，烟台市开始对全市宾馆、饭店收购水产品行为按收购额征收农业特产税（2002年12月停止征收）。1997年7月，开始对甜叶菊收入征收农业特产税，税率5%。1999年1月1日起，调整猪、牛、羊皮农业特产税政策：对单位和个人收购的牛皮、羊皮，暂按5%的税率征收，猪皮暂停征收。

2000年，烟台市根据《山东省人民政府关于对塑料棚蔬菜收入征收农业特产税的通知》精神，从当年11月1日起，对塑料棚蔬菜收入在生产环节征收农业特产税，税率为5%，对首次种植塑料棚蔬菜取得的收入，第一年免征农业特产税，第二年减半征收，从第三年起全额征收。财税体制改革后，农业特产税成为地方财政收入的重要增长点，全市各级财政部门对其重视程度普遍提高，征收力度全面加大，农业特产税征收管理工作进入快速发展时期。1994年，全市实现农业特产税收入6414万元，较上年增长了107%，2000年收入最高，达到20911万元。

2002年，烟台市全面实施农村税费改革试

莱州月季

点，农业特产税政策调整主要依据《山东省农业特产税征收暂行办法》、省财政厅《关于农业特产税征收管理的若干规定》和《烟台市农村税费改革（试点）实施方案》等。农业特产税新税制减少了征税范围和环节，新增了农业特产税附加。对大田中生产的西瓜、甜瓜、甜叶菊 3 种农产品改征农业税，不再征收农业特产税。对原在生产、收购两环节征收特产税的应税产品，属一个纳税人的，合并在生产环节征税，税率略低于原两个环节适用税率之和；属两个纳税人的，暂维持生产和收购两个征收环节不变。同时下调税率，如苹果特产税由 12% 下调至 8%，贵重食品由两个环节税率之和 33% 下调至 15%。新开征了农业特产税附加，附加比例分类确定为大棚蔬菜特产税 10%，其他特产品 20%。对收购环节不征收农业特产税附加。农业特产税附加与农业税附加实行相同的征收管理办法。

2002 年烟台市农业特产税税目税率表

表 1-14

征税范围		适用税率（%）	
类别	具体征税品目	生产者	收购者
园艺产品	水果	8	
	干果	8	
	蚕茧	8	
	塑料棚蔬菜	5	
	塑料棚瓜果（果用瓜）	8	
	芦笋、药材、花卉、苗木	8	
水产品	海淡水、滩涂养殖、海淡水捕捞	8	5
	水生植物	8	
林木品	原木	8	
	腊条、柳条、荆条、紫穗槐条	5	
牲畜产品	牛皮、猪皮、羊皮		5
	鹿皮、狐狸皮、獭兔皮		10
	羊毛、兔毛、羊绒		10
食用菌产品	黑木耳、银耳	8	
	香菇、蘑菇	8	
贵重食品	海参、鲍鱼、干贝、鱼唇、鱼翅	10	5
其他	生姜、大蒜	5	

2003 年，烟台市开始逐步取消农业特产税，除对原应征收农业特产税的品目改征农业税外，还将一些品目直接予以取消，具体包括水产品收购环节、不在土地上生产的农业特产品以及零星分散地块上生产的农业特产品等。2004 年，全市全面取消农业特产税。

征收方法

1986 年以前，烟台市农业税征收以委托粮食部门代征入库为主，开征农林特产税后，财政部门开始加强县乡农税征管队伍建设。1994 年，全市农业税收征管机构进行了一次大的变革。市级组建了烟台市财政局农业税征收处，主要负责市直部门农业特产税征收工作。之后，有 7 个县（市、区）相继成立了副科级建制的农业税收征收管理处，负责县直部门税收和区域内的农业税收管理工作。2002 年，根据市政府《关于加强县乡农税机构建设的意见》，全市 13 个县（市、区）全部组建了农业税收征收管理局，扩充农税干部队伍，构建起以财政系统农税征收机关为主体的新征管体系。

1994年前，农林特产税征收对象比较单一，主要是对园艺产品收入征税，普遍采取核定征收方法，即通过评估农业特产品的产量并根据市场平均价格确定计税收入，多数地方依托村级组织征税，由村干部直接向纳税人征收税款，填开完税凭证，按照规定的期限办理代征税款的报解手续。1994年农业特产税政策调整后，征税范围大幅拓宽，征收对象和环节日益复杂，各级财政部门从实际出发，根据农业特产品生产、经营、销售的不同情况和应税品种的不同特点，本着有利于掌握税源、有利于征收的原则，采取多种征收办法：1. 查账征收。对财务制度健全的纳税人，通过审查财务报表或经营成果确定应纳税收入，主要对有农产品收购行为的宾馆、饭店、冷库和从事水产品养殖的企业单位等采取这种方法。2. 查定征收。对生产经营规模小、税源零星分散的种植、养殖业农户，由征收机关根据其生产能力和一定时期内的实际产销情况，核定一个实物量作为计税标准，据以计算纳税期内的应纳税额。3. 查验征收。对难以进行源头控制的征税对象，通过查验完税证照和应税实物据以征税。为了对收购水产品行为实施全面控制，有的县（市、区）在水产品集散地要道设置征税点进行查验征收。为实施查验征收制度，对已缴齐税款的纳税人，由当地征收机关开具“外运证”，对持有“外运证”并且货证相符的外运农产品予以放行，对不能出具的令其补缴税款。4. 代扣代缴。对蚕茧等收入征收的农业特产税，由收购部门在收购时代扣代缴。

1997年，为解决村级组织代征过程中按人头地亩平摊税款及搭车收费、税费混征等问题，全市开始试行和推广以财政征收机关直接征收为主体的“四到户”征收模式，即纳税通知到户、税款征收到户、完税凭证到户、减免到户。每个县先选择一个有代表性的乡镇进行试点，逐步扩大实施范围。市财政局出台《烟台市农业特产税村级代征管理试行办法》，对经审查批准的受托单位，由征收机关发给委托代征证书，征收机关按规定付给一定的代征手续费，并进一步规范村级代征行为，全面落实“五公开”措施，即公开税收政策、公开税源情况、公开税收任务、公开征收额、公开减免额。每个村委会设立农业特产税公开专栏，定时张榜公布。

烟台苹果

减免政策

农业科研机构和农业院校进行科学试验取得的农业特产品收入，在试验期间给予免税；对温饱问题尚未解决的贫困农户，纳税确有困难的，给予减免税照顾；对因自然灾害造成农业特产品歉收的，根据歉收情况，酌情给予减免。农业特产税减免由纳税人提出申请，乡镇征收机关审核，县级征收机关批准后办理，一般采取税前直接减免的形式，减免资金全部由县、乡财政自行负担。

莱阳梨

税源普查

1994 年起，市财政局组织全市开展了三次农业特产税税源普查活动。1996 年普查范围最广，规模最大，普查重点是果品业户。普查方法和步骤：1. 确定调查内容，掌握准确数据。根据实际情况将果品调查内容确定为种植年份、品种、面积、株数、栽培条件、产量等，掌握有关部门的原始数据，如统计、果业等部门掌握的果园承包合同，以及各乡镇提报的果园面积及产量等，深入各村、各果园，按照拟定的调查内容，逐项核实登记。2. 实地查株测产。普查人员深入果园，用公式法结合经验法测算果品产量，先划地块、划片或随机抽样调查，每亩地至少抽 12 个样本点，以备测产，再根据果品品种和生长情况，采取不同的测产方法，对苹果、梨等品种用公式法，对矮化密植丰产园采用查枝量、查花芽的方法，对山楂、葡萄等杂果采用经验公式法，将果树划分为初果期、盛果期和衰老期，测出单产和总产。3. 在全面查实税源的基础上，县、乡征收机关分别建立起农林特产税税源档案，县级征收机关控制到乡镇，乡镇征收机关控制到村和户。试行农林特产税税源增减变动申报制度，农林特产品生产者因故增加、减少种植面积或改换品种时，到相应的征收机关办理变更登记。经普查，该年全市果园总面积为 132.5 万亩，结果面积为 92 万亩。

1988—2003 年，烟台市完成农业特产税收入 156844 万元，占同期“农业四税”收入的 38.07%。

1988—2003 年烟台市农业特产税
收入完成情况表

表 1-15　　　　单位：万元

年 度	入库数
1988	505
1989	1707
1990	2852
1991	3068
1992	3137
1993	3091
1994	6414
1995	9183
1996	11605
1997	13598
1998	14782
1999	17755
2000	20911
2001	20346
2002	14500
2003	13388

注：1987 年以前未设农林特产税预算科目，其收入在农业税科目统计

第三节　耕地占用税

1987 年 4 月，国务院发布《中华人民共和国耕地占用税暂行条例》(国发〔1987〕27 号)，烟台市开始全面开征耕地占用税。在烟台市境内被建房或其他非农业建设占用的耕地、鱼塘、园地和菜地以及已开发从事种植、养殖的滩涂、草场、水面等，均为耕地占用税征收范围。园地包括茶园、果园、桑园、园圃、花圃和其他种植经济林木的土地。

计税标准

耕地占用税以纳税人实际占用的耕地面积计税，以平方米为单位实行定额税率，按规定税率一次性征收。适用税率以县为单位按人均占有耕地多少，分四个档次核定：人均耕地 1 亩以下的地区，每平方米 2 ~ 10 元；人均耕地 1 ~ 2 亩的地区，每平方米 1.6 ~ 8 元；人均耕地 2 ~ 3 亩的地区，每平方米 1.3 ~ 6.5 元；人均耕地 3 亩以上的地区，每平方米 1 ~ 5 元。为避免毗邻地区税额差别过大，省政府根据各地市人均占有耕地水平、经济发展情况以及 1987 年中央核定山东省的占地计划和平均税额，以鲁政发〔1987〕81 号文件正式核定全省平均税额，烟台市平均税额为 5.1 元 / 平方米。在省核定的平均税额额度内，按照 4 档标准，烟台市政府以烟政发〔1987〕96 号文件核定了各县（市、区）的适用税额并报省政府备案。具体税率定额是：长岛县、芝罘区、福山区每平方米 5.5 元，龙口市每平方米 5.3 元，牟平县、招远县每平方米 5.1 元，海阳县、栖霞县、掖县每平方米 4.9 元，莱阳市、蓬莱县每平方米 4.7 元。对一个县（市、区）范围内乡镇情况差别较大的，由县（市、区）政府按照上述办法核定乡镇的适用税额，报市政府备案。

全市农村居民占用耕地新建自用住宅按当地适用税额减半征收，城镇居民（非农业户口）占用耕地新建住宅、农村居民（或联户）占用耕地从事非农业生产经营均全额征税。境内公路建设占用耕地，根据省财政厅（88）鲁财农字 98 号文件精神，在规定适用税额范围内，按低限税额每平方米 1.6 元征收，自 1990 年 1 月 1 日起，根据省财政厅（89）鲁财农字 514

号文件规定，全市统一按每平方米1.5元计征。

2008年1月1日，烟台市执行新的《中华人民共和国耕地占用税暂行条例》，耕地占用税适用税额标准提高，龙口市每平方米38元，芝罘区、福山区每平方米30元，长岛县每平方米27.5元，牟平区、招远市每平方米25.5元，莱州市、栖霞市、海阳市每平方米24.5元，莱阳市每平方米23.5元，蓬莱市每平方米23元，莱山区每平方米20元。

征收办法

县和乡镇征收机关建立耕地占用税册籍，详细登记耕地面积、总人口、农业人口、人均耕地面积、每年不同纳税人从事非农业建设占用耕地面积、依法计征耕地占用税额、减免税额、应征税额、实征税额、占用耕地中属于农业税计税土地、常年产量和依率计征农业税额，以及土地管理部门批准占用耕地手续等有关资料。

对国家和乡镇集体单位，由征收机关给纳税人填开缴款书到指定国库经收处缴纳税款；有条件的，由纳税人根据纳税通知书所规定的税额、时间，自己填开缴款书到国库经收处缴纳税款。对农村居民，由乡镇财政机关征收。耕地占用税开征初期，因征管力量不足，有的地方由乡镇政府组织村民委员会进行征收或委托土地管理部门代征，并从征收额中付给一定的劳务费。1990年以后，逐步转为财政部门直接征收为主，具体采取以下征管模式。一是预缴税款。从1990年1月1日起，有条件的地方开始对耕地占用税实行预征办法，即纳税人在申请占用耕地时，先预缴纳税保证金。占用耕地的单位或个人在向土地管理部门申请用地时，按申报占用耕地面积和当地适用税额计征缴纳纳税保证金，征收机关开具收据，土地管理部门凭征收机关收据，再办理耕地占用手续。征收机关根据土地管理部门实际批准占用耕地面积与纳税人办理结算，换取完税证，占用耕地单位或个人持完税证到土地管理部门办理划拨土地手续。二是随批随征。1994年以后，随批随征成为主要征收模式。用地单位或个人的用地申请得到批准后，土地管理部门首先将占用耕地批准文件抄送所在地同级征收机关，征收机关凭土地管理部门的批准用地文件，向纳税人发出纳税通知书，限期到征收机关纳税或办理免税手续。土地管理部门凭征收机关开具的纳税或免税凭证，向用地单位和个人发放批准文件并办理划拨用地手续。3. 查补征收。对未经土地管理部门批准、纳税人擅自占用耕地的，征收机关通过检查，对其应征税款进行追缴。1997年4月至1998年4月，国家冻结非农业建设项目占用耕地一年，各级财政部门结合对1991年以后各类建设用地以及农村宅基地用地全面清查的情况，集中开展耕地占用税查补工作，取得明显效果。财政部门与土地管理等部门配合联动，实行源头管控。为保证税收及时足额入库，凡纳税人申请占用耕地，必须先缴纳耕地占用税，再由土地管理部门正式办理批准用地手续；建立联合办公制度，确定时间、地点合署办公，一边批地，一边征税，审批占地、征税、划拨土地一条龙作业；共同组织检查非农业建设、农民建房占用耕地和缴纳耕地占用税情况，对检查出的问题分别按规定处理。部分县（市、区）还发挥计划监督作用，要求计划部门在审批基建项目时，将耕地占用税纳入项目预算审查，对耕地占用税资金来源不落实的项目暂缓审批或不予审批。另外，财政部门还与有关银行配合，对长期拖欠税款的单位按照政策规定实行强制扣缴。

收入分配

耕地占用税自开征至1993年，一直作为中央和地方共享收入，实行分成体制。1987—1988年,耕地占用税实行中央和地方财政“五五分成”,从1989年起改为“倒三七”比例分成(中央70%，地方30%)。省财政厅根据耕地占用计划每年下达烟台市收入上交任务，实行“超收县级全留、短收地方补齐”的办法。烟台市地方分成部分全部留归县级作为农业发展专项基金，纳入本级财政预算，由财政部门管理，用于开垦宜耕土地和整治、改良现有耕地。1994年财税体制改革后，耕地占用税全部划归地方财政。

减免政策

1990年8月1日，烟台市对耕地占用税减免实行申报制度。纳税人在申请用地的同时，向当地财政机关提出报告并填写减免申请表。各级征收机关按以下审批权限办理减免事项：占用耕地1000亩以上的，报财政部批准，并报省政府备案；占用耕地30亩以上、不足1000亩的，报省政府批准，并报财政部备案；占用耕地3亩以上、不足30亩的，报市政府批准，并报省财政厅备案。

耕地占用税免税范围包括：外商、台资、港资、侨资举办的独资企业、合资企业和合作企业，但对上述企业占用耕地建设旅游、服务设施及开发房地产等应照章征收耕地占用税；部队（包括武警）军事设施用地；铁路线路、车站、装卸货场、仓库用地；民用飞机场跑道、停机坪、候机楼等；国家物资储备部门炸药专用库房及保证安全必要的占用；大、中、小全日制学校教学必需用地；幼儿园、敬老院用地；医院、卫生院用地；殡仪馆、火葬场用地；直接为农业生产服务的农田水利设施用地；水库移民、灾民、难民建房用地。同时规定，农村革命烈士家属、残疾军人、鳏寡孤独及边远贫困山区生活困难的农户，在规定用地标准内新建住宅，纳税确有困难的，经县级人民政府批准后，可给予减税或免税；民政部门所办福利工厂，确属安置残疾人就业的，酌情给予减税照顾；对年生产能力万两以上的金矿生产设施所占耕地，可酌情减征。

2011年3月1日，根据省编办、人社厅、财政厅、地税局《关于认真做好地方财政耕地占用税和契税征管职能划转工作的通知》，烟台市耕地占用税征收管理职能由财政部门划转地税部门，征管人员编制也相应划转。

1987—2015年，烟台市耕地占用税收入137.97亿元。

G204烟沪线莱阳段

1987—2015年烟台市耕地占用税收入完成情况表

表 1-16　　单位：万元

年度	入库数	年度	入库数
1987	161	2002	2196
1988	1095	2003	7243
1989	1292	2004	13262
1990	967	2005	13490
1991	919	2006	24436
1992	1268	2007	22889
1993	917	2008	63243
1994	1422	2009	97133
1995	977	2010	62057
1996	1499	2011	85473
1997	1374	2012	131709
1998	1301	2013	192157
1999	1741	2014	384471
2000	1504	2015	262650
2001	850		

第四节　契　税

1950年，政务院发布《契税暂行条例》，之后，契税经历了几次开征与停征交替阶段，最后一次停征是1979年，至1990年，全国契税征收处于实际停滞状态。

1991年，根据省财政厅《转发财政部关于加强契税工作的通知》精神，烟台市出台《烟台市契税征收管理暂行办法》，发布《关于全面恢复征收契税的通告》，分发至乡镇，张贴到村，自1月1日起，全市全面恢复征收契税，仍执行1950年政务院发布的《契税暂行条例》，凡烟台市境内以买卖、典当、赠与或交换形式取得土地房屋产权的承受人，均要缴纳契税。由于社会主义改造完成后，国家禁止土地买卖，财政部曾发文明确对土地停止征收契税，所以这期间只对房屋产权发生变动的行为征收契税。

计税标准

1991年，契税实行比例税率，执行买契税率6%，典契税率3%，赠与税率6%。交换的房屋双方价值相等者，免征契税；不相等者，其超过部分的差价由多得方按买契税率计征。

1997年7月，国务院发布新修订的《中华人民共和国契税暂行条例》（国务院令第224号，以下简称《条例》），10月1日起正式实施。按照《条例》及省政府、省财政厅有关文件规定，凡在烟台市境内转移土地、房屋权属，承受的单位和个人均应依照规定缴纳契税，执行山东省统一税率3%。转移土地、房屋权属包括下列行为：国有土地使用权出让；土地使用权转让（不包括农村集体土地承包经营权的转移）；房屋买卖；房屋赠与；房屋交换。当时，住房制度改革全面深化，房地产交易市场日趋活跃，契税收入增长迅速，1998年，全市契税收入实现3185万元，较1997年增长了408.8%。随着房地产市场的加快发展，全市契税收入一直处于持续增长的态势。

征收办法

1991—1996年，全市契税主要采取代征形式。一是委托土地管理部门代征。土地管理部门负责对土地使用权发生转移进行审核、批准、办理权属登记，对土地使用权发生转移的契税税源进行源头控制，纳税人在办理土地使用权出让、转让时，由土地管理部门根据承受方支付的全部价款计算征收契税。二是委托房产管理部门代征。对应税房产的买卖、赠与、交换行为，在发放权属证书之前，由房产管理部门代征契税。三是委托房地产开发经营单位代征。纳税义务人向房地产开发经营单位购置商品房时，由售房单位代扣代缴。

1996年，随着房地产交易量大增，各级财政部门开始注重改善契税征管方式，烟台市在市区率先实行自征方式，派人进驻房产交易处直接征收契税。征收程序是：土地、房产管理部门在受理房地产权属变更登记申请后，对符合变更登记的，土地、房产管理部门向契税征收机关提供有关土地、房屋权属、土地基准地价、房地产交易价格以及权属变更等方面的资料，并责成纳税人持土地、房屋权属转移的有关证明材料到契税征收机构办理纳税手续；财政征管部门依据有关政策计算征收税款并开具契税完税证或免税证明，凡未出具契税完税证明或免税证明的，房地产管理部门不予办理房屋产权过户手续和土地变更登记手续。为了规范征收和方便纳税人，各县（市、区）普遍实行窗口式服务，有的在繁华地段自行设立征收厅，有的在房产交易处建立征收点。2001年，为优化政务环境，部分县（市、区）契税征收工作进入当地政府统一设置的行政审批服务中心，与房产、土地等部门实现一条龙纳税服务。2002年，全市基本实现财政部门自征契税。

征管制度

1997年《条例》颁布后，全市财政部门注重契税征收制度建设，提高征管服务水平。一是建立基础资料备案制度。会同建设主管部门，责成房地产开发商将新建的商品楼、其他单位和村庄通过集资入股等各种形式建造的住宅、宿舍、门市房等，在工程竣工验收合格后报财政征管机关一份“房屋平面图”备案，并定期报送交易情况，使征管部门能及时了解控制当地房地产开发和交易过程，准确界定征免范围和对象，通过对已完税户在平面图上进行标记，掌握房产纳税动态，便利开展稽查工作。二是建立计税价格审核制度。定期进行市场调查，及时掌握房地产市场信息，按所在区域和建筑类型制定土地和商品房交易的内部控制价格标准，并据此审核应税行为的成交价格，对明显低于控制标准的，由财政征管部门组织人员实地核价或委托有资质的房地产中介机构进行评估确价，防止成交价格环节的舞弊行为发生。三是建立纳税申报制度。全市在2002年以后逐步实行主动申报纳税管理，规范程序，完备手续，提高税收执法的严肃性。四是建立监督稽查制度。财政和房管、土地部门对纳税情况分别进行详细的台账登记，并要求房管和土地部门在权属变更登记档案中存放一份完税证明或免税证明，财政征管机关与双方定期进行对账核查或不定期抽查。在人员岗位设置上实行征收、发证与登记复核相对分离、相互制约，防止内部作弊。有的县（市、区）还建立了全方位监控检查网络，组织了专门稽查力量，向社会公布举报电话，对检举偷漏税者实行奖励政策，及时查处各种偷漏税款行为。五是建立重大交易事项全程介入制度。企业改制、城市经营、招商引资等涉及契税数额较大，契税征收工作较复杂，各级财政征管部门加强与有关部门的协调配合，提早介入相关交易过程，分析契税政策，保障契税征收如期实现。

2003年3月至5月，全市开展了新《条例》实施后第一次大规模的契税税源普查工作。各级财政部门把这项工作列入当年财政工作的一项重要任务，普遍成立了契税税源调查工作小组，主要对2002年房地产市场实际交易情况、税源构成情况、契税应征和实征情况进行全面调查，发现征管工作差距和薄弱环节，挖掘税源增收潜力。经过摸底、登记、测算和汇总，较全面掌握了全市契税税源有关数据资料。

减免政策

1991年，实行减免税的范围：全市城乡公有制单位承受房屋产权均免征契税；凡全民、城镇集体所有制单位，有当地正式城镇户口的职工，按省政府批准的标准价，第一次购买本单位公有住房，在规定标准面积以内的，免纳契税，免税照顾每户只能享受一次；复转军人回乡购买房产自住和国家离退休干部购置公房或私房，对经济困难无力交税的，经县以上财政征收机关批准，给予减税或免税照顾；对华侨、港澳台同胞用外汇、侨汇交易承受房屋产权的，给予减半征税的优惠照顾；对因国家征用（占用）房产，使用国家给予的补偿费新购置房产的产价超出补偿费部分，原则上征税，购置的房产价格不超过30%，给予免征契税的优惠；单位和个人合资购买商品房，对单位拥有的产权部分免征契税。契税减免由同级财政部门负责直接办理。

1997年，新《条例》规定，减免税范围主要包括：国家机关、事业单位、社会团体、军事单位承受土地、房屋用于办公、教学、医疗、科研和军事设施的，城镇职工按规定第一次购买公有住房的，免征；因不可抗力灭失住房而重新购买住房的，酌情准予减征或免征。经批准减征、免征的纳税人改变有关土地、房屋用途，不再属于规定的减免范围的，应当补缴已经减征、免征的税款。根据《山东省财政厅关于契税征收管理若干具体事项的通知》精神，烟台市契税减免开始实行申报审批制度。凡是属于享受契税减免的纳税人，在签订土地、房屋权属转移合同后10日内，向当地契税征收机关书面提出减免税申请、房地产交易情况报告和相关证明材料，按照规定权限进行减免审批。1万元以下的由县级征收机关审批，1万～20万元的由市级征收管理机关审批，20万元以上的由省财政厅审批。经逐级上报批准后，由各级征收机关逐级下达减免文件，给申报单位开具减免税证明。

1999年8月1日，烟台市配合国家住房制度改革，有效启动房地产市场，培育新的经济增长点，根据省财政厅《转发财政部国家税务总局关于调整房地产市场若干税收政策的通知》精神，对个人购买自用普通住宅，暂按3%税率减半征收契税。为加快住房资金周转，降低金融资产风险，促进积压空置商品房销售，对1998年6月30日前建成、尚未售出的积压空置商品住房，在2000年年底前予以免税优惠。

2000年12月，烟台市为减轻城镇职工的购房负担，根据省财政厅《转发财政部国家税务总局关于公有制单位职工首次购买住房免征契税的通知》，对全市各类公有制单位为解决职工住房而采取集资建房方式建成的普通住房或由单位购买的普通商品住房，经当地县以上人民政府房改部门批准，按照国家房改政策出售给本单位职工的，如属职工首次购买住房，给予免征契税的优惠。

2001年7月，烟台市根据财政部、国家税务总局关于对《消化空置商品住房有关税费政策的通知》，对积压商品房中的安居工程和经济适用房免征契税的优惠政策延长至2002年12

月31日，原规定中的其他房屋自2001年1月1日起恢复征收契税。11月，根据财政部、国家税务总局《关于企业改革中有关契税政策的通知》，对企业改革中涉及到的房地产权属转移行为给予契税优惠，之前符合契税免征事项的应纳税款不再追缴，已征税款不予退还。

2003年8月，烟台市根据财政部和国家税务总局《关于企业改制重组若干契税政策的通知》，企业改革改制过程中涉及的契税事项，从当年10月1日起至2005年12月31日止，给予免征、减征或不征等优惠政策，此前按规定应缴纳契税而尚未缴纳的，经省财政厅审核，不再追缴，已经缴纳的，不予退还。

2004年，烟台市根据财政部和国家税务总局《关于国有土地使用权出让等有关契税问题的通知》（财税〔2004〕134号），对全市国有土地使用权出让有关契税问题作出明确规定：出让国有土地使用权的，其契税计税价格为承受人取得该土地使用权而支付的全部经济利益；先以划拨方式取得土地使用权，后经批准改为出让方式取得该土地使用权的，应依法缴纳契税，其契税计税依据为应补缴的土地出让金和其他出让费用；已购公有住房经补缴土地出让金和其他出让费用成为完全产权住房的，免征土地权属转移的契税。

根据省编办等部门《关于认真做好地方财政耕地占用税和契税征管职能划转工作的通知》和烟台市编办、人社局、财政局、地税局《关于耕地占用税和契税征管职能划转工作有关问题的通知》，2011年2月28日前，市财政局、地税局完成“两税”业务划转工作，3月1日起统一由地税部门履行契税征管职能。

1991—2015年，全市契税收入191.7亿元。

1991—2015年烟台市契税收入完成情况表

表1-17　　单位：万元

年度	入库数	年度	入库数	年度	入库数
1991	26	2000	5356	2009	159982
1992	64	2001	6317	2010	153069
1993	94	2002	11638	2011	243051
1994	171	2003	15764	2012	213823
1995	209	2004	25309	2013	286173
1996	322	2005	38762	2014	235530
1997	626	2006	66996	2015	222955
1998	3186	2007	101748		
1999	3631	2008	122237		

第三章 国有企业与国有资本收入

1978 年前，国家对国营企业一直实行统收统支的预算管理体制，国营企业实现利润按计划全额上缴财政。1979 年，国家试行提取企业基金或利润留成制度。1983 年、1984 年先后实行两步“利改税”，将原来国营企业上缴的利润逐步改为上缴税收。1993 年，国营企业统一改称国有企业，国有企业上缴国家的企业收入主要包括国有企业所得税、国有企业调节税、国有企业上缴利润、国有企业计划亏损补贴等。1994 年，国家实施工商税制改革，国有企业所得税与原列工商税收类的集体企业所得税、私营企业所得税合并为企业所得税类。2006 年，在财政总决算编报中，仍实行企业所得税、企业所得税退库、国有资产收益、计划亏损补贴 4 项与原企业收入预算对应的表式体系。2007 年，政府收支科目改革，在非税收入类下设国有资本经营收入款级科目，统一核算国有独资企业上缴财政利润、国有股利（息）、国有产权转让与清算及国有企业亏损补贴等收入项目。同时，从 2007 年起，财政总决算不再按照企业部门对企业所得税、企业所得税退库、国有资产收益、国有企业计划亏损补贴编制收入决算明细表。

第一节 企业收入

企业收入是指各级国营（国有）企业上缴财政的各项收入。1983 年以前，企业收入作为类级预算科目专门用于反映国营企业上缴国家预算的利润以及国家预算对国营企业政策性亏损的补贴（在预算收入中表现为负数）。

1983 年，国家实行第一步利改税，将国营企业过去上缴国家的利润改为先向国家缴纳所得税，然后在保证企业合理留利后，利润较多的再按固定比例、定额包干、递增包干和调节税等多种办法上缴财政。根据税制的变化，在国家预算收入科目中，相应将国营企业缴纳的所得税从企业收入类中独立出来，单设国营企业所得税类级科目。

1984 年，国家实行第二步利改税，将国营企业过去上缴国家的利润改为按规定缴纳产品税、增值税、营业税、所得税、调节税等，税后的利润归企业自己掌握使用。其中，军工企业、邮电企业、民航企业、外贸企业、农牧企业和劳改企业，以及少数经批准试行上缴利润递增包干等办法的企业，仍按原规定上缴利润和资金占用费。

1986 年，国家将企业收入类级科目分解调整为国营企业调节税、国营企业计划亏损补贴、国营企业上缴利润等类级科目。当年，烟台市根据财政部和省有关“利改税”政策要求，继续调整、完善全市第二步“利改税”方案，支持企业技术改造。调整国营交通企业第二步“利改税”方案，大中型企业在征收 55% 的所得税后，不再征收调节税（烟台市汽车运输公司仍征收调节税，调节税率为 24.7%）；小型企业免征承包费。对纺织企业全部免征调节税。调减其他企业调节税上交比例。在实施第二步“利改税”方案前提下，烟台市开始试行承包（资产）经营责任制，以合同形式确定国家与企业、职工的责权利关系，进一步调动企业经营者和广大职工的积极性。当年，选择烟台印刷厂、烟台水泥制品厂、烟台建材机械厂3户企业进行资产经营责任制试点，企业在完成目标利润的前提下，工资总额可随着产量的增减而浮动，不受职工人数增减变动的影响。对尚未实施“利改税”的县办小化肥企业继续核定亏损指标，实行亏损包干，超亏不补，结余按以下规定处理：莱阳、海阳、文登化肥厂的亏损包干结余，由同级财政部门根据企业效益情况，核定合理的留利后，余额全部归还信用社借款；其他化肥厂和磷肥厂结余由同级财政部门确定分配办法。

1987年，烟台市选择部分国营大中型工业企业进行承包经营责任制试点，以实现利润、上缴利润和还贷利润（指归还银行技术改造等专项借款）为主要承包指标，承包期一般为3年。企业实现的利润依法缴税，实际上缴利润（含所得税）超过承包基数部分按比例分成，多得部分由财政部门采取收入退库方式返还，作留利处理。承包经营者按合同规定获得的年收入，除按国家规定计入成本的部分以外，其余部分在企业留利中列支。当年，市直有11户企业实行承包经营责任制试点，上缴利润承包基数1928万元，比1986年实际上缴利润增长3.2%；实际上缴利润2144万元，比基数超缴216万元，超缴部分，企业分成121万元。

1988年，承包经营责任制在全市全面展开。烟台市县属以上工交企业516户（国营企业218户），实行承包企业441户，占全部企业的85.47%（国营企业193户，占全部国营企业的88.53%）。已承包的441户企业确定的承包利润基数为114347.7万元，比前三年实际实现利润75055.8万元增加39291.9万元，增长率为52.35%。具体承包形式有以下6种：上缴利润递增包干，超收分成；上缴利润基数包干，超收分成；上缴利润基数包干，超收全留；上缴利润基数包干，超收还贷；实现利润定期定额包干；资产经营责任制。

1990年年末，第一轮承包结束，市委、市政府印发《烟台市新一轮企业承包经营责任制实施办法》，决定对全民所有制企业和县属以上集体企业继续实行承包经营责任制办法。该办法对承包制的形式、内容、发包方、承包经营指标、承包基数等方面作了明确规定，国营企业按照“包死基数、确保上缴、超收多留、欠收自补”原则进行利润分配。其中，实行递增包干、超收分成的，企业分成比例不高于实现利润承包基数超额部分的70%；实行定额包干的，超额部分全部用于企业归还贷款；实行亏损包干的，减亏部分，工业企业全留。其他企业，扣除归还贷款后，企业分成比例不高于60%。已完成实现利润承包基数的，欠缴的利润结转下年度补交，超收部分全部上缴；未完成实现利润（减亏）承包基数的，用自有资金抵补。

1993年，第二轮承包经营责任制到期，烟台市坚持“抓大放小”原则，对国有大中型企业推进公司制、股份制改造；对国有小型企业，采取兼并、联合、出售、拍卖、租赁经营及破产重组等方式进行改革。按照财政部《企业财务通则》《企业会计准则》和分行业企业财务、会计制度规定，对企业实行税利分流办法，使利润分配制度与国际惯例接轨。

总体来看，企业收入是国营企业所得税、国营企业调节税、国营企业上缴利润、国营企业计划亏损补贴的总称。考虑到1994年国家实行工商税制改革，将原有的国营企业所得税、集体企业所得税、私营企业所得税统一为企业所得税，取消国营企业调节税，同时，从2007年起财政总决算也不再对企业所得税、企业所得税退库、国有资产收益、计划亏损补贴等4项收入进行分部门明细编报，为便于前后衔接，本节仅反映国营企业计划亏损补贴和国营企业上缴利润相关数据，企业收入中的税收收入见第一章工商税收。1986—1993年，全市企业收入累计完成-66772万元，其中，国营企业上缴利润9413万元，国营企业计划亏损补贴-81706万元（主要是粮食政策性亏损补贴及城市食品蔬菜经营、城市公用企业等计划亏损拨补）。

第二节 国有资产收益

1995年，根据财政部、国有资产管理局、中国人民银行《关于颁发〈国有资产收益收缴管理办法〉的通知》，国有企业缴纳企业所得税后的净利润按规定提取“两金”后，向国家缴纳利润。1998年，预算收入增设国有资产经营收益类级科目，取消国有企业上缴利润类级科目。

1994—1998年，烟台市国有企业税后利润分配执行“股份有限公司中的国有股应分得股利和有限责任公司按国有资产出资比例应分得的红利上缴国库,其他企业暂不上缴利润”政策，国有资产收益（净收入为负数）主要由国有企业计划亏损补贴等退库收入构成。

2000年，烟台市国有资产管理部门集中向市级国有企业收缴国有资产收益。

2003年，市政府印发《市级企业国有资产收益管理试行意见》（烟政发〔2003〕107号）和《关于市级国有资产收益使用管理有关问题的通知》（烟政办发〔2003〕106号），明确规定烟台市级国有资产收益收缴范围、上缴比例和收益用途与管理程序。收缴范围包括：股份有限公司中国家股、国有法人股应分得的股利；有限责任公司按国有资产出资比例应分得的红利；政府授权的投资机构以国有资产投资形成的投资收益；国有独资企业可供投资者分配的利润，国有产（股）权转让收入；其他非国有单位占用国有资产应上缴的收益；其他国有资产收益。市级国有资产收益由市国有资产管理部门负责监缴和管理，各营运机构依据合并会计报表，将年度可供投资者分配利润的20%上缴烟台市级国库。其中国有股份分红作为预算收入，直接缴入国库；国有企业按税后可供投资者分配利润的20%上缴部分及国有产（股）权转让收入，先缴入市级国有资产收益专户，每年根据收入完成情况，从专户结余资金中拿出一部分转作预算收入缴国库。收缴的国有资产收益，除转作预算收入外，由市国有资产管理部门会同市财政等有关部门拟定具体支出计划，报市政府批准后统一安排使用。

随着全市国有企业改制工作基本完成，国有企业上缴税后利润（股利）成为国有资产收益的重要来源。1994—2006年，全市国有资产收益累计36.58亿元（主要是2002年后国有企业出售收入），与计划亏损补贴相抵，国有资产收益净收入为31.01亿元。

第三节　国有资本经营收入

2007年政府收支科目改革，在一般公共财政预算收入非税收入类级科目下设国有资本经营收入款级科目，具体反映各级政府及其部门、机构履行出资人职责的企业上交的国有资本收益。主要包括：国有独资企业按规定应上缴国家财政的利润；国有控股、参股企业国有股权获得的股利、股息收入；国有产权转让收入；国有独资或国有控股、参股企业的清算收入；其他国有资本收益。该款级科目下设国有资本投资收益、国有企业计划亏损补贴、产权转让收入3个项级科目。2009年，国有资本经营预算收支科目颁布后，该款级科目又改设利润收入、股利股息收入、产权转让收入、清算收入、国有资本经营收入退库、国有企业计划亏损补贴和其他国有资本经营收入7个项级科目。

2007—2015年，全市国有资本经营收入实现121.07亿元，其中，国有产权转让收入93.04亿元（主要集中于2009—2012年度，入库68.81亿元），占比达76.85%。

1986—2015年烟台市国营企业收入统计表

表1-18　　　　单位：万元

年度	合计	国营企业上缴利润	国营企业计划亏损补贴	国有资产经营收益	国有资本经营收入	其中：产权转让收入	年度	合计	国营企业上缴利润	国营企业计划亏损补贴	国有资产经营收益	国有资本经营收入	其中：产权转让收入
1986	-7612.1	1242.7	-8854.8				2001	-891		-3513	2622		
1987	-7564.9	540.9	-8105.8				2002	11902		-3935	15837		
1988	-7786.1	1183.1	-8969.2				2003	28363		-1710	30073		
1989	-9920.1	1073.2	-10993.3				2004	51861		-1500	53361		
1990	-10107	731.3	-10838.3				2005	108467		-1500	109967		
1991	-10640	1521	-12161				2006	147036			147036		
1992	-9499	1472	-10971				2007	123686				123686	80996
1993	-9164	1649	-10813				2008	106026				106026	85442
1994	-8762	-980	-7782				2009	120898				120898	107261
1995	-8195	-915	-7280				2010	252824				252824	205249
1996	-7627		-7627				2011	232206				232206	161018
1997	-5266	249	-5515				2012	298967				298967	214586
1998	-5856		-5856				2013	46460				46460	46260
1999	-2088		-4214	2126			2014	13390				13390	13390
2000	1172		-3591	4763			2015	16270				16270	16270

注：2002—2012年，国有资产收益、国有资本收入主要是国有企业改制发生的一次性产权出售转让收入

第四章　非税收入

政府收支分类科目改革后，非税收入包括政府性基金收入、专项收入、彩票资金收入、行政事业性收费收入、罚没收入、国有资本经营收入、国有资源（资产）有偿使用收入和其他收入等。政府性基金收入、国有资本经营收入不在本章记述（分别收录在第三编第二章第二节、第一编第三章第三节）。2007 年，全市非税收入 33.35 亿元（含国有资本经营收入，下同），占当年一般公共预算收入的 23.7%。2015 年，全市非税收入 121.93 亿元，占当年一般公共预算收入的 22.5%。

第一节　专项收入

80 年代以后，国家先后开征了排污费、水资源费等项专款收入。自 1985 年起，国家预算收支税目单设“专款收入类”和“专项收入类”。专项收入不参与财政体制分成，在中央或省、市、县间规定资金分配比例，实行分级管理使用。2015 年，全市专项收入 26.3 亿元。

排污费

1986 年 5 月，烟台市开始执行《山东省征收排污费实施办法》，对超过国家和省规定标准排放污染物的企业、单位，按照排放污染物（废气、废水、废渣）的数量和浓度收取超标准排污费。排污费由环境保护部门负责征收，纳入各级财政预算内按专项资金管理。1991 年，烟台市执行国家环保局、物价局、财政部《关于调整超标污水和统一超标噪声排污费征收标准的通知》。

1994 年，按照省物价局、财政厅、环保局规定，烟台市将不超过国家和地方规定排放标准的，排污费计征标准由每吨 0.03 元调整为 0.04 元。2003 年，国务院新颁布《排污费征收管理使用条例》，财政部、国家环保总局印发《排污费资金收缴使用管理办法》，排污费按 1 ∶ 9 比例，10% 作为中央预算收入缴中央金库，90% 作为地方预算收入缴地方金库，山东省规定各地市缴省级比例亦为 10%。

2008 年，根据省物价局、财政厅、环保局《关于运用价格政策促进环境保护的意见》，全省统一将废气排污费征收标准由每当量 0.6 元提高到 1.2 元，污水排污费由每当量 0.7 元提高至 0.9 元。烟台市征收的排污费按中央、省、市（县）10%、10%、80% 的比例分别入库，市级收入来源主要是市直以上企事业单位缴纳的排污费，不集中县（市、区）排污费收入。

水资源费

80 年代初期，按照取之于水、用之于水的原则，烟台市开始对工矿企业的自备水资源征收水资源费，纳入国家及地方财政预算，作为开发利用水资源和水管理的专项资金。1993 年 8 月，烟台市开始执行国务院《取水许可制度实施办法》，2002 年开始执行《山东省水资源费征收使用管理办法》，2006 年 4 月起执行国务院第 460 号令《取水许可和水资源费征收管理条例》。烟台市水资源费由各级水利部门负责征收入库，其中，城市供水核入水价成本计征。

教育费附加

1986年7月1日起，烟台市根据国务院《征收教育费附加的暂行规定》，以各单位和个人实际缴纳的产品税、增值税、营业税的税额为计征依据，教育费附加率为1%，1990年8月调为2%。1994年税制改革以后，教育费附加改按缴纳增值税、消费税、营业税的单位和个人实际缴纳的上述3种税的税额附征，附加率改为3%。烟台市教育附加费由税务机关负责征收，作为财政专项收入资金，由教育部门统筹安排使用。

矿产资源补偿费

矿产资源补偿费由矿产资源开采人按矿产品销售收入一定比例缴纳（黄金为2%、煤炭为1%），属中央和地方共享收入，由国土资源主管部门会同同级财政部门负责征收，主要用于地质勘探和地质环境保护及治理项目。1994年，国务院令第150号《矿产资源补偿费征收管理规定》，矿产资源补偿费应当及时全额就地上缴中央金库，年终按照中央与省、自治区、直辖市5∶5的分成比例单独结算。1997年，第222号国务院令修改为按中央、省5∶5比例分别缴纳入库，年终不再结算。中央、省属企业缴纳的矿产资源补偿费由省级负责征收，在烟台的省属四大金矿及龙口矿务局由烟台市代征，代征部分省返还15%，省财政对市地以下缴纳的矿产资源补偿费全额返还，市、县按2∶8比例分配。

探矿权采矿权使用费及价款收入

各级政府将国家出资勘查形成的探矿权或采矿权出让给探矿人或采矿人，按规定征收使用费或价款收入。2005年，烟台市探矿权采矿权使用费及价款收入纳入地方财政一般预算，列专项收支管理。省财政厅、国土资源厅《关于深化探矿权、采矿权有偿取得制度改革有关问题的通知》规定，2006年9月30日以后出让的矿业权价款收入，煤炭资源按中央、省、市2∶4∶4分成，2013年调整为2∶3∶5；其他矿产资源按中央、省、市2∶3∶5分成。市财政局、市国土局对市、县分成部分明确为：煤炭资源按15%、25%比例分配，其他资源按15%、35%比例分配。2011年，根据财政部和国土资源部规定，该项资金与矿产资源补偿费统筹安排支出，列矿产资源专项收入款级科目（此前分别列款级专项收入；市、县级矿产资源补偿费通过省财政体制返还，不体现本级入库数）。

其他专项收入

新增粮食调拨经营费收入 粮食购销计划管理期间，地区间粮油调拨以统购价作价，调出地区粮食部门只按规定标准或定额收取调拨经营费以获取费用补偿，减少政策性亏损。1987—1992年的新增调拨经营费收入，是按地区间实际粮食调拨数量，通过上级财政体制在调出调入地区财政间划转结算的专项收入，以直接减轻粮食调出地区的财政补贴负担。

以港养港收入 1988—1997年，烟台港财务体制下放，财政部原核定其应上缴财政收入抵作港口建设拨款列收列支的资金。

公路（水路）运输管理费收入 2005年，烟台市将交通运输部门收取的公路、水路运输管理费纳入财政专项收入管理。2009年实施成品油价格和税费改革后，取消交通“六项”收费。

广告收入 2011年起，烟台市将政府举办的广播电视机构占用国家无线电频率资源取得的广告收入列入财政专项收入管理。

1986—2015 年烟台市专项收入完成情况表

表 1-19　　单位：万元

项目 年度	合计	排污费	水资源费	教育费附加	矿产资源专项	其他
1986	1282.4	1240.3	42.1			
1987	1555.8	1083.3	106.5			366
1988	3574.4	1432.3	241.3			1900.8
1989	3509	1425.5	327.8			1755.7
1990	4725.7	1569.2	527	683.9		1945.6
1991	5697	1686	680	1463		1868
1992	5743	2001	908	1479		1355
1993	5853	2030	904	1665		1254
1994	6910	2333	1004	2319		1254
1995	8200	2779	1117	3050		1254
1996	9039	2813	1085	3887		1254
1997	10380	2982	1477	4667		1254
1998	9993	3080	1402	5511		
1999	10434	3363	1372	5699		
2000	11698	3577	1341	6780		
2001	13473	3560	1482	8431		
2002	16493	4240	1462	10791		
2003	20582	4294	2688	13600		
2004	26822	3617	3045	16443		3717
2005	32749	3607	3989	19973	768	4412
2006	37510	4042	5326	23306	597	4239
2007	42974	3725	5132	29130	811	4176
2008	47517	4983	4286	31470	2266	4512
2009	44840	4315	4248	34267	2010	
2010	59816	5483	6572	41395	6366	
2011	89159	4981	6260	69123	7424	1371
2012	101074	5830	8264	78249	6335	2396
2013	104200	7974	8947	84793	595	1891
2014	120045	7228	8799	94644	8227	1147
2015	262840	5888	10368	100080	5201	141303

注：1997 年，专项收入列财政基金决算，未计入一般预算收支

第二节　行政事业性收费收入

1986—1993年，国家行政性收费数额较少，且大部分作为各部门、单位的预算外收入管理，纳入预算的部分在其他收入类下列规费收入项级科目反映。1993年，政府收支科目增设行政性收费收入款级科目，当年无实际入库数。

1994年3月，烟台市执行财政部《关于行政性收费纳入预算管理有关问题的通知》，将91项行政事业性收费项目纳入预算管理。10月，执行省财政厅《关于行政性收费纳入预算管理有关问题的通知》，除财政部规定纳入预算管理的行政性收费项目外，又将44项行政性收费纳入预算管理。当年，烟台市规费收入与行政性收费收入合计入库789万元。之后，纳入预算管理的行政性收费收入逐年增加。

1995年，政府收支科目单设罚没收入、行政性收费收入类级科目，下设司法、公安、民政、工商、劳动、海关等款级科目，取消其他收入类的规费项目。

1995—1997年，全市纳入预算的行政性收费收入分别为1275万元、3789万元、6914万元。1998年起，行政性收费收入单列为类级科目，2007年后改为行政事业性收费收入。

自2004年7月开始，国家和省不断清理规范行政事业性收费。

2014年，全市行政事业性收费收入达188171万元。

2015年，中央立项的行政事业性收费90项，省级12项，全市行政事业性收费收入139048万元，较上年下降26.11%。

第三节　罚没收入

1986年12月，财政部印发《罚没财物和追回赃款赃物管理办法》，适用于下列情况：海关、工商行政管理、物价管理等行政执法机关依法查处走私贩私、投机倒把、违反物价管理等违法违章案件的罚没财物；公安机关、检察院、法院等政法机关依法查处违反治安管理和各类违法案件的罚没财物和追回的赃款、赃物；交通、林业、外汇、渔政、城建、土地管理、标准计量、烟草专营、医药卫生、劳动安全以及其他国家经济管理部门，依照有关法律、法规查处违法、违章案件的罚没财物；国营企业、事业单位、机关团体内部查处的不构成刑事犯罪的贪污、盗窃等案件追回的赃款、赃物。上缴国库的罚没收入按下列规定分别划归中央财政和地方财政：海关、国家外汇管理局、铁道部等隶属中央的执法机关的罚没收入，50%上缴中央财政，50%上缴地方财政；工商行政管理机关、公安机关、检察院、法院以及隶属地方的国家经济管理部门查处或判处的罚没收入，全部上缴地方财政。各政法机关判处和国营企业、事业单位、机关团体内部查处的上缴国库的赃款和赃物变价款，不论发案单位的财务隶属关系，一律上缴地方财政。

1992年6月，烟台市执行省财政厅《山东省罚没款许可证管理暂行办法》，实施罚没款的各级执罚机关（即政法机关和行政执法机关）必须向同级财政部门申请领取罚没款许可证。

1986—1994年，上缴财政的各项罚没收入均列其他收入并设相应款级科目反映，全市罚没收入13806万元，占财政其他收入的86.24%。

1995年1月，根据财政部《关于下达行政性收费、罚没收入实行预算管理实施办法的通知》，政府收支科目设罚没收入、行政性收费收入类级科目。

1995—1997年，全市罚没收入缴库14947万元，超过1986—1994年的收入数。

1998年起，罚没收入单设为类级科目。2007年后改列非税收入类下的款级科目。

第四节　国有资源（资产）有偿使用收入

1987年，其他收入类下设场地使用费收入项级科目，属于地方预算固定收入，反映中外合资企业缴纳的场地使用费，包括场地使用权计入中方投资分得利润上缴部分。1990年，烟台市场地使用费实际收入49.1万元。1990年，在其他收入类下增设国有土地使用权有偿出让收入款级科目，1994年实际收入23万元，1997年收入1372万元。1993年，增设海域使用金款级科目，主要面向中外合资企业计征。1998年，单设土地和海域使用金类级科目。1999年开始，按有关规定全面征收海域使用金，2000年改为海域场地矿区使用费收入，国有土地使用权有偿出让收入转列政府基金预算。2007年政府收支科目改革后，在非税收入类下设国有资源（资产）有偿使用收入款级科目，具体反映海域使用金收入、场地和矿区使用费收入、国库存款利息（包括财政专户和有价证券等）收入、非经营性国有资产出租收入、出租车经营权有偿转让收入及其他各项国有资源（资产）有偿使用费收入。

2015年，烟台市国有资源（资产）有偿使用收入69.78亿元，较2007年增长14.65倍。

第五节　其他收入

1994年分税制改革前，烟台市地方财政其他收入指工商税收、农业税收、企业收入和各类专款收入计划之外纳入政府预算的其他各项财政性收入，主要是各类罚没收入、各种杂项

烟台中集来福士

收入及规费收入等。1986—1994 年，烟台市其他收入 16009 万元。1997 年，增加“两金”清欠收入，主要核算取消征收“两金”以后，清理以前年度欠缴的资金。1998 年，其他收入包括利息收入、基本建设贷款归还收入、基本建设收入、外商投资企业中方职工补贴收入、“两金”清欠收入、其他等，其中，利息收入主要反映按规定购买的有价证券兑现的利息收入及其他利息收入。2003 年，增加动用国储棉、糖、肉上缴财政收入，动用国家储备粮油上缴差价收入等项目。利息收入项下增加国库存款利息收入，主要反映各级财政的国库存款利息收入。2007 年起，地方财政的其他收入构成主要是捐赠收入。2008 年，烟台市其他收入 15934 万元，其中，汶川地震捐赠收入达 4978 万元。2015 年，全市其他收入 10044 万元，其中，捐赠收入 6107 万元，其他 3937 万元。

1998—2015 年烟台市部分非税收入分类统计表

表 1-20　　　　单位：万元

项目 年度	行政事业性收费收入	罚没收入	国有资源（资产）有偿使用收入	其他收入
1998	10953	7390	2007	2245
1999	11807	7811	2938	2489
2000	8874	9049	147	5851
2001	10562	8233	137	2863
2002	14493	12842	96	4384
2003	26357	16957	134	9049
2004	39047	27612	80	5126
2005	43894	22495	1775	4848
2006	58595	24877	50561	3432
2007	83164	35816	44563	3325
2008	82197	34990	66092	15934
2009	76070	43127	83852	2208
2010	106644	44860	107027	4573
2011	140718	63836	197421	13555
2012	166334	92129	279832	6936
2013	127092	128411	503892	7348
2014	188171	131459	504965	11341
2015	139048	93345	697800	10044

注：1998—1999 年，国有资源（资产）有偿使用收入含土地有偿使用收入

第二编　财政支出

开拓进取

第一章　一般公共服务支出

1986—2006 年，一般公共服务支出列行政管理费支出类级科目（1988 年公检法支出、1996 年行政事业单位离退休费单设类级支出），全市行政管理费支出累计 78.49 亿元，占同期财政支出的 9.6%。

2007 年政府收支科目改革，取消行政管理费类级科目，设立一般公共服务类级科目，反映党委、人大、政协、纪检监察等一般公共服务的支出，下设人大事务、政协事务、财政事务等款级科目。

2007 年，全市一般公共服务支出 228531 万元；2015 年，全市一般公共服务支出 597773 万元。2007—2015 年，全市一般公共服务支出 403.77 亿元，占同期一般公共预算支出的 11.2%，明显低于同期财政支出 17.7% 的增长幅度。

第一节　人大经费

1986—1987 年，人大经费在行政管理费类行政支出款下列支，1988—1997 年，设人大经费项级科目，1998 年列为款级科目，2007 年改列一般公共服务支出类下人大事务支出款级科目。

1988 年，烟台市人大经费支出 186.4 万元；2015 年，人大事务支出 12495 万元。

1988—2015 年，全市人大经费支出累计 11.25 亿元，占同期一般公共服务支出的 2.3%。

1988—2015 年烟台市人大经费支出情况表

表 2-1　　单位：万元

年度	金额	年度	金额
1988	186.4	2002	3562
1989	347.5	2003	3541
1990	403.2	2004	3669
1991	506	2005	4314
1992	621	2006	4994
1993	778	2007	6008
1994	1029	2008	5888
1995	1187	2009	6464
1996	1556	2010	7519
1997	1761	2011	8700
1998	2204	2012	9151
1999	2138	2013	9415
2000	2549	2014	8503
2001	2978	2015	12495

第二节　政府机关经费

1986—1987 年，政府机关经费在行政管理费类行政支出款级科目列支。1988 年，行政支出款级科目下设政府机关经费等项级科目，1998 年改列行政管理费类的款级支出，具体反映各级政府机关经费、由国家预算开支的乡（镇）行政干部经费、居民委员会补助费支出等。2007 年，政府机关经费分别以政府办公厅（室）

及相关机构事务、发展与改革等部门事务（不包括列其他类级支出的相关专业经济或行业主管部门）在一般公共服务支出类下单列为款级科目支出。

1988 年，全市政府机关经费支出 4331.9 万元。2015 年列入一般公共服务支出的政府机关经费 16.44 亿元。1988—2015 年，全市政府机关经费支出 163.49 亿元，占同期一般公共服务支出的 33.42%。

1988—2015 年烟台市政府机关经费支出情况表

表 2-2　　单位：万元

年度	金额	年度	金额
1988	4331.9	2002	42303
1989	4831.2	2003	48189
1990	5370.4	2004	56211
1991	6358	2005	71047
1992	8210	2006	88855
1993	10624	2007	81978
1994	13782	2008	88379
1995	15477	2009	94030
1996	18578	2010	118668
1997	19505	2011	135240
1998	22866	2012	133430
1999	23804	2013	156667
2000	27425	2014	140859
2001	33433	2015	164410

2007 年前，政府各部门行政管理费均在政府机关经费款（项）内列支。2007 年，社保就业、文化传媒、工业交通及国土环保等部门经费先后纳入各相关类级部门预算支出管理。

2015 年年末，除政府办公厅（室）及相关机构外，尚有部分政府部门事务列入一般公共服务支出。

2015 年烟台市有关政府部门事务经费支出情况表

表 2-3　　单位：万元

部门	支出	部门	支出
发展与改革事务	31496	统计信息事务	6342
财政事务	35763	税收事务	48164
审计事务	6267	海关事务	145
人力资源事务	13995	纪检监察事务	16591
商贸事务	24684	知识产权事务	1001
工商行政管理事务	29361	质量技术监督与检验检疫事务	13491
民族事务	11	宗教事务	627
港澳台侨事务	1246	档案事务	2751
其他一般公共服务事务	102189		

第三节　政协经费

1986—1987 年，政协经费在行政管理费类行政支出款级科目下列支，1988 年改列党派团体补助支出款下项级科目，1998 年列行政管理费类的款级科目，2007 年改列一般公共服务支出类下政协事务支出。

1988 年，全市政协经费支出 153.3 万元，2015 年，政协事务支出 8054 万元。

1988—2015 年，全市政协经费支出 8 亿元，占同期一般公共服务支出的 1.64%。

1988—2015年烟台市政协经费支出情况表

表 2-4 单位：万元

年度	金额	年度	金额
1988	153.3	2002	2357
1989	228.7	2003	2317
1990	276.5	2004	2406
1991	333	2005	2863
1992	531	2006	3325
1993	727	2007	4071
1994	835	2008	4977
1995	889	2009	4676
1996	1094	2010	5057
1997	1121	2011	5622
1998	1563	2012	6002
1999	1459	2013	6744
2000	1822	2014	6216
2001	2243	2015	8054

第四节 党派机关经费

1986—1987年，党派补助费在行政管理费类行政支出款级科目列支。1988年，党派团体补助支出列为款级科目并设党派补助费项级科目（含民主党派机关经费和共产党机关经费），当年全市党派补助费支出1370.5万元。1998年，民主党派机关经费和共产党机关经费分别列行政管理费类下款级支出，当年，全市民主党派机关经费支出325万元，共产党机关经费支出6609万元。2007年，在一般公共服务支出类下设共产党事务和民主党派及工商联事务款级科目。2011年起，共产党事务款级科目又分成党委办公厅（室）及相关机构事务、组织事务、宣传事务、统战事务、其他共产党事务等款级科目。

1988—2015年，党派经费支出59.43亿元，占同期一般公共服务支出的12.15%。

1988—2015年烟台市党派机关经费支出情况表

表 2-5 单位：万元

项目 年度	党派补助费	民主党派机关经费	共产党机关经费
1988	1370.5		
1989	1621.4		
1990	1742.8		
1991	1937		
1992	2689		
1993	3579		
1994	4526		
1995	4980		
1996	6662		
1997	6524		
1998		325	6609
1999		159	8899
2000		192	10363
2001		269	11368
2002		297	14584
2003		378	14740
2004		355	18324
2005		498	21147
2006		743	24917
2007		814	27336
2008		809	31022
2009		879	36321
2010		974	42639

续表 2-5

项目 年度	党派补助费	民主党派机关经费	共产党机关经费
2011		1080	32521
2012		1101	53292
2013		1486	58930
2014		1405	57670
2015		2105	74082

第五节 社会团体经费

1986—1987 年，社团经费在行政管理费类行政支出款级科目列支。1988 年，社团经费在党派团体补助支出款下设人民团体补助费项级科目，当年，烟台市社会团体补助费支出 318.8 万元。1998 年，社会团体机关经费列行政管理费类的款级支出。2007 年起，一般公共服务支出类下设群众团体事务款级科目，反映各级人民团体、社会团体、群众团体及工会、妇联、共青团组织等方面的支出。

1988—2015 年，全市社会团体经费支出 5.28 亿元，占同期一般公共服务支出的 1.08%。

1988—2015 年烟台市社会团体经费支出情况表

表 2-6　　单位：万元

年度	金额	年度	金额
1988	318.8	1994	724
1989	370.3	1995	801
1990	373.5	1996	945
1991	411	1997	1094
1992	482	1998	1284
1993	552	1999	1289

续表 2-6

年度	金额	年度	金额
2000	1294	2008	2326
2001	1354	2009	2561
2002	1500	2010	3013
2003	1549	2011	3744
2004	1511	2012	3375
2005	1773	2013	4501
2006	1715	2014	5183
2007	2249	2015	6503

1986—2015 年烟台市一般公共服务经费支出情况表

表 2-7　　单位：万元

年度	金额	年度	金额
1986	8335.6	2001	51645
1987	6845.3	2002	64603
1988	6360.9	2003	70714
1989	7399.1	2004	82476
1990	8166.4	2005	101642
1991	9575	2006	118888
1992	12682	2007	228531
1993	16260	2008	258324
1994	20896	2009	298839
1995	23334	2010	358615
1996	28835	2011	462491
1997	30005	2012	516994
1998	34851	2013	672845
1999	37748	2014	643240
2000	43645	2015	597773

注：1986—2006 年为行政管理费类支出，2007 年后为一般公共服务支出

第二章　公共安全支出

1986 年，公检法司经费归类于行政管理费的政法支出。1988 年，公检法支出类单列，下设公安安全和司法检察两个款级支出科目。1991 年，公检法支出类设公安安全、检察院、法院、司法四个款级支出科目。

1997 年，公共安全支出分设为公安支出和国家安全支出款级科目，1998 年增加监狱和劳教两个款级支出科目（此前列其他部门事业费），2007 年，改为公共安全支出类级科目，下设武装警察、公安、国家安全、检察、法院、司法、监狱、劳教、国家保密、其他公共安全等款级支出科目。

1986—2015 年，烟台市各级财政对政法系统的经费保障力度逐年增大，全市公检法司等公共安全支出达 223.96 亿元，占同期全市一般公共预算支出的 5.07%。

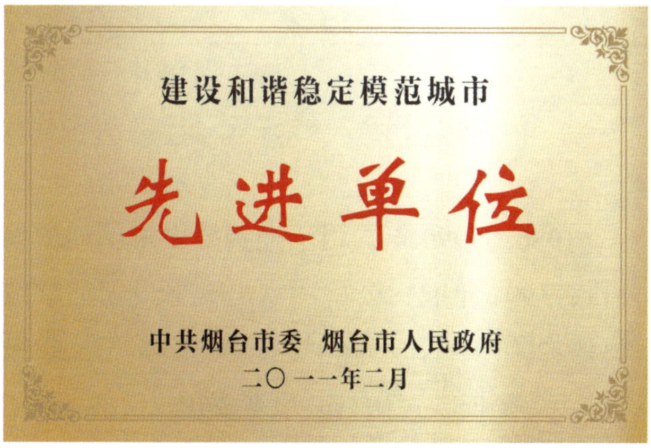

2011 年 2 月，中共烟台市委、烟台市人民政府授予市财政局“建设和谐稳定模范城市先进单位”称号

第一节　公安支出

1986 年，公安支出列行政管理费类下政法支出款级科目，1988 年列公检法支出类下公安安全支出款级科目，1991 年列公检法支出类下公安安全支出款级科目，1997 年列公安支出款级科目，2007 年列公共安全支出类下公安款级科目。

1988—2015 年，全市公安支出 138.07 亿元，占同期公检法司等公共安全支出的 61.72%。

1988—2015 年烟台市公安经费支出情况表

表 2-8　　单位：万元

年度	金额	年度	金额
1988	1603.1	2002	25401
1989	1965.9	2003	29766
1990	2273.6	2004	35461
1991	2324	2005	48682
1992	2642	2006	64680
1993	3313	2007	66251
1994	4848	2008	77837
1995	5823	2009	79438
1996	12476	2010	101912
1997	12498	2011	106169
1998	16072	2012	127076
1999	17875	2013	142511
2000	18813	2014	154814
2001	19508	2015	198629

第二节　检察院支出

1986—1990 年，检察院经费未单列款级科目，1991 年起，公检法支出类设检察院支出款级科目，2007 年后改列公共安全支出类下检察事务款级科目。

1991—2015 年，全市检察院支出 20.5 亿元，占同期公检法司等公共安全支出的 9.2%。

1991—2015 年烟台市检察院经费支出情况表

表 2-9　　单位：万元

年度	金额	年度	金额
1991	455	2004	4936
1992	645	2005	5953
1993	1010	2006	7983
1994	1198	2007	9919
1995	1359	2008	11587
1996	2065	2009	12398
1997	2083	2010	15632
1998	2637	2011	13836
1999	2775	2012	16462
2000	3019	2013	23642
2001	3927	2014	22728
2002	3905	2015	30002
2003	4795		

第三节　法院支出

1986—1990 年，法院经费支出未单列款级科目，1991 年，公检法支出类下设法院支出款级科目，2007 年后改列公共安全支出类下法院款级科目。

1991—2015 年，全市法院支出 33.27 亿元，占同期公检法司等公共安全支出的 14.93%。

1991—2015 年烟台市法院经费支出情况表

表 2-10　　单位：万元

年度	金额	年度	金额
1991	867	2004	8052
1992	965	2005	9832
1993	1187	2006	13270
1994	1566	2007	16861
1995	1948	2008	18714
1996	2477	2009	22940
1997	2304	2010	31881
1998	2816	2011	28094
1999	3222	2012	30225
2000	3345	2013	32067
2001	4536	2014	37427
2002	4451	2015	46340
2003	7299		

第四节　司法支出

1986—1990 年，司法经费支出未单列款级科目，1991 年起，公检法支出类下设司法款级科目，2007 年后改列公共安全支出类司法款级科目，主要反映司法行政事务支出。

1991—2015 年，全市司法支出 7.38 亿元，占同期公检法司等公共安全支出的 3.31%。

1991—2015 年烟台市司法经费支出情况表

表 2-11　　　　单位：万元

年度	金额	年度	金额	年度	金额	年度	金额	年度	金额
1991	289	1996	687	2001	1269	2006	2943	2011	5795
1992	306	1997	702	2002	1593	2007	3131	2012	7157
1993	367	1998	1122	2003	1460	2008	3484	2013	7428
1994	468	1999	1151	2004	1631	2009	4514	2014	8226
1995	586	2000	1262	2005	2189	2010	4991	2015	11086

1986—2015 年烟台市公共安全经费支出情况表

表 2-12　　　　单位：万元

年度	金额	年度	金额	年度	金额	年度	金额	年度	金额
1986	1590	1993	5877	2000	27989	2007	106457	2014	265482
1987	1341.4	1994	8332	2001	30299	2008	122327	2015	327517
1988	2487.5	1995	10210	2002	36854	2009	130459		
1989	3114.8	1996	17705	2003	45441	2010	171376		
1990	3662.3	1997	18206	2004	52384	2011	174609		
1991	3935	1998	23531	2005	69912	2012	207464		
1992	4558	1999	26446	2006	96687	2013	243628		

注：1. 1998 年起含监狱与劳教支出（2015 年监狱支出 12437 万元）

2. 本表包括地方列支武装警察支出和强制戒毒等其他公共安全支出（2015 年分别为 22272 万元和 6751 万元）

烟台莱山

第三章　教育支出

1986 年，文教科学卫生事业费支出类设教育事业费款级科目，下设高等学校经费、留学生经费、中等专业学校经费、职业教育经费、中学经费、小学经费、幼儿教育经费、成人高等教育经费、普通业余教育经费、教师进修及干部培训经费、民办教师补助费、特殊教育经费、广播电视教育经费及其他教育事业费等项级科目。1998 年，教育事业费从文教事业费类划出，单设教育事业费类级科目，2003 年，改为教育支出，下设普通教育、职业教育、成人教育、广播电视教育、留学教育、特殊教育、教师进修及干部教育等款级科目。2007 年，教育支出类增加教育管理事务、教育费附加及基金支出等款级科目。

1986—2015 年，全市教育支出 823.27 亿元，占同期一般公共预算支出的 18.64%。从教育支出结构占比看，2015 年，普通教育支出占 71.7%、职业教育支出占 16.11%、其他教育支出占 3.76%、教育费附加安排支出占 8.43%。

第一节　普通教育支出

1986—2002 年，设幼儿教育经费、小学经费、中学经费等项级科目反映普通教育支出，另设民办教师补助费项级科目反映用于普通中小学民办教师的补助。2003 年，设普通教育款级科目，下设学前教育、小学教育、中学教育、高中教育、高等教育、其他普通教育支出等项级科目。1986—2015 年，全市普通教育支出 620.64 亿元，占同期教育支出的 75.39%。

学前教育支出

1986—2002 年，学前教育支出在幼儿教育经费列支，2003 年起在普通教育款级科目的学前教育项级科目列支。1986—2009 年，学前教育采取“谁办园谁出钱，国家适当扶持”的原则。2010 年，国家出台《关于当前发展学前教育的若干意见》，针对加大学前教育财政投入力度，提出“预算有科目、新增有倾斜、支出有比例、拨款有标准、资助有制度”的“五有”要求和“政府主导、社会参与”的学前教育投入导向，要求各级将学前教育经费列入财政预算。2011 年和 2015 年，烟台市先后制订了两期学前教育三年行动计划，每年安排学前教育奖补资金 1000 万元，对经济欠发达的县（市、区）新建幼儿园和改扩建幼儿园进行奖励。

1986—2015 年，全市学前教育支出 5.42 亿元，占同期普通教育支出的 0.87%。

中小学教育支出

中小学教育支出主要是财政用于各级教育部门举办的小学、初中、高中教育的支出，包括对社会中介组织举办的中小学教育的资助等，是地方财政教育投入的主体部分。1986—2015 年，全市中小学教育支出 540.36 亿元，占同期普通教育支出的 87.04%。

烟台市中小学教育支出除保障经常性开支外，还重点推进实施了“校安工程”“211 工程”“全面改薄”工程、“班班通工程”、图书馆（室）建设工程、标准化学校建设工程等，改善学校办学条件，支持义务教育发展。

2001年，烟台市开始实施农村中小学危房改造工程。2002—2005年，全市共投入危改资金2.42亿元，改造面积108.8万平方米，占规划改造面积的90.57%；改造学校1437处，占危房学校处数的95%。

2006年，市财政局会同市教育局制定《关于对城乡义务教育阶段贫困家庭学生实施“两免一补”工作意见的通知》，在实施农村义务教育免费的基础上，率先在全省实现城市义务教育免费。2007年开始，连续6次提高中小学生均公用经费补助标准，将农村义务教育小学和初中生均公用经费标准提至每生每年710元、910元，将家庭经济困难寄宿生生活费补助提至小学每生每年1000元、初中每生每年1250元，补助比例扩至在校寄宿生的15%。

2014年，根据教育部、国家发改委、财政部《关于全面改善贫困地区义务教育薄弱学校基本办学条件的意见》要求，烟台市启动实施“全面改薄”工程，至2015年年末，全市累计投入10.89亿元，完成总规划任务的52.1%。校舍建设开工44.27万平方米、竣工24.78万平方米，分别完成52.1%、29.1%。设备购置投资1.2亿元，完成31.2%。为解决“大班额”问题，2015年，全市财政投入16.6亿元，完成总规划任务的26.77%；开工建设学校81所，完成41.32%；开工建筑面积74.1万平方米，竣工56.8万平方米，分别完成39.54%、30.29%。

2001—2015年，全市累计投入50亿元，新建改扩建学校600余所，建设校舍472万平方米，建设田径场、篮球场等独立体育运动场地742个，更新仪器设备873万套、计算机8万余台，采购图书510余万册，累计为困难县（市、区）更新课桌凳138996套，解决部分中小学课桌凳破损、尺寸与学生身高不匹配问题。

高等教育支出

1986—2002年，教育事业费下设高等学校经费项级科目。2003年起，教育支出普通教育款级科目下设高等教育项级科目，反映经国家批准设立的中央和省、市各部门所属的全日制普通高等院校的支出。

烟台第二中学体育场

烟台无市属全日制普通高校，所列支出主要是：民办高校南山学院和烟台汽车工程职业学院由地方财政按比例负担的助学金支出，2011年度和2013年度市级列支的高校化债奖补资金，2012年度和2014年度龙口市支持民办高校优势特色专业等专项预算支出。

1986—2015年，全市高等教育支出14.13亿元，占同期普通教育支出的2.28%。

烟台汽车工程职业学院

1986—2002年烟台市普通教育支出情况表

表 2-13　　单位：万元

年度＼项目	合计	幼儿教育经费	小学经费	中学经费	民办教师补助费	普通业余教育经费	成人高等教育经费
1986	9735	18	2914	5593	950	56	204
1987	6789	19	2132	3925	671	42	
1988	9293	18	3140	5381	734	20	
1989	10600	30	3676	5977	890	27	
1990	11683	28	4251	6604	783	17	
1991	12736	78	4652	7239	728	39	
1992	15873	45	5864	9071	748	145	
1993	21549	81	8800	11869	758	41	
1994	32325	108	12752	18623	780	62	
1995	34880	107	12898	20609	873	70	323
1996	45680	147	15328	28854	846	118	387
1997	50649	519	18093	30886	683	44	424
1998	59887	334	21595	37406		52	500
1999	58606	218	22019	36318		51	
2000	68863	257	25129	43422		55	
2001	84652	209	30193	54191		59	
2002	103131	285	36084	66688		74	

2003—2015 年烟台市普通教育支出情况表

表 2-14　　单位：万元

项目／年度	合计	学前教育	小学教育	初中教育	高中教育	高等教育	化解农村义务教育债务支出	其他普通教育支出
2003	116705	309	43760	54197	18148			291
2004	132907	430	51087	60068	21069			253
2005	159396	521	62807	69670	25517	82		799
2006	176800	497	74866	72251	27969	500		717
2007	241741	656	86337	95025	35452	43		24228
2008	286219	1430	98531	113449	51386	48		21375
2009	337637	933	104171	131355	54769	367	8074	37968
2010	440798	1030	144266	155207	68911	1568	4694	65122
2011	572238	4973	156491	191432	79157	3128	4267	132790
2012	699312	11243	179188	252520	103996	62002		90363
2013	757246	9662	210373	368018	98878	2856	358	67101
2014	770791	9149	241735	279605	120046	69852	219	50185
2015	879715	10881	299164	332127	138971	877		97695

第二节　职业教育支出

1986 年，用于职业教育的投入在职业教育经费、中等专业学校经费项级科目中列支，1998 年增加技工学校经费款级科目，2003 年起归并为职业教育款级科目，下设初等职业教育、中专教育、技校教育、职业高中教育、高等职业教育、其他职业教育等项级科目。

烟台市自 2009 年秋季学期起，统筹资金对公办中等职业学校全日制在校学生中农村家庭经济困难学生和涉农专业学生实施中职免学费。2012 年，又将免学费政策范围扩大到所有农村学生。

烟台职业学院

2011 年和 2012 年，市级财政共投入 6.88 亿元用于烟台职业学院、烟台体校等高等职业学校化解债务负担，防范财务风险。

2011—2013 年，针对职业学校大幅扩招、资金供需矛盾突出、实训基地建设投入相对不足的情况，市级财政投入资金 1960 万元，重点支持 10 所职业学校实训基地建设，改善办学条件，提升教学质量。

2014—2015 年，市财政安排资金 3 亿余元，支持烟台第二中学、烟台第一职业中等专业学校、烟台艺术学校、烟台高级师范学校和烟台工贸技师学校等异地新建。

2015 年，烟台市财政将中职公用经费基本拨款标准扩大到全部公办中等职业学校，将中等职业教育国家助学金补助标准由每生每年 1500 元提高到 2000 元。当年，全市职业教育支出 19.76 亿元。

1986—2015 年，全市职业教育支出 181.21 亿元，占同期教育支出的 22%。

1986—2015 年烟台市职业教育支出情况表

表 2-15　　单位：万元

项目 年度	合计	职业教育经费	中等专业学校经费	技工学校经费
1986	1421	858	563	
1987	1084	687	397	
1988	1270	879	391	
1989	1748	1040	708	
1990	2083	1239	844	
1991	2156	1420	736	
1992	2681	1803	878	
1993	3316	2260	1056	
1994	3801	3058	743	
1995	4173	3273	900	
1996	6502	5375	1127	
1997	6859	5523	1336	
1998	9682	7050	2220	412
1999	9846	6746	2714	386
2000	10699	7307	3057	335
2001	12578	8410	3914	254
2002	13775	9045	4399	331
2003	13635	13635		
2004	14166	14166		
2005	21560	21560		
2006	34679	34679		
2007	27500	27500		

续表 2-15

项目 年度	合计	职业教育经费	中等专业学校经费	技工学校经费
2008	36095	36095		
2009	37916	37916		
2010	48669	48669		
2011	70587	70587		
2012	98056	98056		
2013	98706	98706		
2014	113226	113226		
2015	197593	197593		

第三节　其他教育支出

其他教育支出，主要包括成人教育、广播电视教育、特殊教育、教师进修及干部教育、其他等支出。1986—2015 年，全市其他教育支出 68.57 亿元，占同期教育支出的 8.33%。

1986—2015 年，全市各部门举办的函授、夜大、自学考试等成人教育支出 1.27 亿元，占同期教育支出的 0.15%。

1986—2002 年，全市各部门举办的广播电视学校和教育电视台的教育支出 4459 万元。2003 年广播电视学校归并整合，支出并入其他相关科目。

1986—2015 年，全市各部门举办的盲童学校、聋哑学校、智力落后儿童学校、其他生理缺陷儿童学校和工读学校的特殊教育支出 4.83 亿元，占同期教育支出的 0.59%。

1986—2015 年，全市教师进修及干部继续教育培训支出 9.82 亿元，占同期教育支出的 1.19%。

1986—2015 年，全市除普通教育、职业教育等用于教育方面的支出 29.25 亿元，占同期教育支出的 3.55%。

烟台市特殊教育学校

1986—2015 年烟台市其他教育支出情况表

表 2-16 单位：万元

年度\项目	合计	成人教育	广播电视教育	特殊教育	教师进修及干部继续教育	其他
1986	1781	204		99	526	952
1987	1324		173	96	367	688
1988	1597		173	135	375	914
1989	1926		327	136	539	924
1990	1849		219	162	319	1149
1991	2295		204	175	364	1552
1992	2272		272	206	512	1282
1993	2627		327	300	580	1420
1994	3345		423	355	792	1775
1995	3716	323	324	387	624	2058
1996	4317	387	342	523	919	2146
1997	5065	424	370	635	662	2974
1998	5445	500	278	694	646	3327
1999	4615		263	712	974	2666
2000	5081		330	885	1238	2658
2001	5941		231	1004	1497	3209
2002	6633		203	1193	1559	3678
2003	7154	453		1089	1859	3753
2004	8014	497		1243	2013	4261
2005	8739	497		1434	2283	4525
2006	8244	909		1560	2653	3122
2007	9932	1009		1807	4548	2568
2008	11128	913		1959	4479	3777
2009	24224	922		2171	5345	15786
2010	29525	823		2437	5326	20939
2011	47768	919		2901	11723	32225
2012	79627	1233		3106	10464	64824
2013	70762	1641		3502	12254	53365
2014	59279	1087		12183	8816	37193
2015	31939			5165	13982	12792

1986—2015 年烟台市教育支出情况表

表 2-17　　　　单位：万元

年度＼项目	合计	普通教育支出	职业教育支出	其他教育支出
1986	12937	9735	1421	1781
1987	9197	6789	1084	1324
1988	12160	9293	1270	1597
1989	14274	10600	1748	1926
1990	15615	11683	2083	1849
1991	17187	12736	2156	2295
1992	20826	15873	2681	2272
1993	27492	21549	3316	2627
1994	39471	32325	3801	3345
1995	42769	34880	4173	3716
1996	56499	45680	6502	4317
1997	62573	50649	6859	5065
1998	75014	59887	9682	5445
1999	73067	58606	9846	4615
2000	84643	68863	10699	5081
2001	103171	84652	12578	5941
2002	123539	103131	13775	6633
2003	137494	116705	13635	7154
2004	155087	132907	14166	8014
2005	189695	159396	21560	8739
2006	219723	176800	34679	8244
2007	279173	241741	27500	9932
2008	333442	286219	36095	11128
2009	399777	337637	37916	24224
2010	518992	440798	48669	29525
2011	690593	572238	70587	47768
2012	876995	699312	98056	79627
2013	926714	757246	98706	70762
2014	943296	770791	113226	59279
2015	1109247	879715	197593	31939

第四章　科学技术支出

1986—2006 年，烟台市科学技术支出包括科技三项费用和科学事业费两部分。2007 年，科学支出类与科技三项费用类合并为科学技术类级科目，下设科学技术管理事务、基础研究、应用研究、技术研究与开发、科技条件与服务、社会科学、科学技术普及、科技交流与合作、其他科学技术支出等款级科目。

1986—2015 年，全市科学技术支出 114.61 亿元，占同期一般公共预算支出的 2.59%。

第一节　科技支出政策

1990 年，烟台市委、市政府作出实施“科教兴烟”战略决定，全社会开始重视知识、重视人才、重视科技，依靠科技推动经济发展与社会进步，财政安排的科技预算支出开始呈逐年增加趋势。

2002 年，烟台市规定财政用于科技方面的经费（包括科学事业费与科技三项费用）每年增长幅度应当高于财政经常性收入的增长幅度；财政科学事业费支出按高于同级财政预算支出增长的幅度逐步增加；科技三项费用占当年本级财政决算支出比例不低于 1.3%。

2003 年，按照《烟台市市级科技三项费用管理办法》要求，科技三项费用的使用原则是支持对全市经济社会发展有重大拉动作用的高新技术产业及重大科研项目等。

2006 年，市财政局会同市科技局制定《烟台市应用技术研究与开发资金管理暂行办法》，将“科技三项费用”改称为“应用技术研究与开发资金”，专项用于支持烟台市科学技术发展计划和科技产业化环境建设及科技成果的转移扩散。当年，设立规模为 1000 万元的科技自主创新工程专项资金，使用范围包括对国家和省自主创新重点项目的资金配套和贴息、对市级科技自主创新“双十”工程的资金补助、对列入全市工业系统“3・50”工程的企业自主创新项目的专项贷款贴息。设立烟台市科技成果转化资金，对获得国家技术发明和科技进步一等奖、二等奖且产业化潜力巨大的项目，给予科技成果转化资金支持，获一等奖的给予 100 万元的资金支持，获二等奖的给予 50 万元的资金支持。

2007 年，烟台市对新认定的国家级企业技术中心给予 150 万元的资金补助，对新认定的省级企业技术中心给予 100 万元的资金资助；对列入国家级工程技术研究中心的企业当年给予 200 万元一次性配套补助，对列入省级工程技术研究中心的企业当年给予 20 万元一次性配套补助；对列入国家级重点实验室的企业当年给予 200 万元一次性配套补助，对列入省级重点实验室的企业当年给予 20 万元一次性配套补助。

2009 年，烟台市政府与中国科学院签订《全面科技合作协议书》，每年安排 100 万元，用于全面合作工作经费。同年，对进入“双百计划”人才的发明专利授权补助标准从3000元提高到5000元。

2010年，市委、市政府决定，2010—2015年在全市实施科技创新“六个十”工程，市财政每年安排1000万元，设立“自主创新与转方式、调结构科技引导专项资金”，专门用于支持科技自主创新和“六个十”工程建设。同年，将烟台市科学技术进步一等奖、二等奖、三等奖奖金标准分别提高到7万元、4万元和1万元。

2011年，根据市政府决定，市财政将自主创新与转方式、调结构科技引导专项资金规模从1000万元提高到2000万元。市财政和高新区管委会各出资2000万元，共同建立风险投资引导基金，重点用于支持园区内中小高新技术企业发展。同年，市财政局会同市科技局制定《烟台市自主创新转方式调结构科技引导专项资金管理办法》，对国家重大科技计划、省自主创新成果转化重大专项给予资金配套，对烟台市科技自主创新“六个十”工程建设给予资金补助，对列入国家级、省级科技创新平台给予资金补助。

2012年，烟台市对新争取的国家级工程技术研究中心、企业重点实验室，一次性给予所在单位200万元的项目支持；对新争取的国家级企业技术中心、工程研究中心、工程实验室，一次性给予所在单位150万元的项目支持；对新争取的国家级产业技术创新战略示范联盟，一次性给予联盟牵头企业100万元的项目支持；对新争取的省级工程技术研究中心、企业重点实验室、产业技术创新战略示范联盟、院士工作站、企业技术中心、工程研究中心和工程实验室，一次性给予所在单位或联盟牵头企业20万元的项目支持。

2013年，市政府确定设立科技型中小企业信贷风险补偿专项资金、科技型中小企业技术创新基金、科技惠民及科技创新平台建设专项资金。市财政分别设立规模为1500万元的科技型中小企业信贷风险补偿专项资金和规模为500万元的科技惠民计划专项经费，用于缓解科技型中小企业融资难、融资贵问题，支持开展公益性科技惠民工作。

2014年，烟台市设立科学技术最高奖、科学技术创新奖、科学技术合作奖和自然科学奖，每年奖励总数不超过120项。同年，设立大型科学仪器设备共享服务补贴专项资金，主要用于对入网单位的共享服务绩效补贴和用户使用入网仪器设备费用补贴等。将科技型中小企业信贷风险补偿专项资金规模扩大为3000万元，加大对信贷风险补偿工作的投入力度。同年，还出台相关办法鼓励企业以知识产权出质，即知识产权可与实物资产或保证金合并质（抵）押。

2015年，市财政会同市科技局参股省级天使投资引导基金，由烟台市财金投资有限公司代市政府出资2000万元，参股省级天使投资引导基金投资5000万元设立的子基金，基金规模为2亿元。同时，会同市科技局发起设立成果转化引导基金，由烟台市财金投资有限公司代市政府出资1000万元，发起规模不少于1亿元的市级科技成果转化引导基金。设立烟台市科技企业孵化器发展专项扶持资金，支持科技企业孵化器发展壮大。会同市科技局对科技信贷风险补偿资金管理办法进行调整完善，将风险补偿资金承担不良贷款金额从20%提高到40%，单个企业贷款额度上限由200万元增加到500万元，促进金融机构加大对中小企业研发创新的支持力度。会同市科技局、知识产权局制定《烟台市知识产权（专利）发展资金管理暂行办法》，促进科技成果产权化、知识产权产业化，进一步推动国家知识产权示范城市建设。会同市知识产权局制定《烟台市知识产权运营试点实施方案》，采取政府购买服务、股权投资、专项资助等多种方式支持推进知识产权运营试点工作。

第二节 应用技术研究与开发资金

应用技术研究与开发资金（2006年以前称“科技三项费用”）重点支持列入国家、省级的重点科研项目，市属科研机构、市级企事业单位、驻烟大专院校科研机构与烟台市企业合作的项目，在社会上有重大影响和实用价值的项目以及对全市经济有明显拉动作用的县（市、区）相关项目。

1990年，市委、市政府实施“科教兴烟”战略。1992年，全市科技三项费用增幅达到36%。1996年，烟台市设立市重点企业技改资金，全市科技三项费用投入2889万元，增幅首次接近100%。2002年，全市科技三项费用首次突破1亿元，达12268万元，其中，投入1000万元用于重点科研项目的研制与开发，4000万元用于重点企业技术改造。2005年，市级科技三项费用安排2540万元，对全市高新技术项目研发进行补助，拨付资金370万元对国家、省、市认定的企业技术中心给予奖励补助。

2006年，中国科学院烟台海岸带研究所开始筹建，总投入3.15亿元。其中，中国科学院、省政府各投入1亿元，市政府投入1.15亿元。同年，在已试行科技计划项目网上申报、网上专家评审的基础上，首批共筛选9个项目实行全国和全市范围内招投标，涉及资金390万元。

中国科学院烟台海岸带研究所

2008年，市财政投入专项资金350万元，建设“一站式”科技创新平台，为企业开展研发创新提供“一站式”服务。2009年，安排专项资金预算1300万元，支持市级重大科研项目成果转化。投入资金520万元，用于深化市院合作，重点支持中国科学院海岸带研究所、中国科学院山东综合技术转化中心建设，进一步促进中国科学院、大专院校与烟台市企事业单位的产学研合作项目。2010年，投入资金1707万元，支持自主创新与转方式、调结构，开展“双十”工程、“3·50”工程贷款贴息和中小企业创新补助。2012年，根据市政府意见，与中国科学院上海药物研究所、高新区、山东国际生物科技园签订合作协议，市财政投资8000万元，用于共建中国科学院上海药物研究所烟台分所。2013年，投入烟台市科技型中小企业信贷风险补偿专项资金1500万元，对科技型中小企业加大信贷支持，解决融资难问题，推进科技型中小企业快速健康发展。

烟台蓝色智谷

2015 年，市财政安排资金 3000 万元，参股省级天使投资引导基金和发起设立市级科技成果转化引导基金；筹措烟台市科技型中小企业信贷风险补偿专项资金 3000 万元，支持 20 家企业与银行签订贷款协议，发放贷款总额 1.15 亿元；投入资金 3860 万元，用于高新区科技创新、人才引进及创新平台建设等，支持高新区创建山东半岛国家自主创新示范区。

1986—2006 年，全市科技三项费用支出 12.66 亿元，占同期一般公共预算支出的 1.55%；2007—2015 年，全市应用技术研究与开发资金支出 62.78 亿元，占同期一般公共预算支出的 1.74%。

第三节　科学事业费

1986 年，文教科学卫生事业费类下设科学事业费款级科目。1987 年，科学事业费单列类级支出，下设自然科学事业费、科协事业费和社会科学事业费三个款级科目。2003 年科学事业费改为科学支出。2007 年设科学技术支出类级科目，取消自然科学事业费款级科目，新设基础研究、应用研究、科技条件与服务、科技交流与合作等款级科目，将科协事业费、社会科学事业费分别调整为科学技术普及、社会科学款级科目。

1986—2000 年，科学事业费支出主要是有关机构与单位的正常人员经费及从事相关科技项目或活动的开支。

2000 年起，市财政不断加大资金投入力度，支持科技发展，每年安排预算资金用于社会科学优秀成果评选奖励，每两年安排预算资金用于自然科学成果评选奖励，促进全市社会科学和自然科学研究与推广工作。

2004 年，安排预算资金 65 万元，用于科普村村通、第七届科普之冬、科技活动周、组建中国科普志愿者队伍等科普活动经费补助。

2005 年，投入资金 371.5 万元，建立农村科普宣传栏 4535 个，初步完成科普村村通建设工作。

2006 年，安排预算资金 25 万元，组织实施中央科普惠农兴村计划。

2007 年，投入资金 192 万元，开展科技富民强县计划和科普惠农示范工程，支持农民科技致富、科技兴农。

2009 年，安排资金 95 万元，专项用于部分县（市、区）科普场所建设，改善科普场馆条件。

2010 年，投入资金 240 万元，支持科普惠农兴村计划及地方科技基础条件建设。

2011 年，投入资金 305 万元，用于科普惠农兴村计划、科普双百工程、科普惠农示范工程及地方科技基础条件改善。

2012 年，筹措资金 252 万元，组织实施基层科普行动计划，支持农村专业技术协会、科普示范基地和科普示范社区建设及培养科普带头人。2013—2015年，市财政每年安排预算资金，专项用于山东省数字科普工程建设，搭建烟台数字科普分控平台。

2015年，烟台高新技术产业区技术服务创新体系建设等资金列市级科技条件与服务支出1.5亿元。

1986—2015年烟台市科学事业费支出情况表

表2-18　　　　单位：万元

项目／年度	合计	自然科学事业费等					科协事业费（科学技术普及）	社会科学事业费（社会科学）	其他科学事业费
		小计	基础研究	应用研究	科技条件与服务	科技交流与合作			
1986	188.6	188.6							
1987	312.9	212.7					48.4	51.8	
1988	416.7	304.2					45	67.5	
1989	447.4	294.3					56.4	96.7	
1990	509.3	326.9					61.6	120.8	
1991	495	326					64	105	
1992	548	374					63	111	
1993	664	479					61	124	
1994	797	604					72	121	
1995	592	341					68	183	
1996	777	425					106	246	
1997	952	545					151	256	
1998	1022	484					212	326	
1999	1284	738					239	307	
2000	1571	940					332	299	
2001	1676	848					276	552	
2002	1793	1086					355	352	
2003	2077	1042					458	328	249
2004	2231	875					645	387	324
2005	2659	1247					541	516	355
2006	3634	2238					653	540	203
2007	5117	597	92		405	100	1018	273	3229
2008	5205	731	262	300	169		991	362	3121

续表 2-18

项目 年度	合计	自然科学事业费等					科协事业费（科学技术普及）	社会科学事业费（社会科学）	其他科学事业费
		小计	基础研究	应用研究	科技条件与服务	科技交流与合作			
2009	8068	881	183	390	208	100	1074	390	5723
2010	31208	884	60	522	302		1259	424	28621
2011	42725	1086		615	361	110	1343	437	39859
2012	49793	1799	140	1123	334	202	1402	1961	44631
2013	59427	1756		1065	601	90	1605	622	55444
2014	66466	7913	961	926	5879	147	1647	651	56255
2015	99190	21610	1665	1243	18652	50	2398	900	74282

1986—2015 年烟台市科学技术支出情况表

表 2-19　　单位：万元

项目 年度	合计	科技三费（技术研究与开发）	科学事业费类	项目 年度	合计	科技三费（技术研究与开发）	科学事业费类
1986	750.5	561.9	188.6	2001	11035	9359	1676
1987	604.6	291.7	312.9	2002	14061	12268	1793
1988	700.3	283.6	416.7	2003	15183	13106	2077
1989	803.7	356.3	447.4	2004	17066	14835	2231
1990	925.6	415.8	509.3	2005	19441	16782	2659
1991	939	444	495	2006	28303	24669	3634
1992	1150	602	548	2007	35410	30293	5117
1993	1557	893	664	2008	41066	35861	5205
1994	1873	1076	797	2009	52757	44689	8068
1995	2042	1450	592	2010	106313	75105	31208
1996	3666	2889	777	2011	127111	84386	42725
1997	4564	3612	952	2012	131381	81588	49793
1998	6884	5862	1022	2013	148168	88741	59427
1999	9350	8066	1284	2014	166419	99953	66466
2000	10325	8754	1571	2015	186406	87216	99190

注：2007 年后科学事业费含科技管理事务、科技重大专项以及其他科技支出

第五章　文化体育与传媒支出

1986年，文教科学卫生事业费类下设文化事业费、出版事业费、文物事业费、党政群干部训练事业费、体育事业费、档案事业费、地震事业费、广播电视事业费、其他文教事业费等款级科目。1987—1998年，科学、卫生、教育事业费先后单列为类级科目，原文教科学卫生事业费类变更为文体广播事业费类，相关款级科目基本未变。2007年，文体广播事业费类改为文化体育与传媒支出类，下设文化、文物、体育、广播影视、新闻出版、其他文化体育与传媒支出等款级科目，反映相关部门或机构的各项支出。

1986—2015年，全市文化体育与传媒支出74.57亿元，占同期一般公共预算支出的1.69%。其中，2015年，全市文化体育与传媒支出12.19亿元，占同期一般公共预算支出的1.89%。

第一节　文化支出

1986年，文化事业费款级科目下设艺术表演团体经费、艺术表演场所经费、图书馆经费、群众文化经费、科学研究费、中等专业学校经费、干部训练费等项级科目。1987年，科学研究费划出。1998年，中等专业学校经费划出。2007年，文体广播事业费类级科目调整为文化体育与传媒支出类，其下设的文化款级科目下设行政运行、一般行政管理事务、机关服务、图书馆、文化展示及纪念机构、艺术表演场所、艺术表演团体、文化活动等项级科目。

1986—1993年，文化支出主要是拨付有关文化事业单位的正常机构人员经费与差额补助。1994年后，地方财政开始通过设立专项资金等形式有重点地支持文化事业发展。

1998年，市财政先后投资7000万元建成1.7万多平方米的烟台图书馆，筹资7000多万元用于烟台电视播出中心及城乡有线电视传输网建设。

2006年，投资2亿元对烟台山进行综合环境整治，对烟台山的近代古建筑群进行整体翻新。2007年，累计投资10亿元，建设了集大剧院、京剧院、群众艺术馆、博物馆、青少年宫于一体的烟台文化中心广场。

2011—2015年，根据国家深化文化体制改革、推动社会主义文化大发展大繁荣的战略举措，烟台市陆续出台《烟台市农家书屋工程建设以奖代补办法》《烟台市市直文化单位公益性演艺活动财政补贴办法》《关于实施“2131工程”加强农村电影发行放映工作的通知》等多项政策措施，累计投资6亿元推进广播电视村村通、文化信息资源共享、农村电影放映、农家书屋、乡镇文化站、“五馆一站”免费开放等公共文化服务体系重点工程建设。筹措资金9000多万元，推进胶东红色文化建设，建设胶东革命历史陈列馆，打造烟台山党员干部理想信念教育基地。安排资金2000万元，支持胶东烽火和海阳大秧歌影视创作与拍摄，支持本土精品影视创作，宣传红色文化。

1986—2015 年，全市文化支出 31.59 亿元，占同期文化体育与传媒支出（文体广播事业费）的 42.36%。通过财政投入扶持，全市市县文化中心等重大文化载体建设走在全省前列，初步形成涵盖“市、县、乡、村”四级的公共文体服务网络。烟台市先后获得“文化强省建设先进市”“山东省公共文化服务体系建设示范区”“国家公共文化服务体系示范区”等称号。

1986—2006 年烟台市文化支出情况表

表 2-20　　单位：万元

年度＼项目	合计	艺术表演团体经费	艺术表演场所经费	图书馆经费	群众文化经费	中等专业学校经费	其他文化事业费
1986	764	198		93	206	59	208
1987	609	120		82	126	35	246
1988	663	153	2	75	161	46	226
1989	796	234	2	88	196	68	208
1990	852	233	1	83	192	97	246
1991	947	250	2	125	213	92	265
1992	878	233	2	137	210	68	228
1993	1300	252	7	216	233	87	505
1994	1430	368	6	158	355	152	391
1995	1759	605	4	375	342	80	353
1996	1705	455	3	237	414	105	491
1997	2314	707	16	274	466	116	735
1998	3287	705	25	452	610		1495
1999	2509	683	22	511	602		691
2000	3134	566	12	582	554		1420
2001	3527	689	14	619	652		1553
2002	4311	837	7	789	733		1945
2003	4276	958	73	799	602		1844
2004	4437	1058	21	861	720		1777
2005	4894	1163	84	1022	795		1830
2006	5955	1137	71	1398	918		2431

烟台文化中心广场

2007—2015 年烟台市文化支出情况表

表 2-21　　　　单位：万元

项目 / 年度	合计	行政运行	一般行政管理事务	机关服务	图书馆	文化展示及纪念机构	艺术表演场所	艺术表演团体	文化活动	群众文化	文化交流与合作	文化创作与保护	文化市场管理	其他文化支出
2007	7675	1462	140	16	1376		83	1591	96	1174		360	375	1002
2008	9313	1470	53		1388	162	143	1843	161	1545		521	422	1605
2009	14202	1679	28		1583	651	2058	1882	380	2799		428	584	2130
2010	17044	1883	199		2435	810	1620	1960	201	3688	279	549	616	2804
2011	24184	2503	58		1949	20	1783	2968	139	3674		643	735	9712
2012	40700	2798	31	142	1888	1165	1621	2725	532	3087		696	726	25289
2013	37044	4021	81		2287	576	2223	3251	270	6665	30	779	974	15887
2014	50615	3695	21		2675	335	1563	3033	339	7286	163	696	1072	29737
2015	63720	4664	56	85	4459	498	1605	5237	212	6990	242	1518	1619	36535

第二节　文物支出

1986 年，文物事业费款级科目下设博物馆经费、文物事业机构经费、文物保护费、其他文物事业费等项级科目。1986—2006 年，全市文物事业费支出 5332 万元，其中，博物馆经费 4203 万元，占 78.83%。

2007 年，文体广播事业费类级科目调整为文化体育与传媒支出，其中的文物款级支出下设行政运行、一般行政管理事务、机关服务、文物保护、博物馆、历史名城与古迹、其他文物支出等项级科目。当年，烟台市投资1.6亿元，在文化中心广场西侧新建面积1.7万平方米的烟台市博物馆新馆。2011年，《烟台市市级文物及藏品征集经费使用管理办法》出台，市财政每年新增文物及藏品征集经费50万元。2007—2015年，全市文物支出8亿多元，其中，文物保护经费2.49亿元，占31.13%。

1986—2015年，全市文物支出8.53亿元，占同期文化体育与传媒支出（文体广播事业费）的11.44%。其中，文物保护费2.52亿元，占29.54%；博物馆经费2.58亿元，占30.25%。

1986—2006年烟台市文物支出情况表

表2-22　　单位：万元

项目 年度	合计	博物馆经费	文物事业机构经费	文物保护费	其他文物事业费
1986	96	62	12	17	5
1987	56	34	16	5	1
1988	109	30	28	51	
1989	102	30	25	47	
1990	101	54	23	24	
1991	113	60	43	10	
1992	264	109	29	126	
1993	187	83	59	37	8
1994	205	102	47	50	6
1995	215	143	31	40	1
1996	237	157	41	39	
1997	288	230	41	15	2
1998	325	246	70	8	1
1999	336	241	88	6	1
2000	415	331	33	39	12
2001	450	386	28	12	24
2002	456	387	39	13	17
2003	451	414	8	2	27
2004	557	497	22		38
2005	581	522	17	17	25
2006	702	566	50		86

2007—2015年烟台市文物支出情况表

表 2-23　　　　单位：万元

年度\项目	合计	行政运行	文物保护	博物馆	历史名城与古迹	其他文物支出
2007	1023	22	140	861		
2008	2768	22	237	1119	1360	30
2009	6707	26	343	1313		5025
2010	8711	27	452	2375		5855
2011	9599	28	875	2695		6001
2012	10149	457	1323	2211		6158
2013	13101	122	2254	3665	60	7000
2014	16036	132	12884	3020		
2015	11925	298	6362	4615		650

第三节　体育支出

1986年，体育事业费款级科目具体包含体育竞赛费、体育训练费、优秀运动队经费、业余训练经费、体育场馆补助费、中等专业学校经费、其他体育事业费等项级科目。1998年，体育中等专业学校经费划出。2007年，文化体育与传媒支出类下设体育款级支出，包括行政运行、一般行政管理事务、机关服务、运动项目管理、体育竞赛、体育训练、体育场馆、群众体育、体育交流与合作、其他体育支出等项级科目。

2000—2006年，市财政统筹安排资金8亿多元，兴建综合体育场、射击射箭馆、游泳训练中心、多功能体育馆等一体化体育公园，为承办二十一届省运会创造了基础设施条件。2007年，因新增体育公园运转维护费等增支因素及部分收支科目调整，当年体育支出增至1.02亿元，是30年间体育事业财政支出增幅最大的一年。2008年起，地

2014年3月16日，烟台市举办第十八届万人长跑活动

方财政开始增加奥运会、全运会、省运会等奖牌专项支出，支持竞技体育事业发展。2011—2012 年，市财政安排海阳亚沙会赛事经费 2 亿元，支持海阳市承办第三届亚洲沙滩运动会。海阳亚沙会是亚洲体育史上首次由县域城市举办的洲级赛事，也是山东省首次承办洲级规模运动会。

1986—2015 年，全市体育支出 15.6 亿元，占同期文化体育与传媒支出的 20.91%。烟台市先后获得全国“武术之乡”“田径之乡”“篮球之乡”称号，并被国家体育总局命名为全国“全民健身示范城市”。

1986—2006 年烟台市体育支出情况表

表 2-24　　单位：万元

年度＼项目	合计	体育竞赛费	体育训练费	优秀运动队经费	业余训练经费	体育场馆补助费	中等专业学校经费	其他体育事业费
1986	499	136	222			81	42	18
1987	391	67	162			62	93	7
1988	535	158		37	185	23	71	61
1989	583	68		15	264	73	99	64
1990	776	92		4	244	30	191	215
1991	763	117		5	253	30	131	227
1992	720	162		6	328	43	130	51
1993	1014	44		21	394	31	122	402
1994	1022	185		21	362	63	154	237
1995	1340	176		17	598	155	149	245
1996	1500	260		21	681	47	197	294
1997	1493	46			687	81	265	414
1998	1497	56			808	49		584
1999	1301	48			898	31		324
2000	1718	91			1033	127		467
2001	1429	44			781	307		297
2002	1528	24			912	245		347
2003	2272	5			1219	242		806
2004	4782	68			3903	364		447
2005	3430	335		13	2374	427		281
2006	4108	150			2106	972		880

2007—2015 年烟台市体育支出情况表

表 2-25　　　　单位：万元

年度＼项目	合计	行政运行	一般行政管理事务	运动项目管理	体育竞赛	体育训练	体育场馆	群众体育	体育交流与合作	其他体育支出
2007	10229	683		1949	416	175	6055	951		
2008	10364	771	17	2363	426	1	4968	1271		547
2009	11429	610	26	3467	465		4732	1597		532
2010	14550	622	10	3315	1849		6880	1874		
2011	25974	788	12	2582	771	10	19823	1987		1
2012	19965	684	33	2959	12534		787	2548		420
2013	9213	1160	89	3292	1169		1586	1896		21
2014	8970	1209	48	2546	307		1443	1942	15	1460
2015	13042	1819	1662	3515	1379		909	2651		1107

第四节　广播影视支出

1986 年，广播电影电视事业费款级支出科目下设广播电台经费、电视台经费、县广播站经费、科学研究费、中等专业学校经费、其他广播电影电视事业费等项级科目，1987 年，科学研究费划出，1998 年，中等专业学校经费划出。2007 年，广播电影电视事业费变更为文化体育与传媒支出类下的广播影视款级支出科目，下设行政运行、一般行政管理事务、广播、电视、电影、其他广播影视支出等项级科目。

2002 年，广电系统推行管理体制改革，实行广播电视局与广播电视台“局台合一”体制，财政不再核拨其正常人员和机构经费，改革过渡期三年，每年专项补助减少三分之一。

2008 年，烟台市出台《关于对城乡低保和农村五保家庭免费安装有线电视的通知》，对全市范围未安装有线电视的低保和五保家庭，由财政出资为其免费安装有线电视。

2009 年，市财政筹集安排资金 6500 多万元，用于广电大楼基建贷款贴息及市区有线电视数字电视转换项目支出，市区近 40 万居民用

烟台融媒体演播室

户完成有线电视数字转换，享受到高品质的有线电视服务。

2011 年，根据全省有线电视网络改革发展方案，烟台有线电视网络公司上划省网络电视有限公司统一管理。

2015 年，市财政安排资金 1 亿元，帮助广播电视台化解广电大楼基建贷款债务偿还风险，给予贷款贴息 500 万元。

1986—2015 年，全市广播影视支出 11.5 亿元，占同期文化体育与传媒支出的 15.47%，其中，2015 年支出 2.34 亿元，占当年文化体育与传媒支出的 19.19%。

1986—2006 年烟台市广播影视支出情况表

表 2-26　　单位：万元

项目 年度	合计	广播电台经费	电视台经费	县广播站经费	其他广播影视事业费
1986	883	210	225	313	135
1987	675	162	218	196	99
1988	795	173	251	237	134
1989	984	241	291	235	217
1990	1035	271	343	260	161
1991	1174	448	370	183	173
1992	1349	454	422	133	340
1993	2595	414	1642	193	346
1994	1754	422	704	261	367
1995	2342	715	1080	77	470
1996	1984	565	780	86	553
1997	2141	649	840	76	576
1998	2398	808	948	79	563
1999	2082	691	863	55	473
2000	1838	448	793	33	564
2001	1777	525	649	20	583
2002	2152	319	1467	19	347
2003	1894	120	1392	36	346
2004	1134	483	406	19	226
2005	1030	231	471	10	318
2006	1350	245	325		780

2007—2015年烟台市广播影视支出情况表

表 2-27　　单位：万元

项目 / 年度	合计	行政运行	一般行政管理事务	广播	电视	电影	其他广播影视支出
2007	3513	648		374	997	30	1464
2008	3744	409		793	440	208	1894
2009	4280	340	2	525	1092	701	1620
2010	4117	532	53	888	1194	1378	72
2011	13737	624	4	4715	7184	1169	41
2012	7512	1320		2213	2670	1049	260
2013	12073	933	16	2214	7033	539	1338
2014	9206	1875		1460	5313	513	45
2015	23426	1851		2136	18071	868	500

第五节　新闻出版支出

1986年，文教科学卫生事业费类级科目设出版事业费款级科目，下设出版经费和其他出版事业费两个项级科目。2007年，出版事业费改为新闻出版支出，列文化体育与传媒支出类。

1986—2015年，全市新闻出版支出5895万元，占同期文化体育与传媒支出的0.79%。

烟台年鉴

1986—2006年烟台市新闻出版支出情况表

表 2-28　　单位：万元

项目 / 年度	合计	出版经费	其他新闻出版事业费
1986	5		5
1987	5		5
1988	3		3
1995	72		72
1996	17		17
1997	15		15
1998	15	15	
1999	40	40	
2000	79	79	
2004	35	35	
2005	152	152	
2006	192	192	

2007—2015 年烟台市新闻出版支出情况表

表 2-29　　单位：万元

年度\项目	合计	行政运行	一般行政管理事务	新闻通讯	出版发行	出版市场管理	其他新闻出版支出
2007	456	183	5		219	49	
2008	537	185	5	20	159	56	112
2009	643	181	10		190	51	211
2010	666	198	2	32	256	49	129
2011	308	20			248	10	30
2012	1183				316	10	857
2013	464	20			388	30	26
2014	373				333	10	30
2015	414				346	10	58

第六节　档案事务支出

1986 年，文教科学卫生事业费类级科目设档案事业费款级科目，下设档案馆经费、科学研究费、档案教育费、其他档案事业费等项级科目，后调整为档案馆经费、干部训练费和其他档案事业费等项级科目。2007 年，档案事业费由文体广播事业费类改列一般公共服务支出类档案事务款级科目，当年市财政安排重点档案抢救、档案数字化录入、档案专用设备购置及档案馆库房维修改造等专项资金 140.7 万元。2015 年，根据上级要求，按照每卷档案每年不低于 3 元的标准核定档案维护费用，市级档案维护费预算上调为每年 90 万元。

1986—2006 年烟台市档案事务支出情况表

表 2-30　　单位：万元

年度\项目	合计	档案馆经费	中等专业学校经费	其他档案事业费
1986	95	95		
1987	61	61		
1988	80	80		
1989	183	183		
1990	170	170		
1991	138	135		3

续表 2-30

年度\项目	合计	档案馆经费	中等专业学校经费	其他档案事业费
1992	113	106		7
1993	108	104		4
1994	179	172		7
1995	282	270	12	
1996	252	241		11
1997	243	231		12
1998	305	288		17
1999	324	319		5
2000	333	333		
2001	349	347		2
2002	404	398		6
2003	441	381		60
2004	513	513		
2005	684	683		1
2006	763	761		2

2007—2015 年烟台市档案事务支出情况表

表 2-31

单位：万元

年度\项目	合计	行政运行	一般行政管理事务	档案馆	其他档案事务支出
2007	924	648	4	272	
2008	1005	702	6	293	4
2009	1114	761	7	346	
2010	1272	786	4	482	
2011	1343	975	16	352	
2012	1572	1009	4	559	
2013	1715	1181	7	525	2
2014	1766	1099	3	658	6
2015	2751	1707	1	1043	

1986—2015 年烟台市文化体育与传媒支出情况表

表 2-32　　　　单位：万元

项目 / 年度	合计	文化	文物	体育	广播影视	新闻出版	其他文化体育与传媒支出
1986	2312	764	96	499	883	5	65
1987	1909	609	56	391	675	5	173
1988	2287	663	109	535	795	3	182
1989	2741	796	102	583	984		276
1990	3004	852	101	776	1035		240
1991	3402	947	113	763	1174		405
1992	3715	878	264	723	1349		501
1993	5587	1300	187	1014	2595		491
1994	4938	1430	213	1022	1754		519
1995	5875	1759	215	1340	2342	72	147
1996	5542	1705	237	1500	1984	17	99
1997	6331	2314	288	1493	2141	15	80
1998	7624	3287	325	1497	2398	15	102
1999	6515	2509	336	1301	2082	40	247
2000	7432	3134	415	1718	1838	79	248
2001	7308	3527	450	1429	1777		125
2002	8665	4311	456	1528	2152		218
2003	9154	4276	451	2272	1894		261
2004	11171	4437	557	4782	1134	35	226
2005	10423	4894	581	3430	1030	152	336
2006	13142	6020	704	3742	1351	413	912
2007	23213	7675	1023	10229	3513	456	317
2008	27130	9313	2768	10364	3744	537	404
2009	38012	14202	6707	11429	4280	643	751
2010	46301	17044	8711	14550	4117	666	1213
2011	95555	24184	9599	25974	13737	308	21753
2012	81063	40700	10149	19965	7512	1183	1554
2013	90581	37044	13101	9213	12073	464	18686
2014	93391	50615	16036	8970	9206	373	8191
2015	121895	63720	11925	13042	23426	414	9368

第六章 社会保障和就业支出

1986—2006年，社会保障和就业支出在社会福利救济费和社会保障补助支出等类级科目反映。2007年，新设社会保障和就业支出类级科目，下设社会保障和就业管理事务、民政管理事务、财政对社会保险基金的补助、行政事业单位离退休、企业改革补助、就业补助、抚恤、退役安置、社会福利、残疾人事业、城市居民最低生活保障、其他城镇社会救济、农村社会救济、自然灾害生活救助、红十字事务等款级科目。

2015年，全市社会保障和就业支出86.74亿元，是2007年的3.82倍，占当年一般公共预算支出的13.48%。

第一节 社会保障补助及管理事务支出

1998年，增设社会保障补助支出类级科目，下设财政对社会保险基金的补贴支出、社会保险经办机构经费、城镇就业补助费、下岗职工基本生活补助等款级科目。2005年，该类级科目改设社会保险基金补助、就业补助、国有企业关闭破产补助、社会保险经办机构等款级科目。2007年后，社会保障补助支出类级科目取消，相关支出内容列社会保障和就业支出类下的相应款级科目，社会保险经办机构支出列人力资源和社会保障管理事务款下的项级科目。

1998—2015年，全市社会保障补助与人力资源和社会保障管理事务支出215.7亿元，其中，2015年支出52.3亿元，占当年一般公共预算支出的8.13%。

烟台市老年福利服务中心

1998—2015 年烟台市社会保障补助与管理事务支出情况表

表 2-33　　　　单位：万元

项目 年度	合计	财政对社保基金补助支出	就业补助支出	企业改革补助	下岗职工生活补助	人力资源和社会保障管理事务	其他社会保障补助与管理事务支出
1998	2695		302		2025	283	85
1999	3465		72		2461	346	586
2000	2892		103		1875	872	42
2001	5784	2770	107		1484	1260	163
2002	7781	3206	129	195	1733	1614	904
2003	14174	3314	2420	1785	3511	1924	1220
2004	18003	4533	1638	1492	1837	2517	5986
2005	22782	9543	2523	3381		3816	3519
2006	42143	14122	4125	4020		14290	5586
2007	55157	27521	5351	4840		8559	8886
2008	68187	28499	6303	6227		11617	15541
2009	86111	30695	7082	4205		11445	32684
2010	138606	53130	6822	28213		13676	36765
2011	206735	97427	7406	26021		19189	56692
2012	325980	109599	6964	37366		20617	151434
2013	326383	140005	8179	44604		25238	108357
2014	307561	185204	13579	36142		24527	48109
2015	522975	375413	12721	44582		41180	49079

社会保险基金补助支出

1991 年，国务院发布《关于企业职工养老保险制度改革的决定》，1997 年，《国务院关于建立统一的企业职工基本养老保险制度的决定》颁发实施，这一时期，由于退休人员少，烟台市没有出现养老金不敷使用的情况。随着企业退休人员不断增加和缴费比例统一调整，养老保险基金收支压力逐步显现，出现了拖欠退休职工养老金的现象。市政府于 1997 年提出确保企业下岗职工基本生活费发放、确保企业职工基本养老保险金及时足额发放的“两个确保”要求。1999 年，烟台市根据《社会保险基金财务制度》规定，养老保险基金当年入不敷出时，同级财政部门给予补贴。

2001 年，市财政开始列支财政对社会保险基金的补助支出。随着养老、失业、医疗、工伤、生育等基本保险制度的陆续建立健全，财政承担了对这些保险基金的补贴和兜底责任，补贴支出逐年增加。全市财政对社会保险基金的补助由 2001 年的 2770 万元增长到 2015

年的 375413 万元。

就业补助支出

1986 年，城镇青年就业经费类级科目下设城镇青年就业补助费款级科目，包括扶持生产资金、安置费、就业训练费、业务费和其他费用 5 个项级科目，主要反映用于安置城镇待业青年就业和劳动服务公司经费补助等支出。1986—1993 年，全市城镇青年就业经费支出 465.8 万元。1994 年，该类级科目取消，改列其他支出类下的款级科目，1997 年更名为城镇就业补助费，1998 年转为社会保障补助支出类的款级科目，下设扶持生产资金、就业训练费、再就业基金补助、业务费等项级科目，反映各级政府安排的组织城镇失业人员和困难企业下岗职工就业和 再就业的补助费用。2005 年，就业补助费下设劳动力市场建设、再就业培训补贴、职业介绍补贴、社会保险补贴、岗位补贴、小额担保贷款贴息、小额贷款担保基金等项级科目，反映各级财政对促进下岗失业人员再就业的补贴支出。2007 年，社会保障与就业类下设就业补助款级科目。

1998—2015 年烟台市就业补助支出情况表

表 2-34　　单位：万元

年度＼项目	合计	城镇就业补助费	扶持公共就业服务	职业培训补贴	职业介绍补贴	社会保险补贴	公益性岗位补贴	小额担保贷款贴息	补充小额担保贷款基金	职业技能鉴定补贴	特定政策补助支出	就业见习补贴	其他就业补助支出
1998	302	302											
1999	72	72											
2000	103	103											
2001	107	107											
2002	129	129											
2003	2420	2420											
2004	1017		251	373	117	218	58						
2005	1578		867	250	76	354	11		20				
2006	4125		461	681		795	160			2			2026
2007	5351		82	1726		2168	125	2					1248
2008	6303		13	350		2584	99	2					3255
2009	7172		51	196	24	2458	35	225	277		22		3884
2010	6822		219	1681	30	959	3	167	190	10			3563
2011	7406		32	2403	42	1312	84	150		10		106	3267
2012	6964		2	1894	16	744	88	126	40	32		68	3954
2013	8179		482	2760	2	605	164	837	370	1	20	195	2743
2014	13579		404	1909	8	2052	68	1428		66		29	7615
2015	12721		551	2723		2763	131	2694		71		98	3690

企业改革补助支出

烟台市自1987年开始列支国营企业改革类支出，当年支出72.3万元。1996年，市政府筹集市级帮困基金，资助困难企业下岗职工基本生活费发放。1998年设社会保障补助支出后，财政逐年安排下岗职工生活补助或企业关闭破产补助等企业改革支出。

1998—2015年，全市企业改革补助资金支出25.8亿元，其中，2015年支出4.46亿元。

人力资源和社会保障管理事务支出

1986—2006年，劳动和社会保障部门经费列行政管理费类政府机关经费款内开支，不包括社保经办机构经费。2007年，在社会保障和就业支出类单设社会保障和就业管理事务款级科目，2010年后改为人力资源和社会保障管理事务类，反映人力资源和社会保障系统的各项管理事务支出，包括实行公务员管理的事业单位及社保经办机构等，但不包括列一般公共服务支出类的人事事务支出，即机构编制、公务员管理、军转办及外籍专家管理等方面的支出。

2015年，全市人力资源和社会保障管理事务支出41180万元（不包括列一般公共服务支出的人力资源事务支出13995万元）。

第二节　行政事业单位离退休支出

1986—1994年，烟台市行政事业单位离退休经费分别纳入各部门或单位行政事业管理费列支，其中人员经费在相关款内单设离退休人员费用项级科目反映，公用经费支出与在职人员合并核算，全市行政事业单位离退休经费没有单列科目反映。1995年4月，依据《烟台市机关事业单位工作人员社会养老保险暂行办法》，全市机关事业单位开始试行统一缴纳养老保险费改革。

1996年，设行政事业单位离退休经费类级科目。根据财政部《关于行政事业单位离退休经费归口管理有关问题的通知》要求，烟台市开始将行政事业单位离退休经费划归社会保障部门管理，原在行政管理费、公检法支出、有关事业费中列支的离退休人员经费（包括人员经费、公用经费）以及管理机构经费，按照离退休实有人数、政策规定的离退休金、各种补贴的范围和标准，以及上年度离退休人员开支项目实际支出水平，分别划转人员经费、公用经费和管理机构经费指标。实施归口管理后的离退休经费统一列行政事业单位离退休经费支出类核算。

1997年，财政部加强行政单位离退休经费管理，印发《行政单位离退休经费管理办法》。烟台市按要求对行政单位离退休经费实行预算管理，主要内容包括：离退休人员经费、公用经费、离退休人员管理机构经费和专项经费，行政单位离退休经费预算按照“零基预算法”编制。同年，按照山东省统一要求，烟台市部分行政事业单位纳入归口管理范围。

1998年，国家机关事务管理局印发《中央国家机关行政单位离退休经费管理办法》，明确了行政管理人员离退休经费管理工作中的基本原则和基本任务，建立行政单位离退休经费财务分析指标。烟台市参照执行。

1999年，财政部印发《中央级事业单位离退休经费实行归口管理有关问题》，就离退休经费工作中的若干问题作出解释，事业单位离退休经费采取积极稳妥、分步实施、平稳过渡的方针政策，从当年起，实行归口管理的各部门事业费中财政补助收入预算指标不再包括属于归口管理范围的离退休经费，离退休经费预算按照政府预算收支科目的规定由财政部社会保障司单独下达。

2001 年，山东省委《关于落实离休干部离休费、医药费的意见（试行）的通知》要求：行政单位和全额预算管理事业单位离休干部的离休费仍按原渠道由同级财政负担。部分差额预算管理事业单位，财政拨补的差额经费首先用于保障离休费。自收自支事业单位，凡参加基本养老保险统筹、已由社会保险经办机构发放的，离休费要在统筹基金中优先支付；未实行统筹的，由所在单位负担，确实无力解决的，由同级财政负担。企业离休干部的离休费，凡参加基本养老保险统筹的，社会保险经办机构要从统筹基金中优先支付；尚未参加基本养老保险统筹的，由离休干部所在单位及该单位（含未改制企业）的出资人负担；离休费得不到落实的特困、破产等企业，由当地劳动保障部门会同财政、老干部等部门核实确认后，报政府批准，由同级财政给予解决。离休费按国家和省现有规定标准发放，项目包括：基本离休费、增发离休费、原职务补贴、地方福利补贴（企业含书报费、洗理费）、生活补贴、物价补贴、护理费、乘车费（交通费）、特需补助费等。离休干部去世后的丧葬费、一次性抚恤金和遗属生活困难补助费等为必保项目。

2002 年 7 月，根据省财政厅《关于落实省属单位离休干部离休费、医药费实施办法》，全市已参加基本养老保险社会统筹的省属单位，离休费由社会保险经办机构在养老保险基金中优先支付，并实行社会化发放。全市未参加基本养老保险社会统筹的省属单位，离休费按以下办法解决：行政机关和全额财政拨款事业单位，离休费由省财政全额列入年度预算，按月拨付，定期发放；部分财政补助的事业单位，财政拨付经费首先保障离休费发放，差额部分从单位收入中补足；财政零补助事业单位，离休费全部由单位负担；企业的离休费全部由单位及该单位（含未改制企业）的出资人负担；省属驻济以外特困企事业单位和破产企业拖欠“两费”的，经省政府批准后，由省级财政负担。

2007 年，行政事业单位离退休经费类级科目取消，改列社会保障和就业支出类下的款级科目，原款级科目降为项级，具体支出核算内容无变化。

2015 年，根据《国务院关于机关事业单位工作人员养老保险制度改革的决定》，市政府印发《烟台市机关事业单位工作人员养老保险制度改革实施方案》，确定自 2014 年 10 月起，实行社会统筹与个人账户相结合的养老保险制度，逐步建立独立于机关事业单位之外、资金来源多渠道、保障方式多层次、管理服务社会化的养老保险体系。2015 年 10 月，全市统一启动参保缴费和退休人员养老金发放工作。

1996—2015年烟台市行政事业单位离退休经费支出情况表

表 2-35　　单位：万元

项目 / 年度	合计	行政单位离退休支出	事业单位离退休支出	离退休人员管理机构支出	其他行政事业单位离退休支出
1996	551		551		
1997	5774	5774			
1998	7898	6425	1473		
1999	23992	6456	14083		3453
2000	26669	7118	15842		3709
2001	41360	10650	24897		5813
2002	48081	11598	29835	492	6156
2003	55444	12400	40635	658	1751
2004	63826	14657	47981	542	646
2005	79792	17273	61100	727	692
2006	89525	18887	69084	168	1386
2007	109594	27026	79840	775	1953
2008	127690	32862	91830	979	2019
2009	148519	36762	106601	1353	3803
2010	159190	48501	105407	1571	3711
2011	156966	49494	98609	1486	7377
2012	161778	69168	85410	1644	5556
2013	162123	51476	99880	1643	9124
2014	186546	73149	104918	1655	6824
2015	107991	23316	77657	1385	5633

第三节　抚恤和社会福利救济费支出

1986年，抚恤和社会福利救济费类级科目下设抚恤事业费、离休费、退休退职费、社会救济福利事业费、自然灾害救济事业费和其他民政事业费等款级科目。2005年，抚恤和社会福利救济费类级科目下设抚恤、安置、城市居民最低生活保障、农村及其他社会救济、社会福利、其他民政、残疾人事业、自然灾害救助8个款级科目。2007年，新设社会保障和就业类级科目，原抚恤和社会救济类级科目分别改

烟台市儿童福利院

列其相应款级科目。

1986—2015 年，烟台市抚恤和社会福利救济费支出 178.2 亿元，占同期财政一般公共预算支出的 4.03%。其中，2015 年抚恤和社会福利救济支出 23.6 亿元，占当年社会保障和就业支出的 27.21%，占当年一般公共预算支出的 3.67%。

1986—2015 年烟台市抚恤和社会福利救济费支出情况表

表 2-36 单位：万元

项目 年度	合计	抚恤支出	安置支出	城市社会救济	农村及其他社会救济	社会福利支出	残疾人事业支出	救灾支出	其他民政支出
1986	3527	2527	94	6	325	154	44	272	105
1987	2710	1966	162	4	244	67	29	161	77
1988	3262	2219	201	14	284	90	14	331	109
1989	4094	2884	213	12	323	75	21	433	133
1990	4623	3163	230	8	367	86	51	581	137
1991	4744	3199	284	13	468	88	54	455	183
1992	4860	3282	287	6	391	103	48	564	179
1993	6231	3515	390	11	359	524	53	708	671
1994	6809	4246	1008	16	434	149	60	217	679
1995	7735	4419	1193	13	503	178	100	434	895
1996	9525	4839	2011	80	593	211	125	713	953
1997	11189	5181	2328	771	670	183	136	749	1171
1998	11971	5657	3045	217	777	330	178	668	1099
1999	14742	7452	3328	434	813	376	188	918	1233
2000	17481	8404	4656	552	973	421	212	701	1562
2001	19184	9571	5250	626	1129	384	361	444	1419

续表 2-36

项目 年度	合计	抚恤支出	安置支出	城市社会救济	农村及其他社会救济	社会福利支出	残疾人事业支出	救灾支出	其他民政支出
2002	26785	12767	7630	1074	1801	447	426	841	1799
2003	29567	13770	8091	1846	2279	473	523	803	1782
2004	31665	13252	10270	1793	1992	555	511	806	2486
2005	39394	18624	10968	2397	2959	696	580	589	2581
2006	46577	21573	12836	3030	3181	1223	741	464	3529
2007	62038	25893	17500	3791	5979	1583	914	2002	4376
2008	77656	28524	20300	4815	9865	4140	1113	2996	5903
2009	103454	35116	23196	7456	14279	14821	1276	912	6398
2010	143013	44969	28224	9575	29954	19255	1685	1446	7905
2011	207145	53168	30390	11769	75223	22364	2729	923	10579
2012	226546	63099	35984	14301	64771	33046	3315	1455	10575
2013	206791	72778	45427	14982	35975	18932	4692	2310	11695
2014	212620	71337	45182	14093	37955	24698	3019	2192	14144
2015	235911	79237	47049	10450	31970	31235	14347	1018	20605

注：1. 1986—1995 年不含民政部门列支的离休费、退休退职费
　　2. 2007 年后的其他民政支出主要是民政管理事务支出

抚恤支出

1986 年，烟台市优抚对象主要包括革命烈士、因公牺牲军人、病故军人的遗属；革命伤残人员，包括因战、因公和因病致残的人员；在乡退伍红军老战士、在乡西路军红军老战士、红军失散人员；在乡老复员军人和带病回乡退伍军人。优待对象主要是义务兵家属。1987 年以后，烟台优抚对象经费逐年增长，提高的频率和幅度基本与行政事业单位人员增资相一致。2003 年，烟台市建立优抚对象抚恤补助标准自然增长机制，逐年调整城乡优抚对象的抚恤补助标准，所需资金由各级财政列入预算。2004 年 10 月 1 日起，烟台市执行新的《军人抚恤优待条例》，大幅度提高优抚对象相关待遇，所需经费由中央和地方财政分级负担。2005 年，烟台市提高部分优抚对象抚恤补助标准，保障优抚对象的生活不低于当地的平均生活水平。同年，调整优抚社会福利事业单位经费开支标准。2007 年起，烟台市向部分参战退役人员、原 8023 部队及其他参加核试验军队退役人员发放补助。2011 年起，烟台市开始对符合条件的老烈士子女及 60 岁农村籍退役士兵发放补助。1986—2015 年，全市抚恤支出 66.26 亿元，占同期抚恤和社会福利救济费支出的 37.18%。

1986—2015 年烟台市抚恤支出情况表

表 2-37　　单位：万元

年度＼项目	合计	死亡抚恤	伤残抚恤	复员退伍军人补助	优抚事业单位支出	烈士纪念建筑管理费	义务兵优待	其他优抚支出
1986	2527	311	948	1069	135	64		
1987	1966	277	654	841	148	46		
1988	2219	300	911	829	117	62		
1989	2884	500	962	1200	165	57		
1990	3163	537	1005	1311	185	125		
1991	3199	524	1165	1218	194	98		
1992	3282	578	1097	1281	209	117		
1993	3515	662	1044	1377	280	152		
1994	4246	841	1405	1466	321	213		
1995	4419	830	1414	1640	362	173		
1996	4839	859	1536	1734	551	159		
1997	5181	888	1641	1941	524	187		
1998	5657	974	1921	1916	642	204		
1999	7452	1153	2263	3058	737	241		
2000	8404	1617	2565	3136	796	290		
2001	9571	1520	2752	3821	1207	271		
2002	12767	2053	3910	4730	2074			
2003	13770	1952	4204	5847	1767			
2004	13252	1921	3528	4134	3669			
2005	18624	1848	6378	6272	4126			
2006	21573	3047	7341	5902	1083		1188	3012
2007	25893	3265	10646	4867	2169		1466	3480
2008	28524	3105	12095	5927	2209		1883	3305
2009	35116	3939	15081	7860	1920		3140	3176
2010	44969	4545	19946	9375	2245		3429	5429
2011	53168	5052	21402	10208	3151		3461	9894
2012	63099	5273	24097	12631	4219		8168	8711
2013	72778	6916	27104	14742	7039		10565	6412
2014	71337	6203	26091	13450	7197		13027	5369
2015	79237	8395	29450	15557	7016		13746	5073

安置支出

1986年，在抚恤和社会福利救济费类级科目下设离休费和退休退职费两个款级科目，反映民政部门管理的军队和地方离退休人员离退休金及相关支出，并在抚恤支出款级科目内设退伍军人安置费科目。

1994年，烟台市根据《山东省城镇退役士兵自谋职业办法》《山东省退役士兵安置任务有偿转移资金管理办法》，按标准发给自谋职业的退役士兵补助费，政府不再负责其工作安置，承担接收安置退役士兵指令性任务的单位，因故不能落实安置计划或自愿实行有偿转移的，按规定标准缴纳安置费，用于退役士兵安置。

1996年，地方离退休人员相关支出改列行政事业单位离退休经费类，设军队移交地方安置的离退休人员费用款级科目。

2002年，设安置事业费款级科目，下设军人安置费、军队移交地方安置的离退休人员费用、离退休干部管理机构经费3个项级科目。

2007年，在社会保障和就业支出类级科目下设退役安置款级科目，下设退役士兵安置、军队移交政府的离退休人员安置、军队移交政府离退休干部管理机构、退役士兵管理教育、其他退役安置支出5个项级科目。

2011年11月1日，烟台市执行《退役士兵安置条例》，建立以扶持就业为主，自主就业、安排工作、退休、供养等多种方式相结合的退役士兵安置制度。

1986—2015年，全市安置支出36.8亿元，占同期抚恤和社会福利救济费支出的20.6%。

1986—2015年烟台市安置支出情况表

表2-38　　　　单位：万元

项目 年度	合计	退伍军人安置	军队离退休人员安置	军队离退休干部管理	其他退役安置支出
1986	94	28	66		
1987	162	14	148		
1988	201	19	182		
1989	213	25	188		
1990	230	12	218		
1991	284	21	263		
1992	287	13	274		
1993	390	15	375		
1994	1008	17	991		
1995	1193	33	1160		
1996	2011	30	1981		
1997	2328	56	2272		
1998	3045	43	3002		

续表 2-38

年度＼项目	合计	退伍军人安置	军队离退休人员安置	军队离退休干部管理	其他退役安置支出
1999	3328	32	3296		
2000	4656	201	4455		
2001	5250	364	4886		
2002	7630	851	5659	1120	
2003	8091	1092	5551	1448	
2004	10270	1476	7983	811	
2005	10968	1377	7273	2318	
2006	12836	1638	8622	2116	460
2007	17500	1574	14629	1106	191
2008	20300	1709	16128	2330	133
2009	23196	1930	17954	2921	391
2010	28224	2168	22313	3261	482
2011	30390	2987	25145	1971	287
2012	35984	6527	26821	2048	588
2013	45427	7198	34112	3037	1080
2014	45182	8001	32277	3270	1634
2015	47049	6971	35598	3764	716

社会救济支出

1986 年，在社会救济福利事业费款级科目中设农村社会救济、精简退职老弱残职工救济费项级科目。

1995 年，社会救济福利事业费款级科目下设城镇社会救济费项级科目。2001 年，城镇社会救济费改为城市居民最低生活保障支出。

2003 年，设农村及其他社会救济款级科目。

2004 年，增加流浪乞讨人员救助项级科目。

2007 年，在社会保障和就业支出类级科目下设城市居民最低生活保障、其他城镇社会救济、农村社会救济等款级科目。

2010 年，农村社会救济款级科目改为农村最低生活保障和其他农村社会救济两个款级科目。2015 年，上述款级科目取消，分设为最低生活保障（包括城市最低生活保障金支出和农村最低生活保障金支出两个项级科目）、临时救助、特困人员供养和其他生活救助 4 个款级科目。

1986—2015 年，全市用于城乡居民最低生活保障和其他社会救济支出 43.1 亿元，占同期抚恤和社会福利救济费支出的 24.19%。

社会福利支出

1986—2002 年，各项社会福利事业经费均在社会救济福利事业费款级科目支出的相关项目列支。2003 年起，单设社会福利支出款级科目，包括殡葬、义肢、收容遣送、社会福利事业单位等项级科目。2007 年后，社会福利支出款级科目下设儿童福利、老年人福利、假肢矫形、殡葬、社会福利事业单位和其他社会福利项级科目。

1986—2015 年，全市社会福利支出 17.7 亿元，占同期抚恤和社会福利救济支出的 9.93%。

生活在烟台市 SOS 村的孩子们

残疾人事业支出

1986—1997 年，残疾人事业经费在社会救济福利费款级科目下设相关项级科目列支。1998 年起，单列残疾人事业支出款级科目反映。

1988 年，全市启动白内障复明手术、小儿麻痹后遗症矫治手术、聋儿培训三项康复工程。小儿麻痹后遗症手术每例补助 30 元，白内障复明手术每例补助 12 元，假肢装修和残疾人用品服务每处补助 4 万元，聋儿康复中心每处补助开办费 8 万元。

2001 年，市政府出台《烟台市按比例安排残疾人就业办法》（市政府第 88 号令），本市行政区域内的所有国家机关、社会团体、企事业单位，必须按不低于本单位在职职工总数 1.5% 的比例安排残疾人劳动就业。凡用人单位安排残疾人劳动就业达不到规定比例的，按实际差额比例缴纳残疾人就业保障金，扶持残疾人就业。2002 年，市政府出台《烟台市声光康复工程实施意见》，每年为 100 名 30 周岁以下的听力和视力残疾人提供医疗救助。

2003 年，市政府出台《烟台市关于进一步加强残疾人康复工作的意见》。2005 年，凡有需求的残疾人，在城镇 100% 享受康复服务，在农村 80% 享受康复服务。2010 年，全市实现残疾人“人人享有康复服务”目标。2009 年，根据烟台市《关于开展创建白内障无障碍市活动的意见》和《烟台市残疾人“人人享有康复服务”实施方案》，财政部门多渠道筹集资金，为符合条件的贫困白内障患者免费实施复明手术。

2010 年，市财政局印发《烟台市低保重度残疾人生活补贴资金管理办法》，对城乡最低生活保障对象中持有残疾人证且残疾等级为一、二级的视力、肢体、智力和精神类别的残疾人，每人每月发放生活补贴 50 元。

2014 年，全市进一步提高低保重残生活补贴标准，由每人每月 50 元提高到 80 元，为 18223 名低保重度残疾人拨付资金 1749.4 万元，保障低保重度残疾人的基本生活需要；出台《关于做好生活不能自理残疾人护理补贴发放工作的通知》，为 6121 名年龄在 16 ~ 59 周岁，无生活自理能力的一级智力、精神和肢体残疾人，按照每人每月不低于 60 元的标准发放残疾人护理补贴，共 440 万元；全市实施特殊教育提升计划工程，健全残疾人教育保障机制，残疾儿童入学率达到95%，符合国家标准的残疾考生100%进入普通中、高等院校学习；加强残疾人就业服务，年新增城镇残疾人就业1200人，经培训的残疾人50%以上获得国家职业资格证书；建立健全残疾人社会救助制度，提高残疾人救助水平，在全市开展“温馨安居工程”，帮助无房及危房贫困残疾人改善住房条件；全市巩固建设残疾人就业扶贫基地100处，扶持13000名贫困残疾人自主创业。

2015年，全市进入定点康复机构接受康复训练的残疾儿童的救助年龄由10周岁提高至12周岁，救助标准统一调整为每人每年16000元。

1986—2015年，全市残疾人事业支出3.8亿元，占同期抚恤和社会福利救济费支出的2.13%。其中，2015年支出14347万元，占当年全市抚恤和社会福利救济支出的6.08%。

自然灾害生活救助支出

1986年，自然灾害生活救助支出在自然灾害救济事业费款级科目列支。1993年，设立特大自然灾害救济补助费款级科目。1995年，增加特大自然灾害灾后重建补助费款级科目。1997年，单独设立救灾支出款级科目，原自然灾害救济事业费、特大自然灾害救济补助费、特大自然灾害灾后重建补助费等款级科目调整为该款下的项级科目。2003年，救灾支出改为自然灾害生活救助款级科目，根据资金来源和用途分为一般自然灾害救济、特大自然灾害救济、特大自然灾害灾后重建等项级科目。2007年，自然灾害生活救助款级科目下设中央自然灾害补助、地方自然灾害补助、自然灾害灾后重建补助和其他自然灾害灾后补助等项级科目。

1986—2015年，全市自然灾害生活救助支出2.7亿元，占同期抚恤和社会福利救济支出的1.52%。

烟台城发榆悦医养中心

第七章　医疗卫生支出

1986年，文教科学卫生事业费类级科目下设卫生事业费和公费医疗经费款级科目。1996年单设卫生经费类级科目，2003年改为医疗卫生支出类级科目，下设卫生、中医、药品监督管理和行政事业单位医疗款级科目。2007年，医疗卫生支出类下设医院管理事务、医疗服务、社区卫生服务、医疗保障、疾病预防控制、卫生监督、妇幼保健、农村卫生、中医药和其他医疗卫生等款级科目。2009年增列食品药品监督管理事务款级科目。2010年，医疗服务改为公立医院支出，社区卫生服务和农村卫生合并为基层医疗卫生服务支出，新设公共卫生款级科目，原疾病预防控制、卫生监督、妇幼保健等款级科目降为项级科目。2014年，增加人口与计划生育事务款级科目（历年计划生育支出均在本章反映）。

1986—2015年，全市医疗卫生财政支出319.7亿元，占同期财政一般公共预算支出的7.23%。

第一节　医疗服务与公共卫生支出

公立医院支出

1986—2015年，全市公立医院支出52.5亿元，占同期医疗卫生支出的16.42%。其中，2013年财政投入力度最大，达9.66亿元，占当年医疗卫生支出的22.73%。

烟台山医院东院区

1986—2015年烟台市公立医院支出情况表

表2-39　　单位：万元

年度＼项目	合计	综合医院	中医（民族）医院	传染病医院	精神病医院	妇产医院	其他专科医院	其他公立医院
1986	2428	2160	268					
1987	1589	1450	139					

续表 2-39

项目 年度	合计	综合医院	中医（民族）医院	传染病医院	精神病医院	妇产医院	其他专科医院	其他公立医院
1988	1806	1596	210					
1989	2141	1837	304					
1990	2051	1852	199					
1991	2073	1682	391					
1992	2269	1939	330					
1993	2432	2085	347					
1994	3108	2599	509					
1995	3356	2885	471					
1996	3401	2700	701					
1997	4488	3559	929					
1998	3602	2759	843					
1999	4247	3496	751					
2000	4298	3527	771					
2001	3615	2807	808					
2002	3032	2330	702					
2003	3116	2606	510					
2004	2851	2215	636					
2005	3872	2937	935					
2006	6909	2165	712	210	315		697	2810
2007	6645	4013	1394	148	703		358	29
2008	19463	14997	1660	660	469		627	1050
2009	21324	11480	3047	809	522		692	4774
2010	53425	42189	9116	761	604		733	22
2011	62786	58329	2364	745	794		483	71
2012	94476	83574	8493	410	620		1174	205
2013	96634	77850	14340	685	736	800	1361	862
2014	54890	40378	7859	718	628	8	1055	4244
2015	48227	24845	7119	1037	1016	201	1657	12352

注：1. 2006 年前的综合医院支出，包括除中医（民族）医院外的各类公立医院补助支出
　　2. 2010 年职业病防治医院支出 247 万元列其他专科医院统计

烟台毓璜顶医院莱山分院

基层医疗卫生机构支出

2003 年，医疗卫生支出类的卫生款级科目下增设城市社区卫生机构项级科目。2007 年，单设社区卫生服务款级科目，下设社区公共卫生服务、社区卫生专项、其他社区卫生服务 3 个项级科目。2010 年，社区卫生服务款级科目取消，改列基层医疗卫生机构款级科目下的城市社区卫生机构项级科目。

1986—2006 年，农村乡镇卫生院补助在卫生或卫生事业费（1986—2002 年称卫生事业费）款级科目中单列项级科目。2007 年，医疗卫生支出类农村卫生款级科目下设乡镇卫生院项级科目，2010 年，改在基层医疗卫生机构款级科目下设乡镇卫生院项级科目。

1986—2015 年，全市基层医疗卫生机构支出 30.5 亿元，占同期医疗卫生支出的 9.54%，其中，乡镇卫生院支出 20.98 亿元，占基层医疗卫生机构支出的 68.8%。

1986—2015 年烟台市基层医疗卫生机构支出情况表

表 2-40　　单位：万元

年度＼项目	合计	城市社区卫生机构	乡镇卫生院	其他基层卫生机构	年度＼项目	合计	城市社区卫生机构	乡镇卫生院	其他基层卫生机构
1986	749		749		2001	2416		2416	
1987	635		635		2002	2472		2472	
1988	701		701		2003	2832	20	2812	
1989	749		749		2004	3214		3214	
1990	919		919		2005	3592		3592	
1991	1065		1065		2006	4302	20	3363	919
1992	1039		1039		2007	7087	634	6299	154
1993	1255		1255		2008	8754	1845	6751	158
1994	1946		1946		2009	26210	5387	10288	10535
1995	1992		1992		2010	37121	2285	31455	3381
1996	2275		2275		2011	43619	3816	33907	5896
1997	2049		2049		2012	38811	8104	22450	8257
1998	2081		2081		2013	30996	3568	18266	9162
1999	2101		2101		2014	30507	5622	15126	9759
2000	2233		2233		2015	40930	6535	25609	8786

公共卫生支出

1986—2006年，卫生或卫生事业费支出款级科目下设防治防疫、妇幼保健、药品检验等项级科目。2007年，疾病预防控制机构、卫生监督机构、妇幼保健机构等支出列医疗卫生类的款级科目，2010年，增设公共卫生款级科目，上述支出改列其项级科目。

1986—2015年，全市公共卫生支出34.12亿元，占同期医疗卫生支出的10.67%。其中，2015年支出水平最高，达8.51亿元，占当年医疗卫生支出的17.31%。

1986—2015年烟台市公共卫生支出情况表

表2-41　　单位：万元

年度	公共卫生支出	年度	公共卫生支出
1986	530	2001	2096
1987	429	2002	2385
1988	538	2003	3335
1989	659	2004	4494
1990	652	2005	5055
1991	701	2006	5697
1992	850	2007	8106
1993	876	2008	8827
1994	1153	2009	12281
1995	1228	2010	24450
1996	1547	2011	38336
1997	1572	2012	37418
1998	1642	2013	41240
1999	1607	2014	46792
2000	1628	2015	85109

第二节　中医药支出

1986年，中医药支出在卫生事业费款级科目下中医医院经费项级科目中反映，1987年起，在文教卫生事业费支出类级科目下中医事业费款级科目中反映，2003年在中医款级科目中反映。2007年，单独在中医药款级科目中反映，下设中医（民族）医药和其他中医药支出两个项级科目。

1987—2015年，全市中医事业支出6.76亿元（含中医药支出），占同期医疗卫生支出的2.12%。

第三节　医疗保障支出

医疗保障支出是2007年政府收支科目改革新增设的款级支出科目，此前该方面支出主要指公费医疗支出及新型农村合作医疗补助，2007年后，城乡居民基本医疗保险支出成为医疗保障支出的主要构成部分。

行政事业单位医疗支出

1986年，公费医疗经费是卫生事业费类下的款级科目，2000年改为行政事业单位医疗经费款级科目，下设行政单位医疗经费、事业单位医疗经费、其他经费3个项级科目。2003年，增加公务员医疗补助项级科目，反映财政部门集中安排的公务员医疗补助经费。2007年，设医疗保障支出款级科目，下设行政单位医疗、事业单位医疗、公务员医疗补助等项级科目。

1986—2015年，全市行政事业单位医疗支出46.8亿元，占同期医疗卫生支出的14.7%。

1986—2015 年烟台市行政事业单位医疗支出情况表

表 2-42　　　　单位：万元

项目 年度	合计	行政单位 医疗经费	事业单位 医疗经费	公务员 医疗补助	中央级 公费医疗	地方 公费医疗
1986	907					907
1987	1095				31	1064
1988	1394				6	1388
1989	1752				7	1745
1990	2128				15	2113
1991	2420				19	2401
1992	2802				18	2784
1993	3594				136	3458
1994	4077				41	4036
1995	5253					5253
1996	5810					5810
1997	7386					7386
1998	8281					8281
1999	9771					9771
2000	9048	3505	5543			
2001	11937	5737	6200			
2002	14783	6702	8081			
2003	16986	7036	9814	136		
2004	17718	8641	9077			
2005	18713	6969	11662	82		
2006	22666	8091	14572	3		
2007	24361	11947	11714	700		
2008	27086	11567	14647	872		
2009	29936	13653	15313	970		
2010	31044	14140	14871	2033		
2011	29084	15239	12280	1565		
2012	31539	15694	13319	2526		
2013	31941	14693	14724	2524		
2014	40363	19761	17822	2780		
2015	54488	24383	26221	3884		

城乡居民基本医疗保险支出

城乡居民基本医疗保险支出包括新型农村合作医疗补助和城镇居民基本医疗保险两方面财政支出。2003 年，省政府出台建立新型农村合作医疗制度的意见，新型农村合作医疗资金主要通过个人缴费、集体扶持、财政补助和社会救助筹集，当年，市财政用于农村合作医疗的补助支出 305 万元。2008 年，市政府出台《烟台市城镇居民基本医疗保险试行办法》，为城镇所有未参加职工基本医疗保险的居民建立基本医疗保险制度，当年新增财政支出 2464 万元。2014 年 10 月，市政府印发《烟台市居民基本医疗保险暂行办法》，开始建立全市城乡一体化的居民基本医疗保险制度。

2006—2015 年，全市城乡居民基本医疗保险补助支出 75.4 亿元，占同期医疗卫生支出的 26.7%。

2006—2015 年烟台市城乡居民基本医疗保险补助支出情况表

表 2-43　　单位：万元

项目 / 年度	合计	新型农村合作医疗	城镇居民基本医疗
2006	5266		
2007	16211	16211	
2008	31078	28614	2464
2009	34136	32146	1990
2010	49234	43558	5676
2011	100737	86297	14440
2012	104924	88226	16698
2013	120975	100188	20787
2014	137128	107414	29714
2015	154296	1114	153182

其他医疗救助支出

其他医疗救助支出包括按规定补助优抚对象的医疗经费，用于城乡困难群众的医疗救助支出，疾病应急救助等其他医疗保障方面的支出。城乡医疗救助范围包括城市居民最低生活保障对象中未参加城镇职工基本医疗保险人员、虽已参加城镇职工基本医疗保险但个人负担仍然较重的人员、其他城乡特殊困难群众。

2006—2015 年，全市用于城乡医疗救助或补助支出 10.1 亿元，占同期医疗卫生支出的 3.58%，其中，优抚对象医疗补助 4.77 亿元，城乡医疗救助 1.77 亿元，其他医疗保障支出 3.57 亿元。

2006—2015 年烟台市其他医疗救助支出情况表

表 2-44　　单位：万元

项目 / 年度	合计	优抚对象医疗补助	城乡医疗救助	其他医保支出
2006	1453	526		927
2007	2776	2037	97	642
2008	4295	3456	342	497
2009	5079	3046	912	1121
2010	12237	6638	2413	3186
2011	13530	3714	2525	7291
2012	14084	3852	2718	7514
2013	15491	7627	2290	5574
2014	15528	8558	2849	4121
2015	16573	8257	3522	4794

第四节　食品药品监督支出

1986 年，卫生事业费款级科目下设药品检验机构经费项级科目，1999 年开始单设药品监督管理事业费款级科目，2004 年改为食品和药品监督管理款级科目。2007 年，食品和药品监督管理事务列一般公共服务支出类，2009 年又划为医疗卫生支出类，下设行政运行、一般行政管理事务、药品事务、化妆品事务、医疗器械事务、食品安全事务、事业运行等项级科目。2010 年，省将食品药品监督管理职能及财务体制下放市级管理。

1986—2015 年，全市食品药品监督管理支出 4.5 亿元，占同期医疗卫生支出的 1.4%，其中，2015 年支出 1.52 亿元，占当年医疗卫生支出的 3.09%。

第五节 计划生育支出

1986—2006 年，计划生育事业费款级科目先后列文教科学卫生事业费、文教卫生事业费、文教事业费和文体广播事业费类级科目。1986 年，计划生育事业费款级科目下设手术减免经费、避孕药具经费、基层计划生育专职干部经费、独生子女保健费等项级科目，2005 年改设手术减免经费、避孕药具经费、基层计划生育专职干部经费、独生子女父母奖励费、宣传经费、服务站经费、流动人口计划生育管理费、干部训练费和其他计划生育事业费 9 个项级科目。2007 年改列一般公共服务支出类的人口与计划生育事务款级科目，下设行政运行、一般行政管理事务、机关服务、人口规划与发展战略研究、计划生育家庭奖励、人口和计划生育统计及抽样调查、人口和计划生育信息系统建设、计划生育和生殖健康促进工程、计划生育免费基本技术服务、人口出生性别比综合治理、人口和计划生育服务网络建设、计划生育避孕药具经费、人口和计划生育宣传教育经费、流动人口计划生育管理和服务、人口和计划生育目标责任制考核、其他人口与计划生育事务支出 16 个项级科目。2014 年，人口与计划生育事务类与医疗卫生支出类合并，称医疗卫生与计划生育支出类，计划生育事务款级科目下设计划生育机构、计划生育服务和其他计划生育事务支出 3 个项级科目。

1986—2015 年，全市计划生育支出 41.2 亿元，占同期医疗卫生支出的 12.89%。

1986—2015 年烟台市医疗卫生支出情况表

表 2-45 单位：万元

项目 年度	合计	医疗服务与公共卫生支出	中医药支出	医疗保障支出	食品药品监督支出	计划生育支出
1986	6001	4434		1151	67	349
1987	4572	2970	152	1096	64	290
1988	5492	3378	218	1394	78	424
1989	6659	4017	304	1752	83	503
1990	7297	4186	199	2128	100	684
1991	7932	4276	391	2420	112	733

续表 2-45

年度＼项目	合计	医疗服务与公共卫生支出	中医药支出	医疗保障支出	食品药品监督支出	计划生育支出
1992	8899	4791	331	2802	165	810
1993	10403	5431	357	3594	200	821
1994	12946	6986	509	4077	119	1255
1995	14816	7463	471	5253	121	1508
1996	16703	8114	701	5810	127	1951
1997	19300	8796	979	7386	141	1998
1998	19753	8102	843	8281	179	2348
1999	21768	8553	751	9771	124	2569
2000	23419	8693	771	10817	105	3033
2001	26607	9101	808	12260	150	4288
2002	32360	9297	702	14956	347	7058
2003	38016	11481	619	17279	508	8129
2004	42111	13488	743	18419	101	9360
2005	48145	16543	938	19056	100	11508
2006	68665	24619	1078	29273	88	13607
2007	87191	25162	1404	43348	226	17051
2008	124600	39880	1698	62459	240	20323
2009	164984	68120	3072	69151	379	24262
2010	251757	119353	9171	92515	2834	27884
2011	352613	167144	2369	143351	4299	35450
2012	418116	212119	8498	150547	4358	42594
2013	425164	183759	14345	168407	5779	52874
2014	438976	171292	7924	193019	8862	57879
2015	491611	183338	7225	225357	15177	60514

注：2007—2015 年医疗服务与公共卫生支出包含医疗卫生管理事务支出

第八章　节能环保与国土资源支出

1986—2006 年，环境保护与国土资源支出主要在排污费、矿产资源专项、土地出让金、海域使用金等专项支出和分列于其他类级支出的土地管理事业费、地震事业费、气象支出等款级科目中反映。2007 年，增设环境保护类级科目，2010 年增设国土资源气象等事务类级科目。2011 年，环境保护类级科目改为节能环保。

2007 年，全市节能环保与国土资源支出 3.35 亿元，2015 年达 24.28 亿元。

第一节　节能环保支出

环境保护支出

1986 年前，环境保护支出属于城市维护费开支范围。1986 年起，烟台市执行《山东省征收排污费实施办法》，对超出国家规定标准排放的污染物，按规定收取排污费，列财政预算内专款收入分级管理，用于安排环境保护补助资金专款支出（1997 年后改称专项支出）。征收排污费的人员经费和业务费列入当地财政开支，不足部分由排污费补助。1988 年，环保工作从城建系统分离，市环保局成为市政府综合管理环境保护的职能部门。

1991—2003 年，烟台市多次调整排污费征收标准与收缴管理办法，在资金管理方面强调收支两条线，专项用于环境污染防治。2004 年，执行国务院新颁布的《排污费征收管理使用条例》，环保机构经费全额纳入同级财政预算，排污费收入全部用于环境污染防治。

1986—2006 年烟台市环境保护支出统计表

表 2-46　　单位：万元

年度	金额	年度	金额
1986	1085	1997	3086
1987	1044	1998	3284
1988	1329	1999	3518
1989	1739	2000	3805
1990	1624	2001	3893
1991	1687	2002	4486
1992	1752	2003	4310
1993	2281	2004	4272
1994	2570	2005	3747
1995	2814	2006	8627
1996	2875		

1986—2006 年，烟台市环境保护支出主要反映在排污费支出方面。2007 年，财政一般预算单独设置环境保护类支出，2011 年改为节能环保类支出。2015 年，节能环保类级科目下设环境保护管理事务、环境监测与监察、污染防治（含排污费）、自然生态保护、能源节约利用、污染减排、可再生能源、循环经济、能源管理事务和其他节能环保支出 10 个款级科目。

2010 年，市财政局会同市环保局制定《烟台市市级环境保护专项资金使用管理办法》，明确环境保护专项资金重点支持区域流域性污染防治项目、重点污染源防治项目、污染防治新技术及新工艺的研究推广应用项目、环境监督监管能力建设项目等。

2011 年，财政部、环保部将山东省纳入全国农村环境连片整治示范范围，烟台市争取莱州市为 2011—2013 年全省农村环境连片整治示范市，3 年获得上级专项补助资金 12000 万元。

2013 年，烟台市推进黄标车淘汰工作。全市提前淘汰黄标车 27114 辆，“黄改绿” 3681 辆，共发放专项补贴资金 21994 万元。

2014 年，烟台市建立水资源生态补偿机制，按照谁受益谁补偿原则，依据受益区域人口、用水量和财政收入等综合指标核定用水基准，设立水源地保护治理专项资金，从芝罘区、福山区、莱山区、牟平区、开发区、高新区筹集专项资金 6000 万元，主要用于栖霞市、福山区水源地保护治理项目建设补助等支出。市财政局配合市环保局研究制定《烟台市区环境空气质量生态补偿暂行规定》，按照谁保护谁受益、谁污染谁付费原则，以细颗粒物、可吸入颗粒物、二氧化氮、二氧化硫季度平均浓度同比变化情况为考核指标，建立考核奖惩和生态补偿机制。

2015 年，烟台市设立环保产业股权投资引导基金，市财政局会同市环保局制定《烟台市环保产业股权投资引导基金管理实施细则》，明确基金投向重点是支持环境污染治理新技术装备研发制造、环境监测仪器设备的研发制造、资源循环再利用、环保服务，以业及公益性环境基础设施的投资、建设和运营等项目。为加快市区能源结构调整，市财政局制定《烟台市高污染燃料禁燃区锅炉淘汰或改造项目补助资金管理办法（暂行）》，对高污染燃料禁燃区内除城市集中供热外的现有高污染燃料锅炉淘汰或改造项目给予补助，市直行政事业单位按每蒸吨 1 万元、市属企业按每蒸吨 0.8 万元标准补助。

节能与循环经济专项资金

2006 年前，能源节约利用、可再生能源与发展循环经济等支出项目属于企业挖潜革新改造或科技三项费用支出范围，2007 年列入工业商业金融等事务类下相关款级科目，2008 年起列入环境保护支出类。

2006 年，市财政局制定《烟台市发展循环经济专项资金使用管理办法》，每年安排专项资金预算，主要用于对列入国家和省资源节约、循环经济重点示范项目的地方配套资金和对市级循环经济示范企业、园区项目及其他循环经济重点项目的专项贷款贴息补助。当年安排资金 775 万元（其中，市级 488.8 万元），对全市 39 个节能减排和发展循环经济项目给予支持。

2007 年，全市安排专项资金 1475 万元（其中，市级 828 万元），对 77 个节能减排项目给

辛安河

予资金扶持。2008年，全市共安排专项资金1491.6万元（其中，市级822.75万元），对82个项目给予贴息，吸引项目贷款91376万元。2009年，全市安排专项资金1292.38万元（其中，市级707.04万元），对55个新项目和14个续报项目给予贴息扶持，吸引银行贷款资金97564万元。2010年，全市安排专项资金1086.52万元（其中，市级676.63万元），对32个新项目及20个续报项目给予资金支持。

2011年，为贯彻落实《中华人民共和国循环经济促进法》《中华人民共和国清洁生产促进法》《中华人民共和国节约能源法》《山东省节约能源条例》及市政府关于加强节能减排工作要求，发挥财政资金的引导和激励作用，市财政局重新制定《烟台市循环经济及节能专项资金使用管理暂行办法》，继续安排专项资金支持重点用能企业节能技术开发、节能工程、节能技术支撑平台和服务体系建设。当年，全市共安排专项资金1198.75万元（其中，市级851.93万元，含120万元节能奖励支出），推动循环经济发展。2012年，全市安排专项资金1021.6万元（其中，市级668.7万元），用于全市循环经济和节能项目及节能成果奖励、市级节能监察支队能耗动态监管平台建设等。2013年，全市安排专项资金1473.32万元（其中，市级980.37万元）。

2014年，市级财政安排1003.83万元，支持全市循环经济及节能项目，其中安排节能减排基金注入750万元，公共项目支出253.83万元。2015年，市财政局印发《烟台市工业转型升级专项资金管理暂行办法》，支持公共节能工作。当年市级财政安排资金341.9万元，用于支持节能环保城补助、清洁生产审核补助、淘汰电机补助、能源管理体系建设经费补助、创客空间支持费用以及《烟台市“十三五”节能减排和循环经济规划》编制等。

2007—2015年，全市节能环保类财政支出78.29亿元，占同期财政一般公共预算支出的2.2%，是1986—2006年环境保护资金支出的12.27倍。

2007—2015年烟台市节能环保支出情况表

表2-47　　单位：万元

项目 年度	合计	环境保护管理事务	环境监测与监察	污染防治	自然生态保护	能源节约利用	污染减排	可再生能源	循环经济	能源管理事务	其他节能环保支出
2007	16699	3049	1702	8667	813	2468					
2008	29232	4203	53	11434	370	10676	1571	535			390
2009	47743	3661	1864	23551	623	12427	1073	160	3090		1294
2010	77241	4352	1317	23917	1408	28728	5109	8093	2540	246	1531
2011	106196	4839	741	30764	6504	50185	4461	5337	1550	350	1465
2012	133483	6186	402	32102	2266	75442	8454	6980	1000	318	333
2013	141798	7549	696	34680	5196	75198	6676	3252	3660	384	4507
2014	98923	8198	645	39731	10182	17452	2925	2814	3951	392	12633
2015	131607	10256	704	53424	8651	35973	6331	2102	4143	719	9304

第二节　国土资源与海洋支出

国土管理事务支出

1987 年，农林水利气象等部门事业费类支出下设土地管理事业费款级科目，1988—2002 年，烟台市的土地管理事务支出均在该款列支，2003 年起改为农业支出类的土地管理支出款级科目，下设地籍管理、土地利用规划、建设用地管理、土地变更调查等项级科目。

2003 年 10 月，市政府调整理顺市区国土资源管理体制，市区国土资源实行集中统一管理。各区国土资源分局上划市级管理后，以 2002 年各区实际支出数作为划转基数上缴市级财政，市国土资源局及其分局收取的行政性收费按规定上缴市级专户和国库，2003 年起纳入财政非税征收系统管理。

1988—2006 年烟台市国土管理支出情况统计表

表 2-48　　单位：万元

年度	金额	年度	金额
1988	15	1998	800
1989	39	1999	695
1990	49	2000	827
1991	93	2001	1344
1992	48	2002	2188
1993	64	2003	2377
1994	83	2004	2198
1995	123	2005	3911
1996	172	2006	4241
1997	501		

2007—2009 年，国土资源事务列入一般公共服务类支出的款级科目，2010 年单设国土资源气象等事务类级支出科目，2014 年改为国土海洋气象等支出。

矿产资源管理支出

矿产资源补偿费于 1994 年 1 月 1 日开始征收，中央与地方实行“五五”分成，按中央、省 5∶5 比例缴库，地方分成的 50% 部分，年终由省财政通过体制结算返还市地，市、县再按 2∶8 比例分配，主要用于地质勘探和地质环境保护及治理项目。国土资源部门对属于国家所有的矿权进行公开出让，所得价款收入实行分级比例分成，煤炭资源分别按中央、省、市、县 20%、40%、15%、25% 分成，其他资源按 20%、30%、15%、35% 分成，主要用于矿山地质环境综合治理支出。2007 年后，矿产资源专项收入安排的支出均列国土资源事务项级科目。

海洋管理事务支出

1993 年国家预算收支科目，在其他收入类下增设海域使用金款级科目，在其他支出类下增设海域开发建设支出款级科目。1999 年，烟台市执行《山东省海域使用金征收管理暂行办法》，将海域使用金收入纳入土地和海域有偿使用收入，支出在土地和海域开发建设支出类级科目核算。2000—2006 年，海域使用金安排的支出均列海洋开发建设和场地使用费。2007 年，海域使用金收入列国有资源（资产）有偿使用收入款下的项级科目，在一般公共服务支出类级科目下单设海洋管理事务款级科目，使用海域使用金收入安排的支出，在海洋管理事务项级科目单独反映。2007—2015 年，全市海域使用金支出 175503 万元，占同期海洋管理事务支出的 77.9%。

测绘与地质勘探单位长期实行条条垂直管

理体制，其财务关系隶属中央财政预算，1999年，勘探体制实行属地化企业化改革后下放至省级管理。自2000年起，地方财政开始列支部分地质勘探费及测绘支出，主要是上级财政下达或专项收支预算安排的有关项目补助资金。

第三节 地震与气象事务支出

地震事务支出

1986年，文教科学卫生事业费类设地震事业费款级科目，下设地震机构经费、地震监测预报经费、地震台站经费、群测群防费和其他地震事业费等项级科目。2007年，地震事业费从文体广播事业费类调至一般公共服务支出类下地震事务款级科目。2010年改列国土资源气象等事务类的款级科目，设行政运行、一般行政管理事务、地震台站台网、地震流动观测、地震信息传输及管理、震情跟踪、地震预报预测、地震灾害预防、地震应急救援、地震技术应用与培训、地震事业机构及其他地震事务支出等项级科目。

地震管理事务实行省市双重领导体制。1986—2007年，烟台市地震事业费主要保障为地方服务的地震机构经费，占同期地震事业费支出的62.49%。

2008年后，全市各级财政逐步加大地震台网建设等项目支持力度。市财政累计投入420万元，用于实施地震小区划和活断层探测工程项目；安排专项预算400万元，用于莱山地震监测综合台建设；与县（市、区）政府共同投资180余万元，建设了13个县级地震监测台网中心。

1986—2015年，全市地震事务支出5350万元。

1986—2006年烟台市地震事业费支出情况表

表2-49　　单位：万元

年度＼项目	合计	地震机构经费	地震监测预报经费	地震台站经费	群测群防费	其他地震事业费
1986	18	17			1	
1987	9	7			2	
1988	7	6			1	
1989	10	9				1
1990	12	10			1	1
1991	27	16			2	9
1992	22	19			1	2
1993	21	18			1	2
1994	18	14			2	2
1995	24	19			1	4
1996	93	26			19	48

续表 2-49

年度＼项目	合计	地震机构经费	地震监测预报经费	地震台站经费	群测群防费	其他地震事业费
1997	88	20	33		18	17
1998	81	34	24		10	13
1999	56	29	10		7	10
2000	104	35		51	8	10
2001	107	86			10	11
2002	122	69		40	9	4
2003	172	72		80	9	11
2004	171	138			30	3
2005	195	133		51	8	3
2006	156	139			13	4

2007—2015 年烟台市地震事务支出情况表

表 2-50　　单位：万元

年度＼项目	合计	行政运行	一般行政管理事务	地震台站台网	地震流动观测	地震信息传输及管理	地震预报预测	地震灾害预防	地震应急救援	其他地震事务支出
2007	183	146		6			8			23
2008	282	204		42	1		8			27
2009	460	241		26	1		8	184		
2010	416	310	3	41	1	19	2	20		20
2011	363	320		14	1	19	2	7		
2012	473	315		51		19	27	46		15
2013	472	343		41	2	19	52			15
2014	470	368	5	14		19	4		20	40
2015	718	615		18		19	69		4	-7

气象事务支出

2003 年前，气象事业费支出列农林水利气象等部门的事业费类；2003—2006 年，列水利和气象支出类气象支出款级科目；2007—2009 年，改列一般公共服务支出类的气象事务款级科目；2010 年，划归国土资源气象等事务类的款级科目。

1989 年前，烟台市财政未发生气象支出。1990—2015 年，全市气象支出 9000 多万元，其中，2007—2015 年支出 5942 万元，占同期国土资源海洋气象等支出的1.06%。

市县气象部门实行上级气象部门和地方政府双重领导、以上级业务部门为主的管理体制。地方财政的气象事务支出主要是与农业生产等直接相关的经济服务项目支出，始于1992年的人工增雨作业即属此类，当时主要采用飞机飞播干冰催化增雨措施。

1997年下半年，烟台市开始筹建地面火箭增雨作业系统，1998年年底，辖区内9个县（市、区）顺利完成地面火箭增雨作业系统建设。2007年起，烟台市每年安排专项资金在中央电视台早间新闻栏目播报烟台天气预报。2012年4月，烟台市成立人工影响天气办公室，负责全市人工影响天气工作组织管理与技术指导、发展规划与工作计划、作业装备保障、技术年检与安全监督、飞机人工增雨作业等。2013年，市财政投资22万元建成烟台市人工影响天气指挥中心。2014年起，市财政每年安排专项资金为市气象局和全市11个县（市、区）气象局新购江西BL-1型火箭发射设备和火箭弹，开展以防旱减灾为主要目的的增雨作业。

2014年，山东省出台加快推进气象现代化的意见，推进基本公共气象服务均等化，不断丰富气象观测、天气预报、灾害预警及影响评估、气候资源开发利用、为农服务、城市运行保障等公共气象服务产品。烟台市各级政府将基本公共气象服务纳入公共服务体系，列入公共财政预算。2015年，全市气象事务支出1358万元，是历史最高水平。

2007—2015年烟台市国土海洋气象支出统计表

表2-51　　单位：万元

项目 年度	合计	国土资源事务	海洋管理事务	测绘事务	地震事务	气象事务
2007	16746	13103	3176		183	284
2008	21225	17970	2588		282	385
2009	30122	19136	10211		460	315
2010	50531	29362	20296		416	457
2011	53226	31277	21029	57	363	500
2012	63593	37369	24938	282	473	531
2013	99418	60205	37465	134	472	1142
2014	113934	52891	59389	214	470	970
2015	111194	62512	46296	310	718	1358

第九章　城乡社区与住房保障支出

1986—2006年，城乡社区与住房保障支出主要是指城市维护费，占地方财政生产建设性财政支出的60%以上。2007年设城乡社区事务类级科目，反映城乡社区管理事务、城乡社区规划与管理、城乡社区公共设施、城乡社区住宅、城乡社区环境卫生、建设市场管理与监督等支出。2010年起单设住房保障支出类级科目，集中反映政府用于住房保障方面的各项支出。2014年，城乡社区事务科目改为城乡社区支出科目。

1986—2006年，全市城市维护费支出128.47亿元，占同期财政一般预算支出的15.72%。2007—2015年，全市城乡社区与住房保障支出482.42亿元，占同期一般公共预算支出的13.4%。

第一节　城市维护费

1986—2006年，烟台市的城市维护费主要用于城市公共基础设施和公用事业维护管理支出。城市维护费支出具体包括城市道路、桥涵、给水、排水、污水处理、防洪堤坝、供气、供热、公共交通、消防、路灯等市政公共设施的维护费；园林、苗圃、公共绿地等园林绿化设施维护费；城市公共住宅建设及维护、中小学校舍维修补助费；公共厕所、清扫垃圾、街道洒水扫雪等公共环境卫生补助费；城市其他公用事业和公共设施的维护费等。

1986—1994年，城市维护费支出基本按城市维护建设税收入规模安排，城市维护费支出6.12亿元，城市维护建设税收入4.51亿元，城市维护建设税收入占城市维护费支出的73.69%。随着分税制财政体制的实施和地方财政收入不断增长，城市维护费支出规模逐年增大。1995年，全市城市维护费支出1.82亿元，比上年增长近1倍。1995—2006年，城市维护费支出高速增长。1996年，全市城市维护费支出突破2亿元；1998年，突破4亿元；2000年，突破5亿元；2003年，突破10亿元；2005年，突破20亿元；2006年，突破30亿元。全市城市维护费支出占当年财政支出的比重由1995年的9.37%提高到2006年的21.97%，是当年城市维护建设税收入的5.76倍。

1986—2006年烟台市城市维护费支出与城市维护建设税对比情况表

表2-52　　单位：万元

项目 / 年度	城市维护费	城市维护建设税	城市维护费/城市维护建设税（倍）
1986	5368.1	3102.7	1.73
1987	3934.7	2788	1.41
1988	5437	3728.9	1.46
1989	6922.3	4574.7	1.51
1990	6876.3	4588.3	1.50
1991	5956	5616	1.06

第三节　保障性安居工程支出

2010—2015 年，全市保障性安居工程支出 26.64 亿元，占同期住房保障支出总额的 52%。

廉租住房支出

2007 年 8 月，国务院发布《关于解决城市低收入家庭住房困难的若干意见》，加快建立健全以廉租住房制度为重点、多渠道解决城市低收入家庭住房困难的政策体系。10 月，财政部印发《廉租住房保障资金管理办法》，明确廉租住房保障资金从下列渠道筹集：住房公积金增值收益扣除计提贷款风险准备金和管理费后的全部余额，从土地出让净收益中按照不低于 10% 的比例安排用于廉租住房保障的资金，市县财政预算安排用于廉租住房保障的资金，省级财政预算安排的廉租住房保障补助资金，中央预算内投资中安排的补助资金，中央财政安排的廉租住房保障专项补助资金等。同年，市政府出台《烟台市市区最低收入居民家庭廉租住房保障管理办法》（烟政发〔2007〕19 号），建立和完善城市最低收入居民家庭廉租住房保障制度，解决城市最低收入居民家庭住房困难，保障方式以发放租赁补贴为主，住房实物配租为辅。

2008 年 11 月，市政府印发《关于公布市区住房保障政策有关标准的通知》，明确市区廉租住房政策标准，对符合政策的家庭给予补贴。按实际保障面积计算，由民政部门认定的城市低保家庭，每人每月每平方米建筑面积补贴 12 元；城市低保边缘家庭，每人每月每平方米建筑面积补贴 10 元；其他符合廉租住房低收入标准的家庭，每人每月每平方米建筑面积补贴 5 元。实物配租的廉租住房租金标准，由市物价局会同市房管局根据房屋的管理费和维修费两项因素核定并公布。其中，对符合条件的城市低保家庭，免收该户家庭可享受实际保障面积内的廉租住房租金。截至年底，烟台市级筹集建设了 179 套廉租住房，其中，幸福区片 62 套、蓁山屯区片 66 套、珠玑区片 51 套。

2009 年，中央财政下达烟台市廉租住房专项资金 1630 万元，省财政下达奖补资金 150 万元，用于廉租住房建设和发放廉租住房补贴。当年市级财政安排市房管局、住房保障中心专项资金 5000 万元，用于廉租住房建设支出。

2010 年，省下达烟台市新增廉租住房指标 3000 套、新增廉租补贴 1300 户；中央财政下达烟台市廉租住房建设资金 1487 万元，省财政下达奖补资金 145 万元，用于廉租住房相关支出。当年，市财政安排市住房和城乡建设局专项资金 8600 万元，用于廉租住房建设支出。

2011 年，省下达烟台市建设和筹集廉租房源指标 1000 套；中央财政下达烟台市廉租住房保障专项补助资金 199 万元，省级安排补助资金 384 万元，用于发放廉租住房相关支出。当年，市财政从计提的土地出让收益和住房公积金增值收益中安排市住房保障中心 12000 万元，用于廉租住房建设支出。

2012 年，省下达烟台市新建廉租住房指标 400 套、新增廉租住房租赁补贴 573 户；中央财政下达廉租住房建设补助和奖励资金 2172 万元，省财政下达奖补资金 854 万元。当年，市财政从土地出让收益和住房公积金增值收益中安排市住房保障中心 5500 万元，用于市级廉租住房等保障性安居工程支出。

2013 年，省下达烟台市新建廉租住房指标 235 套、新增廉租住房租赁补贴 500 户；中央财政下达廉租住房建设补助资金 1215 万元，省财政下达奖补资金825万元。当年，市财政从土地出让收益和住房公积金增值收益中安排市住房保障中心6500万元，用于市级廉租住房等保障性安居工程支出。

2014年3月，住房和城乡建设部、财政部、国家发展改革委联合印发《关于公共租赁住房和廉租住房并轨运行的通知》，将廉租住房并入公共租赁住房，合并后统称公共租赁住房。烟台市将廉租住房建设计划（含购改租等筹集方式）统一并入公共租赁住房年度建设计划，此前已经列入廉租住房建设计划的项目继续建设，建成后全部纳入公共租赁住房进行管理。

2010—2015年，全市一般公共预算安排廉租住房支出9929万元，其中，2010年576万元、2011年3007万元、2012年3330万元、2013年316万元、2014年2500万元、2015年200万元。

棚户区改造支出

2010年6月，财政部、住房和城乡建设部印发《中央补助城市棚户区改造专项资金管理办法》，将城市规划区内已纳入省级人民政府批准的棚户区改造规划和年度改造计划的城市棚户区改造项目列入补助范围。当年，山东省政府印发《关于进一步加快城市和国有工矿棚户区改造工作的通知》，要求再用3年时间基本完成全省集中连片及零星城市和国有工矿棚户区1000万平方米改造任务，从根本上改善10.2万户棚户区群众的居住条件。省财政厅、住建厅制定棚户区改造省级奖补资金管理暂行办法。

2011年，国家将城中村和城区内危旧房屋片区改造项目纳入棚户区改造范围。2012年起，烟台市对全市棚户区改造工作实施统一调度，纳入每年市政府为民服务实事考核。市棚户区项目主要分为旧城和旧村改造两种类型。改造模式主要有以下三种：房地产开发项目型，通过商业开发同步对居民房屋实施改造；政府融资平台介入型，由政府融资平台筹措资金组织实施改造；政府征收企业建设型，由政府出资组织房屋征收，通过政府投资的国有企业引进安置房承建企业，由承建企业筹措资金建设安置房，政府支付项目总投资并给予合理回报。

2013年7月，根据国务院《关于加快棚户区改造工作的意见》，烟台市逐步将其他棚户区、城中村改造纳入城市棚户区改造范围，采取增加财政补助、加大银行信贷支持、吸引民间资本参与、扩大债券融资、企业和群众自筹、免征城市基础设施配套费等各种行政事业性收费和政府性基金等办法筹集资金，支持棚户区改造。

2012—2015年，全市城市棚户区改造项目共完成77555套（其中，2012年9614套、2013年25816套、2014年23618套、2015年18507套），累计投入财政资金16.79亿元，其中，市级财政预算安排4.99亿元。

2012—2015 年烟台市城市棚户区改造财政资金投入情况表

表 2-54　　　　　　　　　　　　　　　　　　　　　　　　单位：万元

项目 / 年度	合计	中央财政补助资金	中央棚改基建投资	省级财政奖补资金	烟台市预算支出
2012	36641	17216		1413	18012
2013	50512	34519	491	4965	10537
2014	32418	21355	2090	2937	6036
2015	48281	18889	11620	2508	15264

农村危房改造支出

根据省政府《关于推进农村住房建设与危房改造的意见》（鲁政发〔2009〕17 号）和山东省农村住房建设和危房改造“以奖代补”资金管理暂行办法，市政府印发《关于推进农村住房建设与危房改造的实施意见》（烟政发〔2009〕51 号），开始实施农村住房建设与危房改造，市财政从 2009 年起，连续 3 年设立专项资金，采取以奖代补的方式，重点向财政困难县（市、区）倾斜，对农村住房建设和危房改造给予支持。2009—2015 年，全市完成新建农村住房任务 28 万余套，实际改造农村危房 3.75 万户，共争取中央和省级专项资金补助 2.4 亿元，安排一般预算支出 1.6 亿元。

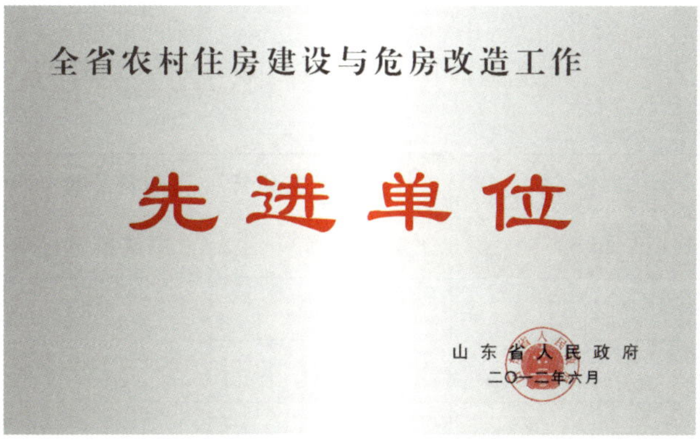

2012 年 6 月，山东省人民政府授予市财政局“全省农村住房建设与危房改造工作先进单位”称号

2009—2015 年烟台市农村住房建设危房改造任务与财政资金投入情况表

表 2-55　　　　　　　　　　　　　　　　　　　　　　　　单位：万元

项目 / 年度	农村住房建设任务（户）	农村危房改造（户）	中央补助资金	省财政奖补资金	市财政预算支出
2009	100000	10127		574	
2010	120000	6262		475	27
2011	120000	2500		1313	
2012		7381	5534	1827	6395
2013		2500	1875	1867	1012
2014		2876	1674	1774	3883
2015		5876	4484	2595	4691

公共租赁住房支出

2010 年，国务院印发《关于坚决遏制部分城市房价过快上涨的通知》，按照政府组织、社会参与的原则，加快发展公共租赁住房，地方各级政府加大投入，中央以适当方式给予资金支持。财政部等部委印发《中央补助公共租赁住房专项资金管理办法》，支持地方加快发展公共租赁住房。山东省政府印发《关于加快发展公共租赁住房的实施办法》，要求各市、县在加大政府对公共租赁住房投入的同时，采取土地、财税、金融等支持政策，充分发挥市场机制作用，调动各类企业和其他机构投资、经营公共租赁住房的积极性。当年，烟台市全面启动公共租赁住房试点，上报公租房建设计划，为烟台开发区新建 420 套，中央财政下达公租房建设补助资金 120 万元。2011 年，根据《烟台市市区公共租赁住房管理办法》，符合公共租赁住房条件的家庭和个人享受实物配租、有偿居住和有限期承租政策。

2011—2015 年，全市筹建公共租赁住房 14086 套，争取上级公共租赁住房专项资金 46871 万元，安排一般公共预算支出 46246 万元。

2011—2015 年烟台市公共租赁住房筹建任务与财政资金投入情况表

表 2-56　　　　单位：万元

项目 年度	筹建公共租赁住房任务（套）		中央补助资金	省财政奖补资金	市财政预算支出
		市级筹建任务			
2011	6000	1000	10654	1596	13940
2012	3441	291	9697	1960	16653
2013	2000		6878	1423	4560
2014	1845	600	7364	1554	8151
2015	800	300	5250	495	2942

第四节　住房改革支出

1986 年 3 月，烟台市成为全国首批房改试点城市。1987 年 8 月，《烟台市城镇住房制度改革试行方案》出台，重点内容是提高租金、发放补贴和推动公房出售。改革前，烟台市职工住房每平方米使用面积平均月租金为 0.07 元；改革后实行准成本租金（占成本租金的 83.7%），各类住宅平均月租金为 1.17 元。通过“提租发券”空转运行阶段（对住公房的职工以其基本工资为基数，按 23.5% 比例发住房券），至 1988 年年底，全市房改进入实施运转阶段，开始试行住房公积金制度，加快公房出售改革步伐。

1994 年 7 月，国务院下发《关于深化城镇住房制度改革的决定》。1995 年 6 月，山东省政府出台《山东省贯彻国务院关于深化城镇住房制度改革决定的实施意见》。烟台市落实国家和省房改政策精神，实施“三改四建”。三改是：把住房建设投资由国家、单位统包的体制改变为国家、单位、个人三者合理负担的体制；把各单位建设、分配、维修、管理住房的体制改变为社会化、专业化运行的体制；把住房实物福利分配的方式改变为以按劳分配为主的货币工资分配方式。四建是：建立以中低收入家庭为对象、具有社会保障性质的经济适用住房供应体系和以高收入家庭为对象的商品房供应体系；建立住房公积金制度；发展住房金融和住房保险，建立政策性和商业性并存的住房信贷体系；建立规范化的房地产交易市场和发展社会化的房屋维修、管理市场，逐步实现住房资金投入产出的良性循环，促进房地产业和相关产业的发展。

1999 年 12 月，市政府出台进一步深化城镇住房制度改革方案的意见，逐步实行住房分配货币化，加快建立与社会主义市场经济相适应的城镇住房新制度。自 2000 年 1 月 1 日起，职工个人和单位住房公积金缴交率由 5% 调整为 6%（外商投资企业的中方职工，公积金缴交率可调整至 10%）。市中心区在职职工的住房补贴发放比例由原来职工工资基数的 20% 调整为 25%，各县（市、区）发放比例根据本地情况自定，但不超过 25%。

2003 年 3 月，市政府出台《关于进一步深化完善烟台市住房制度改革的意见》：1. 调整公房出售价格。芝罘区范围内房改成本价由 1010 元 / 平方米调整为 1040 元 / 平方米，房改市场价旧城改造区仍为 2200 元 / 平方米，其他区域为 1277.40 元 / 平方米；莱山区范围内房改成本价由 930 元 / 平方米调整为 980 元 / 平方米，房改市场价中心区由 1277.40 元 / 平方米调整为 1650 元 / 平方米，其他区域仍为 1277.40 元 / 平方米。2. 调整公房租金标准。3. 停止住房福利性实物分配，各级党政机关和事业单位住房货币化分配政策到位的一律停止单位建房、换购住房。

2010—2015 年，全市一般公共预算中住房改革支出 30621 万元，占同期住房保障支出的 5.98%。

2010—2015 年烟台市一般公共预算住房改革支出情况表

表 2-57　　单位：万元

年度＼项目	合计	住房公积金	提租补贴	购房补贴
2010	2125	1541		584
2011	2653	1616		1037
2012	6793	781	1785	4227
2013	9655	1721	1	7933
2014	5487	2094		3393
2015	3908	2155		1753

第五节　城乡住宅支出

城乡住宅支出款级科目下设公有住房建设和维修改造支出、其他城乡社区住宅支出两个项级科目。其中，公有住房建设和维修改造支出反映预算安排用于公有住房建设及尚未出售或不可售公有住房维修改造的支出。

2013 年，市政府出台《烟台市直管公房管理办法》，加强市级公有住房管理。烟台市住房和城乡建设局房产经营与物业服务中心是直管公房管理机构，受直管公房行政主管部门的委托行使产权人权利，履行产权人义务，负责市属直管公房的具体管理工作。直管公房租金收缴由直管公房管理机构统一负责。直管公房住宅租赁价格实行政府指导价，逐步过渡到市场调节价，按房屋结构、房屋状况、所处地段确定相应的租金标准。经营性用直管公房租赁价格实行市场调节价。非经营性等公益事业用直管公房租赁价格实行政府指导价，由直管公房管理机构提出价格方案，由物价部门会同财政、住建部门审核，报政府同意后执行。

2015 年年底，市级共有直管公房 6024 户，建筑面积 49.23 万平方米（含滨海广场历史步行街区）。其中，住宅 5273 户，建筑面积 23.73 万平方米；非住宅 769 户，建筑面积 25.5 万平方米。

2010—2015 年，全市一般公共预算中城乡住宅支出 21.54 亿元，占同期住房保障支出的 42.03%。

2010—2015 年烟台市一般公共预算城乡住宅支出情况表

表 2-58　　单位：万元

项目/年度	合计	公有住房建设维修改造支出	其他城乡社区住宅支出
2010	4249		4249
2011	9071	427	8644
2012	38982	200	38782
2013	69988		69988
2014	69268		69268
2015	23870	207	23663

烟台市区平改坡工程

第十章 农林水支出

1986—2002年，农林水支出主要通过支援农村生产支出、农林水利气象等部门事业费和农业综合开发等类级科目反映。2003—2006年，分设为农业、林业、水利和气象3个类级科目，2007年设农林水事务类级科目，2014年改为农林水支出，下设农业、林业、水利、扶贫、农业综合开发、农村综合改革、促进金融支农支出、其他农林水支出等款级科目。1986—2015年，烟台市农林水支出489.26亿元（不含2014年前通过粮食风险基金支付农民的种粮直补及粮食购销倒挂期间拨付粮食流通环节的政策性补贴30多亿元），占同期一般公共预算支出的11.08%。

第一节 农业支出

2003年起，单设农业支出类级科目，包括行业管理、自然灾害救助、农业生产资料补贴、农业资源和环境保护、土地管理支出、农业综合开发和其他农业支出7个款级科目。2007年后，设农林水事务类级科目，农业作为其款级科目，设40多个项级科目。

1986—2015年，烟台市农业支出313.9亿元，占同期农林水支出的64.16%。

发展粮食生产专项资金

1986年6月，山东省财政厅会同有关部门印发《关于发展粮食生产专项资金使用管理办法》，从乡镇企业增长的税收中，由中央和地方财政共同安排部分资金，作为发展粮食生产的专项资金。烟台市的掖县（现莱州市）、黄县（现龙口市）、莱阳（现莱阳市）、文登（现威海市文登区）成为山东省第一批粮食基地县，各级财政安排专项建设资金537万元，其中，省、市补助437万元，县级安排100万元。

1989年，支援农村生产支出类级科目下单设发展粮食生产专项资金款级科目。1993年6月，财政部、农业部、水利部规定，发展粮食生产专项资金由中央财政负担40%，地方财政负担60%。山东省根据该规定由中央和省、市财政共同投资，建立发展粮食生产专项资金。1997年，发展粮食生产专项资金改称粮食自给工程资金。1989—2000年，烟台市粮食生产专项资金支出7289万元。

农业科技支出

1986年，烟台市财政设立支援农业技术推广资金，重点支持农业科技成果引进、推广和应用，采取无偿与低偿相结合的办法，对经济效益高、见效快和收益单位明确的项目实行低偿扶持，还款期限不超过3年。1987年，烟台市财政贯彻山东省“科教兴鲁”方针，把“科教兴农”放在财政支农工作的突出位置，重点支持农牧良种产业化工程、农牧渔业丰收计划、“948”国家技术引进计划、重点农业科技成果推广活动、农业科技示范园区建设等项目，提高农业科技创新和应用水平。1996年起，全市财政部门支持农口部门开展种植业、林业、水利、农机、畜牧业、渔业等各项农技推广工作，重点支持粮棉油等大宗农作物有显著增产效果的良种繁育、栽培技术、科学施肥、病虫害防治、节水灌溉技术，以及其他农业生产方面的先进实用技术的推广应用。

农业产业化经营支出

1986年起，烟台市各级财政部门先后对重点发展农产品商品基地、高产优质高效农业示范区、农业标准化生产、出口农产品“绿卡工程”、优势农产品竞争力提升计划等项目给予资金扶持，提高农产品质量和效益。2002年12月，市财政对农业产业化重点龙头企业进行分批分期扶持。2004年9月，市财政局印发《烟台市财政支持农民专业合作组织发展资金管理暂行办法》，由中央、省和市财政共同安排专项资金，支持农民专业合作组织发展，促进农民增收。1986—2006年，全市农业产业化和农民专业合作组织发展资金支出1.19亿元，2007—2015年为1.26亿元。

动植物疫病防治支出

2005年10月，省财政厅会同有关部门印发《山东省动植物病虫害综合防治资金管理办法》，将分散在农业、畜牧、林业、水产等部门的单项病虫害防治资金集中整合，设立山东省动植物病虫害综合防治资金。该资金由中央财政补助、省财政预算安排，根据病虫害危害程度和影响范围，按照轻重缓急原则，优先保证重大动植物病虫害防治需要。2005—2015年，烟台市重大动植物病虫害防治支出2.45亿元。

农业自然灾害救助支出

2003年，农业支出类下设自然灾害救助款级科目，2007年，农林水事务类农业支出款级科目下设灾害救助项级科目，2015年，改设防灾救助项级科目，主要反映财政用于农业生产因遭受自然、生物灾害等损失拨付的各类补助资金。2003—2015年，烟台市农业自然灾害救助支出8800万元。

农业生产资料补贴支出

2003年，农业支出类单设农业生产资料补贴款级科目，设良种、农机具、肥料、农用油、饲料和其他项级支出（不包括之后对种粮

蓬莱君顶酒庄及酿酒葡萄种植基地

农民的农资综合补贴和石油价格改革对渔业的补贴）。国家在山东省实施良种推广补贴项目，对小麦主产区农民种植优质小麦进行补贴，标准为每亩10元。财政部门对确定的供种单位按签订合同供种量预拨70%项目资金，其余30%在播种后报账结算。2004年，设立玉米良种补贴，标准为每亩10元。2007年，新设棉花良种补贴，标准为每亩15元。2015年，小麦补贴采取省级统一采购良种、企业供种到村、农民差价购种补贴方式，玉米、棉花通过“齐鲁惠民一本通”直接发给农民。

2004年9月，烟台市开展家畜良种补贴试点工作。2005年4月，烟台市设立鼓励和支持农民购买畜禽良种和种植优质饲料作物补贴专项资金，主要补贴大约克、长白、杜洛克和PIC良种猪、荷斯坦良种奶牛及其冻精和急需引进的其他畜禽品种。对商品生猪饲养户每购买1头种公猪补贴500元，对良种奶牛场每购买1头进口良种奶牛补贴1000元，对每购买使用1支良种奶牛冻精细管补贴15元。2015年，对使用良种开展人工授精的母猪、奶牛、肉牛养殖场、存栏能繁母羊30只以上的养殖户进行补贴。其中，对能繁母猪40元/头年、能繁奶牛30元/头年、能繁肉牛10元/头年进行冻精补贴。绵羊、山羊种公羊一次性补贴800元。

1998年9月，省财政厅、农机局印发《山东省农机化发展3413计划实施方案暨资金管理办法》，设立“3413”计划（即用3年时间，新增大中型配套深耕犁、深松机4万台，玉米联合收获机1万台，玉米秸秆还田机3万台）专项资金，主要用于各级农机服务实体及村农机服务队、农机大户购置农机补贴。更新每台大型拖拉机及配套农具，财政补助2万元。2004年9月，《烟台市农业机械购置补贴专项资金使用管理暂行办法（试行）》规定设立市级农业机械购置、更新补贴专项资金，在确定的年度重点补贴机具种类和价格范围内，对单台价格1万元以上的大型农机具，市级财政按照不超过机具价格的30%进行补贴，单台机械最高补贴额不超过3万元，单台价格1万元以下的农机具由各县（市、区）财政根据实际情况给予补贴。2015年，全市农机具等农业生产资料补贴支出10.5亿元。

渔民转产和渔业资源修复支出

2003年6月，市财政局会同海洋与渔业局贯彻《山东省海洋捕捞渔民转产转业专项资金使用管理办法》，海洋捕捞渔船报废财政补助标准依据渔船的不同功率确定，所需地方补助资金由县（市、区）负责；报废渔船的拆解、清污费用由县（市、区）负责；报废渔船的沉船费用，长岛、牟平用于各自的人工鱼礁项目，经费由县（市、区）负担；开发区、莱州市的20条报废船，市统一征用后用于人工鱼礁项目，经费由市财政负担。2005年，全市实施渔业资源修复行动计划，设立专项资金，用于人工增殖放流、人工鱼礁建设、深水网箱购建等项目，支持渔业生态安全和渔业经济可持续发展。2015年，全市渔业资源修复、增殖放流等渔业资源保护及利用支出5.7亿元。

农民培训补助支出

2004年5月，根据财政部、农业部《农村劳动力转移培训财政补助资金管理办法（试行）》，烟台市设立农村劳动力转移培训财政补助资金，专项用于对农村劳动力转移就业开展短期非农职业技能培训，对受培训农民的学费或对培训机构因降低收费标准给予补助，培训补助资金由地方财政和中央财政共同承担，平均每期每人补助100元。2005年8月，省财政厅、省农业厅印发《山东省农村劳动力转移培训财政补助资金管理暂行办法》，重点支持农村劳动力输出大县、产粮大县、经济欠发达县和失地农民较多县的劳动力转移培训。中央、省级财政按人均140元对烟台市予以补助，到2015年，全市累计培训3.5万余人次并成功转移农村劳动力9562人。

第二节 林业支出

2003—2006年，单设林业支出类级科目。2007年后，林业支出改列农林水事务支出类下的款级科目，设行政运行、林业事业机构、森林培育、林业技术推广、森林资源管理和监测、森林生态效益补偿、动植物保护和湿地保护、森林防火、林业有害生物防治和检疫检测、防沙治沙及林业产业化等项级科目。1986—2015年，全市林业支出31.9亿元，占同期农林水支出的6.52%。

森林救灾支出

1986—2002年，森林火灾支出在林业事业费列支，林木病虫害防治支出在农村造林和林木保护补助费中列支。2003年起，在林业支出类级科目下设森林救灾款级科目，包含森林防火和森林病虫害防治两个项级科目。森林防火资金主要用于防火、扑火物资储备库维护及物资储备补助，重点火险区林火视频监控网系统、瞭望台、护林房建设及防火通道维修补助等。2003—2015年，烟台市森林救灾支出2.6亿元。

森林生态效益支出

2001年11月，财政部、国家林业局设立森林生态效益补助资金，在山东省先行启动国家级森林生态效益补偿试点工作。2002年3月，烟台市启动省级森林生态效益补偿试点工作。芝罘区、福山区、莱山区、牟平区、龙口市、莱阳市、莱州市、蓬莱市、招远市、栖霞市、海阳市、长岛县、昆嵛山林场等单位列入重点防护林试点范围；长岛国家级自然保护区列重点特种用途林试点范围。对重点防护林、特种用途林保护和管理，平均按5元/亩/年的标准给予资金补助。2003年，林业支出类级科目下设森林生态效益支出款级科目反映。2005年，根据省财政厅、林业局《山东省森林生态效益补偿基金管理办法》，建立森林生态效益补偿制度。2007年后调整为林业支出款下的项级科目反映。

2003—2015年，全市森林生态效益补偿投入2.8亿元。

造林支出

1986—2002年，造林支出在支援农村生产支出类下农村造林和林木保护补助费款级科目列支。2003—2006年，在林业支出类设造林款级科目。2007年起，改列林业支出款下的森林培育项级科目。

1989年5月，省林业厅、财政厅印发《山东省宜林荒山工程造林和补助资金的管理办法（试行）》，规定专项经费使用只限于营造公益性、社会性为主的各种防护林工程造林，部分用于材林工程造林。补助标准为每造1亩防护林，省级无偿补助10元，市、县配套资金10元；每育1亩苗，省级财政拨周转金80元，市、县配套资金80元。当年7月，省财政厅下达烟台市造林任务5万亩，分配造林经费50万元。1991年11月，省下达烟台市荒山荒滩工程造林面积任务 18.6 万亩，补助经费 150.2 万元。

2008 年，市委、市政府印发《关于加快推进造林绿化工作的意见》（烟发〔2008〕3 号），组织开展三年大造林工程。2008—2010 年三年大造林工程共安排造林支出 4.1 亿元，合计造林 69.7 万亩。

2011 年，市政府印发《关于加快水系造林绿化的意见》（烟政发〔2010〕129 号），组织开展三年水系造林工程。2011—2013 年，累计投入造林资金 3 亿元，完成水系造林 69.5 万亩。

2013 年，市委、市政府印发《关于打造森林城市建设美丽烟台的意见》（烟发〔2013〕12 号），组织开展“国家森林城市”创建工作。三年创城造林累计支出 2.4 亿元，造林 61.8 万亩，2016 年 9 月，烟台市通过了国家关注森林活动组委会“国家森林城市”的创建验收。

防沙治沙支出

2002 年 10 月，财政部印发《林业治沙贷款财政贴息资金管理规定》，明确中央林业治沙贷款财政贴息资金的贴息对象为地方林业企事业单位和农村集体经济组织、从事林业治沙工作的有关中央直属单位以及在沙区开展种植业项目的其他经济组织和个人。地方单位和组织使用贷款的项目，中央财政分别按年利率 2% 给予贴息，期限一般不超过 3 年。当年，中央财政下达烟台市林业治沙贴息贷款中央财政贴息资金 254.25 万元。

2005 年，财政部、国家林业局出台《林业贷款财政贴息资金管理规定》，对补贴范围和对象进行扩大调整，年贴息率在 1.5% ~ 6% 之间。2009 年、2014 年，分别进行政策微调，贷款年贴息率保持在 3%，贴息期限最长 3 年，农户和林业职工小额贷款可延长至 5 年。

第三节　水利支出

2003—2006 年，单设水利和气象支出类级科目。2007 年后，水利支出为农林水事务支出类下的款级科目，下设行政运行和行业管理、水利工程建设和维护、水土保持、水资源节约管理与保护、水质监测和水文测报、防汛抗旱、农田水利和水利技术推广、水利安全监督及农村人畜饮水等项级科目。

门楼水库

1986—2015年，全市水利支出78.3亿元（2007年后包括水资源费收入安排部分），占同期农林水支出的16%。

防汛岁修抗旱支出

1986—2002年，防汛岁修抗旱支出分别在支援农村生产支出类下抗旱经费款级科目和农林水利气象等部门事业费类下水利事业费款级科目中的防汛费、岁修费等项级科目列支。2003—2006年，在水利和气象支出类下设防汛岁修抗旱款级科目。2007年后，水利支出款下设水利工程运行与维护、防汛、抗旱等项级科目。

1992年，要求水利部门兴建、管理的防汛除涝工程和综合利用工程的防洪排涝工程所需防汛和岁修费，按照统一领导、分级负担的原则划分。省级防汛岁修经费的安排以市自筹为主，省对大型水库和重点中型水库给予补助，省内大型河道干流及附着干流的重要防洪、除涝闸坝工程，其他防洪排涝工程由市、县负责。

1997年夏季，山东省遭受严重干旱和强台风袭击，省级财政追加应急抗旱经费和生产自救补助资金，烟台市当年安排抗旱经费352万元，防汛岁修及水利设施补助费1010万元，支持开展生产自救，减轻旱情与洪涝灾害对农业的影响。

2005年，根据省财政厅、省水利厅《山东省防汛抗旱补助费管理办法》，烟台市利用中央、省财政专项补助和市级财政预算安排，设立防汛抗旱补助费，专项用于补助遭受严重水旱灾害地区的防汛抢险、抗旱减灾。防汛抗旱资金坚持“地方自筹为主、上级补助为辅”的原则，多渠道、多层次、多形式筹集。遭受严重水旱灾害且地方财力确有困难的市、县（市、区），可向省财政申请防汛抗旱补助费。2005—2015年，全市防汛岁修抗旱支出57628万元。

水文水质水土水资源管理支出

1986—2002年，水文水质水土水资源管理支出分别在支援农村生产支出类下水土保持补助费和农林水利气象等部门事业费类下水利事业费款级科目中的水质监测费、水文事业费、水土保持事业费和水资源保护费等项级科目列支。2003—2006年，水利和气象支出类下设水文水质水土水资源管理支出款级科目。2007年起，在水利支出款级科目下设水土保持、水资源管理与维护、水质监测、水文测报等项级科目。

1991年，《中华人民共和国水土保持法》颁布实施，烟台市水土保持监督管理工作依法逐步开展。1997年，落实省委、省政府“到2017年将全省水土流失区域有计划、有步骤地治理一遍”的规划要求，烟台市进一步加大对水土保持的投入力度，集中对全市重点流域进行综合治理。2003—2015年，全市水文水质水土水资源保护支出22755万元。

水利建设支出

1986—2002年，支援农村生产支出类下设小型农田水利补助费、小水电补助费和水利事业费中的水利设施补助费、勘察设计费、国营排灌站补贴等款级科目。2003—2006年，水利和气象支出类下设水利建设支出款级科目。2007年起，水利款级支出科目下设水利工程建设、水利前期工作、小型农田水利等项级科目。

水利基础设施建设支出　1996年，烟台市开始安排专项资金，扶持大中型病险水库除险加固、骨干河道治理、平原水库及河道拦蓄工程、水源工程等水利骨干工程建设等。1998年开始，全市连续几年遭受严重旱灾和涝灾，为提高农业抗御自然灾害能力，市级财政加大支持水利基础设施建设力度，支持“减灾兴农”工程实施，将旱作农业、河道治理、大中型水库除险加固建设纳入支持范围，提高防洪除涝能力，改善全市农业基本生产条件。

小型农田水利建设支出　1986年起，小型农田水利补助费在支农预算安排中占重要位置并保持递增趋势。1998年，根据《山东省打井资金使用管理办法》要求，烟台市对统一规划范围内的机井建设、国家、集体、个人或联户、股份、合作打井的，均进行不超总额15%的政府补助。具体为：井深20～50米，每眼补助500元；51～80米的补助800元；80米以上的，补助1000元。1999年3月，根据省财政厅、水利厅《山东省节水灌溉补助资金使用管理办法》，市财政对经济困难、水资源相对短缺的乡村兴建节水灌溉工程给予补助，标准为每亩补助50元。

2003年，市财政预算设立小型水库除险加固专项资金。2005年，设立小型农田水利设施建设民建公助专项资金，对农户、农民专业合作组织、村集体、基层水利建管单位等自愿开展小型农田水利设施建设的项目给予总投资额20%～30%的补助。

1986—2015年，烟台市水利建设支出42.1亿元，占同期水利支出的53.77%。

第四节　农业综合开发支出

1987年，支援农村生产支出类下设农业发展专项资金支出款级科目。1995年，设农业综合开发支出类级科目。1997年，烟台市农业综合开发项目纳入国家黄淮海平原农业综

招远城子水库

合开发规划，全市涉及牟平区、福山区、蓬莱市、龙口市、招远市、莱州市、莱阳市、栖霞市、海阳市共9个县（市、区）。2003年，农业支出类设农业综合开发款级科目，下设土地治理、多种经营、科技示范、贷款贴息等项级科目。2007年后，农林水支出类下设农业综合开发款级科目。

农业综合开发项目实行“国家引导、民办公助”的多元投入机制，由中央与地方财政按一定比例配套投资，采取补助、贴息等多种形式，吸引社会资金，增加农业综合开发投入。根据2010年财政部令第60号《国家农业综合开发资金和项目管理办法》，中央和地方财政资金投入的70%以上用于土地治理项目，30%以下用于产业化经营项目。

农业综合开发资金由财政资金、银行专项贷款（财政贴息）、集体（企业或新型经营主体）自筹资金和农户筹资投劳以及引入社会资金组成，统一纳入国家批准的年度项目实施计划。国家立项的农业综合开发项目、农业综合开发投资纳入国家固定资产投资计划。地方各级财政配套资金列入同级财政年度预算。中央财政与地方财政投入比例按照1∶0.4配套，地方财政配套资金中，省级财政占70%，市级财政占10%，县级财政占20%。各级用于土地治理项目和农业产业化经营项目的财政资金全部为无偿资金。地方财政配套资金不落实，中央财政资金不予拨款。

1995—2015年，全市农业综合开发支出20.69亿元，占同期农林水支出的4.29%。

1995—2015年烟台市农业综合开发支出情况表

表2-59　　单位：万元

年度	支出	年度	支出
1995	3930	2006	9588
1996	4700	2007	9149
1997	6289	2008	8184
1998	6695	2009	11029
1999	7743	2010	10204
2000	7568	2011	12313
2001	7998	2012	12646
2002	8660	2013	20548
2003	11381	2014	15649
2004	8608	2015	16007
2005	8038		

栖霞泉源苹果基地

第五节　农村综合改革支出

农村综合改革支出是2005年全国实施农村税费改革后，各级财政对农村村级组织运转和各项事业建设安排的补助资金。2006—2009年，该项支出先后在其他支出和农业支出等科目内列支，2010年起，农林水支出中单设农村综合改革款级科目，包括对村级一事一议的补助、乡村债务化解、对村民委员会和村党支部的补助、对村集体经济组织的补助、农村综合改革示范试点补助、其他农村综合改革支出项级科目。

2010—2015年，全市农村综合改革支出36.9亿元，占同期农林水支出的9.4%，高于同期农林水总支出和全市一般公共预算支出的增长幅度。

村级组织经费保障支出

2005年，农村税费改革取消农业税和“三提五统”政策后，烟台市各级财政部门着手建立村级组织运转经费保障机制。2010—2015年，全市农村村级组织运行经费支出15.57亿元。

清理化解农村义务教育债务支出

2010年7月，按照省财政厅统一部署，全市启动农村义务教育债务化解工作。至2011年6月底，全市共向5618个债权人兑付相关债务资金2.48亿元，完成省审核锁定债务的100%。

村级公益事业建设一事一议财政奖补支出

2009年，省财政厅在全省范围内进行村级公益事业建设“一事一议”财政奖补试点，蓬莱市被确定为全省6个试点市之一。2010年，全市推开农村公益事业建设“一事一议”财政奖补工作。财政奖补范围主要是与农民生产生活密切相关的道路、桥涵、环卫设施、文体活动场所、村庄美化亮化、小型水利设施建设等村内公益事业建设项目。至2015年年底，全市9562个村（次）开展了“一事一议”财政奖补工作，各级财政“一事一议”奖补资金总投入达16.58亿元。

生态文明乡村建设支出

2011年，烟台市各级财政部门发挥财政职能，支持生态文明乡村建设。按照“连点、成线、到片”和“分档奖补、集中打造、充分发挥资金杠杆和典型示范作用”的思路，建设一批精品项目和亮点工程。2015年年底，各级财政投入生态文明乡村建设资金9237万元。

全国最美乡村——莱阳濯村

农村公共服务运行维护机制建设支出

2013年，省财政厅开展农村公共服务运行维护机制建设试点，对农村公共服务项目的运行维护进行奖补，莱州市被确定为试点单位。

将按照国家政策规定安排资金建设及其他村级已建成或已运行、但尚未安排后续管护资金的村级公共服务项目，作为重点维护内容。2015年年底，全市财政投入农村公共服务运行维护资金5552万元。

农村基础设施建设支出

2015年，全市开展农村基础设施建设工作，重点对农村改水改厕、冬季取暖、污水处理、城乡垃圾处理一体化和全面改善贫困地区义务教育薄弱学校基本办学条件等基础设施建设给予奖补，促进农村公益事业发展。当年，各级财政投入农村基础设施建设资金2739万元。

第六节　其他农林水支出

其他农林水支出指除农业、林业、水利、农业综合开发和农村综合改革等支出以外的其他项目支出（含因机构变动，非农口部门列支的农林水支出）。2007年后，还包括扶贫、促进金融支农、南水北调等农林水方面的支出。

1986—2015年，全市其他农林水支出21.8亿元，占同期农林水支出的4.45%。

1986—2002年烟台市农林水支出统计表

表2-60　　单位：万元

年度＼项目	合计	农林水气部门事业费	支援农村生产支出	农业综合开发支出
1986	4677.2	3046.1	1631.1	
1987	3622.9	2300.8	1322.1	
1988	4794.6	3107.5	1687.1	
1989	6391.4	3101.9	3289.5	
1990	7812.6	3502.7	4309.9	
1991	7866	3976	3890	
1992	8554	4380	4174	
1993	9833	4536	5297	
1994	10608	5845	4763	
1995	13705	6705	3070	3930
1996	18044	8847	4497	4700
1997	22835	11440	5106	6289
1998	26857	13485	6677	6695
1999	30738	14278	8717	7743
2000	29809	14206	8035	7568
2001	34962	17738	9226	7998
2002	43182	23469	11053	8660

2003—2015年烟台市农林水支出统计表

表 2-61　　　　　　　　　　　　　　　　　　　　　　　　　　　　　单位：万元

年度＼项目	合计	农业支出	林业支出	水利支出	其他	
						农村综合改革支出
2003	49917	35907	5896	8114		
2004	51324	38070	6324	6930		
2005	66849	47424	8608	10817		
2006	76111	52759	9190	14162		
2007	91298	52294	10139	19571	9294	
2008	121119	66017	18194	28157	8751	
2009	227433	144453	26188	42767	14025	
2010	379406	235796	29235	73046	41329	24080
2011	530333	339405	32921	77675	80332	54172
2012	639975	423222	29318	98334	89101	60001
2013	714815	433689	38736	104536	137854	70658
2014	786444	545245	37823	96070	107306	76242
2015	873285	553248	45928	154334	119775	83909

乡村振兴齐鲁样板示范区——招远大户庄园

第十一章　工业交通运输支出

1986—1993年，烟台市财政用于工交部门的支出比重基本在3%以内。1994年实施分税制后，市政府加强财源建设，对企业从单纯扩权让利搞活等政策扶持转为与加大投入并重，支持重点骨干企业发展。1996年起，市财政用于工交部门的支出比重呈逐年上升趋势。2000年，全市安排企业挖潜改造和科技三项费用等资金4.5亿多元，占年度财政支出的10.15%，是历史最高水平。2006年支出6.26亿元，是经济建设类支出决算统计期间财政对工交企业投入的最高值。2007年后，工业与交通运输支出范围有所扩大，支出额度逐年增长，尤其“十二五”期间，工业与交通运输类支出近160亿元，高于同期一般预算支出增长幅度。2015年，两类支出共38.95亿元，占当年一般公共预算支出的6.05%。

第一节　经济建设支出

1986—2006年，全市经济建设类支出208.2亿元，占同期财政支出的25.5%。其中，城市维护费占经济建设支出的61.7%，支援农村生产支出占15%，工交生产性企业支出占比不足20%。除城市维护费、支援农村生产支出、基本建设支出外，其余经济建设类支出项目主要与工交等部门企业相关，包括企业挖潜改造资金、科技三项费用、国企流动资金、地质勘探费、工业交通部门事业费等。

企业挖潜改造资金

1994年前，地方财政主要通过财政小额技术措施贷款、财政周转金及税前还贷政策支持企业挖潜革新改造。1996年，烟台市委、市政府出台《关于扶持市直重点工业企业发展的决定》，建立重点技改项目发展基金，市财政开始逐年增加工业企业挖潜改造资金投入，2000年支出35149万元，2001年支出38093万元，分别占当年财政支出的7.92%和7.13%。2002年，市政府在全市工业企业实施“2358工程”，市财政持续安排专项资金支持骨干龙头企业做大做强，2006年兑付奖励资金510万元。

科技三项费用

详见本编第四章。

流动资金

1983年7月1日，国营企业流动资金改由中国人民银行统一管理和供应，财政不再增拨。为支持国有企业发展，烟台财政部门对个别企业采取税收返还方式帮助其补充流动资本，在一般预算支出中仍设置流动资金类级科目，税收返还等在流动资金科目列支，2007年取消该科目。

地质勘探费

地质勘探单位实行中央和省双重管理体制，烟台市自2000年开始列支地质勘探费，主要是省财政下达的专项补助资金拨款。

工业交通部门事业支出

1986—2002年，烟台市原各工业主管部门（包括部分所属科研单位和职工中专、技工学校等）经费主要实行财政核定收入退库预算或由所属企业按核定指标集中分摊管理费方式筹集，一般未纳入财政支出管理，2003年纳入相关部门预算安排。

1986—2006年烟台市与工业交通部门相关经济建设支出统计表

表2-62　　单位：万元

年度＼项目	挖潜改造资金	科技三项费用	增拨流动资金	地质勘探费	工交部门事业费	合计	占财政支出比重（%）
1986	668	561.9	39		806.4	2075.3	2.91
1987	249	291.7			503.1	1043.8	1.88
1988	270	283.6			597.3	1150.9	1.73
1989	27.4	356.3			806.9	1190.6	1.51
1990	224.3	415.8			673	1313.1	1.46
1991	136	444			812	1392	1.51
1992	70	602			840	1512	1.52
1993	1992	893	332		970	4187	3.02
1994	3062	1076	300		1215	5653	3.51
1995	5668	1450			800	7918	4.08
1996	7466	2869			1073	11408	3.04
1997	7314	3612	3410		1024	15360	5.48
1998	16579	5862	143		706	23290	6.82
1999	23875	8066	183		648	32772	8.61
2000	35149	8754	156	180	832	45071	10.15
2001	38093	9359			899	48351	9.05
2002	20981	12268		90	1344	34683	5.35
2003	18847	13106			1308	33261	4.40
2004	12455	14835		280	2391	29961	3.26
2005	16798	16782		170	3014	36764	3.22
2006	31627	24669		1760	4520	62576	4.25

注：1987年工交部门事业费包括国企改革支出72.3万元

第二节　工业与信息产业支出

2007—2008年，工业与信息产业支出在工业商业金融等事务类列支，2009年起单设采掘电力信息等事务类，2010年在资源勘探电力信息等事务类列支，2014年改列资源勘探信息等支出类，下设采掘业（资源勘探开发）、制造业、工业和信息产业监管、安全生产监管、国有资产监管、支持中小企业发展和管理支出等款级科目。

“十五”期间，烟台市实施“2358工程”，各级财政精准施策，支持做大做强龙头企业。列入“2358工程”的18户重点企业通过加大投入、深化改革、扩大开放、创新上新等措施，整体效益明显提高。

2006年，烟台市启动实施工业“3·50工程”。2007年，根据市政府《关于进一步实施“3·50工程”加快培强做大骨干企业的意见》，市财政设立企业自主创新专项资金，会同市经贸委制定《烟台市重点工业企业重大技术改造项目贷款贴息资金管理办法》，对重点项目进行补助或贴息扶持，支持工业经济膨胀发展；推动实施“品牌战略”，会同有关部门落实名牌奖励政策，引导企业争创国家、省名牌产品称号；发挥财政资金激励引导作用，支持企业提高技术装备水平和自主研发能力，鼓励企业创建国家级、省级和市级技术中心，促进企业提高核心竞争力。“十一五”期间，全市工业和信息产业方面预算支出27.84亿元，财政投入力度明显提高。

2011年，烟台市开始实施“8515工程”，即“十二五”期间，培强做大八大领域领军企业、50户重点企业、100户成长性企业方阵，发展五大战略性新兴产业。市财政局印发《烟台市“8515工程”企业技术改造项目补助资金管理办法》，明确财政资金投入重点，培育新兴财源，壮大骨干财源。当年落实“3·50工程”优秀企业家奖励资金及重大技改项目贴息资金842万元。

2012年，全市深入实施“三大战略”，支持转方式调结构向纵深推进，强化对“8515工程”骨干企业培育，市财政安排“8515工程”优秀经营者奖励资金1519万元；安排企业生产性设备购置补助资金3625万元，支持44户企业的技术改造，吸引社会资金22亿元，拉动工业技改投入32.4亿元。

2013年，市财政坚持专项资金分配“第三方”评审机制，对市级“8515工程”企业技改补助和企业法人代表奖励资金、循环经济及节能资金、中小企业发展资金等专项资金扶持项目全部委托社会中介机构审核，保证项目资金分配公开、公正、公平。全年兑现各项扶持资金15403万元，其中，“8515工程”企业技改补助和企业法人代表奖励资金7188万元，45个重大技改项目受益，引导撬动银行、企业等社会资金75亿元。

2014年，市财政局会同有关部门制定出台《烟台市安全生产专项资金管理暂行办法》《烟台市散装水泥专项补助资金管理暂行办法》《烟台市中小微企业发展专项资金管理暂行办法》和《烟台市级小微企业创业园区认定暂行办法》，加强财政专项资金管理。会同有关部门制定出台《关于实施“智慧提升工程”促进全市企业家队伍建设的意见》，将“8515工程”对企业家奖励的直接投入转变为培训培养重点企业中高层管理人员的间接投入，促进企业家队伍建设，为工业转型升级提供人才支撑。

2015年，按照财政资金逐步退出一般竞争性领域的总体要求，市财政协调有关部门，将一般竞争性领域的各类专项资金进行整合归并，压减幅度达50%以上。其中，工业发展专项资金由3200万元压减至1450万元，中小微企业发展专项资金由1000万元压减至500万元，对供热企业补助由1500万元压减至300万元。市财政会同有关部门制定产业引导基金设立方案和运作管理制度，争取省级引导基金参股子基金落户烟台，推进区域基金管理中心建设，转变财政资金支持企业发展和参与经济建设的投入运作方式。“十二五”期间，烟台市工业和信息产业方面预算支出71.48亿元，是“十一五”期间的2.57倍。

2007—2015年，全市工业和信息产业支出95.18亿元，占同期一般公共预算支出的2.64%。

2007—2015年烟台市工业与信息产业支出统计表

表2-63　　单位：万元

项目 年度	合计	采掘业	制造业	工业信息产业监管	安全生产监管	国有资产监管	中小企业事务	其他
2007	42427	500	8879	2215	2169	586	3240	24838
2008	48180	215	11127	1927	2864	706	6167	25174
2009	77458	220	16723	4163	3513	716	7114	45009
2010	68877	636	10956	4915	5924	804	13387	32255
2011	88463		14085	6361	4131	816	12337	50733
2012	126471		25345	11425	4631	855	15666	68549
2013	135004		23397	15024	7329	1130	21442	66682
2014	173819		37730	9963	7658	4073	49075	65320
2015	191091	51	41004	12410	12780	1859	44401	78586

第三节　交通运输支出

1986—2006年，烟台市属交通运输部门的行政事业性经费分别在行政管理费和工业交通等部门事业费类列支。建设性资金主要通过依法征收各类交通规费及“收费还贷”方式筹集安排，规费收支实行省级交通部门行业管理为主的财务体制，地方财政部门长期将其作为预算外资金进行监管。

2005年，根据财政部规定，公路运输管理费和水路运输管理费纳入地方一般财政预算的专项收支管理。

2007年，政府收支科目设交通运输支出类，综合反映公路、水路、铁路、民航等各项交通运输支出。

2008年12月22日，按照国务院关于实施成品油价格和税费改革要求，财政部、国家发展改革委、交通运输部、监察部、审计署五部委联合下发通知，从2009年1月1日起，全国范围内统一取消养路费、运输管理费等6项收费，并逐步取消政府还贷二级公路收费。

2009年，全面实施燃油税费改革，交通建设资金由按规定收费改为依法征税，并按照事权划分，纳入各级财政一般预算管理。根据《山东省人民政府关于交通财务管理体制改革的意见》（鲁政发〔2009〕78号），全省同步实行交通财务体制改革，下划交通部门收入基数，交通建设专项资金由交通系统拨付改为财政集中支付。对原属于市级预算的拖拉机养路费、公（水）路运输管理费收入，以2008年交通征收决算为基数，通过财政体制切块划归各市，纳入同级财政预算管理。省财政厅《关于下达省对下成品油价格和税费改革公路养路费等“六费”收入返还基数以及公路、航运系统基本支出基数的通知》（鲁财预〔2009〕22号）核定：烟台市交通部门替代原公路养路费、公路运输管理费和水路运输管理费等收入返还基数为13548万元，公路管理系统基本支出基数为10677万元。上级拨付烟台市的港航建设资金由市交通局管理，港航养护资金由市港航局管理。自该年度起，全市交通部门各类经费全额纳入部门预算管理，按照地方财政收入增长比例逐步提高，保障交通事业发展。

2011年，市财政局制定《烟台市县乡交通基础设施奖励资金管理暂行办法》，要求各县（市、区）必须将专项资金纳入计划管理，实行投资评审、政府采购和国库集中支付，并以此作为资金分配的权重因素，纳入县乡交通基础设施奖励资金的考核体系。

2012年，市财政局制定《烟台市农村公路养护专项资金管理暂行办法》，对市级预算安排的支持县（市、区）农村公路养护专项资金进行规范管理，明确项目计划管理程序和补助标准。制定《烟台市国省道日常养护管理专项资金管理暂行办法》，对国省道日常养护管理专项资金按用途进行分类管理：国省道日常保洁项目，由市财政局根据公路里程、公路等级、养护人员等因素核定费用基数，分配下达相关县（市、区）公路局；零星小修、绿化等项目，市财政局委托市政府投资评审中心或有资质的中介机构对项目预算进行审核，根据市公路局提报的用款计划按进度拨付项目资金；路产损害修复项目，根据省财政厅返还的路赔费数额，以各县（市、区）和相关单位上缴的路赔费数额为基数分配下达，专项用于路产损害修复；小型机具购置、公路维修项目等实行政府采购。

2013年，为理顺港航建设维护资金财务体制，市财政局印发《烟台市市级港航建设养护专项资金使用管理暂行办法》，明确市交通局、港航局的财务职责，规范项目申报管理，对港口建设费的征收、支出范围、项目申报、资金下达、监督检查等提出具体要求。

2015年，根据国务院和省政府关于加强农村生命安保工程的指示，烟台市印发《烟台市农村公路安全生命防护工程实施意见》，细化治理措施，明确具体目标任务、责任主体和市级财政奖补标准。

2007—2015年，全市交通运输支出106.65亿元，占同期一般公共预算支出的3%。

2007—2015 年烟台市交通运输支出情况表

表 2-64　　　　单位：万元

年度＼项目	合计	公路水路运输	铁路运输	民用航空运输	石油价格改革对交通运输的补贴	车辆购置税支出	其他交通运输支出
2007	12614	12160	197	130			127
2008	13575	12694	203				678
2009	70709	64405	339		5785		180
2010	86808	71906	2030	161	10844		1867
2011	152463	83235	2897	817	44664	15752	5098
2012	137190	76513	2976	620	35777	16532	4772
2013	211582	137366	3852	840	39721	23260	6543
2014	183180	107275	20964	3280	21401	21905	8355
2015	198426	134122	19387	460	19109	7944	17404

注：2007—2008 年，石油价格改革对交通运输补贴列入“工业商业金融等事务”支出核算，不在本表列示

渤海轮渡“中华复兴”号客滚船

第十二章　商业服务业支出

1986—2006年，商业服务业支出主要包括商业简易建筑费和流通部门事业费，2007—2009年，在工业商业金融等事务类下列相应款级科目反映，2010年起单设商业服务业等事务支出类，2014年改为商业服务业等支出类，包含旅游业、涉外经济服务等款级支出（商务局系统的商贸管理事务列入一般公共服务支出，不在本章列述）。

2007年，全市商业服务业等支出7089万元，占当年一般预算支出的0.4%。2015年，商业服务业等支出152067万元，占当年一般公共预算支出的2.4%。

第一节　流通部门支出

商业简易建筑费

商业简易建筑费是原国营商业系统用于简易仓储设施建设等方面的费用开支，按商业会计制度规定属商品流通费14个子目之一，曾长期由同级财政会同商业主管部门实行指标控制列支。1978年，为进一步加强资金管理，改由财政预算安排，企业商品流通费中不再列支简易建筑费。1999年，国务院机构改革和国有企业经营机制转换，财政部取消该类预算支出。1986—1998年，全市商业简易建筑费支出3251.5万元。

商业部门事业费

商业部门事业费主要是财政拨给各商业主管部门（地方商业、粮食及供销社系统，1992年后包括外贸系统）所属事业机构或单位的有关经费支出，1998年改称流通部门事业费，并将所属中等专业学校和技工学校经费改列教育事业费类支出。2005年，流通部门事业费类下设干部训练费和其他事业费两个款级科目。

1986—2006年，全市流通部门事业费支出1506万元。

1986—2006年烟台市流通部门支出统计表

表2-65　单位：万元

年度	简易建筑费类	商业部门事业费	年度	简易建筑费类	商业部门事业费
1986	20		1991	235	
1987	55		1992	192	
1988	21	70	1993	349	
1989	55		1994	575	65
1990	24.5		1995	400	

续表 2-65

年度	简易建筑费类	商业部门事业费	年度	简易建筑费类	商业部门事业费
1996	200		2002		85
1997	395	62	2003		45
1998	730	52	2004		51
1999		20	2005		172
2000		365	2006		216
2001		303	合计	3251.5	1506

第二节 商业服务业专项资金

服务业发展引导资金

2006 年，根据市委、市政府《关于促进服务业又好又快发展的若干意见》（烟发〔2006〕25 号），市财政每年预算安排 1000 万元服务业发展引导资金，主要用于对市政府确定的服务业年度重点支持领域项目补助、国家及省服务业引导资金扶持项目配套补助、市级服务业重点项目和骨干品牌企业贷款贴息。对获得山东省服务名牌、国家 AAA 级以上物流企业、国家级酒家酒店的企业，按照标准给予资金奖励；对列入当年计划并已竣工验收的农家店和配送中心分别给予资金补助和贷款贴息支持；对市区农贸市场改造给予补助；培育市区特色街区；支持会展业发展，从 2013 年起连续 3 年，每年从服务业发展引导资金中安排一定数额资金，作为会展业发展专项扶持资金。服务业发展引导资金根据市政府确定的年度重点项目安排使用，按照市财政局《烟台市服务业发展引导资金管理办法》（烟财建〔2007〕38 号），具体由市发改委、市财政局管理。

2007—2015 年，烟台市各年度预算安排服务业发展引导资金分别为 883 万元、1075 万元、976 万元、1017 万元、2074 万元、2009 万元、2000 万元、1500 万元、990 万元，累计 12524 万元。

供销社改革发展资金

2008 年，根据市政府《关于加快推进供销合作社改革发展的实施意见》（烟政发〔2006〕88 号），市财政安排预算资金 500 万元，采取财政补助和贷款贴息方式，支持国家、省对引导帮助供销社企业改革发展和设施改造等项目的资金配套补助，包括农资区域终端连锁网络项目、农村成品油终端连锁经营网络建设项目、再生资源回收利用网络项目、农产品及日用消费品经营网络建设等。

市区“菜篮子”工程专项资金

2011 年，根据市政府《关于进一步加强“菜篮子”工程建设的意见》（烟政办发〔2011〕42 号），市财政局会同市商务局、物价局制定《烟台市市区“菜篮子”工程专项资金管理暂行办法》，设立市区“菜篮子”工程专项资金，从一般预算和价格调节基金中安排，用于保障市区“菜篮子”产品市场供应，引导“菜篮子”产品基地产业化建设，夯实市区“菜篮子”工程产业基础，提升“菜篮子”产品质量安全水平。专项资金对市蔬菜副食品领导小组当年确定支持的“菜篮子”基地建设（包括肉、菜、蛋、奶、豆制品、早餐和面食）、“菜篮子”基地建设有关的技术培训和服务、蔬菜副食品检测监测体系建设等项目给予补助。市商务局为市区“菜篮子”工程项目主管部门，负责编制长远发展规划和年度项目计划，组织项目实施；市财政局负责编制专项资金预算、资金拨付和资金使用监管。各年度专项资金预算根据年度项目计划需要及价格调节基金征收情况等统筹安排。

1996年9月，烟台市首次举办APEC国际贸易博览会

商贸发展专项资金

2012年9月，市财政局、商务局印发《关于促进外经贸发展若干政策的通知》，加大招商引资和鼓励外经贸发展的政策力度，整合招商引资、鼓励出口、开拓国际市场、对外开放考核奖励及境内外商务代表处经费等涉外经济服务支出，设立商贸发展专项资金。2015年，根据市政府《关于加大政策支持推动经济转型升级的意见》和《烟台市市级财政专项资金管理办法》，市财政局会同市商务局印发《烟台市商贸发展专项资金管理暂行办法》，商贸发展专项资金由市财政局、商务局共同管理，用于支持对外贸易发展和国际市场开拓、培育引进国际知名品牌、引导服务外包及电子商务产业发展、持续实施“菜篮子”工程等。市财政局负责安排年度预算，批复绩效目标，审核资金支持重点和分配使用方案，办理资金拨付；市商务局结合商贸事业发展需要，编制绩效目标，研究提出资金支持重点和分配使用方案，会同市财政局组织项目申报和评审，对项目实施情况进行监督和绩效评价。

2015—2016年，市级每年安排1500万元，支持对外贸易发展、国际市场开拓和市区“菜篮子”工程；每年安排400万元，支持服务外包及电子商务产业发展。2015年，市级安排400万元对引进培育国际知名品牌给予奖励。

第三节　旅游业管理与服务支出

1986—2006年，旅游事业费列其他部门事业费类，包括对外宣传费、干部培训费和其他旅游事业费等。2007年，工业商业金融等事务类支出中设旅游业支出款级科目，2009年改列粮油物资储备及金融监管等事务类。2010年，旅游管理与服务支出列商业服务业等事务支出类，2014年改列商业服务业等支出类。

1998年前，烟台市旅游事业费主要是市级旅游管理部门的经费性支出。1999年开始，市财政逐步加大旅游产业投入。2009年，建立旅游发展专项资金。2011年，市财政局、旅游局联合制定《烟台市旅游促销资金使用管理办法》，加大全市旅游产品促销力度。1986年，全市旅游事业费支出22.8万元。2015年，全市旅游业支出10171万元。1986—2015年，全市旅游业支出6.92亿元。

1986—2015年烟台市旅游业支出情况表

表2-66　　单位：万元

年度	金额	年度	金额
1986	22.8	2001	1250
1987	21.2	2002	1599
1988	33.1	2003	1303
1989	59	2004	1810
1990	27.1	2005	1263
1991	69	2006	1894
1992	41	2007	2605
1993	10	2008	4440
1994	45	2009	5395
1995	22	2010	6891
1996	36	2011	6021
1997	91	2012	5682
1998	50	2013	7202
1999	443	2014	9427
2000	1310	2015	10171

第四节　涉外经济支出

1986—2000年，烟台市财政主要通过落实各项财税优惠政策（如对外商投资企业税收实行两免三减半、外贸出口退税和对外贸企业实行盈亏包干管理等）和安排涉外经贸部门部分一次性专项经费等方式支持外向型经济发展。

2002年，根据市政府大力发展外向型经济的要求，市财政局开始制定落实对外经贸发展的各项扶持政策，安排专项预算支出，支持全市各类重点产品出口和“走出去”开拓国际市场战略，提升全市外向型经济发展水平。市财政局会同市对外贸易经济合作局对出口和新兴市场出口增长部分给予奖励，对市直各类出口退税质押专项贷款给予贴息，对市直各类出口企业出口信用保险保费给予补助，对市直各类出口企业参加网络交易会（中国国际电子商务网、烟台市网上交易会）发生的费用给予补贴，当年市财政共兑现政策补助资金1442.16万元。

2003年，市财政对出口100万美元以上企业出口增长部分给予奖励（市、县按企业隶属关系1∶2负担）；对机电产品、高新技术产品出口增长部分给予奖励（市、县按企业隶属关系1∶1负担）；对出口企业参加国家、省、市统一组织的国外经贸活动的摊位费给予补助（市级财政全额负担）；对出口企业参加国外反倾销应诉发生的律师费给予补助（市、县两级财政分别承担）；对企业“走出去”兴办境外加工贸易和资源开发项目及外经企业为履行对外承包工程项目合同而借贷国内银行专项贷款或封闭贷款给予贴息（市、县两级财政分别承担）。同时，对为外贸出口做出突出贡献的重点企业法人代表和有关人员给予奖励。当年市级财政兑现各项政策扶持资金2843.23万元。

2004年，烟台市增加对出口企业当年取得质量体系、环境体系和产品认证等国际认证的认证费和检测费给予补贴30%政策，单个项目最高补贴金额不超过5万元；对出口企业当年在国外注册产品商标的注册费给予补贴30%，单个项目最高补贴金额不超过5万元。当年，市级财政兑现政策资金829.92万元。

2006年，烟台市增加对拥有市级自主知识产权的产品和高新技术产品出口实行奖励、对中央及省级重点培育和发展的出口品牌企业给予奖励政策。

2008年，市财政局、外经贸局印发《关于实施烟台市鼓励外经贸发展若干政策措施的通知》，对引进单体项目当年到位外资额1000万美元以上的给予奖励；对引进世界500强、跨国公司地区总部、外资研发中心和外商资本100万美元（含）以上的服务外包项目，每个奖励10万元；对产业招商部门引进总投资1000万美元以上（其中，注册外资额300万美元以上）项目，按实际到位数额的4‰给予奖励。对在烟台市服务外包基地内注册的服务外包企业，购置自用办公用房的给予一次性补助、租赁办公用房的3年内免租金；服务外包企业上缴税收地方留成部分按比例拨付企业；对服务外包企业新录用的服务外包工作人员给予定额培训支持；对服务外包企业引进的高层次服务外包人才给予补助等。当年全市共兑现政策资金934.08万元，其中，市级423.39万元。

2010—2012年，全市兑现政策资金分别为1874.78万元（其中，市级812.92万元）、3060.59万元（其中，市级1207.73万元）、3103万元（其中，市级1275.12万元）。

2013年，全市兑现外经贸发展专项资金3918.61万元（其中，市级1987.91万元）。2014年，全市兑现外经贸发展专项资金3371.38万元（其中，市级819.84万元）。

2015年，根据市政府《关于加大政策支持推动经济转型升级的意见》和《烟台市商贸发展专项资金管理暂行办法》规定，市财政当年安排对外经贸发展专项资金预算2300万元。

2007—2015年烟台市商业服务业支出统计表

表2-67

单位：万元

项目/年度	合计	商业流通事务	旅游服务支出	涉外发展服务	其他商业服务
2007	7289	3166	2605	1518	
2008	15173	6004	4440	4729	
2009	34134	24978	5395	3431	330
2010	78274	62248	6891	7072	2063
2011	98548	63273	6021	22341	6913
2012	79909	41920	5682	10108	22199
2013	54053	22700	7202	11660	12491
2014	97099	19183	9427	13822	54667
2015	152067	35144	10171	15695	91057

第十三章　政策性补贴支出

1986 年，设价格补贴类支出科目，补贴项目、范围和标准由国家根据每年的经济发展形势和生产、消费等情况随时调整。随着国家粮食产销政策调整和粮食流通体制改革，粮油补贴类政策性支出规模相应缩减，2004 年转化为对农业实行以“种粮直补”为主的补贴方式。

第一节　粮油补贴

1985 年前，国家实行粮食统购统销制度，粮油购销调存均按指令性计划和统一价格执行（1982—1984 年，省对烟台市试行购销调拨三年包干管理，国家粮油征购任务完成后鼓励粮食部门开展议购议销），粮食财务实行全省统负盈亏体制，粮食财务与地方财政没有直接关联。自 1985 年起，国家取消粮食统购，实行合同定购（定购品种为小麦、稻谷、玉米及主产区大豆，定购品种以外的粮油议价经营），定购粮油按比例价执行以提高收购价格，取消对农民的超购加价政策（粮食部门内部核算作价则将比例价高于原统购价部分单独列报“超购加价款”由中央财政拨付，冲抵粮油进价成本）。同时，在全国范围内开始将粮食财务体制由省级下放地方财政管理。粮食财务体制以 1985 年盈亏缴拨为基数下放地方财政管理后，“分灶吃饭”的市、县级财政需承担粮食企业超基数的政策性亏损补贴和粮油价差补贴（1979 年提高粮油统购价而销价不动形成的差价）。超购加价款及超储费用补贴仍由中央财政负担。

1986 年，根据财政部《粮食企业政策性亏损定额补贴办法》，烟台市粮食部门平价粮油经营亏损由同级财政部门按销售或经营量核定亏损拨补定额，超亏不补，原作预算收入退库拨付的粮油价差补贴改列预算支出管理。

1988 年年末，烟台市政府作出开征补粮基金的决定（烟政发〔1988〕170 号），自 1989 年开始，以一定范围社会统筹方式解决粮食补贴增加的财政负担。

1991 年 5 月，烟台市执行国家统一提高粮油统销价格的政策，取消对粮食企业的粮油价差补贴，粮油销价提高增收额扣除财政应负担的行政事业单位职工和大中专学生等人员的粮油提价补贴后结余部分，在一定时期内保留（仅指财政预算安排，不列支出项目），用于解决以往年度粮食企业亏损财务挂账问题。

自 1992 年 4 月 1 日起，国家适当提高粮食购销价格，实行购销同价，国营粮食企业平价粮食成本一律改按提高后的合同定购价核算，国家财政相应取消超购加价款补贴，烟台市停止执行征收补粮基金政策。

1993 年，国务院决定积极稳妥地放开粮食价格和经营，实行“保量放价”，即保留粮食定购数量，价格随行就市。同时，建立粮食收购保护价格制度和粮食风险基金制度。放开粮价后，中央财政原负担的加价款补贴和地方财政减少的政策性亏损补贴转为粮食风险基金，以“粮票”为标志已实行38年的粮食统购统销制度宣告结束。

1998年5月，根据中央政企分开、中央与地方责任分开、储备与经营分开、新老粮食财务挂账分开和完善粮食价格机制的“四分开一完善”粮食流通体制改革原则，国务院作出进一步深化粮食流通体制改革的决定。烟台市贯彻敞开收购、顺价销售、收购资金封闭运行三项政策，加快国有粮食企业自身改革。粮食流通政策性与经营性两条线运行的“双轨制”过渡期结束。

2001年7月，国务院进一步深化粮食流通体制改革，确定“放开销区、保护产区、省长负责、加强调控”改革思路，要求主销区加快粮食购销市场化改革。2002年4月，山东省政府确定青岛、烟台、威海实行主销区政策，取消粮食合同定购。

2004年5月，烟台市贯彻国务院《关于进一步深化粮食流通体制改革的意见》，全面放开粮食收购市场，在国家宏观调控下，实现粮食购销市场化和市场主体多元化，建立对种粮农民直接补贴机制，保护粮食主产区和种粮农民的利益。在粮食流通领域，财政主要对国家与地方粮食储备系统支出给予经费保障、安排专项支出解决历史挂账问题。

为适应体制改革和政策调整，粮油补贴类财政支出先后作了三次类级科目调整。1986—1996年，设价格补贴类支出，先后下设粮油加价款、粮油价差补贴、地方粮油价外补贴、国家储备粮油费用补贴、粮食财务挂账利息补贴、粮食政策性财务挂账消化款等款级科目。这期间，财政补贴主要因各类政策性价格倒挂而发生。1997—2006年，改设政策性补贴支出，主要反映粮食风险基金等国家政策补助性支出，除军供粮油外，财政不再直接支付各种价差性补贴。2007年和2008年，工业商业金融等事务支出类下设粮油物资储备款级科目。2009—2015年，单设粮油物资储备支出类，反映国家和地方粮油物资储备系统的各项支出，包括粮油物资储备补贴支出和一般行政运行费用。

第二节　粮食风险基金

1994年，粮食流通体制改革实行“保量放价”，建立粮食收购保护价格制度和粮食风险基金制度，国务院印发《粮食风险基金实施意见》（国发〔1994〕31号），山东省于当年建立地方粮食风险基金，主要用于地方储备粮食和地方政府为平抑粮食市场价格吞吐粮食发生的利息、费用和价差支出及对贫困地区吃返销粮的种粮农民由于粮价提高增加开支的补助等。

1997年，国务院规定粮食风险基金最低规模建在省本级，凡粮食风险基金地方配套比例未达到1∶1.5的市地，要严格按比例配足地方自筹资金，并于当年开始，将原在市地列支部分及市地新增部分全部上解省财政统一列支，建立粮食风险基金。

1999年，国家实行粮食风险基金补助包干办法，中央核定的粮食风险基金规模由中央与地方按1∶1.5比例分别负担。省核定烟台市粮食风险基金规模12600万元（其中，市级4620万元），其中，中央包干补助5040万元，地方财政配套部分7560万元（其中，市级2772万元），地方配套资金年终通过预算体制专项上解结算。

2004年，国家开始实施对种粮农民直接补贴政策，山东省对各市地粮食风险基金规模进行调整。烟台市粮食风险基金规模由12600万元调整为10100万元（其中，市级2940万元），其中，中央包干补助4040万元，地方配套6060万元（其中，市级1764万元）。根据财政部《实行对种粮农民直接补贴调整粮食风险基金的实施意见》，烟台市粮食风险基金的使用范围调整为：对种粮农民的直接补贴；省级储备粮油的费用补贴；对政策性挂账的利息补贴；按保护价收购的老库存粮食在销售之前补贴的利息费用等；对国有粮食购销企业分流人员给予适当补助；与直补相关的工作经费，如宣传费、纸张费、印刷费、核实种粮面积所需经费等。节余的粮食风险基金，用于陈化粮差价亏损补贴、消化粮食财务挂账等粮食方面的开支。

2010年，中央财政实施粮食主产区粮食风险基金地方配套逐步退出政策，烟台市地方配套的上解数，由省财政于每年年末通过粮食风险基金专户拨补1460万元（其中，市级200万元）。2012年，粮食风险基金地方配套部分全额通过粮食基金专户拨补。2015年，省财政厅对粮食风险基金基数进行了适当调整，烟台市粮食风险基金规模为8930万元（其中，市级2770万元）。当年，粮食直补资金管理职能由市财政局经济建设科划转基层财政管理科。

第三节　副食品价格补贴

1986年，财政部规定取消政策性亏损补贴的收入退库方式，改列“市镇居民的肉食价格补贴”“平抑市场肉食价差补贴”等预算支出拨付。

1988年4月，为使城市职工的基本食品消费支出在价格变动时得到适当补偿，国务院决定试行主要副食品零售价格变动按定量计算给职工适当补贴办法，列入补贴范围的有猪肉、鲜蛋和白糖。烟台市财政部门会同有关部门落实补贴的具体发放办法。副食品价格补贴实行“明补”发放后，由于政府的价格控制和国营商业主渠道供应未变，财政对国营商业给予的“暗补”亏损并未减少，至1992年全国逐步放开肉蛋菜市场价格之前，市财政对市直食品公司、蔬菜公司均继续实行亏损包干政策，对超出年度预算上级下达的“平抑市场肉食价差补贴”和“平抑蔬菜市价价差补贴”支出指标部分，仍通过计划亏损弥补方式退库拨付。

1994年，烟台市执行财政部等部委印发的《副食品风险基金管理办法》，副食品风险基金列入同级财政预算。预算中增设“副食品风险基金”支出科目，资金来源主要是价格放开后节余的副食品价格补贴支出，专项用于地方政府稳定副食品生产、平抑副食品价格和扶持副食品生产发展等。当年，市政府以市长令形式颁布《烟台市副食品价格调节基金征收使用管理办法》，征缴的基金主要用于平抑调控市场肉蛋菜等主要副食品价格方面的补贴开支。

1997年，烟台市全面推进“菜篮子”工程建设，实行“菜篮子”市长负责制。市财政增加投入，副食品风险基金主要用于肉蛋菜奶等“菜篮子”工程建设，提高和改善副食品生产供应能力。当年，价格补贴支出类改为政策性补贴支出类，之后实际用于“菜篮子”工程的投入也不限于副食品风险基金支出。

第四节　石油价格改革补贴

2006年，为维护种粮农民、部分困难群体和公益性行业的利益，国家对成品油价格改革实行财政补贴机制，主要内容是：当国家确定的成品油出厂价高于实施补贴前的水平（即汽油高于4400元/吨、柴油高于3870元/吨），国家财政启动油价补贴机制，油价补贴随成品油价格的浮动而调整。补贴对象包括种粮农民，从事近海、内陆捕捞及养殖并使用机动渔船的渔民和渔业企业（含远洋渔业企业），城市公交企业，农村道路客运经营者，岛际和农村水路客运经营者，城市出租车司机等。补贴的负担比例为：对从事近海、内陆捕捞及养殖并使用机动渔船的渔民和渔业企业，国有林业企业和林场苗圃，城市公交企业的油价补贴，中央财政全额负担。对农村道路客运、岛际和农村水路客运经营者、远洋渔业企业的油价补贴，当汽油出厂价在4400～5480元/吨、柴油出厂价在3870～5070元/吨时，中央财政负担50%；汽油出厂价高于5480元/吨、柴油出厂价高于5070元/吨的部分，中央财政负担100%。对城市出租车司机的临时补贴，当汽油出厂价在4400～5480元/吨、柴油出厂价在3870～5070元/吨时，中央财政负担40%；汽油出厂价高于5480元/吨、柴油出厂价高于5070元/吨的部分，中央财政负担100%。

烟台市石油价格改革补贴，2006年列政策性补贴支出，共8301万元；2007年、2008年列工业商业金融等事务类款级支出，分别为14971万元、36683万元；2009年后，按补贴对象分别列入农业支出或交通运输支出。2006—2015年，全市共拨付石油价格改革补贴资金30.3亿元，主要由中央财政转移支付。

第五节　其他政策性补贴

1986—2006年，地方财政还曾负担市场民用煤销售价差补贴、农药化肥等生产资料储备补贴、棉花差价补贴、地方处理供销社新增挂

渔船出海

账补贴等支出。

另外，城市居民供暖、供气及公共交通等方面的财政补贴，主要通过对企业的计划亏损弥补和对职工（居民）“明补”渠道解决，未列入价格补贴类政策性支出预算反映。

1986—2006年烟台市各类政策性补贴支出统计表

表2-68　　　　单位：万元

项目 年度	合计	粮食加价款	国家粮油差价补贴	粮食风险基金	国家储备粮油利息费用补贴	粮食财务挂账利息补贴	地方粮油价外补贴	副食品风险基金	市镇居民肉食价格补贴	平抑市价肉食价差补贴	平抑市价蔬菜价差补贴	民用煤价差补贴	国家批准的其他政策性价格补贴
1986	15739	10273	2785						927	877	164	713	
1987	13908	10242	2026						836	23	158	623	
1988	12101	7220	2484		778				886	25	79	629	
1989	11566	4300	3473		732		1443		952	10	18	638	
1990	15654	9058	3234		677		1138		1007	23	16	501	
1991	9734	3941	2402		1020		808		1079	27	10	447	
1992	7524	5286			642		42		1029	25	19	334	147
1993	6547	3961			1537		58		956			18	17
1994	6030	1687	300	3186	446		74		199	83		3	52
1995	3940	949	289	1162	1209		35	270	23			3	
1996	3570	844	1118	896	526		98		15	70		3	
1997	3580	864	1596	392	510			202	13			3	
1998	3675	1117	762	12	429	295	98		12	310	70		570
1999	2839	795	361	12	46		46	100	13	200			1266
2000	2844		90	120			60						2574
2001	1660		48				227						1385
2002	2417		100		35								2282
2003	3561		130										3431
2004	2993					590							2403
2005	2006		20		20	597		200					3017
2006	12697		30	20	20	737	3	200					11687

注：2006年包括新增石油价格改革财政补贴8301万元、供销社挂账补贴162万元以及其他补贴3224万元

2007—2015年烟台市粮油物资储备支出情况统计表

表 2-69　　单位：万元

项目 年度	合计	粮油事务	物资储备事务	粮油储备	重要商品储备
2007	3975	3895	80		
2008	5477	5418	59		
2009	6854	4469	73		2312
2010	6228	6162	66		
2011	8503	4468	58	1260	2717
2012	8624	2587	49	1643	4345
2013	11583	5459	34	1721	4369
2014	5373	4232	39	806	296
2015	11855	5755	72	220	5808

注：重要商品储备主要是化肥与肉类储备

烟台公交新车上线

第三编　财政管理

理财为民

第一章　财政管理体制

1986—2015 年，烟台市财政管理体制历经“分灶吃饭”财政体制和分税制财税体制两个阶段。

第一节　省对烟台市财政体制

划分税种、核定收支、分级包干财政体制

1980 年开始实行“划分收支、分级包干”财政体制，1985 年在第二步“利改税”改革的基础上，国务院决定实行“划分税种、核定收支、分级包干”体制。同年，山东省政府印发《关于实行“划分税种、核定收支、分级包干”财政管理体制的规定》（鲁政发〔1985〕45 号），确定对烟台市实行“总额分成加增长分档分成”的体制办法。收入方面明确中央级固定收入、省级固定收入、市级固定收入以及省市共享收入。支出方面仍按隶属关系划分，不宜实行包干的专项支出，如特大自然灾害救助费、特大抗旱和防汛补助费等由中央财政专项拨款，不列入地方财政支出包干范围。具体核定烟台市总额分成比例为 44.9%，建立增量激励机制，财政收入增长幅度在 8% 以内的，增长部分按总额分成比例分成；增长幅度在 8% ～ 15% 部分，增长分成比例提高 10%；增长幅度超过 15% 以上部分，在保证上缴中央的分成收入后全部自留。该体制执行期间，因企业隶属关系变更和行政区划变动，省对烟台市的总额分成比例进行了两次调整：1986 年，烟草企业上划中央，省调减烟台市收入基数 932 万元，调减后收支基数分别为 76450 万元和 34747 万元，另外粮食财务体制下放实行超基数亏损补贴由地方负担，当年实际执行总额分成比例为 45.5%；1987 年，新成立地级市威海市，原烟台市所辖荣成县、文登县、乳山县和威海市（县级）收支划出，省将烟台市总额分成比例调整为 51%。

定额上交加比例递增财政体制

1988 年 7 月，国务院发布《关于地方实行财政包干办法的决定》（国发〔1988〕50 号），在全国推行不同形式的财政大包干办法。根据山东省财政厅《关于烟台市财政管理体制有关问题的通知》（鲁财预〔1988〕1 号）和《关于烟台市实行“定额上交加比例递增”财政包干体制的通知》（鲁财预〔1989〕24 号）规定，从 1988 年起，省对烟台市的财政体制由“总额分成加增长分档分成”调整为“定额上交加比例递增”的体制办法。主要内容包括：定收定支，收入基数减支出基数的余额为定额上缴数，调整后上缴基数 31227 万元，每年递增 8% 包干上交，实际收入比上年增长不足 8% 的部分由本市财力补足上交；增长 8% ～ 15% 的部分省与市按“三七”分成；增长幅度超过 15% 的部分全留。同时规定，实行这一体制后，国家在治理、整顿、调整以及改革中采取的政策措施对财政的影响，除省另有规定外，一律不作调整。对划给地方作为固定收入的 13 种小税，以 1987 年为基数抵顶支出，增长部分全留，并相

应调整包干基数。由于13种小税划作地方固定收入，省将烟台市的分成比例调减为47.7%。

分税制财政体制

1994年1月1日起，全国实行分税制财政体制。同年，山东省政府印发《关于实行分税制财政体制的意见》（鲁政发〔1994〕1号）等7个改革方面的通知，明确省对地市同步实行分税制财政管理体制改革，主要内容：1.以税种为基础明确划分中央、省、地市财政收入，并确定了共享收入分享比例。其中，属于地市级收入有：中央四大部门以外的企业（包括卷烟企业）缴纳的增值税25%部分，营业税（不含银行营业税和四大部门所属企业营业税），城市维护建设税（不含铁路、银行总行、保险总公司等部门缴纳的城建税），地市以下企业所得税、上缴利润及亏损补贴，城镇土地使用税（不含中央及省级企业缴纳的部分），个人所得税，固定资产投资方向调节税，房产税，车船使用税，印花税（不含中央及省级企业缴纳的部分），屠宰税，农牧业税，农业特产税，耕地占用税，契税，遗产税和赠予税，土地增值税，其他原属地市的各项收入。2.省与地市支出范围划分和内容不变，仍按原体制规定执行。3.省对各地市税收返还按1993年各地市实际收入以及税制改革和各级收入划分确定。1994年以后，税收返还额在1993年基数上逐年递增，递增率按全国增值税和消费税平均增长率的1∶0.3系数确定。此外，为确保新老体制衔接，老体制规定包干上交的地市仍继续递增上交，并将烟台市包干上交递增比例由8%调减为7.5%，收入增长7.5%以上部分，省里不再参与分成。

2002年，根据中央统一部署，省政府出台《山东省所得税和营业税收入分享改革方案》（鲁政发〔2002〕21号），自2002年1月1日起，改革原按企业隶属关系划分所得税、营业税收入的办法，对企业所得税和个人所得税收入实行中央、省与地市按比例分享；对地方营业税收入实行省与地市按比例分享。本轮体制调整，除少数特殊企业的所得税和储蓄存款利息个人所得税外，一般企业所得税和个人所得税实行中央、省与地市按比例分享；地方营业税实行省与地市按比例分享；各地市净上划的所得税和营业税，省财政以2001年为基期予以基数返还。一般企业所得税收入，2002年中央、省、地市按照50%、10%、40%的比例分享；2003年调整比例为60%、8%、32%。个人所得税收入，2002年中央与地市按照50%、50%的比例分享；2003年调整比例为60%、40%。营业税收入，除山东省高速公路经营企业集中缴纳的营业税、城建税及教育费附加收入继续作为省级收入外，其他地方营业税按照省与市20%、80%的比例分享。

2005年，省政府办公厅印发《关于进一步完善省以下财政管理体制有关问题的通知》（鲁政办发〔2005〕54号），对所得税分享比例等具体内容进行了调整完善。将原属中央与省级共享的储蓄存款利息个人所得税下划市县，并将个人所得税分享比例由原中央与地市按60%、40%分配，调整为中央、省、市按60%、15%、25%分配。个人所得税上划与下划的部分，以2004年为基期，两者相抵后，作为省对各市税收返还或上解的基数，保证各地的既得利益。降低地市原体制递增上解比例，其中，烟台等8个地市递增上解比例降为3%。省财政建立财政困难县保障性转移支付制度、激励性转移支付制度等“五奖一补”政策。

2013年，山东省政府印发《关于进一步深化省以下财政体制改革的意见》(鲁政发〔2013〕11号)，决定从2013年起进一步理顺省以下财政分配关系，调整完善省以下财政体制。改革的主要内容是：自当年起，按照“能放则放”的原则，将省级分享的一般企业营业税、企业所得税、个人所得税，石化企业增值税，胜利石油管理局增值税，电力生产企业增值税和企业所得税，国家开发银行山东分行、高速公路和铁路运输企业城市维护建设税和教育费附加，全部下划市县，作为市县财政收入，属地征管，就地缴库。对省级下划的收入，以2012年决算数为基数，每年由市县定额上解省财政。对增值税、营业税、企业所得税（含企业所得税退税）、个人所得税、资源税、房产税、城市土地使用税、土地增值税、耕地占用税和契税收入比核定的2012年收入基数增长部分，由省与市按照15∶85的比例分成。其中，耕地占用税2013—2015年省级暂不分成。省级分享的税收，年终由市县通过体制结算上解。对国家新设立的或下放的税种，省级将适时调整。为减轻市县递增上解的压力，烟台市以2012年原体制上解额为基数，每年定额上解省财政，不再按3%的比例递增。因取消递增上解比例相应增加的财力，要全部用于缓解县乡财政困难。将省属及以上采矿人缴纳的矿产资源补偿费省级分成比例统一降低50%，将煤炭资源探矿权、采矿权价款收入省级分成比例降低到30%。因政策调整增加的收入，专项用于矿产资源保护和资源产地环境修复。

在出口退税方面，1994年分税制改革之后，中央、省对市县出口退税负担政策也进行了几次调整：2004年，国务院印发《关于改革现行出口退税机制的决定》，建立中央与地方共同负担出口退税的机制，以2003年出口退税实退指标为基数，从2004年起对超基数部分的应退税额，由中央与地方按75%、25%的比例共同负担，因省级财政未对增值税进行分享，出口退税地方负担部分主要由市县财政承担；2005年，根据中央改革精神，省将市地超2003年基数部分中央与地方分担比例调整为92.5%、7.5%；2006年、2010年、2013年和2014年，省对市县负担出口退税政策又分别作了调整；为进一步减轻市县出口退税压力，自2013年起，对市县负担出口退税比上年增长部分，由省级补助50%，各市因省级多负担出口退税相应增加的财力，要重点用于支持外向型经济发展；2015年，国务院印发《关于完善出口退税负担机制有关问题的通知》，出口退税改由中央财政全部负担，地方2014年原负担的出口退税基数定额上解中央，省对下负担机制相应进行了调整。

第二节 市对县（市、区）财政体制

烟台市根据中央和省财政体制改革精神，结合地方实际，确定对县（市、区）的财政管理体制。

总额分成加增长分档分成财政体制

1986—1987年，中央、省实行“划分税种、核定收支、分级包干”财政体制，按照省有关规定，烟台市对县（市、区）仍然实行1985年之前的“总额分成加增长分档分成”体制。主要内容包括：分成比例低于省对市分成比例的县（市、区），按实际收支比例分成，收入比上年增长部分给予增长分成；分成比例高于省对市分成比例的县（市、区），按省对市的比例分成，分成收入不足支出基数部分，由市里核定定额补助，实际收入比上年增长部分，给予增长分成。由于长岛县收入基数小于支出基数，1985—1987年，市对长岛县实行“收入全留、定额补助”的财政体制。黄县（现龙口市）作为省财政试点县，财政体制略有别于其他县（市、区），当年收入增长在8%以内，按总额分成比例分成；超过8%，在保证上缴中央的分成收入后，其他部分全部留县。黄县实行特殊体制影响烟台市收入的部分，由省财政负担。

定额上交加比例递增财政体制

1988—1993年，根据省对烟台市的财政体制，综合考虑各县（市、区）经济发展不均衡、原分成比例差异较大等实际情况，市对县（市、区）的财政体制作了调整：对长岛县和开发区之外的其他县（市、区）主要实行“定额上交加比例递增”及“上解递增包干”体制；针对长岛县收入体量小，收不抵支的情况，对该县仍实行“收入全留加定额补助”体制；为促进开发区加快发展，对该区实行“收入全留”体制。

分税制财政体制

1994年，市政府印发《关于实行分税制财政体制改革的意见》（烟政发〔1994〕59号），决定自1994年1月1日起，改革原财政包干体制，对各县（市、区）实行分税制财政体制。市对县（市、区）财政体制改革的一个重要原则是，市与县（市、区）税种的划分，除上划中央的收入外，基本维持原有格局，保持市与县（市、区）都有主体税种，使各级都有稳定增长的收入来源。市级收入主要包括：市属以上企事业单位缴纳的增值税25%部分、营业税、城市维护建设税、投资方向调节税、房产税、车船使用税、土地增值税；市级企业缴纳的城镇土地使用税、印花税、所得税、利润（含亏损补贴）；市属以上企事业单位及个人缴纳的个人所得税、契税、耕地占用税等。其他收入按属地原则全部作为县（市、区）财政收入。参照中央、省对烟台市的税收返还办法，市对县（市、区）也分别确定税收返还基数，并按1∶0.3的方法逐年给予递增返还。此外，根据省对下按新旧体制“双轨”并行、原体制上解递增的原则，烟台市对县（市、区）也保留了体制上解比例递增的原体制办法，递增比例为8%。

从2002年开始，中央和省财政对分税制体制进行了若干政策调整或完善，烟台市对县（市、区）财政体制也作了相应调整。

2002年，烟台市按照中央、省统一规定，对所得税、营业税分享机制进行调整，改革原按企业隶属关系划分所得税、营业税收入的体制，重新明确市与县（市、区）财政收入范围。

市级财政收入包括：驻芝罘区、莱山区的市及市属以上企事业单位缴纳的增值税25%部分及营业税80%部分（均不含中央、省级收入）、城市维护建设税、固定资产投资方向调节税、房产税、土地增值税、城镇土地使用税、印花税、农业特产税和教育费附加收入；市属企事业单位以及驻芝罘区、莱山区的中央、省属企事业单位缴纳的企业所得税市分享部分；跨地区经营、在市及市以上集中或统一缴库的企业所得税市分享部分；银行（四大国有商业银行和三家政策性银行除外）、证券、保险、烟草专卖、移动通信、石化企业以及上述企业所经办企业（含各县市区和开发区）缴纳的企业所得税市分享部分；银行（含四大国有商业银行、三家政策性银行及其他各商业银行）、证券、保险企业以及上述企业所经办企业（含各县市、区和开发区）缴纳的地方营业税80%部分；驻芝罘区、莱山区市及市属以上企事业单位及其个人缴纳的契税、车船使用和牌照税、筵席税、个人所得税市分享部分；市属企事业单位的国有资产收益及亏损补贴；在开发区注册但在芝罘区、莱山区范围内经营的市及市属以上企业缴纳的税收等。

县（市、区）级财政收入包括：增值税县级分享25%部分、营业税县级分享80%部分、城市维护建设税、城镇土地使用税、印花税、固定资产投资方向调节税、房产税、土地增值税、车船使用和牌照税、契税、筵席税、教育费附加收入（以上均不含中央、省、市级收入部分）；企业所得税县级分享部分；个人所得税县级分享部分；资源税（不含海洋石油和石油资源税）；县级以下企事业单位的国有资产收益及亏损补贴；农牧业税；农业特产税；耕地占用税等。

2004年，市政府印发《关于调整市对部分区市财政管理体制的通知》（烟政发〔2004〕138号），对芝罘区、莱山区、开发区、龙口市、栖霞市的财政体制进行调整。芝罘区范围内的地方财政收入分为市级固定收入、区级固定收入和市区共享收入三个部分，市级固定收入及区级固定收入就地分别缴入市、区级国库，市区分享收入按照分享比例分别缴入市级国库和区级国库，市与区分享比例暂定为70%、30%。除因土地出让、转让等行为产生的相关税收作为市级固定收入外，其他在莱山区范围内实现的市级税收收入全部下放当地管理，就地缴入区级国库，年终由莱山区根据地方税收总额通过体制结算按比例上缴市财政。将原在市级征管的烟台氨纶股份有限公司下放开发区管理，实现的市级税收就地缴入当地区级国库，市对开发区的体制由原来的定额上交改为按比例上交，年终由开发区根据地方税收总额通过体制结算按比例上缴市级财政。将山东百年电力发展股份有限公司实现的市级税收下放龙口市管理，就地上缴当地国库，年终由龙口市根据地方税收总额通过体制结算按比例上缴市财政。将烟台三菱水泥有限公司实现的市级税收下放栖霞市管理，就地上缴当地县级国库，原体制规定的分成办法继续执行。

2007年，市政府印发《关于进一步调整市对县（市、区）财政管理体制的通知》（烟政发〔2007〕16号），取消1994年分税制改革后保留的体制递增上解办法；税收属地征管，将县（市、区）范围内的市级税收全部下放县（市、区）管理；规范分配关系，建立以共同利益为纽带、共享收入为主体的收入分配新机制。具体内容包括：将各县（市、区）原就地缴入市级国库的银行、证券、保险等特殊行业营业税及其他市级税收（不含莱山区范围内因土地出让、转让等行为产生的相关税收）全部下放县（市、区）管理，就地缴入县级国库；取消各县（市、区）按比例递增上解的体制办法；对各县（市、区）地方财政收入中的税收收入，实行市与县（市、区）按比例分享，其中，莱山区、福山区、牟平区市级分享比例为20%，龙口市、莱阳市、蓬莱市、招远市、莱州市、栖霞市、海阳市、长岛县市级分享比例为10%，由各县（市、区）年终通过体制结算上缴市级财政；市对开发区实行税收按比例上缴的体制办法，开发区范围内实现的地方税收，按20%上缴市级财政，年终通过体制进行结算。

2012年，为理顺市与中心城区财政分配关系，规范部分重点领域税收征管秩序，确保市级有持续稳定的收入来源，市政府印发《关于调整市与芝罘区莱山区财政管理体制的通知》，决定从2013年1月1日起，对芝罘区、莱山区财政管理体制进行调整。芝罘区范围内金融保险业营业税和市级保留企业实现的地方税收作为市级固定收入，其他地方税收以及教育费附加、地方教育费附加作为市区共享收入由市与区按照60%、40%的比例分成，其他非税收入仍维持管理体制和级次不变。为调动芝罘区组织收入的积极性，每年市区共享收入比上年增长部分，实行市与区按30%、70%比例分成。莱山区范围内金融保险业营业税作为市级固定收入，就地缴入市级国库；土地出让、转让等行为产生的营业税、契税和土地增值税等相关税收全部下放莱山区管理，就地缴入区级国库。其他仍执行原财政体制。

2013年，省政府印发《关于进一步深化省以下财政体制改革的意见》，按照能放则放的原则将省级收入下放市县管理。为贯彻落实省改革精神，市政府印发《关于进一步调整理顺市对县（市、区）财政管理体制的意见》，主要内容包括：自2013年起，省级原分享的市级保留企业营业税、企业所得税、个人所得税以及芝罘区、莱山区金融保险业营业税作为市级收入，就地缴入市级国库；省级原分享的其他一般企业营业税、企业所得税、个人所得税，石化企业增值税，电力生产企业增值税和企业所得税，高速公路和铁路运输企业城市维护建设税和教育费附加，按属地原则作为县（市、区）收入，就地缴入县级国库。结合市县收入划分改革，同时对部分县（市、区）财政管理体制进行了调整，主要包括：2013—2015年，除上缴中央、省级收入外，对高新区、昆嵛山保护区、保税港区继续实行“收入全留、专项补助”的财政体制；对烟台开发区实行定额上缴的财政体制；在市委、市政府确定的帮扶期内，继续对栖霞市和长岛县实行“收入全留”的财政体制，市级集中的财力给予全额返还。此外，还对煤炭资源探矿权、采矿权价款收入分成政策进行了调整，将县级分成比例提高至35%，支持矿产资源地加大矿产资源保护和环境修复力度。

新功能区财政体制

2008年以后，烟台高新区、保税港区和昆嵛山保护区相继成立，为支持三个新区依托各自的功能定位加快发展，市政府于2009年印发

烟台高新区

《关于烟台高新区财政管理体制的意见》，2011年印发《关于确立烟台保税港区财政管理体制的意见》《关于确立昆嵛山国家级自然保护区财政管理体制的意见》，明确划分三区收支范围，实行“收入全留”的财政体制。

乡镇财政体制

1983年10月，中共中央、国务院《关于实行政社分开建立乡政府的通知》决定将农村政权机构与具体经济组织分离，为乡镇财政体制建立和完善奠定了基础。1985年4月，财政部颁布《乡（镇）财政管理试行办法》，明确乡（镇）财政是国家财政的组成部分，做好乡镇财政工作是乡镇政府的重要职能之一。烟台市乡镇财政机构设置自1985年试点，1986年年末，普遍建立乡镇财政机构，1987年开始实行市、县、乡三级预算管理体制。乡镇财政收支体制具体由各县（市、区）政府确定，市财政部门负责政策业务指导。按照《乡（镇）财政管理试行办法》规定，乡镇财政体制根据具体情况分别采用“定收定支、收支挂钩、总额分成、一年一定”“定收定支、收入上交、超收分成、支出下拨、超支不补、结余留用、一年一定”“定收定支、收支包干、定额上解、一定几年”等三种基本形式，合理处理县、乡财政间分配关系，调动乡镇政府当家理财的积极性，促进农村经济及各项事业发展。

1994年实行分税制财政体制改革，烟台市根据“财权和事权相统一放权让利于乡镇，扩大乡镇收支自主权，按属地划分收支，按税种划分收入”原则，构建了分税制条件下的乡镇财政体制。主要内容是：收支下放比较彻底，财权与事权基本统一，在确定收支基数时，充分考虑各乡镇的经济基础、自然资源、发展潜力等多方面因素，基本保障了乡镇人员工资等正常运转所需支出，促进了乡村政权建设；财政资金调度比较灵活，乡镇固定收入全部缴入乡镇金库，共享收入先入乡镇金库，年终决算时结算，扩大了乡镇资金调度的自主权，促进了乡村经济和各项事业发展；赋予乡镇财政合法地位和财政管理自主权，通过行政配套措施实现财政综合平衡，真正实现了一级政府一级财政，调动了乡镇政府增收节支、当家理财的积极性，促进了乡镇财政体制的自我完善。

2005年，烟台市率先取消农业税。为合理确定乡镇财政主体税种，保证乡镇财政收入具有可靠来源，根据分税制财政体制的要求，市财政进一步理清乡镇财源建设思路：继续支持工业经济发展，提高民营企业经济效益，巩固主体财源；大力发展效益农业，稳定基础财源；积极发展第三产业，培养新型财源或拓展替代财源；加强乡镇税收管理，防止税收流失。同时，推行“乡财县管乡用”改革试点。2006年12月，市财政局转发《财政部关于进一步推进乡财县管工作的通知》，要求在2008年年底前，在保持乡镇资金所有权和使用权不变的前提下，推行“乡财县管”体制。对经济发达、财政收支规模大、自身财政收入能够满足支出需要的乡镇，暂不实行“乡财县管”办法。

第三节 转移支付

现行财政转移支付制度是在1994年分税制的基础上逐步建立起来的，由税收返还、财力性转移支付和专项转移支付三部分构成，以中央对地方的转移支付为主。《预算法》规定："地方各级一般公共预算收入包括地方本级收入、上级政府对本级政府的税收返还和转移支付、下级政府的上解收入。地方各级一般公共预算支出包括地方本级支出、对上级政府的上解支出、对下级政府的税收返还和转移支付。"实施分税制体制后，转移支付成为烟台市一般公共预算支出的重要构成部分，1994 年税收返还收入占全市一般预算支出的 56.6%，按包括税收返还的上级补助收入总额抵减各项上解支出后转移支付净财力计算，也达 30% 以上。

2014 年，国务院颁布《关于改革和完善中央对地方转移支付制度的意见》（国发〔2014〕71 号），围绕建立现代财政制度，以推进地区间基本公共服务均等化为主要目标，以一般性转移支付为主体，完善一般性转移支付增长机制，清理、整合、规范专项转移支付，加强转移支付管理，充分发挥中央和地方两个积极性，促进经济社会持续健康发展。

2015 年，省政府制发《关于贯彻国发〔2014〕71 号文件改革和完善省对市县转移支付制度的意见》（鲁政发〔2015〕18 号），按照"增一般、压专项、强监管、重绩效"的改革思路，改革省对下转移支付体系，逐步建立功能完善、责权明晰、规范透明、运转高效、保障有力的省对市县转移支付制度，进一步增强基层财政保障能力，提高全省基本公共服务均等化水平。主要内容包括：结合事权与支出责任划分，调整优化转移支付结构；完善一般性转移支付制度，推进基本公共服务均等化；规范优化专项转移支付，促进加快政府职能转变。为贯彻落实中央和省改革精神，烟台市委、市政府制定印发《关于深化财税体制改革的实施意见》（烟发〔2015〕2 号）。主要内容：在理顺事权和收入划分的基础上，对部分财政困难县（市、区），由市级通过一般性转移支付给予补助；市级事权委托县级承担的，通过转移支付全额补足；加快建立财政转移支付同农业转移人口市民化挂钩机制，推动教育、就业、社会保障、社会服务、医疗卫生、住房保障等领域基本公共服务由户籍人口向常住人口扩展；大力压减财政专项转移支付，严格控制新增专项转移支付项目和资金规模，市场竞争机制能够有效调节的事项不得设立专项转移支付；建立健全专项转移支付定期评估和退出机制，清理不符合政府职能和公共财政投入方向的专项转移支付，凡属"小、散、乱"以及效用不明显的坚决取消；对清理后需要保留的专项转移支付，改进分配方式，引入市场化运作模式。是年年底，以一般性转移支付为主体的现代转移支付体系逐步完善，市对下的一般性转移支付由 2006 年的 1.54 亿元提高至 62.7 亿元，占转移支付总规模的比例由 2006 年的 13% 提高至 55%。

1987—2015 年烟台市财政一般预算支出分级统计表

表 3-1　　　　　　　　　　　　　　　　　　　　单位：万元、%

项目 / 年度	合计	市级		县市区级		乡镇级	
		支出	占比	支出	占比	支出	占比
1987	55586	15359	27.63	29713	53.45	10514	18.92
1988	66626	16394	24.61	36776	55.20	13456	20.19
1989	79008	21450	27.15	41864	52.99	15694	19.86
1990	90009	21768	24.18	50462	56.06	17779	19.75
1991	92050	22925	24.90	50211	54.55	18914	20.55
1992	99772	24344	24.40	53782	53.90	21646	21.70
1993	138493	30945	22.34	79996	57.76	27552	19.89
1994	161220	32643	20.25	88214	54.72	40363	25.04
1995	194018	39339	20.28	110965	57.19	43714	22.53
1996	245901	52747	21.45	137279	55.83	55875	22.72
1997	280214	59353	21.87	155089	55.56	65772	22.57
1998	341642	79878	23.38	185877	54.41	75887	22.21
1999	380793	84139	22.10	207883	54.59	88771	23.31
2000	444077	97768	22.02	244285	55.01	102024	22.97
2001	534224	120185	22.50	284822	53.32	129217	24.19
2002	648516	135880	20.95	345503	53.28	167133	25.77
2003	755238	157445	20.85	509856	67.51	87937	11.64
2004	920456	183036	19.89	660605	71.77	76815	8.35
2005	1141058	235974	20.68	801350	70.23	103734	9.09
2006	1436891	286105	19.91	1021814	71.11	128972	8.98
2007	1744960	325920	18.68	1333727	76.43	85313	4.89
2008	2092492	386184	18.46	1601131	76.52	105177	5.03
2009	2480328	484553	19.54	1864975	75.19	130800	5.27
2010	3238648	604621	18.67	2465740	76.13	168287	5.20
2011	4075326	714050	17.52	3165773	77.68	195503	4.80
2012	4768714	850119	17.83	3712598	77.85	205997	4.32
2013	5417439	938077	17.32	4287652	79.15	191710	3.54
2014	5748633	976208	16.98	4547547	79.11	224878	3.91
2015	6435311	1071887	16.66	5113010	79.45	250414	3.89

第二章　预算管理

1986—2015年，烟台市各级财政部门根据不同时期政治经济形势和财政体制变化，探索生财聚财用财之道，改革和落实预算编报制度，注重运用现代化的管理方式和手段强化预算收支管理。特别是《中华人民共和国预算法》实施后，市财政局适时调整分税制后的预算管理体制，推进部门预算、政府采购、国库集中支付制度等配套改革，强化预决算公开制度和绩效考核，完善预算管理制度，初步建立起与公共财政体系相适应的财政预算管理机制。

第一节　一般公共预算

年度预算安排

1986—1991年，烟台市按照1951年中央人民政府政务院公布的《预算决算暂行条例》编制和执行预算。

1986年是实施“七五”计划的第一年。烟台市按照“量入为出、收支平衡、统筹兼顾、保证重点”的原则编制预算，增收节支，实现财政收支平衡。根据财政体制变化，对财政收支预算范围作适当调整：财政收入预算按新的财政体制规定填报，企业收入包括原属县办工业“五五”分成部分。工商税收入包括第二步“利改税”后调整税率而出现的利税转移部分和不计提1%工商税附加而增加的收入，还要考虑开征城市维护建设税后影响收入的因素。县以上供销社收入改按工商所得税入库，相应调增工商税收计划。城市维护建设税、排污费收入和城市水资源收入仍在预算内列收列支，作为固定收入全额留用。盐税全部上解，其余收入实行总额分成。根据财政部规定，粮油煤菜等价差补贴由抵减预算收入改列各级财政支出，省核定烟台市补贴预算3837万元。

1987年，烟台市围绕财政收支平衡，广泛开展增产节约、增收节支运动；深化企业改革，积极推行企业承包经营责任制；合理安排财政资金，保证重点建设，完成2477万元中央借调资金任务；在市直各单位推行预算包干管理制度，加强财政管理和监督。10月，因区划调整，省财政将威海市收支预算任务划转执行。

1988年，中央实行财政信贷“双紧”方针，省对烟台市实行“定额上交加比例递增”的新体制。为适应新形势和新体制要求，烟台市按照“紧中有活、有保有压”的方针，从紧安排各项财政支出，适当增加对农业、科技和教育的投入，压缩公用经费开支，特别是控制预算拨款单位的集团消费，确保把有限的财政资金用在增强国民经济发展后劲方面。因烟台港财务体制下放，相应增加烟台市以港养港列收列支预算1254万元。当年新开征耕地占用税，增加收入计划1926万元。

1989年，烟台市继续贯彻中央治理整顿方针，深入开展“双增双节”运动，进一步推进和深化企业改革，坚持过紧日子，确保当年财政收支平衡。根据上级部署，当年增加的预算调节基金收入全部缴省金库，省财政通过体制结算返还市地分成部分。

1990年,是“治理整顿”见成效的关键一年。中央为了提高两个比重（财政收入占国民收入的比重、中央财政收入占国家财政收入的比重），增强宏观调控能力，保证中央必需的开支，决定不变动财政体制，采取增加上交任务的办法，从各地集中一部分资金，省分配烟台市做贡献任务1150万元。为了优化经济结构，增强全省经济的发展后劲，省政府决定集中部分资金进行重点建设，从预算调节基金地方分成部分集中一半，烟台市上缴868万元。

1991年是“八五”计划第一年。根据全国财政工作会议精神，在原来向中央做贡献不变的基础上，山东等部分沿海省份再向中央做新贡献。省分配烟台市新贡献任务1168万元，新老贡献及原中央借调1992万元，烟台市当年体制分成收入共需无偿上交中央和省5178万元。为实现预算平衡，烟台市狠抓促产增收工作，推行驻厂员联系户制度，要求全面完成各项扭亏增盈目标。深化各项财政改革，重点压缩平价粮油销售，控制粮食企业亏损补贴，对有收入的事业单位推行承包责任制，全面推行编制经费大包干，精减会议，推行将公费医疗经费包给医院的办法，控制和压缩支出。

1992—1994年，烟台市按照国务院1991年颁布的《国家预算管理条例》编制和执行预算。

从1992年起，中央确定地方负担出口退税的比例由15%提高到20%，省分配烟台市向中央做贡献和出口退税负担定额1970万元。为平衡预算，烟台市当年从预算外资金调入预算内2170万元，同时要求搞好国营大中型企业，继续抓好扭亏增盈工作，企业亏损面要缩小10%、亏损额减少20%、工业企业车间经费和管理费压缩10%。从严控制支出，将会议费支出压缩30%，对公费住宅电话进行检查清理，对应该自行解决经费来源的事业单位限期停止拨款，加快由全额管理向差额管理到自收自支的过渡步伐。

1993年，根据全国和省财政工作会议精神，烟台市财政预算安排总的原则是：积极推进国有企业转换经营机制，加快对外开放步伐，大力发展第三产业，努力开源增收；有保有压，增加农业、科技、教育投入，支持重点建设项目和“瓶颈”产业建设；坚持量入为出，确保财政收支平衡。预算指标安排要求国有工业企业亏损面比上年下降5%，经营性亏损扭亏要达到20%以上。

1994年，全国实行分税制财政体制改革。当年山东省对烟台实行双轨制的财政体制管理办法，一方面按照中央分税制办法规定上缴上划中央的收入，另一方面省对烟台市实行的财政包干办法,继续实行递增上解,递增比例由8%调整为7.5%。烟台市为实现财政收支平衡，积极推进财税改革，探讨建立地方综合财政体系，运筹财力，保证人员和必要公用经费的基本需要，适当增加农业、科技、教育等事业的投入。

1995—2014年，烟台市按照1994年颁布的《中华人民共和国预算法》编制和执行预算。

1995年是“八五”计划的最后一年。烟台市适应分税制财政体制要求，加强地方财源建设;优化支出结构，在保工资、保稳定的基础上，支持重点事业发展；以《中华人民共和国预算法》《中华人民共和国审计法》实施为契机，强化财政监督管理和财政法治建设；实行适度从紧的财政政策，确保实现当年财政收支平衡。

从该年度开始，烟台市由之前向市人民代表大会报告全市财政预算、向市人大常委会报告市级财政预算，改为向市人民代表大会同时报告全市和市级预算草案、以市级为主的模式。

1996年，烟台市预算安排要求以经济增长方式转变为契机，切实加强地方财源建设；围绕“管理效益年”活动，以财务管理为中心，促进企业提高经济效益；深化国有企业改革，不断提高国有资产运营效绩；本着还所有权归政府、还管理权归财政的原则，改革预算外资金管理体制；按照巩固农业基础地位和乡镇基层政权的原则，完善乡镇财政体制改革，搞好乡镇金库建设的试点和推广。

1997年，继续实行适度从紧的财政政策，烟台市预算编制提出要力争超收，促进财政收入的稳定增长；坚持量入为出，控制支出总量，优化支出结构，确保财政支出增长低于收入增长幅度。影响当年预算收支安排的几项主要政策变化有：从1997年1月1日起，各种营业性娱乐场所、广告媒体及经营单位，按经营收入的3%缴纳文化事业建设费。国家级、省级文物保护单位将当年门票收入的20%上缴省文化厅，设立“省级文物保护专项资金”。公安、工商、建设、文化等部门的行政性收费纳入预算列收列支。根据省政府有关规定，重点企业所得税按33%上缴，财政返还企业15%；股票上市企业所得税按33%征收，财政返还18%；省级以上新产品实现的增值税地方25%部分实行先征收，财政全额返还。当年，按照财政部的规定，烟台市开始编制财政基金收支预决算。

1998年，烟台市预算安排要求深入贯彻中共十五大精神，大力推进两个根本性转变，突出保稳定、保大局，实现财政收支平衡。当年影响预算收支的政策主要包括：根据省政府有关规定，对宾馆、饭店和旅行社等各类旅游企业按其计税营业收入的1%征收发展事业费，发展事业费70%留归市地使用，30%上缴省统一调剂使用；山东省逐步实行住房分配货币化，相应增加公务人员的住房补贴预算；国务院规定，企业社会养老保险经办机构经费不再从养老保险基金中提取，改由财政预算安排；分别从1997年下半年和1998年1月1日起，适当提高行政事业单位和离退休人员的工资和补贴。

1999年，烟台市财政预算安排的原则是：稳步增加财政收入，优化财政支出结构，提高财政对社会公共项目的保障程度，加大基础设施投入，压缩竞争性和经营性领域的财政支出，确保粮食流通体制改革和科技、教育、社会保障等重点支出的需要，实现全年财政收支平衡。具体预算安排中，按照全国财政工作会议精神，减少了财政预算中生产性基本建设投资和企业挖潜改造资金，削减事业单位补贴。明确提出，从该年度起，除教育等少数单位外，原则上每年减少事业单位财政补贴三分之一，逐步实行自负盈亏；有收入的财政全额拨款事业单位要逐步改为差额补助单位或自收自支单位，将改革节省的资金，重点用于保证国有企业下岗职工基本生活和再就业等急需安排的重点支出。

2000年，烟台市停征固定资产投资方向调节税，减免商品房契税，清理行政性收费，新增建设用地缴纳的土地有偿使用费30%上缴中央、70%上缴省，提高工资和住房补贴标准，当年收支矛盾比较突出。按照建立公共财政的要求，烟台市预算安排坚持“有保有压”原则，继续增加基础设施建设投资，大力支持经济结构调整，保证行政事业单位增资和社会保障资金需要，集中财力解决关系全局发展的重点问题。推进预算管理制度改革，逐步将不同性质的财政资金统一编制下达到使用资金的归口部门，完善预算内外收支统管制度。当年，安排归还外债和金融风险准备金1173万元，支援西藏自治区聂拉木县200万元。

2001年，继续实施积极的财政政策，促进经济结构调整；强化收入征管，确保财政收入稳定增长；保重点、保改革、保稳定，切实提高财政投入质量和保障能力，实现全年财政收支平衡。

2002年，面临加入世贸组织后的新形势、新机遇和新挑战，中央继续实施积极的财政政策和稳健的货币政策。市财政按照市委、市政府要求，积极推进经济国际化、高新技术产业化、农业产业化和城市化，按照“保工资、保稳定、保法定支出”原则编制当年收支预算。当年，烟台市根据所得税、营业税分享体制变化，合理调整市、县两级财政体制，实施财政收入分档奖励政策，调动县（市、区）培植财源的积极性。

2003年，是贯彻全省烟台现场办公会精神、实现经济跨越式发展的关键一年。财政预算安排总的要求是立足增收、好中求快，突出重点、有进有退，强化监控、严格管理。工作任务是加大财源培植力度，提高税收收入占GDP的比重，确保全市财政收入增幅高出全省平均水平2%以上。按照公共财政要求，财政资金坚决从一般竞争性领域退出来，压缩一般性支出，增加对推动经济发展的调控性、引导性、激励性支出。建立健全事前审核、事中监控、事后检查相结合，贯穿资金运行全过程的财政监督制约机制。

2004年，中央决定对出口退税新增部分实行中央与地方按75：25比例分级负担，农村税费改革也对财政收入增长产生影响，社会保障、城市建设及法定支出需求明显增加，财政收支矛盾突出。烟台市预算安排总的要求是：坚持以人为本的科学发展观，按照“五个统筹”的要求，落实积极财政政策，支持产业结构调整；严格依法治税，增强财政实力；优化收支结构，提高财政保障能力；深化财税改革，提高管理水平。

2005年是“十五”计划的最后一年。烟台市预算安排总的要求是：积极培植壮大财源，依法加强收入征管，做大做强财政经济；全面落实“五个统筹”，优化财政支出结构，集中财力保证重点事业发展需要；稳步推进财税改革，切实加强财政监督，提高财税管理水平，为推进全市经济社会全面协调可持续发展提供有力支撑。预算改革方面，烟台市以提高财政资金使用效益为核心，全面推行部门预算，积极推进投资评审、政府采购、国库集中支付“三位一体”的财政支出改革，从项目论证、预审、采购、决算到资金直接支付，建立了一整套行之有效的管理机制和管理办法，实行事前、事中、事后全过程评审和监管。

2006年是实施“十一五”规划的起步年，烟台市按照落实科学发展观、构建和谐社会的要求，在保工资、保稳定基础上，预算安排重点向对外开放、企业自主创新、循环经济、现代服务业、新农村建设、城市建设和社会文化事业倾斜。

2007年，根据财政部统一部署，政府收支分类改革正式实施，当年预算按新的政府收支科目编制，并全面落实部门预算制度。当年，国库集中支付改革顺利推进，市级所有单位资金全部纳入集中支付范围；政府投资评审力度不断加大，年评审投资总额68.55亿元，节约资金6.26亿元；政府采购规模不断扩大，市级采购额达15亿元，节约资金2.8亿元。

2008年，人民币升值，内外资企业所得税合并，出口退税率降低，国家实施从紧货币政策。烟台市创新财政工作思路和理财方式，重点推动经济结构调整和发展方式转变，促进城乡区域统筹发展，推行以部门预算为基础、以投资评审为支撑、以政府采购为手段、以国库集中支付为保障的“四位一体”财政支出管理改革。

2009年，中央和省出台系列扩大内需、促进经济增长的政策措施。烟台市预算安排要求抓住国家宏观政策调整的重大机遇，灵活运用财税杠杆，促进经济平稳较快增长；科学运筹调度资金，着力支持重点项目、民生工程和生态环境建设，推进经济社会和谐发展；继续推进改革创新，着力加强财政资金监管，提高资金使用效益。

2010年是实现烟台“十一五”时期财税目标的关键之年。烟台市预算安排强调要深入贯彻落实科学发展观，按照“五个更加注重”要求，着力推动经济发展方式转变和经济结构调整，着力支持民生改善和社会事业发展，着力财税改革创新。当年，对涉农、外经贸、中小企业等财政专项扶持资金实行“三先三后”管理办法，即先健全制度后组织实施，先评审论证后确定项目，先下达计划后拨付资金，保证财政资金使用安全高效。

2011年是“十二五”规划的开局之年，也是中国共产党成立90周年，统筹安排好财政预算具有重要意义。烟台市提出重点在四个方面突破：大力促进经济结构调整，加快构建现代财源体系；切实保障和改善民生，努力维护社会稳定；着力促进城乡统筹发展，加快城镇化和新农村建设；深化财政体制改革，推进基本公共服务均等化。

2012年，烟台市落实结构性减税政策，推进节能减排，调控房地产市场，教育、水利、文化、社会保障等刚性支出加大，预算安排要求把握稳中求进的工作总基调，突出科学发展主题，发挥财政政策激励引导作用，加大财源建设推进力度，优化支出结构，提升科学管理水平。

2013年，全面贯彻落实中共十八大精神，财政工作和预算安排总的要求：坚持结构性减税与增收节支相结合，着力增强财政保障能力；坚持推动经济加快发展与提高质量效益相结合，着力支持经济发展方式转变；坚持城乡统筹发展与新农村建设相结合，着力拓展经济发展空间；坚持保障改善民生与为民服务办实事相结合，着力支持社会和谐繁荣稳定发展；坚持深化财政改革与加强财政管理相结合，着力构建有利于科学发展的财政体制机制。

2014年，财政工作和预算安排的指导思想是全面贯彻中共十八届三中全会精神，围绕市委、市政府中心工作，落实好重点工作任务：充分发挥财政资金导向作用，努力推进经济发展方式转变；调整优化支出结构，切实保障和改善民生；着力打造“美丽烟台”，支持生态文明建设；积极推进财政改革创新，不断完善公共财政机制。当年，市、县两级政府预决算、部门预决算和“三公”经费预决算首次实现公开，建立健全债务分类管理、偿债准备金和债务风险评估预警等风险防控机制。

2015年，国家出台系列税费优惠政策，继续实施积极的财政政策，提高民生保障标准，改善公共服务，加大城市基础设施建设力度，推进工资制度改革、养老保险制度改革等，烟台市新增支出需求较大。为实现财政收支平衡，在预算安排中主要采取了以下措施：一是整合各项资金，强化财力统筹。确定从该年度开始，将地方教育附加、残疾人就业保障金等9项政府性基金收支转列一般公共预算，将国有资本经营预算收入按10%的比例调入公共预算。转列和调入资金在保证相关支出需求后，统筹安排用于增加民生和基本公共服务投入。二是压减一般开支，创新投入方式。特别是严格控制"三公"经费及会议、培训等经费开支，严格控制一般竞争性领域投入，压减资金主要用于建立产业引导基金，通过市场化的方式，吸引社会资金投向经济发展的重点领域和关键环节。三是盘活存量资金，提高使用效益。对结转两年以上的财政性项目资金，除另有具体使用规定外，全部收回财政部门统筹安排使用，重点投向民生改善、公共服务、基础设施等领域。

预算编制

单式预算和复式预算　1991年，烟台市将国营企业职工养老保险基金和待业保险基金列入当年财政收支预算，即典型的单式预算编制模式。1995年，《预算法》要求各级政府预算按照复式预算编制。1997年，烟台市开始编制财政基金收支预决算，2007年起改称政府性基金收支预算。2010年，全市范围内开始试编社会保障基金预算。2012年开始试编市级国有资本经营预算。2015年，烟台市按照新《预算法》规定，完整编制一般公共预算、政府性基金预算、国有资本经营预算、社会保险基金预算，提交市人民代表大会审议。当年，开发区、高新区按照《预算法》要求，财政预算纳入市级预算草案统一向人代会报告。

基数预算　零基预算　综合预算　1986—1999年，烟台市预算编制以基数预算法为主。1999年，烟台市级第一次编制下达预算外资金收支计划。2000年，全市推行行政事业单位预算内外收支统管制度，标志着烟台市预算编制步入综合财政预算管理阶段。市财政推进预算管理制度改革，在预算编制上打破"基数加增长"的支出结构固化分配方式，倡导零基预算理念。2002年，烟台市按照上级总体部署，以市农业局、教育局、环保局为试点编制部门预算，实行零基预算和综合预算管理模式。综合预算遵循"全额管理、核定收支、统筹安排、合理调控、综合平衡"原则，提高财政资金整体使用效益，增强政府的宏观调控能力。2014年8月，市财政局印发《关于编制2015年市级部门预算的通知》，明确提出按照综合预算的原则和改革要求，完善收入预算编报管理，规范基本支出和项目支出库管理。政府性基金预算、国有资本经营预算与一般公共财政预算同步编制，结合使用。相关支出优先使用政府性基金预算、国有资本经营预算安排，如有不足且必须安排的，再通过一般公共财政预算解决。

预算科目

1986年，预算收入科目设工商税收、农牧业税、国营企业所得税等8类；预算支出设基本建设、企业挖潜改造、科技三项费用等25类。1987年，预算支出增列科学事业费、国营企业改革支出等科目。1988年，预算收入增加国家能源交通重点建设基金、国营企业承包收入退库科目；预算支出增列公检法支出科目。1989年增加国家预算调节基金收入科目。1991年增加社会保险基金收入和社会保险基金支出科目。1993年，国营企业所得税、调节税、上缴利润等科目中，“国营”改为“国有”。1994年，预算收入设企业所得税和所得税退税科目。1995年，预算收入增列罚没收入、行政性收费收入科目；预算支出增加农业综合开发支出科目。1996年，增列卫生经费、行政事业离退休经费支出科目。1997年，专项收入和专项支出改列财政基金收支预算反映（1996年前称专款收入和专款支出，1998年起又转列一般预算收支）。1998年，财政部将预算科目名称由“国家预算收支科目”修改为“政府预算收支科目”，计划经济下的传统国家财政模式开始转向市场经济下的公共财政模式。自该年起，一般预算收入科目取消工商税收类，改成以各税种为类，预算收入科目由此前的9类增至28类，其中，国有资产经营收益类取代国有企业上缴利润类。一般预算支出增加社会保障补助支出类。2003年，适应部门预算改革，增设农业、林业、水利和气象、教育、科学、医疗卫生支出，取消相应的部门事业费支出科目。

2006年，财政部发布《政府收支分类改革方案》，自2007年1月1日起在全国范围内实施，“政府预算收支科目”改称“政府收支分类科目”，财政支出由原来按经费性质设置收支分类改为按部门性质和支出功能设置，政府收支分类体系划分为收入分类、支出功能分类和支出经济分类。政府一般预算收入科目只划分税收收入和非税收入两大类，预算支出科目设一般公共服务支出等15类。烟台市对市直部门进行动员部署和业务培训，对2006年预算数据按照新科目进行转换，自2006年7月1日起到12月31日止，按照新旧两套科目组织下半年预算执行双轨运行，分别按照新旧科目编制2007年的预算，确保新旧科目平稳过渡。2009年，增加国有资本经营预算收支科目体系，一般预算支出新设采掘电力信息等事务、粮油物资储备管理等事务、金融监管支出科目，取消工业商业金融等事务。2010年，增设商业服务业等事务、国土资源气象等事务和住房保障支出。2014年，原支出科目名称中各类“事务”统称为“支出”。2015年，一般预算支出设类级科目24个，烟台市预算编制实际使用22个，未使用外交支出、债务发行费用支出科目。

预算审批

1984年烟台实行“地改市”体制后，烟台市财政局编制的年度预算草案须经烟台市人民代表大会审议批准后执行。1991年，按照国务院《国家预算管理条例》规定，市财政根据市政府的指示和上级财政部门的部署，具体布置市直各部门编制预算草案，汇总编制市级总预算草案，由市政府审定后，提请市人民代表大会审查批准。2015年，实施新《预算法》，市人民代表大会审查市级总预算草案及总预算执行情况的报告；批准市级预算和预算执行情况的报告。市财政在市人民代表大会会议举行的30日前，将市级预算草案的初步方案提交市人民代表大会有关专门委员会进行初步审查，或者送交市人民代表大会常务委员会有关工作机构征求意见，经市人民代表大会批准后，财政部门在20日内向市直各部门批复预算。在预算年度内，遇有重大事件发生、方针政策调整或者经济情况变化，对预算执行产生较大影响时，可以进行预算调整。各级政府对必须进行的预算调整，编制调整方案，提请本级人民代表大会常务委员会审查和批准。按预算法规定，市财政在市人民代表大会常务委员会举行会议审查和批准预算调整方案的30日前，将预算调整初步方案送交市人民代表大会有关专门委员会进行初步审查，或者送交市人民代表大会常务委员会有关工作机构征求意见，经批准后，由市政府报省政府备案。

第二节　政府性基金预算

1990年以前，政府性基金项目作为预算外资金组成部分，其管理权限分散于政府各个部门或其他主管单位。1990年，中共中央、国务院《关于坚决制止乱收费、乱罚款和各种摊派的决定》（中发〔1990〕16号）明确提出，设立各种政府性基金的审批权集中在财政部，由财政部会同有关部门审批，重要的报国务院批准。1996年，国务院发布《关于加强预算外资金管理的决定》，将养路费、车辆购置附加费、电力建设基金等13项数额较大的政府性基金或收费项目纳入财政预算管理，单独编列，实行收支两条线管理，专款专用。1997年，烟台市开始编制政府性基金（2006年前称财政基金）收支预决算，与财政一般收支预决算同时编报。2000年，烟台市根据财政部《关于清理整顿各种政府性基金的通知》，对各种政府性基金进行清理整顿。2004年后，政府性基金逐步纳入非税收入征管系统。2005年，财政部发布《关于公布取消部分政府性基金项目的通知》，从2006年起，取消不适应社会主义市场经济发展要求、各级各部门越权设立的政府性基金项目277项。

2009年，财政部印发《关于进一步完善政府性基金预算编制的工作方案》，明确了政府性基金预算编制的主要目标和任务，标志着政府性基金作为独立的预算体系在国家政策法规层面上正式确立，形成了一般公共预算、政府性基金预算、国有资本经营预算、社会保障基金预算四位一体的政府预算体系。2010年，为加强政府性基金管理，财政部印发了《政府性基金管理暂行办法》，明确了政府性基金的概念，并对政府性基金的审批、征收、使用和监管等进行了制度规范。2015年，烟台市级政府性基金预算纳入“四本预算”，按照以收定支、专款专用、收支平衡、结余结转下年安排使用编制预算，当年开始向市人代会报告。

政府性基金预算收入

政府性基金收入分为中央收入、地方收入以及中央与地方共享收入。

1996年，国务院决定将养路费、车辆购置附加费、铁路建设基金、电力建设基金、三峡工程建设基金、新菜地开发基金、公路建设基金、民航基础设施建设基金、农村教育事业附加费、邮电附加、港口建设费、市话初装基金和民航机场管理建设费共13项数额较大的政府性基金纳入财政预算。上述13项基金中，与烟台市预算相关的收入项目有养路费、新菜地开发建设基金和农村教育事业附加费3项。

2000年，国家将墙体材料专项基金、地方教育附加纳入预算管理，作为地方基金预算收入。

2002年，为进一步规范收入分配秩序，财政部会同有关部委对全国政府性基金项目进行了清理整顿，保留政府性基金项目26项，与烟台市相关的项目有墙体材料专项基金、散装水泥专项基金、育林基金、水利建设基金、新菜地开发建设基金、农业发展基金、城镇公用事业附加、文化事业建设费、城市教育附加费、残疾人就业保证金、公路客货运附加费、农村教育事业费附加共 12 项。

2007 年，全国政府性基金收入项目达 46 项，此后纳入政府性基金管理的收入项目基本稳定在 30 项左右，财政部公布的全国政府性基金项目目录资料显示，2008 年 34 项、2009 年 33 项、2010 年 30 项、2011 年 29 项、2012 年 30 项（不含纳入政府性基金预算管理的国有土地使用权出让收入等其他收费项目）。

2013 年，纳入政府性基金预算管理的财政资金共 45 项：属中央收入的有 16 项；属地方收入的有 16 项，其中与烟台市相关的有转让政府还贷道路收费权收入、散装水泥专项资金、新型墙体材料专项基金、地方教育附加、新菜地开发建设基金、育林基金、残疾人就业保障金、城市公用事业附加、国有土地使用权出让收入、国有土地收益基金、农业土地开发资金、城市基础设施配套费、小型水库移民扶助基金、车辆通行费共 14 项；属中央与地方共享收入的有 13 项，包括农网还贷资金、港口建设费、文化事业建设费、国家电影事业发展专项资金、新增建设用地土地有偿使用费、森林植被恢复费、水利建设基金、南水北调工程基金、大中型水库库区基金、彩票公益金、国家重大水利工程建设基金、船舶港务费、其他政府性基金收入。

2014 年，为进一步规范政府预算体系，推进财政资金统筹使用，财政部印发《财政部关于完善政府预算体系有关问题的通知》（财预〔2014〕368 号），决定从 2015 年 1 月 1 日起，将政府性基金预算中用于提高基本公共服务以及主要用于人员和机构运转等方面的项目收支转列一般公共预算专项收入款，具体包括地方教育附加、文化事业建设费、残疾人就业保障金、从地方土地出让收益计提的农田水利建设和教育资金、转让政府还贷道路收费权收入、育林基金、森林植被恢复费、水利建设基金、船舶港务费、长江口航道维护收入共 11 项。2015 年，全市一般公共预算共调入 11 项基金结余 56084 万元，其中，市本级 12364 万元。

2015 年年底，国家保留的政府性基金收入项目共有 25 项。

鱼鸟河的红杉

2015 年政府性基金收入项目清单

表 3-2

序号	项目名称	资金管理方式
1	铁路建设基金	缴入中央国库
2	港口建设费	缴入中央和地方国库
3	民航发展基金	缴入中央国库
4	高等级公路车辆通行附加费（海南）	缴入地方国库
5	国家重大水利工程建设基金	缴入中央和地方国库
6	水利建设基金	缴入中央和地方国库
7	城市公用事业附加	缴入地方国库
8	城市基础设施配套费	缴入地方国库
9	农网还贷资金	缴入中央和地方国库
10	教育费附加	缴入中央和地方国库
11	地方教育附加	缴入地方国库
12	文化事业建设费	缴入中央和地方国库
13	国家电影事业发展专项资金	缴入中央国库
14	旅游发展基金	缴入中央国库
15	水库移民扶持基金（含大中型水库移民后期扶持基金、大中型水库库区基金、三峡水库库区基金、小型水库移民扶助基金）	缴入中央和地方国库
16	残疾人就业保障金	缴入地方国库
17	新菜地开发建设基金	缴入地方国库
18	森林植被恢复费	缴入中央和地方国库
19	育林基金	缴入中央和地方国库
20	新型墙体材料专项基金	缴入地方国库
21	散装水泥专项资金	缴入地方国库
22	可再生能源发展基金	缴入中央国库
23	船舶油污损害赔偿基金	缴入中央国库
24	核电站乏燃料处理处置基金	缴入中央国库
25	废弃电器电子产品处理基金	缴入中央国库

政府性基金预算支出

政府性基金支出分为中央政府性基金支出和地方政府性基金支出。地方政府性基金支出主要由地方本级支出和上级下达转移支付安排支出两部分构成。此外，根据财政部《2015年地方政府专项债券预算管理办法》规定，执行中专项债券对应的单项政府性基金不足以偿还本金的，可以从相应的公益性项目单位调入专项收入弥补。

政府性基金支出根据基金收入情况安排，自求平衡，不编制赤字预算。各项基金收入按规定用途安排，不调剂使用。当年基金收入不足的，可使用以前年度结余安排当年支出；当年基金收入超过支出的，结余资金可结转下年安排使用。按照以上原则，纳入政府性基金支出核算的项目与纳入政府性基金预算管理的收入项目相对应（此外还包括地方政府专项债务收入安排的支出）。1997—2003年，全市政府性基金支出规模：1997年20198万元，1998年13316万元，1999年15418万元，2000年20539万元，2001年23857万元，2002年22691万元，2003年42730万元。2004年，全市政府性基金支出80052万元；2008年，全市政府性基金支出规模达到468591万元，4年增长了4.85倍；2011年，全市政府性基金支出达到165.75亿元；2015年，全市政府性基金支出达到223.87亿元。

2015年，新修订的《预算法》明确规定，政府性基金预算、国有资本经营预算、社会保险基金预算应当与一般公共预算相衔接。《国务院关于深化预算管理制度改革的决定》进一步规定，加大政府性基金预算、国有资本经营预算与一般公共预算的统筹力度，建立将政府性基金预算中应统筹使用的资金列入一般公共预算的机制，加大国有资本经营预算资金调入一般公共预算的力度。同年，国务院办公厅配套制定了《关于进一步做好盘活财政存量资金工作的通知》，规定各级政府性基金预算结转资金原则上按有关规定继续专款专用，结转资金规模较大的，应调入一般公共预算统筹使用，每一项政府性基金结转资金规模一般不超过该项基金当年收入的30%。根据国务院规定和财政部具体要求，烟台市级将政府性基金结转资金规模超过该项基金当年收入的30%部分共26281万元全部调入一般预算统筹安排使用。

1997—2015年烟台市政府性基金收支情况表

表3-3　　　　单位：万元

年度＼项目	收入	国有土地使用权出让收入	支出
1997	19403		20198
1998	14597		13316
1999	15465		15418
2000	18357	1050	20539

续表 3-3

年度＼项目	收入	国有土地使用权出让收入	支出
2001	20762	4110	23857
2002	20111	7074	22691
2003	30195	19193	42730
2004	66299	52064	80052
2005	84405	63950	95805
2006	153711	127763	175243
2007	263863	217770	281190
2008	456726	398058	468591
2009	395138	328238	450766
2010	821640	700554	763445
2011	1648652	1367245	1657535
2012	1363348	1041146	1426498
2013	1881015	1499632	2022612
2014	2720046	2257452	2783090
2015	2052154	1643479	2238696

注：1997 年收入含排污费 2982 万元，水资源费 1477 万元

2015 年烟台市政府性基金收支决算分级表

表 3-4　　单位：万元

项目	合计	市级	县级	项目	合计	市级	县级	乡镇级
政府住房基金收入	19788	7077	12711	政府住房基金相关支出	17177	512	16665	
国有土地使用权出让收入	1643479	237449	1406030	国有土地使用权出让相关支出	1706244	187507	1487965	30772
城市公用事业附加收入	22932	4368	18564	城市公用事业附加相关支出	23950	5019	18931	
国有土地收益基金收入	91511	11834	79677	国有土地收益基金相关支出	94738	14513	80225	
农业土地开发资金收入	23913	1809	22104	农业土地开发资金相关支出	18979		18404	575

续表 3-4

项 目	合计	市级	县级	项 目	合计	市级	县级	乡镇级
新增建设用地土地有偿使用费收入				新增建设用地土地有偿使用费相关支出	63933	14699	48988	246
城市基础设施配套费收入	172297	73425	98872	城市基础设施配套费相关支出	180067	63122	116945	
车辆通行费				车辆通行费相关支出				
彩票公益金收入	23359	16592	6767	彩票公益金相关支出	29925	9414	20038	473
其他各项政府性基金收入	54875	21109	33766	其他各项政府性基金相关支出	103683	31158	72509	16
本年收入合计	2052154	373663	1678491	本年支出合计	2238696	325944	1880670	32082

第三节　国有资本经营预算

国有资本经营预算收支

1992 年，中央财政试编复式预算，将各种预算收支划分为经常性预算和建设性预算。1993 年，《中共中央关于建立社会主义市场经济体制若干问题的决定》提出，要改进和规范复式预算制度，建立政府公共预算和国有资产经营预算。1995 年，《预算法》实施条例第二十条规定，“各级政府预算按照复式预算编制，分为政府公共预算、国有资产经营预算、社会保障预算和其他预算”。

2007 年，《国务院关于试行国有资本经营预算的意见》明确了试行国有资本经营预算的指导思想和原则，确定了国有资本经营预算的收支范围及编制、执行和审批程序。

冰轮智造·螺杆压缩机自适应智能装配线

2009 年，政府收支分类科目开始单列国有资本经营预算收支科目表。国有资本经营预算收入包括利润收入、股利股息收入、产权转让收入、清算收入、其他国有资本经营预算收入。国有资本经营预算支出科目基本按公共财政预算的类级支出科目设置，包括国有经济结构调整支出、公益性设施投资补助支出、战略性产业发展支出、生态环境保护支出、支持科技进步支出、保障国家经济安全支出、对外投资合作支出、改革成本支出、其他国有资本经营预算支出等，不含一般公共服务支出、外交支出、国防支出和公共安全支出等。

2012年，烟台市政府印发《关于试行国有资本经营预算的意见》，确定自2013年开始试编市级国有资本经营预算。

2013—2015年，市级国有资本经营预算收入82790万元，支出74231万元，调入一般公共预算资金1800万元，结转下年度6784万元。

国有资本经营预算编制

2012年12月，市财政局印发《烟台市市级国有资本经营预算编报试行办法》和《烟台市市属企业国有资本收益收缴管理暂行办法》，对市级国有资本经营收益的申报、审核及入库，预算及决算的编制、审批、批复等作出具体规定，明确从2013年起，市级国有资本经营预算在所有市级国有企业中试行。市属国有独资企业应交利润统一按20%的比例收取。对年度应交利润所得额不足10万元的国有独资微利企业，按10%的比例收取。确立由市财政、国资监管机构等部门和国有企业构成责任明确、分工协作的工作机制。财政部门为国有资本经营预算的主管部门，国资监管机构等部门和单位为国有资本经营预算单位，凡纳入国有资本经营预算试行范围的企业，需按规定将应上缴的国有资本收益及时、足额直接上缴市级财政。

2013—2014年，市级共实现国有资本经营预算收入58326万元，预算支出49052万元。其中，为解决国企改革历史遗留问题，维护职工利益，共安排资金16622.76万元，市属企业离休干部医疗统筹金及生活补贴、破产企业离休人员医疗补助费、挂档企业职工独生子女父母退休一次性养老补助、纳入政府解决范围企业退休人员一次性住房资金补偿、市属国有企业职教幼教退休教师生活补贴等问题得到逐步解决，弥补了国企改制成本。为支持重点市属国有企业补充资本金和重点项目建设，优化调整国有资本布局，安排15120.5万元，分别注入烟台港集团、烟台市担保公司国有资本金，进一步提升国有企业竞争实力；安排产业升级与发展支出8350万元，支持烟台蓬莱国际机场等大项目建设，推动国有资本更多投向国民经济重要行业和关键领域。

张裕柳林河谷

2015年，根据财政部深化预算管理制度改革、完善政府预算体系要求，市政府印发《关于实行国有资本经营预算的意见》，市财政部门制定了《烟台市市级国有资本经营预算编报办法》和《烟台市市属企业国有资本收益收缴管理办法》，对预算编制提出具体要求：规范国有资本经营预决算审议程序，市级国有资本经营预决算草案自当年起，经市政府同意后，须报本级人民代表大会审查批准；进一步扩大国有资本经营预算实施范围，包括各级政府所属国有企业、企业化管理事业单位、事业单位出资兴办的国有企业；建立与一般公共预算统筹衔接制度。从当年起，建立国有资本经营预算资金调入一般公共预算制度，2015年按10%比例调入一般公共预算，以后逐年加大统筹力度，2020年提高到30%。

2013—2015年烟台市级国有资本经营预算收支情况表

表3-5　　　　单位：万元

收入				支出			
项目＼年度	2013	2014	2015	项目＼年度	2013	2014	2015
利润收入	17383	22161	12684	教育			
股利、股息收入	8357	9773	11057	科学技术	1000		
产权转让收入				文化体育与传媒			
清算收入			723	节能环保			
其他国有资本经营收入		651		城乡社区事务			
				农林水事务			
				交通运输	9500		15836
				资源勘探电力信息等事务	14889	9499	7167
				商业服务业等事务		11650	
				地震灾后恢复重建支出			2176
				其他支出		2514	
				转移性支出			
本年收入合计	25740	32585	24464	本年支出合计	25389	23663	25179
上年结转		351	9273	结转下年	351	9273	6784
上级补助收入			31	调入一般公共预算			1800
				补助下级支出			5
收入总计	25740	32936	33768	支出总计	25740	32936	33768

第四节　社会保险基金预算

1973年，国营和县以上集体企业发生的有关劳动保险基金费用列企业营业外支出，社会保险制度形成了典型的企业保险模式。1984年，中共十二届三中全会作出《中共中央关于经济体制改革的决定》后，国家开始对劳动和社会保障制度进行改革探索，尝试养老保险费用的社会统筹机制，还原社会养老保险制度的基本职能。烟台市开始对劳动合同制工人试行个人缴费和退休养老金社会统筹。

1986年，国务院出台关于改革劳动制度的规定，烟台市根据《国营企业实行劳动合同制暂行规定》，推行全员合同制改革。1987年，烟台市在全省率先实现国营企业、县以上集体企业中的固定职工、劳动合同制工人以及三资企业中方职工养老保险基金全市统筹，实现了职工退休养老由企业保险到社会保险的制度转变。市财政部门参与了退休养老基金的缴纳、发放、管理等办法的制定和实施工作。

1991年，国务院发布《关于企业职工养老保险制度改革的决定》，要求逐步建立起基本养老保险与企业补充养老保险、个人储蓄性养老保险相结合的多层次的养老保障制度。烟台市政府印发《关于企业职工养老保险制度改革的实施意见》《关于职工待业保险有关问题的意见》，对全市企业统筹缴费比例作出统一规定：全民所有制和县以上集体所有制企业养老基金分别按上年度全部职工月均工资总额的18.5%和20%缴纳；外资企业按上年度全部中方职工月均实得收入的22%缴纳；职工待业保险基金按工资总额或实得收入的1%缴纳。同时规定，自1992年7月1日起，企业改按全部职工工资总额的5%提取工资性补贴，用于职工个人缴纳养老保险和待业保险金。

1995年4月，依据市政府《烟台市机关事业单位工作人员社会养老保险暂行办法》，全市机关事业单位开始缴纳养老保险费。

1997年，国务院发布《关于建立统一的企业职工基本养老保险制度的决定》，全国开始构建社会统筹与个人账户相结合的基本养老保险制度，统一各地区统账制度的费率、统筹部分与个人部分的比重和计发办法，确立养老金计发群体的政策分界点。

1991—1997年的社会保险基金收支按规定已纳入年度财政决算收支总表反映，1998年开始对社保基金逐步实施财政专户管理制度。

1998年，国务院印发《关于建立城镇职工基本医疗保险制度的决定》，烟台市开始推行城镇职工基本医疗保险制度改革，实现公费医疗、劳保医疗制度向基本医疗保险制度的转轨。之后，城镇职工基本医疗保险的覆盖范围逐步从国有、集体单位扩大到非公经济组织，从正规就业人员扩大到灵活就业人员，打破了不同所有制、不同就业形式、不同身份劳动者之间的界限。

2007年，国务院决定开展城镇居民基本医疗保险试点，将医疗保险覆盖范围由从业人员扩大到学生、儿童、老人等城镇非从业人员。同时，新型农村合作医疗制度也从局部试点走向全面推开，烟台市基本医疗保障体系框架逐步形成，城镇职工基本医疗保险、城镇居民基本医疗保险、新型农村合作医疗和城乡医疗救助分别覆盖城镇就业人口、城镇非就业人口、农村人口和城乡困难人群。

2010年，《国务院关于试行社会保险基金预算的意见》颁布实施，烟台市开始试编社会保险基金预算。社会保险基金预算按险种分别编制，烟台市坚持“收支平衡、适当留有结余”原则，综合考虑上年基金预算执行情况、当年经济社会发展计划、社会保险事业发展计划、社会保险政策和财政补助政策等因素，严格按照国家和省相关政策、制度规定编制。除符合扩大失业保险基金支出范围条件的统筹地区可在失业保险基金预算中适当出现赤字外，其他险种原则上不得编制赤字预算。

2011年7月1日，《中华人民共和国社会保险法》实施，国家建立基本养老保险、基本医疗保险、工伤保险、失业保险、生育保险等社会保险制度，建立健全社会保险基金监督管理制度，保障社会保险基金安全、有效运行。

2014年10月1日，烟台市开始执行《山东省机关事业单位工作人员养老保险制度改革实施办法》，实行社会统筹与个人账户相结合的机关事业单位工作人员养老保险制度。

2015年，根据新《预算法》要求，市财政将企业职工基本养老保险、失业保险、城镇职工医疗保险、工伤保险、生育保险、居民基本养老保险、居民基本医疗保险及机关事业单位养老保险等所有社会保险基金全部纳入全口径预决算体系，首次向市人代会报告社会保险基金预算。

2015年，全市社会保险基金预算收入264.2亿元（不含机关事业单位收入60.21亿元），其中，财政补贴收入28.27亿元，占年度基金预算收入的10.7%。年末，各项社会保险基金滚存结余392.24亿元，相当于当年社会保险待遇支出的1.62倍。全市社会保险基金预算支出242.19亿元（不含机关事业单位支出58.8亿元），其中，各项社会保险待遇支出224.55亿元，占支出的92.72%。当年，各项社会保险基金收支结余22.01亿元，其中，企业职工基本养老保险基金结余为负9.63亿元（2014年首次出现支大于收4.65亿元），当年缺口资金占企业职工基本养老待遇支出的7.24%。

烟台市人力资源社会保障服务区

2011 年烟台市社会保险基金决算总表

表 3-6

单位：元

项目	合计	企业职工基本养老保险基金	失业保险基金	城镇职工基本医疗保险基金	工伤保险基金	生育保险基金	居民社会养老保险基金	居民基本医疗保险基金
一、收入	20633040404.21	12712765562.41	717280608.77	3733908409.04	476068721.79	228578083.60	1523180017.92	1241259000.68
1. 保险费收入	16547153543.54	10460074970.66	665723787.48	3630208371.00	318167417.94	220295431.06	991021429.00	261662136.40
2. 利息收入	519653120.89	317239014.84	24048384.45	64462987.88	7963180.80	8234162.37	81586692.42	16118698.13
3. 财政补贴收入	1529704734.50	76700000.00		38950000.00	4120000.00		450571896.50	959362838.00
4. 其他收入	1766314402.93	1760465428.96	1397506.06	229992.68	57656.91	48490.17		4115328.15
5. 转移收入	67406218.71	66496547.95	852613.28	57057.48				
6. 上级补助收入	25258317.50		25258317.50					
7. 下级上解收入	177550066.14	31789600.00			145760466.14			
二、支出	11453977881.32	5874167040.96	301100624.22	3151787984.02	391605009.33	116576839.88	655686603.43	963053779.48
1. 社会保险待遇支出	10941600023.73	5678309371.65	148817027.36	3151787984.02	245110108.14	116576839.88	637944913.20	963053779.48
2. 其他支出	274792419.37	107456981.63	148859312.46		734435.05		17741690.23	
3. 转移支出	58035372.08	56611087.68	1424284.40					
4. 补助下级支出								
5. 上解上级支出	179550066.14	31789600.00	2000000.00		145760466.14			
三、本年收支结余	9179062522.89	6838598521.45	416179984.55	582120425.02	84463712.46	112001243.72	867493414.49	278205221.20
四、年末滚存结余	26623136155.78	16584409839.79	1400118888.18	2986481780.82	364270623.80	386995736.69	4487484623.34	413374663.16

2012年烟台市社会保险基金决算总表

表3-7　　单位：元

项目	合计	企业职工基本养老保险基金	失业保险基金	城镇职工基本医疗保险基金	工伤保险基金	生育保险基金	居民社会养老保险基金	居民基本医疗保险基金
一、收入	19567246068.08	10252302873.80	789857104.02	4067706770.70	866961587.46	796295693.66	2365669364.04	428452674.40
1. 保险费收入	15860411742.29	9150371656.02	735713244.37	3958901528.21	351455926.09	274531824.44	1338247334.04	51190229.12
2. 利息收入	908635603.67	514791307.46	29937520.82	76821911.46	6444512.93	7591921.06	268453284.65	4595145.29
3. 财政补贴收入	1009212070.53	82030000.00		620000.00	870000.00		758968745.35	166723325.18
4. 其他收入	254454026.01	251503931.30	1763352.95	828520.98	186368.78	171852.00		
5. 转移收入	150738415.75	149125979.02	1077626.68	534810.05				
6. 上级补助收入	467535359.20		21365359.20		268070000.00	106220000.00		71880000.00
7. 下级上解收入	916258850.63	104480000.00		30000000.00	239934779.66	407780096.16		134063974.81
二、支出	14779474121.67	7436967637.06	523106017.46	3574807714.12	864539429.26	704262529.71	1305637219.47	370153574.59
1. 社会保险待遇支出	12743880589.89	7120489879.81	204493855.79	3544807714.12	355282632.80	48959688.12	1305637219.47	164209599.78
2. 其他支出	543692889.12	90006958.82	311131168.07		1252016.8	141302745.43		
3. 转移支出	93091792.03	90610798.43	2480993.60					
4. 补助下级支出	446170000.00				268070000.00	106220000.00		71880000.00
5. 上解上级支出	952638850.63	135860000.00	5000000.00	30000000.00	239934779.66	407780096.16		134063974.81
三、本年收支结余	4787771946.41	2815335236.74	266751086.56	492899056.58	2422158.20	92033163.95	1060032144.57	58299099.81
四、年末滚存结余	32938471138.45	19399745076.53	1666869974.74	3479380837.40	366692782.00	479028900.64	7346352894.90	200400672.24

2013 年烟台市社会保险基金决算总表

表 3-8　　　　单位：元

项目	合计	企业职工基本养老保险基金	失业保险基金	城镇职工基本医疗保险基金	工伤保险基金	生育保险基金	居民社会养老保险基金	居民基本医疗保险基金
一、收入	19069056640.09	10343262649.82	561657748.09	4659572101.10	369783760.81	312190492.66	2554138186.65	268451700.96
1. 保险费收入	16572741657.38	9400424223.29	488734042.46	4587687349.21	360870093.33	307549960.37	1372176287.38	55299701.34
2. 利息收入	889341068.00	528364000.14	36735358.26	68963912.02	7800789.68	4399930.09	237731483.87	5345593.94
3. 财政补贴收入	1152531237.08	77320000.00		620000.00	870000.00		865914831.40	207806405.68
4. 其他收入	18905963.82	-64154854.51	3413042.27	1295309.06	242877.80	240602.20	77868987.00	
5. 转移收入	204327851.81	201309280.90	1566443.10	1005530.81			446597.00	
6. 上级补助收入	31208862.00		31208862.00					
7. 下级上解收入	200000000.00	200000000.00						
二、支出	16433806433.21	9640498757.17	576781239.13	3886089363.47	367783302.99	249094210.58	1489929125.05	223630434.82
1. 社会保险待遇支出	15358839367.48	9117475429.45	214230907.77	3886085929.47	366817569.80	62125682.72	1488473413.45	223630434.82
2. 其他支出	682390960.31	183493744.36	309949354.90		965733.19	186968527.86	1013600.00	
3. 转移支出	115359091.51	112079583.36	2833962.55	3434.00			442111.60	
4. 补助下级支出								
5. 上解上级支出	277217013.91	227450000.00	49767013.91					
三、本年收支结余	2635250206.88	702763892.65	-15123491.04	773482737.63	2000457.82	63096282.08	1064209061.60	44821266.14
四、年末滚存结余	35573721345.33	20102508969.18	1651746483.70	4252863575.03	368693239.82	542125182.72	8410561956.50	245221938.38

2014 年烟台市社会保险基金决算总表

表 3-9　　单位：元

项目	合计	企业职工基本养老保险基金	失业保险基金	城镇职工基本医疗保险基金	工伤保险基金	生育保险基金	居民社会养老保险基金	居民基本医疗保险基金
一、收入	22857477963.22	12003157373.10	689887690.83	4807322721.55	434081889.72	373559953.55	2864996377.27	1684471957.20
1. 保险费收入	18305845956.32	10516129034.52	558616460.39	4627679228.67	410399920.58	356987002.97	1557061469.86	278972839.33
2. 利息收入	1139497059.98	655063456.40	59362026.05	98962511.22	20530600.03	16318650.99	269213199.74	20046615.55
3. 财政补贴收入	2585144949.14	160205000.00		5916000.00	2890000.00		1037892631.54	1378241317.60
4. 其他收入	88277847.61	75712271.51	1959902.71	2878819.97	261369.11	254299.59		7211184.72
5. 转移收入	249906872.93	246047610.67	1544024.44	1486161.69			829076.13	
6. 上级补助收入	68405277.24		68405277.24					
7. 下级上解收入	420400000.00	350000000.00		70400000.00				
二、支出	21634922846.25	12467851861.05	388577626.65	4547636305.52	392529487.10	404208556.29	1627028072.17	1807090937.47
1. 社会保险待遇支出	20048560428.29	11601755343.41	218688325.68	4477236305.52	391666102.10	87551105.38	1596493010.73	1675170235.47
2. 其他支出	1032978103.53	413891474.77	139938690.85		863385.00	316657450.91	29706400.00	131920702.00
3. 转移支出	105815979.81	102205042.87	2782275.50				828661.44	
4. 补助下级支出								
5. 上解上级支出	447568334.62	350000000.00	27168334.62	70400000.00				
三、本年收支结余	1222555116.97	−464694487.95	301310064.18	259686416.03	41552402.62	−30648602.74	1237968305.10	−122618980.27
四、年末滚存结余	37022187323.34	19637814481.23	1953056547.88	4512549991.06	410245642.44	511476579.98	9648530261.60	348513819.15

2015 年烟台市社会保险基金决算总表

表 3-10　　　　单位：元

项目	合计	企业职工基本养老保险基金	失业保险基金	城镇职工基本医疗保险基金	工伤保险基金	生育保险基金	居民社会养老保险基金	居民基本医疗保险基金
一、收入	26420355030.60	13250952020.82	822679280.94	5513722517.16	575894253.16	426798019.10	3112740800.40	2717568139.02
1. 保险费收入	21285721044.91	11722675735.23	659811599.39	5327421175.20	559289398.33	375164233.87	1503689247.12	1137669655.77
2. 利息收入	1203403337.82	590982724.54	50527095.62	141355540.15	13459201.81	51271182.43	337504882.43	18302710.84
3. 财政补贴收入	2920434289.66	86177000.00			2700000.00		1269964149.78	1561593139.88
4. 其他收入	128908819.27	119191068.07	3838876.00	5067986.85	445653.02	362602.80		2632.53
5. 转移收入	287318757.10	281925492.98	2332928.09	1477814.96			1582521.07	
6. 上级补助收入	101226684.84		101226684.84					
7. 下级上解收入	493342097.00	450000000.00	4942097.00	38400000.00				
二、支出	24218917627.18	14214419028.53	542885095.56	5191178328.66	473951283.51	296858499.42	1904021320.40	1595604071.10
1. 社会保险待遇支出	22455115609.54	13299837738.47	250807785.40	5152778328.66	472783088.51	78652760.52	1732220176.48	1468035731.50
2. 其他支出	1087893193.99	326819089.77	251198284.10		1168195.00	218205738.90	162933546.62	127568339.60
3. 转移支出	120891543.71	109562200.29	2461746.12				8867597.30	
4. 补助下级支出	2420000.00		2420000.00					
5. 上解上级支出	552597279.94	478200000.00	35997279.94	38400000.00				
三、本年收支结余	2201437403.42	-963467007.71	279794185.38	322544188.50	101942969.65	129939519.68	1208719480.00	1121964067.92
四、年末滚存结余	39223624726.76	18674347473.52	2232850733.26	4835094179.56	512188612.09	641416099.66	10857249741.60	1470477887.07

2015 年烟台市机关事业单位养老保险基金预决算表

表 3-11　　　　单位：元

项目	2015 年预算数	2015 年决算数	项目	2015 年预算数	2015 年决算数
一、养老保险费收入	3200216336.53	2837428046.37	一、基本养老金支出	4309227272.80	5880278172.55
二、利息收入	8191013.02	11431527.39	二、抚恤及丧葬费支出	164839922.99	
三、财政补贴收入	1265658886.81	3168677685.91	三、其他支出	103622.36	
四、其他收入	1684661.81	1294351.31	四、转移支出		59552.91
五、转移收入		2019885.86	五、本年支出合计	4474170818.15	5880337725.46
六、本年收入合计	4475750898.17	6020851496.84	六、本年收支结余	1580080.02	140513771.38
七、上年结余	128640833.84	185815316.35	七、年末滚存结余	130220913.86	326329087.73

第五节　部门预算

1999年，财政部开始实施部门预算编制改革。2000年6月，山东省决定从2001年开始进一步推进部门预算改革。烟台市根据市人大常委会第二十五次会议的要求，于2001年下半年，选择农业局、教育局、环保局等部门推行部门预算改革试点。为确保预算编制质量，市财政部门专门成立预算编制小组，负责部门预算编制的组织、协调和指导工作，对预算编制内容进行科学划分和细化管理，按照零基预算原则，实行“人员经费到人、公用经费到项”，个人经费按照单位编制内实有人数逐人进行核定；公用经费及专项支出预算编制到具体的项目，凡纳入政府采购范围的项目，必须列入政府采购预算，保证预算编制的科学性、合理性和规范性。加大对部门收费的管理力度，结合清理整顿银行账户工作，对部门收入情况进行全面调查摸底，按照预算内外收支统管要求，统一编制、统筹安排各部门预算内外资金和其他收支，将部门和单位组织的各项收入及安排的各项支出纳入综合财政预算。市财政借鉴外地先进经验，结合本市实际，按照财政供给政策和范围，对市直各行政事业单位按性质进行分类，不同类别单位适用不同的经费定额标准。按照单位正常开支情况进行模拟测算分析，合理确定各类单位的经费定额。市财政局理顺内部管理体制，重新界定各科室职能，明确职责分工，实现预算分配管理主体一元化，一个预算单位只对应财政局内一个业务科室。推进国库集中支付制度改革，在完善工资、住房公积金、养老保险金、政府采购资金等集中支付的基础上，进一步扩大预算单位集中支付范围，所有经费实行财政直接支付。

2002年，市财政安排3个试点部门当年收入预算共1.67亿元，其中，财政拨款1.03亿元，预算外资金0.64亿元；安排支出预算1.8亿元，其中，人员支出及正常的公用支出1.27亿元，专项支出0.53亿元。

烟台市级在编制2003年预算时，部门预算改革试点范围扩大到公安局、法院、检察院、计生委、劳动和社会保障局、林业局、经贸委、房管局等10个部门。市财政局制定《烟台市市级部门基本支出预算管理办法（试行）》，对基本支出预算的内容和原则、部门单位定额标准的制定、基本支出预算的编制与执行等进行了明确；制定《烟台市市级部门项目支出预算管理办法（试行）》，对项目预算的分类和原则、项目库的管理、项目预算的编制、项目的实施等进行了明确，对部门单位分类分档和定员定额制度进行调整完善，确定市级行政事业单位分类分档和正常公用经费定额，尽量满足各单位正常必要开支。

2004年，烟台市所有市级预算部门、单位全部编制部门预算。市级部门单位共分为6类：第一类为五大班子，即市委办公室、市政府办公室、市人大办公室、市政协办公室、市纪委。第二类为公检法，即市公安局、市检察院、市中级人民法院。第三类为市委综合部门及综合经济管理部门，主要包括市委组织部、市委宣传部、市委政法委、市发展改革委、市经贸委、市财政局等。第四类为专业管理部门，主要包括市审计局、市国资局、市外经贸局、市人事局、市教育局、市交通局、市建设局、市城市管理局、市规划局等。第五类为一般政务部门、民主党派及人民团体，主要包括市旅游局、市农机办、市畜牧局、市文联、市社科联、科协、工商联、九三学社、民盟、民进、民建、民革、农工党、致公党等。第六类为事业单位，具体又分为参照公务员管理的事业单位和一般事业单位两档。根据当年政府预算收支科目，选取办公费、水电费、邮电费、取暖费、交通费、差旅费、培训费、招待费、福利费、其他共10个公用经费项目进行测算，逐项核定定额标准，形成综合定额标准。烟台市级正常公用经费（不含交通费）年人均支出定额为：第一、二类单位4080元，第三类单位3580元，第四类单位3340元，第五类单位3090元，第六类单位一档2670元、二档2420元。交通费属于实物定额，年车均支出定额为：第一、二类单位12000元，第三、第四、第五及第六类一档单位10000元，第六类二档单位8000元。各单位的车辆保险费定额2600元，年初统一预留，执行中根据车辆保险政府采购结果据实下达。

2006年起，烟台市市级引入部门预算编制软件编制预算。

2007年，烟台市将本年度作为部门预算制度建设年，集中推出了《烟台市市级部门预算管理办法》《烟台市市级部门收入预算管理办法》《烟台市市级基本支出预算管理办法》《烟台市市级项目支出预算管理办法》《烟台市市级项目支出预算评审论证管理办法》《烟台市市级项目支出绩效考评管理办法（试行）》《烟台市市级部门预算编报管理工作考评暂行办法》《烟台市财政局市级预算管理工作暂行规程》8个制度办法，形成了市级部门预算管理全面完整的制度体系。

2015年市级部门单位分类分档及定额标准情况表

表3-12　　　　单位：万元

类档	综合定额（人均）	交通费定额（车均）
一、实施公务员法机关		
（一）五大班子	15000	27000
（二）公检法		
市公安局	29000	
市检察院、市中级法院	12000	27000
市公安局交通警察支队	22000	
（三）民主党派工商联	7600	27000
（四）综合党政部门	9000	27000
（五）一般党政部门	8500	27000
（六）部门下属机关		
芝罘区、莱山区公安分局	23000	
福山区、牟平区、机场、龙海、森林公安分局	22000	
牟平区、福山区交警大队	19000	
国土、规划分局	7600	26000
（七）留守部门	5000	26000
二、参照公务员法管理单位	7600	26000
三、事业及其他单位		
（一）学校		
大中专学校、中学及技校	7800	25000
小学	5600	25000
（二）一般事业单位		
处级	7000	25000
科级	6700	25000

附：预算编制小组

2001年，烟台市财政局成立预算编制小组，专门负责市级部门预算编制的组织、协调和指导工作。预算编制小组由具有预算分配和收入征管职能的各业务科室（单位）选派一名业务骨干参加，搭建超越科室分工职能的市级预算编制管理平台，增强预算编制的综合性和全面性。在预算编制实施过程中，首先制定严格的内部工作程序，要求预算编制资料共享、数据公开，组织人员打破科室界限对预算进行分类审核，所有预算草案必须经过预算编制小组共同审核通过后再报局领导班子研究，增强预算编制的程序性和严肃性。预算编制小组成立后，每年负责牵头起草、制定市级部门预算编制要求和编制方法，逐步形成较为规范、完善的部门预算制度管理体系，为市级预算编制奠定制度基础，增强预算编制的规范性和约束性。预算编制小组的重要任务之一，就是在对预算单位进行科学合理分类的基础上统一各项经费支出标准。从2002年预算起，将市直行政事业单位分成七类（档），分别测算核定每类单位的正常公用经费定额标准，增强预算编制的科学性和合理性。

2001—2015年，市财政局预算编制小组成员每年都有调整，马广涛、王云萍、王旻纬、王怡、方旭波、方颖、孔万里、孔繁强、由艳荣、刘万强、刘文佳、刘莹、刘健、孙文颖、牟林、李大卫、李小飞、李伟、李俏、李辉、李鹏、宋慧妮、陈光、范丽娜、周波、孟超、赵远堂、侯春光、高占军、郭榕榕、唐韶龙、盛斌、崔运政、盖光义、韩军、谢洪江、穆心（以姓氏笔画为序）等参加过预算编制小组工作，韩军、盖光义、崔运政、孔万里先后担任组长。

第六节 预决算公开

2013年8月，财政部下发《关于推进省以下预决算公开工作的通知》，要求2013年各省至少选择20%的地区公开“三公”经费预决算，2014年至少选择50%，2015年市县两级要全面公开财政预决算、部门预决算和“三公”经费预决算。按照财政部预决算公开工作的要求，烟台市选择莱州市、栖霞市、福山区作为试点，率先于2013年公开了“三公”经费预算。根据财政部《关于深入推进地方预决算公开工作的通知》要求，烟台市级和所有县（市、区）从2014年起全面公开财政预决算、部门预决算和“三公”经费预决算。

烟台市首次公开的部门预决算和“三公”经费预决算内容包括2013年部门决算（含“三公”经费决算）、2014年部门预算（含“三公”经费预算）。公开的文本具体为概况、预决算报表和说明三部分。概况包括部门的主要职能、部门预算的单位构成。预决算报表由收支总表、财政拨款支出表和公共预算财政拨款“三公”经费支出表组成。收支总表反映收支总体情况，其中，收入方面包括具体的收入项目，支出方面明细到部门的支出功能项级科目；财政拨款支出表反映财政拨款支出情况，具体明细到支出功能分类的项级科目；公共预算财政拨款“三公”经费支出表反映公共财政预算拨款中用于“三公”经费的支出情况，包括因公出国（境）经费、公务用车购置经费和运行维护费、公务接待费等。说明部分主要是将预决算报表通过文字的方式进行介绍和说明，包括预决算编制的基本原则和方法、收支总体情况、财政拨款支出情况以及公共财政预算“三公”经费支出情况等。

烟台市直部门预决算公开范围，参照省直部门执行，即市政府组成部门（含所属单位）和直属机构单位的预决算和“三公”经费预决算都要向社会公开。作为部门预决算公开的主体，各部门对拟公开预决算数字的真实性、科学性、合理性负责。纳入公开范围的部门，按照财政部门规定的公开格式，填报本部门的预决算信息，报市财政部门对口科室审核。财政部门对口科室对公开部门报送材料的填报内容、格式、数据等进行技术性审核汇总后，将部门预算报表转送财政局预算科，部门决算转送财政局国库科，分别汇总市本级的部门预算和决算。对口科室将审核确认的部门预决算反馈各公开部门，各部门对部门预决算公开信息进行再次审核，如有调整报财政部门重新审核。各部门公开内容确认无误后，通过本部门门户网站主动向社会公开，或在政府网站的适当位置公开。

2014 年，烟台市首次公开部门预决算信息，市直除五大班子、党委部门、民主党派、国家安全等部门外，共有 73 个部门（不含平台公司及国有控股公司，含市地税局）向社会公开了部门预决算和“三公”经费预决算。其中，2014 年烟台市市级部门预算及“三公”经费预算统一于 2014 年 9 月 30 日全部公开；2013 年烟台市市级部门决算及“三公”经费决算统一于 2014 年 10 月 17 日全部公开。财政部门对各部门以及县（市、区）的预决算公开工作进行具体指导。

2015 年烟台市财政局首次网上公开的预决算内容摘录如下：

2014 年烟台市一般公共预算收入执行情况表

表 3-13

单位：万元、%

项　　目	2013 年决算数	2014 年预算数	2014 年执行数		
			金额	占预算比重	比上年增长
一、税收收入	3454892	3898000	3932275	100.9	13.8
增值税	422784	500000	527834	105.6	24.8
营业税	945680	1050000	1022290	97.4	8.1
企业所得税	518149	570000	543219	95.3	4.8
个人所得税	136560	155000	110109	71	-19.4
资源税	91337	88000	167611	190.5	83.5
城市维护建设税	196551	225000	221486	98.4	12.7
房产税	107432	120000	122638	102.2	14.2
印花税	51351	60000	56934	94.9	10.9
城镇土地使用税	242947	290000	259214	89.4	6.7
土地增值税	226381	270000	238579	88.4	5.4

续表 3-13

项　　目	2013 年决算数	2014 年预算数	2014 年执行数		
			金额	占预算比重	比上年增长
车船税	37390	40000	42358	105.9	13.3
耕地占用税	192157	220000	384471	174.8	100.1
契税	286173	310000	235532	76.0	-17.7
二、非税收入	917403	977000	969371	99.2	5.7
专项收入	104200	117000	120045	102.6	15.2
行政事业性收费收入	127092	142000	188172	132.5	48.1
罚没收入	128411	126000	131459	104.3	2.4
国有资本经营及资源有偿使用收入	550352	584000	518356	88.8	-5.8
其他收入	7348	8000	11339	141.7	54.3
本年收入合计	4372295	4875000	4901646	100.5	12.1
三、债务收入	76200	50000	89100		
四、转移性收入	1817630	1259274	1700910		
返还性收入	318011	318011	318011		
一般性转移支付收入	370693	347497	520436		
专项转移支付收入	778976	334960	554414		
调入资金等	2515		49243		
上年结转及结余收入	347435	258806	258806		
收入总计	6266125	6184274	6691656		

2014 年烟台市一般公共预算支出执行情况表

表 3-14　　　　单位：万元、%

项　　目	2013 年决算数	2014 年预算数	2014 年执行数		
			金额	占预算比重	比上年增长
一、一般公共服务支出	672845	577600	643240	111.4	-4.4
二、公共安全支出	243628	229900	265482	115.5	9.0
其中：公安	142511	139200	154529	111.0	8.4
法院	32067	32400	37416	115.5	16.7
监狱	9850	9600	11861	123.6	20.4

续表 3-14

项　目	2013 年决算数	2014 年预算数	2014 年执行数		
			金额	占预算比重	比上年增长
三、教育支出	1019819	1002300	1046156	104.4	6.2
其中：普通教育	757246	732300	770791	105.3	6.1
职业教育	98706	100600	113226	112.6	14.7
四、科学技术支出	148168	162600	166419	102.3	12.3
其中：技术研究与开发	88741	85700	99953	116.6	12.6
五、文化体育与传媒	90581	83400	93392	112.0	3.1
其中：文化	37044	53700	50615	94.3	36.6
文物	13101	5200	16041	308.5	22.4
六、社会保障和就业	695979	703100	707102	100.6	7.5
其中：财政对社会保险基金的补助	140005	167100	204978	122.7	46.4
行政事业单位离退休	162123	219600	166773	75.9	2.9
七、医疗卫生	372290	405800	431117	106.2	15.8
其中：公共卫生	41240	46300	46792	101.1	13.5
医疗保障	168407	178900	193019	107.9	14.6
八、节能环保支出	141798	65500	98923	151.0	15.3
其中：污染防治	34680	33600	39707	118.2	14.5
九、城乡社区支出	464738	507700	707279	139.3	52.2
十、农林水支出	714815	700300	786444	112.3	10.0
其中：农业	433689	473500	545493	115.2	25.8
林业	38736	32200	37823	117.5	6.5
水利	104536	95800	96070	100.3	13.9
十一、交通运输支出	211582	155600	183180	117.7	4.9
十二、资源勘探电力信息等事务	135004	138500	173818	125.5	28.8
十三、商业服务业等事务	54053	38000	97099	255.5	79.6
十四、金融监管等事务	1658	400	3108	777.0	87.5
十五、国土资源气象等事务	99418	78200	113934	145.7	14.6
十六、住房保障支出	173475	119200	112232	94.2	3.5

续表 3-14

项　目	2013 年决算数	2014 年预算数	2014 年执行数		
			金额	占预算比重	比上年增长
十七、粮油物资储备事务	11583	9100	5373	59.0	3.7
十八、预备费		38600			
十九、其他各项支出	166005	284200	114335	40.2	1.6
本年支出合计	5417439	5300000	5748633	108.5	6.1
转移性支出	848686	884274	943023		
一般性转移支付支出	539147	630135	585921		
专项转移支付支出	18533	16563	27098		
调出资金、债券还本支出等	32200	4250	28000		
增设预算稳定调节基金			4000		
结转下年支出	254683	229168	293549		
累计净结余	4123	4158	4455		
支出总计	6266125	6184274	6691656		

2015 年烟台市一般公共预算收入草案表

表 3-15　　单位：万元、%

项　目	2014 年决算数	2015 年预算数	
		金额	比上年增长
一、税收收入	3932275	4215320	7.2
增值税	527834	588188	11.4
营业税	1022290	1092988	6.9
企业所得税	543219	600559	10.6
个人所得税	110109	124160	12.8
资源税	167611	173156	3.3
城市维护建设税	221486	242356	9.4
房产税	122638	145929	19.0
印花税	56934	63210	11.0
城镇土地使用税	259214	323861	24.9
土地增值税	238579	268227	12.4

续表 3-15

项　　目	2014 年决算数	2015 年预算数	
		金额	比上年增长
车船税	42358	46549	9.9
耕地占用税	384471	318940	-17.0
契税	235532	227197	-3.5
二、非税收入	969371	1178180	21.5
专项收入	120045	251915	109.9
行政事业性收费收入	188172	186152	-1.1
罚没收入	131459	149008	13.3
国有资本经营及资源有偿使用收入	518356	587012	13.2
其他收入	11339	4093	-63.9
本年收入合计	4901646	5393500	10.0
三、债务收入	89100		
四、转移性收入	1700910	1596395	
返还性收入	318011	318011	
一般性转移支付收入	520436	520436	
专项转移支付收入	554414	413833	
调入资金等	49243	46111	
上年结转及结余收入	258806	298004	
收入总计	6691656	6989895	

2015 年烟台市一般公共预算支出草案表

表 3-16　　单位：万元、%

项　　目	2014 年决算数	2015 年预算数	
		金额	相同口径比上年增长
一、一般公共服务支出	643240	544652	3.8
二、公共安全支出	265482	284505	7.2
其中：公安	154529	168084	8.8
法院	37416	38254	2.2
监狱	11861	12338	4.0

续表 3-16

项　　目	2014 年决算数	2015 年预算数	
		金额	相同口径比上年增长
三、教育支出	1046156	1074606	6.8
其中：普通教育	770791	773801	0.4
职业教育	113226	119636	5.7
四、科学技术支出	166419	139748	6.3
其中：技术研究与开发	99953	81094	8.2
五、文化体育与传媒	93392	118282	26.7
其中：文化	50615	70780	39.8
文物	16041	8373	4.1
六、社会保障和就业	707102	761501	7.7
其中：财政对社会保险基金的补助	204978	260422	27.0
行政事业单位离退休	166773	143003	12.8
七、医疗卫生	431117	499441	15.8
其中：公共卫生	46792	53763	14.9
医疗保障	193019	208999	8.3
八、节能环保支出	98923	106385	7.5
其中：污染防治	39707	48341	21.7
九、城乡社区支出	707279	527671	4.0
十、农林水支出	786444	780125	5.9
其中：农业	545493	532002	5.2
林业	37823	45157	19.4
水利	96070	103280	7.5
十一、交通运输支出	183180	169337	18.3
十二、资源勘探电力信息等事务	173818	165241	23.5
十三、商业服务业等事务	97099	61805	4.6
十四、金融监管等事务	3108	2619	24.2
十五、国土资源气象等事务	113934	99472	5.9
十六、住房保障支出	112232	106547	0.3
十七、粮油物资储备事务	5373	6177	15.0

续表 3-16

项　目	2014 年决算数	2015 年预算数	
		金额	相同口径比上年增长
十八、预备费		81475	
十九、其他各项支出	114335	450411	28.9
本年支出合计	5748633	5980000	4.0
转移性支出	943023	1009895	
一般性转移支付支出	585921	638063	
专项转移支付支出	27098	27200	
调出资金、债券还本支出等	28000	74500	
增设预算稳定调节基金	4000	12583	
结转下年支出	293549	253094	
累计净结余	4455	4455	
支出总计	6691656	6989895	

第七节　预算绩效管理

2014 年，烟台市开始推行预算绩效管理制度，建立绩效评价与预算安排有机结合机制，把评价结果作为调整支出结构、完善财政政策和编制预算、分配资金的重要依据。当年，市级财政部门对 30 个重点项目开展事前绩效管理，涉及资金 6.1 亿元。建立“信用负面清单制度”，对专项资金申报、拨付、使用、管理、验收、监督、评价等各个环节，推行信用负面清单管理，加大专项资金使用的问责力度，切实提高各类财政资金的使用效益。

2015 年，根据市委、市政府《关于深化财税体制改革的实施意见》(烟发〔2015〕2 号)要求，全面推进预算绩效管理改革，实现预算编制有目标、预算完成有评价、评价结果有应用的全过程绩效管理。市级对 500 万元以上项目实施绩效目标管理，2015 年起对纳入绩效评价试点的项目与部门预算一起同步批复绩效目标，建立和完善可测量、可比较、可追踪的差别化预算支出绩效评价指标体系。按照客观、公正、公平原则，推行第三方绩效评价，提高绩效评价质量和公信力。将绩效评价结果与预算安排挂钩，对绩效良好的项目优先安排资金，绩效较差的进行整改，并酌情调减预算直至撤销项目。逐步将绩效管理范围覆盖到各级预算单位和所有财政资金，绩效评价重点由项目支出拓展到部门整体支出和政策、制度、管理等方面，引导各部门提升预算编制、执行、监督和绩效管理的能力和水平。

第八节 财源建设

财政周转金

财政周转金于80年代中期逐步设立，1986—1993年，烟台市财政主要采取财政周转金方式扶持有关产业和事业发展。资金来源主要是在批准的财政预算支出中，按国家财政制度规定可以由无偿拨款改为有偿使用的资金；从上级财政部门借入的财政周转金；周转金占用费和存款利息。具体包括：支农周转金，以各级财政预算内安排的有偿使用的财政支农资金、农垦企业亏损退库部分为主；文教卫生事业周转金，以各级财政预算安排的资金、财政“拨改贷”部分、事业单位企业化管理抵减的拨款或上缴的事业收入为主；预算外周转金，以各级财政部门预算外专户储存沉淀资金为主；工交企业“小贷”资金，以中央、省和市“拨改贷”、出口工贸和预算内安排的商业网点支出为主；工交周转金，预算安排的工交企业技术改造资金由无偿改为有偿而形成的信用资金。财政周转金主要投放于以下方面：支持农业开发和农村经济发展；支持科学、教育、文化、卫生等各项事业的发展；支持产业结构调整，支持企业技术改造和高新技术产品开发，帮助企业解决资金临时性周转困难等。1998年，为深化金融改革，转变财政职能，烟台市按照国务院和财政部有关规定，整顿财政信用，取消财政周转金等有偿资金制度。

重点财源建设

1994年实行分税制财政体制后，构成财政收入主要部分的流转税大部分上划中央和省级，地方财政收入范围和增长潜力明显缩小。全市财政部门根据市委、市政府部署，稳固农业基础财源建设、促进农业财源走高产优质高效之路；加强骨干财源建设，着力优化结构、提高效益；发展新兴财源，加快第三产业发展进程；重视私营经济，拓宽新型地方财源，把地方财源建设作为财政中心工作，转变、扩展理财思路，促进地方经济发展，增加地方财政收入。

1996年，根据市委、市政府《关于扶持市直重点工业企业发展的决定》，市财政建立重点技改项目发展基金，开始逐年增加工业技改资金投入。

2002年，根据省委、省政府实施“三个亮点工程”要求，市财政利用财政专项资金支持高新技术产业发展，对高新技术企业、高新技术企业孵化器、高新技术风险投资机构和列入省以上新产品目录的产品（企业）按税收实现情况给予财政专项资金扶持。

2004年，烟台市鼓励扩大对外开放，重新制定了对外开放9项政策，安排财政贴息和配套资金扶持发展高新技术项目，科技三项费用重点向高科技企业倾斜，帮助中小企业解决融资难问题，对13户重点民营企业和20户农业龙头企业给予财政贴息。

2006年，烟台市把发展壮大主导产业和骨干企业作为财源建设的核心，集中力量扶持发展三大产品集群和四大支柱产业，重点支持以抓大培强为主要内容的“3·50”工程，引导大企业通过技术改造和增加投入膨胀生产规模，鼓励大企业跨行业、跨区域搞多种经营，支持大企业强强联合或通过重组、控股等形式兼并中小企业，帮助解决资金、人才、土地等方面需求，着力打造主营业务收入千亿元产业集群、百亿元龙头企业和十亿元骨干企业“三个方阵”，培植了一批有市场、有效益、对税收带动作用大的龙头骨干企业。同时，根据市委、市政府《关于促进服务业又好又快发展的若干意见》，对重点服务业领域项目给予配套资金补助及贷款贴息。

2007年，市委、市政府把财源建设作为全市八项重点工作之一，成立了由市长任主任、30多个部门和14个县（市、区）为成员的财源建设推进委员会，每年下发财源建设工作意见和考核细则，分解落实财源建设目标任务，工作目标完成情况纳入科学发展综合考核体系。全市把发展民营经济作为增加地方财源的重点，支持大型骨干民营企业发展。同时抓住国家重点开发环渤海经济圈、烟大铁路轮渡开通等机遇，围绕“以港兴市”目标，发展临港产业带和海洋经济，加快培育海洋生物制药、海水综合利用、海洋矿产、海洋能源、海洋服务五大新兴产业。按照市政府《关于进一步实施“3·50工程”推动骨干企业做大做强的意见》，推进企业自主创新和重点项目建设，实施品牌与创新战略，促进骨干企业做大做强，巩固和扩大财政收入稳定增长的产业基础。

2008年，市财政局成立了由局党组书记、局长任组长，其他局领导任副组长，局机关各有关科室、局属各单位主要负责人为成员的财源建设工作领导小组，加快推进财源建设的各项组织实施工作。

2009年，根据市委、市政府《关于2009年全市财源建设工作的意见》，突出抓好优势产业和特色产业，实施工业调整振兴规划。当年，全市四大支柱产业（食品、机械、黄金、电子）完成主营业务收入5405.1亿元，增长18.2%；实现利税468亿元、利润359亿元，分别增长22.7%和24.3%。上述指标占全市规模以上工业的比重分别为60.1%、57.5%和58%。全市中国名牌产品（驰名商标）达到28个，国家级和省级技术中心分别达到10家和43家；全市主营业务收入过百亿元企业8户，过10亿元企业达到108户；在全省纳税大户百强企业名单中，烟台市有11户上榜；全市上缴地方税收前50

东岳汽车有限公司别克昂科威首次出口北美市场

户企业实现地税收入占地税总额的21.3%，骨干企业对财源建设起到了重要的支撑作用。当年，服务业整体发展，对地方财政的贡献明显加大，全市第三产业提供地方税收71.5亿元，增长19.1%，高于第二产业税收增长5.4个百分点，占全部地方税收的比重为47%，比上年同期提高1.2个百分点。

2010年，烟台市转变财源建设思路，把转方式、调结构作为贯穿财源建设工作的主线，在山东省率先设立了新兴产业发展专项资金，扶持新能源与节能环保、新材料、生物、海洋高技术和高技术服务业等战略性新兴产业加快发展。实施汽车等8个行业调整振兴规划，加快传统产业转型升级，全市规模以上工业增加值达到2600亿元，增长13%。发展以高新技术为主导的战略性新兴产业，全市高新技术产业产值占规模以上工业产值的比重达到43%。重点扶持发展海洋经济和临港产业，挖掘蓝色经济财源潜力，全市海洋经济增加值完成489亿元，增长15.3%，占全市经济的比重达到13.1%。深入开展“民营企业服务年”和“转型升级年”活动，设立专项资金鼓励自主创新和原创型民营企业发展，全市民营经济增加值增长14.5%，上缴税金增长15.2%，提供税收占全市的60%以上。对以战略性新兴产业为发展方向的大中型企业，烟台财政专门设立了企业自主创新资金和推动重点项目建设资金，用于补助关键技术研发、重大投资项目贷款贴息、扶持企业上市等，引导企业转方式、调结构，提高市场竞争力。按照相关规定，企业进行重大技术改造可获得银行贷款利息30%的财政贴息，在境内外发行股票可获得最高100万元的奖励。

2011年，以构筑大而强的现代工业体系为目标，加快发展新能源、新材料、生物技术、节能环保、新一代信息技术等战略性新兴产业，实施新一轮培强做大骨干企业的“8515工程”，全市主营业务收入过10亿元的工业企业达到126户。实施科技创新“六个十”工程，当年

喜旺集团

新增10个省级工程技术研究中心和重点实验室、8个省级企业技术中心。全市规模以上高新技术产业实现产值4709亿元，占规模以上工业总产值的比重达到38.69%。重点骨干企业和高新技术产业对地方财政的贡献逐步提高。

2013年，坚持把扩大收入规模、改善收入结构作为财源建设的重点，强化政策资金引导，推动经济结构调整和产业升级，不断提高经济增长质量和效益，夯实财政增收基础。实施“财税质量三年提升计划”，引导各级财政收入增长和收入质量同步提高。全市公共财政预算收入突破400亿元，地方税收收入占收入的比重达到77.2%，比上年提高3.7%。

2015年，根据市政府《关于加大政策支持推动经济转型升级的意见》，市财政新设立工业转型升级引导基金和科技成果转化引导基金，制定基金管理办法或细则，按照公共财政体系要求转换支持经济发展思路，由直接扶持方式转向间接扶持为主，发挥财政杠杆作用，为经济健康发展创造良好的政策环境。

区域经济均衡发展

1986—2015年，烟台市先后对长岛、海阳、莱阳、栖霞、莱山等县（市、区）实行体制优惠或资金投入，帮扶其发展。对龙口、莱州、招远等强市实施长效激励机制促其做大做强。对开发区、高新区等功能区予以特殊政策，鼓励其加快创新发展步伐。

2004年，市财政局向省财政厅争取转移支付资金1.5亿元，市级安排5000万元，对栖霞、长岛、牟平给予重点倾斜。财政体制改革稳步推进，按照“规范收入分配机制、实行税收属地管理、保证各级既得利益”原则，对芝罘区、开发区、莱山区、龙口市的财政体制作了调整，鼓励县（市、区）加快发展。

2005年，按照市委统一部署，市财政在财政体制和资金上对栖霞市给予重点倾斜，取消其体制上解，地方收入全留，每年增加地方财力2500万元，并争取国家和省级财政资金帮扶。针对农村税费改革对乡镇财政造成的影响，市财政争取上级转移支付补助4500多万元，安排资金440万元对困难县（市、区）给予配套补助。调减部分县（市、区）的体制上解比例，三年内取消长岛县的原体制上解，为困难县（市、区）发展创造条件。

2007年，为促进全市区域财源协调发展，按照构筑以先进制造业、现代服务业和高新技术产业为主导的现代产业体系的要求，加快城市中心载体建设，重点推进交通、能源、市政设施等一批具有全局带动力和长远支撑力的建设项目。培植壮大县域经济，引导和支持县（市、区）突出抓好县（市）驻地、中心镇、重点镇和园区等重点区域，通过集约配置资源提高经济效益。继续强化对栖霞、长岛等困难县（市）的帮扶措施，缓解其财政困难状况。

2008年，烟台市通过调整完善县乡财政体制，理顺县乡利益分配关系，调动乡镇、农村参与财源建设的积极性，形成多渠道、多层次、多主体的财源建设格局。加大财源建设奖励力度，对新进入全国百强、全省30强或已进入且位次前移的，以及税收收入占地方财政收入的比重和税收收入增收额达到规定目标的县（市、区）继续给予奖励。

2009年，烟台市按照“一带两轴三大板块”总体布局，引导各区落实功能定位，突出产业发展特色，提升产业集聚度和核心竞争力，中心城市财源经济实现较快发展。当年市区生产总值增长15.3%，高出全市平均水平1.8%；市区地方财政收入完成88.9亿元，增长14.1%，高出全市平均水平0.3%。县（市、区）因地制宜，走经济特色化、产业规模化、产品集群化的路子，财政收入规模不断壮大。龙口、莱州、招远分别完成地方财政收入29.2亿元、19.1亿元和18亿元，列县（市、区）收入总量前三位，分别增长16.6%、15.9%和15.7%。

2010年，全市实施蓝色经济区、高端产业聚集区、黄河三角洲高效生态经济区三大战略，引导各区准确把握功能定位，突出产业发展特色，中心城市财源经济实现较快增长，市区生产总值、地方财政收入增幅均高于全市平均水平。龙口市加大工业技改投入，加快建设高端铝合金产业园，着力膨胀发展铝制品、汽车及汽车零部件、化工建材、纺织皮革、食品五大产业集群，对县域经济的引领作用进一步增强，当年地方财政收入36.7亿元，总量列全省县级第一名。

2011年，各县（市、区）利用“三大战略”的政策叠加优势，发展壮大特色优势产业，县域财源经济活力和后劲不断增强，综合财政实

龙口南山

力明显提升。全市县级及高新区地方财政收入完成260.79亿元，增长27.92%。龙口市地方财政收入总量达到47.57亿元，连续三年列全省县级第一名。莱州市以打造黄三角开发桥头堡、蓝色经济区建设排头兵为目标，加快产业升级，实施重点突破，财源建设迈上新台阶，地方财政收入突破30亿元。牟平区以蓝色经济和战略性新兴产业为招商引资重点，滨海新城等新的经济增长点初步形成，带动地方财政收入实现高速增长，地方财政收入较上年增长50.01%，增幅居全市前列。

2013年，市政府《关于进一步调整理顺市对县（市、区）财政管理体制的意见》，结合市县收入划分改革，对部分县（市、区）财政管理体制进行调整。高新区、昆嵛山保护区、保税港区继续实行“收入全留、专项补助”财政体制；开发区实行“定额上缴”财政体制；栖霞市和长岛县继续实行“收入全留”财政体制等。通过财政体制调整和“能放则放”原则强化收入属地管理，引导各地加快转方式、调结构。

2015年，烟台市在理顺事权和收入划分的基础上，进一步完善市对下的一般转移支付制度。加大重点区域投入，继续加大对栖霞、长岛等困难县（市）政策倾斜力度，安排各类补助资金14.9亿元，帮助落实各项民生政策，促进基本公共服务均等化。

1986—2015年烟台市财政收支净结余情况统计表

表3-17　　单位：万元

年度	全市	市级	年度	全市	市级
1986	-1388.9	321.4	2001	1672	695
1987	-899.2	351.6	2002	1900	773
1988	-2363.3	-71.7	2003	2260	870
1989	-3597.9	-1041.7	2004	2479	928
1990	-3553.8	-1040.5	2005	2667	985
1991	-3466	-873	2006	2823	1023
1992	-3298	-825	2007	2979	1091
1993	-1610	-87	2008	3131	1168
1994	-1412	71	2009	3328	1237
1995	245	88	2010	3645	2850
1996	470	166	2011	3906	1593
1997	638	216	2012	4023	1626
1998	947	369	2013	4123	1641
1999	1225	538	2014	4455	1872
2000	1460	598	2015	—	—

第三章　国库管理

1986—2000 年，国库管理延续中华人民共和国成立以来一直实行的委托国库制，执行国务院 1985 年颁布的《中华人民共和国国家金库条例》，由中国人民银行具体经理国库。根据财政部、中国人民银行《国家金库条例实施细则》和国家财政体制的规定，各级国库库款的支配权分别属于同级财政机关，各级国库的主任由该级人民银行行长兼任，具体国库经收业务委托各专业银行办理。

2001 年，财政部在全国正式实施财政国库管理制度改革试点，要求建立以国库单一账户体系为基础、资金缴拨以国库集中收付为主要形式的财政国库管理制度。当年，烟台市财政局设立国库科，开始市级国库集中支付改革试点工作。至 2007 年年底，各县（市、区）级国库集中支付改革全面实施。2015 年 7 月，全市 14 个县（市、区）全部推开乡镇级国库集中支付改革，实现了“横向到边、纵向到底”的改革目标。

第一节　总预算会计

1986 年，全市各级财政部门执行财政部 1983 年制定的《财政机关总预算会计制度》。1989 年 1 月 1 日，执行财政部新颁发的《财政机关总预算会计制度》，基本任务是：处理财政总预算会计的日常会计事项和账务；定期反映预算收支执行情况；妥善调度预算资金，保证各项生产建设事业资金按计划及时供应；协助国库做好各项国库工作，协助同级国库正确、及时办理预算收入的收纳、划分、报解和库款的支拨，及时向国库提供与国库工作有关的计划和制度；密切财政机关、税收机关和国库之间的协作，充分发挥国库在完成国家预算任务中的执行作用、促进作用和监督作用；制定各项预算会计制度、国库制度和有关实施办法；组织和指导本地区的预算会计工作；通过会计核算和会计反映，对总预算和单位预算的执行实行会计监督。国家预算资金和地方财政预算外资金分别核算、分别设账、各自平衡。财政总预算会计以收付实现制为记账基础，采用资金收付记账法。会计核算以人民币为记账本位币，以元为单位，元以下记至角分。会计凭证按照填制程序和用途分为原始凭证和记账凭证。会计账簿设总账、明细账，其设置方法比照预算资金的账簿设置原则办理。各级总预算会计报表分为旬报、月报、季报和年报。

1998 年 1 月 1 日，烟台市执行财政部修订的《财政总预算会计制度》。总预算会计记账采用借贷记账法。有外币收支的，在登记外币金额的同时，根据中国人民银行公布的人民币外汇汇率折算成人民币记账。会计科目分为资产、负债、净资产、收入和支出五大类，共 34 个科目。会计报表分为资产负债表、预算执行情况表、财政周转金收支情况表、财政周转金投放情况表、财政周转基金变动情况表。预算执行情况表根据需要分为旬报、月报、年报，月报具体分为一般预算收入月报、一般预算支出月报、基金预算收支月报，年报分为年度财政收支决算总表、收入决算明细表、支出决算明细表、基金预算收支决算总表和基金收支明细表等。

1999年1月1日，烟台市执行财政部《预算外资金财政专户会计核算制度》，财政预算外资金专户会计记账方法、会计期间、会计报表编制、记账货币及单位等均按《财政总预算会计制度》的有关规定，执行财政专户会计核算采用收付实现制，会计报表分为资产负债表、预算外资金财政专户收支情况表和预算外资金财政专户收支项目表。

2006年1月，烟台市正式启动市级国库集中支付改革。为规范实施财政国库管理制度改革中财政总预算会计核算，市财政局制定《烟台市市级财政国库管理制度改革试点会计核算暂行办法》，同时按照财政部《地方财政实施财政国库管理制度改革年终预算结余资金会计处理的暂行规定》，明确财政总预算会计核算仍然实行收付实现制，仅对地方财政实施财政国库管理制度改革试点形成的年终预算结余资金的财政总预算会计，按规定实行个别事项的权责发生制账务处理。尚未实施财政国库管理制度改革的，财政总预算会计不得采用权责发生制处理账务。对采用权责发生制处理账务的有关事项，在财政决算报表附注中作出披露。

2007年1月1日，烟台市执行财政部《关于政府收支分类改革后财政总预算会计预算外资金财政专户会计核算问题的通知》。核算一般预算收入和基金预算收入时，根据《政府收支分类科目》中的“收入分类科目”下应列入一般预算收入和基金预算收入的类、款、项、目级科目分设相应明细账。核算一般预算支出和基金预算支出时，根据《政府收支分类科目》中的“支出功能分类科目”下应列入一般预算支出和基金预算支出的类、款、项级科目分设相应明细账。核算基金预算结余时，根据《政府收支分类科目》中的收入分类科目下应列入基金预算收入的最低一级科目逐一反映各项基金的结余。取消预算外资金财政专户，并入净资产类、收入类、支出类相关会计科目，并对新旧会计科目衔接做了明确规定。根据会计科目调整情况，资产负债表、预算外资金财政专户收支情况表和预算外资金财政专户收支项目表均作相应调整。

2007年1月1日，烟台市执行财政部《农村义务教育经费保障机制改革中央专项资金会计核算暂行办法》和省财政厅《农村义务教育经费保障机制改革省级专项资金会计核算暂行办法》。

2008年8月，烟台市、县两级财政总预算会计对新型农村合作医疗补助资金国库集中支付会计核算，执行财政部《关于新型农村合作医疗补助资金国库集中支付会计核算有关事项的通知》的相关规定。12月31日，烟台市执行财政部《关于预算外资金纳入预算管理后有关账务处理问题的通知》。原实行预算外资金管理的彩票公益金、行政事业性收费等，在按有关规定纳入政府性基金或一般预算管理后，其历年滚存结余资金，由财政专户向同级国库办理缴库时，财政专户会计冲减“预算外结余”科目，同时财政总预算会计记入“基金预算收入”或“一般预算收入”科目。预算外资金纳入预算管理后，按照资金管理需求进行相应的明细核算。

2009年3月，烟台市执行《财政部代理发行地方政府债券财政总预算会计核算办法》。在现行《财政总预算会计制度》中增设收入类科目“408 债务收入”“409 债务转贷收入”和支出类科目“508 债务还本支出”“509 债务转贷支出”。市、县级使用“409 债务转贷收入”“508 债务还本支出”“509 债务转贷支出”3 个科目，年终转账时，“409 债务转贷收入”科目的贷方余额全部转入“预算结余”科目；“508 债务还本支出”“509 债务转贷支出”科目的借方余额全部转入“预算结余”科目。市、县级财政部门将债务转贷收入安排用于本级政府实际支出时，借记“一般预算支出”，贷记“国库存款”；上缴本级承担的地方政府债券付息资金时，借记“一般预算支出—财政部代理发行地方政府债券付息”，贷记“国库存款”；上级财政部门代收地方政府债券付息资金时，借记“国库存款”，贷记“暂存款—** 地方政府债券付息”。上缴代收的地方政府债券付息资金时，借记“暂存款—** 地方政府债券付息”，贷记“国库存款”。

根据《财政部关于将按预算外资金管理的收入纳入预算管理的通知》等有关规定，2011 年 1 月 1 日，烟台市教育收费等未纳入预算并实行财政专户管理资金的会计核算执行《财政总预算会计制度》，同时，根据财政部《关于预算外资金纳入预算管理后涉及有关财政专户管理资金会计核算问题的通知》规定，《财政总预算会计制度》增设 3 个会计科目：净资产类“财政专户管理资金结余”科目、收入类“财政专户管理资金收入”科目、支出类“财政专户管理资金支出”科目。调整《财政总预算会计制度》第 102 号科目“其他财政存款”的使用说明，在其包括的具体核算内容中增加“未纳入预算并实行财政专户管理的资金存款”。《预算外资金财政专户会计核算制度》及其他有关预算外资金会计核算规定废止后，原预算外资金会计科目核算事项，结合具体预算管理方式，使用调整后的《财政总预算会计制度》中有关会计科目进行核算。同时，增设财政专户管理资金分部门收支情况表和财政专户管理资金分科目收支情况表。

2015 年 5 月，财政部《关于收回财政存量资金预算会计处理有关问题的通知》规定：在总预算会计的“暂存款”科目下，增设“收回存量资金”科目，下设“收回部门预算存量资金”“收回转移支付存量资金”“收回财政专户存量资金”等明细科目进行核算。同年，烟台市根据盘活财政存量资金工作要求，清理结转结余资金，对政府性基金预算结转资金规模较大的，调入一般公共预算统筹使用，调入的基金补充预算稳定调节基金。

第二节　行政单位会计

1986 年，烟台市行政事业单位执行财政部 1966 年《行政事业单位会计制度》。各单位的会计组织根据国家建制和经费领报关系，分为主管会计单位、二级会计单位和基层会计单位三级。记账方法采用以资金活动为主体的收付记账法。会计科目分为资金来源、资金运用、资金结存三大类，设 18 个会计科目。会计凭证分为原始单据和记账凭单两种，原始单据主要有存款、取款、拨款、借款、经费报销、收款单据 6 种。会计账簿设总账、拨出经费明细账、往来款项明细账、经费支出明细账、预算外收入明细账、经费存款明细账、现金出纳账和固定资产明细账。会计报表分为月报和年度决算。

1989 年 1 月 1 日，烟台市执行财政部《事业行政单位预算会计制度》，会计核算实行收付实现制，会计记账采用资金收付记账法。会计年度为1月1日至12月31日。会计记账以人民币元为单位，元以下记至角分。会计科目分为资金来源、资金运用、资金结存共35个。会计凭证分为原始凭证和记账凭证。会计账簿设置总账、明细账、日记账。会计报表分为月报、季报和年报。

1998年1月1日，烟台市执行财政部《行政单位会计制度》，会计核算仍以收付实现制为基础，会计记账改用借贷记账法。会计科目分为资产、负债、净资产、收入和支出5类，设17个会计科目。会计凭证分为原始凭证和记账凭证，原始凭证主要有收款收据、借款凭证、预算拨款凭证、固定资产调拨单、开户银行转来的收付款凭证、往来结算凭证、库存材料的出库单、入库单及其他能够证明会计事项发生经过的凭证和文件等；记账凭证主要包括收款凭证、付款凭证和转账凭证。会计账簿总账和明细账。会计报表分为资产负债表、收入支出总表、经费支出明细表、附表和报表说明书。

2006年1月，根据国库管理制度改革规定，市财政局制定《烟台市市级财政国库管理制度改革试点会计核算暂行办法》，增设“零余额账户用款额度”“财政应返还额度”两个一级科目，并在“拨入经费”“财政补助收入”以及“财政应返还额度”科目下设“财政直接支付”“财政授权支付”两个二级科目，用于核算财政直接支付和授权支付业务。7月1日，烟台市执行财政部《行政事业单位工资和津贴补贴有关会计核算办法》，进一步加强和规范行政事业单位工资和津贴补贴发放工作。

2009年10月，市财政局印发《烟台市市级国库集中支付年终结余资金处理暂行规定》，进一步明确行政事业单位年终结余资金的账务处理方法。

2014年1月1日起，烟台市执行财政部新修订的《行政单位会计制度》。该制度通过完善会计科目和财务报表体系，详细规定会计科目使用及财务报表编制，全面规范了行政单位经济业务或者事项的确认、计量、记录和报告。与原制度相比，主要变化是：1. 会计核算目标更加明晰。明确规定行政单位会计核算目标是向会计信息使用者提供与行政单位财务状况、预算执行情况等有关的会计信息，既要反映行政单位预算执行情况，也要反映行政单位财务状况。2. 会计核算方法进一步改进。在原制度仅对固定资产采用“双分录”核算方法的基础上，增加了“在建工程”“无形资产”“政府储备物资”“公共基础设施”“存货”“预付账款”“应付账款”“长期应付款”科目的“双分录”核算，从而将“双分录”的应用范围扩大到所有非货币性资产和部分负债。“双分录”的实行，既可以全面反映行政单位财务状况，也能够准确反映行政单位的预算执行情况。3. 完整体现财政改革的要求。对行政单位会计核算的补充规定进行系统梳理，增加了“零余额账户用款额度”“财政应返还额度”“应付职工薪酬”等核算内容，将分散的会计规定集中体现在会计制度中，更好地适应公共财政改革与发展需要。4. 充实资产负债核算内容。资产方面，细化了有关资产的核算内容。将原来通过“暂付款”核算的资产内容，细分为应收账款、预付账款和其他应收款；增加了无形资产、在建工程、待处理财产损溢、受托代理资产等核算内容；详细规定了取得资产没有支付对价情况下的资产计量原则。负债方面，细化了有关负债的核算内容。将原来通过“暂存款”核算的负债内容，细分为应付账款、其他应付款和长期应付款；增加了应缴税费、应付政府补贴款、受托代理负债等核算内容。5. 新增公共资产的核算规定。增加了对行政单位直接负责管理的为社会提供公共服务的资产会计核算的相关规定，通过增设“政府储备物资”“公共基础设施”等科目，单独核算反映为社会提供公共服务资产情况，与行政单位自用资产相区分，弥补了相关信息缺失，有利于政府摸清家底，加强此类资产的管理。6. 增加资产折旧和摊销的会计处理。参照权责发生制的要求，增加了固定资产折旧和无形资产摊销的会计处理规定，明确要求在计提折旧和摊销时冲减相关净资产，而非计入当期支出。这种处理方法能兼顾行政单位预算管理和财务管理的双重信息需求，在不影响准确反映预算支出的同时，真实体现资产价值，有利于编制权责发生制政府综合财务报告，也有利于为核算反映行政成本信息奠定基础。同时，考虑到固定资产分类较多，折旧年限暂时还没有统一规定，在财政部另行发文以前，行政单位尚不需要计提固定资产折旧，但应按规定对无形资产进行摊销。7. 将基建会计信息定期并入“大账”。改进了基本建设核算方式，基本建设项目在继续单独核算的基础上，增加了要定期并入“大账”的规定，解决了很长时期存在的基建会计信息未在行政单位“大账”上反映所导致的会计核算“两层皮”问题，保证了会计信息的完整性。8. 完善净资产核算。由于行政单位采用“双分录”核算方法，在收付实现制基础上核算收入和支出的同时，还要全面核算资产、负债。因此，该制度在净资产类增设“资产基金”和“待偿债净资产”科目，分别核算行政单位的非货币性资产在净资产中占用的金额、行政单位因发生应付账款和长期应付款而相应需在净资产中冲减的金额，以便和结转结余相区分。9. 规范收入和支出会计核算。收入方面，按照行政单位取得收入的资金性质设置“财政拨款收入”和“其他收入”科目，取消“预算外资金收入”科目。支出方面，按照行政单位支出使用主体的不同，设置“经费支出”和“拨出经费”科目，其中“经费支出”核算行政单位在开展业务活动中发生的各项支出，“拨出经费”科目则限定为核算向所属单位拨出的非同级财政拨款资金。10. 完善财务报表体系和结构。改进了资产负债表的结构，取消了原制度下资产负债表中的收入和支出项目。在收入支出表中增加了反映单位结转结余调整变动的项目。增加财政拨款收入支出表，专门反映单位在某一会计期间财政拨款收入、支出、结转及结余情况。

第三节　预算执行和决算编报

预算执行

1986—1998 年，烟台市财政资金拨付由预算科依据年初预算或者追加预算指标文件，按计划、按进度办理拨款手续。各级财政总会计不得以拨作支，领拨单位不得以领代报。财政总预算支出，除财政机关经办的直接支出外，均以银行支出数作为核算基础。1998 年，市财政资金拨付除依据年初预算或者追加预算指标文件，还要根据用款单位报送的月份经费请拨单拨付资金。同时，财政总预算会计由以银行支出数列报改为以财政拨款数列报支出。

烟台市 1998 年 1 月份财政收入分项完成情况表

（第一页）　　单位：万元

项　目	年度预算	本月收入			累计完成数			
		金额	比上月增减	比上年同月增减	金额	比上年同期增减	占年度预算 %	占上年同期 %
收入合计	268900	15095		-542	15095	-542	5.61	96.53
一、工商税收	171600	11879		-423	11879	-423	6.92	96.53
其中：增值税	48380	2971		-754	2971	-754	6.14	79.76
营业税	58911	5141		715	5141	715	8.73	116.15
二、农业税	8631							
三、农业特产税	14516	92		27	92	27	0.63	141.54
四、耕地占用税	1380	102		-81	102	-81	7.39	55.74
五、契税	743	35		3	35	3	4.71	109.38
六、企业所得税	45020	2021		-52	2021	-52	4.49	97.49
其中：集体、私营企业所得税	29190	1331		-252	1331	-252	4.56	84.08
七、国有资产经营收益	300							
八、国有企业计划亏损补贴	-7220	-201		100	-201	100	2.78	66.78
九、企业所得税退税		-2		-2	-2	-2		
十、其他收入	4303			-616		-616		
十一、排污费、水资源费收入	4900	49		-25	49	-25	1.00	66.22
十二、教育费附加收入	5200	402		-7	402	-7	7.73	98.29
十三、土地和海域有偿使用收入	1800							
十四、罚没收入、行政性收费收入	17727	718		534	718	534	4.05	390.22
其中：行政性收费收入	8689	480		476	480	476	5.52	12000.00

烟台市 1998 年 1 月份财政支出分项完成情况表

（第二页）　　单位：万元

项　目	年度预算	本月支出			累计完成数			
		金额	比上月增减	比上年同月增减	金额	比上年同期增减	占年度预算 %	占上年同期 %
支出合计	290400	15683		1708	15683	1708	5.40	112.22
一、生产建设性支出	61060	2067		1206	2067	1206	3.39	240.07
其中：科技三项费用	2765							
城市维护费支	27332	975		400	975	400	3.57	16.57
农生产和农业综合开发	10200	3		-11	3	-11	0.03	21.43
二、各项行政事业费支出	191310	13203		819	13203	819	6.90	106.61
农林水等部门事业费	11031	792		80	792	80	7.18	111.24
工交商事业费	998	98		-6	98	-6	9.82	94.23
文体广播教事业费	10452	787		205	787	205	7.53	135.22
教育事业费	69378	4764		-12	4764	-12	6.87	99.75
科学事业费	1036	48		6	48	6	4.63	114.29
卫生经费	17633	1111		154	1111	154	6.30	116.09
税务统计财政审计等部门事业	14497	794		211	794	22	5.48	136.19
抚恤和礼会福利救济费	8822	1284		-39	1284	-39	14.55	97.05
行政事业单位离退休经费	6047	61		49	61	49	1.01	508.33
国防支出	290	13		13	13	13	4.48	
行政管理费	30806	2232		208	2232	208	7.25	110.28
公检法司支出	20320	1219		-50	1219	-50	6.00	96.06
三、其他支出	32058	413		-317	413	-317	1.29	56.58
四、财政价格补贴支山	1972							
五、总预备费	4000							

2003 年，烟台市进一步规范市级预算资金领拨程序，正常经费由国库科按月拨付到各部门、单位，专项资金需预算单位根据项目支出进度报送用款计划，经审核批准后拨付资金，各主管部门所属二级单位的预算经费不再通过主管部门进行转拨，改由国库科直接拨付到各二级预算单位。

2006 年，烟台市市级实行国库集中支付改革，对市级预算资金拨付实行规范化、信息化和精细化管理。市级预算资金拨款按照预算指标、分月用款计划、项目进度和规定程序拨付。实行国库集中支付改革的预算单位，预算资金以国库集中支付方式拨付；未实行国库集中支付改革的预算单位，预算资金以实拨资金方式拨付。市级预算资金指标文件下达后，预算指标管理和预算执行工作纳入预算管理信息系统和国库集中支付网络系统，实行先登录、后拨付的信息化管理模式。

2013 年，烟台市全面深化市本级国库集中支付改革，对尚未改革的 150 余个差额预算单位全部实施国库集中支付改革，实现对 370 个预算单位的全覆盖。此外，还对列市级预算支出的所有企业的拨款方式进行改革，资金支付全部改为直接支付，规范资金拨付管理，提高支付效率。

决算编报

1987 年起，市财政对各县（市、区）、各部门的追加追减预算设定截止日期。各项预算拨款截至 12 月 25 日，各级财政一切收入和支出均以 12 月 31 日为截止期，即收入以 12 月 31 日缴入各级国库数额编列收入决算，支出以 12 月 31 日各基层单位的银行支出数和实际支出数编列支出决算。年度终了后设置 10 天决算清理期。市、县两级财政结算属于正常上解或补助，预算执行过程中一般上划、下划、追加、追减事项仍按现行财政体制和规定，年终分别结算。对预付下年的各项经费，不得列报本年决算。

总决算编报　1986 年，烟台市沿用 1985 年前的总决算编报方法，当年财政决算编报内容将预算外资金部分划出，实行单独编报。1987 年起，市财政总决算须经市政府审查批准。1989 年，各县（市、区）开始报送本年乡（镇）财政总决算。1990 年，财政总决算编制要求教育费附加收支平衡无结余，执行中收入大于支出的余额，各级财政部门按入库数在年底前按规定全部拨给同级教育主管部门，直接列报财政总预算支出。1991 年起，各级财政部门根据社会保险机构编制的决算，将职工养老保险基金和职工待业保险基金编入财政总决算。1992 年，各级用地方财政结余购买的有价证券利息收入列国家预算收入科目中增设的有价证券利息收入。1993 年，为解决工资制度改革所需资金，各级财政部门总预算会计统一预留调资款，其账务处理按预留数列支。1997 年起，政府性基金收支决算与一般预算资金决算分开，开始单独编列，结余结转下年继续使用。职工医疗保险基金收支按财政专户实际收支数编入地方财政基金收支决算。2007 年，实行政府收支科目分类改革，烟台市按照新旧两套科目分别编制 2006 年度的决算，以体现新旧科目对应过渡关系。当年，财政总决算首次采用预算执行信息系统软件进行编报。2015 年，根据《中华人民共和国预算法》要求，首次在市财政局门户网站对上一年度的财政总决算进行公开，按照规定将一般公共预算支出明细公布到项级。

部门决算编报　1986 年，各部门按照要求编制行政事业单位会计决算并报送财政部门对口业务科室，由各业务科室审核后分别报省财政厅，同时送预算科汇总。2001 年，市财政局成立统计评价科，调整事业单位决算编报程序，各业务科室对部门报送的决算进行初审后，送统计评价科进行审核汇总，形成事业单位决算报送省财政厅。2004 年，为适应部门决算编制改革需要，行政事业单位决算报表改为部门决算报表，具体工作由统计评价科移交国库科。2005 年起，市财政局依法向各部门批复决算，国库科负责提供统一的部门决算批复格式和决算批复模板，按照谁安排预算谁批复决算的原则，由相关业务科室具体办理。2014 年 12 月，市财政局制定印发《市级部门决算内部工作规程》(烟财办〔2014〕15 号)，从制度上对部门决算编制程序进行规范，明确了财政各业务科室在部门决算编制审核中的职责。部门决算先由市级各部门负责汇总、审核其所属单位的决算数据，报市财政局各有关业务科室审核，再由国库科汇总、审核，3 月中旬，市财政局将决算数据、分析报告、填报说明、工作总结等报送省财政厅。

第四节　国库集中支付

1986 年，烟台市各预算单位分别设立多重存款账户，财政资金拨付实行分散支付制度。2000 年，全国范围内开始推行国库集中收付制度改革，核心内容是建立以国库单一账户体系为基础、以网络信息技术为支撑、以国库集中收付为主要形式的现代国库管理制度。

2005 年，根据财政部和省财政厅关于加快推进财政国库管理制度改革的要求，烟台市财政提出市级国库集中支付改革的指导思想：按照建立健全公共财政框架的总体要求，改变现行的财政资金拨付方式，逐步建立科学规范高效的国库集中支付制度，实现对财政支出全过程监督，强化预算约束，提高财政资金的使用效益。按照“先预算内后预算外，先专项资金后部门改革，先试点后推广”的工作思路，以工资统发和政府采购资金直接支付为突破口，以推行部门试点为台阶，不断扩大改革试点单位，拓宽集中支付项目和范围。市政府印发《烟台市财政国库管理制度改革试点方案》，市财政局会同中国人民银行烟台市中心支行对国库集中支付有关问题作出具体规定，开始进行市级改革试点。建立国库单一账户体系，包括市财政局在中国人民银行烟台市中心支行开设的国库单一账户，市财政局在商业银行开设的财政零余额账户、为预算单位在商业银行开设的单位零余额账户、在商业银行开设的预算外资金财政专户，经市政府或市政府授权市财政局批准、预算单位在商业银行开设的特殊专户。国库单一账户用于记录、核算、反映财政预算资金和纳入预算管理的政府性基金的收入和支出。财政部门的零余额账户用于财政直接支付，该账户每日发生的支付，于当日营业终了前与国库单一账户清算；预算单位零余额账户用于授权支付，该账户每日发生的支付，于当日营业终了前，由代理银行在市财政国库管理机构批准的用款额度内，与国库单一账户清算。预算单位依据批复的年度部门预算（部门预算控制数）和项目进度，编制季度分月用款计划，基本支出用款计划按照年度均衡性原则编制，项目支出用款计划按照项目实施进度编制。市直部门及各级预算单位编制《预算单位季度分月用款计划表》报市财政局国库科，国库科根据部门预算和库款情况（部门预算控制数）进行批复。财政性资金实行财政直接支付和财政授权支付两种方式。财政直接支付，由市财政局向人民银行烟台市中心支行和代理银行签发支付令，代理银行根据支付令通过国库单一账户体系，将资金直接支付到收款人账户。财政授权支付，由预算单位按照市财政局的授权，在市财政局批准和下达的用款额度内，自行向代理银行签发支付令，代理银行根据支付令，通过国库单一账户体系，将资金支付到收款人账户。

2006 年，根据《烟台市财政国库管理制度改革试点方案》要求，市级国库集中支付改革试点正式实施。首批确定的 30 个试点部门的财政性资金全部实行国库集中支付，试点以外的市直其他部门的部分财政专项资金，也实行了国库集中支付。市财政局选择工商银行烟台分行南大街支行作为国库集中支付试点代理银行，相关支付及清算业务全部采用手工操作方式。

2007 年，烟台市级所有行政事业单位的预算内资金、预算外资金、城建资金、市级基本建设资金全部纳入国库集中支付改革范围，全额拨款的行政事业单位全部使用国库集中支付软件，建立了财政、银行、预算单位三方的国库集中支付网络系统，实现了国库集中支付所有业务的网上运行。市财政局向市内国有商业银行和国有控股股份制银行公开招标国库集中支付代理银行，经过投标、陈述、议标、询标和评标，工商银行烟台分行、建设银行烟台分行、招商银行烟台分行、华夏银行烟台分行成为首批国库集中支付代理银行。2013 年，市本级尚未联网的 150 多个差额预算单位全部实行联网，最后一批国库集中支付改革单位上线运行，中国银行烟台分行、中信银行烟台分行、烟台银行成为国库集中支付代理银行。

随着市级国库集中支付改革的全面推开，县级国库集中支付改革进展顺利，至 2007 年年底，除刚成立的高新区以外，13 个县（市、区）全部实施了国库集中支付改革试点。2015 年 7 月，全市 14 个县（市、区）全部推开乡镇级国库集中支付改革。

第五节　财政统发工资

2000 年 8 月，市财政局、人事局、编办印发《关于市直机关事业单位实行财政统一发放工资的通知》（烟财文字〔2000〕129号），对市直机关事业单位工资统一发放工作进行全面部署，市直党政机关、人大机关、政协机关、人民检察院、人民法院和有关人民团体以及财政全额拨款事业单位，均纳入财政统一发放工资范围。市财政局根据人事部门工资档案库核定情况，按月将工资经费拨付到定点银行设立的工资专户，定点银行根据市财政局提供的单位职工工资明细表，将每个职工的工资记入个人工资账户。按规定应缴纳的住房公积金、个人所得税等由定点银行根据财政部门提供的数据，直接拨付至各有关管理机构，单位依据职工工资明细表和有关管理机构的要求登记有关台账、手册及编报年终决算报表。市直32个行政事业单位首批纳入工资统发范围，统发工资人数为1288人。随着统发工资制度的确立和逐步完善，市直财政统发工资范围逐年扩大，到2003年年末，纳入财政统发范围的市直机关事业单位达到203个，统发工资人数为8673人。

2004年6月，市财政局、人事局、编办印发《关于加强工资统发管理工作的通知》（烟财预〔2004〕31号），进一步加强市直机关事业单位工资统发管理工作，严格执行工资政策，及时办理工资增减及停发手续。各单位工作人员发生行政关系变化、办理退（离）休手续后，由市人事局、市编办办理工资变动审批手续，同时报送市财政局办理工资变动调整。对流失的工资资金，由单位负责追回并上缴市财政，同时市财政将等额扣减单位公用经费。

2006年，市级国库集中支付改革正式推行，财政统一发放工资成为国库集中支付改革的重要组成部分。截至2015年年底，市级统发工资单位覆盖了所有符合统发条件的预算单位，共328个，统发人数为14902人（其中，行政人员6780人、事业人员7177人、参照公务员管理人员945人），当年统发工资额为86880万元。

第六节　公务卡结算

2009年7月，市财政局深化国库集中支付制度改革，参照财政部、中国人民银行《中央预算单位公务卡管理暂行办法》，开始面向市级全额拨款的预算单位推行公务卡结算，方便预算单位用款，减少现金结算，提高支付透明度，加强预算执行监控管理。按照一人一卡原则，预算单位统一为在职职工办理公务卡。公务卡还款和管理等业务以国库集中支付系统为支撑，公务卡发卡银行在市国库集中支付代理银行范围内选择。2012年10月，市财政局建立并实施了市级公务卡强制结算目录，要求预算单位授权支付业务中原使用现金结算的公用经费支出，包括办公用品、差旅费、培训费、会议费及零星购买支出等全部采用公务卡结算。2013年，公务卡改革覆盖市级全部行政事业单位。2015年，市级行政事业单位累计发卡量达12548张，全年公务支出刷卡消费金额为13997万元。

中国工商银行烟台预算单位公务卡

第四章　非税收入管理

烟台市预算外资金管理工作于 1983 年起步，1984 年，市财政部门增设预算外资金管理机构。1986 年，根据国务院和上级财政部门关于加强预算外资金管理的有关要求，烟台市各级财政部门先后通过“专户储存、计划管理、财政审批、银行监督”、统一设立财政专户实行“收支两条线”管理、推行“票款分离、收（罚）缴分离”制度及计算机联网控制等措施，逐步建立了非税收入征管新体制。

第一节　预算外资金管理

1986 年，烟台市根据国务院《关于加强预算外资金管理的通知》和《山东省预算外资金管理实施办法》，制定《烟台市预算外资金管理暂行办法》及实施细则，对全市预算外资金采取以下管理方式：1. 财政间接管理。对原国营企业及其主管部门的预算外资金，通过核定预算外资金的收入范围和支出用途，建立预算外资金预决算审批制度，进行监督管理和使用指导。2. 财政集中代管。对行政事业单位的预算外资金实行“专户存储、计划管理、财政审批、银行监督”；对有收入的事业单位，确定其合理的收费标准，核准全年预算外资金总量，充分挖掘事业单位内部增收潜力，逐年减少国家财政拨款；推行全额预算管理的单位向差额补助过渡，差额、定额补助管理的单位向企业化管理过渡。各单位使用资金时需向财政部门编报用款计划，经财政部门审查批准后从财政专户拨到单位账户，由银行监督使用。3. 行业集中调度。对国营企业预算外资金建立行业性基金会或储金会，财政部门配合行业主管单位，对系统所属企业的预算外资金，坚持“两权”（所有权、使用权）不变、自愿互利、存贷计息、方便服务的原则，按专用资金的一定比例存入基金会、储金会，定期有息，有计划地用于本行业技术开发和技术更新。4. 财政直接支配和调剂。分无偿征用（如国家在预算外资金中征收 15% 的能源交通重点建设基金、10% 的国家预算调节基金，山东省对预算外资金征收 5% 的省重点建设基金）和有偿使用（主要完成国库券购买任务）两种方式。当年，全市预算外资金收入总额 7.1 亿元，相当于当年财政预算收入的 112.72%。

1990 年，烟台市开始将行政事业性收费按照资金性质分别纳入财政预算或预算外管理。罚没收入一律上缴财政，取消各种形式的罚没收入提留分成办法，执法部门所需办案和业务经费列入财政支出预算。对集资的资金实行收支两条线管理。用于基本建设的资金，统一存入当地财政在建设银行开设的预算外资金专户，由财政部门和建设银行监督使用。

1993 年，烟台市在全省率先出台了《烟台市预算外资金管理办法》，全市财政代管资金总额 18.7 亿元。当年，国有企业及主管部门提留的各项专项基金退出预算外资金范畴。对行政事业性收费实行收支两条线管理，凡行政性收费均按规定纳入同级财政预算内管理，尚未纳入预算管理的行政性收费、专项收费及事业性收费执行预算外资金管理办法，实行财政专户储存，收入上缴财政部门在银行开设的预算外资金专户，支出由用款单位编制计划，经财政部门审核后按计划拨付。

1994 年，烟台市落实省政府《山东省预算外资金管理办法》，对预算外资金实行统一领导、分级管理，资金的性质、“两权”不变，银行、计划、物价、审计等部门配合财政部门管理。对预算外资金的管理范围及审批权限等重新作出规定，预算外资金分为地方财政部门的预算外资金和行政事业单位的预算外资金。

1995 年，为从源头控制和强化预算外资金管理，自 7 月 1 日起，烟台市范围内统一行政事业性收费票据管理。加强预算外资金账户管理，在财政专户储存的基础上，各单位的预算外资金分别开设收、支两个账户，取得收入存入收入账户，除向财政专户划缴以外，只进不出；支出账户，除由财政拨入外，只出不进。单位的一切预算外收入都从收入账户中按时足额划转财政专户，需要支出时，报经财政部门批准，由财政部门将资金拨到单位支出账户。

1996 年，根据国务院《关于加强预算外资金管理的决定》（国发〔1996〕29 号），烟台市将预算外资金纳入财政管理，财政部门在银行开设统一专户，用于预算外资金收入和支出管理。部门和单位的预算外资金收入上缴同级财政专户，支出由同级财政按预算外资金收支计划和单位财务收支计划统筹安排，从财政专户中拨付，实行收支两条线管理。各级财政部门相继对行政事业单位的银行账户进行集中清理，各单位保留一个基本账户作为支出账户，只能核算财政部门的预算内和预算外拨款。对部门和单位需上缴或下拨的行政事业性收费和政府性基金收入均通过财政专户核拨。预算外资金管理范围调整为：中央和省已经明确的 154 项行政性收费项目纳入财政预算；13 项数额较大的政府性基金（收费）纳入财政预算；地方财政部门按国家规定收取的各项税费附加纳入地方财政预算；加强对社会保障基金专款专用的管理监督，在国家财政建立社会保障预算制度以前，按预算外资金管理制度进行管理；国有企业税后留用资金不再作为预算外资金管理，事业单位和社会团体通过市场取得的不体现政府职能的经营、服务性收入，不作为预算外资金管理。此后，预算外资金管理主要包括各种行政事业性收费、政府性基金、凭借政府职能筹集的其他资金和乡统筹资金等。

1997 年，根据国务院《关于加强预算外资金管理的决定》和省政府《贯彻〈国务院关于加强预算外资金管理的决定〉的意见》，市政府以第 67 号令公布了《烟台市预算外资金管理规定》。财政部门加强对公安、检察、法院以及工商行政管理部门预算外资金收支两条线管理，严格行政性收费项目和标准审批程序，统一管理票据，实行罚款决定与罚款收缴相分离，行政性收费和罚没收入及时足额上缴国库或财政预算外资金专户，按照预算内外资金结合使用的原则，统一核定部门预算，由各单位财务部门归口管理。

1998 年，市委、市政府印发《关于市级预算外资金实行预算内外收支统管工作的通知》，对市级行政事业单位的预算内外资金实行收支统管，各单位取得的预算外资金收入、财政预算拨款收入和其他收入全部纳入单位预算，根据全部收入情况统筹安排各项支出，实行收支统一管理，计划支出，调节分配，控制投向，综合平衡，监督使用，建立起科学规范的预算外资金管理运行新体系。6月底至9月中旬，全市开展了预算外资金“清户”工作，共审查单位账户1212个，确认账户771个，撤销账户443个，划转各类资金8162万元。

1999年，省政府印发《关于对行政事业性收费和政府性基金实行票款分离办法的通知》，在行政事业性收费和政府性基金（以下简称“收费”）的征收过程中，推行“部门开票、银行收款、财政统管”的资金收缴与票据开具相分离的办法。部门开票是指执收部门在收费时，只向缴费人开具专用缴款通知书，不直接收取资金；银行收款是指有关银行受财政部门委托具体负责收费资金的代收工作，并向缴费人开具统一的行政事业性收费收据；财政统管是指由银行代收的资金划入财政专户后，财政部门负责统一核算和管理。财政部门按照预算内外资金统筹安排的原则，保证各执收部门的正常经费需要。当年，根据省政府《关于建立预算外资金财政专户制度的通知》，制定了《烟台市预算外资金上缴下拨财政专户管理实施办法》，各级财政部门对预算外资金进行统一核算和管理，在国有商业银行开设的专门账户，分为市、县（市、区）、乡（镇）三级。市级财政专户是县级财政专户的总户；市以下各级财政专户既是上一级财政专户的分户，又是下级财政专户的总户；经同级财政部门批准，部门和单位（指不实行票款分离的部门和单位）在金融机构设立的预算外资金收入过渡户是同级财政专户的分户。

2000年，烟台市首先在市建委系统和栖霞市试点推行票款分离制度。截至年底，市级应实行票款分离的单位102个，已有101个实行了票款分离办法，应纳入票款分离的收费项目173项，已纳入165项，占95%，同时撤销了101个单位的92个银行收入过渡账户，各县（市、区）的票款分离管理也全面实施。当年，根据省财政厅《山东省行政事业性收费和政府性基金票据管理办法》，全市统一使用山东省行政事业性收费、政府性基金票据、山东省往来结算统一收据三种票据。

2001年，按照省财政厅的有关规定，重点对交警、工商、技术监督和省属高校等部门单位的票款分离工作进行改进与完善。

2002年，开始对预算外资金实行会计电算化核算，全部实行以银行代收为主的票款分离管理，确保各项资金收入及时足额上缴财政专户。同时，对经财政部门批准采用单位代收方式的特殊情况收费，由财政、单位和银行三家联合签订协议，银行于每周五自动将代管资金全部划入财政专户，防止出现单位滞留资金现象的发生。此后，全市各级公安、法院、工商、环保、计划生育等执收执罚部门的预算外收费收入全部缴入各级国库，纳入预算管理；其他行政事业性收费一律缴入财政专户管理。

2003年，根据山东省《关于深化收支两条线改革进一步加强财政管理的意见》，烟台市开始推行综合预算管理体制，对非税收入实行收支两条线管理，包括：行政事业性收费；政府性基金（包括资金、附加、各类专项收费）；国家机关按照规定向下级、所属单位集中的收入，具有行政管理职能的行业管理机构向所属企业提取的管理费；国家机关、事业单位的国有资产、城市基础设施、国有资源的有偿使用、出租、变卖收入；事业单位用财政性资金或国有资产对其他单位投资或参股所得的投资回报或分成收入；国家机关或以国家机关名义接受的捐赠资金；社会团体等非企业组织受行政机关委托或代行行政职能收取的行政事业性收费、政府性基金，代行行政职能的社会团体收取的会费（法律、法规有规定的从其规定）、接受的捐赠资金；电台、电视台播出广告取得的广告收入；彩票公益金和发行费收入；罚款和罚没收入。

第二节　非税收入征管

2004 年，财政部发布《关于加强政府非税收入管理的通知》，明确非税收入是政府财政收入的重要组成部分，政府非税收入的管理范围包括行政性收费、政府性基金、国有资源（资产）有偿使用收入、国有资本经营收益、彩票收入、罚没收入、以政府名义接受的捐赠收入、政府财政资金产生的利息收入等。

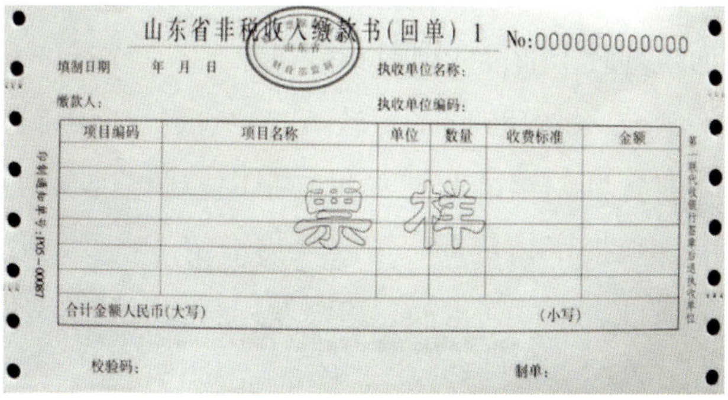
山东省非税收入缴款书(回单) 1　No:000000000000

填制日期　年　月　日　执收单位名称:

缴款人:　执收单位编码:

项目编码	项目名称	单位	数量	收费标准	金额
	票样				
合计金额人民币(大写)				(小写)	

校验码:　制单:

2004 年，烟台市启用山东省非税收入缴款书（回单）票样

政府非税收入实行分类规范管理，烟台市各级财政部门不断强化非税收入征管措施，完善综合预算管理运筹机制：加强行政事业性收费管理；加强国有资源有偿使用收入的财政、财务管理；加强土地有偿使用资金收支管理，建立土地资产收益统计月报制度，将土地出让收益按一定比例专项用于支持农业土地开发；明确海域使用金征管办法、范围和征收标准，规范海域使用权转让、出租行为，理顺海域使用金分配关系。当年，烟台市财政部门开始着手“山东省非税收入征管系统”运行前的准备工作，统一组织向省厅申报收费编码，向单位发放新版非税收入缴款书，全市非税收入管理体制改革当年全面启动。

2005 年，全市形成了以计算机网络系统为支撑，具备网上对账、自动分成、异地缴费、票据管理和统计报表 5 项功能，支持所有商业银行联机代收的多功能、开放式、网络化征管系统。政府非税收入征收管理系统通过以下环节实施管理：根据财政部和省财政厅公布的收费项目，建立非税收入项目数据库，对非税收入实行源头控制，对项目实行统一编码管理，按项目类别、资金管理形式、所属级次以及收费依据等进行编制，实现“一个管子进水、一个池子蓄水、一个龙头出水”的管理目标；非税收入征管系统的票据管理功能覆盖票据的计

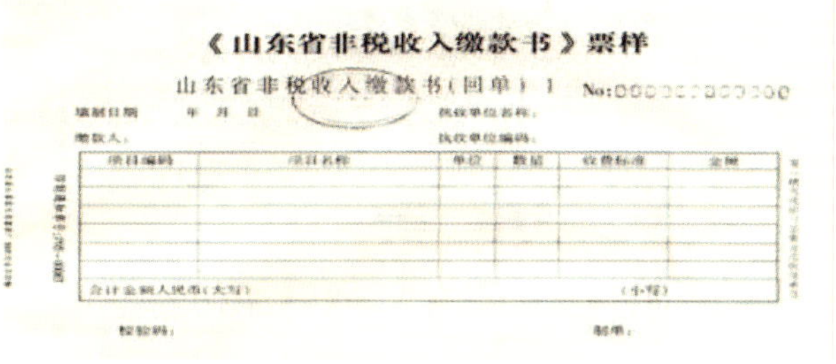
《山东省非税收入缴款书》票样

山东省非税收入缴款书(回单) 1　No:000000000000

填制日期　年　月　日　执收单位名称:

缴款人:　执收单位编码:

项目编码	项目名称	单位	数量	收费标准	金额
合计金额人民币(大写)				(小写)	

校验码:　制单:

2005 年，烟台市启用《山东省非税收入缴款书》票样

划、印刷、发放、使用、核销等票据管理各环节，形成链条式管理，并将收费编码、收费单位、收费票据号码有机联系起来，对每一张收费票据实施监控，通过财政票据智能化管理、实现以票管费；非税收入征管通过系统全程控制，提高资金运行效率和财政调控能力，为加强非税收入财政预算管理提供技术保障。

2006 年，全省非税收入征管系统全面升级，修改完善了征收管理、票据管理模块，增加了数据查询和报表汇总以及系统管理功能，建立了完善的责任记录和档案管理体制，并由脱机运行改为联机运行。省财政厅《关于启用新版财政票据的通知》及《关于取消和停用部分财政票据的通知》规定，通用收费票据为“山东省非税收入缴款书”，往来结算票据为“山东省行政事业单位资金往来结算收据”，只对行政事业单位发放，对企业不再发放。当年，烟台市作为全省公安交通管理系统罚没收入征缴改革的首个试点市，实现公安交通管理系统罚没收入征缴系统与非税收入征管系统对接和自动对账，全省公安交通管理系统征缴改革现场会在烟台召开。烟台市级非税收入资金的核算由预算外资金管理处转国库科实行统收统支管理。

山东省非税收入通用票据

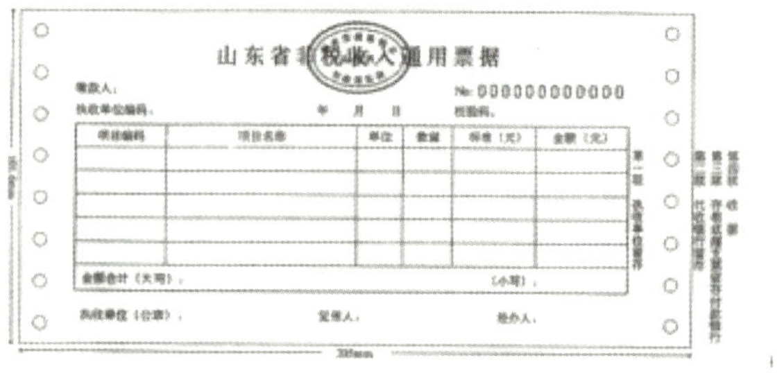

2013 年，烟台市启用山东省非税收入通用票据

2011 年，根据财政部《关于将按预算外资金管理的收入纳入预算管理的通知》，除教育收费纳入财政专户管理外，其他预算外资金全部纳入预算管理。

2015 年 10 月，新版山东省非税收入征收管理系统在烟台试运行。新系统设计贯穿了“单位开票、银行代收、财政监管”的非税收入征缴管理基本思路，以“全程联网、实时监控、自动缴库”为目标，依托财政外网和内网，实现非税收入和财政票据管理业务的高度集中处理，具体涵盖各级财政部门、非税执收单位、用票单位、非税代收银行，有效支撑财政票据管理和非税收入管理工作。

2015 年，烟台市启用新版山东省非税收入征收管理系统

第三节　行政事业性收费管理

1988 年 6 月，国家物价局、财政部《关于加强行政事业性收费管理的通知》要求实行“统一领导、分级管理”的行政事业性收费管理体制。政府各部门增减收费项目、制定和调整收费标准，须报市物价局、市财政局审定。重要的收费项目，由市物价局、市财政局转报省物价局、省财政厅审定。

1990 年 12 月，省政府颁布《山东省行政性事业性收费管理条例》，规定了行政性事业性收费的领导管理、审批权限和程序、收费标准的核定原则、收费资金管理、监督检查和法律责任。

1991年，根据国务院规定，烟台市行政事业性收费项目的设立以财政部门为主，会同物价部门确定；制定和调整收费标准以物价部门为主，会同财政部门确定；收费许可证由财政、物价部门制定，由物价部门发放。

1993年，烟台市执行财政部《关于对行政性收费、罚没收入实行预算管理的规定》，各种行政性收费收入作为国家财政性收入，逐步纳入预算管理。所收款项除国家另有规定外，根据执收部门的行政隶属关系，分别作为本级财政的预算收入，上缴同级国库。

1994年1月，省政府印发《山东省行政性事业性收费管理条例实施办法》，明确收费范围、收费管理工作原则和对违规收费行为的处罚措施，对行政性事业性收费实行许可证制度。市财政部门会同物价部门审批或向省呈报收费项目、收费标准；制定行政性、事业性收费票据管理办法，对行政性、事业性票据资金进行管理和监督。行政性、事业性收费单位必须定期向财政部门报送财务收支计划和决算报表。10月，省财政厅印发《关于行政性收费纳入预算管理有关问题的通知》，除按财政部规定91项行政性收费纳入预算管理外，又将44项行政性收费纳入预算管理。

1996年起，根据国务院《关于加强预算外资金管理的决定》，烟台市各项行政事业性收费实施上缴同级财政专户制度，并统一行政事业性收费票据，全面推行收支两条线管理。根据党中央、国务院《关于坚决制止乱收费、乱摊派、乱罚款的决定》，全市全面清理整顿乱收费、乱摊派、乱罚款，将收费和罚款作为税收、财务、物价大检查的一项重要内容，进行集中检查。清理整顿乱收费，由物价、财政部门负责，清理整顿乱摊派，由市计划委员会负责，清理整顿乱罚款，由财政部门负责。

2002年，财政部、中国人民银行通知将118项行政事业性收费纳入预算管理。2003年1月1日起，烟台市根据省财政厅、人民银行济南分行决定，将公安、法院、工商、环保、计划生育等部门中省级批准设立的各项收费收入（不含所属高校、中专院校收费）全部纳入预算管理。

2004年1月，财政部、中国人民银行规定将76项行政事业性收费纳入财政预算管理。7月，财政部开始对涉及行政许可的收费项目进行清理。12月，财政部、国家发改委印发《行政事业性收费项目审批管理暂行办法》，对行政事业性收费项目的申请设立、审批、变更、管理和监督等作出明确规定。收费项目实行中央和省两级审批制度，其中，省级及省以下单位（国家机关、事业单位、代行政府职能的社会团体及其他组织）申请设立一般收费项目，由省级财政、价格主管部门审批；申请设立重要收费项目，由省级财政、价格主管部门审核后报省级政府批准，地方重要收费项目的范围由省级财政、价格主管部门确定；申请设立专门面向企业的收费项目，经省级财政、价格主管部门审核后报省级政府审批。

2006年，国家发展改革委、财政部印发《行政事业性收费标准管理暂行办法》，明确收费标准的申请和受理、收费标准审批的程序和原则、收费标准的公布和管理等。2007年起，各项行政事业性收费（不含教育收费）均纳入非税收入类预算管理。

2015年年末，行政事业性收费目录中央立项90项，省级立项12项。

2015 年烟台市行政事业性收费目录清单

表 3-18　　单位：万元

中央立项的行政事业性收费目录清单					
部门		序号	收费项目	资金管理方式	收费依据
一	外交				
		1	认证费（含加急）	缴入中央和地方国库	计价格〔1999〕466 号，〔1992〕价费字 198 号
		2	签证费		
			（1）代办外国签证（含加急，限于国家机关）	缴入中央和地方国库	财综〔2003〕45 号，计价格〔1999〕466 号，〔1992〕价费字 198 号
			（2）代填外国签证申请表（限于国家机关）	缴入中央和地方国库	财综〔2003〕45 号，计价格〔1999〕466 号，〔1992〕价费字 198 号
		3	驻外使领馆收费	缴入中央国库	计价格〔1999〕466 号，〔1992〕价费字 198 号，外领函〔2003〕1708 号，外领函〔2003〕1228 号，公境外〔1992〕898 号，公通字〔1996〕89 号
二	发展改革				
		4	非刑事案件财物价格鉴定费	缴入中央和地方国库	财综〔2004〕56 号
三	教育				
		5	公办幼儿园保教费、住宿费	缴入中央和地方财政专户	发改价格〔2011〕3207 号，鲁价费发〔2012〕93 号，鲁价费发〔2015〕81 号
		6	普通高中学费、择校费、住宿费	缴入中央和地方财政专户	教财〔2003〕4 号，教财〔1996〕101 号，鲁价费发〔2004〕140 号，鲁价费发〔2001〕311 号，鲁价费发〔2012〕83 号，鲁价费发〔2015〕93 号
		7	中等职业学校学费、住宿费	缴入中央和地方财政专户	财综〔2004〕4 号，教财〔2003〕4 号，教财〔1996〕101 号，鲁价费发〔2001〕311 号，鲁价费发〔2011〕64 号
		8	高等学校（含科研院所、各级党校等）学费、住宿费、委托培养费、函大电大夜大及短期培训费	缴入中央和地方财政专户	财教〔2013〕19 号，发改价格〔2013〕887 号，教财〔2006〕2 号，发改价格〔2005〕2528 号，发改价格〔2003〕1011 号，教财〔2003〕4 号，计价格〔2002〕838 号，计价格〔2002〕665 号，计办价格〔2000〕906，教财〔1996〕101 号，〔1992〕价费字 367 号，教财〔1992〕42 号，鲁价费发〔2000〕68 号，鲁价费发〔2003〕85 号，鲁价费发〔2005〕83 号，鲁价费发〔2005〕84 号，鲁价费发〔2006〕84 号，鲁价费发〔2011〕64 号，鲁价费发〔2013〕93 号，鲁价费发〔2013〕136 号，鲁价费发〔2014〕6 号，鲁价费函〔2014〕53 号，鲁价费函〔2014〕51 号，鲁价费函〔2014〕58 号，鲁价费发〔2015〕93 号，鲁价费发〔2015〕46 号
		9	国家开放大学收费	缴入中央和地方财政专户	财综〔2014〕21 号，发改价格〔2009〕2555 号，计价格〔2002〕838 号，财教厅〔2000〕110 号
四	公安				
		10	证照费		

续表 3-18

中央立项的行政事业性收费目录清单				
部门	序号	收费项目	资金管理方式	收费依据
		（1）外国人证件费		〔1992〕价费字 240 号，公通字〔2000〕99 号
		①居留许可	缴入中央和地方国库	财综〔2004〕60 号，发改价格〔2004〕2230 号
		②永久居留申请	缴入中央和地方国库	财综〔2004〕32 号，发改价格〔2004〕1267 号
		③永久居留证	缴入中央国库	财综〔2004〕32 号，发改价格〔2004〕1267 号
		④出入境证	缴入地方国库	公通字〔1996〕89 号
		⑤旅行证	缴入地方国库	公通字〔1996〕89 号
		（2）公民出入境证件费		价费字〔1993〕164 号，〔1992〕价费字 240 号，公通字〔2000〕99 号
		①因私护照	缴入中央和地方国库	计价格〔2000〕293 号，发改价格〔2013〕1494 号，鲁价费发〔2013〕105 号
		②出入境通行证	缴入中央和地方国库	财综〔2008〕9 号
		③往来（含前往）港澳通行证（含签注）	缴入中央和地方国库	发改价格〔2005〕77 号，计价格〔2002〕1097 号
		④台湾居民来往大陆通行证（含签注）	缴入中央和地方国库	发改价格〔2011〕1389 号，发改价格〔2005〕1460 号，财综〔2005〕58 号，发改价格〔2004〕334 号，计价格〔2001〕1835 号，价费字〔1993〕164 号
		⑤台湾同胞定居证	缴入地方国库	发改价格〔2004〕2839 号，价费字〔1993〕164 号
		⑥大陆居民往来台湾通行证（含签注）	缴入中央和地方国库	计价格〔2001〕1835 号，价费字〔1993〕164 号
		（3）户籍管理证件工本费（限于丢失、补办）	缴入地方国库	财综〔2012〕97 号，〔1992〕价费字 240 号
		①户口簿		
		②户口迁移证件		
		（4）居民身份证工本费	缴入地方国库	财综〔2007〕34 号，发改价格〔2005〕436 号，财综〔2004〕8 号，发改价格〔2003〕2322 号
		（5）机动车号牌工本费	缴入地方国库	发改价格〔2004〕2831 号，计价格〔1994〕783 号，〔1992〕价费字 240 号
		①号牌（含临时）		
		②号牌专用固封装置		
		③号牌架		

续表 3-18

中央立项的行政事业性收费目录清单					
部门		序号	收费项目	资金管理方式	收费依据
			（6）机动车行驶证、登记证、驾驶证工本费	缴入地方国库	发改价格〔2004〕2831号，财综〔2001〕67号，计价格〔2001〕1979号，计价格〔1994〕783号，〔1992〕价费字240号
			（7）临时入境机动车号牌和行驶证、临时机动车驾驶许可工本费	缴入地方国库	财综〔2008〕36号，发改价格〔2008〕1575号，鲁财综〔2008〕49号
		11	外国人签证费	缴入中央和地方国库	计价格〔2003〕392号，〔1992〕价费字240号，公通字〔2000〕99号
		12	中国国籍申请手续费（含证书费）	缴入地方国库	〔1992〕价费字240号，公通字〔2000〕99号，公通字〔1996〕89号
		13	口岸以外边防检查监护费	缴入中央国库	计价格〔2001〕523号，〔1992〕价费字240号
		14	机动车抵押登记费	缴入地方国库	发改价格〔2013〕1494号，财综〔2001〕67号，鲁价费发〔2013〕105号
五	民政				
		15	登记费		
			（1）婚姻登记费	缴入地方国库	财综〔2002〕7号，计价格〔2001〕523号，〔1992〕价费字249号
			（2）收养登记费	缴入地方国库	计价格〔2001〕523号，〔1992〕价费字349号
		16	殡葬收费	缴入地方国库	〔1992〕价费字249号，发改价格〔2012〕673号、鲁价费发〔2012〕149号
六	国土资源				
		17	矿产资源补偿费（不含煤炭、原油、天然气、钨、钼、稀土）	缴入中央和地方国库	国务院第150号令，鲁政发〔1994〕38号
		18	土地复垦费	缴入地方国库	《土地管理法》，《山东省实施〈土地管理法〉办法》，《山东省土地复垦管理办法》
		19	土地闲置费	缴入地方国库	《土地管理法》，《山东省实施〈土地管理法〉办法》
	▲	20	土地登记费	缴入地方国库	国土（籍）字〔1990〕93号，鲁土籍〔1995〕11号，财税〔2014〕101号
		21	耕地开垦费	缴入地方国库	《土地管理法》
		22	地质成果资料费	缴入地方国库	〔1992〕价费字251号，鲁价涉发〔1994〕158号
七	住房建设				
	▲	23	房屋登记费	缴入地方国库	发改价格〔2008〕924号，财税〔2015〕68号，鲁价费发〔2008〕103号，财税〔2014〕101号，财税〔2015〕68号

续表 3-18

中央立项的行政事业性收费目录清单					
部门		序号	收费项目	资金管理方式	收费依据
	▲	24	房屋转让手续费	缴入地方国库	发改价格〔2011〕534 号，计价格〔2002〕121 号，财税〔2015〕68 号，发改价格〔2015〕2136 号，鲁价费发〔2015〕88 号
		25	污水处理费	缴入地方国库	《城市排水和污水处理条例》，财税〔2014〕151 号，发改价格〔2015〕119 号，国发〔2000〕36 号，计价格〔2002〕515 号，计价格〔1999〕1192 号，财综字〔1997〕111 号，鲁价费发〔2000〕211 号，鲁政办发〔2006〕7 号
		26	城镇垃圾处理费	缴入地方国库	计价格〔2002〕872 号
		27	城市道路占用、挖掘修复费	缴入地方国库	建城〔1993〕410 号，财税〔2015〕68 号，鲁价涉发〔1994〕185 号，鲁建城字〔2015〕32 号
		28	白蚁防治费	缴入地方国库	〔1992〕价费字 179 号，财税〔2015〕68 号，〔1993〕鲁价涉字第 142 号
八	交通				
		29	车辆通行费（限于政府还贷）	缴入地方国库	《收费公路条例》，交公路发〔1994〕686 号，鲁价费发〔2006〕43 号，鲁价费发〔2007〕82 号
	▲	30	船舶登记费	缴入中央和地方国库	〔1992〕价费字 191 号，交财发〔1997〕93 号，财税〔2015〕92 号，财预〔2003〕470 号，（1992）鲁价涉字第 213 号，财税〔2014〕101 号
		31	船舶及船用产品设施检验费	缴入中央和地方国库	财综〔2003〕81 号，价费字〔1993〕17 号，〔1993〕鲁价涉字第 133 号
九	工信				
		32	无线电频率占用费	缴入中央和地方国库	发改价格〔2013〕2396 号，发改价格〔2011〕749 号，发改价格〔2007〕3643 号，发改价格〔2005〕2812 号，发改价格〔2003〕2300 号，财建〔2002〕640 号，计价费〔1998〕218 号
		33	电信网码号资源占用费	缴入中央国库	信部联清〔2004〕517 号
十	水利				
		34	水资源费	缴入地方国库	发改价格〔2014〕1959 号，发改价格〔2013〕29 号，财综〔2011〕19 号，发改价格〔2009〕1779 号，财综〔2008〕79 号，财综〔2003〕89 号，〔1992〕价费字 181 号，鲁价费发〔2011〕179 号，鲁价费发〔2013〕81 号
		35	河道采砂管理费（含长江河道砂石资源费）	缴入中央和地方国库	发改价格〔2009〕3085 号，财综〔2003〕69 号，〔1992〕价费字 181 号，〔91〕鲁水计字第 185 号
		36	水土保持补偿费	缴入中央和地方国库	财综〔2014〕8 号，发改价格〔2014〕886 号，鲁财综〔2014〕74 号，鲁价费发〔2015〕13 号
十一	农业				
		37	植物新品种保护权收费	缴入中央国库	发改价格〔2007〕1968 号，财综字〔1998〕160 号，发改价格〔2015〕2136 号

续表 3-18

中央立项的行政事业性收费目录清单					
部门		序号	收费项目	资金管理方式	收费依据
	▲	38	国内植物检疫费	缴入中央和地方国库	发改价格〔2013〕1494 号，〔1992〕价费字 452 号，发改价格〔2015〕2136 号，鲁价费发〔2013〕105 号，财税〔2014〕101 号
		39	农药、兽药注册登记费		
			（1）进口兽药注册登记审批、发证收费	缴入中央和地方国库	〔1992〕价费字 452 号
	▲		（2）《进口兽药许可证》审批费	缴入中央和地方国库	〔1992〕价费字 452 号，财税〔2014〕101 号
	▲		（3）《兽药典》《兽药规范》和兽药专业标准收载品种生产审批费	缴入中央和地方国库	〔1992〕价费字 452 号，财税〔2014〕101 号
		40	农药实验费	缴入中央和地方国库	〔1992〕价费字 452 号
		41	检验检测费		
			（1）新饲料、进口饲料添加剂质量复核检验费	缴入中央国库	〔1992〕价费字 452 号
			（2）饲料及饲料添加剂委托检验费	缴入中央国库	〔1992〕价费字 452 号
			（3）新兽药、进口兽药质量标准复核检验费	缴入中央国库	〔1992〕价费字 452 号
			（4）兽药委托检验费	缴入中央和地方国库	〔1992〕价费字 452 号
			（5）农作物委托检验费	缴入地方国库	〔1992〕价费字 452 号
			（6）农机产品测试检验费	缴入中央和地方国库	发改价格〔2013〕1494 号，发改价格〔2010〕2363 号，鲁价费发〔2013〕105 号
			（7）农业转基因生物检测费	缴入中央国库	财综〔2008〕76 号，发改价格〔2007〕3704 号，财综〔2002〕64 号
			（8）渔业船舶和船用产品检验费	缴入中央和地方国库	发改价格〔2003〕2353 号，计价格〔2000〕559 号，计价格〔1994〕400 号，〔1992〕价费字 452 号
	▲	42	农机监理费（含“九二”式拖拉机牌证费）	缴入地方国库	发改价格〔2004〕2831 号，发改价格〔2003〕2353 号，计价格〔1994〕400 号，〔1992〕价费字 452 号，财税〔2014〕101 号
			(1)拖拉机号牌（含号牌架、固封装置）费		

续表 3-18

中央立项的行政事业性收费目录清单					
部门		序号	收费项目	资金管理方式	收费依据
			（2）拖拉机驾驶证、行驶证（含临时）、登记证费		
			（3）安全技术检验费		
	▲	43	渔业资源增殖保护费	缴入中央和地方国库	财综〔2012〕97 号，计价格〔1994〕400 号，〔1992〕价费字 452 号，鲁价费发〔2010〕18 号，财税〔2014〕101 号
	▲	44	渔业船舶登记或变更登记费	缴入中央和地方国库	计价费〔1997〕1148 号，〔1992〕价费字 452 号，发改价格〔2015〕2136 号，财税〔2014〕101 号
		45	农业转基因生物安全评价费	缴入中央国库	财综〔2008〕76 号，发改价格〔2007〕3704 号，财综〔2002〕64 号
		46	草原植被恢复费	缴入地方国库	财综〔2010〕29 号，发改价格〔2010〕1235 号
十二	卫生计生				
		47	卫生监测费	缴入地方国库	国办发〔2002〕57 号，财综〔2008〕47 号，〔1992〕价费字 314 号，鲁价费发〔2001〕215 号
		48	预防性体检费	缴入地方国库	国办发〔2002〕57 号，财综〔2008〕47 号，〔1992〕价费字 314 号，鲁价费发〔2001〕215 号，鲁价费函〔2014〕86 号
		49	预防接种劳务费	缴入地方国库	国办发〔2002〕57 号，财综〔2008〕47 号，〔1992〕价费字 314 号，鲁价费发〔2001〕215 号
		50	委托性卫生防疫服务费	缴入中央和地方国库	〔1992〕价费字 314 号
		51	医疗事故鉴定费	缴入中央和地方国库	发改价格〔2007〕2749 号，财综〔2003〕27 号，〔1992〕价费字 314 号
		52	预防接种异常反应鉴定费	缴入地方国库	财综〔2008〕70 号，发改价格〔2008〕3295 号，鲁财综〔2008〕75 号，鲁价费函〔2013〕29 号
		53	社会抚养费	缴入地方国库	国务院令第 357 号，财规〔2000〕29 号
十三	人防办				
		54	防空地下室易地建设费	缴入中央和地方国库	中发〔2001〕9 号，计价格〔2000〕474 号，鲁价费发〔2009〕14 号
十四	法院				
		55	诉讼费	缴入中央和地方国库	国务院令 481 号，财行〔2003〕275 号
十五	工商				

续表 3-18

中央立项的行政事业性收费目录清单					
部门		序号	收费项目	资金管理方式	收费依据
		56	商标注册收费	缴入中央国库	发改价格〔2013〕1494号，发改价格〔2008〕2579号，财综〔2004〕11号，计价费〔1998〕1077号，财综字〔1995〕88号，计价格〔1995〕2404号，〔1992〕价费字414号，发改价格〔2015〕2136号，鲁价涉发〔1996〕183号
十六	质检				
		57	产品质量监督检验费（含工业产品生产许可证发证检验费）	缴入中央和地方国库	发改价格〔2008〕3246号，财综〔2003〕58号，发改价格〔2003〕1793号，计价格〔1996〕1500号，计价格〔1995〕1029号，计价格〔1995〕339号，计价格〔1995〕99号，计价格〔1994〕507号，计价格〔1994〕238号，计物价〔1993〕2182号，〔1993〕价费字135号，〔1992〕价费字496号，〔1992〕价费字317号，〔1992〕价费字127号，国质检科函〔2004〕144号，国质检科函〔2004〕584号，国质检科函〔2005〕503号，国质检科函〔2006〕294号，国质检科函〔2007〕292号，国质检科〔2008〕481号，国质检财函〔2009〕688号，国质检财函〔2012〕122号、财税〔2015〕102号
		58	特种设备检验检测费	缴入地方国库	财综〔2011〕16号，发改价格〔2009〕3212号，财综〔2001〕10号，计价格〔1997〕1707号，计价费〔1996〕1500号，计价格〔1995〕339号，〔1992〕价费字268号，鲁价费发〔2014〕88号
	▲	59	计量收费	缴入中央和地方国库	财税〔2015〕102号，财综〔2013〕67号，发改价格〔2009〕234号，发改价格〔2008〕74号，财综〔2001〕72号，鲁价费发〔2005〕155号，鲁价涉发〔2009〕14号，财税〔2014〕101号，鲁价费发〔2009〕14号
		60	出入境检验检疫费（不含出口货物、运输工具和集装箱检验检疫费）	缴入中央国库	财综〔2014〕6号，财综〔2013〕85号，财综〔2012〕71号，发改价格〔2012〕3882号，发改价格〔2012〕1894号，财综〔2011〕104号，财综〔2011〕42号，发改价格〔2011〕2021号，财综〔2010〕22号，发改价格〔2010〕134号，财综〔2009〕25号，财综函〔2007〕2号，财综〔2007〕54号，发改价格〔2007〕2216号，财综〔2004〕17号，财综〔2003〕77号，发改价格〔2003〕2357号，国质检财〔2014〕311号，鲁价费发〔2010〕73号
		61	设备监理单位资格评审费	缴入中央国库	发改价格〔2013〕290号，财综〔2006〕62号
十七	环保				
		62	登记费		
			（1）进口废物环境保护审查登记费	缴入中央国库	发改价格〔2008〕702号，财综〔2007〕80号，财综〔2001〕15号，计价格〔1999〕467号
			（2）化学品进口登记费	缴入中央国库	计价格〔1994〕702号
		63	核安全技术审评费	缴入中央国库	财综〔2003〕87号，发改价格〔2003〕2352号，财综〔2001〕21号，鲁价费发〔2004〕22号

续表 3-18

中央立项的行政事业性收费目录清单					
部门		序号	收费项目	资金管理方式	收费依据
		64	排污费	缴入中央和地方国库	国务院令第 369 号，四部委令第 31 号，财综〔2003〕38 号，财税〔2015〕71 号，发改价格〔2015〕2185 号，鲁价费发〔2008〕105 号，鲁价费发〔2015〕53 号
		65	城市放射性废物送贮费	缴入地方国库	〔1992〕价费字 178 号，鲁价费发〔2003〕238 号，鲁价费函〔2006〕47 号
	▲	66	环境监测服务费	缴入中央和地方国库	〔1992〕价费字 178 号，鲁价费函〔2013〕10 号，鲁价费函〔2014〕62 号，财税〔2014〕101 号
十八	民航				
		67	民用航空器国籍、权利登记费	缴入中央国库	发改价格〔2011〕3214 号，财综〔2002〕54 号，发改价格〔2015〕2136 号
		68	航空业务权补偿费	缴入中央国库	发改价格〔2011〕3214 号，财综〔2002〕54 号
		69	适航审查费	缴入中央国库	发改价格〔2011〕3214 号，财综〔2002〕54 号
十九	体育				
		70	兴奋剂检测费	缴入中央国库	财综〔2008〕59 号，发改价格〔2008〕2361 号，〔1992〕价费字 207 号
		71	外国团体来华登山注册费	缴入中央和地方国库	财综〔2004〕7 号，〔1992〕价费字 207 号
二十	食药监督				
	▲	72	药品注册费	缴入中央和地方国库	财税〔2015〕2 号，发改价格〔2015〕1006 号
			（1）补充申请注册费		
			（2）再注册费		
			（3）加急费		
	▲	73	医疗器械产品注册费	缴入中央和地方国库	财税〔2015〕2 号，发改价格〔2015〕1006 号
			（1）首次注册费		
			（2）变更注册费		
			（3）延续注册费		
			（4）加急费		
		74	认证费	缴入中央和地方国库	财税〔2015〕2 号，发改价格〔2004〕59 号，鲁价费发〔2012〕158 号
			（1）GMP 认证费		
			（2）GSP 认证费		

续表 3-18

中央立项的行政事业性收费目录清单					
部门		序号	收费项目	资金管理方式	收费依据
	▲	75	药品保护费	缴入中央和地方国库	财税〔2015〕2 号，价费字〔1993〕143 号，价费字〔1993〕178 号
			（1）中药品种保护费		
		76	检验费	缴入中央和地方国库	财税〔2015〕2 号，发改价格〔2003〕213 号，〔1992〕价费字 534 号
			（1）药品检验费		
			（2）医疗器械产品检验费		
二十一	知识产权				
		77	专利收费	缴入中央国库	发改价格〔2009〕364 号，计价格〔2002〕185 号，计价格〔2000〕2441 号，鲁价费发〔2007〕14 号
		78	集成电路布图设计保护收费	缴入中央国库	财综〔2002〕79 号，发改价格〔2003〕85 号
二十二	银监会				
		79	银行业监管费	缴入中央国库	财税〔2015〕21 号，发改价格〔2014〕168 号
二十三	证监会				
		80	证券、期货业监管费	缴入中央国库	财税〔2015〕20 号，发改价格〔2012〕2119 号，发改价格〔2010〕996 号，发改价格〔2006〕2437 号，财综字〔1995〕146 号
二十四	保监会				
		81	保险业监管费	缴入中央国库	财税〔2015〕22 号，发改价格〔2011〕3228 号，财综〔2012〕103 号，财综〔2001〕86 号，财综字〔1999〕123 号
二十五	海洋				
		82	海洋废弃物倾倒、检测费	缴入中央和地方国库	发改价格〔2008〕1927 号
		83	海洋工程污水排污费	缴入中央国库	财综〔2003〕2 号，四部委令第 31 号
二十六	测绘				
		84	测绘成果成图资料收费	缴入中央和地方国库	〔1992〕价费字 176 号
		85	测绘产品质量监督检验费	缴入中央和地方国库	〔1992〕价费字 176 号

续表 3-18

中央立项的行政事业性收费目录清单					
部门		序号	收费项目	资金管理方式	收费依据
		86	测绘仪器检测收费	缴入中央和地方国库	〔1992〕价费字 176 号
二十七	仲裁委				
		87	仲裁收费	缴入地方国库	财综〔2010〕19 号，国办发〔1995〕44 号，鲁价费函〔2004〕103 号
二十八	红十字会				
		88	造血干细胞配型费	缴入中央国库	发改价格〔2013〕1245 号，财综〔2007〕73 号，红总函〔2008〕14 号
二十九	其他部门				
		89	政府信息公开检索、复制、邮寄费	缴入中央和地方国库	财综〔2008〕44 号，发改价格〔2008〕1828 号，鲁价费发〔2008〕190 号
		90	考试考务费	缴入中央和地方国库或财政专户	
省级立项的行政事业性收费项目目录清单					
部门		序号	收费项目	管理方式	收费及资金管理文件依据
一	教育				
		1	普通高中学业水平报名考试费	缴入财政专户	鲁教招字〔1992〕3 号，鲁财综〔2005〕10 号，鲁财综〔2012〕140 号、鲁价费函〔2012〕108 号
		2	中小学住宿费	缴入财政专户	鲁政办发〔2000〕69 号，鲁价费发〔2001〕311 号，鲁教监字〔2008〕5 号
二	公安				
		3	机动车驾驶员安全教育培训费	缴入地方国库	鲁价费发〔2000〕21 号
		4	道路清障费（除违章车辆和清障车辆的看管费外）	缴入地方国库	鲁价费发〔1999〕264 号，鲁政发〔2003〕5 号
		5	养犬管理服务费	缴入地方国库	鲁财综〔2007〕27 号，鲁财综〔2012〕146 号
三	人社				
		6	机关事业单位人员录用考试报名考务费	缴入地方国库	鲁价涉发〔1995〕269 号，鲁价涉发〔1995〕300 号，鲁价费发〔1999〕53 号，鲁价费发〔2004〕56 号，鲁价费发〔2004〕196 号，鲁财综〔2007〕111 号，鲁价费函〔2008〕13 号，鲁政办字〔2013〕110 号
		7	专业技术职务评审费	缴入地方国库	鲁价涉字〔1994〕第 70 号，鲁价费发〔2000〕235 号

续表 3-18

省级立项的行政事业性收费项目目录清单					
部门		序号	收费项目	管理方式	收费及资金管理文件依据
四	交通				
		8	公路设施损坏赔偿费	缴入地方国库	鲁交计〔1996〕41 号，鲁价费发〔2000〕96 号，鲁价费发〔2000〕172 号，鲁政办字〔2013〕110 号
		9	内河船闸过闸费	缴入地方国库	鲁交财〔1996〕2 号，鲁价费发〔2001〕235 号
五	水利				
		10	闸坝维护费	缴入地方国库	鲁价费发〔2001〕296 号，鲁价费发〔2011〕158 号，鲁政办字〔2013〕110 号
六	油区管理				
		11	石油天然气综合维护费	缴入地方国库	鲁政办发〔1996〕44 号，鲁政办字〔2002〕29 号，鲁政办字〔2002〕77 号，省政府会议纪要〔2006〕第 4 号，鲁政办字〔2010〕168 号，鲁政办字〔2013〕110 号
七	老年大学				
		12	老年大学学费	缴入财政专户	鲁财综〔2006〕57 号，鲁政办字〔2013〕110 号，鲁价费发〔2014〕50 号

注：标注“▲”的项目为有关企业直接负担的收费项目

第四节　彩票资金管理

1999 年 12 月，中国人民银行、财政部下发《关于移交彩票监管工作的通知》（银发〔1999〕429 号），中国人民银行对彩票发行机构的监管职责移交财政部。2000 年 1 月，财政部下发《关于接收彩票监管职能有关事项的通知》（财综字〔2000〕3 号），对移交工作的具体事项作出规定。烟台市财政部门于 2000 年 3 月完成交接工作。

2001 年 12 月，财政部颁发《彩票发行与销售机构财务管理办法》，明确彩票机构财务管理的主要任务，规定彩票机构要编制年度财务收支计划，报同级财政主管部门审核批准后执行。市财政根据财政部《关于彩票发行与销售机构执行〈事业单位会计制度〉有关问题的通知》，规范彩票发行与销售机构的会计核算。

2002 年 2 月，执行财政部《关于编制 2002 年彩票发行与销售机构财务收支计划的通知》，自该年度开始，烟台市对市福彩中心实行财务收支预算管理。4 月，省政府《关于贯彻国发〔2001〕35 号文件进一步规范彩票管理的通知》（鲁政发〔2002〕34 号）规定，全省实行“统一领导、分级管理、以省级为主”的彩票管理体制，明确了省、市两级财政、民政、体育、公安、工商行政管理部门以及彩票销售机构的职责，对彩票资金实行专户管理作出明确规定。烟台市福利彩票发行费、福利彩票公益金和体育彩票公益金纳入财政专户管理。

2004 年 12 月，省财政厅、民政厅、体育局印发《山东省彩票公益金管理使用暂行办法》，对公益金的定义、福利彩票公益金和体育彩票公益金的使用范围、公益金的使用申报程序、资助项目管理等方面作出明确规定，为支持和推动社会公益事业发展提供了相关政策依据。

2007 年，市财政局会同体育局转发执行《山东省资助全民健身工程体育彩票公益金管理暂行办法》，加强资助全民健身工程的体育彩票公益金的管理。

居民区的健身器材

2009 年，烟台市进一步规范彩票市场发展，维护彩票市场秩序，保护彩票参与者的合法权益，促进社会公益事业发展。市财政局会同有关部门转发执行山东省《实施“彩霞工程”推进居家养老服务省级财政专项彩票公益金管理使用（暂行）办法》，促进全市城乡居家养老服务业发展。

2011 年，为规范财政专项彩票公益金支持乡村学校少年宫项目实施和资金管理工作，省财政厅、文明办、教育厅联合印发《财政专项彩票公益金支持乡村少年宫项目实施和资金管理办法》；为加强城市社区老年人日间照料中心项目建设专项补助资金管理，省财政厅、民政厅联合印发《城市社区老年人日间照料中心建设专项补助资金管理暂行办法》，市财政局会同有关部门按规定申报相关项目。

2012 年，烟台市执行财政部、民政部、国家体育总局联合发布的《彩票管理条例实施细则》。为解决农村贫困残疾人住房困难，按照省财政厅、省残联《山东省财政专项彩票公益金支持农村贫困残疾人危房改造项目实施和资金管理办法》，市财政局会同市残联按规定申报项目，为农村贫困残疾人解决住房困难问题。

2013 年，烟台市执行省财政厅、民政厅《山东省专项彩票公益金支持农村幸福院项目资金管理办法》，规范和加强专项彩票公益金支持农村幸福院项目管理。

2014 年，根据省财政厅《关于调整彩票公益金分配政策的通知》和《山东省省级财政专项彩票公益金使用管理暂行办法》等文件精神，市财政局制定《烟台市市级财政专项彩票公益金使用管理暂行办法》（烟财综〔2014〕17 号），规定市本级留成福彩和体彩公益金，市级财政分别统筹 20% 和 10%，作为财政专项彩票公益金，用于支持民政、体育部门以外的其他社会公益事业发展。

2015 年 5 月，为规范和加强财政专项彩票公益金支持未成年人校外活动项目资金管理工作，根据《彩票管理条例》《彩票公益金管理办法》《山东省财政专项彩票公益金支持未成年人校外活动保障和能力提升项目资金管理办法》等有关规定，市财政局、教育局制定《烟台市财政专项彩票公益金支持未成年人校外活动项目资金管理办法》。为进一步规范福利彩票销售机构业务费收支和预决算管理，强化财务监督，根据省财政厅《关于将福利彩票销售机构业务费纳入政府性基金预算管理有关问题的通知》，烟台市自 2015 年开始，将原在财政专户管理的福利彩票销售机构业务费收支，全部调整纳入政府性基金预算管理。

2001—2015 年，全市体育彩票累计销量 80.65 亿元，计提彩票公益金 5.3 亿元。1987—2015 年，全市福利彩票销量 94.9 亿元，计提彩票公益金 10.43 亿元。

2001—2015 年烟台市体育彩票销量及公益金计提情况表

表 3-19　　单位：万元、%

项目 年度	电脑彩票			即开彩票		
	销量（金额）	公益金		销量（金额）	公益金	
		金额	占比		金额	占比
2001	3680	376	10.2			
2002	5819	322	5.5	98	19	19
2003	3753	268	7.1	201	40	19.9
2004	2689	229	8.5	314	48	15.3
2005	9830	1880	19.1			
2006	10736	1240	11.5			
2007	5368	1384	25.8			
2008	14993	1105	7.4	3984	178	4.5
2009	26274	1763	6.7	5974	269	4.5
2010	25444	1696	6.7	6245	341	5.5
2011	39437	2747	7	10586	847	8
2012	74725	5658	7.6	11770	941	8
2013	207117	7872	3.8	12201	732	6
2014	150286	11557	7.7	11468	688	6
2015	155101	10263	6.6	8366	560	7
累计	735252	48360		71207	4663	

注：2005—2007 年停销即开彩票

1987—2015 年烟台市福利彩票销量及公益金计提情况表

表 3-20　　　　　　　　　　　　　　　　　　　　　　　　单位：万元、%

年度 \ 项目	即开票			电脑票			群英会			中福在线		
	销量（金额）	公益金		销量（金额）	公益金		销量（金额）	公益金		销量（金额）	公益金	
		金额	占比		金额	占比		金额	占比		金额	占比
1987	81	28.35	35									
1988	200	63.00	31.5									
1989	630	176.40	28									
1990	271	59.62	22									
1991	663	145.86	22									
1992	1025	225.50	22									
1993	1420	312.40	22									
1994	1020	224.40	22									
1995	3580	787.60	22									
1996	4840	1064.80	22									
1997	1600	352.00	22									
1998	2500	550.00	22									
1999	1550	341.00	22									
2000	1650	363.00	22	3908	22	859.76						
2001	977	170.98	17.5	13438	14.5	1948.51						
2002	1654	289.45	17.5	18570	14.5	2692.65						
2003	1795	314.13	17.5	21170	14.5	3069.65						
2004	2098	367.15	17.5	20489	14.5	2970.91						

续表 3-20

年度＼项目	即开票			电脑票			群英会			中福在线		
	销量（金额）	公益金		销量（金额）	公益金		销量（金额）	公益金		销量（金额）	公益金	
		金额	占比		金额	占比		金额	占比		金额	占比
2005	33	2.31	7	60307	8744.52	14.5						
2006	910	63.70	7	37210.82	4558.33	12.25				3710	259.7	7
2007	3750	262.50	7	27755.15	3372.57	12.25				8170	571.9	7
2008	6114	427.98	7	29356.75	3578.68	12.25				1089	76.23	7
2009	7693	538.51	7	33111.31	4033.11	12.25	15489.56	1517.98	9.8	1466	102.62	7
2010	11354.83	794.84	7	32235.3	3731.5	12.25	19152.92	1876.99	9.8	7278.95	509.53	7
2011	17213.32	1204.93	7	40593.2	4587.43	12.25	20743.54	2032.87	9.8	9302.67	651.19	7
2012	18667.79	1306.75	7	41587.3	4967.63	12.25	24727.8	2423.32	9.8	13057.52	914.03	7
2013	15820.71	1107.45	7	41409.82	4650.94	12.25	33123.5	3246.1	9.8	15986.63	1119.06	7
2014	15418.89	1079.32	7	39161.86	4757.12	12.25	45484.14	4457.45	9.8	23332.09	1633.25	7
2015	11353.5	794.75	7	36723.06	4498.57	12.25	47380.81	4643.32	9.8	26574.92	1860.24	7
累计	135883.04	13418.68		497026.57	63021.88		206102.27	20198.03		109967.78	7697.75	

注：2006—2015 年电脑票含手机投注、开乐彩

第五节　住房资金管理

1986年3月，烟台市被国务院确定为全国城镇住房制度改革首批试点城市之一，于1987年8月开始以提高租金、发放补贴、房屋出售为主要内容的房改试点工作。

1988年11月，全市陆续开始建立住房公积金制度，加快公房出售和建立住房基金等工作。市财政部门参与房改方案制订、数据测算，提供财力支持全市房改启动工作。

1995年，烟台市房改与国务院房改方案并轨。烟台市公房租金管理处更名为烟台市住房资金管理处，负责住房公积金等各项住房资金及贷款管理工作。市财政先后制定和完善了住房公积金和住房资金管理机构的财务管理办法及会计核算办法、住房资金财政监督管理办法、公有住房出售收入管理办法等配套制度。

1998年，全市实行住房货币化分配改革，停止福利分房，发放住房补贴和一次性住房资金补偿。

2003年，烟台市成立烟台市住房公积金管理委员会，"烟台市住房资金管理处"变更为"烟台市住房公积金管理中心"，直接隶属市政府领导。全市房改重点转向落实住房保障制度，市、县两级财政部门参与制定和落实经济适用住房、廉租住房、棚户区（危旧房）改造的土地供应及税费优惠政策，通过调整和落实土地、住房公积金信贷及房地产业相关税费政策，宏观调控房地产市场，鼓励住房适度消费，抑制房地产投机，稳定房价，拉动经济增长。财政部门加强对本行政区域内住房公积金归集、提取和使用情况的监督，对住房公积金主要履行下列监管职责：规范住房公积金征缴和提取行为，监督市住房公积金管理中心完善行政执法流程，强化住房公积金归集工作，扩大住房公积金覆盖面，实现住房公积金依法归集、依法提取；规范住房公积金的贷款发放，严格贷款审批程序，强化贷款的贷前审查及贷后管理，建立对逾期贷款的预警和催收机制，提高住房公积金使用社会效益；规范住房公积金增值收益管理，监督市住房公积金管理中心规范提取贷款风险准备金，监督其将应缴国库的增值收益足额及时缴库，确保应缴尽缴；加强住房公积金资金运作的财务监督，严格住房公积金购买国债审批程序，监督国债购买范围，防范和化解风险，确保资金安全运作。

2015年年末，全市住房公积金归集总额356.87亿元，资金余额183.16亿元。全市已建立缴存关系单位11547个，实际缴存单位8738个，建立缴存关系职工93.45万人，实际缴存职工79.57万人；累计发放公积金贷款11.23万户，贷款金额236.44亿元，年末贷款余额153.27亿元。

居民区里的郁金香

第五章　税政管理与依法行政

1986—1993 年，烟台市税政管理主要由税务机关负责。1994 年分税制改革后，税政管理与税收征管分离，各级财政部门负责税政管理工作。1995 年 1 月，市财政局设立税政科，负责实施税制改革和地方税政管理。

第一节　税政管理

参与地方税制改革

1993 年以后，市财政局针对城镇土地使用税税额标准偏低且征税范围窄的问题，进行了大量调查研究与摸底测算，提出调整城镇土地使用税的意见。1998 年 1 月，市政府向省政府报送《关于调整城镇土地使用税的有关政策的请示》，省政府批准调整烟台市区一等地税额标准为 1.8 元 / 平方米、二等地税额标准为 1.4 元 / 平方米、三等地税额标准 1 元 / 平方米，县城驻地税额标准为 1.2 元 / 平方米，建制镇、工矿区税额标准为 1 元 / 平方米。2002 年，省政府批准烟台市区一等地税额标准为 4 元 / 平方米、二等地税额标准为 3 元 / 平方米、三等地税额标准 2 元 / 平方米，县城驻地税额标准为 2 元 / 平方米，建制镇、工矿区税额标准为 1.5 元 / 平方米。2006 年，国务院修改《中华人民共和国城镇土地使用税暂行条例》实施后，市财政部门对烟台情况进行调查测算，市政府向省政府报送《关于调整城镇土地使用税税额标准的请示》，省政府批准烟台市区一等地税额标准为 8 元 / 平方米、二等地税额标准为 6 元 / 平方米、三等地税额标准 4 元 / 平方米，县城驻地税额标准为 4 元 / 平方米，建制镇、工矿区税额标准为 3 元 / 平方米。城镇土地使用税政策调整，增加了地方财政收入。

开展地方税源普查

2001 年，省委、省政府确定在全省范围开展税源普查工作，烟台市成立了税源普查工作领导小组，下设办公室，设在市财政局法规税政科。市财政、监察、国税、地税、工商、统计等部门协调推进，历时半年，对 1999—2000 年所有纳税单位和个人进行了一次全面普查，基本摸清了全市税源底数和税源分布状况，掌握了各行业的税收负担水平和税收征管薄弱环节及税收增长的潜力。

2002—2004 年，根据财政部和省财政厅统一部署，烟台财政部门分别对全市 2001—2003 年度企业所得税税源情况及有关财务指标进行了调查，掌握了全市不同县（市、区）、不同经济类型和不同产业间企业所得税税源分布、税负变化态势和享受税收优惠差异等情况。

2005—2007 年，针对内外资企业所得税“两法合并”的改革要求，分别对 2004—2006 年度的企业所得税及有关财务指标进行了调查，发现内资企业所得税实际税负明显高于外商及港澳台投资企业，统一内外资企业所得税税率、税前扣除标准及税收优惠政策，使相同产业的内外资企业具有同等的发展机会，落实税收国民待遇原则，是十分必要和亟待解决的问题。

2011 年 6 月，财政部相关人员在烟台调研资源税情况

落实出口退税和关税联系制度

1985 年，烟台市按国家政策规定开始对外贸出口产品实行退税制度。1994 年税制改革后，国家连续多次调整出口退税政策。2004 年，国家实行出口退税中央与地方财政共同分担的新机制，超基数出口退税部分直接与地方财政收支挂钩。市财政部门及时分析政策调整对地方经济与财政的影响，抓紧测算和争取上级核定合理的退税基数，向市政府提出相关应对措施，确保在基本稳定财政负担的前提下顺利实施出口退税改革，促进全市外向型经济稳步发展。

2002 年起，市财政部门着手加强关税工作制度建设，初步建立关税联络单位和联络员制度。2003 年 2 月，山东省公布全省关税联络单位，确定山东华泰纸业股份有限公司等 11 家单位为烟台市关税联络单位。为全面掌握全市重点出口产品和生产企业情况，自 2004 年起，烟台市每年在全市范围内开展一次重点产品国际竞争力调查工作。通过调查，市、县（市、区）财政部门普遍建立了本地重点产品和生产企业基础信息数据库，为国家关税政策调整和争取税收优惠提供信息依据。

建立税收保障机制

1994 年，为适应财税体制改革需要，烟台市委批准成立中共烟台市委财税工作委员会，由市财政局和地税局两个单位的党组成员组成，统筹协调财税工作。财政与国税、地税、海关的日常工作联系由市财政局法规税政科牵头负责。

2000 年，根据省政府《关于全省地方税务机构管理体制问题的通知》，烟台市采取“集中上划、收支挂钩、分级负担、统一管理”的办法，每年按规定上划省财政厅地税经费。

2002 年，烟台市为保障税收征管工作顺利开展，按照财政部《关于代扣、代收和代征税款手续费纳入预算管理的通知》和山东省《关于加强代扣、代收和代征税款手续费预算审核管理的办法》要求，审核安排市税务部门手续费预算。市税务部门于年底前将编报的本级手续费预算报送市财政部门。手续费实行每季度核拨一次，季度终了，市财政根据税务部门上报的代扣、代收和代征税款手续费及提交的税收缴款入库凭证（或代扣、代收税款凭证等）原件及复印件、委托协议书等，依据有关文件规定进行审核，年度结束后再及时清算拨补。

2003 年开始，在上划省财政地税经费的基础上，每年再补充安排部分经费预算，保证地税部门正常开支需要。为加强税收源头控管，防止税收流失，烟台市实施发票即开即兑奖励暂行办法。适用范围主要包括商业批发业、商业零售业、修理修配业、娱乐业、服务业、建筑业、房地产等行业使用的发票。有奖发票每 100 万份为一组，每组设置奖金总额为 30 万元，由省地税局统一布奖。消费者中奖 100（含）元以下的，可直接凭中奖发票（发票联和兑奖联）

在经营场所兑取现金，并将中奖发票兑奖联交经营者留存；中奖100元以上的，持中奖发票（发票联和兑奖联）和有效身份证原件到经营者主管地税机关的办税场所兑奖。发票即开即兑奖励资金列入财政预算管理。

2006年，根据省财政厅、地税局、中国人民银行济南分行关于进一步规范代扣、代收和代征税款手续费管理的有关规定，市财政每年足额安排专项预算并及时拨付。

2013年，省财政厅、地税局根据省政府意见，出台《关于调整省以下地方税务部门财务管理体制的通知》（鲁财税〔2013〕35号），地税部门经费下放，由市县财政纳入预算管理。

2015年10月，省政府发布《关于印发山东省税收保障工作实施方案的通知》（鲁政办字〔2015〕200号），建立由省政府分管省长任总召集人、30多个部门单位参加的税收保障联席会议制度，进一步健全完善税收保障长效机制，形成“政府领导、财税共管、部门配合、社会参与、法制保障”的税收保障工作新格局。烟台市政府根据省政府通知精神，强化财税工作多部门协调制度，严格税收征管措施，建立财政收入与经济发展同步增长的保障工作机制。

第二节　税收优惠政策

1994年以前，税收优惠政策主要通过减免、抵扣和退税等形式，由各级税务机关按权限办理。之后，开始实行先征后返的税式支出管理，税收返还以各级财政部门为主组织实施。

惠农税收政策

农产品生产税收优惠　1994年1月，烟台市按照《中华人民共和国增值税暂行条例》规定，对农产品、农业生产资料实行低税率或免征政策。6月，按照省财政厅规定：除挂面和以粮食为原料加工的速冻食品、副食品以外，以粮食为原料经简单加工的生食品属粮食复制品，比照粮食13%的税率征收增值税。

农业生产资料生产税收优惠　1994年，烟台市按照《中华人民共和国增值税暂行条例》规定，饲料、化肥、农药、农机、农膜等农业生产资料适用13%的低税率。执行财政部、国家税务总局《关于调整农业产品增值税税率和若干项目征免增值税的通知》，对饲料、农膜，化肥企业生产销售的碳酸氢铵、普通过磷酸钙、钙镁磷肥等部分化肥，农药生产企业生产销售的敌百虫、敌敌畏、乐果等农药，批发和零售的种子、种苗、化肥、农药、农机免征增值税，对进口与农业生产密切相关的种子（苗）、种畜（禽）和鱼种（苗）免征进口环节增值税。1995年，执行财政部、国家税务总局《关于钾肥产品增值税问题的通知》，对以免税化肥为主要原料生产销售的复合肥免征增值税，对生产销售钾肥产品实行先征后返政策。1998年，根据财政部、国家税务总局《关于对若干农业生产资料征免增值税问题的通知》，继续执行对饲料、农膜、种子、种苗、化肥、农药、农机等若干农业生产资料免税政策。同时，恢复对甲胺磷等部分农药征收增值税。2001年，按财政部、国家税务总局有关政策规定，对生产销售的尿素统一征收增值税，并在2001、2002两年内实行增值税先征后返政策（2001年对征收的税款全额退还，2002年退还50%）。2003年，生产销售尿素增值税先征后返政策停止执行。2004年，再次恢复尿素产品增值税先征后返政策，同时，对化肥生产企业生产销售的钾肥，由免征增值税改为实行先征后返。2005年7月，对国内企业生产销售的尿素产品增值税由先征后返50%调整为暂免征收增值税。

涉农服务单位税收优惠　1994年起，烟台市执行财政部、国家税务总局《关于企业所得税若干优惠政策的通知》，对农村的为农业生产产前、产中、产后服务行业提供的技术服务或劳务所得暂免征收所得税。为保证“菜篮子”商品的市场供应，1994年，按照财政部、国家税务总局规定，对国有、集体商业企业批发肉、禽、蛋、水产品和蔬菜的业务征收增值税后所增加的税款，采取先按规定税率征税再由财政返还给企业的办法(2001年3月1日停止执行)。为加强国家对粮油市场的宏观调控，1996年，根据财政部、国家税务总局《关于国有粮食企业征免增值税问题的通知》规定，自6月1日起，对国有粮食企业销售的政策性粮油免征增值税(1999年11月19日停止执行)。

惠企税收政策

第三产业税收政策　1994年1月1日起，烟台市按照财政部、国家税务总局《关于企业所得税若干优惠政策的通知》规定，对科研单位和大专院校技术成果转让、技术培训、技术咨询、技术服务、技术承包取得的技术性服务收入免征所得税；对新办独立核算的咨询、信息、技术服务企业或单位，自开业之日起，前两年免征所得税；对新办独立核算的交通运输、邮电通信企业或单位，自开业之日起，第一年免征所得税，第二年减半征收所得税；对新办独立核算的公用事业、商业、物资、外贸、旅游、仓储、居民服务、饮食、文教卫生企业或单位，自开业之日起，报经主管税务机关批准，减征或免征所得税一年。

2013年，烟台市实行“营改增”试点，以前缴纳的营业税应税项目改成缴纳增值税，减少重复征税，降低企业税负，推动服务业尤其是科技等高端服务业发展，促进产业和消费升级，培育新动能，深化供给侧结构性改革。2016年5月，建筑业、房地产业、金融业、生活服务业全部纳入“营改增”试点。

中小企业税收政策　1994年税制改革确定的企业所得税统一税率为33%，为减轻小型企业税赋，根据省财政厅《关于我省地方企业缴纳所得税有关问题的通知》精神，纳税人年应纳税所得额在3万元以下的，减按18%的税率征收所得税；年纳税所得额在3万～10万元之间的减按27%的税率征税。1998年7月1日，经国务院批准，对年销售额180万元以下的小型商业企业，增值税率由6%调减为4%。

资源综合利用行业税收政策　1994年，烟台市对企业利用废水、废气、废渣等废弃物为主要原料进行生产的，五年内减征或者免征所得税。2001年，对生产原料中掺有不少于30%的废旧沥青混凝土生产的再生沥青混凝土，生产原料中掺有不少于30%的煤矸石、石煤、粉煤灰、烧煤锅炉的炉底渣及其他废渣生产的水泥实行即征即退政策；对部分新型墙体材料产品实行增值税应纳税额减半征收的政策；对利用城市生活垃圾生产的电力实行增值税即征即退的政策；对利用煤矸石、煤泥、油母页岩和风力生产的电力实行增值税应纳税额减半征收的政策；对利用煤炭开采过程中伴生的舍弃物油母页岩生产加工的页岩油及其他产品实行增值税即征即退的政策；对企业以“三剩物”和次小薪材为原料生产加工的综合利用产品，在2005年12月31日以前，实行增值税即征即退办法；对废旧物资回收经营单位销售其收购的废旧物资免征增值税。

高新技术企业税收政策 2002年开始，根据省委、省政府实施“三个亮点工程”（全力支持和重点发展高新技术产业、民营经济、外贸经济）的部署，烟台市落实《关于利用财政专项资金支持高新技术产业发展的通知》，对高新技术企业、高新技术企业孵化器及在孵企业、高新技术风险投资机构、科技中介服务机构、省以上新产品按税收实现情况给予财政专项资金扶持。2003—2013年，对全市列入省以上新产品目录的产品（企业），省、市两级财政共拨付专项扶持资金7720万元。

福利企业税收优惠 1994年1月1日，为扶持社会福利企业发展，烟台市根据财政部、国家税务总局《关于企业所得税若干优惠政策的通知》，对民政部门举办的福利生产企业，减征或者免征所得税。根据财政部、国家税务总局《关于对福利企业、学校办企业征税问题的通知》，对民政部门、街道、乡镇举办的社会福利生产企业和学校办企业，按规定依法缴纳增值税、消费税、营业税，原福利企业和学校办企业享受的流转税优惠政策仍然保留，由税务机关采取先征税后返还的办法予以退税。

乡镇企业税收优惠 1994年3月，烟台市执行财政部、国家税务总局《关于企业所得税若干优惠政策的通知》，对乡镇企业所得税按应缴税款减征10%，用于补助社会性开支费用，同时停止执行税前提取10%的规定。

惠民税收政策

就业再就业税收优惠 烟台市为鼓励有关企业吸纳城镇待业人员，根据财政部、国家税务总局《关于企业所得税若干优惠政策的通知》精神，1994年1月1日，对新办的劳动就业服务企业，当年安置城镇待业人员达到规定比例的，三年内减征或者免征所得税。1997年10月，执行《山东省劳动就业服务企业营业税先征税后财政返还审核退付管理办法》，对新办劳动就业服务企业缴纳的营业税实行前三年由财政全额返还，后两年减半返还的政策。2001年3月，落实省政府《关于进一步做好就业和再就业工作的通知》规定，在2003年年底前，下岗职工从事社区居民服务业取得的营业收入，个人自持劳动保障部门统一印制的下岗证明或《社区就业证》在当地主管税务机关备案之日起，个体工商户自其领取税务登记证之日起，三年内免征营业税、个人所得税；安置下岗职工就业人员占企业总人数60%以上的企业自其领取税务登记证之日起，三年内免征营业税；当年安置下岗职工、失业人员达到30%以上，经地税部门批准，两年内减半征收企业所得税。根据财政部、国家税务总局《关于下岗失业人员再就业有关税收政策问题的通知》，自2003年1月1日起至2005年12月31日止，对新办的服务型企业当年新招用下岗失业人员达到职工总数30%以上，并与其签订3年以上期限劳动合同的，三年内免征营业税；对新办的服务型企业、商贸企业当年新招用下岗失业人员达到职工总数30%以上，并与其签订三年以上期限劳动合同的，三年内免征企业所得税；对现有的服务型企业和现有的商贸企业新增加的岗位，当年新招用下岗失业人员达到职工总数30%以上，并与其签订三年以上期限劳动合同的，三年内对年度应缴纳的企业所得税额减征30%。2003年8月，根据财政部、劳动保障部、国家税务总局《关于促进下岗失业人员再就业税收优惠及其他相关政策的补充通知》，对劳动就业服务企业中的加工型企业和街道社区具有加工性质的小型企业实体，凡安置下岗失业人员并签订一年以上期限劳动合同的，每吸纳1名下岗失业人员，每年可享受企业所得税2000元定额税收扣减优惠。根据省财政厅、地方税务局《关于进一步提高营业税起征点的通知》，自2006年1月1日起，对按期纳税的营业税起征点统一调整为5000元。

个人住房等税收优惠　1998年1月1日起，烟台市执行财政部、国家税务总局《关于住房公积金、医疗保险金、养老保险金征收个人所得税问题的通知》，对企业和个人按照国家或地方政府规定比例提取并向指定金融机构实际缴付的住房公积金、医疗保险金、基本养老保险金，不计入个人当期的工资、薪金收入，免予征收个人所得税；对个人领取原提存的住房公积金、基本养老保险金时，免予征收个人所得税。1999年8月1日起，根据财政部、国家税务总局《关于调整房地产市场若干税收政策的通知》，对个人购买并居住超过一年的普通住宅，销售时免征营业税；个人自建自用住房，销售时免征营业税；对企业、行政事业单位按房改成本价、标准价出售住房的收入，暂免征收营业税；在2000年年底以前，对积压空置的商品住房销售时应缴纳的营业税予以免税优惠。12月，根据财政部、国家税务总局、建设部《关于个人出售住房所得征收个人所得税有关问题的通知》，对个人转让自用五年以上，并且是家庭唯一生活用房取得的所得，继续免征个人所得税。2000年9月1日起，根据财政部、国家税务总局《关于住房公积金管理中心有关税收政策的通知》，对住房公积金管理中心用住房公积金在指定的委托银行发放个人住房贷款取得的收入，免征营业税。2001年1月1日起，根据财政部、国家税务总局《关于调整住房租赁市场税收政策的通知》，对按政府规定价格出租的公有住房和廉租住房，暂免征收营业税；对个人按市场价格出租的居民住房，其应缴纳的营业税暂减按3%的税率征收。

应对突发事件税收政策

2003年，为全面支持非典型性肺炎疫情（以下简称非典）防治工作，缓解非典对经济的影响，烟台财政部门落实国家系列财税优惠政策，对疫情地区和受非典冲击较大的旅游、餐饮、民航、旅店、出租车等行业在限定时段内给予优惠照顾。4月，落实财政部、国家税务总局《关于非典型肺炎疫情发生期间个人取得的特殊临时性工作补助等所得免征个人所得税问题的通知》和《关于纳税人向防治非典型肺炎事业捐赠税前扣除问题的通知》，自2003年1月1日起至疫情解除之日止，对参加非典防治工作的第一线医务和防疫工作者，按照地方政府规定的标准取得的非典防治工作特殊临时性工作补助，免予征收个人所得税；对单位发给个人的用于预防非典的药品、医疗用品和防护用品等实物（不包括现金），不计入个人当月的工资、薪金收入，免予征收个人所得税；对个人向各级政府民政部门、卫生部门捐赠用于防治非典的现金和实物，以及通过中国红十字会总会、中华慈善总会向防治非典事业的捐赠，在缴纳所得税前全额扣除。

为消除非典疫情对交通运输业、旅游业和餐饮服务业不利影响，烟台市财政局会同市国税、地税等部门贯彻《关于调整部分行业在非典疫情期间税收政策的紧急通知》，自2003年

5月1日起至9月30日止，免征民航的旅客运输业务和旅游业营业税及城市维护建设税；对出租汽车公司、城市公共交通运输公司以及饮食业、旅店业，因非典影响按期纳税有困难的，经批准可以缓缴营业税及城市维护建设税；调低出租车司机个人所得税征收定额；对铁路旅客运输收入免征营业税；对由政府组织拍卖或委托指定机构销售非典捐赠物资的收入免征增值税；对在非典防治期间被政府征用的宾馆、饭店、招待所和培训中心，凭政府防治非典型肺炎指挥部或政府有关主管部门出具的文件（证明），2003年减半征收城镇土地使用税。

2004年，全国部分省份发生“禽流感”疫情，烟台市根据财政部、国家税务总局《关于家禽行业有关税收优惠政策的紧急通知》，于当年2月1日至7月31日，对属于增值税一般纳税人的家禽加工企业和冷藏冷冻企业加工销售禽肉产品实行增值税即征即退政策；对家禽养殖、加工和冷藏冷冻企业进行家禽养殖、加工和冷藏取得的所得免征2004年度企业所得税；对企业由于禽类扑杀所取得的财政专项补助，免征企业所得税；经省政府批准，对家禽养殖企业、家禽加工企业、冷藏冷冻企业及个人生产经营用的土地、房产和车船，免征2004年度城镇土地使用税、房产税和车船使用税。

第三节　依法行政

财政行政复议

1997年，省财政厅出台《山东省财政行政复议实施办法》，公民、法人和其他组织对财政机关的具体行为不服，可向财政行政复议机关申请财政行政复议。受理财政行政复议申请的财政机关为复议机关，依法对财政机关具体行政行为的合法性和适当性进行审理并作出裁决。烟台市财政局成立行政复议委员会，下设办公室（法规税政科），正式开展财政行政复议工作。

2000年3月，市政府印发《关于贯彻实施〈中华人民共和国行政复议法〉的通知》，要求各县（市、区）及市政府各部门做好《中华人民共和国行政复议法》宣传工作，提高对行政复议工作重要性的认识，增强依法行政的自觉性。市财政局认真落实省财政厅和市政府要求，加强全系统的行政复议工作普法宣传教育，促进依法理财与防范法律风险。2001年12月，省财政厅制定《山东省财政部门行政复议和行政应诉工作规则》，对财政法制机构或承担财政法制工作任务的机构、财政机关内有关单位以及申请人等具体办理财政行政复议事项所应履行的职责和行为义务作出规定。自2002年1月1日起施行，1997年《山东省财政行政复议实施办法》同时废止。

2013年，根据省政府《关于同意烟台市及下辖县（市、区）人民政府（管委）集中行使行政复议职权的批复》（鲁政字〔2013〕52号）及市政府《关于开展集中行政复议权工作的决定》（烟政发〔2013〕23号），市级行政复议职能由市政府集中行使，市政府部门、直属事业单位及法律法规授权的组织和省以下垂直管理的行政机关、直属事业单位及法律法规授权的组织不再受理、裁决行政复议案件。行政复议案件集中受理、集中审理、集中决定，由市政府行政复议委员会办公室统一受理行政复议申请，市政府行政复议委员会负责审议，市政府作出行政复议决定。自2013年10月1日起，市财政局不再受理财政行政复议申请，但仍负有对管辖范围内行政复议案件调查、审查并提出初步意见的职责。

财政行政许可

2003 年，市财政局成立贯彻实施行政许可法领导小组，负责落实行政许可事项清理工作。2005 年，市政府作出《关于公布保留的市级行政许可事项的决定》，市财政局保留会计人员从业资格认证、代理记账机构设立许可两项市级行政许可事项。

2013 年，根据省政府《关于取消和下放行政审批事项的决定》（省政府令第 264 号），代理记账机构资格认定由省财政厅下放至设区市的财政部门。

2014 年，根据省政府《关于 2014 年第三批取消下放行政审批项目和承接国务院下放行政审批项目等事项的通知》（鲁政字〔2014〕223 号），会计从业资格证书核发由省财政厅下放至设区市、县（市、区）财政部门。2015 年，根据市政府《关于公布 2015 年第一轮取消下放行政审批项目和承接省政府下放行政审批项目的通知》，代理记账机构资格认定由市财政局下放至县（市、区）财政部门，至年末，市财政局只保留会计从业资格证书核发行政许可事项。

财政行政审批

2001 年 4 月，为提高行政审批效率，规范财政行政行为，从源头筑牢预防腐败防线，按照市政府《关于进行烟台市市级行政审批制度改革的通知》精神，市财政局对涉及本单位的 30 项行政批准、审核、备案事项进行了全面审查，经市政府审批，确定保留 18 项行政批准、审核、备案事项，取消和下放 12 项，压减比例为 40%。

2013 年《国务院机构改革和职能转变方案》实施后，根据省、市统一部署，市财政部门坚持简政放权、放管结合、优化服务“三管齐下”，排查管理是否越位、支出是否错位、监督是否缺位和服务是否到位问题并整改提高。按照“权界清晰、分工合理、权责一致、运转高效、法治保障”的原则，对现有行政权力进行全面清理排查，详细编制权力运行流程图。经多轮征求意见并报市编办审定，确认市财政局行政权力事项共 6 类 23 项，其中，行政许可类 1 项，行政处罚类 13 项，行政裁决类 1 项，行政确认类 2 项，其他权力类 6 项，同时，向社会公开行政权力清单和权力运行流程图，接受社会监督。

2015 年，市财政局根据烟台市《关于在全市开展政府部门责任清单编制工作的通知》要求，再次对照相关法律法规和“三定”方案，对部门责任事项进行梳理，共列出部门主要职责 14 项，具体责任事项 50 项，并制定了财政支出资金、财政票据、政府非税收入等 15 项事中事后监督管理制度及责任追究机制，对财政监督检查对象、检查内容、检查程序、检查结果及处理方式作出明确规定并公布实施。

2011 年 11 月，烟台市人民政府授予市财政局“2006—2010 年全市依法行政工作先进单位”称号

第六章　行政事业财务管理

1986—1996年，行政事业财务管理涵盖所有党政机关、事业单位、农林水、城建系统。1997年，市财政局成立社会保障科，将医疗卫生、民政、社会抚恤等行政事业财务划归社会保障科。按照部门预算管理相关规定，农林水、城建系统行政事业单位财务管理实行部门归口管理。2003年，市财政局文教行政科分为行政政法科和教科文科，分别归口管理行政政法单位和教科文单位。至此，行政事业财务管理逐步分化演变为行政政法财务管理、教科文财务管理、社会保障财务管理等。其后，财务管理范围不断调整，但基本格局没有太大变化。

第一节　一般行政事业财务管理

一般行政事业财务管理指行政事业单位通用的财务管理制度和办法，经历了定员定额管理、预算包干管理，逐步改革过渡到规范的行政事业财务管理制度体系。

1986年，烟台市执行省财政厅1984年制定的《关于加强经费定额管理的意见》，对人员经费和公用经费中一些正常维护费及有规律性的临时费用，实行定额管理。人员经费按照编制人数、国家规定的工资标准、补助工资和职工福利费的范围和标准，结合历年执行情况，确定合理的综合定额，超编单位增加人员不再增加经费，缺编单位按实有人数计算经费。公务费除大型会议和机动车燃修费外，以人、年为计算单位，确定综合定额，凡有明确编制的，按编制内实有人数计算，缺编单位可以酌情照顾，超编单位的超编人员原则上不核公务费；机动车燃修费以辆、年为计算单位，超过编制的按编制车辆数、缺编的按实有车辆数计算。执行省财政厅、省人事局1981年制定的《事业、行政单位预算包干试行办法》，事业单位和行政机关各项经费尽可能实行预算包干，包干形式根据单位和经费性质确定。全额预算管理单位实行“预算包干、超支不补、结余留用”办法；差额预算管理单位实行“定收入、定支出、定补助、超支不补、结余留用”办法；对收入大于支出的单位采取“定收入、定支出、定额上交、短收不补、超收和结余留用”办法。

1989年，烟台市执行财政部修订的《文教科学卫生事业单位、行政机关“预算包干”办法》。文教科学卫生等事业单位和行政机关的正常经费一律实行预算包干，大型业务费、修缮费、设备购置费及追加的临时费用不实行包干，建立专项资金跟踪反馈制度，实行合同制，保证专款专用。当年正常经费包干结余，按规定建立事业发展基金、职工福利基金和奖励基金。各项基金按以下比例分配：事业发展基金按50%安排，主要用于弥补经费不足，增加服务设施，发展各项事业；职工福利基金按25%安排，主要用于改善集体福利设施和条件；奖励基金按25%安排，主要用于依照有关规定标准发放职工奖励。大型业务费、修缮费、设备费的结余，原则上应交回财政部门，确属用款单位精打细算、节约使用而形成的结余，经同级财政部门同意，留单位安排其他项目，但不得提取职工福利和奖励基金。当年，烟台市根据财政部《关于事业单位财务管理的若干规定》，将事业单位的预算管理分为全额预算管理、差额预算管理、自收自支管理三种形式。实行事业单位分类财务管理办法。1. 全额预算管理。没有收入或经常性收入不能满足正常性支出 50%，其经费全部或基本依靠财政拨款的事业单位实行全额预算管理，预算包干，结余留用，超支不补。凡有一定收入的全额预算管理单位，财政部门会同其主管部门对其收入规定一定的比例或数额，抵顶事业费预算拨款，促其向差额预算管理过渡。2. 差额预算管理。有一定的经常性固定收入并能解决正常性支出 50% 以上，仍需财政补助以及国家已明确规定实行差额补助的事业单位实行差额预算管理，一般实行核定收支、定额（或定项）补助、增收节支留用、减收超支不补等办法。对有条件向自收自支管理过渡的差额预算管理单位，财政部门会同其主管部门对其逐年减少事业费补助，促其向自收自支管理过渡。3. 自收自支管理。有稳定的经常性收入，且经常性收入能解决正常性支出以及经批准建立的自收自支事业单位实行自收自支管理，核定收支，增收节支留用，减收超支不补。有条件改为企业管理的事业单位，经其主管部门会同财政部门审批，实行企业化管理。根据省财政厅《关于事业单位实行企业化管理有关问题的试行意见》，机关团体和事业单位所属的印刷所、宾馆、招待所、旅行社以及对外开放的礼堂等有条件的事业单位，逐步实行企业化管理，通过扩大服务范围，合理组织收入，逐步达到经费自给。事业单位实行企业化管理后，单位性质不变。对经费自给有余的，不再拨给事业费，按对企业的有关规定管理；达不到经费自给的，仍执行国家对事业单位的有关规定。

1990 年，市财政局出台《烟台市事业单位财务管理暂行规定》，对事业单位三种预算管理形式的收入、支出、结余分配进行了具体规定。

1991 年，烟台市开始对行政事业单位支出管理模式进行改革，提出全额单位向差额单位、差额单位向自收自支单位过渡。严格控制人员经费过快增长，对超标人员一律不核拨经费，对公用经费实行定额包干、超支不拨、节余留用的管理办法，全市行政事业费支出增长保持在全省较低水平。

1992 年，烟台市执行财政部《社会文教行政单位预算支出定额制度规则（试行）》。预算支出定额分为综合定额与单项定额，各个单项定额的总和形成综合定额。综合定额的范围包括除专项资金支出以外的全部支出，含人员经费（工资、补助工资、职工福利费、人民助学金和主要副食品价格补贴）和正常公用经费（公务费、一般设备购置费、一般修缮费、业务费和其他费用）。离退休人员费用、大型设备购置、大项修缮费及其他专项资金可在单位预算支出定额之外由同级财政部门另行核定。根据财政部《关于加强事业单位收入财务管理的规定》，事业单位取得的各项收入，不论实行何种预算管理形式，全部纳入单位预算统一管理，并向主管部门和财政部门报送财务收支计划和决算报表。全额预算管理单位组织的收入，实行独立核算，按扣除成本（费用）后的纯收入计算。差额预算管理单位和自收自支管理单位的收入，按毛收入计算。

1996 年 7 月 8 日，烟台市行财工作会议在蓬莱财会之家召开，全体代表合影留念

1997 年，烟台市执行财政部《事业单位财务规则》，事业单位预算管理由全额向差额、差额向自收自支的“梯式过渡”，逐步改为以核定收支、财政补助一年一定的“坡式过渡”为主，实行“核定收支，定额或者定项补助、超支不补、结余留用”的预算管理办法。定额或者定项补助标准根据事业特点、发展计划、单位状况以及国家财政政策和财力确定。定额或者定项补助可以为零。少数非财政补助收入大于支出较多的事业单位，实行收入上缴办法。

1998 年，烟台市执行财政部《行政单位财务规则》，规范行政单位的财务行为，加强行政单位的财务管理，合理编制行政单位预算，统筹安排、节约使用各项资金，保障行政单位正常运转的资金需要。财政部门要求行政单位按照规则的要求定期编制财务报告，如实反映单位预算执行情况，进行财务活动分析；在单位负责人领导下，单独设置财务机构，配备专职财务会计人员，进行独立核算，建立、健全内部财务管理制度；对单位财务活动进行控制和监督。财政部门对行政单位实行“收支统一管理，定额、定期拨款，超支不补，结余留用”的预算管理办法，行政单位的各项收入和支出应当全部纳入单位预算统一管理，统筹安排使用。行政单位的预算外资金收入和其他收入首先用于弥补经常性支出不足和必要的专项支出。同年 5 月，烟台市执行省财政厅《关于事业单位计提基金有关问题的通知》，事业单位的修购基金按照当年事业收入及经营收入的 1% ~ 5% 提取，并分别在修缮费和设备购置费中各列支 50%。具体提取比例由主管部门会同同级财政部门确定。事业单位的职工福利基金依据经费自给率，从当年结余中提取，经费自给率与职工福利基金提取比例为 1 ∶ 0.5，职工福利基金提取数额不得超过当年可提取结余额的 50%。

1998 年 9 月，烟台市根据省财政厅《规范县级财政供给范围试点方案》，对行政事业单位归纳分类，划分为列入财政供给的单位和不列入财政供给的单位，促进政府职能转变，逐步将有条件的事业单位推向市场。

教育干训事业单位：列入财政供给的单位有中等专业学校，技工学校，职业教育学校，教育部门举办的中学、小学、幼儿园，特殊教育学校，农民专科、中专学校，教师进修学校，广播电视学校，工读学校，党校等；不列入财政供给的单位有各类校办产业（工厂、招待所、食堂等），招生办、自考办，兼有短期培训和接待任务的干部职工培训中心等。

科研和综合技术服务事业单位：列入财政

供给的单位有农业、林业、水利、水产等技术服务性机构；不列入财政供给的单位有技术开发研究中心，各类工程、产品的设计和技术服务机构等。

文化艺术事业单位：列入财政供给的单位有博物馆、纪念馆、图书馆、群艺馆、文物处（所）、文艺表演团体；不列入财政供给的单位有各类表演场所（剧场、俱乐部），工人文化宫、展览馆、文物商店，各类风景区管理机构、旅行社、旅游开发服务机构等。

新闻出版、广播电视事业单位：列入财政供给的单位有广播电台、电视台，差转台、微波站；不列入财政供给的单位有各类报社、杂志社、新闻图片社、画报社，有线电视台、广播电台、电视台所属服务中心、广告服务机构。

卫生、计划生育事业单位：列入财政供给的单位有卫生系统所属各类医院、疗养院、独立门诊部、“麻风村”、急救站、红十字会、卫生防治防疫、卫生检疫、药品检验、计划生育、妇幼保健机构；不列入财政供给的单位有各部门设立的门诊部、卫生所、医务室，康复、休养性质的特殊医疗服务机构、各部门设立的职工医院等。

体育事业单位：列入财政供给的单位有各类专业运动队；不列入财政供给的单位有体育场馆，体育俱乐部。

农林牧副渔水利事业单位：列入财政供给的单位有农业技术推广、自然保护区、森林病虫害防治管理机构，农机安全监理机构，水库、船闸、水文、防汛、堤坝等管理机构，动植物检疫、兽药检验机构；不列入财政供给的单位有农业、林业种子经营站，竹木检查机构，水产养殖场。

社会福利事业单位：列入财政供给的单位有国家办的社会福利院、儿童福利院、光荣院、残疾人康复机构、军队和地方离退休干部管理机构、烈士陵园、纪念馆、收容遣送站，劳动部门所属的劳动就业服务机构、各类社会保险经办机构；不列入财政供给的单位有殡仪馆、公墓，残疾人福利工厂，社会福利有奖募捐机构等。

工交环保建设技术监督事业单位：列入财政供给的单位有航道管理、环保监测、安全监测、排污管理、测绘管理机构；不列入财政供给的单位有航道工程建设、交通运输管理、航运管理、公路管理机构，建设工程标准定额管理机构等。

行政、公检法司单位：列入财政供给的单位有行政、公检法司机关及派出机构，视同行政机关管理的党派团体、社会团体以及上述单位的老干部服务机构；不列入财政供给的单位有车辆管理所、律师事务所、公证处、宾馆、招待所，部门幼儿园、托儿所、职工食堂、印刷厂、房管科（所）等生活服务机构。

其他单位：列入财政供给的单位有档案馆、老龄委、人防通信机构、军队供应站；不列入财政供给的单位有会计师、审计师、房地产、价格、专利、版权、商标事务所，国有资产评估、产权、技术、劳务、仲裁、证券、信息等社会中介机构，各产业工会、各类事业开发性机构、其他各部门设立的计算（信息）中心，各部门驻外机构，国家定点粮食储备、物资仓库。

未列明的单位：由各地根据有关规定及《方案》精神确定，逐级上报财政部门备案。乡级财政供给范围由各地自定。

上述供给范围内，由财政部门根据单位收支变动情况，逐步缩减财政供给范围。凡单位收入能够满足必要支出的，及时退出财政供给范围。结合单位收支状况和管理要求，采取定额或定项补助形式，具体确定相应供给标准。

第二节　行政政法财务管理

1986年，行政政法财务管理属于一般行政事业财务管理的范畴。

1987年，按照开展“双增双节”运动要求，市财政局制定出台《关于节约事业费开支的几项规定》，加强事业经费管理。

1988年，市财政局制定出台《烟台市行政事业性收费票据管理暂行办法》，加强对行政、事业性收费管理和监督。下达《关于调整常驻港澳地区工作人员的配偶赴港澳探亲生活补助费标准的通知》，调整提高了常驻港澳地区工作人员的配偶赴港澳探亲生活补助标准。

1995年，市财政局制定印发《关于在机构改革中加强资金、资产管理和监督的通知》，切实加强对单位各项资金资产的管理和监督，防止国有资产流失。

1998年，市财政局制定印发《关于调整市直行政事业单位职工上、下班月票报销标准的通知》，对市直行政事业单位职工月票报销办法进行了修订。制定《关于接待外宾费用开支标准和管理办法的规定》，本着“勤俭办外事”原则，严格执行各项费用开支标准和管理办法。

2003年，市财政局成立行政政法科，其财务管理的范围包括党政机关、人民团体、公检法及其他相关部门财务管理，执行一般行政事业财务管理的规定。当年，市财政局制定出台《关于改革市级机关工作人员通讯费报销办法》，市级机关工作人员通讯费由定额报销办法改为发放通讯补贴；出台《关于改革市级机关事业单位住宅取暖报销办法》，市级机关事业单位冬季住宅取暖费由按比例报销办法改为发放住宅取暖补贴。

2004年，市财政局制定出台《关于制定县级公安机关公用经费保障标准的意见》，统一县级公安机关公用经费的保障标准。

2005年，根据省财政厅《关于建立机构编制人员与财政预算相结合管理机制的通知》，烟台市把机构编制和人事部门核定的人员作为拟定财政预算和核拨经费的主要依据，未经机构编制部门审批设置的机构，不列入政府预算范围，对超编人员和擅自增加的人员，一律不予核拨经费。

2006年，市财政局制定印发《烟台市行政事业单位在职人员学历教育费用报销办法》，规范在职人员参加学历学位教育费用报销管理；下达《关于市直机关补充工勤人员支付派遣机构费用问题的通知》，确定了市直机关补充工勤人员派遣机构费用限额标准。

2007年，市财政局制定印发《关于驻市区市直机关规范后津补贴发放有关问题的通知》，规范驻市区市直机关津贴补贴发放管理；转发省财政厅《关于印发〈山东省行政事业单位资产核实暂行办法〉的通知》，对市级行政事业单位资产盘盈、损失处理权限等作出规定。

2008年，市财政局制定出台《烟台市市直机关事业单位差旅费管理办法》，进一步规范差旅费管理，完善公务活动接待制度。出台《津贴补贴调节基金征收管理办法》，规范调节基金征收管理行为，对机关津贴补贴年人均水平高于津贴补贴调控线的县（市、区），征收调节基金。

2009年，市财政局制定出台《烟台市人才开发专项资金管理办法》，对人才资金来源、使用范围、管理和监督作出规定；下达《关于加强公安边防派出所工作站公安业务费管理有关问题的通知》，规定公安边防派出所执行公安任务所需公安业务费，纳入县级财政预算，由各县（市、区）财政根据属地原则承担和保障。

2013 年，市财政局制定印发《关于调整公安交警财务管理体制的通知》，规范市县两级交警系统的预决算和财务管理。下达《关于明确烟台市公安局昆嵛山保护区公安分局经费保障体制的通知》，理顺昆嵛区公安分局经费开支渠道及相应财务管理。

2014 年，为贯彻落实中央“八项规定”，市财政局先后出台《烟台市市直机关外宾接待经费管理办法》《烟台市市直机关培训费管理办法》《烟台市市直机关差旅费管理办法》，全面推进实施厉行节约、反对浪费各项规定。

2015 年，市财政局制定出台《烟台市党政机关会议定点管理实施方案》，加强和规范党政机关会议定点管理工作。

第三节　教科文事业财务管理

1986—1996 年，烟台市教科文事业财务管理与行政机关执行基本统一的事业行政单位财务会计制度和预算管理方式，单独汇编事业行政财务决算（行财部分），市、县级财政部门均实行“大行财”管理模式，统称行政事业单位财务。1997 年，执行财政部《事业单位财务规则》《事业单位会计准则》，事业单位财务逐步与行政机关财务分离。同年，市财政局开始分设文教行政科和社会保障科，分别归口负责事业单位财务管理工作。2003 年，市财政局单设教科文科，负责教育、科技、文化（文物）、体育、计划生育等事业单位财务管理，牵头组织实施《事业单位财务规则》《事业单位会计准则》及相关行业财务会计制度，参与事业单位改革涉及财政部门的相关工作。

2012—2013 年，烟台市执行财政部《高等学校财务制度》《中小学校财务制度》《文化事业单位财务制度》《体育事业单位财务制度》《文物事业单位财务制度》《科学事业单位财务制度》《广播电视事业单位财务制度》等行业事业单位财务管理制度，形成了较为完整的事业单位财务制度体系。

教育事业财务管理

教育事业单位包括幼儿园、普通中小学、职业中学、高等学校、各类成人教育机构、特殊教育学校等。烟台市对教育事业单位长期实行“定员定额、预算包干”和“基数加增长”的预算管理办法。实行部门预算后，全面执行零基预算管理，即人员经费按照单位实有人数及国家和地方规定发放的工资、津贴、养老保险费等据实核定；公用经费按照测算的人均经费定额、分项核定；专项经费按照实际需要和财力情况统筹安排。对各项教育收费全部实行收支两条线，纳入财政专户管理，专款专用。

义务教育　2006 年，根据国务院关于深化农村义务教育经费保障机制改革的要求，烟台市对农村义务教育阶段实行免费教育，免除的学费由中央、省、市、县财政分级负担。中央、省对烟台市补助 40%，市对县按财力情况分别给予 40%、60%、80% 补助。2007 年，全市提前一年实行城乡义务教育全部免费（按国务院部署全国自 2008 年秋季开学起实行城乡教育全免费），并逐步提高公用经费补助标准。财政对家庭经济困难寄宿生补助生活费的范围逐步由农村中小学寄宿生 8% 扩大到城乡中小学寄宿生 30%，标准由每生每年 300 元提高到小学每生每年 1000 元、初中每生每年 1250 元。

高中教育 2007 年 9 月，烟台市出台《关于实施普通高中家庭经济困难学生资助政策的意见》，设立普通高中政府助学金，用于资助普通高中在校生中家庭经济困难学生。资助比例为普通高中在校生的 8%，平均资助标准为每生每年 1000 元。2010 年 10 月，对普通高中助学金政策进行了调整，资助比例由在校生的 8% 提高到 10%，资助标准由平均每生每年 1000 元提高到 1500 元。自 2015 年春季学期起，又将平均资助标准提高到每生每年 2000 元。

职业教育 烟台市自 2007 年实施中等职业学校国家助学金制度，对中等职业学校全日制正式学籍的在校一、二年级所有农村户籍的学生和县镇非农业户口的学生以及城市家庭经济困难学生发放助学金，资助标准为每生每年 1500 元。2009 年秋季学期起，实行中等职业教育全免费，免费资金由中央、省、市、县财政分级负担。其中，中央、省补助烟台市 40%，其余按照预算管理体制由办学主体分别负担。对民办、行业办学校按照物价部门核定收费标准给予免学费补助，对公办学校按照专业类别实行生均公用经费拨款制度。同时，助学金补助范围调整为一、二年级涉农专业学生和非涉农专业家庭经济困难学生，资助标准提高到每生每年 2000 元。

高等教育 按国务院有关规定，烟台市自 2007 年对普通高等学校实行奖助学金制度，包括为在校生中约 5% 比例的成绩十分优秀学生、家庭经济困难优秀学生发放国家奖学金、省政府奖学金、国家励志奖学金、省政府励志奖学金，标准分别为每人每年 8000 元、6000 元、5000 元、5000 元；为在校生中 14% 比例的家庭经济困难学生发放国家助学金，平均每人每年 3000 元；为户籍在本市的家庭经济困难大学生办理生源地信用助学贷款，本专科生每人每年不超过 8000 元，研究生每人每年不超过 12000 元；为参军服兵役大学生补偿学费或代偿贷款，每人每年不超过 8000 元；为毕业后自愿到财政困难县艰苦行业就业的大学毕业生补偿学费或代偿贷款，每人每年不超过 8000 元。所需资金由各级财政分担。2015 年，全市地方财政负担奖学金支出 626.5 万元（不含省级支出 1042 万元），助学贷款财政贴息支出 13.77 万元。

学前教育 2011 年，烟台市实施学前教育资助制度，按照《关于实施学前教育资助政策的通知》，为普惠性幼儿园在园人数 10% 比例的家庭经济困难幼儿发放助学金，年人均 1200 元。2016 年起，为学前教育建档立卡幼儿免除保教费。

教育费附加 1986 年 7 月，烟台市根据国务院规定，开征教育费附加，扶持教育事业发展。城市教育费附加以各单位实际缴纳“三税”额的固定比例征收，1994 年起按增值税、消费税、营业税的 3% 计征，用于城市中小学校舍改造。农村教育费附加按照农村“三提五统”一定比例提取，专项用于农村中小学校舍改造。教育费附加列地方财政预算专项收支，实行属地管理，由教育部门统筹安排，专款专用。2002 年，按农村税费改革规定取消农村教育费附加，城市教育费附加实行城乡统筹使用。

截至 2015 年，全市累计征收教育费附加资金 69.29 亿元，先后实施了多批次中小学校

2004年11月19日，烟台市教育财务管理工作会议在烟台财会培训中心召开，全体代表合影留念

舍加固改造和修建工程，城乡中小学办学条件普遍改善，全部通过省级达标验收。

科学事业费

1986年，按照中共中央《关于科学技术体制改革的决定》，全国推行科技体制改革，应用技术研究开发型科研单位全部转为企业，社会公益型科研单位归口科技部门管理。烟台市农科所、果科所、医科所等7家科研单位由行业主管部门划归科技部门管理，财政分别对其采取全额、差额、自收自支的预算管理方式。

1990年，根据市委、市政府实施“科教兴烟”的战略要求，财政部门加大财政投入，着力支持科技进步，推动经济社会发展。1991年，全市重点推广应用40项投资少、经济效益高的科技成果，完成133项技改项目，开发新产品500余项，产品质量稳定提高率达到93.5%。1992年，国家科委、体改委批复烟台市为科技经济体制综合配套改革试点城市。1995年，烟台市被评为“全国科教兴市先进城市”，全市有12个县（市、区）进入“全国科技工作先进县”行列，其中，9个县（市、区）被评为“全国科技工作百强县”。市、县两级财政部门按照《全国科技工作先进县（市）评价指标体系》要求，确保科技三项费用占当年预算支出的比例达到1.3%以上，科学事业费支出按高于同级财政预算支出增长的幅度逐年增加。1999年，全市科技支出占一般预算支出的比例达到2.46%，2010年达到3.28%。

2006年，市财政制定《烟台市应用技术研究与开发资金管理暂行办法》，设立科技自主创新工程专项资金和烟台市科技成果转化资金。当年安排财政拨款11500万元，引进中国科学院海岸带研究所落户烟台。

2011年，高新区财政拨款5000万元引进中国科学院计算机研究所落户烟台。2012年，市财政拨款8000万元、高新区财政拨款7000万元引进中国科学院上海药物研究所落户烟台。

2015年，市财政局、科技局印发《烟台市科技成果转化引导基金管理实施细则》，安排专项资金参股省级天使投资引导基金，放大财政投资效应，创新财政支持科技事业发展新机制。

文化事业财务管理

文化（文物）与传媒事业财务管理涉及各类艺术表演团体、文物保护单位、图书馆、博物馆、纪念馆、展览馆、艺术馆、文化站、艺校、广播电影电视、新闻出版等单位。按照各单位性质与财务收支结构，财政分别对其实行不同的预算管理办法。全额单位按照一般行政事业单位预算管理办法执行。艺术表演团体等差额单位实行“核定收支、定额或定项补助”的管理办法，其人员经费实行定额补助，并随政策变化逐年调整；公用经费按演出场次定项补助；专项经费按需求情况统筹安排。各项收入实行收支两条线，纳入财政专户管理，统筹安排使用。

1986年，文化系统的电影发行放映、剧院（场）及书店、报社等财务管理，由财政部门的企业财务管理机构统一负责，市级由驻厂员管理处有关科室负责。1993年起统一执行《电影、新闻出版企业财务制度》。1994年，烟台市建立市级文化企业发展专项基金，支持文化事业和文化产业发展，资金来源主要由电影和报社企业上缴所得税返还构成。2001年，文化与传媒企业财务归口文教行政科管理。

2002年，烟台市对广播电视系统实行“局台合一”体制改革，财政对其经费拨款安排三年过渡期后核减为零，实现自收自支。有线电视收费全部上缴财政，统筹用于广播电视事业发展。2011年，有线电视网络整体上收省公司统一管理。

2010年，市财政局会同市委宣传部制定《烟台市文化产业发展专项资金管理办法》，明确每年安排宣传文化发展专项资金预算500万元，用于支持宣传文化事业和文化产业发展项目。同时从上级返还资金中安排文化事业建设费，支持新剧目创作、演出补贴、文艺创作奖励、农村公益电影放映补贴等。

2011年，中共十七届六中全会通过《关于深化文化体制改革推动社会主义文化大发展大繁荣若干重大问题的决定》，为支持烟台文化产业发展，推进经济文化强市战略实施，根据《山东省省级文化产业领域专项资金管理暂行办法》，市财政进一步明确市级文化产业专项资金扶持范围、目标要求及资金安排程序。当年，按照中央要求，烟台市积极推进文化体制改革和艺术表演团体转企改制。结合烟台市实际情况，市财政参与制订了艺术表演团体改革方案，报市委、市政府批准执行。对隶属宣传系统的烟台新闻中心进行转企改制，取得了较好效果。

2015年，文化产业发展专项资金支出规模510.7万元。当年，市财政局会同有关部门着力抓重点文化企业培育，建立市级文化企业项目库，初步筛选确定72家企业95个项目列入第一批市级文化企业项目库，为文化产业大发展大繁荣创造条件。全市纳入财政汇编的文化传媒企业54户，全年营业收入57867万元，实现利税538万元（其中，利润负3150万元）。

体育事业财务管理

烟台市体育事业财务管理涉及各类体育场馆、体育运动队、体育中心、体校等单位。按照各单位性质，财政分别实行全额、差额和自收自支等不同的预算管理办法。对体育场馆，除按一般行政事业单位标准核定正常的人员和公用经费外，还根据场馆规模、使用情况安排一定的运行维护经费。对专业体育运动队，根据人员组成、伙食标准、参赛情况安排一定的训练经费，以满足竞技训练比赛需要。

1986年，烟台市体育事业费支出不足500万元。2006年，为迎接第二十一届省运会在烟台召开，按照市政府统一规划，建设占地面积1980亩、总建筑面积16.5万平方米的体育公园。新建综合体育馆、射击中心、游泳中心、运动员公寓等，改变了烟台体育设施建设落后局面，达到全省乃至全国地市级城市的领先水平。2007年，市财政对体育场馆的补助费达

第三届“亚沙会”举办地——海阳

6055万元，比2006年的972万元增加5.23倍。2011年，为支持海阳市举办第三届“亚沙会”，市财政列支体育场馆补助支出19823万元，当年全市体育事业费支出创全市历史最高水平。

2014年，市财政局会同市体育局等部门制订场馆对外开放收费标准及财政补贴办法，推动场馆设施对社会开放，提高综合利用效益，促进全市体育产业发展。2015年，全市体育事业费支出达11000万元。

2001—2015年，全市提取彩票公益金5.3亿元，主要用于体育场馆建设维护、专用器材购置、体育训练比赛补助及全民健身、体育扶贫等，促进各项体育事业发展和全民健身示范城市建设。

第四节 卫生与社会保障财务管理

卫生事业财务管理

20世纪80年代中期，烟台市卫生医疗单位财务实行财政包工资或定补助等各种预算包干管理办法，部分单位实行自收自支管理。自90年代起，全市财政部门在加强卫生医疗事业经费预算和专项资金管理的同时，重点抓公费医疗制度改革，加大医疗保险经费和公共卫生经费保障力度，促进卫生资源合理配置运用。

1998年，为适应社会主义市场经济体制下卫生事业改革与发展需要，根据《事业单位财务规则》，结合医院财务管理的特点，财政部、卫生部发布《医院财务制度》，烟台市财政局会同市卫生主管部门及时组织实施，全市各级各类医疗单位财务管理水平普遍提高。

1999年，市财政局会同市卫生局发布《关于市级药品医疗卫生器械实行政府集中采购的通知》，加强医疗卫生事业支出的财政管理。

2000年，烟台市执行卫生部、财政部《关于印发医院药品收支两条线管理暂行办法的通知》规定，医院药品收入扣除药品支出后的纯收入即药品收支结余实行收支两条线管理，结余上交卫生行政部门，统一缴存财政社会保障基金专户，经考核后统筹安排，合理返还。

2007年和2008年，根据卫生部《医疗卫生机构接受社会捐赠资助管理暂行办法》和《接受国（境）外资助的卫生国际合作项目财务管理办法》，烟台市对医疗卫生机构接受社会捐赠资助与国际合作项目财务管理进行规范并强化财政监督。

2009年，根据《中共中央国务院关于深化医药卫生体制改革的意见》，烟台市全面启动新一轮医疗改革，保基本、强基层、建机制，全面覆盖城乡的医疗卫生服务体系基本形成。

2010年，烟台市执行财政部修订的《医院财务制度》和《基层医疗卫生机构财务制度》。

2013年，烟台市在全省率先通过公立医院综合试点改革。2015年，全市实现公立医院综合改革全覆盖。

2015年，根据国家卫计委等部门《公立医院预决算报告制度暂行规定》《县级公立医院成本核算操作办法》《关于加强公立医院财务和预算管理的指导意见》，烟台市对公立医院实行全面预算管理制度，加强成本控制，规范支出和结余管理，建立健全财务报告制度、财务信息公开制度及三级医院总会计师制度等。各级卫生计生、财政和审计部门有权对医院财务预决算报告中反映的重大事项或者发现的特定问题组织专项检查。

2015年年末，市财政对市级卫生系统所属机构实行全额预算管理的事业单位共9个，分别是市疾病预防控制中心、市中心血站、市皮肤病防治所、市卫生监督所、市医学科学技术研究所、市120急救指挥中心、市保健工作办公室和山东省烟台护士学校、山东省莱阳卫生学校。对烟台毓璜顶医院、烟台山医院（市职业病医院、市妇幼保健院）、市中医医院、传染病医院、口腔医院、市直机关医院和烟台市北海医院（龙口市）、莱阳中心医院及市心理康复医院等医疗服务机构延续差额预算管理，给予经费定额补助或专项拨款扶持。

民政事业财务管理

优待抚恤 根据《军人抚恤优待条例》规定，烟台市现役军人、服现役或者退出现役的残疾军人、复员与退伍军人、烈士遗属、因公牺牲军人遗属、病故军人遗属及现役军人家属等，均按规定享受相应抚恤优待。2004年以后，优抚对象的保障范围不断扩大，先后对病残初级士官、带病回乡退伍军人、部分参战退役人员、参加核试验军队退役人员、60周岁以上农村籍退役士兵、部分老年烈士子女、铀矿开采退役人员给予国家定期抚恤补助，实现对农村和城镇无工作退役军人抚恤优待的全覆盖。抚恤补助资金由中央和地方财政共同负担，纳入各级财政预算。中央财政按照规定标准对各地予以补助，并根据经济社会发展情况，适时适当提高抚恤补助标准。

退役安置 2011年11月，国务院、中央军委颁布实施《退役士兵安置条例》，国家建立城乡一体的以扶持就业为主，自主就业、安排工作、退休、供养等多种方式相结合的退役士兵安置制度。退役士兵安置所需经费由中央和地方财政共同负担，主要包括自主就业退役士兵一次性经济补助、自谋职业一次性经济补助、退役士兵待安置期间生活补助费等。

最低生活保障和社会救济 1997年，国务院下发《关于在全国建立城市居民最低生活保障制度的通知》，明确了城市居民最低生活保障范围、保障标准、保障资金等重要政策问题。农村最低生活保障金是在原农村特困群众定期定量生活救济制度的基础上逐步规范完善的，2010年起，烟台市财政将农村社会救济支出改列为农村最低生活保障支出。农村最低生活保障标准由县级以上地方人民政府按照能够维持当地农村居民全年基本生活所必需的吃饭、穿衣、用水、用电等费用确定，报上一级地方人民政府备案后公布执行。农村五保供养制度主要对农村村民中的“三无”（无劳动能力、无生活来源、无法定赡养扶养义务人）人员实行保吃、保穿、保住、保医、保葬（未成年人保义务教育）的“五保”供养。

社会福利事业　烟台财政部门对民政部门所属优抚与福利公益事业的机构或单位，按各单位服务或收养（救助）对象分别实行不同的预算管理方式。各荣军医院、烈士陵园管理处、军队离退休干部管理处、收容遣送救助管理站、慈善总会、居民经济状况核对中心和中国烟台SOS儿童村等实行全额预算管理；老年福利服务中心、山东省烟台军用饮食供应站等单位实行差额预算管理；殡仪馆、公墓、残疾人福利工厂及社会福利有奖募捐机构，按1998年省财政厅《规范县级财政供给范围试点方案》不列入财政供给范围；市福利彩票销售管理中心财务收支按政府基金预算管理有关规定执行；市残联及所属事业机构，均按全额预算单位管理。

社会保障事业财务管理

自90年代起，社会保障制度建立并逐步完善，烟台市财政不断强化社会保障财务管理。2001年，市财政局开始组织各项社会保险基金纳入社会保障基金财政专户的具体实施工作，督促社会保险经办机构对原有的基金账户进行清理归并，将清理后的基金上缴财政专户，实行收支两条线制度。2008年年底，烟台市社会保险基金已全部纳入社会保险基金财政专户，实现收支两条线运行。各级财政部门按时足额将社会保险基金拨付到位，切实维护城镇职工与城乡居民的各项社保权益。2015年，烟台市原新型农村合作医疗与城镇居民基本医疗保险整合为居民基本医疗保险，实行全市统筹。

财政对各社会保险基金经办服务机构（烟台市社会劳动保险事业处、烟台市机关事业单位社会保险处、城镇职工医疗保险事业处，2015年后合并组建为烟台社会保险服务中心）经费实行全额预算管理，确保收支两条线制度实施。市人力资源和社会保障局系统辖属其他事业机构，执行一般行政事业单位财务制度规定和预算管理办法。其中市自主择业军转干部管理服务处、市人才市场服务处、市人才服务中心、市人事考试中心、市毕业生就业指导中心、市专业技术职务评审中心、市留学人员和市专家服务中心等经费列一般公共服务支出（人力资源事务）预算管理，其他机构经费列社会保障和就业支出管理。

第五节　行政事业资产管理

1994年前，行政事业资产分别由各行政事业主管部门或单位按行业财务制度管理。1994年12月，烟台市设立国有资产管理局，内设行政事业资产管理科，履行行政事业单位国有资产管理职能。

2006年，市财政局开始承担行政事业资产管理工作，按照省财政厅部署，在全市范围开展对占有、使用国有资产的行政事业单位进行国有资产产权登记和统一资产报表编报工作，逐步规范资产配置、使用、处置等管理事项，建立资产管理与预算管理、财务管理相结合的管理体系。市财政局印发《关于市直行政事业单位国有资产管理有关问题的通知》，对行政事业单位资产的管理原则、职责分工、工作程序等有关问题作出了规定。年末，全市行政事业单位总计2367户，资产总额385亿元，负债总额191亿元，净资产194亿元。国有资产总量190亿元中，固定资产占用额165亿元，其中，房屋建筑物96.6亿元，交通工具16.8亿元，通用设备2.4亿元，专用设备20亿元，电气设备2亿元，电子产品及通信设备12亿元，仪器仪表及其他设备2.5亿元，文艺体育设备、图书文物及陈列品1.8亿元，家具用具4.6亿元，拥有土地价值6.3亿元。在全市行政事业资产总计中，市级行政事业单位共366户，资产总额154亿元，负债总额93亿元，净资产61亿元。市级国有资产总量中，固定资产占用额52亿元，其中：房屋建筑物29.8亿元，交通工具5亿元，通用设备0.5亿元，专用设备9.3亿元，电气设备0.8亿元，电子产品及通信设备4亿元，仪器仪表及其他设备0.7亿元，文艺体育设备、图书文物及陈列品0.2亿元，家具、用具1亿元，拥有土地价值0.7亿元。

2009年，市财政局印发《烟台市行政事业资产管理信息系统实施方案》，建立了覆盖全市2600多家行政事业单位的资产管理信息系统。

2013年，市政府印发《关于进一步加强行政事业单位国有资产管理工作的意见》和《关于开展市级行政事业单位国有资产清查工作的通知》，要求各级各部门充分认识行政事业单位国有资产管理工作的重要性，明确工作职责，规范管理行为，并开展资产清查工作。

2014年，市财政局印发《关于进一步加强事业单位所办企业国有资产监管工作的通知》，健全事业单位所办企业的国有资产监管体制，对事业单位所办企业国有资产权益管理、监督检查等事项作出明确规定。当年，印发《关于认真做好2013年度市级行政事业资产专项审计工作的通知》，每年对市直三分之一的单位进行资产专项审计。

截至2015年年底，全市行政事业单位总计2631户，资产总额816亿元，负债总额304亿元,净资产512亿元。国有资产总量512亿元，占有固定资产总额317亿元，其中，房屋建筑物171.3亿元，交通工具23.4亿元，通用设备44亿元，专用设备41.5亿元，文物和陈列品0.7亿元，图书、档案3.4亿元，家具、用具、装具及动植物10.7亿元，拥有土地价值22亿元。总计中，市级行政事业单位共362户，资产总额234亿元，负债总额82亿元，净资产152亿元。国有资产总量152亿元，占有固定资产总额91亿元，其中，房屋建筑物50.9亿元，交通工具5.4亿元，通用设备12.7亿元，专用设备13.4亿元，文物和陈列品0.7亿元，图书、档案0.8亿元，家具、用具、装具及动植物2.4亿元，拥有土地价值4.7亿元。

资产配置

2013年，市财政局首次编发《烟台市市级行政事业单位通用资产配置标准》，市级行政事业单位配置通用资产，应在年度部门预算编制时，由单位编报通用资产配置预算表，经主管部门初审同意，报市财政局审核。市财政局对行政事业单位新增资产配置提出审核意见，在部门预算中确定单位年度通用资产配置预算，随本级预算草案审批程序，经人大审议批准后，将新增资产配置预算随同部门预算一并下达给相关单位及其主管部门。通用资产配置标准由市财政部门制定并适时调整。专用资产配置标准参照国家、省相关行业和部门标准执行，上级部门或行业未有标准或标准不符合当地实际的，由市级主管部门会同市财政部门制定具体配置标准。各部门、单位办公和业务用房的建设、装修与维修标准，按照党政机关办公用房标准及相关行业业务用房标准执行。车辆的配置标准，统一按照上级和当地相关规定执行。结合2014年预算编制，初次开展了市级行政事业单位通用资产配置预算审核工作。据统计，共有138户市直单位通过资产管理信息系统提报2014年度通用资产配置预算申请，申请更新或新增办公自动化设备、家具等资产价值1814万元，经审核同意新增资产配置预算建议安排资金117万元，审减1697万元，审减率93.55%。

2014年，共有130户市直单位通过资产管理信息系统提报2015年度通用资产配置预算申请，申请更新、新增办公自动化设备、家具等资产价值1416万元。经审核同意新增资产配置预算建议安排资金500万元，审减916万元，审减率64.69%。

2015年，共有193户市直单位通过资产管理信息系统提报了2016年度通用资产配置预算申请，申请更新、新增办公自动化设备、家具等资产价值1727万元。经审核同意新增资产配置预算建议安排资金568万元，审减1159万元，审减率67.11%。

资产使用与处置

2008年，市财政局印发《烟台市市级行政事业单位国有资产处置管理暂行办法》和《烟台市市级行政事业单位办公自动化电子设备处置管理暂行办法》，对市级执行行政、事业单位财务会计制度的各类行政事业单位、社会团体和组织国有资产和办公自动化电子设备的处置程序、审批权限进行了规定。

2010年，市财政局印发《烟台市行政事业单位国有资产有偿使用管理实施细则》和《烟台市行政事业单位国有资产收入收缴管理实施细则》，对市级行政事业单位、社会团体和组织国有资产有偿使用的审批程序、监管职责、收入收缴进行了规定。当年，印发《关于市直行政事业单位职工房改房资产核销有关问题的通知》，对市直行政事业单位的房改房审批流程、核销程序等作出具体规定。

2011年，市财政局印发《关于加强行政事业单位国有资产监管积极推行公物仓建设的意见》和《关于加强市直行政事业单位机动车辆资产管理工作的通知》，转发省财政厅《关于制发山东省行政事业资产租赁有关合同示范文本的通知》《关于加强行政事业单位房屋资产管理工作的通知》和《关于加强行政事业单位土地资产管理工作的通知》，推行公物仓建设，加强房屋、土地、车辆等资产管理，规定各单位不得擅自对使用权范围内的房屋、土地、车辆等资产自行处理，出租房屋需使用统一的“山东省行政事业单位国有房屋出租合同”，解决了行政事业单位资产管理中无章可循问题。

2013年，市财政局印发《烟台市市级行政事业国有资产处置管理办法》，对行政事业国有资产的处置程序、审批权限再次作出明确规定。

第六节　控制社会集团购买力

1986年，根据全国控购领导小组《关于调整专控商品目录的通知》要求，烟台市专控商品有小汽车、大轿车、摩托车、沙发、地毯、沙发床、空气调节器、录音机和多用机、录像机、照相机和放大机、大型或高级乐器、家具、呢绒毛料及其制品、纯毛毯、彩色电视机、电冰箱、洗衣机、电取暖、电煮水等设备。小汽车、大轿车、摩托车、录像机4种专控商品，由省控制社会集团购买力领导小组办公室审批；烟台市控办负责审批沙发、地毯、沙发床、空气调节器、录音机和多用机、照相机和放大机、大型或高级乐器、家具、呢绒毛料及其制品、纯毛毯、彩色电视机、电冰箱、洗衣机共13种专控商品；其余由县（市）级控办审批。

1987年，烟台市设立控制社会集团购买力领导小组办公室（简称“市控办”），对各机关、团体、部队、学校、全民所有制和集体所有制企业、事业等社会集团用公款购买非生产性商品的支出实行计划控制与审批管理。

1988年，根据省政府规定，烟台市国家专控商品扩大到29种，除原来的商品外，又增加复印机、电子打字机、电传机、羽绒服、风雨衣、吸尘器、丝绸及其制品、50元以上的各种钟表、100元以上的各种灯具、国产13种名牌卷烟和进口卷烟、国产13种名牌酒和进口酒。

根据省财政厅、物价局、控购领导小组办公室《征收社会集团购买专项控制商品附加费实施细则》，凡在烟台市境内的机关、团体、企事业单位购买国家规定的专项控制商品，必须按该商品价格的一定比例缴纳专项控制商品附加费，全部用于建立发展教育事业周转金，专户存储，专款专用。随着专控商品品目的变化，专控商品附加费的征收范围和比例也相应变化，但征收政策基本保持不变。

1991年，根据国家规定，山东省对社会集团购买力支出控制指标按指令性、指导性划分，进行分类管理。将专项控制商品、非生产机动车辆用油、劳动防护用品、其他一般性商品作为指令性指标管理，加强核算，严格掌握，不得擅自突破。将药品和医疗器械、饮水、洗澡、取暖用燃料作为指导性指标管理，不作硬性指标考核，只作统计数字反映。

1992年，全省调整各级控办的审批权限。省控办审批小汽车、大轿车、摩托车、无线寻呼机和无线移动电话；市控办审批彩色电视机、电冰箱和电冰柜、录像设备、空气调节器、各种电取暖和电煮水设备、复印机、电子打字机、电传机、微型电子计算机、办公用印刷系统、大型或高级乐器、各种音响设备、照相机和放大机、国产13种名牌烟和进口烟、国产13种名牌酒和进口酒；县（市、区）级控办审批家具、沙发及沙发床、地毯、钟表、灯具、毛毯呢绒毛料丝绸及其制品、皮革及其制品、套价在100元以上的针织品、羽绒服和风雨衣。同年，省控办《关于下放部分专控商品审批权限的通知》，将大轿车、摩托车、无线寻呼机和无线移动电话机下放到市审批，省控办只保留小汽车的审批权。

1993年，国家专项控制商品调整减少为8种：小汽车、大轿车、摩托车、录像设备、空气调节器、各种音响设备、单价在500元以上的照相机和放大机、无线寻呼机和无线移动电话。根据国家规定，非生产机动车辆用油、劳动防护用品纳入指导性指标范围，缩小了指令性指标范围。为更好地支持经济发展和保证各项事业的需要，省控购领导小组将国家规定的8种专控商品分解为10种，并调整各级的审批权限。省控办负责审批小汽车；市级控办负责审批大轿车、摩托车、录像设备（不包括放像机）、空气调节器和无线移动电话；县级控办负责审批各种音响设备、单价在500元以上的照相机、放大机、录像设备中的放像机和无线寻呼机。同时，对国产小汽车，专控商品附加费征收比例平均调低5%。

1995年，烟台市控购工作重点逐步转向抑制超前消费、保证财政收支平衡和工资发放、促进党风廉政建设等方面。对行政事业单位停批进口小汽车，对拖欠职工工资、拖欠税金和完不成生产任务的企业停批专控商品，并对超编、超标准小汽车清理整顿。

1996年，市控办着重压缩集团单位对专控商品的不合理需求，控制非生产性支出规模。对行政事业单位购买小汽车和专控商品实行重点控制，同时禁止行政事业单位购买进口小汽车；对拖欠职工工资、拖欠税金和完不成生产任务的企业申请非生产性专控商品，一律不予审批；恢复对“三资企业”购买专控商品的审批，建立完善专控商品台账和小汽车档案，堵塞有关环节漏洞，完成中央下达的专控商品控制任务。

1997年，烟台市各级财政部门重点加强对财政拨款单位和集团消费热点的管理。停批进口小汽车和行政事业单位移动电话，停批欠发教师工资的县用财政拨款购买小汽车，遏制社会集团消费的不合理增长。

2000年，按照行政审批制度改革的要求，全市各级财政相继取消社会集团购买专项商品审批制度。根据财政部《关于停止对社会集团购买力行政审批的通知》要求，烟台市取消对社会集团购买专项商品进行审批的制度。此后，行政事业单位购买专项控制商品，列入同级部门预算，逐步实行政府采购，具体按部门预算和政府采购的有关管理规定执行。

1998年12月，全市控购工作暨决算布置会议召开，代表合影留念

第七章　农业与农村财务管理

第一节　农业事业财务管理

1986年1月起，烟台市执行财政部《关于国营农口事业单位预算和财务管理的若干规定》，对各类国营农口事业单位分别实行以下预算和财务管理办法：对没有收入的事业单位，实行“核定支出、包干使用、超支不补、结余留用”的办法；对有经常性、稳定性收入来源，但还不能做到经费自给的事业单位，实行“定期定额补助、增收节支留用、减少超支不补、一定几年不变”的预算包干或财务包干办法；凡已能按照企业化管理的要求建立经济核算制（包括提取固定资产折旧和大修理基金），并已能做到经费自给有余的事业单位，实行独立核算，自负盈亏，除政策另有规定的外，国家不再拨给事业费，对其中盈余较多的单位，也可实行定额上缴，一定几年不变的财务包干办法；凡名义上是事业单位，实际上已不承担事业任务的场（站），实行独立核算，自负盈亏，国家不再拨给事业经费；科学研究和勘察设计单位的预算管理，按照中央关于科技体制改革的决定和国家计委、财政部、劳动人事部关于勘察设计单位试行技术经济责任制的规定执行；凡是经业务主管部门和财政等有关部门批准转为企业化管理的单位，按企业对待，不再享受事业单位的待遇，凡是未经批准转为企业化管理的单位，不能享受企业待遇。不允许一个单位既享受事业单位待遇，又享受企业待遇。

对国营农口事业单位人员机构经费的管理：定员定编，超编人员只给个人经费，不安排公用经费，促进单位精简机构，或通过发展生产服务事业和其他途径，尽快妥善安排超编人员，没有定编的单位，除按国家政策分配的转业军人、大中专毕业生外，不得增加人员和有关经费；事业机构的建立和人员编制的增加，在审批前必须征求财政部门的意见，没有审批文件的，不得开支事业费；行政机构和人员经过批准转为事业单位和事业人员的，同时办理预算基数划转手续；人员机构经费应在审批单位年度预算时单独核定，凡是未经审批而增加的人员机构经费，业务主管部门、财政部门不予核销，并从下年预算或单位包干结余中扣回；工资基金必须按照规定在所在地的银行开设工资基金专户，并接受银行的监督和管理。正式职工的工资，只能在工资基金中列支，不得在专项资金和业务费中列支。

1997年，烟台市执行财政部《农业事业单位财务制度》，对农业事业单位实行核定收支、定额或者定项补助、超支不补、结余留用的预算管理办法。市财政部门要求农业事业单位要规范财务行为，合理编制单位预算、如实反映单位财务状况，依法组织收入、努力节约支出，建立健全财务制度，加强经济核算、提高资金使用效益，加强国有资产管理、防止国有资产流失、对单位经济活动进行财务控制和监督。国有农牧渔良种场、国有林场和苗圃、国有水利工程管理单位分别执行《国有农牧渔良种场财务会计制度（暂行）》《国有林场与苗圃财务会计制度（暂行）》《水利工程管理单位财务会计制度（暂行）》，不执行本制度。1998 年后，农业事业单位均执行财政部《事业单位财务规则》和《事业单位会计制度》及相关财会法规。

支农周转金

1981 年，财政部颁发《关于加强财政支农周转金使用管理的暂行规定》，明确财政支农周转金主要由财政部门负责发放和回收。自此，烟台市财政支农周转金投放回收管理工作全面展开。

1988 年，按照财政部《财政支农周转金占用费管理试行办法》，市财政部门开始向支农周转金使用者收取资金占用费。

1992 年，财政部颁发《财政支农周转金使用管理办法》，规范审批程序，强化监管约束机制，全面加强财政支农周转金管理工作。

1996 年，根据《山东省财政支农周转金管理办法》和《山东省省级财政周转金管理暂行办法》，烟台市按照中央和省“控制规模、限定投向、健全制度、加强监督”的要求，对财政支农周转金进行清理整顿，财政支农周转金管理工作更加规范化、制度化。

1998 年，根据中央取消财政周转金的指示和省委、省政府要求，市财政局印发《烟台市市级财政支农周转金回收暂行办法》，明确只收不贷原则，要求用三年时间将省级支农周转金全部回收。1998 年年底，全市累计投放周转金 7 亿多元，全市支农周转基金达到 8738 万元，其中，市级基金 2612 万元。2000 年年底，全市财政周转金回收工作基本结束。

农业发展基金

1989 年，根据中共中央、国务院《关于建立农业发展基金增加农业资金投入的通知》和《山东省农业发展基金征集使用管理暂行办法》，市政府印发《烟台市农业发展基金征集使用管理试行意见》（烟政发〔1989〕56 号），从当年起，全市所有县（市、区）普遍建立农业发展基金。

农业发展基金按来源渠道分别由财政、税务部门征集或委托业务主管部门征集。从预算外资金中征收的预算调节基金用于农业的部分，从乡（镇）村集体企业、农村私营企业和农村个体工商户比上年实际增加的税收中提取的部分，由税务部门征收，财政部门专项安排；耕地占用税、农林特产农业税及其附加用于农业的部分，由县级财政部门负责组织征收安排；乡（镇）办企业税前税后利润按比例提取部分，由乡（镇）财政所负责征集安排；从议价粮油经营环节按收购总金额征集部分，由市、县（市、区）政府指定有关部门负责征集，并专项解缴同级财政部门；从果品收购单位按收购价征集部分，由乡（镇）政府组织有关部门征集，解缴乡（镇）财政所；新菜地开发基金，由批准占用菜地的土地管理部门负责征集，并专项解缴同级财政部门；生猪生产扶持金，按原规定一半由省定额提取安排，一半由市、县（市、区）食品公司按规定提取，专项解缴同级财政部门。1989 年，全市当年共征集农业发展基金 6343 万元。

农业发展基金按照增强农业发展后劲，重点支持粮、油生产的原则安排使用。主要投向：粮食的提价补贴（限于农林特产税 50% 部分）和增产粮油的奖励；农田水利建设、土壤改良和土地复垦；农业技术推广；农业综合开发资金配套；农副产品基地建设。农业发展基金以财政部门管理为主，各级财政部门建立农业发展基金管理制度，纳入预算管理，列收列支，先收后支，按规定用途使用，不准挪作他用；设立专用账户，单独核算，全面反映基金征收、安排和使用情况。农业发展基金坚持按项目、进度投放和管理，讲究投入产出，注重经济效益，实行无偿使用和有偿使用相结合的办法。对有直接经济效益又有偿还能力的使用单位，都按照财政支农周转金办法实行有偿支持、周转使用。

农业发展基金的建立，对于巩固农业的基础地位，加大农业综合开发力度，支持壮大全市农业五大支柱产业，全面发展农村经济等发挥了重要作用。因形势发展和体制政策等变化，该项基金征集实际执行至2001年。

第二节　农业综合开发

1997年，烟台市设立农业综合开发办公室，系市农委所属内部工作机构，开始承担国家农业综合开发任务，当年莱州、牟平进入开发县序列。从1998年开始，招远、莱山、海阳、蓬莱、福山、莱阳、龙口和栖霞先后被列入国家农业综合开发计划县序列，全市承担开发任务的县（市、区）达到9个（莱山区因没有大规模的中低产田可供开发，2005年退出开发县序列），成为全省农业综合开发的大市之一。1999年8月至2010年3月，农业综合开发办公室隶属市农业局，2010年4月划归市财政局管理，2018年12月移交市农业农村局。

烟台市农业综合开发实行项目管理，具体划分为三大类：土地治理项目，主要是高标准农田建设、生态综合治理和中型灌区节水配套改造等；产业化发展项目，包括财政补助项目和贷款贴息项目两类，其中财政补助项目包括经济林及农业种植基地、养殖基地建设、农产品加工与流通设施建设、农业社会化服务体系建设等；部门项目，包括水利部的农业综合开发水利骨干工程项目，农业部菜篮子工程项目、秸秆养畜项目、优质农产品示范项目、良种科研推广项目、育草基金项目等，国家林业局名特优经济林和木本粮油项目、防沙治沙示范项目，国土资源部煤矿塌陷地复垦项目等。项目实行自下而上申报、自上而下审批制度，各级一律不得越级申请项目。所有项目原则上一年一定，并按三年周期核算管理。

烟台市农业综合开发按照不同项目，对自筹资金有具体要求。土地治理项目：农民合作社、专业大户、家庭农场申报实施的高标准农田建设项目，自筹资金不得低于中央财政资金的20%；涉农企业自筹资金不得低于中央财政资金总额；自筹资金筹集情况作为竞争立项的重要条件，纳入项目投资计划管理和绩效考评范围，并作为下年度资金分配的重要依据。产业化经营项目：涉农企业自筹资金不低于财政补助资金总额；农民专业合作社自筹资金不低于财政资金总额的50%；自筹资金不作为地方财政资金配套投入，但要列入农业综合开发投资总规模统一安排使用。各类农业综合开发资金使用坚持统筹整合原则。在农业综合开发项目实施过程中，地方申报的开发项目要与中央水利、林业、农业、国土等部门直接下达计划的项目资金相结合，实行各负其责、各记其功，提高各类资金的综合使用效益，提高项目建设的整体质量。

1997—2015年烟台市农业综合开发项目各期完成情况：1997—1999年第四期投资3554万元，2000—2002年第五期投资23563万元，2003—2005年第六期投资27314万元，2006—2008年第七期投资39776.30万元，2009—2011年第八期投资45076.38万元，2012—2014年第九期投资69029.40万元，2015年第十期当年投资22818万元。

土地治理项目

1997—2015年，全市累计安排土地治理项目233个，总投资113361万元。其中：财政投资96468万元，土地治理总开发面积163.34万亩，新增加粮食产量29.91万吨，新增农业产值53528万元，增加农民收入29440万元。分年度项目完成情况如下：

1997年，全市土地治理项目2个，总投资1060万元，开发面积3.5万亩。其中，牟平1万亩，莱州1万亩，龙口1.5万亩。主要建设内容：新建节水面积1.92万亩，扬水站5座，蓄水池13座共1万立方，机井92眼，输变电线路4公里，农桥7座，进地桥4座，排水沟54公里，排水渠道2.1公里，整地改土2万亩，道路6～8米宽1公里、4～6米宽46公里，植树7万株，科技培训2000人次。

1998年，全市土地治理项目3个，总投资780万元，开发面积3.3万亩。其中，牟平1万亩，莱州1.3万亩，招远1万亩。主要建设内容：新建节水面积3万亩，农桥9座，进地桥375座，机电井106座，输变电线路2公里，排水沟渠175公里，整修道路120.7公里，植树10.4万株，科技培训10000人次。

1999年，全市土地治理项目3个，总投资1155万元，开发面积4.5万亩。其中，牟平1.5万亩，莱州1.5万亩，招远1.5万亩。主要建设内容：新建节水面积2.5万亩，扬水站10座，机电井110座，输变电线路10公里，农桥3座，进地桥96座，排水沟渠403公里，整修道路69公里，植树9.3万株，科技培训12500人次。

2000年，全市土地治理项目3个，总投资1785万元，开发面积5.45万亩。其中，牟平1.5万亩，莱州1.5万亩，招远2.45万亩。主要建设内容：新建节水面积4万亩，蓄水池8座，机电井224座，输变电线路15公里，农桥5座，进地桥288座，排水沟渠114.4公里，整修道路170.2公里，植树18.9万株，科技培训7000人次。

2001年，全市土地治理项目6个，总投资1779万元，开发面积5.56万亩。其中，牟平1.2万亩，莱州1.5万亩，招远1.71万亩，海阳1.15万亩。主要建设内容：新建节水面积2.65万亩，扬水站4座，机电井155座，大口井2眼，塘坝7座，输变电线路11公里，农桥20座，进地桥197座，涵洞35座，排水沟渠44.3公里，整修道路191.8公里，植树18万株，科技培训18000人次。

2002年，全市土地治理项目6个，总投资2139万元，开发面积7.1万亩。其中，福山1万亩，牟平1万亩，莱州1.3万亩，招远1.8万亩，蓬莱1万亩，海阳1万亩。主要建设内容：新建节水面积3.9万亩，扬水站1座，蓄水池3座，机井182眼，大口井9眼，塘坝1座，输变电线路20公里，农桥58座，进地桥175座，排水沟渠93.9公里，整修道路230.6公里，植树27万株，科技培训46000人次。

2003年，全市土地治理项目9个，总投资2715万元，开发面积7.2万亩。其中，福山0.7万亩，牟平0.8万亩，莱州1万亩，招远1万亩，莱阳1.5万亩，蓬莱1.2万亩，海阳1万亩。主要建设内容：新建节水面积5.3万亩，扬水站11座，蓄水池10座，机井108眼，塘坝1座，输变电线路15.6公里，农桥19座，进地桥322座，涵洞191座，排水沟渠66.5公里，整修道路193公里，植树21.8万株，科技培训25000人次。

2004年，全市土地治理项目11个，总投资3928万元，开发面积8.4万亩。其中，福山1万亩，牟平1.1万亩，莱州2万亩，招远1.5万亩，莱阳1.5万亩，蓬莱1万亩，海阳0.3万亩。主要建设内容：新建节水面积7.2万亩，扬水站128座，蓄水池33座，机井165眼，大口井1眼，塘坝1座，输变电线路27.3公里，农桥11座，进地桥707座，涵洞87座，排水沟渠192.6公里，整修道路239.6公里，植树25.5万株，科技培训48000人次。

2005年，全市土地治理项目11个，总投资4085万元，开发面积8.32万亩。其中，福山0.6万亩，牟平0.72万亩，龙口1万亩，莱州1.6万亩，招远1.2万亩，莱阳1.8万亩，蓬莱0.6万亩，海阳0.8万亩。主要建设内容：新建节水面积7.4万亩，扬水站20座，蓄水池20座，机井287眼，大口井2眼，塘坝2座，配电室1座，输变电线路33公里，农桥8座，进地桥507座，涵洞461座，排水沟渠206公里，整修道路251.7公里，植树26.9万株，科技培训38000人次。

2006年，全市土地治理项目14个，总投资4438万元，开发面积9万亩。其中，福山0.7万亩，牟平1.3万亩，龙口0.7万亩，莱州2.2万亩，招远0.7万亩，莱阳1.5万亩，蓬莱1.2万亩，海阳0.7万亩。主要建设内容：新建节水面积8万亩，扬水站91座，蓄水池44座，机井69眼，大口井51眼，塘坝14座，配电室6座，输变电线路41.2公里，农桥7座，进地桥668座，涵洞430座，排水沟渠171.2公里，整修道路253.6公里，植树34.1万株，科技培训39000人次。

2007年，全市土地治理项目14个，总投资5278万元，开发面积14.2万亩。其中，福山1.9万亩，牟平0.8万亩，龙口1.8万亩，莱州1.8万亩，招远2.3万亩，莱阳1.5万亩，蓬莱1.1万亩，海阳3万亩。主要建设内容：新建节水面积6.87万亩，扬水站49座，蓄水池68座，机井36眼，大口井29眼，塘坝6座，配电室5座，输变电线路24.8公里，农桥20座，进地桥1149座，涵洞678座，排水沟渠241.1公里，整修道路276.5公里，植树25.4万株，科技培训35000人次。

2008年，全市土地治理项目13个，总投资6728万元，开发面积12万亩。其中，福山1.6万亩，牟平0.8万亩，龙口2.6万亩，莱州1.4万亩，招远1.3万亩，莱阳2.3万亩，蓬莱1万亩，海阳1万亩。主要建设内容：新建节水面积8.37万亩，扬水站135座，蓄水池81座，机井139眼，大口井18眼，塘坝19座，配电室11座，输变电线路41公里，农桥16座，进地桥897座，涵洞847座，排水沟渠330.5公里，整修道路307.3公里，植树63.7万株，科技培训42000人次。

2009年，全市土地治理项目16个，总投资9251万元，开发面积14.56万亩。其中，福

2014 年，财政支持农业产业化经营项目莱州朱桥葡萄基地

山 0.61 万亩，牟平 0.7 万亩，龙口 3.6 万亩，莱州 2.4 万亩，招远 1.2 万亩，莱阳 1.6 万亩，蓬莱 3.35 万亩，海阳 1.1 万亩。主要建设内容：新建节水面积 8.7 万亩，扬水站 116 座，蓄水池 52 座，机井 148 眼，大口井 28 眼，塘坝 11 座，配电室 4 座，输变电线路 34.6 公里，农桥 19 座，进地桥 1555 座，涵洞 1079 座，排水沟渠 269.7 公里，整修道路 369.5 公里，植树 25.4 万株，科技培训 49000 人次。

2010 年，全市土地治理项目 14 个，总投资 8852 万元，开发面积 8.53 万亩。其中，福山 0.5 万亩，牟平 0.81 万亩，龙口 1.1 万亩，莱州 2.1 万亩，招远 0.8 万亩，莱阳 1.6 万亩，蓬莱 0.92 万亩，海阳 0.7 万亩。主要建设内容：新建节水面积 7.51 万亩，扬水站 57 座，蓄水池 40 座，机井 354 眼，大口井 138 眼，塘坝 3 座，配电室 25 座，输变电线路 97.1 公里，农桥 30 座，进地桥 2091 座，涵洞 1314 座，排水沟渠 354.7 公里，整修道路 330.7 公里，植树 23.9 万株，科技培训 32000 人次。

2011 年，全市土地治理项目 16 个，总投资 8457 万元，开发面积 7.4 万亩。其中，福山 0.5 万亩，牟平 0.7 万亩，龙口 0.8 万亩，莱州 1 万亩，招远 0.7 万亩，莱阳 0.8 万亩，栖霞 1 万亩，蓬莱 0.9 万亩，海阳 1 万亩。主要建设内容：新建节水面积 5.99 万亩，扬水站 79 座，蓄水池 25 座，机井 182 眼，大口井 22 眼，塘坝 11 座，配电室 23 座，输变电线路 69.28 公里，农桥 83 座，进地桥 1862 座，涵洞 313 座，排水沟渠 277.6 公里，整修道路 263.7 公里，植树 223.3 万株，科技培训 34000 人次。

2012 年，全市土地治理项目 19 个，总投资 11808 万元，开发面积 13 万亩。其中，福山 1.5 万亩，牟平 0.7 万亩，龙口 2.6 万亩，莱州 1.2 万亩，招远 1.1 万亩，莱阳 1.1 万亩，栖霞 1.2 万亩，蓬莱 2.6 万亩，海阳 1 万亩。主要建设内容：新建节水面积 8.1 万亩，扬水站 62 座，蓄水池 27 座，机井 395 眼，大口井 99 眼，塘坝 5 座，配电室 32 座，输变电线路 104.64 公里，农桥 201 座，进地桥 2089 座，涵洞 1403 座，排水沟渠 358.3 公里，整修道路 364.2 公里，植树 19 万株，科技培训 41000 人次。

2012 年，财政支持马家沟土地治理项目

2014 年，财政支持松山街道小流域治理项目

2013 年，全市土地治理项目 26 个，总投资 14932 万元，开发面积 11.35 万亩。其中，福山 1 万亩，牟平 0.7 万亩，龙口 1.1 万亩，莱州 1.7 万亩，招远 1.25 万亩，莱阳 2.4 万亩，栖霞 1.3 万亩，蓬莱 0.9 万亩，海阳 1 万亩。新建节水面积 7.076 万亩，扬水站 111 座，蓄水池 53 座，机井 72 眼，大口井 67 眼，塘坝 32 座，配电室 42 座，输变电线路 85.77 公里，农桥 120 座，进地桥 3120 座，涵洞 1031 座，排水沟渠 365.7 公里，整修道路 383 公里，植树 22.8 万株，科技培训 34000 人次。

2014 年，全市土地治理项目 26 个，总投资 12359 万元，开发面积 10.4 万亩。其中，福山 0.5 万亩，牟平 0.9 万亩，龙口 0.6 万亩，莱州 2.1 万亩，招远 1.9 万亩，莱阳 0.6 万亩，栖霞 0.8 万亩，蓬莱 2 万亩，海阳 1 万亩。主要建设内容：新建拦河坝 12 座，排灌站 115 座，新打及修复配套机电井 239 眼，开挖疏浚渠道 14.18 公里，埋设管道 14.18 公里，衬砌渠道 5.58 公里，渠系建筑物 3343 座，喷灌 200 亩，微灌 480 亩，小型蓄排水工程 6 座，谷坊 2 座，整修机耕路 6.32 公里，干道 103.61 公里，支路 208.99 公里，改良土壤 1.41 万亩，造林 0.45 万亩，仪器设备 306 台（件），科技培训 9600 人次。

2015 年，全市土地治理项目 21 个，总投资 11832 万元，开发面积 10.25 万亩。其中，福山 0.9 万亩，牟平 0.8 万亩，龙口 0.7 万亩，莱阳 1 万亩，莱州 1.5 万亩，蓬莱 1 万亩，招远 1.3 万亩，栖霞 1.85 万亩，海阳 1.2 万亩。主要建设内容：新建小型水库 2 座，新建拦河坝 10 座，排灌站 85 座，新打机电井 131 眼、修复配套机电井 50 眼，架设输变电线路 65.97 公里，开挖疏浚渠道 198.46 公里，衬砌渠道 4.41 公里，埋设输水管道 570.34 公里，渠系建筑物 3540 座，喷灌 1280 亩，微灌 1115 亩，新建及扩建加固小型蓄排水工程 98 座，谷坊 7 座，溪流护岸 1.90 公里，改良土壤 1.71 万亩，干道 125.74 公里，支路 143.99 公里，整修机耕路 3.2 公里，新建补建农田林网 0.28 万亩（折实），购置仪器设备 110 台（件），科技培训 2400 人次。

产业化经营项目

1997—2015 年，全市累计安排产业化经营项目 250 个，总投资 116234.08 万元。其中，财政投资 34478.40 万元，自筹资金 77205.68 万元，银行贷款 4550 万元。项目实施后新增农业产值 552978.77 万元，增加农民收入 202932.53 万元，各年度项目完成情况如下：

1997年，全市产业化经营项目1个（莱州市），总投资185万元。项目内容：土建面积3200平方米，购置设备23台套。项目效益：新增产能8500吨，营业收入1590万元，年增利润331万元，税金163万元，可带动农户1000户，新增就业1000人，农民增收200万元。

1998年，全市产业化经营项目2个（莱州1个，牟平1个），总投资308万元。项目内容：土建面积1500平方米，购置设备4台套，建设基地3000亩。项目效益：新增产能1130吨，营业收入1566万元，年增利润818万元，税金295万元，可带动农户3600户，基地1万亩，新增就业2100人，农民增收180万元。

1999年，全市产业化经营项目1个（招远），总投资66万元。项目内容：土建面积480平方米，购置设备1台套。项目效益：新增产能1200吨，营业收入560万元，年增利润96万元，税金45万元，可带动农户500户，农民增收246万元。

2000年，全市产业化经营项目2个（莱州1个，招远1个），总投资4589万元。项目内容：土建面积121168平方米，购置设备11台套。项目效益：新增产能10870吨，营业收入6470万元，年增利润3860万元，税金625万元，可带动农户7200户，基地0.34万亩，新增就业1289人，农民增收480万元。

2001年，全市产业化经营项目1个（招远），总投资4646万元。项目内容：土建面积10788平方米，购置设备4台套。项目效益：新增产能25000吨，营业收入5168万元，年增利润629万元，税金720万元，可带动农户300户，新增就业500人，农民增收780万元。

2002年，全市产业化经营项目3个（莱州1个，招远2个），总投资7065万元。项目内容：土建面积33130平方米，购置设备52台套。项目效益：新增产能34200吨，营业收入10913万元，年增利润3488万元，税金1520万元，可带动农户21500户，新增就业11480人，农民增收1883万元。

2003年，全市产业化经营项目5个（福山1个，牟平1个，招远2个，蓬莱1个），总投资5708万元。项目内容：土建面积203197平方米，购置设备339台套，建设基地1000亩。项目效益：新增产能210165吨，营业收入18940万元，年增利润3552.6万元，税金1178.5万元，可带动农户63390户，基地30.4万亩，新增就业2060人，农民增收2822万元。

2004年，全市产业化经营项目4个（福山1个，牟平1个，莱州1个，招远1个），总投资2917万元。项目内容：土建面积30166平方米，购置设备33台套，建设基地2000亩。项目效益：新增产能17120吨，营业收入15876万元，年增利润2066.5万元，税金262.6万元，可带动农户44514户，基地1.4万亩，新增就业12161人，农民增收6522万元。

2005年，全市产业化经营项目5个（牟平1个，龙口1个，莱州1个，招远1个，蓬莱1个），总投资5092万元。项目内容：土建面积15692平方米，购置设备234台套，建设基地400亩。项目效益：新增产能7550吨，营业收入23987.60万元，年增利润2212.22万元，税金1957.41万元，可带动农户62700户，基地8.4万亩，新增就业15616人，农民增收10000万元。

2006年，全市产业化经营项目5个（牟平1个，龙口1个，招远1个，莱阳2个），总投资12470.70万元。项目内容：土建面积134780平方米，购置设备157台套。项目效益：新增产能14000吨，营业收入52314万元，年增利润5283万元，税金1829万元，可带动农户17400户，基地0.8万亩，新增就业2196人，农民增收24670万元。

2007年，全市产业化经营项目6个（龙口1个，招远1个，莱阳1个，蓬莱3个），总投资4492.60万元，项目内容：土建面积187714平方米，购置设备2694台套，建设基地4500亩。项目效益：新增产能84800吨，营业收入55661.20万元，年增利润16273.4万元，税金1083.7万元，可带动农户49915户，基地4.6万亩，新增就业8770人，农民增收32607万元。

2008年，全市产业化经营项目8个（龙口1个，莱州1个，招远1个，莱阳2个，蓬莱2个，海阳1个），总投资6369万元。项目内容：土建面积44521.3平方米，购置设备796台套，建设基地200亩。项目效益：新增产能102000吨，营业收入12961.60万元，年增利润1867.64万元，税金1140.1万元，可带动农户9108户，基地2.1万亩，新增就业9578人，农民增收6865万元。

2009年，全市产业化经营项目24个（福山2个，牟平2个，龙口4个，莱州4个，招远4个，莱阳4个，蓬莱2个，海阳2个），总投资6861.97万元。项目内容：土建面积173279.3平方米，购置设备3653台套，建设基地2000亩。项目效益：新增产能993400吨，营业收入67346.40万元，年增利润5898.52万元，税金3702.6万元，可带动农户83967户，基地20万亩，新增就业10251人，农民增收4933万元。

2010年，全市产业化经营项目20个（福山3个，牟平2个，龙口3个，莱州1个，招远4个，莱阳3个，蓬莱3个，海阳1个），总投资7769.41万元。项目内容：土建面积408745平方米，购置设备5195台套，建设基地16000亩。项目效益：新增产能294335.4吨，营业收入92268.90万元，年增利润22473.4万元，税金8204万元，可带动农户148148户，基地5.3万亩，新增就业37463人，农民增收4926万元。

2011年，全市产业化经营项目29个（福山2个，牟平3个，龙口4个，莱州4个，招远6个，莱阳3个，栖霞2个，蓬莱3个，海阳2个），总投资3885万元。项目内容：土建面积130677平方米，购置设备484台套，建设基地550亩。项目效益：新增产能159433.6吨，营业收入42827.60万元，年增利润8801.20万元，税金5115.5万元，可带动农户110367户，基地13.8万亩，新增就业19928人，农民增收16123万元。

2013年，财政支持农业产业化经营项目海阳市鼎立种鸡厂

2012年，全市产业化经营项目29个（牟平4个，龙口3个，莱州2个，招远7个，莱阳6个，栖霞3个，蓬莱4个），总投资3859.40万元。项目内容：土建面积46326平方米，购置设备915台套，建设基地3000亩。项目效

益：新增产能 89958 吨，营业收入 34025.44 万元，年增利润 34025.4 万元，税金 2849.8 万元，可带动农户 42062 户，基地 9.8 万亩，可新增就业 15348 人，农民增收 62659 万元。

2013 年，全市产业化经营项目 36 个（市直项目 2 个，福山 3 个，牟平 6 个，龙口 4 个，莱州 3 个，招远 4 个，莱阳 5 个，栖霞 3 个，蓬莱 4 个，海阳 2 个），总投资 14147 万元。项目内容：土建面积 170229.1 平方米，购置设备 6152 台套，建设基地 1000 亩。项目效益：新增产能 143327.4 吨，营业收入 67704.30 万元，年增利润 7713.20 万元，税金 3048.6 万元，可带动农户 61125 户，基地 9.9 万亩，新增就业 21020 人，农民增收 18815 万元。

2013 年，财政支持农业产业化经营项目莱州明波水产

2014 年，全市产业化经营项目 27 个（市直项目 3 个，福山 1 个，牟平 3 个，龙口 3 个，莱州 3 个，招远 5 个，莱阳 3 个，栖霞 2 个，蓬莱 3 个，海阳 1 个），总投资 11924 万元。项目内容：土建面积 50292.9 平方米，购置设备 784 台套，建设基地 18060 亩。项目效益：新增产能 117728 吨，营业收入 22141.67 万元，年增利税 4713.74 万元，可带动农户 6433 户，新增就业 7658 人，农民增收 6167 万元。

2015 年，财政支持农业产业化经营项目蓬莱和圣蔬菜大棚

2015 年，全市产业化经营项目 36 个（市直项目 5 个，福山 2 个，牟平 3 个，龙口 2 个，莱州 4 个，招远 4 个，莱阳 2 个，栖霞 5 个，蓬莱 5 个，海阳 4 个），总投资 13879 万元。项目内容：土建面积 29233.65 平方米，购置设备 22146 台套，建设基地 2354 亩。项目效益：新增产能 116604.4 吨，营业收入 20657.06 万元，年增利润 6409.68 万元，税金 3275.46 万元，可带动农户 13689 户，新增就业 7847 人，农民增收 2054.53 万元。

部门项目

1997—2015 年，农业部、水利部、国家林业局等中央部门直接安排烟台市农业开发项目。全市由中央部门安排的土地治理项目共 13 个，总投资 9023.77 万元，其中，财政投资 8250 万元，可新增农业产值 3866 万元，增加农民收入 2125 万元；由中央部门安排的产业化经营项目共 15 个，总投资 4650.76 万元，其中，财政投资 2778 万元，可新增农业产值 8922 万元，增加农民收入 4905 万元。

第三节　农村综合改革

2006年开始，为巩固农村税费改革成果，根据中央和省统一部署，烟台市把农村综合改革作为农村工作的一项主要任务来抓，着力构建新的农村组织管理体制和运行机制。2007年，市委、市政府印发《关于烟台市农村税费改革领导小组更名和调整组成人员的通知》，将烟台市农村税费改革领导小组更名为烟台市农村综合改革领导小组，办公室设在市财政局。

乡镇机构和县乡财政体制改革

乡镇机构改革的主要目标是，进一步转变乡镇政府职能，理顺县乡事权关系，完善乡镇党政机构设置，精简人员编制，降低行政成本，提高行政效率和社会管理与公共服务水平，合理调整事业单位结构布局，优化资源配置，切实减轻财政和农民负担，逐步建立起运转协调、精干高效、公正透明、行为规范、廉洁高效、符合乡镇特点的管理体制和运行机制。

县乡财政体制改革的原则是“区别对待、分类指导，财权与事权相统一，统筹兼顾、适度倾斜，简单透明、便于操作”。各县市根据乡镇经济状况，合理核定乡镇收支范围和基数，妥善处理县乡财政分配关系，合理界定县乡政府的事权范围和财政支出责任，合理划分县乡财政收入，建立乡镇财力稳定增长机制。经过改革，农村公共财政覆盖范围不断扩大，义务教育、独生子女奖励、优抚、五保户供养、最低生活保障、社会养老保险等重点公益事业支出基本全部纳入财政保障，同时缓解了乡镇财政困难，保障了乡镇财政的正常运转。

农村义务教育经费保障机制改革

2006年，烟台市全面实施农村义务教育经费保障机制改革，按照“明确各级责任、中央地方共担、加大财政投入、提高保障水平、分步组织实施”的基本原则，实行区别对待、分类补助办法，建立各级分项目、按比例分担的农村义务教育经费保障机制，将义务教育全面纳入公共财政保障范围，并随着财力的增强不断提高保障水平。

2008年，按照省政府办公厅《关于开展清理核实农村义务教育债务工作的通知》精神和省统一部署，市财政局对全市2005年以前，因举办农村办义务教育事业形成的债务进行清理核实，主要是用于教学及辅助用房、学生生活用房、校园维修建设、教学仪器设备购置等与学校建设维护直接相关的支出。经省财政厅审核确认，全市农村义务教育债务共计2.48亿元，涉及5000多个债务项目。自2010年7月起，按照省、市政府部署，市财政与教育等部门密切配合，全面启动农村义务教育债务化解工作，至2011年6月底，省审核锁定的债务额度全部化解，解脱了全市教育事业长期背负的历史包袱。

村级组织经费保障机制

2005年农村税费改革后，烟台市开始建立村级组织运转经费保障机制。村级组织运转基本支出经费标准，根据经济社会发展状况、农民人均纯收入、农村劳动力平均收入水平和村干部工作业绩等因素核定。具体保障内容涵盖村干部报酬、离任党支部书记生活补贴、村办公经费、村庄治安和垃圾清理等其他必要支出。纳入财政保障范围的村，全部建立详实的信息档案并实行动态管理。县（市、区）和乡镇财政开设“村级基本经费账户”，市以上财政安排农村税费改革转移支付资金的20%部分以及对村级基本经费补助资金，全部以专款形式拨到专户，县乡财政补助资金和村集体收入也划入该账户，确保资金专款专用，杜绝挤占挪用等违规现象的发生。2015年，全市各级财政安排村级经费45592万元，村均补助经费7.1万元，保障全市村级组织运转。

一事一议财政奖补政策

2009年，省财政厅印发《关于开展村级公益事业建设一事一议财政奖补试点工作的通知》，在全省范围内进行村级公益事业建设一事一议财政奖补试点，蓬莱市被确定为全省6个试点市之一。

2010年，全市推开农村公益事业建设一事一议财政奖补试点工作。以政府奖补资金为引导，建立多方投入、共同推进的村级公益事业建设投入新机制，促进社会主义新农村建设。奖补范围共分为九大类21个分项，由各级财政部门按照不低于村民筹资筹劳总额50%的比例予以奖补。按照村级议定、乡镇初审、县级核准的程序，由开展一事一议筹资筹劳的村提出申请，经乡镇财政所、经管站对各村申报项目的合规性、可行性和有效性审查后，上报县级财政、农业（经管）部门按职责审核批准，审核批准后的项目汇总报市财政部门备案。经批准实施的项目，在竣工验收合格后，由财政部门兑付奖补资金。截至2015年，全市各级财政拨付奖补资金达16.58亿元，建成一事一议财政奖补项目9623个，惠及村民479万人次。

2013年，为有效推进村级公益事业一事一议财政奖补工作，建立健全激励约束机制，确保一事一议奖补政策取得实效，根据省财政厅《山东省村级公益事业建设一事一议财政奖补工作绩效考评办法（试行）》，市财政局制定《烟台市村级公益事业建设一事一议财政奖补工作绩效考评办法（试行）》，在全市开展一事一议财政奖补绩效考评工作。当年，省财政厅制定《山东省村级公益事业建设一事一议“连片治理”试点实施方案》，推行一事一议“连片治理”试点工作，莱州市被确定为试点单位。通过选择基础条件较好的重点村，以“连片治理”的方式加大村级公益事业建设力度，进一步创新一事一议项目建设和资金管理方式。按照县级申报、市级审核、省级复审的程序，对纳入试点的县，在同一乡镇集中相连的8～10个村进行“连片治理”。截至2015年年底，全市已有6个县（市、区）开展一事一议“连片治理”建设，打造了一批一事一议财政奖补精品项目。

生态文明乡村建设

2011年，为深入推进社会主义新农村建设，改善村容村貌和农村人居环境加快实施统筹城

2013年，市财政局有关领导在蓬莱考察生态文明乡村建设

乡发展，市委、市政府作出开展生态文明乡村建设的决策部署。全市各级财政部门充分发挥财政职能，坚持规划编制与实施并重，保护环境与发展经济并重，加大增量与盘活存量并重，开发建设与古村落保护并重，政府主导与农民主体并重，参与统筹谋划试点工作，大力支持生态文明乡村建设，突出产业特色、乡村旅游、文化传承、古建筑保护、农民增收、村集体创收等元素，重点支持建设一批精品项目和亮点工程。

2013 年，市财政局制定《烟台市市级生态文明乡村建设奖补资金管理实施细则（试行）》，进一步规范和加强生态文明乡村建设奖补资金管理。

农村公共服务运行维护机制

2013 年，省财政厅开展农村公共服务运行维护机制建设试点，对农村公共服务项目的运行维护进行奖补，把按照国家政策规定安排资金建设及其他已建成或运行、但尚未安排后续管护资金的村级公共服务项目作为重点维护内容。具体包括基础设施项目的运行维护，环境卫生项目的运行维护，服务设施项目的运行维护，文体设施项目的运行维护，其他公益项目的运行维护。设备购置和运行维护人员的工资发放等暂不列入保障范围。本着“立足实际、量力而行、统筹安排、先急后缓”原则，确定村级公共服务运行维护补助标准，按村均 5 万元统筹安排奖补资金。莱州市被列入试点范围。

2015 年，省财政厅扩大试点范围，选取莱州、招远、牟平、福山、蓬莱、龙口、栖霞 7 个市（区），重点围绕农村基础设施、环境卫生、村级活动场所等方面的运行维护开展奖补试点工作，实现常态化管护目标。

2010 年，莱州市程郭镇改建的财政惠民服务大厅

农村基础设施建设

2015 年，省财政厅开展农村改厕试点工作，蓬莱市被确定为试点单位，争取省级财政补助资金 500 万元。该市重点推广应用三格化粪池式无害化卫生厕所类型，改厕方式采用预制件拼装或砖砌建造，统一提供预制件板材、过粪管、排气管等材料，由相关镇、村按照技术要求自行组织施工。当年，全市在开展农村基础设施建设方面共争取上级资金 1832 万元，对农村改水改厕、冬季取暖、污水处理、城乡垃圾处理一体化和全面改善贫困地区义务教育薄弱学校基本办学条件等基础设施建设给予奖补资助，并重点向社会捐赠赞助农村基础设施建设项目、农民自愿筹资筹劳项目、省重点贫困村基础设施建设项目倾斜，充分调动社会资本支持新农村建设的积极性，改善农村生产生活和生态条件，提高农民生活质量，增强农村综合发展能力。

第四节 乡镇财政管理

乡镇财政收支管理

乡镇财政收入征管由乡镇财税部门负责。2005年前，乡镇财政所具体负责各项农业税收的征收管理工作。2006年农业税取消后，乡镇财政主要是协助基层税务部门做好税源调查和纳税辅导，建立护税网络，确保乡镇工商税收及时、足额入库。加强非税收入征管是乡镇财政的重要工作。乡镇非税收入具有预算内外、体制内外交织的特性，通过全面清理整顿，明晰各项非税收入的征管主体，将管理权集中于财政，实行分类、分项管理，形成依法收费管理体系。在此基础上，乡镇财政所把各项收入均纳入国库或财政专户，实行统一核算统筹安排,推行“收支两条线”和“零余额账户”管理，实现预算内、外资金统一协调的预算综合平衡。

乡镇财政的支出原则是保工资、保运转、保重点、保稳定，优先保证人员工资正常发放和机构正常运转，并向农业、教育、卫生、社会保障等倾斜。具体支出审核拨付顺序为：先必保支出、必要支出,后一般支出、专项支出（上级财政补助的专项支出按规定管理）。乡镇财政支出预算首先安排人员工资福利支出、对个人和家庭补助支出，然后确定公用经费支出总额并确定各项公用支出的定额标准。乡镇公用经费支出定额为综合预算支出的定额标准，即各项支出不论是预算内还是预算外资金安排，均不得突破定额。乡镇预备费数额根据乡镇本级预算支出总额确定，一般设置比例为1%～3%。乡镇财政预算周转金从乡镇财政预算结余中设置和补充，用于预算执行中的周转，不得挪作他用。

乡镇财政按照《预算法》规定编制乡镇政府及各行政事业单位的年度收支预算。年度预算须经乡镇人大批准，乡镇政府要定期向乡镇人大报告预算执行情况，自觉接受人大监督。上级财政部门负责乡镇财政业务的指导与监督检查工作，落实财政统揽、预算统编、国库统付、采购统办管理模式，增加财政收支透明度。乡镇行政事业单位推行财务管理制度和执行结果公开，在一定范围内接受群众监督。

乡镇财政供给范围，按照事权和财权匹配的原则，首先保证公益性事业单位合理经费供给；对半公益性半经营性事业单位，区别情况核拨部分经费。同时，以弥补城乡基本公共产品供给均等化为目标，通过财政增量和采取税收优惠、贴息等措施，引导社会力量进入农业、农村经济发展领域；通过调整存量，重新配置教育、卫生、文化等现有财政资源，增加对农村文化、卫生、教育等方面的财政投入；通过整合农村财政资金，构建农村公共产品融资体制，实现融资主体多元化。

2012年，根据省财政厅《关于切实加强乡镇财政资金监管工作的通知》，各县市区积极探索行之有效的乡镇财政资金监管措施，完善县乡财政间、财政内部和财政与有关部门间的协作机制，建立信息通达、资金台账、抽查巡查、公开公示和绩效评价等制度，并以信息化为依托创新监管手段。

2013年，根据省财政厅、省农村信用社联合社《关于财政涉农补贴资金“一本通”发放有关问题的通知》，各县市区落实部门职责，完善制度措施，涉农“一本通”自2013年11月升级改造上线运行，实现与公安、涉农主管部门、代理金融机构以及各级财政部门间的联网，搭建起全省惠民补贴发放平台，有效保障了各项补贴资金安全、准确、及时发放。

2014年，烟台市推广莱州市省级试点经验，全市所有乡镇建立了乡镇财政资金监管体系。

2015年，农机购置补贴、农业适度规模经营补助、生态公益林补偿、库区移民补助、村级防疫员补助、耕地地力保护补贴、村干部报酬财政补助资金、农村计划生育奖励扶助资金、农村最低生活保障资金、分散供养农村五保户财政补助经费、孤儿基本生活保障、困难残疾人生活补助等财政资金纳入“一本通”管理系统。根据省财政厅、农业厅《关于调整完善农业三项补贴政策的指导意见》，经市政府同意，农作物良种补贴、种粮农民直接补贴和农资综合补贴三项补贴合并为“农业支持保护补贴”，政策目标调整为支持耕地地力保护和粮食适度规模经营：将80%的农资综合补贴存量资金，加上种粮农民直接补贴和农作物良种补贴资金，用于耕地地力保护，补贴对象为全市种粮（小麦）农民，补贴标准按照每亩不低于125元发放，具体标准根据切块资金规模和本地小麦种植面积等因素确定，并报市财政局、农业局备案，补贴资金用于引导农民通过减少农药化肥施用等综合措施加强对农业耕地及生态资源保护；20%的农资综合补贴存量资金，加上种粮大户补贴试点资金和农业“三项补贴”增量资金，按照全国统一调整完善政策的要求支持粮食适度规模经营，重点向种粮大户、家庭农场、农民合作社、农业社会化服务组织等新型经营主体倾斜，谁多种粮食，就优先支持谁，经营土地面积50亩以上200亩以下的每亩补贴60元，200亩及以上的每户限额补贴1.2万元，防止“垒大户”。各种补贴通过齐鲁惠民“一本通”直接发放到户。当年，全市累计发放耕地地力保护资金2.7亿元，发放粮食适度规模经营资金380万元。

乡镇财政规范化建设

2011年，根据省财政厅《关于进一步加强乡镇财政管理的意见》，烟台市全面开展规范化财政所创建工作。同年，还根据省财政厅《关于加强乡镇财政干部教育培训的实施意见》，制订《烟台市乡镇财政干部教育培训规划》。2011—2013年共举办14期培训班，培训学员916名，培训率100%，全面完成了三年规划确定的目标任务，基层财政人员的综合技能得到很大提高。在省财政厅组织的全省乡镇财政人员业务知识水平测试活动中，全市有14个财政所、25名工作人员分别被授予“烟台市乡镇财政人员业务知识测试优秀集体”“烟台市乡镇财政人员业务知识测试技术能手”称号。2014年，省财政厅、人力资源社会保障厅、团省委、省妇联联合举办山东省首届乡镇财政业务技能竞赛，烟台市代表队夺得全省团体第三名，参赛的10名选手全部获奖。

2014年，根据省财政厅《关于做好基层数字财政管理系统建设及应用试点工作的通知》，市财政局制定具体实施方案和考核办法，安排专项资金，促进乡镇财政信息化建设。当年，全市财政所全面贯通以SDH方式组建的四级纵向网络、县级财政与县直“一本通”管理相关部门的横向联网，实现“基层数字财政管理系统”全覆盖，提升乡镇财政管理效能和服务水平。

至2015年年底，全市所有乡镇全部达到省规范化财政所标准，其中14个乡镇达到省级示范型财政所标准。

第八章　企业财务管理

第一节　企业财务制度管理

1986—1992年，根据有计划商品经济体制改革要求和上级财政有关规定，烟台市财政部门对国营企业财务仍延续直接管理模式，对企业固定资产、流动资金、成本费用、利润分配及企业留利资金使用等，分别按工业、商业、粮食、交通、物资供销、对外经贸等行业实施不同的财务管理制度。1993年开始，全市执行《企业会计准则》《企业财务通则》和分行业企业会计制度、财务制度。

固定资产管理

1987年，烟台市贯彻财政部《国营企业固定资产折旧试行条例实施细则》，企业按照《试行条例》规定的固定资产折旧年限编制固定资产分类折旧率计算表，按隶属关系报送主管部门审查批准，在年度决算中报财政部门，未经审核同意，一律不得自行调整折旧率。根据国家计委、财政部、审计署、建设银行《关于进一步加强自筹基本建设资金管理的规定》，市财政部门会同有关部门严格控制全市固定资产投资规模，企业的更新改造资金、大修理基金以及各类租赁资金，不得用作自筹基本建设资金；企业的自筹基本建设资金必须经财政部门审查，专户存入建设银行，坚持先存后批、先批后用的原则实施监督管理。

1988年，烟台市加强对企业购建楼堂馆所的限制，企业流动资金、企业生产发展资金及其他专项资金不得用于购建楼堂馆所；楼堂馆所的建设资金，必须存入中国建设银行，实行统一管理；不得将全民所有制单位的资金转移到集体所有制单位，以集体所有制单位的名义兴建楼堂馆所；不得以资金购买或者以物资等换取集体所有制单位的楼堂馆所；用自筹资金建设楼堂馆所的，按年度投资额的30%征收建筑税。

1991年，根据财政部、国家计委、国务院生产委员会《关于下达实行加速折旧的部分大中型骨干企业名单的通知》，烟台冷冻机总厂等国营大中型企业在“八五”期间实行加速折旧办法。根据市委、市政府《关于进一步搞活企业若干问题的规定》，市财政局、市经委选择50户符合国家产业政策、经济效益好、有承受能力的企业，在保证完成承包任务的前提下实行加速折旧，提高折旧率的幅度，机械、纺织企业提高1.5%，其他行业企业提高1%。对按规定增提的折旧基金，免缴能源交通建设基金和预算调节基金。根据市委、市政府《关于搞活商品流通的若干规定》，国合商业企业固定资产折旧率在现有基础上提高0.5%～1%，并视同实现利润，由企业全部用于固定资产更新改造。

1992年，烟台市调整国营工交企业固定资产单位价值标准，由原来的200元、500元和800元，分别提高到1000元、1500元和2000元；文教企业的固定资产单位价值标准分别提高到600元、1000元和1500元；国营商业、粮食、外贸企业固定资产单位价值标准由800元提高到1500元。提高固定资产单位价值标准后，国营企业原固定资产低于新标准的，调整为低值易耗品。

1993年7月1日，全市开始执行《企业财务通则》《企业会计准则》和分行业企业财务制度、会计制度，企业可根据实际情况采取不同的固定资产折旧方法，一般采用平均年限法；企业专业车队的客运、货运汽车和大型设备，可以采用工作量法；对在国民经济中具有重要地位、技术进步快的电子生产企业、船舶工业企业、生产“母机”的机械企业、飞机制造企业、汽车制造企业、化工生产企业和医药生产企业以及其他经财政部批准的特殊行业的企业，其机器设备可以采取双倍余额递减法或者年数总和法等加速折旧法。企业确定的折旧方法和折旧年限，报主管财政机关备案。企业根据新的固定资产折旧分类方法和固定资产标准重新编制固定资产目录，使用期限超过一年的房屋、建筑物、机器、机械、运输工具以及其他与生产经营有关的设备、器具、工具等作为固定资产，不属于生产经营主要设备的物品、单位价值在2000元以上并且使用期限超过两年的，作为固定资产。企业计提折旧不再冲减固定资金，不再建立折旧基金，取消专户存储，允许企业统筹使用计提的折旧，进一步扩大企业的资金使用权，促进企业技术进步。

流动资金管理

1983年7月1日以后，企业流动资金改由中国人民银行统一管理和供应，财政部门不再负责核拨国营企业定额流动资金。为缓解企业流动资金紧张的矛盾，1991年，根据《国务院关于进一步增强国营大中型企业活力的通知》，财政部、国务院生产办公室、中国人民银行印发《关于部分大中型骨干企业补充流动资金问题的通知》，“八五”期间，对部分国营大中型工交企业实行按销售收入1%提取补充流动资金的办法。烟台合成革总厂、张裕葡萄酒公司等11户企业列入全省第一批大中型工交企业125户名单，自1991年7月1日至1996年6月30日，按销售收入1%提取补充流动资金，作增加企业国拨流动资金处理。当年，烟台市委、市政府要求企业分期分批每年从销售收入中提取0.5%～1%（商业物资企业统按0.5%提取），用于补充流动资金；所有企业都要从留利中提取15%或从发展基金中提取10%～30%补充流动资金，实行企业增补流动资金与银行贷款挂钩；对完成补资计划的企业，其流动资金贷款执行基准利率，按计划补充流动资金未达到30%期间所占用的银行贷款不再加息。

成本费用管理

1986年，烟台市执行国务院1984年《国营企业成本管理条例》及财政部《国营工业交通运输企业成本管理实施细则》等管理制度。当年，根据国务院有关文件规定，烟台市对国营工业、交通企业原材料、燃料实行节约奖办法。凡是具备条件申请实行原材料、燃料节约奖办法的企业，经主管部门审查，报同级财政、劳动、经委审批后执行。原材料、燃料节约奖计入成本，单项列支，不征收奖金税。有色金属、优质钢材和不锈钢材、橡胶化纤等价值较高的物资，奖金率为节约价值的0.5%～3%。汽油、柴油、重油、原油、焦炭、煤气、天然气、外购蒸气、纸浆、铸造生铁、纯碱和标号325号以上的水泥等物资，奖金率为节约价值的3%～8%。煤炭、电力、木材等物资，奖金率为节约价值的8%～15%。

1987年，烟台市贯彻财政部《国营工业

企业成本核算办法》《外贸企业出口成本管理办法》等成本管理与核算的规章制度。在加强成本管理基础上，市财政局落实国务院和财政部关于支持企业研制开发新产品的相关政策措施，对列入全国146户重点纺织机械和纺织器材企业名单的烟台针织器材厂、海阳纺织器材厂，按销售额2%从成本中提取新产品研制开发基金；对烟台无线电六厂生产的电子计算机和软件产品，按不超过销售收入10%的比例提取研究开发费。

1988年，烟台市对市、县（市、区）属的全民所有制企业和集体企业实行工资总额同经济效益挂钩办法。市对各县（市、区）和企业集团实行总体挂钩，对市属企业分为与企业主管部门实行总体挂钩和与单个企业实行分挂两种形式。工资总额基数按国家统计局规定的工资总额构成，以上年劳动工资统计年报为基础，减去不合理因素，加上合理增资因素进行核定。经济效益基数原则上以上年实际完成数核定，上年实际完成数低于前三年平均水平的，则按前三年平均水平数核定。实行总挂的县(市、区)、部门，实行工资总额同实现税利（含产品税、增值税、营业税、城建税、资源税、房产税、土地使用税、车船使用税、教育费附加和实现利润总额）挂钩；实行单挂的企业，原则上同实现税利指标挂钩，也可以选择同实现税利和其他指标双挂钩。亏损企业实行减亏额和工资增减绝对额挂钩浮动办法，亏损额每净减少或增加1万元，提取或扣减工资0.3万～0.8万元。工资浮动比例在1∶0.3至1∶0.7的幅度内核定。挂钩的效益指标下降时，工资总额同比例下浮，为了保证职工的基本生活，下浮的幅度最多不超过工资总额的20%。挂钩后提取的效益工资计入成本，企业不再提取奖励基金。当年，针对企业车间经费和企业管理费增长过大的情况，市财政局会同有关部门印发《关于压缩1988年企业管理费车间经费的通知》，企业管理费和车间经费开支项目中，除工资、职工福利费、工会经费、待业保险费、职工教育经费、折旧费、保险费、房产税、车船使用税等固定费用外，其余开支项目按1987年实际开支“两费”扣除固定费用以后的数额压缩10%，同1987年完成的工业总产值挂钩，换算出产值“两费”含量，作为1988年“两费”开支计划指标。超计划开支部分，按企业承包超实现利润上缴财政的比例，从企业留利扣缴。市财政继续落实支持企业研制开发新产品的财务政策，实行承包经营责任制的国营工业企业，开发研制新产品、新技术所必需的单台价值在5万元以下的测试仪器、试验装置、试制用关键设备购置费列入生产成本，技术开发任务比较重的企业，在保证完成财政上缴任务、不调整承包基数的前提下，由企业提出申请，经同级财政部门审查批准，可以从销售收入中提取不超过1%的技术开发费，并以提取技术开发费后产品不发生亏损为原则。亏损、微利企业不提取技术开发费。

1989年，为适应市场经济需要，国家允许企业在成本中列支经济业务交往中的正常招待费用，对正常招待的范围和列支标准作了明确规定。烟台市结合本市实际，规定凡是不属于生产经营业务交往的活动，如上级有关部门和各单位之间的正常工作往来，包括到企业调查研究、组织各种检查评比等，应按出差标准自费就餐，不得开支招待费。招待费限额按大、中、小型企业划分，国营大型企业和物资、商业企业的招待费每年可控制在1万元以内，中型企业和供销、商业批发企业每年可控制在8000元以内，小型企业每年可控制在5000元以内。企业在限额内掌握开支的招待费在企业管理费中专项据实列支，个别企业确因特殊情况，数额不足的，经同级财政部门专案批准，可在企业留用的资金中适当解决。微利企业和政策性亏损企业，在不减少盈利和不增加亏损的基础上，按企业大中小型的招待费标准据实列支。关停企业和由于经营管理不善造成严重亏损的企业，不准在管理费中列支招待费。凡实行招待费在企业管理费中专项据实列支办法的企业，一律不调整财政上交基数。根据市政府要求，市财政局制定《关于严格经济交往活动中回扣佣金等服务费收支的紧急通知》，规定任何单位不得给予对方有关人员在规定的应酬接待标准以外任何名义的好处费，包括现金、实物和劳务等。为动员企业挖掘内部流动资金潜力，市经委、中国人民银行烟台市分行、市财政局、市税务局、市物资局联合发出通知，要求企业积极清理应收及预付货款、积极推销积压产品。企业清理收回两个月以上的货款或推销在库积压两个月以上的产品，可以按收回额的1‰～2‰提取提成奖，分别列企业管理费和销售费用。

1990年，为促进企业开发市场，增加销售，回收货款，摆脱困境，市经委、市财政局、市税务局印发《关于工业企业提取销售措施费的意见》，规定企业可根据销售额大小和推销产品的难易程度，按产品销售回收货款额的0.5%～1%提取销售措施费，在销售费中列支，专门用于销售人员的工资、奖金、出差补贴、销售和回收货款过程中必要的应酬、业务费和小金额的广告宣传费。集体企业不采用提取的办法，经税务机关同意后据实列支。烟台医药站、药材站等医药商业二级站按商品销售额的3‰提取商品市场调节储备基金，专项用于灾情、疫情急救用药品的储备、中药材收购、储备以及解决储备中发生的损失。当年，烟台市执行财政部《关于全民所有制公司财务管理的规定》，明确全民所有制公司管理机构的业务活动经费开支范围及标准，规定全民所有制公司要向财政部门编报预算，经同级财政部门批准后，按核定的比例及标准向所属单位收取管理费或抵扣利润。烟台市冶金工业公司、钟表集团和医药公司的经费管理办法不变。

1991年，按照《国营企业成本管理条例》要求，全市开展成本管理、节能降耗活动。主要内容：1.贯彻执行财政部《国营商业企业成本管理办法》和《国营企业进口商品成本管理办法》，明确商业、外贸企业成本管理范围和内容，要求企业加强成本计划管理，严格成本核算。2.大力压缩产（商）品库存，对国营工业企业1991年6月30日以前生产的需一次性削价处理的积压产品，按实际销售价与生产工厂成本价之间的差额，经同级财政、银行部门核批后作为削价损失，由企业计入“待处理财产损失”挂账；挂账部分占用的贷款，企业按正常流动资金贷款利率的50%支付利息，计入“企业管理费”；工业生产企业成品资金、发出商品和应收预付货款（简称“三项资金”）年末占用额比计划压缩的，经企业主管部门会同开户行审查无误后，转报同级经委、工商银行、财政、税务部门审批，企业可以按全年相对少支付贷款利息（月利率7.2‰）的30%从成本中提取奖励基金，用于奖励在压缩“三项资金”占用工作中的有功人员。国合商业、外贸、物资、医药批发企业从4月1日起到6月30日止统一削价处理一部分库存积压商品，促进商品流通。处理商品的削价幅度按商品大类计算，每类商品的削价幅度平均不超过20%，个别品种最高不得超过30%。削价商品的实际销售价低于原进价的差额，经同级财政部门审核批准后，作为削价损失由企业计入“待处理损失”挂账，占用的贷款按正常流动资金贷款利率的50%支付，计入商品（物资）流通费。3.完善能源、原材料节约奖办法，加大对节能先进企业的奖励力度，分别按照达到国家节能特级、一级、二级和省级、其他企业核定不同档次提奖率。同时对单位产品能源、原材料消耗指标达到省级以上（含省级）企业消耗标准的企业，实行定比计奖、环比考核的办法。

1992年，结合企业承包经营责任制考核，市财政局对全市国营工业生产企业进行库存产成品全面清查，对企业潜亏进行清理认定和处理活动。清理潜亏的主要内容包括各种存货盘亏和损失、应收账款的坏账损失、未处理的各种挂账损失、少转少摊的各种费用等。清理出的潜亏，属于1992年发生的，全部列入当年成本；1991年年底以前发生的，经企业主管部门审核、报同级财政部门批准，从1993年起，分三年摊入成本。企业处理潜亏，原则上由企业自行消化。对政策性原因引起的潜亏处理而影响承包上缴利润的，经同级财政部门批准，可酌情给予一次性照顾。企业处理潜亏对效益工资影响较大的，经同级财政部门批准可适当给予照顾。为解决国营企业职工福利基金不足、医药费超支的矛盾，从5月1日起，职工福利基金提取比例由11%提高到14%，计提基数不再扣除副食品价格补贴，副食品价格补贴全部计入企业成本。职工教育经费和工会经费的计提基数也相应调整。

实施现代企业财务制度

1993年7月1日，全市全面推行“两则两制”财务会计制度改革，按规定调整成本、费用开支范围。劳动保险费由营业外支出列支改为管理费用列支。业务招待费由限额列支、超支审批制改为在一定限额内据实列支，超支部分进行纳税调整，企业年销售净额在1500万元以下的，业务招待费开支标准不超过年销售额的5‰，超过1500万元但不足5000万元的，不超过该部分的3‰，超过5000万元但不足1亿元的，不超过该部分的2‰，超过1亿元的，不超过该部分的1‰。企业发生的技术开发费据实列支，不再实行按比例提取办法。计入工资总额统计范围的工资性支出，均列入成本、费用。实行工效挂钩办法的企业，仍按工效挂钩的有关规定执行。取消提取固定资产大修理基金办法，企业发生的修理费直接计入成本。按规定方法计提的坏账准备金计入成本。差旅费标准由企业参照当地政府规定的标准自主确定。以工资总额为基数（不再扣除奖金），按14%和1.5%分别提取职工福利费和职工教育经费。

“两则两制”实施后，烟台市财政部门主要履行财务指导与监督职责，对企业具体财务事项一般不再实行直接审批管理。1996年，市政府转发《烟台市财政局关于加强企业财务管理与监督的实施意见》。当年，经市编委会议确定，地税部门指导监督的集体企业财务管理工作划归财政部门负责。

1994年，市委、市政府确定23户市属企业为建立现代企业制度试点企业。市财政部门落实国务院和省、市政府关于搞好国有大中型企业的各项财务管理政策，按照《公司法》推进现代企业制度建设和公司制改造。市财政部门参与国有股本筹集和股权设置等财务规范工作，促进股份制改革试点如期推进。成立于1988年的烟台华联商厦，被列为烟台市首家公开向社会发行股票的股份制改革企业，1996年10月，经中国证监会批准，公司股票在上海证券交易所挂牌交易，成为烟台市第一家上市公司。之后，东方电子、烟台冰轮、烟台万华等首批股份制试点企业和现代企业制度试点企业先后成为上市公司。市财政部门根据《国有企业财产监督管理条例》规定，会同市经贸委、银行等部门向有关国有独资集团公司派员参加公司监事会，财政部门的代表担任监事会副主席，探索完善公司法人治理结构，促进现代企业制度建设。

1997年，烟台市被国务院列为全国企业优化资本结构试点城市。市财政部门围绕抓大放小，全面落实企业兼并联合、租赁出售、发展企业集团及破产改制重组等财务处理政策，积极推进企业改制。市财政局根据《中华人民共和国企业破产法（试行）》和《国务院关于在若干城市试行国有企业兼并破产和职工再就业有关问题的补充通知》等文件，直接参与烟台自行车厂、烟台罐头总厂、烟台百货站等国有企业破产清算或零资产转让等兼并重组工作，处理国企改制中的难点热点问题。同时，针对企业改革过程出现部分特困企业困难职工问题，牵头拟定《烟台市市级帮困基金筹集与使用意见》，市政府以烟政发〔1996〕123号下发执行，解决企业下岗职工或富余人员生活费发放资金来源不足问题。

1998年，为做好大中型工业亏损企业三年扭亏解困工作，烟台市要求企业严格按照财会制度规定核算盈亏，待摊费用的分摊期限不得超过一年。企业“递延资产”除国家或省允许列入的支出外，其他支出不得列入“递延资产”科目。企业必须严格按照“两则”有关规定确定最低折旧率，不得以少提折旧和不提折旧为手段，人为调节盈亏。

2000年，市政府印发《关于压缩工业企业产成品存货和应收账款两项资金占用的实施意见》，要求企业采取措施压缩两项资金占用，提高工业企业经济运行质量。有关部门核准的企业坏账，经政府批准后，计入损益或者比照清产核资办法，先冲销资本公积，不足部分冲销资本金，或者将余额记入待处理流动资产损

东方电子为中国绿色低碳高质量发展赋能

失，逐年在税前利润中核销。对工业企业回收难度较大的两项资金，按收回货款额的一定比例提取费用奖励有关人员，奖励费用可计入销售费用。

2001年，根据《国务院办公厅关于转发国家经贸委国有大中型企业建立现代企业制度和加强管理基本规范（试行）的通知》，烟台市取消了企业资产损失、企业坏账损失、企业提取推销费等财政核准项目，企业按国家统一会计制度规定选择合理的资产损失预计方法，按规定预提或摊销费用。财政部门不再对企业固定资产进行直接管理，改由企业根据固定资产定义，制定适合本企业的固定资产目录、分类方法、折旧年限、折旧方法，经股东大会或董事会或类似机构批准，按照法律、行政法规的规定报送有关各方备案。省财政厅印发《关于加强企业内部财务管理与控制的指导意见》，要求企业进一步建立健全各项基础性制度，切实提高企业财务管理水平。企业内部财务管理与控制坚持合法性原则、适用性原则、制度性原则、全面性原则和权责性原则。建立包括机构、财务人员管理和内部牵制机制为主要内容的内部财务管理与控制体系。加强原始记录、定额管理、计量验收、内部价格、财产清查、内部稽核、财务分析为主要内容的企业财务管理与控制，实现财务管理现代化。加强资产、负债、所有者权益、收入、成本费用、利润等主要财务环节的管理与控制。实行全面预算管理。加强企业财务风险控制，建立财务风险防范与控制机制。建立健全企业内部财务管理与控制的监督奖励体系。

2002年1月1日起，烟台市开始执行财政部《企业会计制度》，明确了成本费用的含义、分类、确认原则、计量标准，企业的成本管理权限和内部议事规则等，赋予企业更大的自主权。

2004年，烟台市执行财政部《企业资产损失财务处理暂行办法》，对企业各项资产损失确认原则、内部处理程序、资产损失的财务处理等作出明确规定。依法宣告破产的企业，进入破产程序后不得自行核销资产损失。在人民法院受理破产案件前6个月至破产宣告之日期间，破产企业以下行为无效：隐匿、私分或者无偿转让资产；非正常压价出售资产；对原来没有资产担保的债务提供资产担保；提前清偿未到期债务；放弃自己的债权。

2006年，财政部修订发布了新《企业财务通则》，主要围绕企业设立、经营、重组过程中的财务活动，进一步明确了企业财务要素的内容和企业财务管理主体的职责、权利、义务、财务行为规范等，对财政部门在新形势下管理企业财务的任务、方式、途径进行了调整。烟台市执行新《企业财务通则》的企业，不再按照职工工资总额计提14%的职工福利费，企业原来按规定在应付福利费列支的医药费或者医疗保险费等项目，在国家规定标准内改为从成本、费用中列支。改革公益金制度，利润分配中不再提取公益金。当年，财政部重新制定发布《企业会计准则》，包括基本准则、具体准则和应用指南。2007年1月1日起，新《企业财务通则》和《企业会计准则》作为企业财务与会计管理工作的基本规范开始实施。

第二节　支持企业改革发展

推行企业承包经营责任制

烟台市调整财政与企业之间的分配关系，实行利润分配制度改革，继1985年全面推行第二步“利改税”后，1986年和1987年，继续调整完善第二步“利改税”方案，按行业调低或减免调节税及对小型企业免征承包费，并规定调减上交的调节税或承包费专项用于企业发展生产和技术改造，不得挪用。同时，还先后选择部分企业进行资产经营责任制和承包经营责任制试点。

1988年，烟台市根据国务院发布的全民所有制工业企业承包经营责任制暂行条例，在全市普遍推行企业承包经营责任制。国营企业承包上缴财政利润的形式主要有：上缴利润递增包干，上缴利润基数包干、超收分成，上缴利润定额包干，亏损企业减亏包干等。各级财政部门具体负责上缴利润基数与分成比例的核定和奖惩兑现，并参与企业承包工作领导小组对承包经营者进行考评。

1990年，第一轮承包即将结束，市委、市政府出台《烟台市新一轮企业承包经营责任制实施办法》，对国营企业仍按照包死基数、确保上缴、超收多留、欠收自补的原则，确定国家与企业的分配关系。同时，根据第一轮承包经营暴露的问题，进一步完善承包利润指标体系，将承包指标分为必包指标和选包指标两类。必包指标包括实现利润、上缴利润、生产（经营）性固定资产净值保值、技术改造（限工交企业）、设备（设施）完好率、职工培训等。

1991年8月，烟台市执行财政部《国营企业实行“税利分流、税后还贷、税后承包”的试点办法》。国营企业实现的利润分别以所得税和利润形式上交国家财政，实行所得税后还贷、所得税后承包。盈利企业一律按33%的比例税率向国家缴纳所得税，企业的固定资产投资借款用留用资金（税后留利等）归还。取消调节税税种，企业缴纳所得税后利润应上缴财政的部分，可以实行承包等各种形式的分配办法。该试点办法颁布，明确第二轮承包经营到期后，不再实行所得税承包及税前还贷等分配政策。

1992年，烟台市贯彻中共十四大精神，把建立“产权清晰、责权明确、政企分开、管理科学”为核心内容的现代企业制度确立为国有企业改革方向，以减税让利为主要特征的企业承包制开始转向以所有制实现形式为主要内容的产权制度改革阶段。

推动第三产业发展

为鼓励企业参与市场竞争，1990年，市财政部门会同有关部门规定，商业、供销、物资企业收购推销地产工业品可按毛利额的2%提取奖励基金，物资企业采购计划外紧缺物资可按进销差价综合平均比例2%提取承包费（含业务招待费）。1991年，根据市委、市政府《关于搞活流通的若干规定》，按商业、服务业营业额（不含批发额和个体营业额）0.5%提取网点建设基金，增加流通设施的投入，对生猪、果品、畜禽产品收购企业按收购额的0.5%提取风险金，有条件的国营物资企业可从销售收入中提取0.3%～0.5%作为商品开发基金。当年，全市落实国务院有关文件规定，对从事副食品生产供应的商办工业、饲料工业及饮食服务业实行减免税收等优惠政策。市财政在全省率先采取压销平价粮油、核减亏损补贴办法，并会同粮食部门制定《关于搞活议价粮油商品流通有关政策规定的实施意见》在全市推行。

1992年，中共中央、国务院作出关于加快发展第三产业的决定，首次对国民经济按三次产业划分，提出发展第三产业的目标、重点及主要政策措施。随着企业改制的深入，国有企业实行主辅分离、辅业改制，利用原企业的非主业资产、闲置资产或关闭破产企业的有效资产兴办经济实体，分离企业办社会职能，成为第三产业发展的重要途径。市财政部门贯彻落实国家八部、委《关于国有大中型企业主辅分离辅业改制分流安置富余人员的实施办法》和财政部《企业公司制改建有关国有资本管理与财务处理的暂行规定》等文件精神，积极参与各项政策实施工作。按照市委、市政府部署，市财政局会同有关部门印发《关于市直行政事业单位兴办服务性经济实体的意见》，对部门和单位创办的经济实体，按财税部门规定，销售收入提取 0.5% 的管理费和税后留利 20% 的统筹基金。

泰和新材氨纶生产车间

2006 年，根据市委、市政府《关于促进服务业又好又快发展的若干意见》，市财政设立服务业发展引导资金，支持全市现代服务业发展。

支持重点企业和高新技术产业发展

1994 年实施分税制改革前，烟台市财政主要通过减税让利等利润分配政策（包括税前还贷）支持企业发展，在资金方面只安排部分财政信用资金（财政小贷或周转金）和少量挖潜革新改造专款及科技三项费用予以专项扶持。实行分税制财政体制后，筹集资金支持重点骨干企业发展，成为地方财政加强财源建设工作的重要任务。自 1996 年起，市财政先后筹集设立重点技改项目发展基金、企业自主创新专项资金、优秀企业家奖励资金、企业技术改造补助资金和工业发展专项资金，按照市委、市政府总体要求和具体部署，重点支持全市工业经济“2358”工程、“3·50”工程、“8515”工程，推动骨干企业做大做强，发展高新技术产业，带动工业转型升级。

2015 年，按照公共财政要求，市财政局配合有关部门大力压减一般竞争性领域专项资金，减少对企业的直接资金扶持。推进区域基金管理中心建设，广泛对接社会资本，支持重点产业发展。根据产业发展需要发起设立 4 支政府股权投资引导基金，争取 4 支省级引导基金参股子基金落户，注册总规模 6.42 亿元，其中，省引导基金出资 1.5 亿元。

扶持中小企业和民营经济发展

1995 年，全国财政工交工作会议首次提出财政企业工作要实现五个方面职能转变，管理范围从单纯管理国有企业逐步转向对全社会所有企业的监督和管理，管理内容由以财务管理为主转向参与经济建设全过程的管理。

1999 年，中央财政相继设立科技型中小企业技术创新基金、中小企业国际市场开拓资金、中小企业发展专项资金、中小企业服务体系补助资金等，市财政配合有关部门积极向上级争取项目资金。

2003 年《中小企业促进法》颁布后，在财政预算中专门设立中小企业科目，反映和核算财政支持中小企业发展的各项资金投入。

2004 年，市财政局制定《烟台市民营企业项目贷款财政贴息补助资金管理暂行办法》，连续三年对全市年实际纳税额前 20 名的民营企业新产品开发、技术创新、技术改造和扩建等项目的新增贷款给予贴息支持。

2004—2006 年，共安排资金 814.2 万元。2007 年后，市财政每年均安排中小企业事务支出，扶持中小企业发展，壮大民营经济。

促进外向型经济发展

1988 年，烟台市提出发展外向型经济的目标、任务、指导方针和工作重点，研究制定《烟台市发展外向型经济规划纲要（1988—2000 年）》和《烟台市发展外向型经济的若干规定》。市财政局设立外经贸财务管理科，隶属市财政驻厂员管理处，负责落实外商投资企业有关税费优惠政策，指导中方财务管理，支持地方外经贸企业扩大出口创汇和承包经营，提供各项涉外财会政策与信息咨询服务等。

1993 年起，根据《全国非贸易外汇留成办法》，市财政部门对政府部门（单位）的涉外活动提供非贸易外汇指标管理服务，并对全市举办“APEC”投资博览会、“果蔬会”、申办出口加工区等重大涉外经贸活动核定临时性资金预算予以支持。

2001 年开始，市财政部门落实市委、市政府进一步扩大对外开放、大力发展外向型经济的有关部署，增加财政投入，完善扶持政策，促进全市外向型经济向高层次、宽领域、纵深化发展。市财政每年安排外经贸专项资金预算，会同市外经贸局（商务局）制定具体扶持政策，鼓励出口增长、招商引资、在线交易、“走出去”开展境外经贸活动和对外开放目标考核奖励等。“十一五”期间，全市安排外经贸专项扶持资金等涉外经济支出 18498 万元。“十二五”期间，全市涉外经济支出达 73576 万元，是“十一五”支出的近 4 倍。

支持发展循环经济

1986 年，按照国务院《批转国家经委〈关于开展资源综合利用若干问题的暂行规定〉的通知》和财政部有关文件规定，烟台市对资源综合利用项目新增利润实行税前还贷、减免所得税、发放一次性综合利用奖等政策，当年，相继实行能源、原材料节约奖和城市节水奖励办法。1988 年，执行国家经委、财政部等部门《关于进一步开展煤矸石粉煤灰综合利用的通知》，允许把煤矸石、粉煤灰承包给其他企业或集体企业搞综合利用。1992 年，市财政局会同市经委等部门修订印发《烟台市工业交通企业能源原材料节约奖实施办法》，对综合利用、回收复用、代用节约的能源、原材料，按当年实际节约价值的 10% ~ 15% 给予一次性奖励。

2005 年，国务院颁布《关于加快发展循环经济的若干意见》。2006 年，市财政制定《烟台市发展循环经济专项资金使用管理办法》，安排专项资金预算 1000 万元，对列入资源节约、循环经济重点示范项目和市级循环经济示范企业等专项贷款给予贴息补助。2007 年，市财政会同有关部门筛选确定循环经济试点示范单位和重点示范项目，建立健全资源节约的标准体系和统计分析体系，加大资金倾斜和监督考核力度。

2011 年，《中华人民共和国循环经济促进法》颁布，根据国家、省、市对节能减排工作的新要求，市财政局修订《烟台市循环经济及节能专项资金使用管理暂行办法》，改进资金支持方式，增加资金规模，扩大支持范围。

2006—2015 年，全市财政支持循环经济支出累计 23675 万元，促进形成可持续发展的经济增长方式、节约型的城市化模式与科学合理的消费模式。

第三节　企业财务信息管理

月份财务报表与快报编制

1986 年，烟台市各级财政部门对国营工业、交通企业延续月份、季度汇总会计报表与月份主要财务指标快报并行编报制度；国营商业、粮食企业报送月份财务指标快报，其月份、季度汇总会计报表延续由主管部门汇总转报制度；国营物资、纺织品公司、劳改企业需编报月份、季度汇总会计报表；工业供销、城市公用企业只报季度汇总会计报表。增加中外合资经营企业季度会计报表编报。1989 年，增加医药商业企业月份、季度汇总会计报表，由市医药公司汇总转报。1990 年，国营交通企业取消月份财务指标快报；国营物资企业取消月份汇总报表，增加月份财务指标快报；根据财政部《关于建立外商投资企业月份财务指标快报表的通知》，编报外商投资企业财务指标快报。全市财政系统国营工业财务指标快报、月份（季度）汇总会计报表改用计算机编报，快报或季报分析资料采用传真报送。1991 年 8 月，取消工业企业月份汇总会计报表制度，增加国营工业企业行业快报，并要求分户报送亏损企业当年累计亏损额和上年同期亏损额。1992 年 7 月，根据《山东省外贸企业财务管理暂行规定》，下放地方管理的外贸企业向同级财政部门报送财务快报、月报、半年决算、年度决算和财务分析。1993 年，建立旅游企业报表报送制度，所有国有旅游企业均应向同级财政部门报送月份快报。1995 年，根据省财政厅《关于对国有工业企业月份快报实行分户报送试点的通知》，从下半年开始，国有工业企业月份快报实行分户报送，只报分户数据，不再报送汇总数据。

从 2001 年 1 月开始，烟台市各级财政部门取消原国有工业企业、外贸企业、物资企业、商业企业、旅游企业、外商投资企业月份快报，改为不分企业类型的统一快报格式和汇总软件，国有工业企业、外贸企业、物资企业、商业企业、旅游企业、外商投资企业以及上年销售收入 500 万元以上的乡镇企业、集体企业列入汇编范围，统一使用“久其报表数据管理系统”报送，国有企业和外商投资企业按月上报快报，乡镇企业和集体企业按季上报快报。2002 年 10 月 1 日起，月度企业财务税收快报统计范围扩大到所有驻烟台企业，包括地方国有及国有控股企业、外商投资企业、上年度实现税金总额在 100 万元以上的中央驻烟台企业、省属驻烟台企业、集体企业、私营及其他企业。2004 年，启用企业快报网上填报系统，企业直接通过“山东财政企业信息网”填报数据，原《国有企业主要财务指标快报》更名为《企业财务会计主要指标快报》，实行新的指标快报体系。2012 年，按财政部《加强企业财务信息管理暂行规定》，各级财政部门根据收集汇总的企业财务信息单独编制“国有企业经济效益月度快报”，反映国有及国有控股企业月度主要财务指标和主要生产经营情况。

2015 年 12 月，全市网上财税信息快报汇编户数达到 2306 户，资产总计 26943.5 亿元，营业收入 9151.68 亿元，利润总额 574.47 亿元，已交税金 323.46 亿元。

2015 年 12 月烟台市企业经济效益月度快报指标（一）利润及相关指标

表 3-21　　单位：万元

项目	行号	本月数	本年累计	上年同期
企业法人户数（户）（三级及三级以上企业）	1	3038	3038	2914
其中：亏损企业户数（三级及三级以上企业）	2	424	436	406
一、利润表指标				
营业总收入	3	7601806	91516770	95195341
其中：营业收入	4	7378653	89358216	92980954
营业总成本	5	7517719	89226695	91864855
其中：营业成本	6	6321363	79230567	82122389
营业税金及附加	7	102292	942991	925139.13
销售费用	8	153968	1988654	1878449
管理费用	9	483764	4193775	4068319
其中：研究与开发费	10	23384	231992	327100
财务费用	11	73222	1132647	1064487
其中：利息支出	12	61820	758247	759052
资产减值损失	13	252275	802497	550243
投资收益（损失以“-”号填列）	14	313950	3608073	3319716
营业利润（亏损以“-”号填列）	15	361408	5433925	6030233
营业外收入	16	122997	442071	373491
其中：政府补助	17	27765	100496	84333
营业外支出	18	28911	131337	120502
利润总额（亏损总额以“-”号填列）	19	455496	5744658	6283222
其中：亏损企业亏损额	20	61083	411843	317542
净利润（净亏损以“-”号填列）	21	323844	4254358	4762747
归属于母公司所有者的净利润	22	28221	2197660	2604524
二、税收指标				
期初未交税金	23	168376	525767	500251
其中：未交增值税	24	31840	128711	69628
未交消费税	25	18645	33834	28799

续表 3-21

项目	行号	本月数	本年累计	上年同期
未交营业税	26	13251	22030	18711
未交所得税	27	79001	269115	312042
应交税金	28	399892	3221599	3031230
其中：应交增值税	29	123077	1085246	1061554
应交消费税	30	27847	278884	272976
应交营业税	31	48547	313330	306423
应交所得税	32	147268	1033235	1019220
已交税金	33	236462	3234586	3092686
其中：已交增值税	34	108312	1095767	1052313
已交消费税	35	25651	281682	265093
已交营业税	36	38222	329960	321248
已交所得税	37	26302	1037953	1096087
三、现金流量表指标				
经营活动产生的现金流量净额	38	447934	1888496	2862949
投资活动产生的现金流量净额	39	-129177	-1780847	-2035978
筹资活动产生的现金流量净额	40	-84449	394307	-331097
四、企业基本情况				
01. 职工人数（人）	41	717821	834867	828497
02. 实际发放工资总额	42	375166	3583090	3413711

2015 年 12 月烟台市企业经济效益月度快报指标（二）
资产负债指标

表 3-22　　单位：万元

项目	行号	本年累计	上年同期
一、资产负债表指标			
资产总计	1	269434969	237940476
流动资产合计	2	151198981	130441146
其中：货币资金	3	23745051	23360032
应收票据	4	1206937	1112488
应收账款	5	11586737	10851678

续表 3-22

项目	行号	本年累计	上年同期
应收利息	6	664302	852241
存货	7	15114440	13846566
其中：原材料	8	2830660	2961537
库存商品（产成品）	9	13502371	3356623
存货跌价准备	10	37310	35304
非流动资产合计	11	118235988	107499330
其中：长期应收款	12	500732	1186609
长期股权投资	13	6418241	6242016
投资性房地产	14	324683	329078
固定资产净额	15	24421883	23585662
固定资产减值准备	16	135993	196877
在建工程	17	9574619	7740989
开发支出	18	14501	14202
无形资产	19	4332349	3430651
负债合计	20	221337006	194727388
流动负债合计	21	164173532	139949868
其中：短期借款	22	17817530	18722024
应付账款	23	13833229	11466723
应付利息	24	2015793	1924252
非流动负债合计	25	57163474	54777520
其中：长期借款	26	7193723	9198217
应付债券	27	5177490	4095382
长期应付款	28	1267586	1188242
所有者权益合计	29	48097963	43213088
实收资本（股本）	30	14403530	13013637
其中：国有资本	31	3830173	3510960
其中：国有法人资本	32	2182307	1861750
集体资本	33	1342902	1264391
民营资本	34	5577152	4647304

续表 3-22

项目	行号	本年累计	上年同期
其中：个人资本	35	2120505	2079230
外商资本	36	3653303	3590982
资本公积	37	8876699	7360857
盈余公积	38	2794816	2561420
未分配利润	39	16252906	15697287
归属于母公司所有者权益合计	40	24131391	22645128
二、薪酬指标			
职工薪酬列支数额	41	4053694	3546535
其中：工资列支数额	42	19131358	2767149
福利费列支数额	43	2098732	309712
补充养老保险（企业年金）列支数额	44	8796	3930
三、出口订单情况（出口业务填）			
次月订单总额（千美元）	45	1430055	1414948
未来 3 个月订单总额（千美元）	46	4111956	4212735
未来 6 个月订单总额（千美元）	47	8713553	8650315
四、国内市场订单情况（内销业务填）			
次月订单总额（万元）	48	151082321	151161090
未来 3 个月订单总额（万元）	49	453071256	453343831
未来 6 个月订单总额（万元）	50	906006980	906538530

2015 年 12 月烟台市企业经济效益月度快报指标（三）
生产经营指标

表 3-23　　单位：万元

项目	行号	本月数	本年累计	上年同期
劳动生产总值（万元）	1	203143	2082376	2430630
一、生产运营情况指标（部分企业填报）				
01. 工业企业（石油、石化、钢铁、煤炭、电力、汽车等）				
（1）原油产量（万吨）	2			
其中：境内	3			
境外	4			

续表 3-23

项目	行号	本月数	本年累计	上年同期
（2）进口原油（万吨）	5			
（3）原油平均结算价格（美元/桶）	6			
（4）成品油产量（万吨）	7			
其中：汽油产量（万吨）	8			
柴油产量（万吨）	9			
（5）天然气产量（万立方米）	10	5329	53250	59307
其中：境内	11	5329	53250	59307
境外	12			
（6）进口天然气（万立方米）	13			
（7）天然气平均销售价格（元/万立方米）	14			
（8）粗钢产量（万吨）	15			
（9）钢材产量（万吨）	16	2	21	23
（10）钢材销量（万吨）	17	2	21	24
（11）钢材平均销售价格（元/吨）	18	7235	7206	8828
（12）铝材产量（万吨）	19			
（13）稀土产量（万吨）	20			
（14）原煤产量（万吨）	21	84	963	894
（15）商品煤销量（万吨）	22	82	915	867
（16）商品煤平均销售价格（元/吨）	23	364	390	474
（17）发电量（万千瓦时）	24	174517	1976977	2077557.93
（18）售电量（万千瓦时）	25	143525	1498951	1563932.91
（19）汽车产量（万辆）	26	5	54	65
（20）汽车销量（万辆）	27	5	54	65
其中：进口量	28			
出口量	29			
02. 交通、民航企业				
（1）客运量（万人次）	30	2765	35360	35612
（2）货运量（万吨）	31	2112	28808	29025
（3）各种航空用油消耗量（万吨）	32			

续表 3-23

项目	行号	本月数	本年累计	上年同期
（4）航空油价（元 / 吨）	33			
（5）燃油附加费（万元）	34			
（6）汇兑损益（万元）	35	-185	-704	38
03. 电信企业				
（1）完成电信业务总量（亿元）	36			
（2）完成固定资产投资（亿元）	37			
（3）互联网用户（万户）	38			
04. 房地产开发企业				
（1）房地产开发量（万平方米）	39	2	153	197
（2）房地产销售量（万平方米）	40		677	1496
二、节能减排指标				
01. 万元产值综合能耗（吨标煤）	41	3906	3915	4025
02. 吨钢综合能耗（千克标煤 / 吨）	42			
03. 供电煤耗（克 / 千瓦时）	43	1210	1363	1422
三、进出口及企业累计向境外投资指标				
01. 出口总额（千美元）（海关统计数）	44	1598244	20782541	21766799
02. 进口总额（千美元）（海关统计数）	45	1077476	13730793	14519847
03. 企业累计向境外投资额（万元）	46		63591	70277
四、企业研发投入（万元）	47	5419	54270	51572

年度财务决算编报

1986—2000 年，烟台财政部门按规定对国有企业决算履行审批职责。其中，国有工业和城市公用、文教企业决算由财政部门直接编审并分行业（如冶金、机械、电子、化工、建材、煤炭、纺织、轻工等）汇总报告；交通、商业、供销社（县以上）、粮食、物资等行业决算由财政与主管部门两套决算并行逐步过渡为以财政编审为主；1992 年，外贸企业纳入地方财政决算编报范围。各行业年度汇总决算一般于次年 4 月上报省财政厅。

1997 年 10 月，烟台市根据财政部《关于加强国有企业财务监督若干问题的规定的通知》，企业年度决算报表必须经注册会计师审计并出具审计报告的，以及主管财政机关要求经过注册会计师审计并出具审计报告的，应在规定时间内连同注册会计师的查账报告一并报送主管财政部门。2001 年起，按照财政部规定，除国家物资、粮食及副食品储备企业、监狱劳教企业、企业在境外兴办的企业和金融企业外，主管财政机关不再批复企业会计报表。2004年，除上述特殊企业外，各类国有及国有控股的非金融企业的年度会计报表均按规定委托注册会计师审计，并向主管财政机关备案。2005年，外商投资企业年度财务报表开始采用与快报同一网络报送系统。

2007年，根据省财政厅扩大决算编制范围要求，烟台市首次将非国有企业财务决算纳入决算统计系统，包括国有、集体、外资、其他非国有四种所有制性质企业。2012年，财政部发布《加强企业财务信息管理暂行规定》，明确企业年度财务信息编制包括国有企业年度财务会计决算报告、集体企业年度财务会计决算报告、外商投资企业年度财务会计决算报告和财政管理需要掌握的其他企业财务信息。自2014年度起，外资企业退出决算编报范围。

2015年年底，全市企业财务决算共1323户。其中，国有企业531户，资产总计3089.05亿元，负债2030.60亿元，净资产1058.45亿元，当年实现营业收入1364.70亿元，利润总额95.50亿元；集体企业54户（含南山集团），资产总计1226.82亿元，负债644.10亿元，净资产582.72亿元，当年实现营业收入918.32亿元，利润总额76.42亿元；其他所有制企业738户，资产总计2237.92亿元，负债1378.63亿元，净资产859.29亿元，当年实现营业收入1354.07亿元，利润总额57.94亿元。

第四节　国有资产与国有资本管理

1988年，为推动经济体制改革，探索国有资产管理人格化机制，国家设立国有资产管理局，由财政部归口管理，主要行使国家赋予的对国有资产所有者的代表权、监督管理权、国家投资和收益权以及资产处置权。1990年11月，根据市政府分步组建国有资产管理局的要求，烟台市财政局加挂烟台市国有资产管理局牌子，召开首次全市国有资产管理工作会议，开展国有资产管理工作。

1992年6月，市财政局设立国有资产管理办公室，具体负责国有产权登记、资产评估以及国有产权交易等企业国有资产管理工作。10月，成立烟台市国有资产经营公司（隶属市财政局），明确其在政府授权范围内代行国有产权所有者职能。当年，烟台市财政的国有资产管理与企业财务管理职能开始分离。

1994年12月，经市政府批准，独立设置烟台市国有资产管理局（副处级机构），由市财政局管理，全市国有资产管理工作仍为财政管理职能的重要组成部分。

1999年12月，根据全市机构改革方案，撤销烟台市国有资产管理局，成立烟台市国有资产管理委员会，代表本级人民政府对国家出资企业履行出资人职责，烟台市财政部门不再承担国有资产出资人的监管职能。

2001年，为适应建立现代企业制度的需要，规范企业国有资本与财务管理行为，烟台市财政局转发财政部《企业国有资本与财务管理暂行办法》，各级主管财政机关根据本级人民政府赋予的职权，负责企业国有资本与财务管理；企业按照国家有关国有资本与财务管理的规章制度，承担国有资本保值增值的责任。各级主管财政机关对持有国有资本的各类非金融企业核定企业国有资本，监管国有资本变动事宜；

参与企业制度改革，负责国有股权管理；组织清产核资和产权界定，办理国有资产产权登记；负责国有资产产权纠纷调处；指导财产评估业务，监管国有资产评估；制定企业税后利润分配制度，监缴国有资本收益；制定企业财务考核指标体系，组织国有资本营运绩效评价；监管国有资本保值增值情况，防止国有资产流失；指导和督促企业建立健全内部资本与财务管理办法。

2002 年，企业向各级财政部门申请取得投资时，应将相关文件同时抄送国有资产管理部门备案；各级财政部门向企业下发投资批复文件时，同时抄送国有资产管理部门，依据企业出具的明确出资人文件、出资协议及修订后的公司章程拨付投资。接受财政投资的国有企业，其转增的财政资金全部直接增加国有资本。接受财政资金的公司制企业或其他所有制形式的企业，有国有出资的，可先将投入的资金作为国家独享的资本公积金，留待企业增资扩股时转增国有资本；没有国有出资的，经股东大会同意，增加国有股东，增加国有资本。根据财政部《关于国有企业执行〈企业会计制度〉有关财务政策问题的通知》，市财政局会同有关部门对全市国有企业申请执行《企业会计制度》的程序、报送材料及财务处理作出具体要求和规定。对企业按照原制度清查的资产损失，分别按以下情况进行处理：经营资质条件对净资产没有要求的企业，以注册资本为限，依次冲减以前年度未分配利润、公益金、盈余公积金、资本公积金，不足冲减的部分列作未分配利润，按规定用以后年度实现的利润弥补；经营资质条件对净资产有明确要求的企业，以现有经营资质所需净资产为限，依次冲减以前年度未分配利润、公益金、盈余公积金、资本公积金，不足冲减的部分暂作待处理的专项资产损失，自批准执行《企业会计制度》之日起，在不超过 3 年的期限内摊销。

2007 年，国务院发布《关于试行国有资本经营预算的意见》，明确各级财政部门为国有资本经营预算的主管部门。烟台市财政部门按要求会同国资管理部门进一步规范国有资本收益收缴管理，开始建立国有资本经营预算试编制度。

2009 年，《中华人民共和国企业国有资产法》实施，市财政部门依法对企业改制、与关联方的交易、资产评估、国有资产转让、国有资本经营预算、国有资产监督等履行有关职责，加强国企改制和产权出让过程的国有资本与财务管理工作。

2015 年，国务院发布《关于改革和完善国有资产管理体制若干意见》，烟台市委、市政府出台《关于深化市属企业改革完善国资管理体制的实施意见》，明确以管资本为主线，坚持政府公共管理职能与国有资产出资人职能分开，进一步改革和完善国有资产管理体制，要求财政部门建立覆盖全部国有企业、分级管理的国有资本经营预算管理制度。当年，市委、市政府印发《关于组建烟台市国有文化资产管理理事会的通知》（烟办发〔2015〕36 号），授权市财政局履行国有文化资产出资人职责，明确市属国有文化资产管理执行市国资委统一制定的国有资产基础管理制度，日常管理工作由市财政局组织实施，并与各县（市、区）财政建立文化企业资产、财务管理工作联系制度。

第九章　地方金融与政府债务管理

1987年，烟台市投资设立住房储蓄银行和信托投资公司。1996年前，地方金融机构主要由人民银行实施行业监督管理，执行财政部统一的财务会计制度。1997年起，根据财政部和省财政厅要求，地方金融企业的财务管理由同级财政部门负责。2001年3月，市财政局内设债务金融科，履行地方金融企业监管职责。

第一节　地方金融财务监管

金融企业财务制度

1993年3月，财政部印发《金融保险企业财务制度》，对金融保险企业的资本金和负债、固定资产、现金资产、放款、证券及投资、无形资产、递延资产及其他资产、成本、营业收入、利润及分配、外币业务、企业清算、财务报告及财务评价等作出规定。6月，财政部下发《关于金融保险企业贯彻实施新的财务制度有关衔接政策问题的通知》。7月，烟台市执行财政部《金融企业会计制度》和《保险企业会计制度》。

2004年11月，烟台市执行财政部《关于金融企业财务处理有关问题的通知》，国有金融企业内退职工因未与企业解除劳动合同，企业对其发放的基本生活费在“工资”科目中列支；离退休职工的补偿性费用支出在“业务管理费—劳动保险费”列支；对辞退解除合同职工的一次性补偿费支出，在“营业外支出”列支。国有金融企业缴纳的机构监管费和业务监管费，在“营业费用”科目下增设“监管费”子科目列支。国家给予国家助学贷款经办银行的风险补偿金，银行计入“营业收入—国家助学贷款补偿金收入”。金融资产管理公司派驻债转股企业的董、监事或兼职董、监事，因履行董、监事职责而从债转股企业取得的收入，包括津贴、车马费等，计入“营业外收入”。

2005年，烟台市执行财政部《禁止金融机构设置“小金库”的财务管理规定》，要求金融机构财会部门统一负责金融机构银行账户的开设和管理工作；金融机构各项贷款按照国家规定的适用利率计算利息收入，按照财务会计制度规定核算应收利息。禁止将贷款与存款等不同业务在同一账户内轧差处理；金融机构各项支出，据实列入对应账户核算；财政部门依法对金融机构实施财务监督检查。执行财政部《上市公司金融类国有股股东参与股权分置改革审批程序的有关规定》，财政部门对上市公司金融类国有股股东研究制定股权分置改革方案进行指导和监督，禁止利用股权分置改革进行欺诈、内幕交易和市场操纵等。

2007年，烟台市执行财政部令第42号《金融企业财务规则》，规范金融企业财务行为，促进金融企业法人治理结构的建立和完善，防范和化解金融风险。执行财政部令第43号《金融企业国有资本保值增值结果确认暂行办法》和财政部《金融企业财务规则—实施指南》，实现新旧金融企业财务制度的衔接。

2008年，烟台市执行财政部令第47号《金融企业国有资产评估监督管理暂行办法》和财政部《关于进一步加强金融企业财务管理若干问题的通知》，对金融企业遵守财政财务法规、加强职工福利支出和职工奖励支出管理、企业年金管理等方面作出具体规定。

2009年，烟台市执行财政部《关于小额贷款公司执行〈金融企业财务规则〉的通知》，小额贷款公司从事信贷业务执行《金融企业呆账核销管理办法》《银行抵债资产管理办法》等相关金融财务管理制度，各级财政部门履行财务管理职责，加强财务风险监管，促进小额贷款公司稳健经营发展。执行财政部令第54号《金融企业国有资产转让管理办法》，明确规定财政部门是金融企业国有资产转让的监督管理部门。金融企业国有资产转让按照统一政策、分级管理的原则，由财政部门负责监督管理。财政部门转让金融企业国有资产，应当报本级人民政府批准。政府授权投资主体转让金融企业国有资产，应当报本级财政部门批准。以境外投资人为受让方的，应当符合国家有关外商投资的监督管理规定，由转让方按照有关规定报经政府有关部门批准。

地方财政监管制度

1997年3月，市财政局印发《关于对地方金融企业和非银行金融机构进行调查登记的通知》（烟财企字〔1997〕18号），明确财政部门负责同级地方金融和非银行金融机构的财务监管工作。4月，烟台市落实财政部《关于国有独资商业银行财务管理的规定》，建立国有独资商业银行财务预算申报和审批制度，并对固定资产和在建工程购建资金按年度实行绝对额控制。5月，烟台市落实财政部《关于加强金融保险企业财务监管的通知》，全市各级财政部门建立金融保险企业财政登记制度，严格企业呆账准备金、坏账准备金、投资风险准备金的提取和核销，并逐步完善金融保险企业财务决算工作。10月，烟台市执行省财政厅《山东省地方金融保险企业财政监管实施办法（试行）》，对地方金融保险企业行使监督管理职权。具体包括基本建设项目立项的审查，呆账贷款核销的审批，被兼并企业贷款停、免利息的审批，非常损失和坏账损失的审批，在成本中列支住房公积金的审批，在成本中列支固定资产盘盈、盘亏和报废的审批。地方金融保险企业的违纪行为，由财政机关检查，按照《关于违反财政法规处罚的暂行规定》进行处罚。当年，烟台市、县两级财政部门建立了全市金融保险企业财政登记制度、地方金融企业季度快报制度以及年度财务决算报送和批复制度，初步形成了地方金融企业的财政监管机制。

1998年，烟台市落实财政部《关于加强地方证券机构财务监管的通知》，证券机构的分支机构的日常财务实行属地管理，市财政部门建立证券机构财务登记制度，对证券机构的财务行使检查监督和有关财务事项的审批权。委托会计师事务所对会计报表进行审计，确保财务报告的真实、准确。

1999年4月，市财政局向市政府报送《关于市经贸委工业投资公司兑付资金拨付情况的紧急报告》（烟财字〔1999〕13号），安排资金5100万元用于该公司吸收社会存款的兑付，及时防范和化解地方金融潜在风险。5月，市政府批复同意烟台信托投资公司归并到山东省齐鲁信托投资公司。11月，市财政局转发财政部《关于加强地方金融机构财务监管的指导意见的通知》(烟财企字〔1999〕308号)，要求建立健全金融机构财务监管组织机构，对商业银行、信托投资公司、证券公司、基金管理公司、保险公司、城市信用社、农村信用社、财务公司、租赁公司、典当行等地方金融机构加强财务监管。12月，市财政局转发财政部《关于加强金融企业财务监管若干问题的通知》，要求金融企业全面反映企业的资产和负债，正确核算企业收入和支出，健全企业内部控制制度，切实建立费用支出专户管理制度，接受各级财政主管部门的财务监督和管理。执行省财政厅、中国人民银行济南分行转发财政部、中国人民银行《关于信托投资公司清产核资、资产评估和损失冲销有关问题的补充通知》，确定信贷资产损失评估统一量化标准，清产核资结果由财政部门会同清产核资机构认定，资产评估结果由财政部门进行合规性审查。

2001年，烟台市执行财政部《关于金融企业住房制度改革若干财务问题的规定》《中小企业融资担保机构风险管理暂行办法》和《关于加强国有金融企业集中采购管理的若干规定》。市财政局、监察局、人民银行烟台市中心支行印发《烟台市清理整顿城市信用社兑付储蓄存款政府专项借款使用管理办法》。

2002年6月1日起，根据省财政厅《关于地方金融企业国有资产产权登记工作划归省财政厅债务金融处管理的通知》，市级地方金融企业国有资产产权登记工作由市国有资产管理局划归市财政局管理。

2003年4月，烟台市率先在全省出台了《烟台市下岗失业人员小额担保贷款实施细则(暂行)》，明确了小额贷款担保基金的筹集与管理、小额担保贷款申请须具备的条件、贷款额度、审批程序及有关部门的工作责任。市财政局筹集1000万元担保基金，确定烟台市信用担保有限责任公司为市级小额贷款担保机构，市建设银行为经办银行，小额担保贷款在市级进入实际运作阶段。

2006年11月，根据财政部《金融类企业国有资产产权登记管理暂行办法》，全市地方金融企业、担保企业在每年3月31日前完成上一年度国有资产登记与监督检查工作。

2008年3月，市财政局印发《关于贯彻落实〈金融企业国有资产评估监督管理暂行办法〉的通知》，进一步加强地方金融企业国有资产评估监督管理，规范地方金融企业国有资产评估行为，对占有国有资产的地方金融企业需核准和备案的资产评估项目，一律实行同级财政核准和备案制度。8月，根据财政部、国家税务总局《关于城市商业银行和农村合作银行金融机构财务管理工作的通知》，各级财政部门负责监督和管理本级金融企业的财务管理工作，原由税务部门负责的城市商业银行和农村合作金融机构的财务监督管理职责统一划归财政部门。

2009年4月，根据财政部《金融类国有及国有控股企业绩效评价暂行办法》，各级财政部门负责组织实施金融类国有及国有控股企业绩效评价工作。5月，执行财政部《关于国有金融机构2008年度高管人员薪酬分配有关问题的通知》，要求金融机构制定具体实施意见，明确高管人员薪酬具体数额及增减比例。

2010年2月，烟台市执行省财政厅《山东省小额贷款公司财务制度》，财政部门依法指导、管理和监督本级小额贷款公司的财务管理工作。

2011年11月，根据省财政厅《山东省地方金融企业绩效评价办法》，烟台市财政部门开始每年组织专业人员对地方金融企业进行绩效评价，推动地方金融企业提升经营管理水平。

2013年11月，烟台市执行财政部、人力资源和社会保障部、中国人民银行转发的《关于加强小额担保贷款财政贴息资金管理的通知》。财政贴息资金支持的个人小额担保贷款利率为中国人民银行公布的同期限贷款基准利率基础上上浮不超过3%。财政贴息资金支持的小额担保贷款期限最长为2年，对展期和逾期的小额担保贷款，财政部门不予贴息。

2015年6月，根据财政部《政府和资本合作项目财政承受能力论证指引》，烟台市通过识别、测算政府和社会资本合作项目的各项财政支出责任，科学评估项目实施对年度财政支出的影响，为PPP项目财政管理提供依据。7月，省财政厅印发《山东省2015年政府和社会资本合作项目奖补资金管理办法》，省财政安排专项奖补资金，统筹用于补助各市、县（市、区）政府和社会资本合作所有项目的规划设计、可行性研究、物有所值评价和财政承受能力论证等前期费用。8月，市财政局转发省财政厅等部门《山东省地方国有金融企业负责人履职待遇和业务支出管理办法》，要求有关部门和金融机构遵照执行；会同有关部门转发《山东省青年创业贴息资金管理办法》和《关于修订〈山东省巾帼创业贴息资金管理办法〉的通知》，当年共拨付资金37.5万元，11家企业受益。截至年底，全市小额担保贷款贴息资金累计拨付1470.65万元。

费用专户管理

1999年3月，烟台市执行财政部《金融企业费用专户管理办法》。对金融企业费用支出实行专项、专户管理，严格分离业务经营资金和费用支出资金，严禁费用支出擅自挤占信贷资金或其他有关资金。费用支出指标同经营效益挂钩，根据上年度盈利或亏损情况分别按费用率或费用总额予以考核控制，促进金融企业提高经营效益。实行费用率或费用总额控制，当年费用指标结余的，允许结转下年度使用。地方金融企业由其主管财政机关审核并报地方政府批准后下达费用总量控制指标，费用率或费用总额指标经核定后一般不得调整。金融企业各项费用支出在财政部门下达的费用支出指标内据实列支，对未经批准擅自突破费用控制指标、人为调节费用开支、不按规定乱列工资性支出等违纪行为，财政主管机关除核定费用指标时相应予以扣减外，并进行通报批评，情节严重的，追究有关部门责任。12月，财政部《关于加强金融企业财务监管若干问题的通知》规定，金融企业只能设立一个费用存款专户，所有财务开支必须从费用专户中开支。自2000年起，市财政部门对全市地方金融企业落实费用存款专户管理制度，每年统一核定企业费用率指标或控制额度，确保企业经营资金和费用支出资金的分离，控制地方金融企业费用支出的增长。

呆账准备金管理

1997年，烟台市根据财政部《关于国有独资商业银行财务管理的规定》，商业银行呆账准备金按年初应提取呆账准备金的贷款余额的1%实行差额提取，纳入年度财务预算申报和审批。

2000年10月，烟台市执行财政部《关于计提投资风险准备金等有关问题的复函》的规定，金融企业投资风险准备金，每年按当年末投资余额的规定比例与当年末该准备金余额的差额提取。金融企业坏账准备金，每年按当年末应收账款余额的规定比例与当年末该准备金余额的差额提取。对应收逾期利息的复利纳入表外应收利息核算，在实际收回时再确认收入。对由银行转贷并承担还款责任的国外贷款，可计提呆账准备金。

2001 年 12 月，市财政局转发财政部《关于印发金融企业呆账准备提取及呆账核销管理办法的通知》。当年起，全市金融企业建立统一的呆账准备制度，不再提取坏账准备和投资风险准备，不再单独申报核销坏账损失和投资损失。金融企业根据提取呆账准备资产的风险大小确定呆账准备的计提比例。呆账准备期末余额最高为提取呆账准备资产期末余额的 100%，最低为提取呆账准备资产期末余额的 1%。呆账准备必须根据资产的风险程度足额提取，呆账准备提取不足的，不得进行税后利润分配。

2005 年 5 月，烟台市执行财政部《金融企业呆账准备提取管理办法》。金融企业参照以下比例计提专项准备：关注类计提比例为 2%，次级类为 25%，可疑类为 50%，损失类为 100%。其中，次级和可疑类资产的损失准备，计提比例可以上下浮动 20%。金融企业总部及分支机构于每季度终了后 30 天内向主管财政部门提供其呆账准备提取情况，并按类别提供相关呆账准备余额变动情况。9 月，财政部《关于呆账准备提取有关问题的通知》规定，专项准备的计提比例由金融企业根据贷款资产的风险程度和收回的可能性合理确定，对于正常类贷款有风险的，可计提专项准备，计提比例可根据其风险状况自主确定。

2008 年 1 月起，烟台市执行财政部新修订的《金融企业呆账核销管理办法》，财政部门负责对同级金融企业呆账核销的事后监督和管理。

2009 年 5 月，烟台市贯彻落实《国务院办公厅关于当前金融促进经济发展的若干意见》，根据财政部《关于中小企业和涉农不良贷款呆账核销有关问题的通知》和《关于中小企业和涉农不良贷款重组和减免有关问题的通知》，对中小企业和涉农不良贷款呆账核销、重组和减免作出具体规定，增强金融机构化解不良贷款的能力，帮助中小企业渡过难关，加大对“三农”的信贷支持力度。

第二节　支持地方金融企业发展

政策措施

2007 年 10 月，市委、市政府出台《关于加快金融业发展的意见》（烟发〔2007〕30 号），明确规定了“十一五”期间全市金融业发展的总体目标和政策措施，制定了金融业对外开放的鼓励政策。对在全市新设立或迁入的银行、保险、证券机构总部，一次性给予资金补助 1000 万元；对新引进的内外资银行，根据机构规格和注册资本情况，一次性给予 50 万 ~ 100 万元奖励。对新引进金融机构做出贡献的有关部门和个人，市政府按招商引资有关政策给予奖励。对新引进银行机构购买办公场所的，一次性给予每平方米 500 元的购房补贴；对建设办公场所的，项目建成后，视其使用用途酌情给予基础设施配套费返还；对租赁办公用房的，三年内每年给予办公租赁费 50% 的补贴。按以上政策要求，市财政累计拨款 2787 万元，用于新引进金融机构等奖励，支持全市金融业发展。12 月，根据国务院《关于深化农村信用社改革试点方案的通知》（国发〔2003〕15 号）和财政部《农村信用社保值储蓄补贴办法》，全市

1994—1997年有年度经营亏损的农村信用社实付的保值贴补息，由国家财政分三年给予补贴。

2008年12月，市政府印发《烟台市银行经营和管理机构支持地方经济社会发展考核奖励办法》，由市金融办牵头，组织有关部门按年度对各银行经营机构贷款增量、不良贷款下降额、地方财政贡献、贷款增量位次、依法合规经营等指标进行考核，根据考核结果，市财政安排专项资金予以奖励。

2009年5月，根据财政部《中央财政农村金融机构定向费用补贴资金管理暂行办法》，市财政对当年贷款平均余额同比增长且达到银监会监管指标要求的贷款公司和农村资金互助社，上年贷款平均余额同比增长、上年末存贷比高于50%且达到银监会监管指标要求的村镇银行，按其上年贷款平均余额的2%给予补贴。

2010年10月，市财政局转发省财政厅《山东省金融机构战略性新兴产业科技项目贷款风险补偿资金管理办法》，对符合战略性新兴产业科技项目贷款且年末贷款余额同比增长超过20%的金融机构，按余额增量部分的1%向省财政厅争取风险补偿资金。

2011年2月，根据省财政厅《山东省县域金融机构涉农贷款增量奖励资金管理办法》，烟台市对涉农贷款平均余额同比增长超过15%、年末不良贷款率低于3%且同比下降的县域金融机构，按2%的比例给予奖励，奖励资金中央和省财政负担40%、市县财政负担60%。5月，省财政厅出台《山东省新设金融机构省级奖励资金管理办法》，对在山东省范围内新设立的银行类、证券类、保险类、担保类、其他类等业务范围覆盖全国的金融机构总部、区域性管理总部，在各市设立的分行、分公司，在各县区设立的中心支行、分公司，在农村设立的分支机构或网点、新设立的农村金融机构，给予一定数额的奖励。全市财政部门负责组织新设金融机构奖励申报工作。

2013年2月，根据省财政厅《关于开展小额贷款公司涉农贷款增量奖励试点的通知》，全省开展小额贷款公司涉农贷款增量奖励试点。各县域具有法人资格的小额贷款公司均可参与申报。奖励政策的适用范围、标准、条件，相关预算管理和各级财政分担比例，以及奖励资金的申请、审核、拨付程序，按照《山东省县域金融机构涉农贷款增量奖励资金管理办法》规定执行。截至2015年年底，烟台市共有6家小额贷款公司符合条件，累计拨付涉农增量奖励资金196.55万元。

2014年8月，市财政局转发省财政厅、金融办《山东省金融创新发展引导资金管理暂行办法》，利用省专项资金对金融企业能力建设、金融创新引导推广、金融服务综合信息平台建设方面给予引导支持。11月，烟台市执行财政部《农村金融机构定向费用补贴资金管理办法》，自2014年起，农村金融机构定向费用补贴资金由中央财政全部负担改为中央财政负担70%，省财政负担10%，其余由市县财政确定负担比例。

2015年1月，市财政局拟定《烟台市市级股权投资引导基金管理暂行办法》，市政府以烟政办发〔2015〕3号印发执行。该办法对引导基金筹资机制、组织架构、管理体系等问题逐一明确，为规范全市股权投资引导基金管理、推动全市创业创新和产业升级、打造全省区域性基金管理中心构建了政策框架。3月，市财政局制定《烟台市市级股权投资引导基金管理工作流程（试行）》，成立烟台市财政局股权投资引导基金暨推广运用政府和社会资本合作（PPP）模式工作领导小组，负责组织研究市级股权投资引导基金及推广运用政府和社会资本合作（PPP）模式工作中涉及财政职责范围内的有关政策与协调工作，审核部门提报的基金和PPP方案。11月，烟台市出台《烟台市市级股权投资引导基金评审专家管理暂行办法》，分总则、专家资格管理、专家的权利与义务、风险防控与管理监督、专家使用与管理、附则等六章。市财政局转发省财政厅、金融办《山东省小额贷款保证保险补贴资金管理暂行办法》，省财政安排补贴资金，对各市开展小额贷款保证保险业务进行保费补贴和超赔风险补偿，各级财政部门遵循公开透明、专项使用、科学管理、加强监督的原则，安排使用和管理补贴资金。

2015年，全市新成立产业引导基金34只，注册资本339.63亿元，年末在政府部门备案的产业基金（投资类企业）累计达61只，注册资本392.4亿元，实缴54.6亿元。其中，政府出资19.6亿元参股26只基金，注册资本124.1亿元。市级围绕健康养老、现代果业、节能环保、基础设施等筹措6.6亿元推动设立13只产业基金，可募集资金134.7亿元；省级发起设立的基金有10只拟落户烟台市或设立子基金，可募集资金274亿元。当年，全市纳入财政部门登记的地方金融企业38户。其中，城市商业银行2户，村镇银行9户，小额贷款公司18户，农村商业银行9户。地方金融资产总额12642.8亿元，负债总额11873.34亿元，所有者权益769.46亿元，全年营业收入302.71亿元，营业支出178.16亿元，实现利润124.54亿元，缴纳税金58.42亿元。

重点金融企业

恒丰银行 其前身是烟台住房储蓄银行，成立于1987年12月，是全国首家住房制度改革和金融制度改革试点银行，为中国1995年全面推行住房公积金制度进行了有益探索。

2003年7月，中国人民银行批准，烟台住房储蓄银行整体增资扩股，更名改制为恒丰银行，由区域性银行成为全国性股份制商业银行。改制后，恒丰银行进一步完善公司治理结构，确立了“规模、质量、效益协调发展，全力打造中国最佳管理、最高回报和适中规模的全国性股份制银行”的指导思想和“立足烟台、辐射全省、走向全国、面向世界”的四级跨越式发展战略。

2003—2007年，烟台市财政局持有恒丰银行股份6500万股，持股比例为6.5%。2008年6月，成功引进新加坡大华银行为战略投资者，转让股权后，市财政不再直接持股。至2015年年末，恒丰银行前五大股东分别为：烟台蓝天投资控股有限公司，持股比例为19.40%；新加坡大华银行有限公司，持股比例为12.40%；江苏汇金集团控股有限公司，持股比例为11.01%；上海鲁润资产管理有限公司，持股比例为8.42%；上海佐基投资管理有限公司，持股比例为7.63%。

2015年年末，恒丰银行全行总资产1.06万亿元，较2003年增长51.64倍；存款余额6337亿元，较2003年年末增长47.01倍；贷款余额3122亿元，较2003年年末增长31.86倍；全年营业收入238亿元，较2003年年末增长30.32倍；实现税前净利润101亿元，较2003年年末增长120倍；全行共有16家一级分行，从业员工9550人，较2014年新增机构74家，年内获批上海、郑州两家一级分行及临沂、连云港等8家二级分行，已形成较成熟的全国性股份制商业银行机构网络化格局。

烟台银行　其前身是烟台城市合作银行，是在原烟台城区12家城市信用社和烟台市城市信用联合社的基础上组建成立的地方性股份制商业银行，1997年11月，经中国人民银行总行批准成立。1998年5月，根据监管部门的有关规定，更名为烟台市商业银行。2009年1月9日，经烟台市政府和中国银监会批准，更名为烟台银行股份有限公司（简称“烟台银行”）。

烟台银行成立时注册资金12789万元，烟台市财政局投资入股2200万股，占比17.2%，为第一大股东。为适应现代金融改革发展需要，2007年开始引进境外战略投资者，2008年12月5日，香港恒生、永隆银行入股烟台银行股东资格获中国银监会批准。2013年6月7日，南山集团受让中国华电集团持有的烟台银行2.73亿股股份。同年，经山东银监局批复，进行第四次增资扩股，向南山集团定向增发6.5亿股股份，烟台银行股本总额达到26.5亿股。南山集团是烟台银行第一大股东，持股9.23亿股，占比34.83%，为境内战略投资者；香港恒生银行是第二大股东，持股4亿股，占比15.09%，为境外战略投资者；香港永隆银行持股9980万股，占比为3.77%，为境外财务投资者；烟台金业投资有限公司持股9000万股，占比3.4%，为第四大股东；烟台市财政局持股8052万股，占比3.04%，为第五大股东。

2015年年末，烟台银行全行存款余额由成立时的39亿元增长至190.3亿元；贷款余额由成立时的27亿元增长至164.7亿元；全行总资产由建行期初的45亿元增长至268亿元，经营规模比期初增长了近6倍，跨入全国大型城商行之列，成为全市百强纳税企业。

第三节　政府债务融资管理

1987年，烟台经济技术开发区通过农业银行举借债务1.6亿元，是烟台市规范债务数据统计以来第一笔政府性债务资金。1998年，为应对亚洲金融危机影响，中央实行积极财政政策拉动内需，增发国债加快基础设施建设，将国债资金一部分拨付地方用于指定项目建设。当年，烟台市通过省财政厅转贷收到第一批国债资金2967万元，用于莱州湾供水、农网改造、外夹河治理、防潮堤建设等改善民生的基础设施建设项目。

2009年，为避免国际金融危机对中国经济发展的不利影响，财政部代理发行地方政府债券2000亿元，实际开启了地方政府利用债券之门。当年，烟台市通过省财政厅转贷收到第一批地方政府债券资金4.6亿元，年利率1.8%，全部分配县（市、区）使用，缓解县（市、区）政府财政吃紧状况。

2010年，根据省财政厅要求，烟台市以系统化方式管理全市地方政府性债务，将全市政府性债务纳入财政部开发的地方政府性债务管理系统，实行科学管理和动态监测。

2012年6月，市财政局设立市政府投融资管理处（正科级），负责对市级政府性债务的预算管理和政府投融资平台监督管理，组织制订和贯彻实施全市投融资政策与化解债务风险的政策措施，编制年度政府投融资计划，会同有关部门对投融资项目效果进行绩效评价等工作。

2013年，根据《中华人民共和国审计法》

规定和《国务院办公厅关于做好全国政府性债务审计工作的通知》要求，审计署于6月底在全国开展地方政府性债务专项审计，烟台市财政局会同市审计局对全市地方政府性债务情况进行全面清查，确保纳入地方政府性债务管理系统的各类债务数据真实、合理。

2014年5月，经国务院批准，财政部在山东等十省市试行地方政府债券自发自还试点。8月，全国人大常委会通过《预算法修正草案》，确定省级政府预算中的建设投资可以举债。9月，国务院发布《关于加强地方政府性债务管理的意见》，赋予地方政府依法适度举债权限，明确市县级政府确需举借债务的由省、自治区、直辖市政府代为举借。建立规范的地方政府举债融资机制，推广使用政府与社会资本合作模式，加强政府或有债务监管。烟台市先后出台《烟台市政府债务管理暂行办法》和《烟台市政府债务风险指标预警监测暂行办法》，根据财政部《地方政府存量债务纳入预算管理清理甄别办法》等文件要求，于年末开展地方政府存量债务纳入预算管理清理甄别工作，将地方政府债务分为地方政府债务和地方政府或有债务两类，纳入全口径预算管理。

2015年3月，为延长债务期限、降低存量债务成本、缓释系统性财政金融风险、破解经济转型等难题，财政部确认置换1万亿元地方政府存量债务。5月，根据省财政厅《关于做好第一批地方政府债券置换存量债务的通知》，结合烟台市地方政府存量债务清理甄别结果，省财政厅转贷烟台市第一批地方政府置换债券规模37.8亿元，全年累计转贷置换债券规模183.78亿元，全部用于置换到期政府存量债务、逾期政府存量债务以及以后年度到期的高成本政府存量债务。经向市政府汇报并提请市人大审议通过，市财政及时将置换债券资金分配给各县（市、区），支持稳增长、防风险、惠民生。根据《烟台市政府债务风险指标预警监测暂行办法》，市财政运用债务率、新增债务率、偿债率和逾期债务率等指标，按季度对各县（市、区）政府性债务风险进行全面评估、通报，及时预警，并对债务风险较高的县（市、区）进行重点督导，防范全市地方政府性债务风险。

1987—2015年烟台市地方政府性债务余额情况表

表3-24　　单位：亿元

年度＼项目	合计	政府债务余额			或有债务余额
		小计	一般债务余额	专项债务余额	
1987	1.6	1.6	1.6		
1988	1.6	1.6	1.6		
1989	1.6	1.6	1.6		
1990	1.9	1.9	1.9		
1991	2.1	2	2		0.1
1992	2.2	2.1	2.1		0.1
1993	2.4	2.3	2.3		0.1

续表 3-24

年度 \ 项目	合计	政府债务余额			或有债务余额
		小计	一般债务余额	专项债务余额	
1994	2.5	2.4	2.4		0.1
1995	3	2.9	2.9		0.1
1996	3.1	3	3		0.1
1997	3.5	3.4	3.4		0.1
1998	4.3	4.2	4.2		0.1
1999	8.3	7.3	7.3		1
2000	14.7	13.2	13.2		1.5
2001	20.2	18.6	18.6		1.6
2002	21.6	19.1	19.1		2.5
2003	28.5	25.7	21.1	4.6	2.8
2004	42.3	39.2	32.7	6.5	3.1
2005	51.8	46	39.5	6.5	5.8
2006	90.1	82.1	75.8	6.3	8
2007	107.6	95.5	88.6	6.9	12.1
2008	137.3	121.6	100.9	20.7	15.7
2009	308.8	285.9	211.6	74.3	22.9
2010	331.8	298.9	221.9	77	32.9
2011	351.9	316.5	243.3	73.2	35.4
2012	422.3	371.8	311.7	60.1	50.5
2013	596.9	527.5	413.5	114	69.4
2014	876	803.1	669.9	133.2	72.9
2015	941.5	819.7	685	134.7	121.8

2009—2015 年烟台市地方政府债券规模统计表

表 3-25　　单位：万元

年度 \ 项目	合计	地方政府新增债券			地方政府置换债券		
		小计	一般债券	专项债券	小计	一般债券	专项债券
2009	46000	46000	46000				
2010	46000	46000	46000				

续表 3-25

年度＼项目	合计	地方政府新增债券			地方政府置换债券		
		小计	一般债券	专项债券	小计	一般债券	专项债券
2011	56000	56000	56000				
2012	57000	57000	57000				
2013	76200	76200	76200				
2014	89100	89100	89100				
2015	1948600	110800	89900	20900	1837800	1764100	73700

国债转贷资金

1998—2008 年，烟台市通过省财政厅转贷国债资金共 12.5 亿元，主要用于农林水利、交通、城建、农村电网改造和重点企业技术改造等领域。其中，支持农林水利设施建设 1.7 亿元，主要包括莱州湾供水、外夹河治理、防潮堤建设等项目；支持交通设施建设 3.6 亿元，主要包括渔港建设、农村公路建设、龙烟铁路建设等项目；支持城市基础设施建设 3.5 亿元，主要包括垃圾处理工程、供水管网改造、热力管网改造等项目；支持农网改造 2.2 亿元，主要是各县（市、区）农村电网改造；支持企业技术改造 1.3 亿元，主要包括万华集团、冰轮集团、氨纶集团等企业技术改造项目；支持其他项目 460 万元，主要包括烟台监狱、开发区拘留所等建设。

1998—2008 年烟台市国债转贷资金统计表

表 3-26 单位：万元

年度	国债转贷金额	年度	国债转贷金额
1998	18278	2003	16377
1999	13478	2004	13610
2000	9899	2005	6125
2001	15600	2006	11322
2002	15686	2008	5000

棚户区改造资金

2014 年 9 月，经市政府批准，烟台市财政局和山东省财金投资有限公司共同出资成立烟台市财金投资有限责任公司（简称“财金公司”），先期注册资金 5 亿元。公司作为财政延伸管理的平台和载体，专门承接国家开发银行（以下简称“国开行”）的棚户区改造专项贷款管理，不承担其他政府性融资债务；对政府授权范围内的国有资产进行投资运营管理；运用政府产业引导基金等多种投资形式，将财政对实体经

开发区棚户区改造

济的扶持方式由无偿拨款改为政府投资，吸引社会资本参与，推进全市经济发展。10月，财金公司申请山东省财金投资有限公司棚改专项委托贷款1亿元，用于芝罘区棚户区改造项目。11月，向全市14个县（市、区）拨付中央和省级棚户区改造专项补助资金2.4亿元，支持全市棚户区改造项目建设。

2015年1月，烟台市2013—2014年棚户区改造项目经国开行评审通过，获得国开行棚改专项贷款27亿元，利率4.145%，期限25年。10月，由财金公司组织申报的3个批次棚户区改造项目，经山东省财金公司和国开行评审通过，共获批棚改筹资35.25亿元，期限25年，执行基准利率下调10%优惠利率，为全市棚户区改造建设提供资金保障。

第四节 地方政府外债管理

外国政府贷款

1979年，国家开始利用外国政府贷款，经贸部门负责外国政府贷款管理。1998年，国务院机构改革“三定”方案将对外经济贸易部承担的外国政府贷款管理职能划入财政部。1999年，烟台市外国政府贷款业务划转至市财政局，由财政部门负责对外国政府贷款的借入、谈判、签约、项目管理及还款等工作。

外国政府提供的具有援助性质的贷款，是中国目前所借国外贷款中条件最优惠的贷款之一，包括一般外国政府贷款、北欧投资银行贷款、北欧发展基金贷款以及由国务院批准认可的国外优惠贷款。提供贷款的有日本、德国、法国、西班牙、意大利、加拿大、英国、奥地利、澳大利亚、科威特、瑞典、芬兰、荷兰、丹麦、瑞士、挪威、比利时、俄罗斯、美国、以色列、卢森堡、韩国、波兰23个国家和北欧投资银行、北欧发展基金2个地区性金融组织。贷款领域涉及基础设施、基础工业、原材料工业、农业、环保、卫生、教育等方面，港口、电站、铁路、机场、石油化工、邮电通信等项目。贷款条件优惠，贷款利率较低，一般为0.15%～4%，并经常伴有赠款，个别国家的政府贷款为无息。贷款的偿还期限通常在10～40年之间，并含有2～15年的宽限期。外国政府贷款项目按类型划分为地方财政作为贷款项目借款人的项目、地方财政为贷款项目提供还款担保的项目、地方财政既不作为借款人也不提供还款担保的项目。

至2015年年底，全市累计利用外国政府贷款签约金额14115万美元，实际利用额13874万美元，累计还本额9574万美元，债务余额4300万美元。从贷款投向看，主要分布在水利、交通、环保等领域，贷款额超过

1000 万美元的项目有 4 个，分别是日元贷款莱州湾供水项目、海阳日元再贷款项目、德国政府贷款套子湾污水处理厂二级处理扩建工程、德国政府贷款烟台海运总公司引进集装箱船舶项目。

日元贷款莱州湾供水项目 1999 年 7 月，烟台市财政局与中国进出口银行签署转贷协议，协议额 60.08 亿日元，用于莱州湾地区供水项目的设备材料采购，贷款期限为 30 年（宽限期 10 年），年利率为 1.3%。莱州湾供水项目涉及 4 个县（市、区），包括 5 个子项目，分别是莱州市王河地下水库供水工程、防潮堤加固工程；龙口市王屋水库供水工程；招远市城子水库供水工程；烟台开发区门楼水库供水工程。工程主要建设内容包括水源工程、供水工程和防潮堤除险加固工程三大部分。1999 年 7 月 13 日，烟台市财政局分别与莱州市、龙口市、招远市和开发区签署了分贷协议。其中，莱州市 180513 万日元，龙口市 169409 万日元，招远市 71940 万日元，开发区 178938 万日元。2004 年提款结束，实际到位 59.9 亿日元，其中，莱州市 185295 万日元，龙口市 155680 万日元，招远市 93623 万日元，开发区 164500 万日元。2006 年，与美国高盛集团合作，对莱州湾供水项目 60 亿日元贷款进行货币掉期业务，降低贷款成本 2245 万元。

海阳日元再贷款项目 2005 年，海阳市借用日本政府贷款提前还贷再转贷资金 10 亿日元（当时折合人民币 6804.4 万元），贷款期限为 15 年，宽限期 2 年，年利率 2.9%，全部用于海阳市城区河道综合治理及道路改造项目。贷款资金当年全部到位。

德国政府贷款套子湾污水处理厂二级处理扩建工程 2007 年，烟台市套子湾污水处理厂二级处理扩建工程利用德国政府贷款 1000 万欧元，其中，硬贷 500 万欧元，贷款期 10 年，年利率 5.96%；软贷 500 万欧元，贷款期 40 年，年利率 0.75%。工程内容：在套子湾污水处理一期工程 4 万吨 / 日处理能力的基础上，增加 16 万吨 / 日的生物处理能力，形成 20 万吨 / 日的二级处理能力；解决一期工程中遗留的污泥消化设备未调试启动等问题。项目主体工程于

套子湾污水处理厂

当年开工建设，2008年8月正式运行。

德国政府贷款烟台海运总公司引进集装箱船舶项目 1994年10月11日，烟台国际海运总公司与中国对外经济贸易信托投资公司（现中国进出口银行）签订利用德国政府（混合）贷款协议，贷款额7182万马克（折合3672万欧元），年利率为3.25%，还款期11年，用于购买德国两艘集装箱船。

2004年，港航企业下放地方，烟台市承接了烟台海运总公司的德国政府贷款。2007年年底贷款全部到期，公司拖欠贷款本息费4957万欧元。2008年，市财政局利用财政部还款优惠政策，筹措资金偿清拖欠的本金、业务转贷费和50%的利息合计2206万欧元；财政部减免项目拖欠的罚息、滞纳金和50%的利息合计2751万欧元。

1989—2015年烟台市外国政府贷款项目明细表

表3-27　　单位：万美元

项目名称	签约时间	贷款期限	签约金额	累计提款额	累计还本额	债务余额
烟台宫家岛水厂项目	1989年	1989—2012	485	485	485	
莱州啤酒厂项目	1991年	1991—2021	176	176	139	37
栖霞棉纺厂项目	1993年	1993—1998	425	391	391	
烟台海运总公司项目	1994年	1994—2005	4904	4904	4904	
蓬莱良种鸡示范场项目	1994年	1994—1999	434	434	434	
烟台信息中心项目	1995年	1995—2025	40	40	22	18
栖霞中医院项目	1997年	1997—2004	44	44	44	
莱州湾供水项目	1999年	1999—2028	5000	4992	1827	3165
海阳日元再贷款项目	2005年	2005—2021	1250	1250	769	481
套子湾污水处理项目	2007年	2008—2047	1336	1137	538	599

国际金融组织贷款

1988年，世行贷款中学在职教师培训项目签约，开创了全市利用政府外债的先河。1990年开始，全市利用国际金融组织贷款的规模不断扩大，利用领域进一步拓宽。2015年年底，全市累计利用国际金融组织贷款项目17个，协议金额25432万美元，实际利用金额20100万美元，累计还本金额13718万美元，债务余额5882万美元。其中，世行贷款项目11个，签约金额9667万美元，实际利用金额5791万美元；亚行贷款项目4个，签约金额13130万美元，实际利用金额11674万美元；国际农发基金贷款项目1个，签约金额2135万美元，实际利用金额2135万美元；全球环境基金赠款项目1个，协议金额500万美元，实际利用金额500万美元。项目主要分布在市政建设、农业、交通、环保等领域，贷款金额超过1000万美元的项目有7个，分别是世行贷款烟台500供热工程、烟台住房和社会保障项目、烟台辛安河污水处理项目、亚行贷款烟台港二期工程项目、烟台港口发展项目、海德尔公司合同能源管理项目和农发基金贷款烟台农业综合发展项目。

世行贷款烟台500供热工程 烟台500热力网供热工程1998年签约，计划总投资56968万元，其中，利用世界银行贷款2401万美元（约合人民币19880万元）。项目目标是在市中心区（芝罘区）主要区域实现集中供热，关停区域内的小锅炉供热，市区集中供热普及率由30%提高到85%以上。项目具有良好的环境效益，每年节省标准煤20多万吨，节电500多万千瓦时，节水10余万吨，减少灰渣6万余吨，二氧化碳排放量近7000吨，烟尘4000余吨，改善了大气环境，提高了城市居民的生活质量。

世行贷款烟台住房和社会保障项目 烟台住房和社会保障项目于1994年签约，利用世行贷款3708万美元，项目实际提款628万美元。1998年项目停止执行，2002年退出项目并注销贷款余额。

世行贷款烟台辛安河污水处理项目 烟台辛安河污水处理厂二期工程于2007年签约，是烟台市城建重点工程项目，签约额1105万美元，贷款期20年，浮动利率。概算总投资18070.6万元，其中，利用世界银行贷款1105万美元（折合人民币8800万元），国内配套费用为9270.6万元。项目包括：扩建日处理8万吨的污水处理工程；厂外配套建设污水收集管网16.469千米，排海管道2.298千米，新建牟平污水泵站，改造东泊子污水泵站。工程于2008年4月30日完成工艺设备安装，6月30日达标运行，2009年10月15日竣工验收。辛安河污水处理厂二期工程投产后，排入水体的污染物大幅度减少，解决了高新区、莱山区、牟平城区及芝罘区南部的水域环境污染问题，提高了水资源利用价值。

亚行贷款烟台港口发展项目和烟台港二期工程 1992年1月7日，中国与亚洲开发银行签订了港口发展项目贷款协定，其中，烟台港务局利用贷款4680万美元，贷款期25年（宽限期5年），年利率为6.5%，实际到位4642万美元。贷款由中国人民银行转贷，烟台市政府提供担保。1996年12月11日，中国与亚洲开发银行签订了烟台港二期项目贷款协定，随后烟台港务局与中国人民银行签署了转贷协议。由中国工商银行担保，贷款6300万美元，贷款期限24年（宽限期4年），年利率为6.5%。2002年，经与亚行协商，核销贷款额1000万美元，实际到位4952万美元。烟台港口发展项目工程建成6个深水泊位，年通过能力340万吨；烟台港二期工程建设万吨泊位4个，年通过能力255万吨，其中，集装箱175万吨。两项目投入运营，增加了烟台港的吞吐量，加快了货物的流通速度，扩大了烟台地区的贸易量。2003年，国际、国内融资成本出现倒挂，烟台港务局选择国内金融机构进行融资，偿还亚行贷款烟台港二期工程、烟台港口发展项目本息8554万美元，烟台港务局利用亚行贷款项目提前终结。通过置换，项目贷款综合利率由按亚行计划执行的6.5%降低到2.5%，在亚行贷款合同偿还期内可节约财务费用3000多万美元（按当时汇率测算）。

亚行贷款海德尔公司合同能源管理项目 2015年，山东海德尔节能技术有限公司利用亚行贷款1600万美元实施废水余热利用节能减排项目，贷款期6年，年利率5.12%。该项目主要是利用海水养殖废水余热，通过热泵技术使海水中的低品位热能转换为高品位能量，替代锅炉等传统加热模式的系统节能改造项目，包括 40 个子项目。项目实施后，年节煤量 10 万吨标准煤，年减少二氧化碳排放 26 万吨、二氧化硫排放 4.4 万吨、氮氧化物排放 670 吨，改善和优化生态环境。

农发基金贷款烟台农业综合发展项目　烟台市农业综合发展项目于 1990 年正式签约，利用国际农发基金贷款 1423 万美元特别提款权，贷款期 50 年。项目区包括蓬莱、海阳、栖霞、牟平、招远及文登（项目申报初期威海市尚未成立）6 个县（市、区）的 34 处乡镇、981 个村、15.6 万农户。

全球环境基金赠款烟台化粪池管理示范项目　烟台市政府与世界银行共同组织实施的城市环保项目，也是山东省首个全球环境基金赠款项目。该项目于 2007 年签约，计划总投资 5480 万元，其中，GEF 赠款 500 万美元，国内配套资金 2116 万元，示范区域为烟台市芝罘区胜利路以东、高新区和莱山区内共计 1600 座化粪池。项目主要内容包括：利用赠款采购车辆和设备，建立专业服务机构，探讨化粪池建设、清掏与维护的各种不利影响因素，最终在示范区域内建立起化粪池最佳的管理模式，将化粪池管理纳入城市排水管理系统，形成可复制、具有推广价值的管理模式。项目于 2013 年年底竣工并通过了世界银行项目检查团验收。

2001 年 6 月，世行、亚行贷款新项目准备会议在烟台召开，代表合影留念

1988—2015 年烟台市国际金融组织贷款项目明细表

表 3-28　　单位：万美元

项目名称	签约时间	贷款期限	签约金额	累计提款额	累计还本额	债务余额
中学在职教师培训项目	1988 年	1988—2008	50	50	50	
一职职业教育项目	1990 年	1990—2010	40	40	40	
结核病控制项目	1992 年	1992—2012	19	19	19	

续表 3-28

项目名称	签约时间	贷款期限	签约金额	累计提款额	累计还本额	债务余额
烟台住房改革与社会保障项目	1994 年	1994—2014	4000	628	628	
福山职业技术教育项目	1996 年	1996—2016	60	64	62	2
烟台 500 供热工程	1998 年	1999—2018	2401	2100	1618	482
蓬莱沿海资源可持续开发项目	2004 年	2004—2013	585	420	258	162
烟台辛安河污水处理项目	2007 年	2008—2027	1105	1090	201	889
栖霞污水处理项目	2007 年	2008—2027	607	594	105	489
农民工培训与就业项目	2009 年	2010—2025	300	287	20	267
福山职业教育发展项目	2010 年	2010—2040	500	499	10	489
世界银行贷款小计			9667	5791	3011	2780
烟台港口发展项目	1992 年	1992—2016	4680	4642	4642	
烟台港二期工程	1996 年	1996—2019	6300	4952	4952	
莱阳沐浴水库项目	2011 年	2011—2035	550	480		480
海德尔公司合同能源管理项目	2015 年	2015—2021	1600	1600		1600
亚行贷款小计			13130	11674	9594	2080
国际农发基金贷款	1990 年	1990—2039	2135	2135	1113	1022
全球环境基金赠款	2007 年		500	500		

第五节　其他贷款管理

中央专项借款

1999 年，经国务院批准，中国人民银行发放再贷款，通过指定的地方商业银行向省政府融资。省政府根据国务院批准的借款报告，向财政部提出申请，承诺如期归还，若不能按期归还专项借款本息，由财政部在转移支付资金和税收返还资金中扣还。专项借款的使用期限一般为 6 ~ 8 年，从划拨至专户之日起计息，借款期内按季付息，从第二年开始或按协议偿还本金，专项借款利率按年利率 2.25% 计息。当年，烟台市与省财政厅签署中央专项借款协议，借款额 7.13 亿元，用于清理农村基金会、信托投资公司和城市信用社的个人债务兑付。中央专项借款及时到位和兑付，使地方金融风险得到初步化解，维护了全市金融和社会秩序稳定，保持了金融业务平稳运行。按照中央专项借款协议要求，从 2001 年开始，全市所承借的中央专项借款开始还本付息。具体转借及使用情况：清理整顿农村合作基金会专项借款 34000 万元（一期 18000 万元，二期 16000 万元），其中，市农业局 810 万元、芝罘区 7390 万元、福山区 3690 万元、莱山区 1332 万元、牟平区3768万元、龙口市3000万元、莱阳市3900万元、蓬莱市3695万元、莱州市3200万元、栖霞市2800万元、海阳市200万元、开发区215万元，以上借款用于个人储蓄存款兑付，自2001年开始还本付息，两期借款应计利息3948万元。清理整顿撤销信托投资公司借款7800万元，期限8年，年利率2.25%，全部用于原烟台市信托投资公司个人债务兑付，自2001年开始还本付息，全部应计利息849万元。清理整顿城市信用社借款29500万元,期限8年，年利率2.25%，其中，芝罘区1500万元、龙口市1100万元、蓬莱市23900万元、莱州市3000万元，自2004年开始还本付息，全部应计利息3975万元。2014年年底，全市中央专项借款全部归还完毕，偿还本金71300万元，利息8772万元。

清洁发展委托贷款

清洁发展委托贷款主要支持中国境内的中资企业或中资控股企业的节能、能效提高、新能源、可再生能源、可替代能源项目以及相关的制造业、服务业和其他有利于控制和减少温室气体排放的项目。贷款期一般不超过3年，贷款利率在同期人民银行指导利率的基础上下浮15%。

2011年，烟台德邦科技有限公司的风力发电叶片用环氧结构胶粘剂及真空灌注树脂研发生产项目，利用清洁发展委托贷款6000万元，期限3年，主要用于建设年产环氧结构胶粘剂7000吨生产线和年产真空灌注树脂20000吨生产线。产品主要应用于风力发电叶片的合模粘接等，2011年开工建设并于当年实现投产。2014年10月,公司偿清贷款本息合计7033万元。该项目的实施，有效降低了温室效应，减少了二氧化碳、粉尘等主要污染物的排放，实现了风电行业用胶原材料国产化。

山东省城市污染治理基金贷款

2003年，山东省政府利用德国政府赠款3250万马克和贷款1500万马克产生的收益，建立了山东省城市污染治理基金，主要用于山东省境内的城市污染治理工程，具体包括污水、大气、垃圾等环境保护治理项目。省财政厅印发《山东省德国政府赠款城市污染治理基金管理使用办法》(鲁财金〔2003〕34号)，规定贷款最高额度2000万元人民币，贷款利率为同期银行贷款利率的80%。烟台市外夹河污水主管网配套工程、勤河污染治理项目皆利用了该项基金。

烟台市外夹河污水主管网配套工程　2014年12月，烟台市与省财政厅签署了《城市污染治理基金贷款转贷协议》，贷款2000万元，期限4年。烟台市投资4435万元(利用山东省城市污染治理基金2000万元)，实施外夹河污水主管网配套工程,对外夹河以北、青年南路以西、蓁山以南、英特尔大街以东约27平方公里的污水管网系统进行完善，彻底改善大沽夹河流域的水环境。

勤河污染治理项目　为提高勤河防洪能力和城市饮用水的质量，芝罘区政府开展勤河部分河段的污染治理工作。2004年7月，芝罘区财政局与中国光大银行济南舜耕支行(省财政厅委托银行)签订委托贷款合同，借款金额2000万元，用于烟台勤河污水治理工程。借款期限8年，宽限期3年，利率4.808%。2012年7月贷款到期后，芝罘区申请延期一年还款。2013年12月，芝罘区财政局偿清贷款本金2000万元，利息586万元。

第十章　会计管理

1985 年，《中华人民共和国会计法》规定，“地方各级人民政府的财政部门管理本地区的会计工作”。此时财政部门各有关业务科室归口负责贯彻实施各类会计制度。1990 年 6 月，烟台市财政局设立会计事务管理科，主要负责全市会计管理事务及会计学会工作（此前由会计师事务所代管）。1996 年 11 月，会计事务管理科改为会计科，负责组织和指导全市贯彻实施会计法规、会计准则、会计制度和会计人员管理等各项工作。

第一节　会计制度建设

企业类会计制度

1986—1992 年，国营工业企业会计制度（含工业供销企业）继续实行财政部门直接管理，国营商业、外贸、交通、建设等系统企业会计制度由各主管部门条条管理为主逐步转为由财政部门会同主管部门管理的体制。

1992 年，财政部先后颁发《股份制试点企业会计制度》和《外商投资企业会计制度》，会计制度改革与国际惯例接轨迈出第一步，烟台市按要求在股份制试点企业和外商投资企业中组织贯彻实施。11 月，财政部颁布“两则两制”，于 1993 年 7 月 1 日起在全国统一施行。企业会计核算开始由计划经济模式向市场经济模式转换并与国际惯例接轨，实行“资产 = 负债 + 所有者权益”会计平衡等式，推行制造成本法，体现资本保全、稳健原则。同时改革会计报表体系，既反映商品生产者和经营者的财务状况，又为企业外部报表使用者提供有效会计信息。会计准则和行业会计制度成为指导企业会计核算工作的基本规范。

1997 年 4 月，市财政局贯彻实施财政部《职工医疗保险基金会计核算办法》和《企业职工养老保险会计核算办法》《企业职工事业保险基金核算办法》《社会保险经办机构会计核算办法》。1997—1998 年，市财政局通过培训等方式贯彻实施财政部《企业会计准则——现金流量表》等 8 个具体准则。2001 年 1 月 1 日，烟台市在股份有限公司范围内执行财政部《企业会计制度》（财会字〔2000〕25 号），打破行业、所有制、组织方式和经营方式的界限，建立起适用于除金融保险企业以外的大、中型企业统一的会计制度。

2002 年，烟台市转发执行财政部《金融企业会计制度》。当年，烟台市对股份有限公司执行《会计法》和《企业会计制度》情况进行检查，对部分股份有限公司、外商投资企业实施《企业会计制度》情况进行调查，全面分析执行《企业会计制度》对企业净资产、国有净资产、年度利润和所得税带来的变化，为国有企业逐步执行新制度奠定基础。2002—2003 年，烟台市贯彻实施财政部《企业会计准则——固定资产》《企业会计准则——财务报告的列报》《企业会计准则——资产负债表日后事项》3 个具体准则。

2003年，贯彻省政府办公厅《关于加强会计诚信建设进一步整顿和规范会计工作秩序的通知》（鲁政办发〔2003〕28号），市财政局在全市范围开展了“会计诚信建设年”和庆祝《会计法》颁布实施20周年活动，组织全市5万多名会计人员签订《会计诚信承诺书》，专题召开全市会计诚信建设座谈会，开展“会计诚信建设年”知识竞赛和“我谈会计诚信”有奖征文活动，组织全市会计“双先”评选表彰活动。当年，市财政局转发省财政厅《关于国有企业贯彻执行〈企业会计制度〉有关问题的通知》，严格按规定对资产核销进行审批。

2004年，财政部制定《小企业会计制度》。10月，烟台市转发执行省财政厅《关于贯彻执行〈小企业会计制度〉的通知》《关于国有企业执行〈企业会计制度〉和〈小企业会计制度〉有关问题的通知》。2005年，执行省财政厅《山东省建筑企业养老保障金会计核算办法（试行）的通知》；根据财政部、国家税务局《关于加强〈小企业会计制度〉贯彻实施工作的通知》，市财政对执行《小企业会计制度》有关问题作出明确要求。

2006年2月，财政部重新制定发布了《企业会计准则》，要求于2007年1月1日首先在上市公司实行。为了宣传贯彻执行新准则，烟台市当年成立企业会计准则实施工作组和会计法规、制度、准则咨询专家组，举办高级研讨班和优秀会计论文评选活动，在市中心区文化广场举办大型社会宣传活动；根据省财政厅《转发财政部关于做好企业会计准则实施有关问题的通知》，市财政局会同市国资委印发《关于烟台市国有企业执行〈企业会计准则〉的通知》，要求国有企业在2009年以前执行《企业会计准则》，同时选择2家上市公司按照新会计准则进行了模拟测试。

2007年5月至10月，市财政局举办烟台市第三届会计知识大赛，进一步加强对新准则的宣传与实施工作。

2008年8月，市财政局联合市证监局、审计局、银监局、保监局在企业逐步实施《企业内部控制基本规范》。

2009年12月，市财政局会同市国资委、中小企业局转发《关于进一步贯彻实施〈企业会计准则〉的通知》，全面施行新会计准则。

2010年10月，烟台市举办《企业内部控制配套指引》宣传实施动员大会，举办以企业内部控制规范为主要内容的总会计师、高级会计师培训班，邀请省内著名专家教授对配套指引进行详解和培训。

2011年10月，财政部颁布《小企业会计准则》。2012年6月，市财政局会同市中小企业局、国税局、地税局、工商局、银监局印发《关于贯彻实施〈小企业会计准则〉的指导意见》，成立贯彻实施工作领导小组及专家咨询委员会，召开动员大会，邀请专家制定新旧准则衔接过渡的具体方案及新旧准则科目转换表和具体说明，制定《关于烟台市小企业执行〈小企业会计准则〉衔接转换的指导意见》。2013年，全市实施《小企业会计准则》。

事业类会计制度

1986年，全市行政事业单位执行财政部1966年制定的《行政事业单位会计制度》。1989年起，执行财政部《事业行政单位预算会计制度》。1996—1998年，财政部陆续颁布《事业单位财务规则》《事业单位会计准则》《事业单位会计制度》和《行政单位财务规则》《行政单位会计制度》，开始实行事业、行政单位财务管理与会计制度相分离和事业、行政单位分别管理的制度体系。2010年后，烟台市事业单位会计制度实施管理工作逐步转由会计科统一负责。

2010年，财政部颁发新的《基层医疗卫生机构会计制度》和《医院会计制度》。2011年，财政部印发《基层医疗卫生机构新旧会计制度有关衔接问题处理规定》和《新旧医院会计制度有关衔接问题处理规定》。2012年，全市基层医疗卫生机构和医院开始执行新会计制度。

2013年4月，市财政局转发财政部《关于贯彻实施〈事业单位会计准则〉和〈事业单位会计制度〉的通知》，成立事业单位会计准则和制度贯彻实施领导小组。5月，举办全市《事业单位会计准则》和《事业单位会计制度》实施动员大会暨培训班，培训学员2772人。同时，依据财政部《新旧事业单位会计制度有关衔接问题的处理规定》，制定下发《关于烟台市事业单位执行〈事业单位会计制度〉新旧衔接转换的指导意见》，组织市直380多名行政事业单位会计人员进行集中培训，制作《新旧会计科目总分类账余额转换表》，指导事业单位建立新账，确保新旧会计准则的顺利衔接。

2000年，市财政局宣传新修订的《中华人民共和国会计法》

2014年1月，财政部《行政事业单位内部控制规范（试行）》开始施行，6月，市财政局会同审计局印发《烟台市贯彻〈行政事业单位内部控制规范〉实施意见》，在全市行政事业单位推进内部控制建设。2015年10月，财政部颁布《政府会计准则——基本准则》，适用于各级政府、各部门、各单位（指与本级政府财政部门直接或间接发生预算拨款关系的国家机关、政党组织、社会团体、事业单位和其他单位），自2017年起正式实施。

其他会计制度

2005年3月，市财政局会同有关部门贯彻实施《民间非营利组织会计制度》和《村集体经济组织会计制度》。12月，执行《山东省新型农村合作医疗基金会计核算办法（试行）》。2008年，烟台市执行财政部《新型农村合作医疗基金会计制度》。

2009年7月，市财政局转发财政部《关于印发工会会计制度工会新旧会计制度有关衔接问题的处理规定的通知》。12月，市财政局联合市总工会转发省财政厅、总工会《关于做好贯彻实施新〈工会会计制度〉准备工作的通知》；执行《财政部关于印发〈保险合同相关会计处理规定〉的通知》，规范保险混合合同分拆、重大保险风险测试和保险合同准备金计量的会计处理。

2011年3月，烟台市执行省财政厅、农业厅《山东省农民专业合作社财务会计管理暂行办法》。2015年7月，烟台市执行省财政厅、金融办《山东省农民专业合作社信用互助业务会计核算办法（试行）》，有效期两年。

第二节　会计人员管理

从业资格证书管理

1991年1月1日起，按照省财政厅统一要求，烟台市对会计人员实行会计证管理制度。会计证适用于各级国家机关、社会团体、全民所有制和县以上集体所有制以及外商投资企业、事业单位的总会计师、财务机构负责人、财务与会计主管、出纳、财产物资核算、工资核算、成本费用核算、收入利润核算、资金核算、往来结算、总账报表、稽核、会计电算化和会计管理等会计工作岗位，由同级财政部门负责颁发和管理。1992年1月1日起，乡镇企业和农村集体经济组织会计岗位也实行会计证管理制度，乡镇企业由乡镇企业管理局负责颁发和管理，农村集体经济组织由县农业局负责颁发和管理，会计证均需县财政局审核验印后颁发。

1993年，为进一步完善会计证管理，烟台市实行会计证年检制度，未经年检的会计证，视为无效证书。会计证年检每两年进行一次，合格条件为：在岗、经发证机关注册登记、无违法违纪行为、按规定参加继续教育培训。1997年，烟台市根据省财政厅《山东省〈会计证管理办法〉实施细则》，制定了《烟台市〈会计证管理办法〉实施细则》，全市范围内企事业单位、行政机关、社会团体、村属集体经济组织等一切实行独立核算、办理会计事务的社会和经济组织会计岗位的会计人员均实行会计证管理制度。会计证分为正式会计证和预备会计证两种。正式会计证发给在岗会计人员，在岗会计人员具有中专以上财经专业（含财会职业高中）学历或具有会计专业技术资格，可直接取得正式会计证；不具备中专以上学历或会计专业技术资格的，必须参加会计证专业知识培训，并按规定参加会计证专业知识统一考试，合格者方可取得正式会计证。预备会计证发给非会计人员，不具备中专以上学历的非会计人员，按规定参加会计证专业知识培训，取得会计证专业知识培训合格证书，经会计证专业知识统一考试合格者，可获得预备会计证，具有中专以上学历的非会计人员只需参加会计证专业知识统一考试并合格，即可获得预备会计证。非会计人员取得的预备会计证，有效期三年。有效期内，可作为各单位选用、聘任会计人员的依据，有效期满仍未从事会计工作的，其所持预备会计证自动失效。正式会计证实行注册登记制度，持证人注册后方可列入正式会计人员管理。会计证实行统一考试制度。考试科目为财务会计法规、会计基础知识、会计实务、计算技术。具有中专以上学历可不参加培训，只参加财务会计法规和会计实务考试。1998年，全市首次进行会计资格考试，当年报名参加考试4912人，考试合格3387人，合格率68.95%。会计从业资格考试每年举办一次。

1999年12月，为适应会计人员管理工作需要，市编办批复设立烟台市会计事务服务中心，具体负责组织市直会计专业资格考试和会计人员继续教育等管理工作。

2001年，根据省财政厅《山东省会计从业资格管理实施办法》规定，烟台市会计人员持有的会计证统一换发为会计从业资格证书。具备教育部门认可的中专（含）以上会计类专业学历的人员，自毕业之日起两年（含）内可以直接申请取得会计从业资格证；超过两年未取得会计从业资格的，必须通过参加会计从业资格考试取得会计从业资格证。会计从业资格考试科目为财经法规、会计基础知识、会计实务、初级会计电算化（或珠算五级）。同时规定持有会计从业资格证书人员应按规定参加会计人员继续教育。截至2002年3月，市直为13600名会计持证人员换发会计从业资格证书。同年，会计从业资格证书颁发工作进驻烟台市行政审批中心窗口统一办理。

2003年起，会计从业资格在两年一次全面年检的基础上，每年组织一次重点年检，重点年检单位不低于会计单位总量的25%，主要检查持证会计人员依法履行职责情况和实际工作情况。

2005年，烟台财政部门贯彻实施省财政厅《山东省会计从业资格管理实施办法》，将会计从业资格考试科目调整为会计职业道德、会计基础、初级会计电算化（或珠算五级）；具备国家教育行政主管部门认可的中专（含）以上会计类专业学历（或学位）的人员，自毕业之日起两年（含）内申请会计从业资格证书也需参加考试，但免试会计基础、初级会计电算化（或珠算五级）；取消会计从业资格证书年检制度。

2006年，根据省财政厅《关于换发2005版会计从业资格证书和进行在岗会计人员从业资格注册的通知》，全市统一换发2005版会计从业资格证书并颁发从业资格IC卡，推行会计从业资格证书管理网络化。为了减轻会计人员经济负担，换发新证和IC卡一律免费（省厅规定会计从业资格证书工本费10元,IC卡13元），为全市会计人员节省费用180多万元。

2007年12月，会计从业资格首次实行计算机网络考试，采取上机答题方式，“财经法规与会计职业道德”“会计基础”两个科目的考试，题型全部为客观题，考试时间为90分钟；“初级会计电算化”分为客观题和软件操作题两部分，考试时间为120分钟。2008年起，会计从业资格考试取消笔试，改为网络化考试，全市先后在芝罘区、莱山区和莱阳市设立了3个网络考点，并创新考试报名方式，与胶东在线网站合作开发了会计从业资格考试网络报名及查询系统，全年共组织考试377场，12261人参加。2010—2011年，从业资格考试增加为一年两次，2012年改为一年四次，每季度一次。

2008—2015年烟台市会计从业资格考试报名情况统计表

表3-29　　单位：人

年度	人数	年度	人数
2008	12066	2012	24237
2009	17705	2013	27209
2010	18735	2014	35885
2011	22983	2015	39225

2011年，根据省财政厅统一安排，全市开展会计从业人员基本信息采集工作。信息采集工作是对会计人员的“人口普查”，涉及全市8万多名会计人员和所有会计单位。全市各级财政部门加强信息采集宣传发动工作，制订具体实施细则，通过省财政厅网上填报系统，当年注册会计从业人员信息82103人，审核确认77126人，为实现全国联网管理奠定了基础。

2013年，根据《山东省会计从业资格管理实施办法》，会计从业资格证书实行6年定期换证，并实行考试制度。各考试科目同时报考且一次性通过，方为考试合格，取消了具备国家教育行政主管部门认可的中专（含）以上会计类专业学历（或学位）的人员免试相关科目的政策，取消注册登记制度。当年，山东省会计应用平台上线，实现省、市、区（县）三级平台化管理，提供会计人员发放证书、信息统计、奖惩记录、会计证调转等功能，提高了会计管理工作信息化水平。至 2015 年年末，全市共 130338 人持有会计从业资格证书。2017 年，会计从业资格证书取消。

继续教育

1992 年 6 月，市财政局转发省财政厅《关于开展会计师专业职务人员继续教育的通知》，对企事业单位中已取得会计师专业职务任职资格的现职会计人员进行继续教育。12 月，市财政局、人事局转发《山东省会计专业人员继续教育实施意见》，继续教育的对象确定为全市全民所有制和县以上集体所有制单位以及外商投资企业已具有各级会计专业技术职务的会计人员，重点是具有大专以上学历或中级以上专业技术职务的人员。1993 年年初，全市会计专业继续教育培训工作全面开展，当年共培训会计人员 18033 人，其中，初级专业技术人员 12952 人，中级专业技术人员 5081 人。

1994—1998 年，全市会计人员继续教育形成常态化、制度化机制，同时参加院校函授、脱岗进修学习者逐渐增多，会计人员整体知识结构和职称结构得到很大改善。1998 年年末，全市会计人员总数 61363 人，其中，中级以上专业技术人员约占 5%，初级专业技术人员约占 45%。

1994 年 5 月，烟台市财政局参加山东省第二届会计知识大赛获伯乐奖、组织奖

1999 年 4 月，根据财政部《会计人员继续教育暂行规定》和省财政厅有关规定，市财政局印发《烟台市会计人员继续教育暂行规定》，明确继续教育的对象为在职会计人员，培训时间每年累计不得少于 24 学时。继续教育分为高级、中级、初级三个级别，建立会计人员继续教育档案，对应参加而未参加继续教育会计人员给予警告、不予办理会计证年检、不得参加上一档次会计专业技术资格考试或高级会计师评审、不得参加先进会计工作者评选及取消会计证等处罚。

2000 年，全市会计人员继续教育采用部门统一培训、集中培训和个人自学相结合等形式分类施教。针对高级会计人员，邀请国内高水平专家教授举办专题讲座；对会计基础比较薄弱的会计人员，本着“夯实基础、规范运作、精细管理、提高技能”原则，强化基本账务处理和会计人员职业道德培训。为减轻会计人员负担，2002 年，对市直行政事业单位在职会计人员和各主管部门举办的系统内会计人员的继续教育培训免收一切费用，共减免费用约 30 万元。2004 年开始，对市直所有会计人员继续教育实行免费培训，免费发放学习手册，每年费用约 260 多万元。2006 年，免费范围扩大到芝罘区和莱山区，其他有条件的县（市、区）根据自己的实际情况进行免费培训。

2006 年 7 月，根据省财政厅《山东省会计人员继续教育管理暂行办法》，下列四种情况视同完成当年继续教育培训学时：年度内完成一项市级以上财政部门会计管理机构或学术组织认可的会计专业课题研究，或在省部级以上（含省级）刊物发表一篇会计类学术论文；正在大中专院校接受国家认可的会计、财务管理、注册会计师、审计师等相关专业学历教育；通过本年度审计、统计、经济专业技术资格、注册资产评估师、注册税务师，或通过会计专业技术资格、注册会计师考试中任何一个科目；参加市财政部门组织的会计知识比赛并获得奖项者。对未按规定完成继续教育学时的会计人员，不予办理会计从业资格注册登记，不再吊销会计从业资格证书。

2007 年，为进一步宣传贯彻新会计准则，市财政局举办烟台市第三届会计知识大赛，全市 9.5 万人参加。通过层层选拔，组织代表队参加全省大赛，获得地市代表队第二名和团体优胜奖。

2008 年，市财政局创新会计人员继续教育模式，开始与中华会计网校合作开展网上远程教育，当年在线学习人数达 6000 余人。2009 年，继续教育培训内容重点是企业内部控制制度、小企业会计制度、会计基础工作规范、行政事业单位资产管理改革、政府采购制度等，通过网络培训 34598 人次、集中培训 8402 人次、单位自主培训 21930 人次。

2014 年，根据《山东省会计人员继续教育实施办法（试行）》，会计人员享受当年度免费继续教育，培训方式主要有网络培训、脱产培训及视同参加继续教育等形式，实行学分制管理，每年不得少于 24 学分。2015 年 7 月，会计人员继续教育培训网络平台上线，继续教育管理网络化。

1993—2015 年，山东省会计干部中等专业学校烟台分校服务社会，组织系统外会计人员参加培训，主要内容有企业财务通则、企业会计准则、会计电算化、会计从业资格、会计职称考前培训、会计实务操作培训及会计人员继续教育等，累计 803 期，共 90191 人次。

专业技术资格管理

1986 年 4 月，中央职称改革工作领导小组批转了财政部制定的《会计专业职务试行条例》和《关于〈会计专业职务试行条例〉的实施意见》，将会计专业职称终身制改为任期制和聘任制。当年，省财政厅制定了《山东省执行会计专业职务试行条例的实施细则》《关于各级会计专业职务岗位设置的意见》《关于评审高级会计师任职条件的意见》和《关于在会计岗位上的工人评聘会计专业职务的意见》等文件，全面改革会计职称制度。会计专业职务名称定为高级会计师、会计师、助理会计师、会计员。高级会计师为高级职务，会计师为中级职务，助理会计师、会计员为初级职务。

1987 年 7 月，烟台市职称改革领导小组办公室与烟台市财政局联合成立烟台市会计中级职称评审委员会，负责全市会计中级职称的评审和高级职称的初评上报工作，市直各主管部门成立会计初级职称评审委员会，负责本系统会计初级职称评审工作。

中级及以下会计专业技术资格管理 1992 年 3 月，财政部、人事部印发《会计专业技术资格考试暂行规定》，自 8 月 1 日起，除高级会计师外，停止实施会计专业技术职务评聘；自 11 月起，每年组织一次会计专业技术资格全国统一考试。当年，市财政局、人事局组织 27023 名会计人员报名考试，其中，会计师 7425 人，助理会计师 8994 人，会计员 10604 人。

1995 年后，会计专业技术资格考试先后经历了五次较大的改革与调整。1995 年 6 月，财政部、人事部印发《关于调整会计专业技术资格考试种类考试科目和考试时间等有关问题的通知》，对考试种类、考试科目、考试时间等进行了第一次调整，1995 年停考一年。1998 年，财政部规定停止预算类助理会计师、会计师考试，此后不再区分企业类和预算类。1999 年，财政部对会计专业技术资格考试规定再次作出重大调整，考试级别由原来的三个合并为初级、中级两个，中专及中专以下学历不能参加中级资格考试等。2000 年 9 月，财政部重新印发《会计专业技术资格考试暂行规定》，自 2001 年起，对报考条件、考试成绩管理、初级资格考试科目作出调整。2005 年，财政部、人事部将中级会计专业技术资格考试科目调整为中级会计实务、财务管理、经济法，并允许港澳居民报名参加会计专业技术资格考试。

2013 年，全省推行会计专业技术初级资格无纸化考试，题型全部为客观题，实现考生上机操作、计算机自动阅卷，推动考试工作向科学化发展。

1992—2015 年，全市共组织会计人员参加初、中级专业技术资格考试 23 次，累计 250644 人次，其中，2001—2015 年报名 120202 人次，合格 18541 人，年均合格率 14.21%；考务组织工作主管机关历经变动，1992 年以市财政局为主，与市人事局共同负责；1993 年以市人事局为主负责；1994—2000 年以市财政局为主，与市人事局共同组织；2001—2009 年由市人力资源和社会保障局负责；2010 年后由市财政局负责。

1992—2015 年烟台市会计专业技术资格考试情况统计表

表 3-30　　单位：人

项目 年度	报考人员			合格人数		
	总计	初级	中级	总计	初级	中级
1992	27023	19598	7425			
1993	13146	8685	4461			
1994	11070	7869	3201			
1996	18226	13213	5013			
1997	15438	11009	4429			
1998	12399	8679	3720			
1999	12337	8523	3814			
2000	10563	6797	3766			
2001	10687	4299	6388	902	689	213
2002	9196	2997	6199	1340	393	947
2003	7222	2549	4673	790	328	462

续表 3-30

年度＼项目	报考人员			合格人数		
	总计	初级	中级	总计	初级	中级
2004	7364	2977	4387	1082	533	549
2005	6988	2839	4149	964	414	550
2006	6477	2616	3861	918	503	415
2007	7692	4318	3374	1305	967	338
2008	9085	6229	2856	1405	1057	348
2009	8513	5750	2763	1598	1331	267
2010	7596	4875	2721	885	624	261
2011	8085	5602	2483	1097	907	190
2012	8837	5810	3027	1128	829	299
2013	10250	6649	3601	1507	1116	391
2014	10804	7169	3635	1487	1058	429
2015	11646	7732	3914	2133	1675	458

注：1.1992—2000 年，合格人数没有数据
2.1995 年停考一年

高级会计师专业技术资格管理 1986 年起，根据国家对会计专业职称制度改革的有关规定，全市会计人员申报高级会计师专业技术职称须经烟台市会计中级职称评审委员会初评推荐，报山东省会计专业高级职称评审委员会评审，由省职称改革领导小组办公室（设在省人事厅）备案批准。

2002 年 8 月，烟台市执行《山东省高级会计师资格考评暂行办法》，申报高级会计师资格实行考评结合方式，考试内容为国家和省的方针政策、法律法规及行政规章、企业财务与会计、行政事业单位财务与会计、税收、财政知识等。考试合格者发给合格证，有效期两年，作为评审高级会计师的必备条件。

2004 年 2 月，人事部、财政部将高级会计师评审制改为考评结合制度。凡申请参加高级会计师资格评审的人员，须经考试合格后方可参加评审。参加考试并达到国家标准的人员，由全国会计专业技术资格考试领导小组办公室（简称“考办”）核发合格证，在全国范围内三年有效。山东省根据全省会计专业人员实际情况，参照国家标准，确定当年参评的适用标准，报全国考办备案，由山东省会计专业技术资格考试管理机构核发考试成绩证明，在当年度评审有效。

2005—2015 年，国家继续实行高级会计师专业技术资格考评结合制度，山东省继续实行国家与省两种考试成绩标准管理。市财政局、市人事劳动和社会保障局负责报名、初审和基层考核推荐等相关工作。

总会计师管理

1990年12月，国务院颁布《总会计师条例》，对总会计师的职责和权限、任职资格、任免程序、法律责任作出具体规定：总会计师是单位行政领导成员，凡设置总会计师的单位，在单位行政领导成员中，不设与总会计师职权重叠的副职。条例要求全民所有制大、中型企业设置总会计师；事业单位和业务主管部门根据需要，经批准可以设置总会计师。烟台市贯彻《总会计师条例》要求，开始在大中型企业和部分事业单位推行总会计师制度。

2000年7月，烟台市实施修订后的《会计法》，规定国有和国有资产占控股地位或者主导地位的大、中型企业必须设置总会计师。2002年6月，山东省政府第25次常务会议通过《山东省总会计师管理办法》，7月30日，《山东省总会计师管理办法》（鲁财会〔2002〕27号）正式发布，自9月1日起施行。

2015年，全市按照《山东省总会计师管理办法》要求，不断加强总会计师管理。总会计师对本系统、本单位的会计管理工作负全面责任，全过程参与系统和单位经济预测、决策和经营管理，在组织开展会计工作，执行财经政策、法规和制度，建立健全各项财务会计制度，加强基础工作管理，培养会计人才等方面发挥参谋助手作用。

第三节　会计基础工作管理

会计基础工作规范化

1988年，烟台市贯彻执行财政部《会计工作达标升级试行办法》，由烟台市会计师事务所负责，在全市实行独立核算的全民所有制企业、事业单位、国家机关、社会团体中开展会计工作“打基础、达标准、上水平”活动，将各单位的会计工作进行考评定段，划分为达标、三级、二级、一级四个等级。1990年2月，市财政局印发《关于做好当前会计达标升级中考核确认工作的通知》，明确会计工作达标考核验收的标准和程序。达标由各大公司考核、会计师事务所验收，由县（市、区）财政局确认；三级由县（市、区）财政局考核验收，市财政局确认；二级由市财政局考核验收，省财政厅确认；一级由省财政厅验收，财政部确认。

1996年，根据《国务院关于整顿会计工作秩序进一步提高会计工作质量的通知》（国发〔1996〕16号），财政部印发《会计基础工作规范》。按照市政府部署，市财政局、审计局、国税局、地税局、工商局联合印发《烟台市关于整顿会计工作秩序实施方案》，成立由常务副市长任组长，市政府副秘书长、财政局局长任副组长的烟台市整顿会计工作秩序领导小组，下设办公室，具体负责会计工作秩序整顿工作。

1997年起，全市开展会计基础工作规范化验收工作，对验收合格单位，发给会计基础工作合格证书，不合格的限期改正，直至达到规范要求；对逾期不改的企业单位，工商、税务部门不予办理登记注册或年检；对逾期不改的行政事业单位，按有关规定对单位和责任人进行处罚。全市开展自查单位21000个，发现违纪单位1404个，违纪金额12412.27万元；重点检查单位6465个，查处违纪单位3537个，违纪金额3219万元。1997年4月，市财政局印发《关于开展会计基础工作规范化活动的通知》，对达标验收时限与标准、达标验收否决条件、达标验收的方法步骤等提出明确要求。

1998 年，全市对 2890 户企业和行政事业单位的会计基础规范化进行了全面验收，合格率达到 80% 以上，其中，优秀单位 106 户。

会计电算化

1987 年，根据《山东省会计工作抓基础达标准上等级试点实施方案》，烟台市要求会计工作二级单位、大中型企业的计算机应用程度要达到系统化，三级单位达到段落化，全市会计电算化工作步入推广实施阶段。1991 年，省财政厅下发《关于印发会计核算软件评审测试标准及其使用说明的通知》和《对申请采用计算机替代手工记账单位的复函》。烟台市企业开始逐步采用计算机替代手工记账，当年，烟台造锁总厂、烟台铜材厂相继通过会计核算软件评审。1996 年，全市已有 34 个企事业单位采用计算机记账。

1997 年，省财政厅印发《山东省会计电算化管理办法》，对会计电算化人才的培养、考试、软件市场管理、用手工记账的审批等作出详细规定。烟台市行政事业单位、管理规范的企业陆续开始电子报账，部分单位实行手工和电子两种记账方式，当年有 18 个单位实行计算机记账。

1998 年 8 月，市财政局印发《烟台市计算机替代手工记账验收审批办法》，对验收条件、审批程序、评分标准、后续管理等作出明确规定。为了培养电算化人才，全市 12 个县（市、区）设立会计电算化知识培训点，共培训电算化人员 3023 人，合格率达 92% 以上，当年有 36 个单位实行会计电算化记账。

2001 年，市财政局转发省财政厅《山东省计算机替代手工会计核算管理办法》。2002 年 7 月，市财政局印发《关于使用计算机替代手工进行会计核算实行备案制的通知》，计算机替代手工进行会计核算工作由审批制改为备案制，要求采用会计电算化的企事业单位提供单位情况、财务电算化人员的电算化证书复印件、软件使用许可证、电算化制度、会计电算化信息安全保密制度等资料，实行档案管理。截至 2002 年，全市共审批 141 个单位实行计算机记账。

2004 年后，单位会计电算化备案制逐渐被财政部认定的会计软件准入制代替。2010 年 6 月，市财政局转发省财政厅《关于加强和推进我省会计信息化工作的意见》，对全市会计信息化建设作进一步部署。至 2015 年，全市行政事业单位、大中型企业、外商投资企业、股份制企业等基本实现会计电算化。

第四节　代理记账机构审批管理

2001 年 10 月，省财政厅、工商行政管理局联合下发《山东省会计咨询服务机构管理暂行办法》，对会计咨询服务机构的设立条件、从业范围、审批流程等事项作了明确规定。会计咨询服务机构应当具有 3 名以上持有会计从业资格证书并具有初级以上会计专业技术资格、符合国家规定的职龄以内的专职从业人员，同时可以聘用一定数量相同条件的兼职从业人员。必须有固定的办公场所，具有 3 万元以上的注册资金和其他必要的办公设备，有健全的财务会计管理制度、业务档案管理制度及会计咨询服务机构内部管理制度。会计咨询服务机构在经济上实行独立核算、自负盈亏、有偿服务、依法纳税。会计咨询服务机构开展咨询业务，必须有 1 名以上高级会计师或其他相近专业具有高级技术资格的人员。会计咨询服务机构可以依法从事代理建账，代理记账，设计内部控制制度，提供财务、会计、经营管理等方面的咨询服务，代理纳税申报等业务。

2005 年 1 月，财政部颁发《代理记账机构管理办法》（财政部令第 27 号）。4 月，省财政厅印发《山东省代理记账管理暂行办法》，规定设立代理记账机构应当符合下列条件：有 3 名以上持有会计从业资格证书的专职从业人员；代理记账机构法人为主管代理记账业务的负责人，应具有会计师以上专业技术资格；有固定的办公场所；有健全的代理记账业务规范制度和财务会计管理制度。审批机关为核准登记冠名工商行政管理部门所在地的同级财政部门。《山东省代理记账管理暂行办法》实施后，烟台市代理记账行业进入一个新的发展时期。

2013 年 4 月，为规范代理记账机构审批备案工作，促进代理记账机构有序运营，省财政厅印发《关于规范代理记账机构审批备案工作的通知》，提出了规范代理记账机构名称必须包含“代理记账”字样，严格代理记账机构执业范围，加强对会计咨询公司的规范整顿。要求各市财政局、工商局一律停止对会计咨询服务机构的审批、核准，对已审批的会计咨询公司摸清情况、分类处理。对不具备设立条件又不正常运转的，按程序予以撤销；对能够正常运转，且符合代理记账机构设立条件的，按代理记账审批程序转换成代理记账机构；对暂时不符合代理记账机构设立条件的，引导督促其完善条件，一年内转换成代理记账机构。当年，根据《山东省人民政府关于取消和下放行政审批事项的决定》，代理记账机构资格认定由省财政厅下放至市财政局。2014 年 6 月，市财政局按照全市贯彻实施行政许可法的要求，将代理记账审批权限下放至各县（市、区）财政局，简化代理记账审批程序，加强对代理记账机构的实际监管。2015 年年末，全市共有代理记账机构 51 个。

2000 年 11 月 30 日，烟台市会计管理工作会议在莱山区召开，参会人员合影留念

第十一章　财政监督

第一节　税收财务物价大检查

1985年，烟台市设立税收财务检查办公室，挂靠市税务局，由税务部门牵头组织开展一年一度的税收财务大检查工作。1989年10月，市政府成立烟台市税收财务物价大检查领导小组，下设办公室（简称“大检办”），设在市财政局，负责组织开展一年一度的税收财务物价大检查和其他监督检查工作。按照全国和全省关于开展税收财务物价大检查工作的部署，市级大检办负责组织对驻烟中央和省属单位进行监督检查。当年对10户省级企业进行税收财务检查。

1991—1995年，市大检办连续5年对驻烟省级企事业单位进行检查，共检查82个单位，查出违纪违规金额307.5万元，核定入库金额102.5万元，实际入库102.5万元，入库率达100%。1992—1995年，连续4年对中央驻烟单位进行税收财务物价大检查，共检查63个单位，查出违纪违规金额234万元，核定应入库金额20万元，实际入库20万元，入库率达100%。

1996年11月，市大检办调整为市财政局内设副处级行政机构，下设行政事业科、企业科，并代管财政监督科。

1997年，市大检办受省大检办委托，组织对驻泰安的7户金融单位进行检查，配合省大检办检查组对中央驻烟金融单位进行检查。

1998年，全国取消一年一度的税收财务物价大检查，烟台市大检办机构仍保留至2000年年底，主要履行日常财政监督职能。

1998年4月，烟台市大检查财政监督工作会议在招远市召开，参会人员合影留念

1985—1997 年，全市税收物价大检查累计查出各类违纪违规金额 49576 万元，核定应入库金额 34965 万元，实际入库 32828 万元，入库率达 93.89%。

1990—1997 年全市税收财务物价大检查情况统计表

表 3-31　　单位：个、万元

项目 年度	检查单位个数	违纪违规金额	应入库金额	已入库金额	备注
1990	18	58	45	42	9 个县（市、区）粮食企业复查
1991	5663	3993	1714	1699	
1992	21365	3071	1441	1414	含个体商户
	207	55	31	31	复查验收
1993	27947	3046	2730	2532	含个体商户
	48	79	79	79	复查验收
1994	21107	4666	3882	3584	含个体商户
1995	16	23	23	23	5 区市和市直单位复查
	19287	4961	4859	4455	含个体商户
1996	22839	3802	3780	3560	含个体商户
	491	1022	986	952	三资企业检查复核
1997	29	329	225	225	复查验收
	22445	3833	3371	3285	含个体商户

1989—1997 年，烟台市先后有 25 个企业单位被山东省税收财务物价大检查办公室评为全省遵守财经法纪先进单位：1989 年，黄县油泵油咀厂；1990 年，烟台轴承厂、莱州市啤酒厂；1991 年，烟台合成革总厂、蓬莱制锁厂、莱阳市电器厂；1992 年，烟台宽幅布厂、莱州市酿酒厂、烟台童鞋总厂；1993 年，烟台市造锁总厂、莱阳市化工厂、招远市网扣绣花厂；1994 年，烟台化纤地毯股份（集团）有限公司、烟台氨纶股份有限公司；1995 年，烟台铜材厂、山东蓬莱汽车工业（集团）公司、山东省招远市第二百货股份有限公司、烟台市牟平区电业集团公司；1997 年，烟台中策药业有限公司、山东金昶集团公司、山东方园集团公司、山东栖霞印染厂、蓬莱市电业局、长岛县房管局、莱阳市水利局。

第二节　会计监督检查

会计信息质量检查

1999—2015 年，市财政局整顿和规范财经秩序，连续开展会计信息质量专题检查工作，累计检查了 956 个单位，查出各类违规违纪金额 41.8 亿元，核缴入库 1.17 亿元，调整账目 13.08 亿元。

1999—2015年烟台市会计信息质量检查情况统计表

表 3-32

单位：个、万元

项目 年度	检查单位个数	问题单位个数	违纪违规金额	缴入国库金额	调账金额	备注
1999	20	11	2676	256		
2000	34	11	6646			
2001	42	31	5591	13	210	
2002	39	29	4839	39		
2003	14	3	989	1		
2004	31	27	1126	15	325	
	12	12	754	700		莱阳市抽查
2005	13	12	814			
	1	1	3553	3553		市住房公积金管理中心检查
2006	32	28	19633	890		
2007	60	45	735	7		
2008	70	57	13216	1481		
	4	4	3887			供热企业专项检查
2009	4	4	174600			供热企业专项检查
2010	120	47	28000	1132	2506	
2011	152	82	100000	896	92200	
2012	100	57	24600	2373	22100	
2013	95	64	15000	249	4273	
2014	65	43	8363	102	7473	
2015	48	35	2993	41	1701	
合计	956	603	418015	11748	130788	

中介机构执业质量检查

1997年上半年，烟台市大检办和芝罘、海阳、蓬莱等财政部门对所属的会计师事务所、审计事务所及国、地税举办的社会中介机构等进行财务收支情况检查，对查出的问题进行处理。

受省财政厅委托，市财政局在部分年度对辖区内非证券资格会计师事务所执业质量情况进行专项检查。专项检查工作分为会计师事务所自查和财政部门重点检查两个阶段。自查工作由省财政厅驻烟台财政检查办事处组织实施。重点检查由省财政厅监督检查局指定相关市级财政监督机构组织实施，对若干会计师事务所进行调账检查，并延伸检查被出具审计报告和验资报告的企业。至2015年，市财政局共参与检查79户（次）会计师事务所，有54户（次）存在执业质量问题，延伸检查28户企业，均存在不同程度的违规问题。

第三节　财政收支监督检查

预算编制执行监督检查

根据上级部署，1993年、1995年、2002年、2003年、2010—2013年，市财政局分别组织开展了预算编制与执行情况检查，共检查472个单位，查出存在问题单位357个，违纪违规金额4.66亿元，其中，核缴入库492万元，调账金额2.6亿元。检查发现的主要问题是账表不符，收入挂往来，隐瞒、挪用专款用于办公经费，往来账项清理不及时和大量工程未按期竣工决算等。

税收征管监督检查

按上级统一要求，1992年、1993年、1995年、1997年，市财政局分别组织开展了预算收入征管质量检查。通过县（市、区）自查和省、市的重点检查，共查出违纪金额2404万元，主要问题是征收"过头税"、违规设立过渡户滞留占压收入、企事业单位偷逃税与欠税等。2008年，烟台市专门组织了全市税收收入征管质量检查，检查了15个单位，对32个企事业单位依法纳税情况进行了延伸检查，共查出各类违纪金额1423.27万元，督促企业清缴欠税74万元，追缴企业偷逃税款867万元。

收费监督检查

1993年，根据中央和省市关于治理"三乱"工作部署，烟台市开始清理行政事业性乱收费、对罚没财物管理情况进行专项检查。1995年，对行政事业性收费及罚没收入进行检查。1998年，对公检法、工商部门收费和罚没收入进行检查。2004年，对市级执法单位罚没收入收缴管理及票据领用情况进行检查。2008年，对福利彩票发行销售与管理及财务收支情况进行专项检查。上述检查共涉及4263个单位，查出问题金额5.29亿元，缴入国库或纳入财政专户管理5.62亿元，整改金额4632万元。

预算外收支监督检查

1996年，按照加强预算外资金管理的要求，烟台市对全市291个收费和基金项目的14.5亿元预算外资金收入和12.8亿元预算外资金支出进行了专题检查。在1875个单位进行自查的基础上，全市抽调314人组成101个检查组，对有预算外收入和罚没收入的1540个部门和单位进行了重点检查，共查出违规收入金额1138万元，违规支出金额1365万元，不使用规定票据金额598万元。对有问题的单位处罚149万元，缴存财政专户2746万元。

1997年，烟台市对有预算外收入和罚没收入的公安、工商、民政、交通、建筑施工等10个系统603个单位及群众举报的部门、单位进行了重点检查。全市共查出擅自设立收费基金项目46个，各类违规违纪金额27659万元，其中擅自收取预算外资金1018万元，应缴未缴财政预算7124万元，应缴未缴财政专户16322万元，违规使用预算外资金2486万元，隐瞒漏报预算外资金685万元，私设小金库24万元。

国有资本收益监督检查

2013年9—11月，市财政局专门组织检查组对市国资委及其所属7户企业的国有资本收益情况进行了监督检查。针对检查中发现的问题，又对2009—2011年进行了延伸追溯检查。

通过检查，核定应缴国库收入 1610 万元，应收回外借款项 3.43 亿元。

县级预决算公开监督检查

2015 年 10 月，按照财政部和省财政厅统一部署，采取现场检查和非现场检查、传统方式检查与网络信息技术检查相结合方式，烟台市首次对全市 12 个县（市、区）级政府预决算公开情况进行专项检查。检查发现，12 个县（市、区）853 个一级预算部门（单位）中，已实行预算公开部门（单位）573 个，占 67.17%。

乡镇财政监督检查

1991—2000 年，烟台市对乡镇财政进行监督检查，采取乡镇自查与市县重点抽查相结合方式，重点检查乡镇财政收支、预决算管理和财政支农资金、各项统筹费及农民负担等问题。此项检查涉及全市所有乡镇共 2580 个单位，查出各类违纪金额 1.52 亿元，对 1.02 亿元违纪资金予以处理，23 个乡镇财政所和 9 名乡镇财政干部被有关部门追究责任。

市直行政事业单位财务监督检查

为摸清市直行政事业单位财务收支和银行账户的基本情况，推进部门预算改革和国库集中收付制度，2001 年、2005 年和 2011 年，市财政分别组织开展了对市直行政事业单位银行账户核查和财务收支情况检查。三年共检查 919 个市直行政事业单位，查出漏报和未经批准开设账户 180 个，涉及金额 3.22 亿元；4 个单位违规设立“账外账”，涉案金额 6119.91 万元；其他违纪金额 6.5 亿元。通过检查，核缴入库或缴入财政专户共 3.3 亿元，纳入专户核算管理的资金 1.95 亿元，调账金额 4.44 亿元，将财务未纳入财政监管范围的 20 多个单位全部纳入财政管理。

第四节　专项资金监督检查

1999 年，市财政对 1996—1998 年安排的“种子工程”经费和 1997—1998 年省、市、县三级安排的科技三项经费进行专项检查。此次检查组织了 90 人次共 34 个检查小组，检查对象为市直 32 个部门和 13 个县（市、区）的 617 个单位，涉及经费专款 10531 万元。各检查组严把项目关、拨款关、使用关，对数百个项目逐笔排查、核对和跟踪检查，查出四大类违纪问题，涉及金额 549 万元，向部门、单位提出整改建议 320 余条，提出资金由财政统一管理、集中重点使用的改进意见，被市政府采纳。当年，按照省财政厅要求，市财政局对 1998 年度安排的 244 万元防汛抗旱专项资金管理使用情况进行检查。

2000 年，根据全省撤销清理财政信托投资公司工作的部署，从 12 月开始，市财政组织专门清算组，对原烟台市信托投资公司的债权、债务进行了分类整理，聘请中介机构对信托投资公司的资产状况进行了评估，筹措资金对居民个人性质债务进行全额偿付。清理工作历时一年半，2002 年 7 月 18 日，将原市信托投资公司清算后的债权、债务和留守人员整体移交烟台市经济发展投资公司管理，通过了省政府清理整顿投资公司协调小组的检查验收。

2001 年，市财政对市直单位进行了全面账户核查与财务收支检查。2002 年，市财政对市国土资源局（原市土地管理局）及所属单位在各家银行开设的各类账户进行逐一核实，摸清其全部银行存款情况，对该局机关及所属两个单位的账户收支进行了重点检查。2003 年，全市开展国有土地有偿使用收入专项检查，经检查，市、县两级 2002 年共收取国有土地使用权出让金79111.93万元、土地收益金3371.69万元、新增建设用地有偿使用费26401.9万元、其他土地收入951万元，合计109836.5万元，核定上缴财政专户60838.13万元（其中，缴国库35354.85万元）。

2003年，根据上级部署和年度监督工作计划安排，市财政先后对各县（市、区）2002年以后上级财政拨付及本级安排的社会保障资金（主要是救灾款）、支农资金（主要是农业综合开发、双增工程资金）和中小学校舍改造资金进行专项检查。经县（市、区）自查和对栖霞、海阳、莱阳三市的重点抽查，查出问题资金83.28万元，主要是专项资金拨付不及时和擅自改变资金用途等资金使用管理不规范问题。当年，对国有资产出租收入进行专项检查，基本摸清市直行政事业单位利用国有资产出租、出借、转让等取得的收入和使用情况及存在的问题。

2005年，按照省财政厅统一要求，市财政组织12个检查组，分别对全市12个县（市、区）的工商行政管理系统财务收支及执行“收支两条线”情况进行了全面检查。共查出违纪金额2554万元。

2006年，市财政组织了对市交通系统财务专项检查。通过检查，撤销了其私自开设的5个银行账户，追回其挪用资金2635万元用于政府重点项目工程建设，将上级拨入的经费补助资金3509万元纳入财政专户实行计划管理。当年，市财政还对农村党建转移支付专项资金用于农村“两委”补助执行情况进行了专题核查。

2009年，按照市政府《关于解决部分市属企业退休职工相关费用问题的意见》要求，5月20日至7月20日，市财政和城管等部门组成工作组，对市属部分困难企业退休职工煤暖投资和暖气补贴等费用进行审核。工作组对300多户市属企业提报的2万多份煤暖投资和取暖费发票进行了查验审核，剔除不合格单据1858份，金额310万元。经审核确认，相关费用共涉及301户企业、55550名职工，核实发放资金5412万元。

2010年，根据省财政厅统一部署，市财政组织市直和各县（市、区）对2009年度土地使用权配置情况、土地出让金征收使用情况进行专项检查。通过检查，发现应缴未缴土地出让金4.6亿元，未按规定计提土地收益基金2237万元，未按规定计提农业土地开发资金1750万元，未按政策规定用途安排支出和超范围支出4.53亿元。当年，参与了市政府扩大内需促进经济增长政策落实情况检查，开展了对中央财政专项转移支付资金使用情况的检查。

2012年，按照财政部《保障性住房检查指导意见》的要求，市财政在全市组织开展了保障性住房专项检查工作。市中心区检查范围包括市住房和城乡建设局、市住房保障中心和烟台市宏丰置业发展有限责任公司。从保障性住房任务落实、项目实施、资金管理和保障性住房政策制度制定及执行情况等方面着手，重点检查了保障性住房的成本核算、土地取得、资金链条、分配管理及财政资金的使用等，基本掌握了全市保障性住房政策执行情况，对存在的问题提出了限期整改要求。

2013年，为加强市财政各专项资金监管，自4月开始，市财政对2012年度由市级财力安排的旅游发展专项资金、中小企业发展专项资金、自主创新与转方式调结构科技引导专项资金、市级环境保护专项资金、市级生态文明示范村专项资金、市级水系造林专项资金、市级生态公益林专项资金等进行了全面检查，历时半年时间，涉及 14 个县（市、区）和 36 个市直部门单位。检查发现的主要问题是：相关配套资金未落实；资金未拨付或拨付不及时；个别单位未按规定建账立账；对专项资金未实行专账管理；专项资金未专款专用；会计核算不规范等。针对上述问题，先后向 14 个县（市、区）的 42 个单位和市直 30 个单位下达了《财政检查处理决定书》予以纠正处理。

2015 年，对市级财力安排的国际市场开拓费、外经贸扶持资金、对外开放目标责任考核奖、境外商务代表处及境内招商联系点补助费、生态文明示范村镇及重点村镇综合整治奖、水源地保护与森林城市建设补助、省市级示范镇奖补资金及村容村貌整治奖补等 10 多项专项资金进行跟踪检查，查出存在问题的单位 34 个，问题资金 4690.85 万元。

2011 年 6 月 1 日，全市财政监督检查会议在招远市召开，参会人员合影留念

第五节　小金库专项治理

烟台市分别于 1989 年、1995 年、1996 年、2009—2011 年组织开展了全市范围小金库专项治理工作。

2009—2011 年的专项治理工作规模大、持续时间长、效果比较明显。全市有 4847 个单位进行了自查自纠、自查自纠“回头看”以及全面复查，其中，党政机关 971 个、事业单位 2884 个、社会团体 589 个、国有及国有控股企业（含子公司）403 个。财政部门牵头，共组织 537 人对 1559 个党政机关和事业单位、225 个社会团体、107 个国有及国有控股企业进行了重点检查和抽查，查出私设小金库单位 78 个，存在小金库 80 个，金额 3353.76 万元。经整改，上缴财政 314.93 万元，补缴税款 15.13 万元，退还 10.37 万元，追回违规支出 112 万元，纳入单位账内核算 2916.46 万元。

2009—2011 年烟台市小金库专项治理情况表

表 3-33　　　　单位：个、万元

类别	项目	检查单位个数	清理小金库个数	清理小金库金额
党政机关和事业单位	2009 年自查自纠和“回头看”	3875	32	1188.18
	其中：市直	378	6	29.37
	2009 年重点检查	932	8	376.1
	其中：市直	92	1	1.9
	2010 年自查自纠和“回头看”	3875	3	251.29
	其中：市直	378	1	203.29
	2010 年重点检查	150	13	411.05
	其中：市直	68	2	334.66
社会团体	2010 年自查自纠	645		
	其中：市直	194		
	2010 年重点检查	184	5	333.52
	其中：市直	49	1	326.29
国有及国有控股企业	2010 年自查自纠	403	11	391.08
	其中：市直	223	9	347.08
	2010 年重点检查	68	4	212.4
	其中：市直	15		
	2011 年全面复查	4847	4	190.14
	其中：市直	809	1	31.5

2014 年，烟台市组织开展贯彻执行中央“八项规定”、严肃财经纪律和小金库专项治理工作。专项治理的范围是纳入预算管理或有财政拨款的部门和单位。重点是“三公”经费问题；会议费、培训费问题；预算收支、政府采购管理问题；小金库问题等。市财政局、审计局分别组成检查组，对 450 个单位 2013 年和 2014 年情况进行重点检查。查出“三公”经费问题，2013 年有 80 个单位涉及 696.11 万元，2014 年有 39 个单位涉及资金 79.57 万元；会议费、培训费问题，2013 年有 26 个单位涉及资金共 68.68 万元，2014 年有 3 个单位涉及资金共 0.64 万元；预算收入、支出和政府采购等问题，2013 年涉及资金 11680.85 万元，2014 年涉及资金 936.8 万元；发现小金库 1 个，金额 191 万元。经检查整改，2013 年上缴财政 292.27 万元，调账处理 2438.99 万元；2014 年上缴财政 18.9 万元，调账处理 521.47 万元。

第十二章　政府采购

1999年，市政府批准成立烟台市政府采购管理办公室，主要职能是负责市级政府采购工作的管理和监督，通过制定政策、完善程序，实现对政府采购工作的全过程监管。烟台市政府采购工作创出了烟台经验，走在了全国前列，许多市地财政部门到烟台学习，财政部、省财政厅也给予充分肯定。

第一节　制度建设

1998年，烟台市开始探索启动政府采购制度建设，市财政局起草拟定了《烟台市政府采购管理暂行办法》，12月31日烟台市政府以第75号令发布实施。

1999年，市财政局相继制定《烟台市政府采购招标代理机构资格确认及管理暂行规定》《关于政府采购支出账务处理有关问题的通知》《关于市直行政事业单位机动车辆实行统一保险的通知》《烟台市政府采购招投标组织管理暂行规定》《烟台市政府采购履约和验收暂行规定》《关于公布1999年度首批政府采购管理目录的通知》《烟台市直行政事业单位汽车定点维修管理办法》《关于因公出国机票实行定点购买的通知》等系列配套文件，全市政府采购工作全面展开。

2003年，《政府采购法》正式实施，财政部连续出台5个部长令，规范全国政府采购管理工作。省财政厅也先后出台信息公告管理、代理机构资格认定、评审专家管理、采购方式管理等制度，形成了较为完整的政府采购法律法规体系。按照《政府采购法》和上级财政部门相关规定要求，市财政局制定了《烟台市市级政府采购工作程序》，明确政府采购工作程序为：编制政府采购预算，汇编政府采购计划，提报具体采购事项，论证采购方案和确定采购方式，组织采购活动，签订及履行合同，验收、结算付款，同时对集中采购代理机构的采购行为进行了规范。印发《烟台市政府采购集中采购代理机构管理暂行规定》，对采购代理机构的选用管理作出尝试性制度安排。

2006年，市财政局印发《烟台市集中采购代理机构随机抽取管理办法》《烟台市集中采购代理机构考核细则》，对代理机构抽取程序和执业水平评价标准作出规定。2007年，印发《烟台市政府采购当事人行为规范》，规范采购人、供应商、代理机构行为。2008年，印发《烟台市政府采购合同履约和验收管理暂行规定》，加强政府采购监管，保护当事人的合法权益。2010年，印发《烟台市财政评审论证专家管理使用暂行办法》，规范论证评审工作和专家执业行为。

2011年，印发《关于进一步加强全市政府采购代理机构从业人员管理的通知》，对从业人员持证上岗、备案制和参加培训考试等方面作出了具体要求，加强对代理机构的监督管理工作。

2011 年，中共烟台市纪委书记朱秀香到市采购办调研

2011—2015 年，采购办加强政府采购标准化建设，统一政府采购行为的“度量衡”，实行全方位的制度覆盖体系，保证政府采购各环节规范运行。根据新颁布的《政府采购法实施条例》《山东省政府采购管理办法》《政府采购非招标采购方式管理办法》和《山东省政府采购信息公开管理暂行办法》，对《烟台市市级政府采购工作程序》《烟台市政府采购集中采购代理机构管理暂行规定》《烟台市集中采购代理机构考核实施细则》等 25 个规范性文件进行融合调整，对政府采购中的预算管理、采购计划管理、采购方式审批、采购活动组织、合同管理、履约验收、结算付款、质疑投诉处理等内容重新作出详细规定。通过对政府采购程序的进一步规范，打造规则统一、流程固定、行为一致的管理模式，实现了政府采购流程的标准化。通过收集建筑工程、工程设备材料等 13 类公开招标文件和竞争性谈判、询价、单一来源采购方式采购文件中的招标内容、技术要求、采购人须知、合同格式、投标文件格式等信息，固化重要条款，统一标准格式，拟定采购文件范本，实现了采购文件范本的标准化。

第二节　管理机制

专业监管

烟台市自推行政府采购制度起，即不专设集中采购实体组织，所有政府采购业务都由采购人委托社会招标机构经办，由集中采购代理机构行使“政府采购中心”职能，采购办不参与具体采购事务，由社会招标机构根据采购办委托办理政府采购具体业务，这一模式是烟台市政府采购特色。集中采购代理机构的选择，由采购办在具有政府采购甲级资质的社会招标机构中择优选定。2003 年，选定 4 家具有政府采购甲级资质的社会招标机构为集中采购代理机构。2006 年 12 月，通过笔试、模拟主持、现场陈述 3 个环节考核和专家评委综合评定，确定 7 家具有双甲资质的社会招标机构为市级集中采购代理机构。2013 年 11 月，通过入围资格审查，确定 12 家社会代理机构为 2014—2016 年度市级政府采购集中采购代理机构。采购办围绕采购什么、采购多少、为何采购、如何采购等问题，加强对政府采购工作的事前、事中、事后全程化监督管理。

具体采购执行中，采购人在采购办的监督下，在公布的招标中介机构范围内采取现场随机抽取方式选择采购代理机构，双方签订协议后委托代理采购业务。烟台市在全省率先改变代理服务费用与中标金额挂钩的传统做法，按照市场定价原则，对采购项目代理服务工作进行定量分析，分类分档制定代理服务费用标准，并根据代理机构实际完成工作量，由财政部门定期直接支付给集中采购代理机构。代理费用相对固定，财政统一支付，可有效防止代理机构为自身经济利益而偏好高标额采购业务，节约中介代理费支出。2012年，市本级政府采购累计完成金额22.74亿元，若按照中标金额的规定比例，应付招标代理服务费1348.85万元，实际支付449.76万元，节约了三分之二的费用。采购办借助专家力量，形成了专家评审主导中标结果的运行机制，研究开发了专家抽取管理软件，至2015年，先后从清华大学、北京大学、复旦大学、中国科学院、中国建筑设计院等全国大专院校、科研院所聘请国家级研究员、博士生导师等专家1400余人次，确保采购项目取得最优效果。

信息化建设

2002年，烟台市开发了政府采购车辆管理系统，对公务车辆的维修、加油情况实现网上实时监管。

2005年，为保证采购人公开、公平、公正地选择集中采购代理机构，防止不正当竞争行为，采购办开发了采购代理机构随机抽取系统。当年，烟台市政府采购网开通，由市政府信息中心代管，是政府采购政策信息发布的重要门户，至2015年，已累计发布各类信息公告、政策法规等3万余条。

2008年，为实现市财政局内部科室、单位间的采购信息流转与分享，采购办开发了政府采购流程管理软件，建立和完善内部约束机制。

2012年，烟台市新建成2000余平方米的市级政府采购大厅，拥有3个开标厅、3个评标厅和3个会议室，可实现多个政府采购项目同步进行。新大厅配备门禁系统、摄像头、拾音器、屏蔽仪、监控显示器、硬盘刻录机、控制电脑、投影仪等现代化电子设备，可对政府采购活动全程录音录像。政府采购当事人在政府采购大厅内即可实现从供应商登记、专家评委抽取、投标文件报送、开标评标等一站式服务，监管方通过各类现代化软硬件系统，实现政府采购过程的集约化监管。

2007年的烟台市政府采购大厅

2014年，采购办完成货物、服务类项目电子评审系统建设，降低评审过程中人为因素干扰，采购过程公开透明，提高评审效率。

2015年，市级政府采购电子监管平台初步建成，该系统是烟台市“财政业务综合管理平台”的一部分，分为指标管理、采购申请审核管理、采购文件管理、信息公告管理、合同管理等模块，可在网上完成市级全部政府采购项目的全程电子化审核，实现无纸化操作，提高政府采购效率。

第三节　公共资源交易平台建设

2012年，根据上级整合公共资源交易平台建设的要求和全省会议精神，烟台市推进公共资源交易平台整合与建设的各项工作，成立了公共资源交易管理委员会，负责公共资源交易重大事项的宏观决策和指导工作，利用市政府采购大厅现有场所，加挂了烟台市公共资源交易中心的牌子。2013年，国务院机构改革方案要求整合工程建设项目招投标、土地使用权和矿业权出让、国有产权交易、政府采购四大公共资源交易版块，建立统一规范的公共资源交易平台。财政部国库司召开公共资源交易平台建设会议，通报了监察部不再参与公共资源交易市场建设，明确由各级发改部门牵头推进公共资源交易平台建设工作。

市财政参与资源平台整合工作，但不改变财政部门的政府采购监管职能。2015年，财政部印发《关于贯彻落实整合建立统一的公共资源交易平台工作方案》。2016年，市编委同意《烟台市公共资源交易平台建设改革实施意见》，确定市发改委负责公共资源交易综合管理工作，将市建设工程交易中心、市土地资产经营中心和市政府采购管理办公室承担的公共资源交易职责划入市公共资源交易中心。市政府采购管理办公室承担的监管职责仍留在财政部门。

第四节　政府采购规模

1999年，全市政府采购总规模为1.1亿元。市财政会同有关部门按照“各司其职、联合监管”原则，针对工程施工采购监管中法律法规适用及部门职责衔接问题，探索建立和完善工程采购监管机制，先后将政府投资的房屋建筑、市政公共设施、道路建设、园林绿化等各类工程项目纳入政府采购监管范围。

2012年，全市政府采购额首次突破百亿元大关，2013年又创历史新高，达到154.57亿元。

2013年，烟台市财政局获得中国政府采购奖

2015年，烟台市政府采购范围涵盖大宗办公物品、计算机设备及网络工程、城市维护管理与公益广告、大型重点建设与市政工程项目、公务车辆购买、维修、加油、保险及旧车回收拍卖一条龙管理等各个政府采购领域。具体采购品种从最初单一的货物类采购，延伸发展至包含货物、工程和服务三大领域40大类150余个子类的采购品目体系。

烟台滨海广场

1999—2015 年全市政府采购工作情况统计表

表 3-34　　　　单位：亿元

年度＼项目	全市采购额	节约资金	市级采购额	节约资金
1999	1.14	0.3	0.6	0.19
2000	1.94	0.46	0.89	0.23
2001	4.21	0.92	1.34	0.34
2002	7.48	1.83	1.73	0.38
2003	14.83	2.9	6.19	1.32
2004	16	3.03	6.23	1.2
2005	20.32	3.63	6.93	1.22
2006	25.53	4.22	10.22	1.23
2007	33.07	4.6	17.68	2.19
2008	39.77	6.79	16.52	2.33
2009	59.78	9.3	17.11	2.33
2010	77.7	13	21.5	2.8
2011	83.35	11.32	13	1.47
2012	115.18	16.93	22.74	3.76
2013	154.57	20	39.15	3.73
2014	116.82	13.57	30.6	3.25
2015	72.48	10.3	12.47	2.21

附：新华社《国内动态清样》2008.11.7 第 3873 期

新华社讯　山东省烟台市政府采购工作自 1999 年以来，按照“创新机制、拓宽领域、科学运作、规范管理”的思路，逐步探索建立起以部门预算为基础、投资评审为支撑、政府采购为手段、国库集中支付为保障的“四位一体”公共财政支出运行模式，取得良好成效。

烟台市政府采购运行模式主要在以下几个方面进行了探索和实践：

一、确立完整采购理念，全方位推进政府采购制度。突出体现在两个方面，一是在采购内容和采购过程方面，对政府采购事前、事中、事后三个方面进行全方位管理；二是政府采购对象和采购范围实现广覆盖，目前已涵盖货物、工程、服务三大领域。

二、强化管理机构职能，实现政府采购专业监管。烟台市在运行机制和管理体制方面，把更多的职能放在监督管理上。具体表现为：提高政府采购管理机构级别，加强监督管理部门职能责任，建立稳定的监督管理队伍。

三、联项采购同类产品，实现政府采购规模化效益。烟台市政府采购办将各部门、单位相同类别或相同性质的小型项目在分析“解剖”的基础上，进行合并打包，变多次采购为一次采购，不断提高批量采购规模，避免了采购单位各自为政、互不通气，对同类材料、设备重复招标，浪费人力、物力的现象，有效降低了采购成本，在具体联项采购实施过程中，技术

各级报纸杂志宣传烟台市政府采购经验

复杂的项目按采购人进行分包，采购人代表只对各自分包进行评标打分，并分别签订合同，保证了采购人的主体地位。

四、择优随机选择代理机构，实现政府采购高效率执行。烟台市在具体采购操作上实行中介职业代理制。按照“政府搭台，中介唱戏”的市场化运作思路，招标等具体采购业务都由采购人委托中介机构办理，烟台市政府采购办通过系列管理办法对集中采购代理机构进行规范管理，使其为采购人提供更为优质高效的服务。

财政部科研所所长贾康认为，烟台政府采购运行机制中政府采购中心的设置是一项制度创新。政府通过规范程序，在社会中介组织中确定若干个实际的采购中心，让他们形成竞争状态。采购中心的收费打破行规，不按标的金额，而是按照“因素法”的工作量设置若干考级标准的财政支付，既减少了财政负担，又防止了行为扭曲，也为采购中心留下了适当的盈利空间。

五、场所统一费用固定，实现政府采购规范化操作。烟台市政府采购办发挥市场力量，搭建平台，整合资源，力求每一个采购项目都能实现价值最大化、行为规范化：统一规定采购执行场所，统一规定委托代理费用。每年仅中标服务费一项，就比传统付费方式节约近 2/3。

六、专家评审主导结果，实现政府采购决策科学化。烟台市借助专家力量，形成了专家主导结果的运行机制，保证了政府采购的科学合理。

中央财经大学财政学院院长马海涛教授说，烟台模式体现了相互联系和制约的全过程采购。一是实现了全面的采购，包括范围的全面和过程的全面。二是创建了一个相互联系相互制约的机制。三是体现了政府采购成本的节约、效率的提高。

国际关系学院院长刘慧教授认为，烟台构建了一个独特的政府采购组织运行模式，实现了源头管理和科学运行。突出表现在两个方面的探索。一是政府采购操作模式的探索；二是政府采购管理模式的探索。比如将建设工程纳入政府采购以及政府采购机构的设置，都从制度设计、管理体制和运行机制上作出了科学、严密、全面的探索，其做法对全国的政府采购工作具有借鉴意义。

长岛南北长山跨海大桥

第十三章　投资评审

1994年前，基本建设财务管理（包括建设资金管理、项目或建设单位财务及建筑施工企业财务）由各级建设银行代理财政职能。1995年5月，烟台市财政局设立基本建设财务科，承接原委托市建设银行代行的财政职能。1996年10月，市财政局负责审查审批国家和省、市投资的基本建设项目预决算，全面履行基本建设财务管理职能。2003年12月，烟台市政府投资评审中心（以下简称“评审中心”）成立，主要承担财政性投资的基本建设项目评估及评价工作，财政性投资项目的概、预、结算和竣工评审及咨询服务等工作。至2009年10月，全市12个县（市、区）及烟台经济技术开发区、高新技术产业开发区均先后设立专职财政投资评审机构，是全省第一个在县（市、区）级财政部门全部成立投资评审机构的地市。

第一节　制度建设

2002年，市财政局经济建设科负责对财政性投资项目概（预）算和竣工决（结）算等业务开展评审工作，先后印发《烟台市财政性投资项目竣工财务决算业务审查工作操作规程》《关于重申对财政性投资项目隐蔽工程与设计变更等经济签证加强管理的通知》，规范财政性投资项目竣工财务决算审查及造价管理。

2004年，评审中心成立初期，为确保高点起步和规范运作，市财政局先后制定了系列基础性工作制度，明确工作职责，界定评审范围，逐步理顺与项目建设单位的工作关系，加强制度化、规范化建设。同时，通过编印投资评审法规制度选编、召开部门与单位座谈会、加强报纸杂志等媒体宣传，逐步使投资评审工作得到相关部门、单位的主动配合和社会认可。6月，为加强市级财政投资项目管理，市财政局印发《烟台市财政局财政投资项目内部管理规程》（烟财〔2004〕10号），对局机关各业务科室、评审中心、采购办在财政投资项目管理方面的主要职责和实施程序进行了明确和规范。凡全部或部分使用预算内外资金、国债资金、举债资金、其他财政性资金所进行的投资建设项目，均由各业务科室委托评审中心对投资项目的概预算进行评审，评审中心负责对投资项目的标底进行编审，作为投资方评委参与评标，全面负责投资项目的日常监管工作，负责投资项目结算和竣工财务决算评审工作，出具评审报告书。采购办会同评审中心对投资项目的政府采购部分，确定采购方式、评标方法、审查采购文件。建设单位按月向评审中心报送工程进度表，经评审中心审核、局领导批准后，方可办理拨款手续。10月，为加强政府投资项目拆迁费用的审核，市财政局印发《关于明确政府投资项目拆迁费用审核程序的通知》，对市政府投资项目拆迁工程从前期房屋、土地评估价格的确定、现场踏勘，到拆迁结束决算审核等全过程提出具体要求。12月，市财政局印发《市政府投资评审中心职责范围》，明确评审中心承担财政性投资的城市基础建设、交通、农田水利、综合开发、大型修缮工程、技术改造、科技三项费用、国土资源勘探等财政专项资金项目的评审工作，财政性投资项目概、预、结算和竣工财务决算的评审，财政性投资项目招标工程量清单与标底编制、评审及项目政府采购涉及的投资管理工作，对中介机构承担的财政投资项目审价业务行为进行指导和监督，为政府提出投资政策建议等。

2005 年 8 月，评审中心印发《烟台市政府投资评审中心财政投资项目内部管理操作规程》，对项目评审小组负责人及成员的主要职责和工作要求、项目前期管理、项目日常监督管理、决（结）算审查与复审定案及评审资料的整理归档作出明确规定。

2006 年 2 月，根据市财政局《国库集中支付局内工作规程》，评审中心制定了《烟台市政府投资评审中心政府投资项目国库直接支付内部审核工作程序》，加强政府投资项目国库集中支付资金的审核工作。制定《烟台市财政投资项目预结算审查委托审价中介机构随机抽取管理办法》，防止不正当竞争行为。

2007 年 4 月，市财政局印发《关于进一步加强市级政府投资项目管理有关问题的通知》，从新建、修缮改造项目管理、政府投资项目概（预）算管理、工程决（结）算审查管理、政府采购管理、工程的日常监督管理五个方面强化市级政府投资项目管理工作。

2010 年 1 月 1 日起，评审中心仅参与市级政府采购项目评标现场监督，做好政府采购项目的预算控制及技术审查工作，不再以评委的身份参与建设工程项目政府采购评标。

2011 年 4 月，市财政局印发《关于进一步规范政府投资项目资金管理的通知》，从制度上明确项目增加投资概算的审批程序，对建设单位申请工程建设资金程序、项目资金的财务核算、项目决（结）算审查进度等提出具体要求。

2012 年 6 月，评审中心制定《烟台市市级政府投资项目委托审价中介机构业务考核管理办法》，对市级政府投资项目委托审价中介机构的审核业务统一考核管理，推进中介机构审价行为规范化、制度化。

2013 年 12 月，市财政局印发《烟台市市级政府投资项目评审费用管理暂行办法》，统一界定中介机构评审费用计费标准，节减政府开支。

2014 年 8 月，根据市政府《关于尽快制定规范管理的相关制度办法的通知》要求，市财政局组织起草了《烟台市政府投资评审管理办法》，作为法制性文件印发执行。

2015 年 7 月，按照依法行政、转变职能、简政放权原则，市财政局会同有关部门印发《关于加强市级政府投资工程项目管理有关问题的通知》，将部分工程项目的政府采购权下放给建设单位，实行部门政府采购。对部分项目勘察、设计、监理服务的确定进行了简化。对设计方案招标支付设计补偿费重新作出规定，重点解决了工程建设涉及的供水、供气、供热、路灯、电力等地下管网原有管线搬迁改造及绿化移栽项目招标采购难题，规定对项目中的设备及主要材料实施政府采购，施工由原产权单位实施，评审中心审核项目预算并控制工程造价。

第二节 项目监管

2004年，评审中心组织有关专业人员和中介机构对市区已竣工的工程项目进行审查。2006年，烟台市财政局在全国率先建立了以部门预算为基础、财政评审为支撑、政府采购为手段、国库集中支付为保障的“四位一体”支出管理模式。当年，烟台市级政府投资项目全部纳入评审范围，评审中心以提供专业技术服务为重点，建立起“先评审，后预算；先评审，后采购；先评审，后拨款”的“三先三后”评审机制，评审工作贯穿了财政资金管理各个环节，实现了对政府投资项目的事前、事中、事后全程跟踪监管，评审业务涵盖了全部政府投资项目的投资监管及工程概（预）算、招投标、合同管理、资金拨付、结（决）算的全程评审。

公开招标审价机构

2004年4月，经公开招标和实际考察，市级确定12家审价中介机构作为政府投资建设项目工程审价定点服务单位，评审中心制定《委托审价中介机构审查财政性投资项目预结决算业务操作程序》，与其签订《审价协议》并进行业务培训。

2006年2月，评审中心进一步规范财政投资项目预结算审查工作，防止审价中介机构不正当竞争，制定审价中介机构随机抽取管理办法，开发“随机抽取系统”软件，实现对审价中介机构的随机抽取，确保审价中介机构委托环节的公开、公平、公正，避免人为因素干扰。

2009年8月，评审中心采用公开招标方式重新选定工程审价定点服务单位。与采购办共同研究招标要求，确定评标原则、办法，对报名的34家审价机构进行了前期资格预审，通过资格预审的19家参与投标，10家被确定为定点服务单位。

2014年4月，评审中心再次以公开招标方式重新选定政府投资建设项目工程审价定点服务单位。会同采购办研究制定《资格预审文件》《招标文件》和评标程序。在资格预审的基础上，评标委员会考察投标人现场、审核投标文件，统一评分，确定10家中介机构为审价定点服务单位，与其签订《审价协议》并进行专业培训。

工程量清单与招标控制价

2004年，市级所有政府投资工程项目的建筑安装、设备、材料及工程设计、监理等，全部按程序实行公开招标或政府采购。评审中心推行工程量清单方式招标，根据工程类别采取不同的评标办法，保证投标单位公开、公平、公正合理竞争。2007年起，评审中心配合采购办严格审查招标文件，参加标前答疑，组织编审工程量清单，对全部重点项目在招标时均采取投标最高限价，确保招标采购结果更加合理。文化中心建设工程、海岸带可持续发展研究所工程、只楚立交桥完善工程、套子湾污水处理厂二级处理工程、火车站改造工程、莱山机场飞行区改扩建工程、莱山中心区片建设6条道路工程、市公安局指挥中心综合楼工程、老年福利中心二期工程、北马路拓宽改造、毓璜顶区片一期改造、城市供水应急工程、人防应急救援指挥中心工程、机场路改造及立交桥二期工程、市级拆迁安置房西山颐苑二期工程、市委党校幕墙装饰、学院路绿化、垃圾渗沥液膜处理等全市重点项目均采用投标最高限价的做法。

多级复核

2006年年初，政府投资项目资金实行国库集中支付后，评审中心制定相应的国库直接支付内部审核程序，通过多级复核，层层把关，确保财政资金拨付依据合理、准确、及时。在项目管理上，实行项目评审小组负责制，每年年初，对新开工与续建的所有市级重点工程项目，按照工程性质与专业需要合理搭配，成立项目评审小组，项目落实到组，责任落实到人，全面负责工程项目的概（预）算、决（结）算审查及项目的日常监督管理。项目小组实行“一线工作法”，评审人员实地踏勘项目现场，随时掌握项目进展情况，针对现场发现的问题提出解决办法，优化施工设计方案，控制工程投资规模，节省财政资金。工程决（结）算实行项目小组、科室负责人、稽核科及中心领导四级复核，工程量清单及招标控制价、资金拨付实行项目小组、科室负责人及中心领导三级复核。项目评审小组对项目单位提报的资金申请，按审定的项目预算和签订的合同及工程进度提出拨款意见，按项目建立拨款明细台账，提高财政资金使用效益。

信息化管理

2011年6月，评审中心与软件公司合作开发了政府投资项目管理信息系统，对市级政府投资项目的概预算、招投标、合同、资金拨付、工程进度、决（结）算、工作档案等环节实行软件管理，实现了市财政局内部相关科室及其他有关部门和单位间的信息资源共享。2013年，评审中心先后与市城市综合开发办、城发公司、城投公司等项目单位联网，与国库支付系统并网，提高工作效率，实现政府投资项目管理规范化、信息化。

第三节　政府投资项目评审

市级项目

2004年，评审中心共完成工程概、预算审查项目17个，审查投资总额4.06亿元，审减额6797万元；完成59个政府投资项目中的128个子项的结算审查，审查资金7.29亿元，审减1.06亿元，平均审减率15%；共参加招标92次，采购金额达4.6亿元；审查拆迁房屋面积17万平方米，征用土地60亩，补偿金额6.24亿元；全年下工地2000多人次。通过结算复审，共核减不合理支出209万元，其中，滨海中路绿化喷灌工程核减56.1万元，占该项目总核减额的42.7%。

2005年，评审中心审查概预算项目41个，审查投资总额12.39亿元，净审减3643万元。完成结算审查项目79个，审查资金12.24亿元，净审减1.28亿元，平均审减率为10.47%。完成38个项目的竣工决算评审工作，认定工程造价5.78亿元，其中，审查工程间接费用1.57亿元，审减2882万元，审减率达18%。

2006年，评审中心完成红旗东路、红旗西路、红旗南路、芝罘岛滨海路、老干部活动中心和昆嵛山林场植物馆等概预算评审项目57个，审查资金15.89亿元，审减3.05亿元，审减率19.19%。完成南大街、海港路改造、滨海景区、鹿鸣小区、粮库二期、山海路塔山隧道及南迎祥路、滨海东路和连城路等结算评审项目91个，审查资金17.78亿元，审减1.86亿元，审减率10.46%。完成财会中心二期、2003年小区综合整治、市生活垃圾处理场、莱山污水处理厂、红旗中路、只楚路拓宽改造等决算评审项目45个，认定造价4.85亿元。

2007年，评审中心完成概预算评审项目54个，审查资金17.40亿元，审减1.25亿元。完成结算评审项目107个，审查资金18.81亿元，审减2.26亿元，审减率12.01%。完成决算评审项目43个，认定造价5.44亿元，审减465万元。

2008年，评审中心审查概预算项目74个，审查项目投资21.48亿元，审减2.6亿元。完成结算审查项目83项，审查资金10.51亿元，审减额1.22亿元，平均审减率11.6%。完成东山宾馆栈桥改造、滨海观光路等46个项目的竣工财务决算评审，认定工程造价6.88亿元。

2009年，评审中心完成红旗中路财校段改造一期工程、市委党校新校区一期工程、南郊污水处理厂工程等概预算审查项目80个，审查投资总额21.70亿元，审减资金2.09亿元。完成鹿鸣小区南区工程、体育公园二期跳水游泳馆及配套工程、劳教所工程等结算审查项目69个，审查资金21.27亿元，审减2.99亿元，平均审减率14.1%。完成市疾病控制中心、机动车驾驶员培训考试中心、烟台财会培训中心1号楼改造工程等竣工财务决算项目20个，认定工程造价2.41亿元，审减间接费用229万元。

2010年，评审中心完成通海东路工程、滨河西路工程、农大东路跨线桥工程、城市供水管道改造工程等概、预算审查项目90个，审查项目投资8.85亿元，审减1.48亿元，平均审减率16.7%。完成海岸带可持续研究所建设工程、援助北川白坭漩坪乡公益性共建项目、养马岛赛马场改造工程、2009年“平改坡”工程等结算审查项目71项，审查资金15.64亿元，审减2.33亿元，平均审减率14.9%。完成烟台体育公园、海岸带可持续发展研究所建设工程、养马岛赛马场工程等25个工程项目竣工财务决算的评审工作，认定工程造价25.47亿元，审减间接费用0.26亿元。

2011年，评审中心完成学院路东延工程、学院路两侧绿化工程、机场路立交桥二期工程、市级拆迁安置房西山颐苑二期工程、市防汛调度指挥中心、市食品药品检验综合楼、市建设

养马岛赛马场

工程质量检测科研中心项目等概、预算审查项目72个，审查投资17.66亿元，审减1.79亿元。完成红旗东路新建工程、只楚立交桥完善工程、生活垃圾综合湿解工程、烟台国际机场飞行区改扩建工程、市老年大学及老干部活动中心工程、鹿鸣小区北区工程等结算审查项目59个，审查资金13.51亿元，审减1.82亿元，平均审减率13.5%。完成烟台市生活垃圾综合湿解、同三线烟台段福山互通立交桥、中心血站业务楼等25个工程项目竣工财务决算评审，认定工程造价7.08亿元，审减间接费用335万元。

2012年，评审中心完成概、预算审查项目82个，审查项目投资18.76亿元，审减0.86亿元。共完成结算审查项目51项，审查资金17.13亿元，审减额2.4亿元，平均审减率14%。完成审查竣工财务决算项目47个，认定工程造价41.5亿元，其中审查间接费用9.14亿元，核减0.14亿元。

2013年，评审中心完成科技广场建设工程、长安路工程、建城西府项目、餐厨垃圾处理工程、市交警支队机动车驾驶人科目二考试场地建设工程、高速公路收费站景观改造工程等概、预算审查项目109个，审查投资65.04亿元，审减4.06亿元。完成老年福利中心二期工程、烟台第二中学东校区建设工程、2009年与2010年市区既有建筑节能改造工程、2011年中心区主次干道道路大修工程、市人力资源市场综合楼工程等结算审查项目62个，审查资金18.09亿元，审减额2.7亿元，平均审减率15.65%。完成火车新站建设工程、红旗西路新建、只楚路环境整治等决算审查项目36个，认定工程造价33.57亿元，审减3.48亿元。

2014年，评审中心完成S302成龙线开发区蓬莱界至潮水机场连接线段改建工程、金滩南路工程、华盛路新建工程、烟台工贸技师学院迁建工程、外夹河污水主管网配套工程等概、预算审查项目93个，审查投资22.12亿元，审减1.12亿元。完成2010年市区道路专项整治工程、山海南路延伸工程、凤凰西路道路工程、2012年市区主干道绿化改造工程和平改坡工程、烟台市驾驶员考试监控楼建设工程等结算审查项目35项，审查资金9.68亿元，审减额1.53亿元，平均审减率15.81%。完成人力资源市场综合楼工程、幸福中路整治工程、成海路（513所西路）新建工程等24个工程项目竣工决算评审，认定工程造价10.94亿元，其中，审查间接费用3亿元，核减638万元。

2015年，评审中心完成烟台第一职业中专新校区建设工程、青荣城际铁路南站南路及站前广场配套路新建工程、黄务输电电缆入地工程、通车路、竹林南路一期、世贸东路南延等概预算审查项目共95个，审查项目投资17.87亿元，审减0.8亿元。共完成规划展示馆改造工程、2012年老城区雨污分流工程、门楼水库应急供水工程、逛荡河整治工程、公安局指挥中心综合楼工程等结算审查项目42个，审查资金9.23亿元，审减额1.18亿元，平均审减率12.8%。完成包括中心街区改造工程在内的19个工程项目竣工决算评审，认定工程造价10.56亿元，其中，审查间接费用3.28亿元，核减906万元。核定48宗土地招拍挂底价、协议出让和储备土地价格，涉及土地面积1659亩，核定资金31.16亿元，增加政府收益472万元。

2004—2015年，评审中心先后完成烟台体育公园、中国科学院烟台海岸带研究所、烟台文化中心、烟台火车站新站、东部新区海洋产权交易中心、蓬莱国际机场、城际铁路烟台南站及芝罘站配套广场、驾驶员考试监控楼、市区道路、过街天桥、城区老旧住宅“平改坡”等重点工程项目及各类其他项目评审2760个，评审投资总额988.88亿元，节约政府投资64.96亿元。

援建北川

2008年“5·12”汶川大地震后，烟台市对口援建北川县漩坪、白坭两个乡镇的学校、医院、道路等公益设施和新县城的道路、安居房、标准厂房及河道整治等建设项目，项目总投资预计6.58亿元。9月初，评审中心派员实地调研灾后重建工作。2009年年底，第一批对口援建项目竣工并交付使用，第二批援建项目中安居房已完成主体工程，市政配套工程已完成路面及管网敷设，产业园服务中心、河道改造等其他工程均铺开建设。2010年9月15日，烟台市援（承）建项目整体交付使用仪式在北川新县城举行，标志着烟台市圆满完成灾后对口援建任务，成为山东省首个完成对口援建任务的城市。

烟台市第一批援建项目包括北川县漩坪乡、白坭乡的学校、医院、文化站、道路等公益设施，总投资9135万元；第二批援建项目包括北川新县城温泉片区22号街坊安居房工程、产业园区市政配套工程、新县城东纵二路和东横二路市政配套工程、云盘河和蒋家河整治工程等，总投资5.5亿元；第三批是北川县委托山东省承建项目，其中，委托烟台市承建项目包括垃圾填埋场、东纵三路四路、云盘河下游景观带、云盘山截洪沟、白杨坪安置房、新县城（产业园区）市政道路电力土建等，总投资7.22亿元。评审中心负责审核进度款，累计审核拨付建设资金2.18亿元，保证援建项目顺利实施。

2008年，市财政局派员到四川省北川县调研援建工作

2004—2015年烟台市市级评审工作情况统计表

表3-35

年度＼项目	评审项目数（个）	评审总额（亿元）	节约资金（亿元）	资金节约率（%）
2004	76	17.6	1.74	9.89
2005	120	38.63	2.42	6.26
2006	267	60.05	6.9	11.49

续表 3-35

项目 年度	评审项目数（个）	评审总额（亿元）	节约资金（亿元）	资金节约率（%）
2007	264	68.55	6.6	9.63
2008	324	107.88	10.73	9.95
2009	214	92.76	7.12	7.68
2010	276	106.37	6.99	6.57
2011	224	80.07	5.58	6.97
2012	304	130.63	4.35	3.33
2013	298	159.8	7	4.38
2014	189	57.72	3.41	5.91
2015	204	68.82	2.12	3.08
累 计	2760	988.88	64.96	6.57

第四节　土地储备成本核定与征地拆迁补偿审查

2003 年，市政府印发《烟台市区土地征购补偿安置暂行规定》，确定收回、收购土地的各项费用，经财政部门审核后，由市土地行政主管部门按协议约定从财政资金或土地资产经营专项资金中全额拨付。此时，财政部门只是按照土地行政主管部门签订的补偿协议审核付款，并未对土地经营的相关成本费用进行有效审核。

2004 年，评审中心多次与有关部门协调，将芝罘区中兴浴池等区域 9092 平方米建筑物拆除纳入政府采购试点。经公开招标，财政不需支付拆除费用，中标单位还要向财政缴纳管理费 6.6 万元。当年，评审中心共审查拆迁房屋面积 17 万平方米，征用土地 60 亩，涉及补偿金额 6.24 亿元。

2005 年，评审中心从核定储备土地成本入手，逐渐将政府土地出让全部纳入投资评审范围，加大对土地中介机构评估结果的审核力度，确保政府土地收益最大化。当年完成市房屋开发集团西南河综合楼、烟台市粮油储运公司、亚细亚集团环海路等 7 宗政府拟储备土地收回成本的审核工作，核定土地储备成本 19835 万元，核减 1952 万元。

2006 年，市政府《关于进一步做好土地储备运营成本费用审核等问题的会议纪要》进一步明确了财政部门职责，理顺城市土地经营项目的审核程序，对列入市级土地储备计划的拟储备宗地，先由市国土部门委托评估机构按规定对宗地进行评估。评估结果经财政部门审核后，由市国土部门报市区房地产开发管理领导小组审定，并以此与供地单位签订土地储备补偿合同。国土、建设部门负责的经营性房地产开发土地及地上附着物的补偿测算亦需经财政部门审核，并经市区房地产开发管理领导小组批准，市国土部门据以办理公开出让手续。当年，城建重点工程征迁量大、成本高、情况复杂、征迁工作难度加大。评审中心从审核工程拆迁方案入手，重点审核货币补偿标准和实物安置方案，严格把握补偿范围和标准，确保政府拆迁政策的统一性和连续性。在实际征迁工作中，严把房屋、土地评估结果的审核关口，坚持以审核后的结果作为签订拆迁补偿协议的依据，并按协议集中支付。当年，共审核集中支付征迁资金 2.04 亿元，拆迁房屋面积 10.12 万平方米，征用土地 1045 亩，节省政府资金 3960 万元；完成了烟大铁路轮渡、北极星精密元件总厂等 55 宗政府储备土地成本和招拍挂土地挂牌出让底价的核定工作，涉及征地面积 11216 亩，其中核定土地储备成本 7.7 亿元，核减 4891 万元，核定挂牌底价 13.83 亿元，调增政府收益 1.25 亿元，增收节支 1.74 亿元。

2007 年 4 月，针对征迁工作难度大、资金兑付时间急的特殊情况，评审中心对政府投资项目的征迁补偿资金实行预拨款办法。市拆迁办在指定银行开设专户，评审中心根据征迁工作量，按项目核定预拨款，提前拨入专户，实行财政背书、银行监管的支付方式，缩短了资金流转时间，确保政府工程征迁工作顺利完成。当年，共直接支付征迁补偿资金 5.28 亿元，涉及拆迁房屋面积 25.45 万平方米，征用土地 2420 亩。

2008 年，根据市政府提出的土地资产实行"净地"出让并合理确定预期增长收益的新思路，评审中心会同市土地资产经营中心制定《关于完善宗地评估测算有关标准规定》，加强对各评估机构进行技术评估指导。当年，共完成 92 宗土地挂牌底价和储备成本的核定工作，审定资金 58.62 亿元，增加政府收益 6.64 亿元。

2009 年，评审中心完成 36 宗土地挂牌底价、储备成本的核定工作，涉及土地面积 5578 亩，增加政府收益 1.2 亿元。

2010 年，评审中心完成 78 宗土地储备成本、招拍挂底价和划拨土地使用权、补办有偿使用手续、补交政府土地收益的核定工作，涉及土地面积 4298 亩，增加政府收益 1.76 亿元。

2011 年，评审中心完成 61 宗土地储备成本、招拍挂底价和协议出让土地价格的核定工作，涉及土地面积 7145 亩，审定资金 41.48 亿元，增加政府收益 1.9 亿元。

2012 年，评审中心参与拟定《烟台市中心区土地储备出让工作程序规定》，明确了市中心区土地储备出让程序和土地熟化整理费编报、审核程序，界定了各部门职责，当年完成 116 宗土地项目的评审工作，涉及土地面积 9133 亩，审定资金 48.40 亿元，增加政府收益 0.83 亿元。

2013 年，评审中心参与华润中心、金融中心 B 区、慎礼区片、三站市场新区等产业地产项目土地熟化费用测算及优惠政策制定等前期工作，为合理确定招拍挂底价掌握基础性资料，完成土地项目评审 75 宗，涉及土地面积 6013 亩，价值 29.62 亿元。

2014 年，评审中心完成 28 宗土地招拍挂底价和协议出让价格的核定工作，涉及土地面积 1480 亩，增加政府收益 1506 万元。

2015 年，评审中心完成 48 宗土地招拍挂底价、协议出让和储备土地价格的核定工作，涉及土地面积 1659 亩，核定资金 31.16 亿元，可增加政府收益 472 万元。参与审核测算芝罘区东林、华新、莱山区河东 3 个城中村项目 10（轮）次，涉及旧村改造安置面积 41.20 万平方米，向市房地产开发领导小组提交待审批土地出让底价 11.88 亿元。

第四编　机构与队伍

奋勇争先

第一章　机构沿革

1983年11月，烟台实行“市管县”行政体制改革，原烟台地区行署财政局改称烟台市财政局，机构名称、规格、基本职能均无变化。历经1996年、2001年、2010年、2015年、2019年共5次机关机构改革，财政职能不断扩展，内部机构设置变动较大。1986年，市财政局内设6个科室，5个直属事业单位。2015年年末，市财政局内设22个科室（机构），8个直属事业单位。2020年年末，市财政局内设22个科室和机关党委（党建办公室），7个直属事业单位。

1986年，烟台市行政区域内设县（区）级财政机构11个。随后，烟台经济技术开发区、莱山区、保税港区、高新技术产业开发区和昆嵛山自然保护区的财政机构相继设立，至2015年年末，全市设县（市、区）级财政机构16个，其中国家级功能园区财政机构4个。2018年6月，省政府批复设立长岛海洋生态文明综合试验区。2020年6月，国务院批复撤销蓬莱市、长岛县，设立烟台市蓬莱区。至2020年年末，全市市（区）级财政机构总数无变化。

烟台市乡镇级财政机构自1985年试点建立，1986年年末，全市已建立乡镇财政机构163个（不含威海市），1999年达211个。2001年县乡机构改革后，乡镇财政机构撤并调整为154个。2015年年末，全市实有乡镇级财政机构163个。2020年年末，全市实有乡镇级财政机构158个。

第一节　行政机构

1986年1月，市财政局行政编制总额42名，内设办公室、预算科、预算外资金管理科、行政事业财务科、农业财务科、企业财务科6个科室。2月，撤销企业财务科，职能并入驻厂员管理处；设监察科。7月，配备国库券专职干部3名，列入事业编制。12月，为加强预算外资金管理，增加行政编制3名。

1987年2月，市财政局监察科更名为人事监察科。4月，市编委和人事局核定市财政局正、副科长职数11名。10月，行政编制核减为41名；设立党的纪律检查组，配备2～3人，设专职纪检组长，所需编制内部调剂解决。

1988年2月，市财政局行政编制核减为40名。6月，为加强农业税征收管理，增设农业税征管科；为严格控制社会集团购买力，烟台市控制社会集团购买力领导小组办公室设为市财政局内部科级实体机构，增加行政编制5名，科级干部职数增加1名。11月，科级领导干部职数限额调整为14名。

1989年3月，市财政局增加行政编制3名，用于配备控购办公室工作人员。

1990年6月，市财政局内部设置会计事务管理科，科级领导干部职数限额增至16名。10月，烟台市税收财务物价大检查办公室由非常设机构改为常设机构，行政编制10名，所需编制和人员由市财政局内部调剂4名、市税务局划转2名、市审计局划转3名、市物价局划转1名，主任仍由市财政局分管局长兼任，配备1名正科级专职副主任。为加强全市国有资产管理，市政府决定分步组建烟台市国有资产管理局，市财政局挂烟台市国有资产管理局的牌子，以市国有资产管理局的名义行使管理职能。11月，市财政局设立综合科，作为市国有资产管理局的办事机构，市财政局科级干部职数增至18名。

1991年4月，市财政局机关在编制总额内，工勤编制由1名增至3名，干部编制相应由56名减至54名，人事监察科更名为人事教育科。

1992年6月，预算外资金管理科更名为综合计划科；撤销综合科，设立市国有资产管理局办公室。8月，中共烟台市财政局总支部委员会改为中共烟台市财政局机关委员会，设1名专职副书记（正科级）。

1994年7月，为进一步深化经济体制改革，加强国有资产管理，市政府对国有资产管理机构设置予以调整，确定烟台市国有资产管理局与烟台市财政局合署办公。12月，市政府决定独立设置市国有资产管理局（副处级），由市财政局管理，撤销原设在市财政局的国有资产管理局办公室，收回2名科级领导干部职数，市国有资产管理局内设办公室、企业资产管理科和行政事业资产管理科，人员编制核定20名，其中，工勤1名，科级干部职数6名。

1995年1月，为适应新的财政体制和税务机构分设后税政管理工作需要，市财政局设立税政科，科级领导干部职数限额增加2名；5月，为加强基本建设财务管理，设立基本建设财务科，科级领导干部职数增加2名。以上所需人员编制均从内部调剂解决。

1996年11月，按照烟台市市级机构改革实施意见，保留烟台市财政局，是市政府综合管理全市财政收支、主管财税政策、实施财政监督、参与对国民经济进行宏观调控的职能部门。根据有关规定，管理市国有资产管理局。内设办公室、人事教育科、预算科、综合与改革科、文教行政科（挂市控制社会集团购买力办公室牌子）、农业科（挂农业综合开发科牌子）、农业税征收管理科、会计科、基本建设科、法规税政科、社会保障科、财政监督科12个职能科室和市税收财务物价大检查办公室（副处级）。市税收财务物价大检查办公室下设企业科和行政事业科。核定市财政局行政编制57名，工勤人员编制4名，总额61名。其中，局长1名，副局长3名（含财税工委副书记1名）；总会计师1名；市税收财务物价大检查办公室主任1名（副处级）；科级领导职数26名（含机关党委专职副书记1名）。12月，市纪委监察局派驻纪检组，配备1名纪检组长，其他人员配备在编制总额内确定。

1999年12月，市委、市政府确定成立烟台市国有资产管理委员会，撤销烟台市国有资产管理局，其职能及人、财、物等同时移交市国有资产管理委员会。原市国有资产管理局所属的市国有资产评估中心由市财政局移交市国有资产管理委员会。

2001年3月，市委、市政府下发《关于烟台市人民政府机构改革实施意见》，批准《烟台市财政局职能配置内设机构和人员编制规定》，设置烟台市财政局，为主管全市财政收支、财税政策工作的市政府工作部门。市财政局内设16个职能科室：办公室、综合科、法规税政科、预算科、国库科、文教行政科、经济建设科、农业科、社会保障科、企业科、债务金融科、农业税收管理科、会计科、统计评价科（挂市清产核资办公室牌子）、监督检查科、人事教育科。市财政局机关编制总额 88 名，其中，工勤人员编制 6 名;可配备局长 1 名,副局长 3 名，总会计师 1 名；科级领导职数 30 名（含机关党委专职副书记 1 名）。撤销烟台市财政驻厂员管理处，其业务工作由市财政局相关科室承担。

2003 年 4 月，市财政局撤销文教行政科，设立行政政法科和教科文科；科级领导职数增加 1 名。

2005 年 1 月，市财政局组织实施国有企业财务信息与统计分析、绩效评价、国有企业清产核资职能划归市政府国有资产监督管理委员会，不再保留统计评价科，3 名工作人员随职能划转。市财政局机关行政编制核减 3 名，编制总额调整为 85 名，科级领导职数调整为 30 名。

2006 年 9 月，为进一步完善行政事业单位国有资产监督管理体制，根据财政部行政事业单位国有资产管理暂行办法有关规定，市政府国有资产监督管理委员会承担的行政事业单位国有资产监督管理职能划归市财政局。市财政局增设行政事业资产科，科级领导职数增加 1 名，所需人员从机关现有在编人员中调剂解决。

2008 年 2 月，市财政局农业税收管理科更名为基层财政管理科，负责契税、耕地占用税的征收管理；研究拟定乡镇财政财务管理的有关制度、办法并组织实施，指导乡镇财政、财务管理；负责农村财务管理工作，研究拟定村级财务管理制度、办法并督导落实；对财政用于“三农”的资金使用情况进行督查等。

2010 年 1 月，因纪检监察机构调整，市纪委、市监察局归口派驻机构撤销。4 月，市委、市政府下发《关于烟台市人民政府机构改革实施意见》，批准《烟台市财政局主要职责内设机构和人员编制规定》，设立烟台市财政局，为市政府工作部门，内设 18 个职能科室：办公室、人事科、综合科、法规税政科、预算科、国库科、行政政法科、教科文科、经济建设科、农业科、社会保障科、企业科、金融与债务管理科（挂市世界银行贷款管理办公室牌子）、基层财政管理科、会计科、行政事业资产科（挂市清产核资办公室牌子）、监督检查科、市农业综合开发办公室（副处级）。机关行政编制 81 名，工勤编制 6 名。配备局长 1 名，副局长 4 名，总会计师 1 名，市农业综合开发办公室主任 1 名，科级领导职数 33 名（含机关党委专职副书记 1 名）。

2011 年 1 月，市财政局人事科更名为组织人事科，承担市财政局党委的日常工作；会计科增挂注册会计师行业管理办公室牌子，承担市注册会计师行业党委的日常工作。市财政局机关行政编制增加 2 名，科级领导职数增加 2 名。2 月，烟台市总工会批复成立烟台市财政局工会工作委员会，主要任务是做好市财政局及其下属单位、六区范围内注册会计师行业建立工会组织和管理工作。3 月，市财政局机关行政编制增加 2 名,增加工会工委主任职数 1 名。10 月，市机构编制委员会调整市财政局“三定”方案的部分工作职责，取消市财政局耕地占用税、契税征收管理职责。12 月，市财政局增设行政科，科级领导职数增加 1 名。

2012 年 6 月，为加强对政府投融资工作的监督管理，设立烟台市政府投融资管理处，为市财政局正科级内设机构，科级领导职数增加

2名，所需人员编制在机关现有编制内调剂解决。主要职责：贯彻执行国家、省关于政府投融资管理的法律、法规和方针、政策；组织制定市级投融资政策并组织实施；汇总编制年度政府投融资计划；负责对市级政府投融资平台及其资金使用情况进行监督管理，会同有关部门对投融资效果进行绩效评价等工作。

2013年4月，市财政局内设市农村综合改革办公室，正科级。主要职责：指导推动农村综合改革，拟订改革规划、方案并组织实施，研究解决农村税费改革后遗留问题；承担市农村综合改革领导小组的具体工作。基层财政管理科不再承担以上有关工作。市财政局科级领导职数增加1名。8月，为适应东部海洋经济新区财政管理工作，市财政局行政编制由85名调整为87名，新增编制从烟台东部海洋经济新区指挥部办公室划转。

2014年3月，根据省委、省政府关于严控机构编制、确保财政供养人员只减不增的意见，市编办对市直机关事业单位编制进行精简压缩，市财政局机关行政编制由87名调整为81名。

2015年4月，市委、市政府下发《关于烟台市人民政府职能转变和机构改革实施意见》，批准《烟台市财政局主要职责内设机构和人员编制规定》。市财政局设22个职能科室：办公室、人事科、综合科、法规税政科、预算科、国库科、行政政法科、教科文科、经济建设科、农业科、社会保障科、企业科、金融与债务管理科、基层财政管理科、资产管理科（挂市清产核资办公室牌子）、预算绩效管理科、政府购买服务科、会计科（挂注册会计师行业管理办公室牌子）、监督检查科、市政府投融资管理处、市农村综合改革办公室、市农业综合开发办公室（副处级）。机关行政编制82名。配备局长1名、副局长4名，市农业综合开发办公室主任1名；正科级领导职数27名（含总会计师、监察室副主任、机关党委专职副书记、工会工委主任各1名，市农业综合开发办公室副主任2名）、副科级领导职数15名。6月，经市编办批准，市财政局内设财政监督检查办公室，副处级规格，配备主任1名、副主任1名。撤销监督检查科，其职责划入财政监督检查办公室。

2016年3月，经市编办批复，市财政局内设的财政监督检查办公室下设检查一科、检查二科。8月，根据市编办《关于调整市直有关部门政工机构设置的通知》，市财政局内设的人事科更名为政工科。

2017年1月，省编办批复同意《烟台市综合行政执法体制改革实施方案》（鲁编办〔2017〕22号），确定将市国库集中支付办公室（政府采购管理办公室）、市非税收入管理处承担的相关行政执法职责收归市财政局机关，具体由财政监督检查办公室承担。11月，市委办公室印发《关于全面落实市纪委向市一级党和国家机关派驻纪检机构的方案》的通知，确定市财政局由市纪委派驻第七纪检组负责监督；撤销市监察局派驻市财政局监察室。同月，市编办确定市财政局行政编制由82名调整为79名。

2018年12月，市委、市政府《关于烟台市市级机构改革的实施意见》确定，将市财政局的农业综合开发项目管理、农村综合改革职责整合至市农业农村局；市财政局的预算执行情况和其他财政收支情况的监督检查职责划入市审计局。根据市政府授权，市财政局集中统一履行市级国有金融资本出资人职责；依法依规履行国有金融资本管理职责，负责组织实施基础管理、经营预算、绩效考核、负责人薪酬管理等工作。

2019 年 5 月，根据市委、市政府《关于印发烟台市财政局职能配置、内设机构和人员编制规定的通知》，市财政局设办公室（挂政策调研室牌子）、人事科、综合科、法规税政科、预算科、国库科、政府采购监督管理科、经济建设科、行政政法科、科教文科（挂国有文化企业资产科牌子）、社会保障科、自然资源和生态环境科、农业农村科、工商贸易科、资产管理科（挂市清产核资办公室牌子）、金融与政府引导基金管理科、国有金融资本监管科、政府债务管理科、预算绩效管理科、政府投融资管理科、会计科（挂注册会计师行业党建办公室牌子）、财政监督科 22 个内设机构和机关党委（党建办公室）。核定机关行政编制 73 名（含专职党务工作人员）。设局长 1 名，副局长 4 名；正科级领导职数 24 名（含总会计师 1 名、机关党委专职副书记兼党建办主任 1 名）、副科级领导职数 18 名（含机关纪委书记 1 名）。暂保留工勤编制 3 名，随自然减员逐步收回。

2020 年 10 月，烟台市财政局机关行政编制增加 1 名。年末，机关行政编制 74 名，工勤编制 3 名；内设 22 个科室和机关党委（党建办公室）；实有公务员 68 人、工勤 3 人。

附：2020 年市财政局内设机构职责

办公室（挂政策调研室牌子）：负责文电、会务、督查、信息、宣传、机要、保密、档案、信访、值班、安全等局机关日常运转工作。承担政府信息和政务公开、建议提案办理等工作。负责局机关财务、国有资产管理工作，指导局直属单位财务、国有资产管理工作等。研究提出贯彻市委财经工作重大部署的具体建议并督促落实。牵头组织开展财税政策调研和财政工作重大问题研究，提出政策建议。牵头承担综合性文稿起草工作。承担深化财税改革相关协调工作。

人事科：负责局机关和直属单位的机构编制、人事管理、社会保障等工作。组织指导全市财政系统干部队伍建设和教育培训工作，参与拟订全市财政人才队伍发展政策、规划并组织实施。负责局机关离退休人员的管理服务工作，指导直属单位离退休人员的管理服务工作。

综合科：分析预测全市宏观经济形势，提出中长期财政规划建议。牵头组织全市财政信息数据库建设。会同有关部门拟订全市土地、海域海岛、矿产等国有资源出让收支政策。承担彩票管理相关工作。管理财政票据。提出收入分配政策建议和改革方案，承担清理规范公务员津贴补贴有关工作。管理住房改革资金。按照有关规定对住房公积金的归集、提取和使用情况进行监督。

法规税政科：审核上报财政、税收、相关国有资产管理的规范性文件草案，审核其他部门规范性文件中有关财税的条款。组织拟订法治财政建设实施方案，承担法治财政建设的综合协调、督促指导和监督检查工作。承担局机关有关规范性文件的合法性审核工作。承办国家赔偿费用管理工作。承担行政处罚听证、行政复议和行政应诉相关工作。管理和指导本系统行政执法，组织实施普法工作。负责推进全市财政系统职能转变和行政审批制度改革工作，组织编制系统内权责清单。研究提出实施全市税制改革和地方性税种增减、税目税率调整、减免税以及对市级财政影响较大的临时性特案减免税等重大事项的建议。提出关税和进口税收政策建议。承担市级权限内的税收政策管理工作。组织拟订全市政府非税收入管理制度和政策，承担政府性基金、行政事业性收费管理等相关工作。开展税费政策绩效评价、税源调查、税费收入变化情况分析工作。审核办理全市企业增值税和企业所得税先征后返工作。负责全市税收保障相关工作。负责税务部门地方经费保障有关工作。参与拟订、完善税收征管政策措施，承担市税收保障工作联席会议办公室的具体工作。

预算科：研究提出全市财政政策、财政体制、预算管理制度的建议。组织编制全市中期财政规划。组织市级一般公共预算、政府性基金预算、国有资本经营预算、社会保险基金预算和政府债务预算（计划）的编制、审核和批复等工作。组织汇总年度市级财政预算。提出增收节支和平衡预算的政策措施和建议。牵头市级部门支出标准体系建设以及项目库管理工作。承担市对县（市、区）的转移支付、税收返还和年终财政体制结算工作，指导县（市、区）预算管理工作。拟订促进区域协调发展和县域经济发展的财政政策。指导县以下财政体制改革工作，提出增强基层财政保障能力的政策措施。组织审核、汇总年度县（市、区）财政预算。

国库科：组织全市财政预算执行分析和市级预算执行、监控及分析预测。指导和监督市级国库业务，拟订财政国库管理制度并组织实施，管理市级财政国库。组织实施政府非税收入国库集中收缴。组织执行财政总预算会计制度及社保基金会计制度，负责市级总预算会计核算工作。负责市级预算资金、专户资金的拨付及会计核算工作。管理市级财政专户和预算单位银行账户。负责市级财政国库资金调度，承担国库现金管理有关工作。组织编制财政总决算和部门决算。牵头编制政府综合财务报告。

政府采购监督管理科：拟订政府采购、政府购买服务规章制度和有关政策。制订全市年度政府集中采购目录、政府购买服务指导性目录以及有关限额标准。组织编制市级政府购买服务项目实施方案（计划）。负责市级单位政府采购计划、合同备案和采购方式审批工作。负责对政府采购活动以及政府采购各当事人的监督管理。承担政府采购信息管理、投诉处理等工作。组织对集中采购机构的监督检查和定期考核等工作。指导县（市、区）政府采购及政府购买服务工作。

经济建设科：承担发展改革、住房城乡建设、交通运输、应急管理、能源、粮食和储备等方面的部门预算以及国有资产管理、绩效管理有关工作，研究提出相关财政政策。提出所联系部门和单位的年度预算安排建议，审核其年度财务决算。管理基本建设有关项目资金。拟订市级基本建设财务管理制度。承担有关政策性补贴、专项储备资金和对口支援资金财政管理工作。参与拟订促进投资、军民融合发展等方面的财政政策。参与协调重大自然灾害恢复重建。

行政政法科：承担行政、政法、外事等方面的部门预算以及国有资产管理、绩效管理有关工作，研究提出相关财政政策。提出所联系部门和单位的年度预算安排建议，审核其年度财务决算。拟订行政性经费的财务管理制度和政法经费保障政策并组织实施，研究提出相关开支标准和定额。参与拟订公务用车政策及相关制度，会同有关部门制定分系统执法执勤用车、特种专业技术用车配备使用管理办法。按照规定指导监督道路交通事故社会救助基金的筹集、使用和管理工作。牵头制定保障非公有制经济组织、社会组织党建工作经费的相关政策措施。承担统一着装管理有关工作。

科教文科（挂国有文化企业资产科牌子）：承担宣传、科技、教育、文化和旅游、体育、广电等方面的部门预算以及国有资产管理、绩效管理有关工作，研究提出相关财政政策。提出所联系部门和单位的年度预算安排建议，审核其年度财务决算。推进科技、教育等资金管理机制改革。拟订事业单位通用的财务管理制度。配合做好文化企业国有资产监督管理的地方性法规、政府规章草案起草工作。拟订全市文化和旅游、体育产业财政政策及有关制度。牵头拟订人才发展财政政策并组织实施，承担人才工作经费管理有关工作。承担国有文化资产出资人职责具体事项，负责所监管文化企业国有资产监督管理工作。负责建立健全文化企业国有资产保值增值指标体系并对所监管企业进行考核。

社会保障科：承担人力资源和社会保障、民政、卫生健康、退役军人、医保等方面的部门预算以及国有资产管理、绩效管理有关工作，研究提出相关财政政策。提出所联系部门和单位的年度预算安排建议，审核其年度财务决算。参与拟订有关资金（基金）财务管理制度并组织实施，承担社会保险基金财政监管工作，会同有关部门编制市级社会保险基金预决算草案，审核汇总全市社会保险基金预决算。牵头承担全市农民工就业和解决拖欠农民工工资涉及财政有关工作。配合有关部门开展社会保险精算工作。

自然资源和生态环境科：承担自然资源和规划、生态环境、林业等方面的部门预算以及国有资产管理、绩效管理有关工作，研究提出相关财政政策。研究提出所联系部门和单位的年度预算安排建议，审核其年度财务决算。拟订促进资源节约、资源勘探、土地整治、生态保护修复、污染防治、核与辐射安全、海洋、测绘、林业等方面的财政政策并组织实施。参与拟订自然资源和生态环境领域发展规划、政策等。

农业农村科：承担农业农村、水利、海洋渔业、供销等方面的部门预算以及国有资产管理、绩效管理有关工作，研究提出相关财政政策。提出所联系部门和单位的年度预算安排建议，审核其年度财务决算。负责牵头推进财政涉农资金管理体制改革。研究拟订财政支农、财政扶贫等相关领域财政政策，支持实施乡村振兴战略。会同有关部门制定财政支农资金管理办法和相关行业财务管理制度。组织实施乡村振兴重大专项资金等涉农资金预算编制、资金分配及绩效评价等工作。管理分配财政支农资金，统筹安排财政扶贫资金。承担涉农补贴管理工作。参与农民负担监督检查工作。

工商贸易科：承担工业和信息化、商务、市场监督管理、大数据等方面的部门预算以及国有资产管理、绩效管理有关工作，研究提出相关财政政策。提出所联系部门和单位的年度预算安排建议，审核其年度财务决算。参与产业政策研究，拟订支持工业转型升级、“数字烟台”建设与大数据产业发展、服务业发展、民营经济发展以及外经贸和内贸流通等相关领域的财政政策并组织实施。参与拟订打造对外开放新高地、新旧动能转换重大工程等方面的发展规划及产业政策。

资产管理科（挂市清产核资办公室牌子）：研究提出相关国有资产管理政策。牵头落实国有资产管理情况报告工作。承担国企国资改革相关工作。编制市级国有资本经营预算建议草案，负责市级国有资本经营预算收支管理，汇总全市国有资本经营预算。拟订全市行政事业单位国有资产管理的规章制度并组织实施，指导监督全市行政事业单位国有资产管理工作。承担市级行政事业单位房产、设备、土地等有形、无形国有资产的配置、使用和处置等综合管理工作。承担市级行政事业单位经营性资产统一运营监管工作。承担市级行政事业单位清产核资工作。拟订企业财务制度并组织实施。负责企业财务信息与统计分析。负责拟订市财政局履行有关国有资产（资本）出资人职责的管理制度和办法。承担国有资产监督管理方面的部门预算以及国有资产管理、绩效管理有关工作，研究提出相关财政政策。提出所联系部门和单位的年度预算安排建议，审核其年度财务决算。

金融与政府引导基金管理科：承担地方金融监管部门预算以及国有资产管理、绩效管理有关工作，研究提出相关财政政策。提出所联系部门和单位的年度预算安排建议，审核其年度财务决算。拟订全市政策性金融、普惠金融相关财政政策。承担财政政策与货币政策协调配合的研究工作。拟订全市地方金融类企业财务制度并实施监督管理。参与研究和拟订地方金融宏观调控、金融监管和金融体制改革等相关政策。牵头拟订全市政府和社会资本合作相关政策制度，并实施监督管理。研究拟订政府引导基金管理政策、制度，提出市级政府引导基金设立方案。对市级政府引导基金的经营运作进行监督管理和绩效评价。提出市级引导基金收益安排建议。对县（市、区）政府引导基金工作进行业务指导。承担市级政府引导基金管理委员会办公室的具体工作。

国有金融资本监管科：拟订全市地方国有金融资本管理的政策、制度。负责市级国有金融资本基础管理，承担产权登记、资产评估和国有资本流转等工作。承担国有金融资本运行质量监测工作。审核所监管金融企业发展战略规划及改制、上市、资本金变动方案。编制市级国有金融资本经营预算建议草案，监督相关金融企业上缴国有资本收益。拟订市财政局直接履行出资人职责的地方国有金融企业负责人绩效考核和薪酬管理制度并组织实施。承担所监管金融企业股权董（监）事管理工作，拟订相关制度，按规定提出有关股权董（监）事、财务总监委派人选建议。审核所监管金融企业董事会、监事会报告。起草国有金融资本管理情况报告。

政府债务管理科：组织拟订全市地方政府性债务管理制度、政策和办法。负责全市政府债务限额管理，编制全市和市级政府债务预算（计划）并分类纳入预算管理，承担地方政府债务还本付息管理工作。负责政府外债有关管理工作，参与贷（赠）款、担保和联合融资的对外谈判、转贷（赠）、偿还工作。拟订化解政府性债务风险的政策措施，评估、预警和监控各级政府性债务风险状况。承担地方政府债券的项目确定相关工作。承担政府融资平台的监督管理工作。指导、考核市以下地方政府性债务管理工作，负责地方政府债券发债额度申请、分配工作。承担市政府性债务管理领导小组办公室的具体工作。

预算绩效管理科：研究拟订全面实施预算

绩效管理的制度、政策和办法，牵头建立全方位、全过程、全覆盖的预算绩效管理体系。建立健全预算绩效指标及标准体系，完善预算绩效管理责任和激励约束机制，以及第三方机构参与绩效评价和专家咨询工作机制。组织实施市级预算绩效管理工作。牵头开展事前绩效评估、绩效目标管理、绩效运行监控、绩效评价和结果应用、绩效信息公开等工作。指导县（市、区）开展预算绩效管理工作。

政府投融资管理科：制定市政府投融资政策并组织实施。汇总编制年度政府投融资计划。负责政府投融资项目建设资金筹集与使用管理、预算管理、建设成本管理及工程价款结算管理等工作。会同有关部门对投融资效果进行绩效评价。负责对市级投融资公司进行监督管理，指导投融资公司依法依规开展市场化经营、参与重大产业投融资和重大基础设施建设。

会计科（挂注册会计师行业党建办公室牌子）：组织实施各类会计制度，管理全市会计工作。提出会计改革的政策建议，拟订有关规章制度。按规定承担会计专业技术资格管理有关工作。负责研究制定会计人才队伍建设规划并组织实施。负责会计高端人才的选拔、培养和跟踪服务管理工作。指导并组织会计人员的业务培训。承担指导和监督代理记账机构业务工作。承担市注册会计师行业党委的日常工作。

财政监督科：监督财税法规、政策的执行情况，提出加强财政管理的政策建议。承担监督检查会计信息质量有关工作。拟订财政内部审计工作制度、计划并组织实施。牵头制定财政内部控制制度并组织实施，对内部控制制度执行情况进行监督检查。

机关党委（党建办公室）：负责局机关和直属单位党的建设、群团等工作。负责指导市注册会计师行业党建和所监管市属国有企业党建工作。

1986—2020年烟台市财政局机关科室设置情况一览表

表 4-1

起止时间	机构类别	机构名称	级别	设立时间	变更时间	变更内容
1986.01—1996.11	内设机构	办公室	正科级	1984.01		
		预算科	正科级	1984.01		
		预算外资金管理科	正科级	1984.01	1992.06	更名为综合计划科
		综合计划科	正科级	1992.06		
		行政事业财务科	正科级	1984.01		
		农业财务科	正科级	1984.01		
		企业财务科	正科级	1984.01	1986.02	撤销，职能并入财政驻厂员管理处
		监察科	正科级	1986.02	1987.02	更名为人事监察科

续表 4-1

起止时间	机构类别	机构名称	级别	设立时间	变更时间	变更内容
1986.01—1996.11	内设机构	人事监察科	正科级	1987.02	1991.04	更名为人事教育科
		人事教育科	正科级	1991.04		
		农业税征管科	正科级	1988.02		
		市控制社会集团购买力领导小组办公室	正科级	1988.02		
		会计事务管理科	正科级	1990.06		
		综合科	正科级	1990.11	1992.06	撤销，改设市国有资产管理局办公室
		市国有资产管理办公室	正科级	1992.06	1994.12	撤销，设市国有资产管理局
		税政科	正科级	1995.01		
		基本建设财务科	正科级	1995.05		
		市税收财务物价大检查办公室	副处级	1990.10		由非常设机构改为常设机构
	其他（派驻）机构	市国有资产管理局	副处级	1990.10		1990 年 10 月，在市财政局挂牌；1994 年 7 月，与市财政局合署办公；1994 年 12 月，独立设置，由市财政局管理
		机关党委	正科级	1992.08		与人事教育科合署
1996.11—2001.03	内设机构	办公室	正科级			
		人事教育科	正科级			
		预算科	正科级			
		综合与改革科	正科级	1996.11		原综合计划科
		文教行政科（挂市控制社会集团购买力办公室牌子）	正科级	1996.11		原行政事业财务科分设
		农业科（挂农业综合开发科牌子）	正科级	1996.11		原农业财务科
		农业税征收管理科	正科级	1996.11		原农业税征管科
		会计科	正科级	1996.11		原会计事务管理科
		基本建设科	正科级	1996.11		原基本建设财务科
		法规税政科	正科级	1996.11		原税政科
		社会保障科	正科级	1996.11		原行政事业财务科分设
		财政监督科	正科级	1996.11		

续表 4-1

起止时间	机构类别	机构名称	级别	设立时间	变更时间	变更内容
1996.11—2001.03	内设机构	市税收财务物价大检查办公室	副处级	1996.11		下设企业科、行政事业科
	其他（派驻）机构	市国有资产管理局	副处级	1994.12	1999.12	撤销，成立市国有资产管理委员会，不再由市财政局管理
		机关党委	正科级			与人事教育科合署
		市监察局派驻市财政局监察室	正科级	1996.12		
2001.03—2010.04	内设机构	办公室	正科级			
		综合科	正科级	2001.03		原综合与改革科
		法规税政科	正科级			
		预算科	正科级			
		国库科	正科级	2001.03		从预算科分设
		文教行政科	正科级		2003.04	撤销文教行政科，分设行政政法科和教科文科
		行政政法科	正科级	2003.04		
		教科文科	正科级	2003.04		
		经济建设科	正科级	2001.03		原基本建设科
		农业科	正科级			
		社会保障科	正科级			
		企业科	正科级	2001.03		驻厂处撤销后增设
		债务金融科	正科级	2001.03		驻厂处撤销后增设
		农业税收管理科	正科级	2001.03	2008.02	更名为基层财政管理科
		基层财政管理科	正科级	2008.02		
		会计科	正科级			
		统计评价科（挂市清产核资办公室牌子）	正科级	2001.03	2005.01	随职能划转至市国资委
		监督检查科	正科级	2001.03		原财政监督科
		人事教育科	正科级			
		行政事业资产科	正科级	2006.09		从行政政法科分设
	其他（派驻）机构	机关党委	正科级			自 2006 年与人事教育科分设
		市监察局派驻市财政局监察室	正科级		2010.01	因纪检监察机构调整，撤销

续表 4-1

起止时间	机构类别	机构名称	级别	设立时间	变更时间	变更内容
2010.04—2015.04	内设机构	办公室	正科级			
		人事科	正科级	2010.04	2011.01	更名为组织人事科
		组织人事科	正科级	2011.01		
		综合科	正科级			
		法规税政科	正科级			
		预算科	正科级			
		国库科	正科级			
		行政政法科	正科级			
		教科文科	正科级			
		经济建设科	正科级			
		农业科	正科级			
		社会保障科	正科级			
		企业科	正科级			
		金融与债务管理科（挂市世界银行贷款管理办公室牌子）	正科级	2010.04		原债务金融科
		基层财政管理科	正科级			
		会计科	正科级			
		行政事业资产科（挂市清产核资办公室牌子）	正科级			
		监督检查科	正科级			
		市农业综合开发办公室	副处级	2010.04		从市农业局划转
		行政科	正科级	2011.10		从办公室分设
		市政府投融资管理处	正科级	2012.06		与预算科合署
		市农村综合改革办公室	正科级	2013.04		与基层财政管理科合署
	其他（派驻）机构	机关党委	正科级			
		工会工作委员会	正科级	2011.01		
2015.04—2019.05	内设机构	办公室	正科级			
		人事科	正科级	2015.04	2016.08	更名为政工科
		政工科	正科级	2016.08		
		综合科	正科级			

续表 4-1

起止时间	机构类别	机构名称	级别	设立时间	变更时间	变更内容
2015.04—2019.05	内设机构	法规税政科	正科级			
		预算科	正科级			
		国库科	正科级			
		行政政法科	正科级			
		教科文科	正科级			
		经济建设科	正科级			
		农业科	正科级			
		社会保障科	正科级			
		企业科	正科级			
		金融与债务管理科	正科级			
		基层财政管理科	正科级			
		资产管理科（挂市清产核资办公室牌子）	正科级	2015.04		原行政事业资产科
		预算绩效管理科	正科级	2015.04		
		政府购买服务科	正科级	2015.04		
		会计科（挂注册会计师行业管理办公室牌子）	正科级			
		监督检查科	正科级		2015.06	撤销监督检查科，成立财政监督检查办公室
		市政府投融资管理处	正科级			与预算科合署
		市农村综合改革办公室	正科级			与基层财政管理科合署
		市农业综合开发办公室	副处级			
		财政监督检查办公室	副处级	2015.06		2016 年 3 月，下设检查一科、检查二科
	其他（派驻）机构	市监察局派驻市财政局监察室	副处级	2015.04		2017 年 11 月，撤销
		机关党委	正科级			2017 年 10 月，与政工科合署
		工会工作委员会	正科级			2018 年 12 月，撤销机构
2019.05—2020.12	内设机构	办公室（挂政策调研室牌子）	正科级			
		人事科	正科级	2019.05		原政工科
		综合科	正科级			

续表 4-1

起止时间	机构类别	机构名称	级别	设立时间	变更时间	变更内容
2019.05—2020.12	内设机构	法规税政科	正科级			
		预算科	正科级			
		国库科	正科级			
		政府采购监督管理科	正科级	2019.05		
		经济建设科	正科级			
		行政政法科	正科级			
		科教文科（挂国有文化企业资产科牌子）	正科级	2019.05		原教科文科
		社会保障科	正科级			
		自然资源和生态环境科	正科级	2019.05		从经济建设科分设
		农业农村科	正科级	2019.05		原农业科
		工商贸易科	正科级	2019.05		原企业科
		资产管理科（挂市清产核资办公室牌子）	正科级			
		金融与政府引导基金管理科	正科级	2019.05		原金融与债务管理科
		国有金融资本监管科	正科级	2019.05		
		政府债务管理科	正科级	2019.05		从预算科和原金融与债务管理科分设
		预算绩效管理科	正科级			与财政监督科合署
		政府投融资管理科	正科级	2019.05		原政府投融资管理处
		会计科（挂注册会计师行业党建办公室牌子）	正科级			
		财政监督科	正科级	2019.05		原财政监督检查办公室撤销更设
		机关党委（党建办公室）	正科级	2019.05		与人事科合署

1986—2020 年烟台市财政局机关人员编制情况一览表

表 4-2

截止日期	单位	编制数				实有人数				备注
		合计	行政	事业	工勤	合计	行政	事业	工勤	
1985.12.31	局机关	42	41		1	33	32		1	
1986.12.31	局机关	48	44	3	1					7 月，增加事业编制 3 名；12 月，增加行政编制 3 名
1987.12.31	局机关	44	40	3	1	37	36		1	10 月，抽减行政编制 4 名
1988.12.31	局机关	48	44	3	1	39	38		1	2 月，调减编制 1 名；6 月，增加行政编制 5 名
1989.12.31	局机关	51	47	3	1	39	38		1	3 月，增加行政编制 3 名
1990.12.31	局机关	57	53	3	1	44	43		1	10 月，抽调行政编制 4 名组建大检办
	大检办	10	10			6	6			
1991.12.31	局机关	57	51	3	3	57	56		1	4 月，增加工勤编制 2 名，减少干部编制 2 名；含大检办
1992.12.31	局机关	57	51	3	3	58	57		1	含大检办、国资管理局办公室
1993.12.31	局机关	57	51	3	3	58	57		1	含大检办、国资管理局办公室
1994.12.31	局机关	57	51	3	3	49	48		1	含大检办
	市国资局	20	19		1	5	5			12 月，市国有资产管理局独立设置
1995.12.31	局机关	57	51	3	3	53	52		1	含大检办
	市国资局	20	19		1	8	8			
1996.12.31	局机关	61	57		4	55	54		1	11 月，机构改革
	市国资局	20	19		1	8	8			
1997.12.31	局机关	61	57		4	54	53		1	
	市国资局	20	19		1	12	12			
1998.12.31	局机关	61	57		4	53	52		1	
	市国资局	20	19		1					
1999.12.31	局机关	61	57		4	51	50		1	12 月，市国资局划归市国有资产管理委员会
2000.12.31	局机关	61	57		4	50	49		1	
2001.12.31	局机关	88	82		6	80	74		6	3 月，机构改革，撤销驻厂处，职能由市财政局承担
2002.12.31	局机关	88	82		6	85	80		5	
2003.12.31	局机关	88	82		6	83	77		6	

续表 4-2

截止日期	单位	编制数				实有人数				备注
		合计	行政	事业	工勤	合计	行政	事业	工勤	
2004.12.31	局机关	88	82		6	79	73		6	
2005.12.31	局机关	85	79		6	77	71		6	1 月，统计评价科划归市国资委，核减行政编制 3 名
2006.12.31	局机关	85	79		6	76	71		5	
2007.12.31	局机关	85	79		6	78	73		5	
2008.12.31	局机关	85	79		6	79	74		5	
2009.12.31	局机关	85	79		6	80	75		5	
2010.12.31	局机关	87	81		6	86	81		5	4 月，机构改革
2011.12.31	局机关	91	85		6	90	85		5	1 月和 3 月，分别增加行政编制各 2 名
2012.12.31	局机关	91	85		6	87	82		5	
2013.12.31	局机关	93	87		6	82	78		4	8 月，增加行政编制 2 名
2014.12.31	局机关	87	81		6	78	74		4	3 月，调减行政编制 6 名
2015.12.31	局机关	82	82			79	75		4	4 月，机构改革，取消工勤编制
2016.12.31	局机关	82	82			81	78		3	
2017.12.31	局机关	79	79			76	73		3	11 月，调减行政编制 3 名
2018.12.31	局机关	79	79			77	74		3	
2019.12.31	局机关	76	73		3	70	67		3	5 月，机构改革，保留工勤编制 3 名
2020.12.31	局机关	77	74		3	71	68		3	10 月，增加行政编制 1 名

第二节　事业单位

1986 年，烟台市财政局所属事业单位 5 个，其中，副处级单位 1 个、科级单位 4 个。2015 年，所属事业单位 8 个，其中，参照公务员法管理单位 3 个、财政拨款单位 4 个、财政补贴单位 1 个；按机构规格划分，正处级单位 2 个、副处级单位 3 个、科级单位 3 个。至 2020 年，市财政局所属事业单位 7 个，其中，公益一类财政拨款单位 6 个（正处级 1 个、副处级 2 个、科级 3 个），财政补贴单位 1 个。

烟台市财政驻厂员管理处

1984 年 4 月，市政府批复设立山东省烟台市财政驻厂员管理处，科级事业单位，核定编制 10 名。同年 10 月调整为副处级单位。

1986 年 2 月，市财政驻厂员管理处内设综合科、工交企业财务管理科、商业企业财务管理科、外贸企业财务管理科 4 个科室；同时撤销市财政局企财科，其工作职责并入市财政驻厂员管理处。

1987年2月，市财政驻厂员管理处增设中央企业财政驻厂员科。3月，市财政驻厂员编制调整为：中央级13名、省级8名、市级29名。

1988年3月，市财政驻厂员管理处的中央企业财政驻厂员科、外贸企业财务管理科及中央企业财政驻厂员10名编制划归中央企业财政驻厂员处。调整后，烟台市财政驻厂员管理处编制为34名，其中，省级企业财政驻厂员7名，并增设省级企业财政驻厂员科。10月，市财政驻厂员管理处综合科更名为外经贸财务管理科。

1989年9月，市编委审定市财政驻厂员管理处人员结构比例为：业务人员编制26名，行政管理人员编制5名，工勤编制3名。在总编制中，可配备单位领导干部3名，中层干部8名。

1991年4月，市财政驻厂员管理处内部增设行政科，增加事业编制10名，其中，工勤人员5名，科级职数2名。7月，财政驻厂员管理处的省级驻厂员编制名额调整为10名。

1998年3月，市财政驻厂员管理处内设的外经贸财务管理科对外挂烟台市世界银行贷款管理办公室牌子，增加中层干部职数2名。

2001年3月，市级机构改革撤销烟台市财政驻厂员管理处，其业务工作由市财政局相关科室承担。

2003年1月，山东省机构编制委员会办公室收回省级驻厂员编制10名。

山东省会计干部中等专业学校烟台分校（烟台市财政会计干部学校、烟台市财政干部教育中心）

1984年4月，市政府批复建立烟台市财政会计干部学校，科级事业单位，核定编制30名，其中，干部23名，工勤7名。

1986年5月，省财政厅批复，建立山东省会计干部中等专业学校烟台分校，办学规模为在校学生300人。设会计专业，招收初中毕业文化程度的干部职工，纳入全省职工中专招生计划。学制为全脱产两年、半脱产三年。同月，在莱阳、掖县、黄县设立教学点。

1987年12月，事业编制增至67名，其中，工勤15名。

1988年1月，市政府确定山东省会计干部中等专业学校烟台分校与烟台财政会计干部学校合署，一个机构、两个牌子，为副处级事业单位。5月，设办公室、教务科、总务科。

1989年3月，省财政厅批复同意山东省会计干部中等专业学校烟台分校增设牟平、蓬莱、海阳3处教学点，隶属烟台市财政局领导。各教学点均设会计专业，招收初中毕业生，纳入全省职工中专招生计划，学制为全脱产两年、业余两年半，专修班脱产一年、业余一年半，毕业证、结业证均由总校颁发。9月，市编委审定省会计干部中专学校烟台分校人员结构比例为：专任教师编制38名，行政管理人员编制12名，工勤编制17名。在总编制中，可配备单位领导干部3名，中层干部7名。

1991年4月，增设基建科，增加事业编制20名，其中，工勤13名，科级职数3名。

1992年4月，增加行政管理人员编制1名。

1993年4月，撤销基建科，收回20名编制及3名科级干部职数。

2000年4月，人员编制总额调整为60名。

2004年10月，增挂烟台市财政干部教育中心牌子，人员编制调整为54名，其他不变。

2013 年 11 月，人员编制调整为 49 名。

2014 年 1 月，人员编制调整为 43 名。

2015 年 3 月，人员编制调整为 40 名。

2017 年 3 月，人员编制调整为 37 名。

2020 年 3 月，人员编制调整为 29 名。

2020 年 12 月，市委、市政府深化事业单位改革试点，整合山东省会计干部中等专业学校烟台分校（挂烟台市财政干部教育中心、烟台市财政会计干部学校牌子）、烟台市财政科学研究所，组建烟台市财政科研教育中心，为市财政局所属副处级公益一类财政拨款事业单位，实际于 2021 年完成组建。

2020 年 12 月，烟台市科研教育中心、烟台市国有资产运营保障中心揭牌

烟台会计师事务所（烟台中华会计师事务所）

1984 年 10 月，市政府批复成立烟台会计师事务所，科级事业单位，核定编制 7 名。

1988 年 5 月，增加事业编制 13 名，编制总额 20 名，其中，工勤 2 名。

1989 年 9 月，市编委审定烟台会计师事务所人员结构比例为：业务人员编制 14 名，行政管理人员编制 4 名，工勤编制 2 名。在总编制中，可配备单位领导干部 3 名。

1992 年 2 月，烟台会计师事务所内设资产评估部、涉外业务部、国内查账部、国内验资部、基建审查部、办公服务部、电化培训部。

1993 年 12 月，在烟台会计师事务所的基础上组建烟台中华会计师事务所，为副处级事业单位，隶属烟台市财政局，经费自收自支，核定编制 60 名，内设办公室、国内业务部、国际业务部、基建业务部、培训部、咨询部，可配备单位领导干部 3 名，中层领导干部 12 名。“烟台会计师事务所”名称继续保留。

1998 年 4 月，财政部要求执行证券期货相关业务的会计师事务所与挂靠单位在人员、财务、业务、名称四个方面脱钩。烟台会计师事务所财务关系从 7 月 1 日起、人事关系从 10 月 30 日起与烟台市财政局脱钩，成为独立的社会中介机构。

烟台市财政科学研究所

1986 年 3 月，市编委批复成立烟台市财政科学研究所，科级事业单位，编制 10 名，主要开展财政科学研究工作。

1988 年 10 月，人员编制由 10 名增至 15 名。

1989 年 9 月，市编委审定烟台市财政科学研究所人员结构比例为：业务人员编制 10 名，行政管理人员编制 3 名，工勤编制 2 名。在总编制中，可配备单位领导干部 3 名。

1992 年 4 月，增加行政管理人员编制 1 名。

2005 年 5 月，人员编制由 16 名调整为 12 名。

2013 年 5 月，市编办批复烟台市财政科学研究所机构编制事项核定方案。烟台市财政科学研究所为隶属烟台市财政局领导的正科级财政拨款事业单位。职责任务：负责全市年度财政科研课题的提出及研究；完成上级财政部门布置的课题任务；组织全市财政理论研究成果评奖活动；承担市财政学会秘书处的日常工作等。人员编制 12 名，其中，管理人员编制 3 名，专业技术人员编制 9 名。单位领导职数 3 名，其中，主任 1 名，副主任 2 名。

2015 年 1 月，市编办确定市财政科学研究所为公益一类事业单位。

2016 年 5 月，人员编制由 12 名调整为 10 名。

2017 年 3 月，人员编制由 10 名调整为 8 名。

2020 年 12 月，市委、市政府深化事业单位改革试点，整建制并入新组建的烟台市财政科研教育中心，实际于 2021 年完成组建。

烟台市住房资金管理处

1986 年 12 月，市编委批复设立烟台市公房租金管理所，为科级事业单位，编制 6 名，经费自理。

1987 年 7 月，烟台市公房租金管理所更名为烟台市公房租金管理处，编制增至 20 名，其中，工勤 2 名。

1988 年 1 月，市政府确定烟台市公房租金管理处为副处级事业单位。5 月，内部机构设综合科、租金一科、租金二科。

1989 年 9 月，市编委审定烟台市公房租金管理处人员结构比例为：业务人员编制 13 名，行政管理人员编制 6 名，工勤编制 1 名。在总编制中，可配备单位领导干部 3 名，中层干部 5 名。

1992 年 4 月，增加行政管理人员编制 1 名。

1995 年 10 月，为适应新的房改制度要求，加强本市住房资金管理，烟台市公房租金管理处更名为烟台市住房资金管理处，主要职责是管理住房公积金及其他各项住房资金和世界银行与社会保障制度改革项目贷款等。内设办公室、计划业务科、会计科、世行贷款管理科。

2003 年 2 月，为调整理顺市住房公积金管理体制，市政府决定成立烟台市住房公积金管理委员会，烟台市住房资金管理处更名为烟台市住房公积金管理中心，直属市政府。

（烟台）中央企业财政驻厂员处

1987 年 10 月，经财政部批准，省财政厅、人事厅、编委在烟台市设立中央企业财政驻厂员处，副处级，内设中央外贸企业财政驻厂员科。12 月，调整编制名额为 10 名，9 名工作人员由市财政局移交省财政厅。

1988 年 3 月，烟台市财政驻厂员管理处内设的中央企业财政驻厂员科、外贸企业财务管理科及中央企业财政驻厂员 10 名编制划归中央企业财政驻厂员处。10 月，增加编制 2 名。

1995 年 1 月，（烟台）中央企业财政驻厂员处转变职能，在原机构基础上成立财政部驻山东省财政监察专员办事处烟台组，由财政部垂直领导。干部管理按公务员条例执行。

1998 年 10 月，财政部“三定”方案确定，财政部驻各地财政监察专员办事机构设置到省一级，撤销市地办事组。财政部驻山东省财政监察专员办事处烟台组撤销后，人员、财产移交烟台市财政局，10 名工作人员由市财政局接收安置。

烟台市蓬莱财会之家

1990年4月，市编委批复设立烟台市蓬莱财会之家，为科级事业单位，隶属烟台市财政局领导，经费自收自支。核定事业编制40名，其中，干部编制10名，工人编制30名，可配备单位领导干部3名。

1995年3月，烟台市蓬莱财会之家成建制下放给蓬莱市财政局管理。

烟台财会培训中心

1993年2月，市政府批复设立烟台财会培训中心，为差额拨款副处级事业单位，由财政部、省财政厅和市财政局共同领导，以市财政局领导为主，主要任务是承担三级财政部门安排的财政及财务管理人员的培训工作。4月，核定烟台财会培训中心编制为100名，可配备单位领导干部3名，中层领导干部8名；内设办公室、总务科、培训科、接待科、餐食科。

1997年12月，人员编制由100名增至180名；内部机构增设财务科、安全保卫科，车队按科级对待；科级干部职数增加6名。

2003年2月，烟台财会培训中心的机构规格由副处级调整为正处级，可配备主任1名，副主任2名。4月，编制调整为280名，内设办公室、财务部、公关营销部、客房部、餐饮部、培训部、工程动力部、安全保卫部，车队按内部机构对待，中层领导干部职数调整为18名。

2004年5月，增设供应部，中层领导干部职数调整为21名。

2006年12月，人员编制调整为180名。

2013年5月，市编办批复烟台财会培训中心机构编制事项核定方案。烟台财会培训中心为隶属烟台市财政局领导的正处级财政补贴事业单位。内设办公室、财务部、公关营销部、客房部、餐饮部、培训部、工程动力部、安全保卫部、供应部、车队。人员编制180名，其中，管理人员编制40名，专业技术人员编制50名，工勤技能人员编制90名。单位领导职数3名，其中，主任1名，副主任2名，

1994年7月18日，烟台财会培训中心开业留念

中层领导职数21名。7月，中层领导职数由21名调整为22名。

2014年3月，人员编制由180名调整为163名。12月，领导职数调整为4名，其中，主任1名、专职副书记1名、副主任2名。

2020年12月，市委、市政府深化事业单位改革试点，取消烟台财会培训中心机构规格，干部管理权限不变。

烟台市契税征收处

1994年8月，市编委批复设立烟台市财政局农业税征收处，为财政全额拨款的科级事业单位，编制10名，可配备单位领导干部2名，隶属市财政局领导。主要负责中央、省及市直驻芝罘区单位农业特产税及市区内契税的征收工作。1995年8月，参照执行职级工资制。2006年3月，更名为烟台市契税征收处。

2011年1月，人员编制由10名调整为12名。根据财政部、国家税务总局关于加快落实地方财政耕地占用税和契税征管职能划转工作的通知精神和省“两税”征管职能划转工作要求，开始“两税”征管人员及征管业务的划转工作。12月，市编办确定撤销烟台市契税征收处，原定的12名事业编制收回。2012年2月，随“两税”职能划转，其人员由市财政局移交市地税局。

烟台市国有资产评估中心

1994年12月，市编委批准设立烟台市国有资产评估中心，为全民所有制科级事业单位。编制10名，其中，工勤1名，单位领导干部2名，经费自收自支，由市国有资产管理局领导。主要承担国有资产评估行政管理职能。1999年12月，由市财政局整体移交市国有资产管理委员会管理。

烟台市非税收入管理处（市财政票据管理中心）

1997年3月，市政府批准设立烟台市预算外资金管理处，为全额拨款的副处级事业单位，由市财政局管理。4月，市编办批复，内设财务科、票据科、征管科和稽查科，人员编制20名，其中，单位领导职数2名，中层领导干部职数6名，工勤1名。

2010年6月，市编委批复烟台市预算外资金管理处更名为烟台市非税收入管理处，挂烟台市财政票据管理中心牌子，仍为市财政局领导的副处级全额预算管理事业单位。单位领导干部职数调整为3名。主要职责调整为：负责政府非税收入的收支管理、稽查、指导、考核工作，审核和申报政府性基金、行政事业性收费的立项，编报非税收入收支预决算，为政府筹措资金；承担彩票市场监管和彩票资金管理工作；承担住房公积金监管和住房改革资金管理工作；负责财政票据管理工作。10月，人员编制调整为21名。

2011年1月，增设土地资金管理科；编制由21名调整为24名，中层领导干部职数由6名调整为8名。

2013年5月，市编办批复烟台市非税收入管理处机构编制事项核定方案。烟台市非税收入管理处为隶属烟台市财政局领导的副处级财政拨款事业单位。内设机构5个：财务科、票据科、征管科、稽查科、土地资金管理科。人员编制24名，其中，管理人员编制24名。单位领导职数3名，其中，主任1名，副主任2名，中层领导职数10名。

2014年3月，人员编制由24名调整为22名。

2015年1月，省人社厅、公务员局批复烟台市非税收入管理处列入参照《中华人民共和国公务员法》管理范围。同月，市编办确定市非税收入管理处为公益一类事业单位。

2018年12月，市委、市政府确定，整合市政府采购管理办公室（市国库集中支付管理办公室与其合署）、市非税收入管理处、市会计事务服务中心，组建市财政集中支付中心（挂市财会事务服务中心牌子），为市政府直属正处级公益一类财政拨款事业单位，由市财政局代管。

烟台市政府采购管理办公室（市国库集中支付管理办公室）

1999年1月，市政府决定成立烟台市政府采购管理委员会，下设办公室，办公室设在市财政局，主要职能是负责市级政府采购工作的管理和监督，即通过制定政府采购规范政策，完善政府采购工作程序，实现对政府采购工作的全过程监管。3月，市政府批复组建烟台市政府采购管理办公室，为市财政局领导的正处级全额预算管理事业单位，参照公务员管理，人员编制15名，所需人员从已调整的财政部驻山东省财政监察专员办事处烟台组及市财政局机关事业单位现有人员中调剂解决。7月，市编委批复烟台市政府采购管理办公室配备主任1名，副主任1名，中层干部6名；内设综合科、采购管理科和财务监督科。

2005年5月，增设集中支付科，人员编制由15名调整为21名，中层领导干部职数调整为8名。

2006年3月，人员编制由21名调整至27名。

2007年1月，增设支付审查科，中层领导干部职数调整为10名。6月，市编委批复设立烟台市国库集中支付管理办公室，为市财政局领导的全额预算管理事业单位。主要职责：贯彻实施国库管理有关法律法规，承办财政拨款预算单位集中支付业务的受理、审查和集中支付等工作。7月，市国库集中支付管理办公室与市政府采购管理办公室合署办公。

2008年4月，省委组织部、人事厅批复烟台市国库集中支付管理办公室参照公务员法管理。

2009年12月，撤销集中支付科，设立直接支付科和授权支付科。直接支付科主要负责财政直接支付项目的受理、审核、资金拨付工作；授权支付科主要负责财政授权支付项目的受理、审核、资金拨付工作。编制增加4名，科级领导职数增加2名。

2011年9月，市编委确定市国库集中支付管理办公室配备主任1名（由市政府采购管理办公室主任兼任）、专职副主任1名。

2013年5月，市编办批复烟台市政府采购管理办公室机构编制事项核定方案。烟台市政府采购管理办公室（烟台市国库集中支付管理办公室与其合署）为隶属烟台市财政局领导的正处级财政拨款事业单位。内设综合科、采购管理科、财务监督科、支付审查科、直接支付科、授权支付科。人员编制31名，其中，管理人员编制31名。单位领导职数3名，其中，主任1名，副主任2名，中层领导职数12名。

2014年3月，人员编制由31名调整为29名。

2015年1月，市编办确定市政府采购管理办公室为公益一类事业单位。

2018年12月，市委、市政府确定，与市非税收入管理处等整合组建烟台市财政集中支付中心。

烟台市会计事务服务中心

1999年12月，市编办批准设立烟台市会计事务服务中心，为市财政局领导的科级事业单位，按差额预算单位管理，核定编制7名，配备主任1名，副主任1名。主要任务是承担全市会计培训、考试、发证及其他有关会计事务的服务工作。

2000年9月，会计事务服务中心经费形式由差额预算管理调整为全额预算管理。

2005年5月，人员编制调整为5名。

2010年10月，人员编制调整为6名。

2013年5月，市编办批复烟台市会计事务服务中心机构编制事项核定方案。烟台市会计事务服务中心为隶属烟台市财政局领导的正科级财政拨款事业单位。职责任务：组织市直会计专业技术资格考试报名工作；组织实施市直会计人员继续教育工作；负责市直会计人员信息化工作等。人员编制6名，其中，管理人员编制2名，专业技术人员编制4名。单位领导职数2名，其中，主任1名，副主任1名。

2015年1月，市编办确定市会计事务服务中心为公益一类事业单位。

2018年12月，根据市级事业单位机构改革方案，整建制并入新组建的市财政集中支付中心（挂市财会事务服务中心牌子）。

烟台市财政信息中心

2000年4月，市编办批复设立烟台市财政信息中心，为市财政局领导的科级事业单位，全额预算管理。编制8名，从山东省会计干部中等专业学校烟台分校划转，可配备主任1名，副主任1名。所需人员从市财政局及所属事业单位中调剂解决。主要任务是承担全市财政系统计算机网络的管理、开发与利用及培训工作。

2013年5月，市编办批复烟台市财政信息中心机构编制事项核定方案。烟台市财政信息中心为隶属烟台市财政局领导的正科级财政拨款事业单位。职责任务：承担全市财政系统计算机网络和“金财工程”的建设、管理和维护以及信息数据的采集、加工处理、统计分析等工作。人员编制8名，其中，管理人员编制2名，专业技术人员编制6名。单位领导职数2名，其中，主任1名，副主任1名。

2015年1月，市编办确定市财政信息中心为公益一类事业单位。3月，人员编制调整为11名。

2020年12月，深化市级事业单位改革试点，整建制并入新组建的烟台市国有资产运营保障中心，实际于2021年完成组建。

烟台市政府投资评审中心

2003年12月，市编委批复设立烟台市政府投资评审中心，副处级单位，编制15名，可配备主任1名，副主任1名，经费由财政差额拨款，按全额预算单位管理。主要承担财政性投资的基本建设项目的评估及评价工作；承担财政性投资项目的概算、预算、结算和竣工决算的评审及咨询服务等工作。

2004年5月，烟台市政府投资评审中心内设综合科、评审一科、评审二科，中层领导干部职数6名，人员编制中可配备工勤人员1名。

2007年1月，增设评审三科，主要负责土地储备成本核定和征地拆迁补偿审查工作；人员编制调整为20名，中层领导职数调整为8名。

2009年12月，增设咨询评价科，人员编制增加5名，中层领导职数增加2名。

2013年5月，市编办批复烟台市政府投资评审中心机构编制事项核定方案。烟台市政府投资评审中心为隶属烟台市财政局领导的副处级财政拨款事业单位。职责任务：主要承担政府性投资的基本建设项目（包括交通、农田水利、综合开发、城市基础建设、大型修缮工程、技术改造、科技三项费用、国土资源勘探等财政性专项资金项目）的评估及评价工作；负责土地储备成本核定和征地拆迁补偿审查工作；承担财政性投资项目的概、预、结算和竣工决算的评审及咨询服务工作。内设综合科、评审一科、评审二科、评审三科、咨询评价科。人员编制25名，其中，管理人员编制25名。单位领导职数2名，其中，主任1名，副主任1名，中层领导职数10名。9月，单位领导职数调整为3名。11月，人员编制调整为30名。

2004年6月28日，烟台市政府投资评审中心挂牌，全体工作人员合影留念

2014年3月，人员编制调整为28名。

2015年1月，省人社厅、公务员局批复烟台市政府投资评审中心列入参照《中华人民共和国公务员法》管理范围。同月，市编办确定市政府投资评审中心为公益一类事业单位。6月，增设评审稽核科，单位编制调整为31名，科级中层领导职数调整为12名。11月，市编办批复，市政府投资评审中心不再承担土地储备成本核定和征地拆迁补偿审查工作职责，增加部门预算项目评审工作职责。

2018年12月，更名为烟台市财政预算评审中心。

烟台市国有资产运营管理中心

2018年2月，市编办批复，设立烟台市国有资产运营管理中心，为市财政局领导的正科级公益一类财政拨款事业单位，人员编制15名，单位领导职数3名，其中，主任1名，副主任2名。主要职责：根据市政府授权或委托，对政府各类有形和无形资产统一运营管理；履行政府公务舱职能，对授权范围内的资产进行优化配置，建立政府主导的资产集中调配和共享机制；对在用资产进行维护管理，为政务活动提供保障；参与市属国有企业及国有改制企业国有资产的运营管理，承接财政履行出资人职责的企业股权；依法经营授权的资产和股权，确保国有资产保值增值。

2020年12月，深化市级事业单位改革试点，整合烟台市财政信息中心、烟台市国有资产运营管理中心，组建烟台市国有资产运营保障中心，为市财政局所属副处级公益一类财政拨款事业单位，实际于2021年完成组建。

烟台市财政集中支付中心

2018年12月，根据市级机构改革方案，整合市政府采购管理办公室、市非税收入管理

2018 年 12 月，烟台市财政集中支付中心、烟台市财政预算评审中心揭牌

处、市会计事务服务中心，组建市财政集中支付中心（挂市财会事务服务中心牌子），为市政府直属正处级公益一类财政拨款事业单位，由市财政局代管。

2019 年 4 月，烟台市财政集中支付中心内设办公室、财务科、直接支付科、授权支付科、土地专项支付科、核算科、支出分析科、信息资源科、票据科、培训科、会计事务服务科。核定人员编制 48 名，其中，管理人员编制 41 名、专业技术人员编制 7 名；单位领导职数 4 名，其中，主任 1 名、副主任 3 名；内设机构领导职数 22 名，其中，正科级 11 名、副科级 11 名。

2020 年 12 月，市委、市政府深化事业单位改革试点，烟台市财政集中支付中心隶属关系由市政府直属、市财政局代管调整为市财政局所属。

1986—2020 年烟台市财政局所属事业单位机构编制情况一览表

表 4-3

单位名称	时间	级别	经费形式	内设机构数	领导职数	中层职数	编制总数	备注
烟台市财政驻厂员管理处	1984.04（成立）	正科级	全额拨款				10	1984 年 10 月，调整为副处级单位；1986 年 2 月，内设 4 个科室
	1989.09（核定）	副处级	全额拨款	4	3	8	34	1991 年 4 月，增设行政科，增加编制 10 名，增加科级职数 2 名；1998 年 3 月，增加科级职数 2 名
	2001.03（撤销）	副处级	全额拨款	5	3	12	44	市级机关机构改革中撤销，职能、人员并入市财政局机关
山东省会计干部中等专业学校烟台分校（烟台市财政干部教育中心）	1984.04（成立）	正科级	全额拨款				30	成立时名为烟台市财政会计干部学校；1986 年 5 月，建立山东省会计干部中等专业学校烟台分校，1988 年 1 月，确定为副处级，与烟台市财政会计干部学校合署办公
	1989.09（核定）	副处级	全额拨款	3	3	7	67	2000 年 4 月，调整编制为 60 名
	2004.10	副处级	全额拨款	3	3	7	54	增挂“烟台市财政干部教育中心”牌子

续表 4-3

单位名称	时间	级别	经费形式	内设机构数	领导职数	中层职数	编制总数	备注
山东省会计干部中等专业学校烟台分校（烟台市财政干部教育中心）	2013.11	副处级	财政拨款	3	3	7	49	2014 年 1 月，人员编制调整为 43 名
	2015.03	副处级	财政拨款	3	3	7	40	2017 年 3 月，人员编制调整为 37 名
	2020.03	副处级	财政拨款	3	3	7	29	2020 年 12 月，与市财政科学研究所整合，组建烟台市财政科研教育中心
烟台会计师事务所（烟台中华会计师事务所）	1984.10（成立）	正科级					7	1988 年 5 月，增加事业编制 13 名
	1989.09（核定）	正科级			3		20	1993 年 12 月，在原有基础上组建烟台中华会计师事务所，为副处级事业单位
	1998.10	副处级	自收自支	6	3	12	60	脱钩改制，成为独立的社会中介机构
烟台市财政科学研究所	1986.03（成立）	正科级	全额拨款				10	
	1989.09（核定）	正科级	全额拨款		3		15	
	2013.05（核定）	正科级	财政拨款		3		12	
	2016.05	正科级	财政拨款		3		10	
	2017.03	正科级	财政拨款		3		8	2020 年 12 月，整合组建烟台市财政科研教育中心
烟台市住房资金管理处	1986.12（成立）	正科级	经费自理		3		6	成立时名为烟台市公房租金管理所；1987 年 7 月，更名为市公房租金管理处；1988 年 1 月，确定为副处级事业单位
	1989.09（核定）	副处级		3	3	5	20	1995 年 10 月，更名为市住房资金管理处
	2003.02	副处级		4	3			调整为市住房公积金管理中心，与市财政局脱离隶属关系
烟台市蓬莱财会之家	1990.04（成立）	正科级	自收自支		3		40	
	1995.03	正科级	自收自支					成建制下放给蓬莱市财政局
烟台财会培训中心	1993.02（成立）	副处级	差额拨款	5	3	8	100	受财政部、省财政厅和市财政局共同领导
	2003.02	正处级	差额拨款	9	3	18	280	

续表 4-3

单位名称	时间	级别	经费形式	内设机构数	领导职数	中层职数	编制总数	备注
烟台财会培训中心	2013.05（核定）	正处级	财政补贴	10	3	21	180	2013 年 7 月，增加中层科级领导职数 1 名
	2014.03	正处级	财政补贴	10	4	22	163	2014 年 12 月，增加单位领导职数（专职副书记）1 名
	2020.12		财政补贴					取消机构规格，干部管理权限不变
烟台市契税征收处	1994.08（成立）	正科级	全额拨款		2		10	成立时名为烟台市财政局农业税征收处；2006 年 3 月，更名为市契税征收处
	2011.12	正科级	全额拨款		2		12	撤销机构，2012 年 2 月，人员随职能移交烟台市地税局
烟台市国有资产评估中心	1994.12（成立）	正科级	自收自支		2		10	由烟台市国有资产管理局领导
	1999.12	正科级	自收自支		2		10	由市财政局整体移交市国有资产管理委员会管理
烟台市非税收入管理处（烟台市财政票据管理中心）	1997.03（成立）	副处级	全额拨款	4	2	6	20	成立时名为烟台市预算外资金管理处；2010 年 6 月，更名为市非税收入管理处，挂市财政票据管理中心牌子
	2013.05（核定）	副处级	财政拨款	5	3	10	24	
	2014.03	副处级	财政拨款	5	3	10	22	2015 年 1 月，参照公务员法管理 2018 年 12 月，整合组建市财政集中支付中心
烟台市政府采购管理办公室（烟台市国库集中支付管理办公室）	1999.01（成立）	正处级	全额预算	3	2	6	15	2007 年 6 月，设立烟台市国库集中支付管理办公室，与采购办合署办公；2008 年 4 月，烟台市国库集中支付管理办公室参照公务员法管理
	2013.05（核定）	正处级	财政拨款	6	3	12	31	
	2014.03	正处级	财政拨款	6	3	12	29	2018 年 12 月，整合组建市财政集中支付中心
烟台市会计事务服务中心	1999.12（成立）	正科级	差额预算		2		7	2000 年 9 月，调整为全额预算单位
	2013.05（核定）	正科级	财政拨款		2		6	
	2018.12	正科级	财政拨款		2		6	整合组建市财政集中支付中心（挂市财会事务服务中心牌子）

续表 4-3

单位名称	时间	级别	经费形式	内设机构数	领导职数	中层职数	编制总数	备注
烟台市财政信息中心	2000.04（成立）	正科级	全额预算		2		8	
	2013.05（核定）	正科级	财政拨款		2		8	2015 年 3 月，人员编制增加 3 名
	2020.12	正科级	财政拨款		2		11	与市国有资产管理中心合并组建市国有资产运营保障中心
烟台市财政预算评审中心	2003.12（成立）	副处级	差额拨款	3	2	6	15	2005 年 4 月，调整为全额拨款单位
	2007.01	副处级	财政拨款	4	2	8	20	2009 年 12 月，内设 5 个科室，编制 25 名，中层领导职数 10 名
	2013.05（核定）	副处级	财政拨款	5	2	10	25	2013 年 9 月，单位领导职数增加 1 名
	2013.11	副处级	财政拨款	5	3	10	30	2014 年 3 月，人员编制调整为 28 名 2015 年 1 月，参照公务员法管理
	2015.06	副处级	财政拨款	6	3	12	31	2018 年 12 月，更名为烟台市财政预算评审中心
烟台市国有资产运营管理中心	2018.02（批复）	正科级	财政拨款		3		15	2020 年 12 月，与市财政信息中心合并组建市国有资产运营保障中心
烟台市财政集中支付中心（挂烟台市财会事务服务中心牌子）	2019.04（批复）	正处级	财政拨款	11	4	22	48	2018 年 12 月，整合组建

第三节　公司及经济实体

1988—2002 年，根据形势发展要求和相关政策规定，市财政局先后成立或代管若干公司及经济实体组织，2002 年以后全部移交或脱钩。

烟台市信托投资公司

1988 年 7 月，市政府确定烟台市信托投资公司与烟台市交通银行分设。分设后企业性质不变，任务不变，仍然是依法经营信托投资业务的地方金融机构，具有法人资格，实行独立核算，自负盈亏。信托投资公司归市财政局代管，业务上受中国人民银行烟台市分行领导。

1990 年 5 月，市政府批复信托投资公司增挂烟台市财政有偿资金管理处牌子。10 月，计财科改为财务科、计划科。1992 年 3 月，增设保卫科。5 月，市计划委员会批复，信托投资公司与山东省经济开发投资公司合作成立鲁东实业股份有限公司，为国营股份制企业，独立核算，自负盈亏，隶属烟台市信托投资公司。12 月，信贷科、计划科、财务科、证券科、保卫科分别更名为信贷部、计划部、财务部、证券部、保卫部。1993 年 3 月，增设投资部。

1999 年 4 月，烟台市信托投资公司归并到山东省齐鲁信托投资有限公司。2000 年 12 月，根据中国人民银行济南分行文件精神，撤销烟台市信托投资公司，47 名职工移交山东省齐鲁证券经纪有限公司，其余人员留守从事清算工作。2002 年 7 月，按照市政府决定，烟台市信托投资公司清算后，债权债务及 15 名留守人员移交烟台市经济发展投资公司。

烟台市国有资产经营公司

1992 年 9 月，市计划委员会批复成立烟台市国有资产经营公司，隶属烟台市国有资产管理局，为全民所有制中二型企业，独立核算，自负盈亏。11 月，市计划委员会批复成立烟台市拍卖公司，隶属烟台市国有资产经营公司，为全民所有制企业，独立核算，自负盈亏。12 月，市政府批复同意市国有资产经营公司承办公物处理拍卖业务。1995 年 3 月，市计划委员会批准烟台市国有资产经营公司按全民所有制中一型企业规格执行。

1998 年 9 月，市计划委员会批准成立烟台盛旺畜牧发展有限公司，为国有独资企业，独立核算，自负盈亏。经营范围：畜牧优良品种繁殖、育成、加工及销售，饲料加工及销售，蔬菜种植、加工及销售。

2002 年 2 月，烟台市国有资产经营公司由市财政局整体移交烟台市国有资产管理局。

烟台市产权交易所

1994 年 1 月，市计划委员会批复成立烟台市产权交易所，为全民所有制企业，隶属烟台市国有资产管理局，独立核算，自负盈亏。1999 年 12 月，烟台市产权交易所随烟台市国有资产管理局整体移交烟台市国有资产管理委员会。

烟台市华阳热电公司

1994 年 8 月，市计划委员会批复原烟台罐头总厂热电站从该厂剥离，成立烟台市华阳热电公司，为国有企业，独立核算，自负盈亏，具有法人资格，隶属烟台市国有资产经营公司，按全民所有制中一型企业管理。10 月，烟台市华阳热电公司内设办公室、财务科、生产技术科、供热管理处、运行车间、检修车间。2001 年 6 月，烟台华阳热电公司由市财政局整体移交市城市管理局。

其他经济实体（公司）

1992 年 5 月以后，响应市委、市政府大力兴办经济实体的号召，烟台市财政局相继成立烟台市政大装饰工程公司（后更名为烟台市财鑫装饰工程公司）、鲁东实业股份有限公司、烟台市财鑫经营公司、烟台市拍卖公司等经济实体组织。1994 年 3 月，按照市委要求，烟台市财政局所办经济实体公司全部脱钩。

第四节　市财政监管市管企业

烟台市财金发展投资集团有限公司

其前身为烟台市财金投资有限公司，2014 年，由烟台市财政局与山东省财金发展有限公司共同出资成立（详见第三编第九章第三节），2018 年 9 月改建成立烟台市财金发展投资集团有限公司。集团公司注册资本 74.58 亿元，信用评级为 AA。集团公司围绕全市经济社会发展大局，打造金融全产业链服务平台，逐步构建形成股权投资、产业运营、金融服务和城市建设运营四大业务板块，推动烟台市产业与金融资本深入融合发展。

2019年6月，烟台财金公司参加山东毅达新旧动能转换创业投资基金框架合作协议签约仪式

烟台市国有资本运营集团有限公司

2019年12月，市委、市政府决定设立烟台市国有资本运营集团有限公司，探索企业整合新模式，激活国有资产的资本属性，增强经济功能和融资功能。集团由烟台市财政局出资成立，本部设党群部、综合部（安监部）、财务部、规划部、运营部、法审部、工会、纪检监察室9个部门，下设烟台市城市资产运营有限公司、烟台市人才科创发展集团有限公司、烟台市大数据发展集团有限公司、烟台市财信资本管理有限公司、烟台市财汇产业发展有限公司、烟台市政企金融服务中心有限公司6个全资二级公司和烟台市人才科创发展研究院1个事业机构。

2020年8月18日，烟台市国有资本运营集团有限公司揭牌

烟台市水业集团有限公司

2019年7月，市委、市政府在原市城管局、水利局管理的相关企业基础上组建设立烟台市水业集团有限公司，主要负责市区原水、制水、供水、再生水、排水、污水处理的运营管理及相关工程的勘察、设计、施工建设、监理，水资源综合开发利用，水务相关项目投资等。集团注册资本2.5亿元，烟台市财政局对集团履行出资人职责、国有资产监管职责和党的建设职责。集团本部设办公室、党群部、人力资源部、财务管理部、审计法务部、综合发展部、建设管理部、纪检监察综合办公室8个职能部室。

2020年9月，烟台市水业集团党委会议研究发展战略问题

烟台融资担保集团有限公司

2020年12月，市委、市政府决定在原市再担保公司的基础上更名设立烟台融资担保集团，赋予直保业务和再担保业务双重牌照，是不以盈利为目的、准公益性的政策性担保机构，作为市级龙头担保机构，负责对

接国家融资担保基金、省投融担，加强全市政府性融资担保体系建设，以支持全市小微企业和“三农”主体融资为主责主业。公司设立办公室、政工部、财务部、战略发展部、风险管理部、法务部、信息技术部、清欠办公室8个职能部门；设立融资担保业务一部、融资担保业务二部、再担保业务部、非融资担保业务部4个业务部门。

2021年9月，烟台融资担保集团举行“奋战100天赢得首年红”誓师大会

烟台银行股份有限公司

详见第三编第九章第二节。

2019年12月29日，烟台银行举行“勇攀高峰齐聚力，鼠报春来赢开局”活动启动仪式

第五节　学会与协会

烟台市财政学会

1985年7月成立。根据《社会团体登记管理条例》规定，1990年9月召开学会理事会，推举高吉儒为名誉会长、选举张仁强为会长。财政学会主要任务：组织会员认真学习党和国家的方针、政策、法律，探索具有中国特色的社会主义财政理论体系，推动烟台市财政科学研究事业发展；调查研究烟台市在建立社会主义市场经济体制和财政改革中出现的新情况、新问题，提供决策建议；研究和总结烟台市财政工作的历史经验，探讨其发展规律，为制定财政政策和开展工作提供基础依据；反映会员对财政工作的意见和建议；组织各种形式的财政理论研讨和学术交流活动，推荐和评选优秀财政理论研究成果。

财政学会自实行社会法人登记后，换届四次。第四届理事会换届时间为2012年3月，选举黄永政为会长，许伏秋为秘书长。学会拥有会员单位36个，会员92人。2020年9月，根据社团管理有关规定注销。

烟台市会计学会

1985年7月成立，是全市会计领域工作者自愿结成的群众性会计学术社团组织，主要任务是：宣传党和国家有关财务会计与经济建设方面的方针、政策、法（律）规和制度；组织会员从事会计理论研究，举办各种形式研讨会、报告会和讲座等；调查研究会计改革的新情况、新问题，反映财务会计工作中的意见、建议；总结会计工作实践经验和会计理论研究成果，更好地为经济建设服务。1990年9月，会计学会召开学会大会，推举武元福为名誉会长，选举贾复文为会长。

会计学会自实行社会法人登记后，换届四次。第四届理事会（现任）换届时间为2012年3月26日，选举张明玉为会长，孙同旭为秘书长。学会会员由烟台市市直有关部门和大型国有企业的财务分管领导、会计师事务所的主任会计师（所长）、驻烟高校的有关专家教授、烟台各大银行、各县（市、区）财政局的有关领导组成。

烟台市珠算协会

成立于1984年，挂靠中国人民银行烟台分行，1994年转由烟台市财政局管理。主要负责珠算学术理论研究，珠算式心算教育和普及，珠算技术等级鉴定（发放珠算等级证书），组织参加珠算和珠心算比赛等工作。烟台市在山东省珠算协会组织的珠心算大赛中，多次获得成人组全省第一名的好成绩，优秀选手马艳萍多次代表山东省参加全国比赛，取得优异成绩。珠算协会由市财政局管理后换届四次。第四届理事会换届时间为2011年12月22日，选举张静为会长，冯国庆为秘书长，会员由烟台市市直有关部门和大型国有企业的财务部门负责人、驻烟高校的有关专家教授、烟台各大银行的财务部门负责人、各县（市、区）财政局的会计科科长、部分珠心算优秀选手等构成，共78人。2020年5月，根据社团管理有关规定注销。

1999年12月，山东省烟台市珠算协会获得“全国珠算协会先进集体”称号

第六节　县乡财政机构

1986年，全市设15个县（市、区）财政局：威海市、芝罘区、福山区、蓬莱县、黄县、招远县、掖县、莱阳县、栖霞县、海阳县、牟平县、文登县、荣成县、乳山县和长岛县财政局，共设乡镇财政所193个，县、乡级财政机构总数208个。1987年，设立地级威海市，划出文登、荣成、乳山3县和县级威海市。2015年，全市设16个县级财政局（包括开发区、保税港区、高新区和昆嵛山自然保护区），设乡镇财政所163个，县、乡财政机构总数179个。2019年，组建长岛海洋生态文明综合试验区财政金融局。2020年年末，全市区（市）级财政机构总数仍为16个，乡镇级财政机构158个，县乡财政机构总数174个。

1986—1996年，先后有黄县（龙口市）、莱阳、掖县（莱州市）、蓬莱、招远、栖霞和海阳撤县设市，牟平撤县设区，相关县财政局名称亦相应变更为某某市（区）财政局。90年代中期，县级政府财政部门内设机构大部分称股，一般设预算股、企财股、农财股、预算外股、行财股和办公室等，县改市后皆改称为科，科（股）室设置也大致按与上级财政机关对口原则核定。全市县属成建制的乡镇普遍设置财政所，按工作需要设岗，一般配备5～6人。

1986—2020年，县（市、区）级财政机构主要变化情况：

1986年，原黄县撤销改设龙口市。

1987年，莱阳撤县改市；部分县（市、区）设立财政驻厂员管理所（办公室），部分县（市、区）增设行财股。

1988年，原掖县撤销改设莱州市；部分县（市、区）增设农业税征收管理科（股）和控制社会集团购买力办公室，烟台会计师事务所各县（市、区）分所陆续成立。

1990年，部分县（市、区）成立税收财务物价大检查办公室，增设人事秘书科（政工科）。

1991年，部分县（市、区）成立国有资产管理局、国债服务部和资金管理处。

1992年，蓬莱、招远撤县设市；开发区财政局与烟台市税务局开发区分局合并，成立开发区财税局；部分县（市、区）设立经济开发投资公司和信托投资公司；部分县（市、区）预算外资金管理科更名为综合计划科。

1993年，因机构改革，部分县（市、区）撤销税收财务物价大检查办公室、控制社会集团购买力办公室、农税科、国有资产管理局、驻厂员管理所等机构，并按照相关部门批复重新核定内设机构。

1994年，莱山区财政税务局成立，原芝罘区地税局的初家地税所、原牟平区地税局的莱山地税所、解甲庄地税所划归莱山区财税局；部分县（市、区）成立国有资产管理局，与财政局合署办公；部分县（市、区）相继设立国有资产经营公司、租房资金管理中心、农业税征收处、财会干部培训中心。

1995年，烟台保税区财税局成立；部分县（市、区）增设基建财务科，成立住房资金管理处；芝罘区成立财税监督检查处；福山区增设高新区财政所；牟平区成立财政税收征收处。

1996年，栖霞和海阳撤县设市；部分县（市、区）成立预算外资金管理局（处），恢复设立税收财务物价大检查办公室；部分县（市、区）农财农税科分设为农财科、农税科，成立会计事务管理科、基本建设财务管理科；长岛县财政局改为财政税务局，重新核定内设机构和人员编制。

1997年，部分县（市、区）按照机构改革要求，对职能设置、内设机构和人员编制进行了重新核定，增设社会保障科。

1998年，莱山区、开发区、长岛县财税局分设为财政局、地税局，同时对内设机构及编制重新调整；长岛县撤销十处乡镇财税所，同时分设十处乡镇财政所，撤销财税局直属分局。

1999年，部分县（市、区）会计师事务所改制，脱离财政局编制序列；各县（市、区）相继成立政府采购中心（政府采购管理办公室），税收财务物价大检查办公室更名为财政监督处；保税区财税局更名为保税区财政局。

2000年，部分县（市、区）成立财政投资评审中心、行政事业性收费管理中心（与预算外资金管理处合署办公）；烟台保税区财政局更名为烟台出口加工区财政局。

2001—2002年，按照机构改革要求，重新核定各县（市、区）财政部门内设机构和人员编制，乡镇财政所更名为财税所，部分乡镇（街道）成立农业税征收管理所；福山区古现镇、蓬莱市大季家镇划归开发区代管。

2003年，芝罘区财政局成立信息中心；龙口市、莱阳市撤销文教行政科，设立行政政法科和教科文科；龙口市撤销财政驻厂员管理所、国库券推销控购办公室、国债服务部；莱阳市新增统计评价科；莱州市设立政府重点资金核算办公室；栖霞市成立农业税收征收管理局；海阳市成立城市资产经营公司，新增碧城区财税所。

2004—2005年，部分县（市、区）住房公积金管理运作机构调整为烟台市住房公积金管理中心的分支机构，实行市、县双重管理，以市管理为主的体制；部分县（市、区）增设国库科、国有资产监督管理科；海阳市进行乡镇机构改革，14个镇（街道）财税所一并取消，与原乡镇经管站合并组建财政经管站，保留开发区、碧城区、度假区3个财税所。

2006—2007年，县（市、区）住房资金管理处划归烟台市住房公积金管理中心统一管理，人事关系上划；部分县（市、区）增设行政事业资产科。

2008年，部分县（市、区）农业税收征收管理局更名，调整经费管理类型；龙口市增设龙港街道财税所。

2009年，烟台高新技术产业园区财政局成立；部分县（市、区）增设财源建设管理办公室。

2010年，县（市、区）进行机构改革，重新核定机构职能及人员编制。各县（市、区）农业税收征收管理局更名为基层财政管理局，农业综合开发办公室由农业部门划归财政部门；烟台保税港区成立，烟台出口加工区财政局更名为烟台保税港区财政局。

2011年，昆嵛山国家级森林保护区财政局成立；部分县（市、区）预算外资金管理局更名为非税收入管理处（挂财政票据管理中心牌子），部分基层财政管理局更名为街道财政管理指导中心，会计事务管理中心更名为会计事务服务中心；部分财税所更名为财政经管站。

2012—2013年，县（市、区）基层财政管理局更名为镇街财政管理指导中心；部分县（市、区）成立国库集中支付中心、国有资产监督管理局；开发区成立福莱山街道财政所；烟台高新技术产业园区财政局更名为烟台高新技术产业开发区财政局；龙口市撤销龙港街道财政所，辖区内财政工作由其开发区财政局承担。

2014年，根据省委办公厅、省政府办公厅《关于严控机构编制确保财政供养人员只减不增的意见》（鲁办发〔2014〕4号）规定，各县（市、区）精简压缩编制，编制总数进一步减少。

2015—2016年，行政单位机构改革，县级财政内设机构一般均与烟台市财政局对口设置相关业务科室。部分县（市、区）事业单位更名：原芝罘区预算外资金管理局更名为芝罘区政府非税收入管理处、原芝罘区基层财政管理局更名为芝罘区街道财政管理指导中心、原芝罘区会计事务管理中心更名为芝罘区会计事务服务中心，原蓬莱市国有资产监督管理局更名为蓬莱市国有资产监督管理办公室。

2018年，开发区财政局内设处室增加金融协调服务处、证券与资本市场处、金融稳定与建管处；原政府采购管理办公室（事业单位）调整为机关内设科室，更名为政府采购建管处；增加事业单位国有资产运营中心、金融服务中心，同时撤销国资局、非税收入管理处。

2019年1月，长岛海洋生态文明综合试验区工委、管委挂牌成立，原长岛县财政局、国有资产运营中心和长岛县金融办合并重组为长岛海洋生态文明综合试验区财政金融局。

2020年9月，蓬莱撤市设区揭牌，蓬莱市财政局变更为烟台市蓬莱区财政局；根据《山东省人民政府关于同意变更烟台市福山区和栖霞市部分行政区域界线的批复》和《关于山东栖霞经济开发区更名为山东烟台福山经济开发区的批复》，原栖霞市臧家庄镇和栖霞经济开发区的财政机构相应调整隶属关系。

经过2019—2020年行政事业单位机构改革，各区、市财政部门将事业单位承担的行政职能依规划入机关，并对事业单位进行整合。至2020年年末，大部分区、市财政局一般内设办公室、预算科、国库科、经济建设科、行政政法科、社会保障科、农业农村科、财政监督科、工商贸易科、金融科，部分区（市）财政局还设综合科、政府采购管理科、政府投融资管理科等；大部分区（市）财政局一般均设财政集中支付中心、财政预算评审中心、国有资产运营保障中心及财会服务中心等下属事业单位。

1986—2020年烟台市县乡财政机构设置情况统计表

表4-4　　单位：个

年度	机构总数	县级	乡级	年度	机构总数	县级	乡级
1986	208	15	193	2004	173	14	159
1987	211	12	199	2005	172	14	158
1988	210	12	198	2006	169	14	155
1989	209	12	197	2007	165	14	151
1990	209	12	197	2008	172	14	158
1991	209	12	197	2009	175	15	160
1992	219	12	207	2010	175	15	160
1993	219	12	207	2011	176	16	160
1994	220	13	207	2012	177	16	161
1995	216	14	202	2013	179	16	163
1996	216	14	202	2014	179	16	163
1997	221	14	207	2015	179	16	163
1998	222	14	208	2016	179	16	163
1999	225	14	211	2017	179	16	163
2000	223	14	209	2018	179	16	163
2001	168	14	154	2019	177	16	161
2002	173	14	159	2020	174	16	158
2003	174	14	160				

第二章　干部队伍

1986—2020年，全市财政系统贯彻落实市委、市政府关于人才工作的战略决策和工作部署，坚持人才是第一资源理念，强化干部队伍建设，提升干部队伍素质，为适应改革开放形势要求、推动财政事业持续发展建立了强有力的组织领导体系与人才保障机制。

2014年，中共烟台市委、烟台市人民政府授予市财政局“全市模范公务员集体”称号

第一节　市财政局领导班子与领导干部

历任主要负责人

1986—2022年，烟台市财政局历任局长：

高吉儒，任期自1983年12月至1990年4月。

张仁强，任期自1990年4月至2001年8月。

叶文君，任期自2001年8月至2012年4月。

黄永政，任期自2012年4月至2017年8月。

李建平，任期自2017年8月至2022年2月。

孙福勋，自2022年2月开始任职。

2010年之前，烟台市财政局党的领导机构为中国共产党烟台市财政局党组，党组织主要负责人为党组书记。2010年11月，中共烟台市委决定，撤销烟台市财政局党组，建立中国共产党烟台市财政局委员会，党组织主要负责人为党委书记。2018年12月，中共烟台市委决定，撤销中国共产党烟台市财政局委员会，设立中国共产党烟台市财政局党组。

1986—2022年，烟台市财政局历任党组（委）书记：

高吉儒，党组书记，任期自1984年1月至1990年4月。

张仁强，党组书记，任期自1990年4月至2001年8月。

叶文君，党组（委）书记，任期自2003年2月至2012年2月。

张明玉，党委书记，任期自2012年4月至2015年2月。

黄永政，党委书记，任期自2015年2月至2017年8月。

李建平，党委（组）书记，任期自2017年8月至2022年1月。

孙福勋，党组书记，自2022年1月开始任职。

历任领导班子成员

1986—2022年，烟台市财政局历任领导班子成员先后共有31人，历任局长、副局长均为党组成员（党委委员）。

1986—2022 年烟台市财政局历任领导班子成员任职情况一览表

表 4-5

姓名	职务	任职时间	备注
高吉儒	局长	1983.12—1984.01	
	党组书记、局长	1984.01—1990.04	
张仁强	党组成员、副局长	1986.05—1990.04	
	党组书记、局长	1990.04—2001.08	
叶文君	副局长	1994.12—1995.02	
	党组成员、副局长	1995.02—2001.08	2000 年 12 月至 2012 年 2 月，兼任烟台市政府采购管理办公室主任
	党组副书记、局长	2001.08—2003.02	
	党组书记 / 党委书记、局长	2003.02—2012.02	
黄永政	党委副书记	2011.11—2011.12	
	党委副书记、副局长	2011.12—2012.04	
	党委副书记、局长	2012.04—2015.02	
	党委书记、局长	2015.02—2017.08	
张明玉	党组成员、副局长	1993.04—2010.12	2000 年 3 月至 2000 年 12 月，兼任烟台市信托投资公司党支部书记
	党委副书记、副局长	2010.12—2012.04	
	党委书记、副局长	2012.04—2015.02	
李建平	党委书记、局长	2017.08—2018.12	
	党组书记	2018.12—2022.01	2019 年 12 月至 2020 年 1 月，任一级调研员；自 2020 年 1 月，任二级巡视员
	局长	2018.12—2022.02	
孙福勋	党组成员	2019.03—2022.01	
	副局长	2019.03—2022.02	
	党组书记	2022.01—	
	局长	2022.02—	
李宝训	副局长	1983.12—1985.04	
	党组成员、副局长	1985.04—1987.09	
李　琥	党组成员	1985.04—1990.12	
	党组成员、纪检组长	1990.12—1996.02	
	党组成员	1996.02—1999.01	1996 年 2 月至 2000 年 12 月，任助理调研员
贾复文	党组成员、副局长	1987.09—1996.02	1991 年 3 月至 1996 年 2 月，兼任烟台市信托投资公司党支部书记
梁化邦	党组成员、副局长	1987.09—1993.04	
陈方武	党组成员、纪检组长	1996.02—1997.12	
	党组成员、副局长	1997.12—2000.12	
	党组副书记、副局长	2000.12—2010.11	2000 年 12 月至 2012 年 2 月，任调研员
于政国	副局长	1997.02—1997.03	1997 年 2 月，兼任烟台市国有资产管理局局长（正县级）
	党组成员、副局长	1997.03—1999.11	

续表 4-5

姓名	职务	任职时间	备注
于海平	党组成员、纪检组长	1997.12—2009.04	
赵晓晖	党组成员	2001.08—2001.09	
	党组成员 / 党委委员、副局长	2001.09—2014.12	2012 年 8 月至 2018 年 12 月，兼任烟台市政府采购管理办公室主任
	党委委员	2014.12—2020.01	2018 年 12 月至 2020 年 1 月，任烟台市财政集中支付中心主任、党支部书记
张　静	总会计师	2001.09—2003.04	
	党组成员、总会计师	2003.04—2005.12	
	党组成员 / 党委委员、副局长总会计师	2005.12—2013.05	2012 年 8 月至 2013 年 12 月，兼任烟台市政府采购管理办公室党支部书记
	党委委员、副局长	2013.05—2013.12	
牟树青	党组成员 / 党委委员、副局长	2005.12—2011.11	
	副局长	2011.11—2011.12	
丛　浩	党组成员、纪检组长	2009.04—2010.01	
刘宝革	党组成员 / 党委委员、副局长	2010.01—2018.12	2010 年 1 月至 2015 年 12 月，兼任市农业综合开发办公室主任
	党组成员	2018.12—2022.07	2018 年 12 月至 2019 年 6 月，任调研员； 2019 年 6 月至 2023 年 2 月，任二级调研员； 2023 年 2 月至 2023 年 4 月，任一级调研员
任信美	党委委员 / 党组成员、副局长	2010.12—2019.09	
张云鹏	党委委员、副局长	2012.08—2018.12	2013 年 9 月至 2018 年 12 月，兼任烟台东部海洋经济新区指挥部办公室副主任
	党组成员	2018.12—2019.09	2018 年 12 月，任调研员； 2019 年 6 月至 2019 年 9 月，任二级调研员
王金钟	党委委员、总会计师	2013.05—2018.12	
	党组成员、副局长	2018.12—2022.07	2019 年 12 月至 2022 年 7 月，任三级调研员； 2022 年 7 月至 2023 年 2 月，任二级调研员
沙淑春	党委委员、纪委书记	2014.12—2018.01	市监察局派驻市财政局监察室主任
刘卫平	党组成员、副局长	2019.12—	
崔运政	党组成员、副局长	2022.07—	
张海岗	党组成员、副局长	2022.01—	
李岳霖	党组成员、副局长	2022.07—	
任可昌	总会计师	1991.07—1995.08	
赵修基	党组成员	1996.02—2003.06	
林咏梅	总会计师	1997.02—2001.09	
宫建国	党委委员 / 党组成员	2010.12—2019.06	

其他市管干部

1986—2020 年，烟台市财政局经市委、市政府批准任职的其他市管干部（非市财政局领导班子成员）共 50 人，其中正处级干部 9 人，副处级干部 41 人。

1986—2020 年烟台市财政局其他县处级干部任职情况一览表

表 4-6

单位	姓名	职务		任职时间	备注
烟台市财政局	李德顺	享受县处级待遇		1987.09—1987.10	离休
	高可兴	副县级待遇		1987.10—1988.03	离休
	张明玉	市人大常委	财经委副主任	2015.02—2016.02	
			财经委主任	2016.02—2017.02	
	赵晓晖	市人大财经委副主任委员		2020.01—2022.02	
	唐德玉	烟台外经贸国有控股有限公司、山东莱动内燃机有限公司监事会主席（正县级）		2002.02—2007.08	兼任烟台市政府采购管理办公室副主任
		正县级干部		2007.08—2015.01	
	陈方武	正县级待遇		2012.02—2014.07	
	张　静	市税收物价大检查办公室主任		1998.01—2001.03	
		局长助理		2001.02—2001.09	
		正县级干部		2013.12—2017.11	
	徐淑真	市国有资产管理局副局长		1996.01—1999.11	
	赵京德	市国有资产管理局副局长		1996.01—1999.11	
	刘显忠	市税收物价大检查办公室助理调研员		1997.06—2000.11	
	董瑞锋	烟台东方电子信息产业集团有限公司、烟台商业物资国有控股有限公司监事会监事（副县级）		2000.12—2004.05	
	林咏梅	助理调研员		2001.09—2004.12	
	姜振民	助理调研员		2002.10—2010.11	
		副县级待遇		2010.11—2014.09	
	杨雪丽	助理调研员		2002.10—2012.08	
		副县级待遇		2012.08—2016.02	
	孙同华	香港芝兴公司总会计师		2005.12—2009.04	
		副县级干部		2009.04—2013.09	

续表 4-6

单位	姓名	职务	任职时间	备注
烟台市财政局	肖玲玲	副调研员 / 四级调研员	2010.12—2019.12	
		三级调研员	2019.12—	
	王永刚	副调研员	2010.12—2016.01	
		市扶贫开发领导小组办公室副主任	2016.01—	
	隋广福	市农业综合开发办公室主任	2015.12—2018.12	
		副县级干部	2018.12—2022.02	2019 年 12 月至 2022 年 2 月，任三级调研员
	盖光义	财政监督检查办公室主任	2015.12—2018.12	
		副县级干部	2018.12—	2019 年 12 月，任三级调研员
	周白玉	三级调研员	2020.12—	
烟台市财政驻厂员管理处	贾复文	主任	1986.05—1994.09	
	唐德玉	主任	1994.09—2001.03	
	王德琦	党支部书记	1996.02—2001.03	
山东省会计干部中等专业学校烟台分校	赵修基	党支部书记	1996.02—2003.06	
		校长	1996.03—1999.10	
		助理调研员	2003.06—2004.12	
	李　敏	校长	1999.10—2005.12	
	庞国明	党支部书记	2003.10—2021.07	2019 年 10 月至 2021 年 2 月，主持工作
	徐殿文	校长	2005.12—2009.04	
	孟　阳	校长	2009.04—2019.10	
烟台市住房资金管理处（原烟台市公房租金管理处）	刘好义	党支部书记	1991.09—2004.05	
	季英明	主任	1997.02—2004.05	
烟台财会培训中心	宫建国	主任（副县级）	1997.02—2003.06	
		主任（正县级） 党支部书记	2003.06—2019.06	
	姜兆庆	主任、党支部书记	2019.09—2022.07	
	宋友明	副主任	2003.06—2013.12	
		副县级干部	2013.12—2018.11	
	蔡春玲	副主任	2006.08—	
	路有林	副主任	2007.08—	自 2022 年 8 月主持工作

续表 4-6

单位	姓名	职务	任职时间	备注
烟台中华会计师事务所	刘天聚	所长	1997.02—1998.10	
烟台市非税收入管理处（原烟台市预算外资金管理处）	李　妍	主任	1999.01—2009.11	
		党支部书记	2009.11—2013.05	
		副县级干部	2013.05—2018.03	
	王金钟	主任	2009.11—2013.05	
	董彦锋	主任	2013.05—2018.12	
	姜世茂	党支部书记	2013.09—2018.12	
烟台市政府采购管理办公室（与烟台市国库集中支付管理办公室合署办公）	任信美	副主任（主持工作）	2004.05—2010.12	
	许奎山	副主任	2007.12—2018.11	2011年1月至2018年11月，主持工作
	张金瑞	副主任	2012.01—2018.12	
	徐　海	市国库集中支付管理办公室副主任	2012.02—2018.12	
烟台市财政预算评审中心（原烟台市政府投资评审中心）	张云鹏	主任	2004.05—2012.08	
	王传财	党支部书记	2010.12—2013.05	
		主任	2013.05—2020.12	2020年2月，任三级调研员
		党支部书记、主任	2020.12—	
	周白玉	党支部书记	2013.09—2020.12	2020年5月，任三级调研员
烟台市财政集中支付中心	徐　海	副主任（主持工作）	2018.12—2021.02	2020年2月至2021年2月，任三级调研员
		党支部书记、主任	2021.02—	
	张金瑞	副主任	2018.12—	2020年5月，任三级调研员
	董彦锋	副主任	2018.12—	2020年2月，任三级调研员
	姜世茂	副主任	2018.12—2022.07	2020年5月至2022年7月，任三级调研员；2022年7月至2022年8月，任二级调研员
烟台市信托投资公司	王丽华	副经理	1988.08—1991.03	主持工作
		经理	1991.03—1991.05	
		经理、党支部副书记	1991.05—2000.12	
	杨宗华	副经理	1988.08—2000.03	
	初吉智	副经理	1994.09—2000.12	
	孙象斌	党支部副书记	1995.09—2000.12	
	刘国祥	副经理（正县级）	1999.10—2000.12	

第二节　市级财政干部队伍

机关公务员队伍

1986年年初，烟台市财政局实有行政编制干部32名，其中，男26名，女6名。1993年实施《国家公务员暂行条例》，至1995年年末，实有公务员60名，其中，男51名，女9名。2005年，《中华人民共和国公务员法》颁布，年末实有公务员76名，其中，男56名，女20名。2015年年末，全局实有公务员75名，其中，男53名，女22名。2020年年底，全局实有公务员68名，其中，男48名，女20名。

1986年，市级财政行政编制人员中，大学学历1名，大专学历1名，中专学历15名，高中学历6名，初中及以下学历9名，具有大学及以上学历人员仅占人员总数的3.1%。2015年，市级财政公务员队伍中，研究生学历8名，大学学历65名，大专学历2名，无高中及以下学历，具有大学及以上学历人员占公务员总数的97.3%。2020年年底，市级财政公务员队伍中，研究生学历19名，大学学历48名，大专学历1名，无高中及以下学历，具有大学及以上学历人员占公务员总数的98.5%。

1986年，市级财政公务员队伍中，中共党员21名，占干部队伍总数的65.6%。2015年，中共党员69名，占干部队伍总数的92%，比1986年高26.4%。2020年年底，中共党员61名，占干部队伍总数的89.7%，比1986年高24.1%。

1986—2020年烟台市财政局机关公务员情况统计表

表4-7

项目 时间	人员总数	性别		民族		政治面貌				文化程度					
		男	女	汉族	少数民族	中共党员	共青团员	民主党派	其他	研究生	大学	大专	中专	高中	初中及以下
1986.01	32	26	6	32		21	9		2		1	1	15	6	9
1987.12	36	30	6	36		21	15					5	24	2	5
1988.12	33	30	3	33		18	15					11	20		2
1989.12	38	34	4	38		23	14		1			13	22	1	2
1990.12	49	42	7	49		24	23		2		3	24	19	1	2
1991.12	55	45	10	55		35	19		1		3	38	9	3	2
1992.12	57	46	11	57		35	15		7		3	39	10	3	2
1993.12	57	46	11	57		36	12		9		4	39	9	3	2
1994.12	57	46	11	57		34	10		13		6	36	9	4	2
1995.12	60	51	9	60		34	4		22		10	41	4	3	2

续表 4-7

项目 时间	人员总数	性别		民族		政治面貌				文化程度					
		男	女	汉族	少数民族	中共党员	共青团员	民主党派	其他	研究生	大学	大专	中专	高中	初中及以下
1996.12	61	49	12	61		41	3		17		12	42	3	2	2
1997.12	66	52	14	65	1	47	1		18	2	27	32	2	1	2
1998.12	66	52	14	65	1	47	1		18	2	27	32	2	1	2
1999.12	50	40	10	49	1	38			12	3	36	8	1		2
2000.12	49	39	10	48	1	37			12	3	36	8	1		1
2001.12	80	60	20	79	1	57	1		22	3	64	9	3		1
2002.12	85	63	22	84	1	62	1		22	3	70	9	3		
2003.12	81	60	21	80	1	61	2		18	3	69	7	2		
2004.12	77	56	21	76	1	59			18	2	66	7	2		
2005.12	76	56	20	75	1	61			15	2	65	7	2		
2006.12	74	56	18	73	1	59	1		14	2	69	2	1		
2007.12	75	55	20	74	1	64	1		10	2	72	1			
2008.12	76	55	21	75	1	64	2		10	3	71	2			
2009.12	77	57	20	77		67	2		8	3	72	2			
2010.12	82	63	19	82		70	4		8	5	75	2			
2011.12	85	64	21	85		74	3		8	7	76	2			
2012.12	81	60	21	81		70	3		8	6	73	2			
2013.12	78	57	21	78		67	1		10	6	70	2			
2014.12	74	53	21	74		66			8	5	67	2			
2015.12	75	53	22	75		69			6	8	65	2			
2016.12	77	55	22	77		69			8	10	65	2			
2017.12	73	52	21	73		66	1		6	11	61	1			
2018.12	74	53	21	74		70	1		3	14	58	2			
2019.12	67	49	18	67		61			6	17	49	1			
2020.12	68	48	20	68		61			7	19	48	1			

1986年1月烟台市财政局机关公务员情况一览表

表4-8

序号	姓名	性别	任职岗位	职务
1	高吉儒	男	局领导	党组书记、局长
2	李宝训	男	局领导	党组成员、副局长
3	李　琥	男	局领导	党组成员兼办公室主任
4	张明玉	男	办公室	副主任
5	鞠彩莲	女	办公室	科员
6	姚桂礼	男	办公室	科员
7	孙连芳	男	办公室	科员
8	滕　斌	男	办公室	科员
9	王克娟	女	办公室	科员
10	梁化邦	男	预算科	科长
11	袁田珍	男	预算科	调研员（正科级）
12	方伟穆	男	预算科	科员
13	李　妍	女	预算科	科员
14	于洪岐	男	预算外资金管理科	科长
15	李建华	男	预算外资金管理科	科员
16	吕勇毅	男	预算外资金管理科	科员
17	张仁强	男	行政事业财务科	科长
18	卢传贤	男	行政事业财务科	副科长
19	季恩远	男	行政事业财务科	科员
20	季英明	男	行政事业财务科	科员
21	孙建文	男	行政事业财务科	科员
22	张春晓	女	行政事业财务科	科员
23	任可昌	男	农业财务科	科长
24	刘广荣	男	农业财务科	科员
25	王　玓	女	农业财务科	科员
26	韩　军	男	农业财务科	科员
27	高可兴	男	企业财务科	科长
28	唐德玉	男	企业财务科	副科长
29	王初芹	女	企业财务科	科员

续表 4-8

序号	姓名	性别	任职岗位	职务
30	刘化堂	男	企业财务科	科员
31	杜洪平	男	企业财务科	科员
32	吴晓飞	男	企业财务科	科员

1996 年 12 月烟台市财政局机关公务员情况一览表

表 4-9

序号	姓名	性别	任职岗位	职务
1	张仁强	男	局领导	党组书记、局长
2	陈方武	男	局领导	纪检组长、党组成员 市委财税工委专职副书记
3	张明玉	男	局领导	党组成员、副局长
4	叶文君	男	局领导	党组成员、副局长
5	李　琥	男	局领导	党组成员、调研员 （副处级）
6	于海平	男	办公室	主任
7	赵卫国	男	办公室	副主任
8	董新杰	男	办公室	科员
9	丁焕民	男	办公室	科员
10	刘福国	男	办公室	科员
11	王德琦	男	人事教育科	科长
12	刘德荣	男	人事教育科	机关党委副书记
13	张顺业	男	人事教育科	副科长
14	杨雪丽	女	人事教育科	副科长
15	付　强	男	人事教育科	科员
16	赵宗琦	男	人事教育科	科员
17	林咏梅	女	预算科	科长
18	赵晓晖	男	预算科	副科长
19	肖玲玲	女	预算科	科员
20	牟树青	男	预算科	科员
21	孙祥茂	男	预算科	科员
22	范　涛	男	预算科	科员

续表 4-9

序号	姓名	性别	任职岗位	职务
23	李　妍	女	综合与改革科	科长
24	刘美华	女	综合与改革科	副科长
25	隋广福	男	综合与改革科	科员
26	由艳荣	女	综合与改革科	科员
27	王伟锋	男	综合与改革科	科员
28	季英明	男	文教行政科	科长
29	张　静	女	文教行政科	市社控办主任兼副科长
30	王传财	男	文教行政科	副科长
31	徐　海	男	文教行政科	科员
32	刘玉海	男	文教行政科	科员
33	聂万旗	男	文教行政科	科员
34	杨书峰	男	文教行政科	科员
35	牟　林	男	文教行政科	科员
36	李　敏	女	文教行政科	科员
37	姜振民	男	农业科（农业综合开发科）	科长
38	韩　军	男	农业科（农业综合开发科）	科员
39	邢建波	男	农业科（农业综合开发科）	科员
40	高　周	男	农业科（农业综合开发科）	科员
41	杨建康	男	农业科（农业综合开发科）	科员
42	邹建德	男	农业科（农业综合开发科）	科员
43	孙建文	男	农业税征收管理科	科长
44	于　波	男	农业税征收管理科	科员
45	张云鹏	男	基本建设科	科长
46	王友志	男	法规税政科	副科长
47	王福兴	男	法规税政科	科员
48	董瑞锋	男	会计科	副科长
49	王金钟	女	会计科	科员
50	刘显忠	男	税收财务物价大检查办公室	副主任（正科）
51	任信美	女	税收财务物价大检查办公室	科员
52	孙海成	男	税收财务物价大检查办公室	科员

续表 4-9

序号	姓名	性别	任职岗位	职务
53	冯国庆	男	税收财务物价大检查办公室	科员
54	徐淑真	女	国有资产管理局	副局长
55	赵京德	男	国有资产管理局	副局长
56	罗荣光	男	国有资产管理局	办公室副主任
57	丛建良	男	国有资产管理局	行政事业资产管理科副科长
58	丛龙国	男	国有资产管理局	企业资产管理科副科长
59	邹　梅	女	国有资产管理局	科员
60	滕　飞	男	国有资产管理局	科员
61	滕　斌	男	国有资产管理局	科员

2010 年 12 月烟台市财政局机关公务员情况一览表

表 4-10

序号	姓名	性别	任职岗位	职务
1	叶文君	男	局领导	党组书记、局长 兼市政府采购管理办公室主任
2	陈方武	男	局领导	党组副书记、副局长 调研员
3	张明玉	男	局领导	党组成员、副局长（正处级）
4	赵晓晖	男	局领导	党组成员、副局长
5	张　静	女	局领导	党组成员、副局长、总会计师
6	牟树青	男	局领导	党组成员、副局长
7	刘宝革	男	局领导	党组成员、副局长 兼市农业综合开发办公室主任
8	唐德玉	男	县处级干部	正处级干部
9	孙同华	男	县处级干部	副处级干部
10	于海平	男	县处级干部	副处级干部
11	姜振民	男	县处级干部	副调研员
12	杨雪丽	女	县处级干部	副调研员
13	肖玲玲	女	县处级干部	副调研员兼国库科科长
14	王永刚	男	县处级干部	副调研员兼预算科科长
15	周白玉	女	办公室	主任

续表 4-10

序号	姓名	性别	任职岗位	职务
16	丛　剑	男	办公室	主任科员
17	初航正	男	办公室	副主任
18	马广涛	男	办公室	副主任
19	刘志敏	男	办公室	副主任科员
20	范亚林	男	办公室	科员
21	范丽娜	女	办公室	科员
22	卜海涛	男	办公室	科员
23	张海岗	男	人事科	科长
24	武海鹏	男	人事科	原监察室主任
25	徐少明	女	人事科	副科长
26	王泽立	男	人事科	科员
27	刘福国	男	法规税政科	科长
28	王友志	男	法规税政科	主任科员
29	张顺业	男	法规税政科	主任科员
30	赵壮丽	女	法规税政科	副主任科员
31	宋慧妮	女	法规税政科	科员
32	崔运政	男	预算科	副科长
33	常　健	男	预算科	副主任科员
34	孙祥茂	男	国库科	主任科员
35	盛　斌	男	国库科	副科长
36	于　军	女	国库科	副主任科员
37	王传财	男	行政政法科	科长
38	王文波	女	行政政法科	副科长
39	赵远堂	男	行政政法科	副主任科员
40	张　焱	女	行政政法科	副主任科员
41	穆　心	男	行政政法科	科员
42	徐　海	男	教科文科	科长
43	方旭波	女	教科文科	副科长
44	周　波	男	教科文科	副主任科员
45	陈　光	男	教科文科	科员

续表 4-10

序号	姓名	性别	任职岗位	职务
46	董彦锋	男	经济建设科	科长
47	侯春光	男	经济建设科	副科长
48	姜英胜	男	经济建设科	副主任科员
49	李岳霖	男	经济建设科	副主任科员
50	隋广福	男	农业科	科长
51	韩　军	男	农业科	主任科员
52	李　敏	女	农业科	副主任科员
53	邢建波	男	农业科	科员
54	盖光义	男	社会保障科	科长
55	王明霞	女	社会保障科	主任科员
56	邹建德	男	社会保障科	主任科员
57	李　俏	女	社会保障科	科员
58	宋协光	男	企业科	科长
59	孔凡强	男	企业科	副主任科员
60	冯瑞香	女	企业科	副主任科员
61	刘万强	男	企业科	副主任科员
62	刘　莹	女	企业科	试用期
63	曲昌盛	男	金融与债务管理科	科长
64	丁焕民	男	金融与债务管理科	副科长
65	高占军	男	金融与债务管理科	副主任科员
66	于　波	男	基层财政管理科	科长
67	赵宗琦	男	基层财政管理科	主任科员
68	孙同旭	男	会计科	科长
69	冯国庆	男	会计科	副科长
70	孙丽丽	女	会计科	副主任科员
71	祁爱珍	女	监督检查科	科长
72	鞠传芹	女	监督检查科	正科级
73	孙海成	男	监督检查科	正科级
74	聂万旗	男	监督检查科	主任科员
75	李孝春	男	监督检查科	副主任科员

续表 4-10

序号	姓名	性别	任职岗位	职务
76	于希明	男	市农业综合开发办公室	副主任（主持工作）
77	房培宏	男	市农业综合开发办公室	副主任
78	牛世华	男	市农业综合开发办公室	正科级
79	林玉辉	男	市农业综合开发办公室	主任科员
80	高钰梅	女	市农业综合开发办公室	试用期
81	付　强	男	机关党委	专职副书记
82	赵卫国	男	按政策离岗待退	正科级

2015 年 12 月烟台市财政局机关公务员情况一览表

表 4-11

序号	姓名	性别	任职岗位	职务
1	黄永政	男	局领导	党委书记、局长
2	赵晓晖	男	局领导	党委委员 兼市政府采购管理办公室主任
3	刘宝革	男	局领导	党委委员、副局长
4	任信美	女	局领导	党委委员、副局长
5	张云鹏	男	局领导	党委委员、副局长
6	沙淑春	女	局领导	党委委员 纪委书记、监察室主任
7	王金钟	女	局领导	党委委员、总会计师
8	宫建国	男	局领导	党委委员 烟台财会培训中心主任、 支部书记
9	张明玉	男	县处级干部	市人大常委、 财经委副主任委员
10	张　静	女	县处级干部	正处级干部
11	杨雪丽	女	县处级干部	副处级待遇
12	肖玲玲	女	县处级干部	副调研员（主持国库科工作）
13	王永刚	男	县处级干部	副调研员
14	隋广福	男	农业综合开发办公室	主任（副处级）
15	盖光义	男	财政监督检查办公室	主任，兼教科文科科长 （副处级）
16	张海岗	男	办公室	主任

续表 4-11

序号	姓名	性别	任职岗位	职务
17	李岳霖	男	办公室	副主任
18	李林涛	男	办公室	科员
19	曲智勇	男	办公室	科员
20	武海鹏	男	人事科	科长
21	徐少明	女	人事科	副科长
22	王泽立	男	人事科	副主任科员
23	范丽娜	女	人事科	副主任科员
24	刘福国	男	法规税政科	科长
25	张顺业	男	法规税政科	主任科员
26	宋慧妮	女	法规税政科	科员
27	王　怡	女	法规税政科	科员
28	崔运政	男	预算科	科长
29	常　健	男	预算科	副科长
30	唐韶龙	男	预算科	科员
31	孙祥茂	男	国库科	主任科员
32	盛　斌	男	国库科	副科长
33	于　军	女	国库科	副主任科员
34	刘卫平	男	行政政法科	科长
35	王文波	女	行政政法科	主任科员
36	赵远堂	男	行政政法科	副科长
37	张　焱	女	行政政法科	副科长
38	方旭波	女	教科文科	副科长
39	周　波	男	教科文科	副科长
40	陈　光	男	教科文科	副主任科员
41	曲昌盛	男	经济建设科	科长
42	侯春光	男	经济建设科	副科长
43	姜英胜	男	经济建设科	副科长
44	刘　健	男	经济建设科	科员
45	于　波	男	农业科	科长
46	韩　军	男	农业科	主任科员

续表 4-11

序号	姓名	性别	任职岗位	职务
47	李　敏	女	农业科	副主任科员
48	卜海涛	男	农业科	副主任科员
49	邢建波	男	农业科	科员
50	于希明	男	社会保障科	科长
51	王明霞	女	社会保障科	主任科员
52	邹建德	男	社会保障科	主任科员
53	李　俏	女	社会保障科	副主任科员
54	赵　杰	男	社会保障科	科员
55	宋协光	男	企业科	科长
56	刘万强	男	企业科	副科长
57	孔凡强	男	企业科	副科级待遇
58	冯瑞香	女	企业科	副主任科员
59	刘　莹	女	企业科	科员
60	马广涛	男	金融与债务管理科	科长
61	丁焕民	男	金融与债务管理科	副科长
62	高占军	男	金融与债务管理科	副主任科员
63	房培宏	男	基层财政管理科	科长
64	祁爱珍	女	资产管理科	科长
65	初航正	男	资产管理科	副科长
66	穆　心	男	资产管理科	副主任科员
67	孙同旭	男	会计科	科长
68	冯国庆	男	会计科	副科长
69	孙丽丽	女	会计科	副主任科员
70	林玉辉	男	农业综合开发办公室	主任科员
71	高钰梅	女	农业综合开发办公室	科员
72	孙海成	男	财政监督检查办公室	正科级干部
73	聂万旗	男	财政监督检查办公室	主任科员
74	李孝春	男	财政监督检查办公室	副主任科员
75	付　强	男	机关党委	专职副书记

2020 年 12 月烟台市财政局机关公务员情况一览表

表 4-12

序号	姓名	性别	任职岗位	职务
1	李建平	男	局领导	党组书记、局长、二级巡视员
2	刘宝革	男	局领导	党组成员、二级调研员
3	王金钟	女	局领导	党组成员、副局长、三级调研员
4	孙福勋	男	局领导	党组成员、副局长
5	刘卫平	男	局领导	党组成员、副局长
6	赵晓晖	男	县处级干部	市人大财经委副主任委员 一级调研员
7	肖玲玲	女	县处级干部	三级调研员
8	王永刚	男	县处级干部	市扶贫办副主任
9	隋广福	男	县处级干部	副处级干部、三级调研员
10	盖光义	男	县处级干部	副处级干部、三级调研员
11	周白玉	女	县处级干部	三级调研员
12	陈　光	男	办公室	主任
13	曲智勇	男	办公室	副主任
14	李林涛	男	办公室	机关纪律检查委员会书记
15	徐少明	女	人事科	人事科科长、一级主任科员
16	李　俏	女	人事科	经济建设科科长
17	沈丽杰	女	人事科	四级主任科员
18	付　强	男	机关党委（党建办公室）	四级调研员
19	李少鹏	男	机关党委（党建办公室）	机关党委专职副书记兼党建办主任
20	孙同旭	男	法规税政科	科长、一级主任科员
21	于　波	男	法规税政科	一级主任科员
22	张顺业	男	法规税政科	一级主任科员
23	王　怡	女	法规税政科	四级主任科员
24	崔运政	男	预算科	科长、一级主任科员
25	唐韶龙	男	预算科	四级主任科员
26	盛　斌	男	国库科	科长、一级主任科员
27	孙祥茂	男	国库科	一级主任科员
28	徐　涛	男	国库科	副科长、三级主任科员

续表 4-12

序号	姓名	性别	任职岗位	职务
29	曲昌盛	男	经济建设科	四级调研员
30	姜英胜	男	经济建设科	二级主任科员
31	刘　健	男	经济建设科	副科长
32	王文波	女	行政政法科	科长、一级主任科员
33	赵远堂	男	行政政法科	二级主任科员
34	孟　超	男	行政政法科	副科长
35	宋协光	男	科教文科	科长、一级主任科员
36	方旭波	女	科教文科	一级主任科员
37	于　晶	女	科教文科	副科长、三级主任科员
38	马士文	男	科教文科	四级主任科员
39	于希明	男	社会保障科	四级调研员
40	范丽娜	女	社会保障科	科长
41	邹建德	男	社会保障科	一级主任科员
42	赵　杰	男	社会保障科	四级主任科员
43	侯春光	男	自然资源和生态环境科	科长、一级主任科员
44	周　波	男	自然资源和生态环境科	副科长、三级主任科员
45	于　军	女	自然资源和生态环境科	三级主任科员
46	房培宏	男	农业农村科	科长、一级主任科员
47	卜海涛	男	农业农村科	副科长、三级主任科员
48	刘福国	男	工商贸易科	科长、一级主任科员
49	穆　心	男	工商贸易科	副科长、三级主任科员
50	冯瑞香	女	工商贸易科	三级主任科员
51	刘　莹	女	工商贸易科	四级主任科员
52	刘万强	男	资产管理科	科长
53	孔万里	男	金融与政府引导基金管理科	科长
54	高占军	男	金融与政府引导基金管理科	副科长、三级主任科员
55	常　健	男	国有金融资本监管科	科长
56	李孝春	男	国有金融资本监管科	副科长（正科级）、一级主任科员
57	宋慧妮	女	国有金融资本监管科	副科长
58	张　焱	女	政府债务管理科	科长

续表 4-12

序号	姓名	性别	任职岗位	职务
59	李岳霖	男	政府投融资管理科	科长
60	孙浩然	男	政府投融资管理科	四级主任科员
61	孙丽丽	女	会计科	科长
62	于　洋	男	会计科	四级主任科员
63	聂万旗	男	预算绩效管理科	副科长（正科级）、一级主任科员
64	冯国庆	男	预算绩效管理科	一级主任科员
65	孙海成	男	财政监督科	副科长（正科级）、一级主任科员
66	李　敏	女	财政监督科	副科长、三级主任科员
67	高钰梅	女	财政监督科	四级主任科员
68	李子言	女	基层挂职锻炼	试用期

附：1986—2020 年烟台市财政局机关内设机构历任主要负责人

（以 1986 年后机构设置时间为序，按 2020 年年末名称列示）

办公室：张明玉（副主任主持工作）、李琥（兼）、鲁建新、方伟穆、于海平、孟阳、周白玉、张海岗、陈光。

预算科：梁化邦、叶文君、林咏梅、赵晓晖、牟树青、王永刚、崔运政。

综合科（预算外资金管理科、综合计划科、综合与改革科）：于洪岐、孙聚铎、赵京德（实际负责国资办工作）、李妍、武海鹏（实际负责局行政事务管理）、许奎山（实际在采购办工作）、初航正（实际在资产管理科负责国资运营管理中心筹建并主持工作）。

行政政法科（行政事业财务科、文教行政科）：张仁强、卢传贤、张明玉、季英明、张静、徐海、王传财、刘卫平、王文波。

农业农村科（农业财务科、农业科）：任可吕、方伟穆、姜振民、孙建文、隋广福、于波、房培宏。

工商贸易科（企业财务科、企业科）：高可兴、孙同华、董彦锋（副科长主持工作）、鞠传芹、王金钟、宋协光、刘福国。

人事科（人事监察科、人事教育科、组织人事科、政工科）：李琥（兼）、王德琦、于海平、杨雪丽、张海岗、武海鹏、徐少明。

基层财政管理科（农业税征收管理科、农业税收管理科）：孙建文、姜振民、于波、房培宏、王明霞。

会计科（会计事务管理科）：王德琦、董振碧（副科长主持工作）、张云鹏（副科长主持工作）、董瑞锋、王金钟、孟阳、孙同旭、孙丽丽。

法规税政科（税政科）：王友志、刘福国、于波、孙同旭。

经济建设科（基本建设财务科、基本建设科）：张云鹏、董彦锋、曲昌盛、李俏（实际在人事科工作）。

社会保障科：王传财、孙建文、刘福国（副科长主持工作）、盖光义、于希明、范丽娜。

财政监督科（监督检查科）：王金钟（副科长主持工作）、徐殿文、鞠传芹、孙同旭、祁爱珍、武海鹏、盖光义、王明霞。

国库科：牟树青、肖玲玲、盛斌。

统计评价科：刘玉海。

金融与政府引导基金管理科（债务金融科、金融与债务管理科）：鞠传芹、曲昌盛、马广涛、孔万里。

科教文科（教科文科）：徐海、盖光义、宋协光。

资产管理科（行政事业资产科）：祁爱珍、刘万强。

行政科：丛剑。

政府投融资管理科（市政府投融资管理处）：崔运政（实际在预算科工作）、常健（实际在基层挂职任乡镇党委副书记）、李岳霖。

预算绩效管理科：王文波（实际在行政政法科工作）。

政府购买服务科：侯春光（实际在经济建设科工作）。

市农村综合改革办公室：陈光（实际挂职村第一书记）。

政府采购监督管理科：徐少明（实际在人事科工作）。

自然资源和生态环境科：侯春光。

国有金融资本监管科：常健。

政府债务管理科：张焱。

机关党委：刘德荣、张顺业、付强、李少鹏（兼党建办主任）。

市监察局派驻市财政局监察室（正科级）：李琥（兼，副主任付强主持工作）、张顺业、武海鹏。

市监察局派驻市财政局监察室（副处级）：沙淑春（兼，副主任徐少明主持工作）。

工会工作委员会：马广涛、王泽立、徐少明。

市控制社会集团购买力领导小组办公室：季英明、姜振民、张静。

市税收财务物价大检查办公室（副处级）：刘显忠（副主任主持工作）、张静。

市国有资产管理办公室：赵京德。

市农业综合开发办公室（副处级）：刘宝革（兼，副主任于希明主持工作）、隋广福。

财政监督检查办公室（副处级）：盖光义。

1986—2001年，企业财务管理职能由市财政驻厂员管理处内设相应科室负责。历任工业科科长初吉智（兼）、杜洪平、鞠传芹，商业科科长唐德玉（兼）、于继环；外经科科长黄生润、杜少林、孙同华，省企科科长徐殿文。期间，驻厂处内设行政科，实际负责全局行政事务工作，历任科长赵卫国、武海鹏。

1999年12月烟台市国有资产管理局机关人员名单（移交时）

表4-13

姓名	性别	职务
于政国	男	局长（正处级）
徐淑真	女	副局长（副处级）
和　波	男	办公室主任
罗荣光	男	办公室副主任
丛龙国	男	企业科副科长
丛建良	男	行政事业资源科副科长
陈琪光	男	统计评价科副科长
高翠玲	女	资产评估管理科副科长
滕　斌	男	副主任科员
滕　飞	男	科员

1987 年 10 月，烟台、威海两市财政局行政事业财务科工作人员合影留念

1990 年 4 月 25 日，市财政局局属机关单位全体人员合影留念

全额事业单位干部队伍

烟台市财政驻厂员管理处　1986 年 1 月实有 29 人。2001 年市级机构改革撤销时，实有 42 人。该单位先后经历 2 任主任、1 任党支部书记，任职情况如下：

贾复文，主任，任期自 1986 年 5 月至 1994 年 9 月（1987 年 9 月起系副局长兼任）。

唐德玉，主任，任期自 1994 年 9 月至 2001 年 3 月（自 1988 年 8 月主持工作）。

王德琦，书记，任期自 1996 年 2 月至 2001 年 3 月。

历任副主任：贾复文、王丽华、唐德玉、初吉智、于继环、鞠传芹、孙聚铎、李本弟（副书记）。

1986 年 1 月烟台市财政驻厂员管理处人员名单

表 4-14

姓名	性别	职务
贾复文	男	副主任
王丽华	女	副主任
李本弟	男	科员
何文起	男	科员
修广龙	男	科员
郎丰毅	男	科员
杜少林	男	科员
李云庆	男	科员
曲昌盛	男	科员
孙同华	男	科员
荣　锋	男	科员
宋协光	男	科员
李　浩	男	科员
丛龙国	男	科员
高　周	男	科员
黄永政	男	科员
曲惠兰	女	科员
王仁升	男	科员
吕延兵	男	科员
杨明华	男	科员
王传财	男	科员
聂万旗	男	科员
邱习阶	男	科员
王京光	男	科员
姜世茂	男	科员
由艳荣	女	科员
邹　梅	女	科员
罗荣光	男	工勤
周彩霞	女	工勤

2001 年 3 月烟台市财政驻厂员管理处人员名单

表 4-15

姓名	性别	职务
唐德玉	男	主任
王德琦	男	党支部书记
刘化堂	男	助理调研员
孙聚铎	男	主任科员
鞠传芹	女	工业科科长
孙同华	男	外经科科长
徐殿文	男	省企科科长
武海鹏	男	行政科科长
赵卫国	男	行政科副科长（正科级）
刘志敏	男	行政科副科长
曲昌盛	男	商贸科副科长
郎丰毅	男	世行办副主任
高艺文	女	省企科副科长
王仁升	男	科员
王文波	女	科员
祁爱珍	女	科员
宋协光	男	科员
孔繁强	男	科员
王新华	女	科员
王明霞	女	科员
姜英胜	男	科员
纪　纯	男	科员
邱习阶	男	科员
毕建峰	女	科员
曲世强	男	科员
于　军	女	科员
高占军	男	科员
冯瑞香	女	科员
徐少明	女	科员

续表 4-15

姓名	性别	职务
侯春光	男	科员
吕延兵	男	科员
张兴云	女	科员
张禄厚	男	科员
王　苹	女	科员
李瑞连	女	科员
张海岗	男	科员
崔运政	男	科员
周　波	男	科员
杜少林	男	办事员
孙利强	男	司机
徐培风	男	司机
高　波	男	司机

山东省会计干部中等专业学校烟台分校（烟台市财政会计干部学校、烟台市财政干部教育中心） 1986 年 5 月成立时，其业务工作由烟台市财政会计干部学校（实有 17 人）承担。1988 年 1 月，与烟台市财政会计干部学校合署。2004 年 10 月，增挂烟台市财政干部教育中心牌子，实有 54 人。2015 年 12 月，实有 40 人。2020 年 12 月事业单位改革时，实有 26 人。

1986 年 5 月至 1987 年 7 月，副校长孙祥祚主持工作。1987 年 7 月至 1993 年 2 月，副书记王希文主持工作。1993 年 3 月至 1996 年 1 月，市财政局党组成员、纪检组长李琥主持工作。之后经历 4 任校长、2 任党支部书记，任职情况如下：

赵修基，校长，任期自 1996 年 3 月至 1999 年 10 月。

李敏，校长，任期自 1999 年 10 月至 2005 年 12 月。

徐殿文，校长，任期自 2005 年 12 月至 2009 年 4 月。

孟阳，校长，任期自 2009 年 4 月至 2019 年 10 月。

赵修基，书记，任期自 1996 年 2 月至 2003 年 6 月。

庞国明，书记，任期自 2003 年 10 月至 2021 年 6 月。

历任副校长：徐双成、张兴华、孙尚义、彭延学、王书泽、许伏秋、李树宪。

1986 年 5 月烟台市财政会计干部学校人员名单

表 4-16

姓名	性别	职务
孙祥祚	男	副校长（主持工作）
徐德成	男	副校长兼教务科科长
吕林平	男	副校长兼总务科科长
张受昱	男	干部
林温远	男	干部
王卓辉	男	干部
谭安东	男	干部
孙绍江	男	干部
孙江祥	男	干部
姜英杰	女	干部
赵晓晖	男	干部
汪新太	男	干部
丛永波	男	干部
纪祥庆	男	干部
宫建国	男	工人
袁建波	女	打字员
林荣朴	男	司机

2020年12月山东省会计干部中等专业学校烟台分校（烟台市财政会计干部学校、烟台市财政干部教育中心）人员名单

表 4-17

姓名	性别	职务
庞国明	男	支部书记（主持工作）
李树宪	男	副校长
常建波	男	办公室主任
陈　明	男	办公室副主任
王丽荣	女	教务科科长、高级讲师
郑海燕	女	教务科副科长、讲师
梁树海	男	总务科副科长
高崇贤	女	高级讲师
史爱君	女	高级讲师
衣成旭	男	高级讲师
闫亚玲	女	高级讲师
纪祥庆	男	高级讲师
隋媛媛	女	高级讲师
鞠丽英	女	讲　师
刘廷春	男	副研究馆员
李金枝	女	经济师
刁国栋	男	经济师
朱　青	男	科　员
于小栋	男	经济师
郑海霞	女	馆　员
王明江	男	经济师
王　静	女	助理会计师
毕军华	男	高级工
王新文	男	高级工
刘洪平	男	高级工
曹炳海	男	初级工

烟台市财政科学研究所　1986年3月成立，1988年12月组建时，实有5人。1996年12月，实有14人。2015年12月，实有11人。2020年12月事业单位改革时，实有8人。该单位先后经历5任主任（正科级），任职情况如下：

方伟穆，主任，任期自1988年9月至1991年4月。

于海平，主任，任期自1992年8月至1993年5月。

杨雪芳，主任，任期自1994年11月至1999年2月。

何文起，主任，任期自2001年12月至2012年2月。

许伏秋，主任，任期自2013年2月至2020年12月。

1988年12月烟台市财政科学研究所人员名单

表 4-18

姓名	性别	职务
方伟穆	男	主任
刘士龙	男	副主任
鞠彩莲	女	科员
祁爱珍	女	科员
罗荣光	男	工人

2020年12月烟台市财政科学研究所人员名单

表 4-19

姓名	性别	职务
许伏秋	女	主任、高级会计师
杨军伟	男	副主任、经济师
姜英杰	女	高级会计师
董新杰	男	会计师
王　杰	女	经济师
郭榕榕	女	馆员
李　静	女	助理馆员
高青青	女	科员

烟台市住房资金管理处　1986年12月成立，1987年12月，实有8人。2003年2月从市财政局整建制划出时，实有23人。该单位先后经历1任党支部书记、1任主任，任职情况如下：

刘好义，党支部书记，任期自1991年9月至2003年2月。

季英明，主任，任期自1997年2月至2003年2月。

历任副主任：李建华、滕敬德、王岳江、姜世茂。

1987年12月烟台市公房租金管理处人员名单

表4-20

姓名	性别	职务
吕爱香	女	
高艺文	女	
李瑞连	女	
曹树金	男	
史洪波	男	
庄连京	男	
孙连芳	男	
盛　军	男	

2003年2月烟台市住房资金管理处人员名单（划转时）

表4-21

姓名	性别	职务（职称）
刘好义	男	党支部书记
季英明	男	主任
王岳江	男	副主任
滕敬德	男	主任科员
刘建良	男	办公室副主任
刘其广	男	会计科科长
王淑红	女	会计师
曹树金	男	计划业务科副科长
李　浩	男	会计师
李云庆	男	世行贷款管理科副科长
李　婕	女	助理会计师
孙兴军	女	助理会计师
高雪梅	女	助理会计师
高立新	男	助理会计师
隋玉颜	女	助理会计师
岳少鹏	男	科员
陈　静	女	科员
李冬艳	女	助理会计师
程建丽	女	办事员
柳　宁	男	会计员
徐　黎	女	会计员
迟俐俐	女	会计员
逄明启	男	工人

烟台市契税征收处　1994年8月成立时，实有4人。2011年12月，“两税”征管职责划转地税部门时，实有14人。该单位先后经历2任主任（正科级），任职情况如下：

刘德荣，主任，任期自1997年2月至2003年1月。

吕延兵，主任，任期自2003年1月至2011年12月。

1994 年 8 月烟台市财政局农业税征收处人员名单

表 4-22

姓名	性别	职务
陈琪光	男	副主任（主持工作）
戴希平	女	科员
周新文	男	科员
袁　刚	男	工勤

2011 年 12 月烟台市契税征收处人员名单（移交时）

表 4-23

姓名	性别	职务
吕延兵	男	主任
高　周	男	副主任
袁　刚	男	副主任
刘德荣	男	正科级干部
周新文	男	科员
李贵录	男	科员
林　琳	女	科员
张　卫	男	科员
贺美丽	女	科员
赵富辉	女	科员
徐　辉	女	科员
戴希平	女	副科级待遇
梁建政	男	科员
张德连	男	司机

烟台市非税收入管理处　1997年4月成立，原名烟台市预算外资金管理处，当年实有 15 人。2010 年 11 月更名。2015 年 1 月批准参照公务员法管理时，实有 22 人。2018 年 12 月与市政府采购管理办公室整合时，实有 20 人。该单位先后经历 3 任主任、2 任党支部书记，任职情况如下：

李妍，主任，任期自 1999 年 1 月至 2009 年 11 月。

王金钟，主任，任期自 2009 年 11 月至 2013 年 5 月。

董彦锋，主任，任期自 2013 年 5 月至 2018 年 12 月。

李妍，书记，任期自 2009 年 11 月至 2013 年 5 月。

姜世茂，书记，任期自 2013 年 9 月至 2018 年 12 月。

历任副主任：李妍、何文起、姜向宁、姜世茂、王书泽。

1997 年 12 月烟台市预算外资金管理处人员名单

表 4-24

姓名	性别	职务
姜向宁	女	科长
由艳荣	女	副科长
王福兴	男	副科长
曲　秀	女	副科长
王锡良	男	副科长
史本阔	男	科员
姜大鹏	男	科员
李　辉	男	科员
刘　霞	女	科员
赵佩荣	女	科员
王岳江	男	科员
薛义旭	男	科员

续表 4-24

姓名	性别	职务
孙　赓	男	科员
荆永杰	男	科员
周　波	男	科员

注：1997 年 5 月至 1999 年 1 月，由市财政局综合计划科科长李妍兼副主任、主持工作

2018 年 12 月烟台市非税收入管理处人员名单

表 4-25

姓名	性别	职务
董彦锋	男	主任
姜世茂	男	党支部书记
王书泽	男	副主任
徐丽平	女	财务科科长
郎丰毅	男	票据科科长
李明哲	男	票据科副科长
李　伟	男	征管科科长
王伟锋	男	稽查科科长
姜　韬	男	稽查科副科长
李大卫	男	稽查科副科长
薛义旭	男	土地资金管理科科长
刘海勇	男	土地资金管理科副科长
郝　征	女	副主任科员
王云明	女	科员
孙　赓	男	科员
姜大朋	男	科员
谭振平	男	科员
姜晓辉	女	科员
李小飞	女	科员
田富任	男	科员

烟台市政府采购管理办公室　1999 年 3 月成立，9 月末实有 7 人。2007 年 7 月，与烟台市国库集中支付管理办公室合署办公。2008 年 4 月，批准参照公务员法管理时，实有 27 人。2015 年 12 月，实有 24 人。2018 年 12 月与市非税收入管理处整合时，实有 22 人。该单位先后经历 2 任主任、1 任党支部书记，均由市财政局领导班子成员兼任，任职情况如下：

叶文君，主任（兼），任期自 2000 年 12 月至 2012 年 2 月。

赵晓晖，主任（兼），任期自 2012 年 8 月至 2018 年 12 月。

张静，书记（兼），任期自 2012 年 8 月至 2013 年 12 月。

历任副主任：唐德玉（未实际到位）、任信美、许奎山、张金瑞、徐海。

1999 年 9 月烟台市政府采购管理办公室人员名单

表 4-26

姓名	性别	职务
任信美	女	采购管理科科长
杨书峰	男	综合科副科长
王竹堂	男	财务监督科副科长
杨建康	男	财务监督科副科长
史本阔	男	科员
李　莉	女	办事员
由　简	女	办事员

2018 年 12 月市政府采购管理办公室（市国库集中支付管理办公室）人员名单

表 4-27

姓名	性别	职务
徐　海	男	市国库集中支付管理办公室副主任（主持工作）
张金瑞	男	市政府采购管理办公室副主任
史本阔	男	综合科科长
张禄厚	男	采购管理科科长
杨建康	男	财务监督科科长
王　苹	女	财务监督科科长
徐　涛	男	财务监督科副科长
杨书峰	男	支付审查科科长
张　乾	女	支付审查科副科长
李　莉	女	直接支付科科长
李　鹏	男	直接支付科副科长
孙　伟	男	授权支付科科长
隋凤梅	女	授权支付科副科长
孟凡顺	男	主任科员
冯　俐	女	主任科员
李淑美	女	主任科员
张　磊	女	科员
李艳霞	女	科员
于　澎	女	科员
孙铭泽	女	科员
王旻纬	女	科员
丁学凯	男	科员

烟台市会计事务服务中心　1999 年 12 月成立时，实有 6 人。2015 年 12 月，实有 6 人。2018 年 12 月，与市政府采购管理办公室、市非税收入管理处合并组建烟台市财政集中支付中心时，实有 5 人。该单位先后经历 2 任主任（正科级），任职情况如下：

白如江，主任，任期自 2004 年 3 月至 2006 年 1 月。

王京光，主任，任期自 2006 年 1 月至 2018 年 12 月。

1999 年 12 月烟台市会计事务服务中心人员名单

表 4-28

姓名	性别	职务
白如江	男	副主任（主持工作）
赵佩荣	女	副主任
孙丽丽	女	科员
于旭明	男	科员
刘海勇	男	办事员
解清漪	女	办事员

2018 年 12 月烟台市会计事务服务中心人员名单

表 4-29

姓名	性别	职务
王京光	男	主任、高级会计师
吕守伟	男	副主任、助理会计师
姜　晓	女	经济师
赵祺予	女	助理会计师
徐　斌	男	司机

烟台市财政信息中心　2000 年 4 月成立，当年实有 3 人。2015 年 12 月，实有 7 人。2020 年 12 月，与市国有资产运营管理中心合并时，实有 5 人。该单位自成立后，经历 1 任主任丛永波（正科级）。

2000 年 12 月烟台市财政信息中心人员名单

表 4-30

姓名	性别	职务	备注
丛永波	男	副主任	主持工作
乔国良	男	办事员	
姜　晓	女	档案员	

2020 年 12 月烟台市财政信息中心人员名单

表 4-31

姓名	性别	职务
丛永波	男	主任、经济师
王　镇	男	副主任、工程师
乔国良	男	办事员
赵　晶	女	经济师
杨丽晖	女	科员

烟台市财政预算评审中心　2004 年 10 月正式组建（原名烟台市政府投资评审中心）时，实有 11 人。2015 年 1 月批准参照公务员管理时，实有 26 人。2018 年 12 月更为现名时，实有 24 人。2020 年 12 月，实有 25 人。该单位先后经历 2 任主任、2 任党支部书记，任职情况如下：

张云鹏，主任，任期自 2004 年 5 月至 2012 年 8 月。

王传财，主任，2013 年 5 月开始任职。

王传财，书记，任期自 2010 年 12 月至 2013 年 5 月；2020 年 12 月再次任职。

周白玉，书记，任期自 2013 年 9 月至 2020 年 12 月。

历任副主任：王京光、于军昌、由艳荣、姜丽、徐涛。

2004 年 10 月烟台市政府投资评审中心人员名单

表 4-32

姓名	性别	职务
张云鹏	男	主任
王京光	男	副主任
由艳荣	女	评审一科科长
于主姮	女	评审二科副科长
盖少菲	女	综合科副科长
姜　丽	女	科员
刘金辉	男	科员
王振军	男	科员
王　彬	男	科员
刘　恒	男	科员
徐　涛	男	科员

2020 年 12 月烟台市财政预算评审中心人员名单

表 4-33

姓名	性别	职务
王传财	男	主任、书记、三级调研员
姜　丽	女	副主任、一级主任科员
徐　涛	男	副主任、一级主任科员
林　涛	男	综合科科长、一级主任科员
刘文佳	男	综合科副科长
谭　涛	男	评审一科科长、一级主任科员
宋孚鹏	男	评审一科副科长
刘　恒	男	评审二科科长
黄　磊	男	评审二科副科长
张晓涛	男	评审三科副科长
孙文颖	男	咨询评价科副科长、三级主任科员

续表 4-33

姓名	性别	职务
孙　力	男	评审稽核科科长
张洪亮	男	评审稽核科副科长
王振军	男	二级主任科员
曾　浩	男	四级主任科员
刘守辉	男	四级主任科员
陈　波	男	四级主任科员
刘金辉	男	四级主任科员
乔君鹏	男	四级主任科员
刘宇航	男	一级科员
牛汝寅	男	工程师（事业人员）
于忻立	女	经济师（事业人员）
吴明越	男	助理经济师（事业人员）
战嘉辰	女	见习期（事业人员）
陈锦鹏	男	见习期（事业人员）

烟台市国有资产运营管理中心　2018 年 2 月成立，当年在岗人员均非在编人员，自单位组建起至 2020 年 2 月，由局机关综合科科长初航正主持工作；2020 年 3 月以后，由市财政集中支付中心核算科副科长张乾主持工作。2020 年 12 月与市财政信息中心合并时，实有 7 人。

2020 年 12 月烟台市国有资产运营管理中心人员名单

表 4-34

姓名	性别	职务
赵建超	男	科员
赵英杰	男	工程师
韩　宇	女	经济师
位永丰	男	科员

续表 4-34

姓名	性别	职务
张为林	男	科员
彭　婧	女	见习期
王建松	男	见习期

烟台市财政集中支付中心　2018 年 12 月，由市政府采购管理办公室（市国库集中支付管理办公室）、市非税收入管理处、市会计事务服务中心整合组建，整合时实有 47 人。2020 年年末，实有 45 人。该单位自组建至 2020 年 1 月，由党组成员赵晓晖兼任主任、书记，副主任徐海、张金瑞、董彦锋、姜世茂任期均始自 2018 年 12 月。

2020 年 12 月烟台市财政集中支付中心人员名单

表 4-35

姓名	性别	职务
徐　海	男	副主任、三级调研员（主持工作）
张金瑞	男	副主任、三级调研员
董彦锋	男	副主任、三级调研员
姜世茂	男	副主任、三级调研员
王伟锋	男	办公室主任、一级主任科员
李　鹏	男	办公室副主任、三级主任科员
于　澎	女	办公室副主任
王　苹	女	财务科科长、一级主任科员
姜晓辉	女	财务科副科长
李　莉	女	直接支付科副科长（正科级）
姜　韬	男	直接支付科副科长 三级主任科员

续表 4-35

姓名	性别	职务
孙　伟	男	授权支付科科长
隋凤梅	女	授权支付科副科长
李　伟	男	土地专项支付科科长 一级主任科员
李大卫	男	土地专项支付科副科长
杨建康	男	核算科科长、一级主任科员
张　乾	女	核算科副科长
杨书峰	男	支出分析科科长 一级主任科员
李艳霞	女	支出分析科副科长
张禄厚	男	信息资源科科长 一级主任科员
刘海勇	男	信息资源科副科长 三级主任科员
郎丰毅	男	票据科科长、一级主任科员
薛义旭	男	培训科科长
李明哲	男	培训科副科长
王京光	男	会计事务服务科科长 高级会计师（事业人员）
吕守伟	男	会计事务服务科副科长 经济师（事业人员）
孟凡顺	男	一级主任科员
冯　俐	女	二级主任科员
李淑美	女	二级主任科员
郝　征	女	四级主任科员
张　磊	女	四级主任科员
孙　赓	男	四级主任科员
谭振平	男	四级主任科员
王云明	女	四级主任科员

续表 4-35

姓名	性别	职务
姜大朋	男	四级主任科员
孙铭泽	女	四级主任科员
王旻纬	女	四级主任科员
丁学凯	男	四级主任科员
李小飞	女	一级科员
田富任	男	一级科员
宋利爽	女	高级会计师（事业人员）
姜　晓	女	经济师（事业人员）
赵祺予	女	会计师（事业人员）
杜成龙	男	助理工程师（事业人员）
徐　斌	男	中级工（事业人员）

其他事业单位工作人员配备情况

烟台会计师事务所（烟台中华会计师事务所） 1986 年 1 月组建初期，实有 1 人：吕元增，为筹备负责人。1993 年 12 月组建烟台中华会计师事务所时，实有 25 人。1998 年 10 月，与市财政局脱钩时，实有 56 人。该所先后经历 2 任所长，1 任党支部书记，任职情况如下：

徐殿文，所长（正科级），任期自 1991 年 4 月至 1992 年 3 月。

刘天聚，所长（正科级），任期自 1992 年 3 月至 1997 年 2 月。所长（副处级），任期自 1997 年 2 月至 1998 年 10 月。

刘天聚，党支部书记，任期自 1991 年 4 月至 1998 年 10 月。

历任副所长：汪新太、刘光玺、刘明乐、战淑萍。

1998 年 10 月烟台中华会计师事务所管理岗位人员名单

表 4-36

姓名	性别	职务
刘天聚	男	所长
汪新太	男	副所长
刘光玺	男	副所长

烟台市蓬莱财会之家 成立于 1990 年 4 月，实有 4 人。1995 年 3 月整建制下放移交时，实有 33 人（含农民合同制 18 人）。该单位先后经历两任经理，任职情况如下：

赵志强，经理（正科级），任期自 1991 年 8 月至 1993 年 4 月。

高德奎，经理（正科级），任期自 1993 年 4 月至 1995 年 3 月。

1995 年烟台市蓬莱财会之家管理岗位人员名单

表 4-37

姓名	性别	职务
高德奎	男	经理
刘佐贤	男	副经理
王美洁	女	副经理
王静波	男	办公室主任
王克安	男	膳食部主任
董　丽	女	干部

烟台财会培训中心 1993 年 2 月成立，1994 年 8 月，实有 34 人。2015 年 12 月，实有 137 人，其中，各类管理岗位 44 人。2020 年 12 月，实有 115 人，其中，管理岗位 28 人。至 2020 年，该单位经历 2 任主任、2 任党支部书记，任职情况如下：

宫建国，主任（副处级），任期自 1997 年 2 月至 2003 年 6 月。主任（正处级），任期自 2003 年 6 月至 2019 年 6 月。

宫建国，党支部书记，任期自 2003 年 6 月至 2019 年 6 月。

姜兆庆，主任（正处级），党支部书记，任职自 2019 年 9 月至 2022 年 7 月。

历任副主任：宋友明、蔡春玲、路有林。

1994 年 8 月烟台财会培训中心管理岗位人员名单

表 4-38

姓名	性别	职务
宫建国	男	副主任
刘其广	男	办公室主任
王竹堂	男	办公室副主任
戴希平	女	办公室副主任
宋友明	男	接待科副科长
吕道宸	男	餐食科副科长
李成乐	男	总务科副科长
姜德勇	男	总务科副科长
李言进	男	接待科副科长
武海鹏	男	科员
丛　剑	男	科员

2020 年 12 月烟台财会培训中心管理岗位人员名单

表 4-39

姓名	性别	现工作岗位及职务
姜兆庆	男	主任、党支部书记
蔡春玲	女	副主任
路有林	男	副主任
乔玉清	男	办公室主任

续表 4-39

姓名	性别	现工作岗位及职务
杜津伏	男	办公室办事员
范革钦	男	财务部经理
李　琳	女	财务部副经理（助理会计师）
岳　超	男	公关营销部经理
于　芳	女	公关营销部副经理
孙　菁	女	公关营销部办事员
孙文虎	男	培训部经理
王　莉	女	培训部副经理
杨建伟	男	餐饮部经理
朱晓红	女	餐饮部副经理
张蕊红	女	餐饮部副经理
巴敬波	男	餐饮部副经理
周艳静	女	客房部经理
孙爱丽	女	客房部副经理
高丽娜	女	客房部副经理
李　霞	女	客房部副经理
戴　鑫	男	工程动力部工程师
邹馨慧	男	工程师
张伟杰	男	安全保卫部副经理
李新建	男	安全保卫部办事员
周建华	女	采购供应部经理
迟　军	男	采购供应部科员
管斌杰	男	车队队长
王革帝	男	车队副队长
李　建	男	工程师
于丽燕	女	办事员
冯婷婷	女	经济师
陆卉卉	女	科员
段宝祐	男	办事员
张丽莉	女	办事员
李海珍	女	商品贸易部助理会计师

烟台市国有资产评估中心　1994 年 12 月成立，1996 年 12 月组建初期，实有 8 人，1999 年 12 月整建制移交时，实有 11 人。

1996 年 12 月烟台市国有资产评估中心人员名单

表 4-40

姓名	性别	职务（职称）
高翠玲	女	高级会计师
孙海兰	女	助理会计师
时　波	女	助理会计师
姜进强	男	干部
孙　伟	男	干部
吴　斌	男	干部
姜艳艳	女	干部
赵瑞荣	女	助理会计师

1999 年 12 月烟台市国有资产评估中心人员名单

表 4-41

姓名	性别	职务
孙海兰	女	干部
陈殿欣	女	干部
姜进强	男	干部
吴　斌	男	干部
孙　伟	男	干部
姜艳艳	女	干部
孙国华	女	聘用制干部
佟永华	女	聘用制干部
赵瑞荣	女	聘用制干部
吕永政	男	聘用制干部
薛　斌	男	工人

离退休人员情况

2015年年末，市财政局机关及直属事业单位共有离退休人员83人（男45人，女38人），其中，局机关21人，直属事业单位62人。按人员身份划分，离休干部3人（机关1人，事业2人），退休干部62人（机关19人，事业43人），退休工人18人（机关1人，事业17人）。至2020年年末，市财政局机关及直属事业单位共有离退休人员130人（男75人，女55人），其中，局机关31人，直属事业单位99人。按人员身份划分，离休干部3人（机关1人，事业2人），退休干部96人（机关30人，事业66人），退休工人31人（机关1人，事业30人）。

第三节　全市财政系统干部队伍

基本情况

1990年，全市财政系统共有干部职工1755人，其中，男1397人，女358人。按学历层次划分，硕士研究生1人，大学63人，大专249人，中专636人，高中536人，初中及以下270人，大学及以上学历人员仅占3.65%。按政治面貌划分，中共党员867人，共青团员586人，无党派及群众302人，中共党员占比49.40%。当年全市财政系统共有专业技术人员716人，占总人数的40.80%，其中，高级8人，占1.12%；中级104人，占14.52%；初级及以下604人，占84.36%（助师级352人，占49.16%；员级252人，占35.20%）。

2015年年末，全市财政系统共有干部职工2690人，其中，男1600人，女1090人。按学历层次划分，硕士研究生以上74人，大学1643人，大专654人，中专及以下学历319人，大学及以上学历人员占人员总数的63.83%。按政治面貌划分，中共党员1940人，共青团员90人，民主党派1人，其他659人，中共党员占比72.12%。当年，全市财政系统共有专业技术人员1573人，占总人数的58.48%，其中，高级247人，占15.70%；中级665人，占42.28%；初级及以下661人，占42.02%。

2020年年末，全市财政系统共有干部职工2456人，其中，男1316人，女1140人。按学历层次划分，硕士研究生以上167人，大学1824人，大专280人，中专及以下学历185人，大学及以上学历人员占人员总数的81.07%。按政治面貌划分，中共党员1744人，共青团员72人，民主党派5人，其他635人，中共党员占比71.01%。当年，全市财政系统共有专业技术人员1205人，占总人数的49.06%，其中，高级340人，占28.21%；中级612人，占50.79%；初级及以下253人，占21%。

2015年年末全市财政系统人员情况统计表

表4-42

类别＼级次		合计	市级	县级	乡级
		2690	466	1153	1071
性别	男	1600	306	684	610
	女	1090	160	469	461

续表 4-42

类别	级次	合计	市级	县级	乡级
		2690	466	1153	1071
民族	汉族	2687	465	1151	1071
	少数民族	3	1	2	
政治面貌	中共党员	1940	281	820	839
	共青团员	90		46	44
	民主党派	1	1		
	其他	659	184	287	188
文化程度	研究生	74	31	28	15
	大学	1643	264	858	521
	大专	654	71	185	398
	中专及以下	319	100	82	137
专业技术人员	合计	1573	225	703	645
	副高级	247	78	146	23
	中级	665	103	351	211
	初级	661	44	206	411
人员性质	行政	378	94	198	86
	其中：公务员	358	90	183	85
	事业	2312	372	955	985
	其中：参公管理	310	172		138

2020 年年末全市财政系统人员情况统计表

表 4-43

类别	级次	合计	市级	县级（含乡级）
		2456	409	2047
性别	男	1316	262	1054
	女	1140	147	993
民族	汉族	2454	409	2045
	少数民族	2		2
政治面貌	中共党员	1744	276	1468
	共青团员	72	6	66

续表 4-43

类别＼级次		合计	市级	县级（含乡级）
		2456	409	2047
政治面貌	民主党派	5	2	3
	其他	635	125	510
文化程度	研究生	167	58	109
	大学	1824	237	1587
	大专	280	44	236
	中专及以下	185	70	115
专业技术人员	合计	1205	93	1112
	副高级	340	44	296
	中级	612	38	574
	初级	253	11	242
人员性质	行政	359	86	273
	其中：公务员	333	81	252
	事业	2097	323	1774
	其中：参公管理	59	59	

县（市、区）财政局历任主要负责人任职情况

1986—2020年，全市各县（市、区）财政局共有94人担任过局长职务，有两位副局长主持工作。

1986—2020年各县（市、区）财政局历任主要负责人任职情况一览表

表 4-44

县（市、区）	主要负责人	任职期限
芝罘区	刘国祥	1984.02—1990.10
	于政国	1990.10—1994.04
	张忠强	1994.04—2007.01
	高海军	2007.01—2011.12
	朱　涛	2011.12—2013.10
	房显学	2013.10—2016.12
	王海青	2016.12—2019.01
	滕　鹏	2019.01—2022.01

续表 4-44

县（市、区）	主要负责人	任职期限
福山区	王维江	1983.12—1991.03
	王振昌	1991.03—1996.02
	刘德平	1996.02—2005.02
	姜广益	2005.02—2013.04
	毕建宏	2013.04—2021.02
牟平区	孙景心	1998.04—1998.12
	杨世珠	1998.12—2007.12
	宋有锋	2007.12—2013.10
	孙木平	2013.10—2013.12（副局长主持工作）
	张志虎	2013.12—2019.01
	李　锋	2019.01—2022.07
莱山区	李传强	1995.01—1998.03
	黄永政	1998.03—2004.09
	范　涛	2004.09—2013.10
	徐显良	2013.10—2016.06
	孙德刚	2016.06—2018.04
	柳晓宁	2018.04—
龙口市	杨忠祖	1978.11—1989.09
	孙承荣	1990.02—1991.03
	任德乐	1991.07—2001.01
	柳德远	2001.01—2004.01
	郑祖纯	2004.01—2011.12
	于建春	2011.12—2019.01
	刘勋章	2019.01—2021.04
莱阳市	盛吉全	1980.10—1993.01
	赵伟健	1993.01—1996.01
	朱言俊	1996.01—2003.01
	任　文	2003.01—2010.01
	宋竹行	2010.01—2019.01
	李克升	2019.01—2021.12

续表 4-44

县（市、区）	主要负责人	任职期限
莱州市	王占顺	1985.12—1990.04
	姜丽娟	1990.04—1992.12
	毛东远	1992.12—1997.12
	尹占桐	1997.12—2002.12
	戚胜发	2002.12—2010.02
	孙开平	2010.02—2016.01
	李玉峰	2016.01—2020.04
	任秋国	2020.04—
蓬莱市	李德平	1986.02—1990.01
	许箕春	1990.01—1994.07
	侯作佳	1994.07—1998.03
	孙维家	1998.03—2001.05
	陈书明	2001.05—2003.01
	许奎山	2003.01—2006.06
	张　力	2006.06—2011.12
	王培成	2011.12—2016.12
	孙福勋	2016.12—2019.03
	张贤东	2019.03—2022.08
招远市	李洪春	1985.03—1992.03
	杨丰仪	1992.03—1996.12
	栾奎英	1996.12—2001.12
	张法亭	2001.12—2005.05
	王焕刚	2005.05—2009.12
	赵美瑜	2009.12—2014.01
	孙浩文	2014.01—2022.02
栖霞市	孙聚铎	1984.02—1991.06
	于守仁	1991.06—1995.03
	李国明	1995.03—2001.02
	姜振斌	2001.02—2006.01
	衣然强	2006.06—2014.01

续表 4-44

县（市、区）	主要负责人	任职期限
栖霞市	衣志伟	2014.01—2020.11
	王福正	2020.11—
海阳市	张书建	1983.07—1993.03
	李洪国	1993.03—1996.12
	赵京春	1996.12—2005.01
	于乐文	2005.01—2011.01
	刘勇涛	2011.01—2019.01
	修兆强	2019.01—2021.01
长岛海洋生态文明综合试验区（长岛县）	厉学胜	1985.12—1995.03
	朱大良	1995.04—2002.12
	包如轩	2002.12—2003.09
	胡志德	2003.09—2007.11
	包如轩	2007.11—2015.03
	史宏源	2015.03—2019.01
	骆　涛	2019.01—
开发区	谭秀春	1987.11—1990.03
	张英堂	1990.03—1991.07（副局长主持工作）
	吴晓飞	1991.07—1993.01
	王恩政	1993.01—2004.11
	于　玲	2004.11—2012.04
	李守鹏	2012.04—2017.06
	杨　勇	2017.06—2020.02
	贾　磊	2020.02—2022.08
保税港区	黄生润	2000.08—2017.09
	孙同华	2017.09—2020.09
高新区	荆永杰	2009.03—2016.04
	曲秀玲	2016.04—2021.03
昆嵛山自然保护区	姜　牟	2011.12—2022.08

第三章　党建工作

在不同的历史时期，烟台市财政局党组织按照中央和省委、市委的安排部署，始终把党的政治建设、思想建设、组织建设、作风建设、纪律建设作为重要工作，认真开展各项党建活动，不断提高党员干部的政治素质，充分发挥党组织的战斗堡垒作用和党员先锋模范作用，为做好财政工作提供坚强有力的政治保证。

第一节　党的组织建设

市财政局党组（委）

烟台市财政局党组（委）由烟台市委批准设立，在财政工作中发挥党的领导核心作用。1986 年，设烟台市财政局党组；2010 年 11 月，建立烟台市财政局党委；2018 年 12 月，撤销烟台市财政局党委，设立烟台市财政局党组。1986—2020 年，历任烟台市财政局党组（委）书记为高吉儒、张仁强、叶文君、张明玉、黄永政、李建平；党组（委）副书记为陈方武、张明玉、黄永政。

局党组（委）的主要任务是：贯彻执行党的路线、方针、政策，讨论和决定本单位的重大问题，做好干部管理工作，团结干部和群众，完成上级党委、政府交给的任务，并指导机关和直属单位党组织的工作。党组（委）按照民主集中制原则议事决策。2006 年制定的《烟台市财政局工作规则》规定，党组会议由党组书记或委托副书记召集和主持，必要时请有关科室负责人列席。会议的主要议题是贯彻执行党的路线、方针、政策，落实市委、市政府和上级主管部门的决定和工作部署；研究党的建设、领导班子建设、思想建设等全局性的重大问题；研究局内部机构变动、职能划分，局领导职责分工，干部选拔任用，本局人员的录用、流动、考核、任免、奖惩、出国培训；讨论向上级党组织请示、报告等重要事项，审定以党组名义制发的重要文件；研究党风廉政建设和行政监察工作，通报对本局的有关投诉并研究处理措施；研究确定年度财政预算草案；研究确定年度工作计划和总结及奖惩等有关事宜；研究涉及全市性的群众利益方面的重大事宜；其他需要党组会议讨论的问题。局党组会议由人事教育科负责组织并整理会议纪要，报党组书记签发。

2011 年，建立市财政局党委理论中心组学习制度。2015 年，制定《烟台市财政局党委议事规则》，进一步规范局党委工作，推进议事和决策的民主化、规范化、程序化。2018 年，印发《落实意识形态工作责任制实施方案》，明确局党委对全局意识形态工作负主体责任，按照“一岗双责”要求，把意识形态工作纳入重要议事日程，纳入领导班子和领导干部目标管理，实行意识形态工作责任制检查考核制度。

2020 年，结合市财政局实际，修订《烟台市财政局党组议事规则》，进一步规范局党组工作，推进议事和决策的民主化、规范化、程序化。

修订《烟台市财政局“三重一大”事项决策实施细则》，凡“三重一大”（指本单位实施的重大决策、重要人事任免奖惩、重大项目安排和大额度资金使用）事项决策，皆应遵循党组议事规则，由局领导班子集体讨论作出决定。

1994 年 9 月，建立中共烟台市委财税工作委员会（市委派出机构），由市财政局和地税局两个单位的党组成员组成，统筹协调财税改革工作，2000 年 12 月机构改革时撤销。

局机关党组织

1986 年，市财政局各科室、单位共有党员 55 人，组成市财政局机关党支部。10 月，市委组织部批准建立烟台市财政局机关党总支，隶属市级机关党委，下设烟台市财政局机关党支部、烟台财政驻厂员管理处党支部、烟台市财政会计干部学校党支部。12 月，烟台市财政局机关党总支成立，设书记、副书记各 1 人，委员 3 人，李宝训任书记。局机关支部委员会于 1987 年 2 月选举产生，1989 年 4 月组织换届选举。

1992 年 8 月，撤销烟台市财政局机关党总支，成立烟台市财政局机关党委，张仁强任书记，刘德荣任专职副书记。

1994 年，烟台市财政局共有党员 141 人，划分为 7 个党支部，分别是：局机关党支部（由局机关、财政科学研究所、烟台财会培训中心组成）、市财政驻厂员管理处党支部（由市财政驻厂员管理处、市国有资产经营公司组成）、市财会干校党支部、财政部驻山东省财政厅烟台中央企业驻厂员管理处党支部、烟台市公房租金管理处党支部、烟台会计师事务所党支部、市信托投资公司党支部。后增设烟台财会培训中心党支部和市国有资产经营公司党支部，原烟台会计师事务所党支部更名为烟台中华会计师事务所党支部。1994 年 7 月，烟台市财政局机关党委换届选举。

1998 年 4 月，按照加强基层党组织班子建设要求，召开全局党员代表大会，选举新一届烟台市财政局机关党委，陈方武任书记，张顺业任专职副书记。同时，开始对 8 个基层党支部进行改选和充实。

2001—2010 年，陈方武任烟台市财政局机关党委书记，付强任专职副书记。2010 年 12 月起，张明玉任书记。

2011 年 2 月，烟台市财政局党委明确党建职能范围：市财政局党委全面领导市级财政系统及市区注册会计师行业党建工作；市财政局机关党委隶属市委市直机关工委，接受市委市直机关工委和市财政局党委双重领导，主要负责市财政局机关党建工作以及领导机关群团组织开展工作。

2014 年 3 月，烟台市委市直机关工委批准烟台市财政局机关党委由张明玉、付强、于波、刘卫平、隋广福 5 人组成，张明玉任书记，付强任专职副书记。

2015 年 4 月，烟台市委市直机关工委批准赵晓晖任烟台市财政局机关党委书记。

2019 年 2 月，烟台市委市直机关工委任命李建平为烟台市财政局机关党委书记，赵晓晖为副书记，付强为专职副书记。7 月，烟台市财政局机关党委批复同意机关各党支部换届选举结果：第一支部委员会由于波、王怡、李林涛 3 人组成，于波任书记；第二支部委员会由刘卫平、刘万强、宋慧妮 3 人组成，刘卫平任书记；第三支部委员会由隋广福、刘莹、马士文 3 人组成，隋广福任书记。

2019 年 6 月，中共烟台市委授予市财政局机关党委“烟台市先进基层党组织”称号

2020 年 4 月，召开烟台市财政局机关第一次党员代表大会，选举产生新一届烟台市财政局机关党委和机关纪委，选举刘卫平、刘万强、孙同旭、李少鹏、李岳霖、李建平、初航正、徐海、常健 9 人为机关党委委员，于洋、王怡、李俏、李林涛、林涛 5 人为机关纪委委员；选举李建平为机关党委书记；刘卫平、李少鹏为副书记；李林涛为机关纪委书记。

局属单位党组织

1987 年 1 月，设立烟台市财政驻厂员管理处党支部、烟台市财政会计干部学校党支部，选举产生支部委员。

1989 年 3 月，烟台市财政驻厂员管理处党支部、山东省会计干部中等专业学校烟台分校党支部组织换届选举。

1991 年 3 月，市财政局党组批复同意烟台市财政驻厂员管理处党支部和山东省会计干部中等专业学校烟台分校党支部新一届组成人员。

1994 年 3 月，市委组织部批复成立烟台财会培训中心党支部。9 月，烟台市财政局机关党委批复同意烟台财会培训中心党支部组成人员。

1996 年 4 月，建立烟台市国有资产管理局机关党支部，徐淑真任书记。

1998 年 6 月，烟台市住房资金管理处党支部改选，支部委员会由刘好义、季英明、滕敬德、初震荣、刘建良 5 人组成，分别任书记、副书记、组织委员、纪检及群众委员、宣传及青年委员。烟台财会培训中心党支部改选，支部委员会由宫建国、宋友明、姜文军、路有林、李成乐 5 人组成，分别任副书记、组织和纪检委员、宣传委员、青年和妇女工作委员、文体工作委员。11 月，山东省会计干部中等学校烟台分校党支部改选，支部委员会由赵修基、张兴华、吴多福、宋长江、王书泽 5 人组成，分别任支部书记、副书记兼纪检委员、组织委员、青年委员、宣传委员。

2000 年 6 月，建立烟台市财政局老干部办公室党支部，任可昌任书记。

2001 年，市财政局机关党委批复成立烟台市预算外资金管理处党支部、烟台市国有资产经营公司党支部。

2004 年，市财政局机关党委批复同意山东省会计干部中等专业学校烟台分校党支部改选结果，由庞国明、李敏、王书泽、彭延学、宋长江 5 人组成新一届支部委员会，分别任支部书记、副书记、宣传委员、纪检委员、组织委员。

2005—2008 年，局属各支部均按党章规定定期进行换届选举，市财政局机关党委对改选结果予以批复。

2009 年 11 月，市委组织部决定建立烟台市预算外资金管理处党支部，隶属市委市直机关工委。2010 年 11 月，烟台市预算外资金管理处党支部更名为烟台市非税收入管理处党支部。

2010年12月，烟台市委组织部批复同意建立烟台市注册会计师行业党委，负责芝罘区、福山区、莱山区、牟平区、开发区、高新区范围内注册会计师事务所党的建设工作，隶属市财政局党委；建立烟台市政府投资评审中心党支部，隶属市财政局党委。

2011年3月，市财政局党委决定建立烟台市政府采购管理办公室党支部；撤销烟台市财政局老干部办公室党支部，建立烟台市财政局离退休干部党支部。5月，各党支部进行换届选举，烟台市政府采购管理办公室党支部由许奎山、杨建康、刘卫平3人组成；烟台市非税收入管理处党支部由李妍、王金钟、姜世茂3人组成；烟台市政府投资评审中心党支部由王传财、张云鹏、于军昌、由艳荣、林涛5人组成；山东省会计干部中等专业学校烟台分校党支部由庞国明、孟阳、许伏秋、李树宪、高崇贤5人组成；烟台财会培训中心党支部由宫建国、宋友明、蔡春玲、路有林、姜文军5人组成；烟台市财政局离退休干部党支部由王德琦、赵修基、李淑萍、吴多福、梁树海5人组成。

2012年6月，按照市委组织部、市社会组织工委要求，成立了市财政学会党支部、会计学会党支部和珠算协会党支部等社会组织党组织，隶属市财政局党委，接受市社会组织党工委和市财政局党委双重领导。

2014年3月，市财政局党委批复同意烟台市政府采购管理办公室党支部、烟台市非税收入管理处党支部、烟台市政府投资评审中心党支部、山东省会计干部中等专业学校烟台分校党支部换届选举结果和组成人员。

2016年，市财政局党委批复同意，烟台财会培训中心党支部由宫建国、蔡春玲、路有林、姜文军、乔玉清5人组成，宫建国任书记；烟台市财政局离退休干部党支部由姜振民、唐德玉、梁树海、吴多福、李淑萍5人组成，姜振民任书记。

2017年，市财政局党委批复部分基层党支部换届选举结果，同意烟台市政府采购管理办公室党支部由许奎山、张金瑞、徐海、杨建康、杨书峰5人组成，许奎山任副书记；烟台市非税收入管理处党支部由姜世茂、董彦锋、王书泽、许伏秋、王伟锋5人组成，姜世茂任书记；烟台市政府投资评审中心党支部由周白玉、王传财、由艳荣、林涛、姜丽5人组成，周白玉任书记。2018年4月，市财政局党委批准李辉任烟台市财金投资有限公司党支部书记。

2018年12月，市委组织部决定烟台蓝天投资开发有限公司党委、烟台市融资担保有限公司党支部、烟台市再担保有限公司党支部，党的关系由隶属市国资委党委调整为隶属市财政局党委；烟台市城市建设发展集团有限公司党委，党的关系由隶属市委市直机关工委调整为隶属市财政局党委；烟台市财金投资有限公司党支部更名为烟台市财金发展投资集团有限公司党支部，党的关系隶属市财政局党委；撤销烟台市政府采购管理办公室党支部、烟台市非税收入管理处党支部，成立烟台市财政集中支付中心党支部；烟台市政府投资评审中心党支部更名为烟台市财政预算评审中心党支部。同月，烟台市委决定撤销烟台市财政局党委，设立烟台市财政局党组，原隶属于烟台市财政局党委的局属事业单位党支部、市注册会计师行业党委、财政监管市属国有企业党组织关系调整为隶属烟台市财政局机关党委。

2019年6月，市委组织部决定将烟台蓝天投资开发集团有限公司党委、烟台市城市建设发展集团有限公司党委、烟台市财金发展投资集团有限公司党支部、烟台市融资担保有限责任公司党支部、烟台市再担保有限公司党支部党的关系，由隶属市财政局机关党委调整为隶属市国资委党委。10月，市委组织部决定成立烟台市水业集团有限公司党委和烟台市国有资本运营集团有限公司党支部，党的关系隶属市财政局机关党委。烟台市财政局机关党委批复同意烟台市财政集中支付中心党支部，由赵晓晖、徐海、董彦锋、王伟锋、杨书峰、王书泽、徐涛7人组成，赵晓晖任书记，徐海任副书记；烟台市财政局离退休干部党支部由姜振民、梁树海、唐德玉、吴多福、李淑萍5人组成，姜振民任书记。12月，批复同意烟台财会培训中心党支部换届选举结果，支部委员会由姜兆庆、蔡春玲、路有林3人组成，姜兆庆任书记。

2020年3月，市委组织部决定，烟台市财金发展投资有限公司党支部、烟台市融资担保有限公司党支部、烟台市再担保有限公司党支部党组织关系，由隶属市国资委党委调整为隶属市财政局机关党委。

2000年，烟台市财政局机关党委书记与下属单位党支部书记合影留念

党员队伍与组织活动

市财政局党组（委）及机关党组织按照《中国共产党章程》《中国共产党发展党员工作细则》要求，贯彻中央和省、市委关于做好各个时期、各种形势下发展党员工作的有关规定，优化队伍结构、规范发展程序、扩大群众参与、增加工作透明度，坚持“成熟一个发展一个”，市级财政系统党员队伍稳定发展扩大。1986年，市级财政干部队伍178人，其中，中共党员55名，占比为30.9%。2015年，市级财政干部队伍466人，其中，中共党员281名，占比60.3%。2020年年末，市级财政干部队伍409人，其中，中共党员276名，占比达67.5%。党员的学历层次和年龄结构不断优化，市局机关党委直属8个支部党员队伍中具有大学及以上学历的190名，占68.8%；年龄45岁以下党员96名，占34.8%。

1997年，市财政局机关党委贯彻落实市委《关于在市直机关开展“三个专题”教育活动的意见》，以中共十四届六中全会精神为指针、以提高干部队伍的整体素质为主线、以思想作风建设为重点，搞突破、促发展、换脑筋、创一流、树形象，开展邓小平建设有中国特色社会主义理论、中国共产党的宗旨、中国共产党的纪律专题教育活动，充分发挥机关党组织的战斗堡垒作用和机关干部的先锋模范作用。

2003年，在全局开展学习中共十六大和“三个代表”重要思想知识竞赛，组织处、科级干部参加十六大精神培训班，在各支部开展“百分考核”和党员“双评”活动。开展“抗非典爱心捐”“爱心献灾区”活动，捐款金额总计63600元，捐助衣被1056件。全年共发展党员

6人，转正8人。当年，局机关党委被烟台市委授予“先进基层党组织”称号。

2004年，根据市政府“阳光政务工程”实施意见，结合财政工作实际，制定《烟台市财政局重大事项集体讨论决定制度》，完善民主科学决策能力，提高领导决策水平。开展“保持共产党员先进性教育活动”专题调查，开展争做“五型”党员和“文明诚信大家谈”征文活动。组织处级领导干部联系帮扶11户困难家庭；组织机关干部到海阳、栖霞参观学习，了解民情民意，接受革命传统和科学发展观教育，推动干部职工学习海阳精神，促进财政事业发展。开展“爱心捐助”活动，全局干部职工捐款金额合计87000余元。

2004年，市财政局、市残联有关领导到基层调研创业扶贫资金使用情况

2005年，按照市委的总体部署，贯彻落实上级党委关于保持共产党员先进性教育活动的指示精神，把教育活动作为全局党的建设中心任务，作为各项工作的重中之重来抓。各支部集中学习时间平均在50小时左右，每位党员通读规定书目，认真撰写读书笔记和心得体会，平均字数达3万余字。先后邀请中央党校教授韩庆祥、市直机关工委常务副书记李胜学进行专题辅导。举办长岛县全国人民满意公务员冷彩凌先进事迹报告会。春节期间，组织全体党员带党课过节，带责任下乡，带任务走亲访友，局机关全体党员共走访慰问老党员和困难党员266人，发放慰问金40550元，建立帮扶对子64对。局领导班子带领各科室、单位负责人赴栖霞，进一步落实帮扶项目和帮扶措施。继续开展爱心捐助活动，全局捐款总计11.12万元。

2006年，开展“学党章、知荣辱、彰先进、促发展”教育活动。组织全体党员干部参加“社会主义荣辱观”专题报告会和《银幕上的共产党员光辉形象》电影展。成立全市财政系统党建、思想政治工作研究会，当年召开工作会议，研究部署工作。发展党员4名，培养入党积极分子15名。

2007年，加大党员教育力度，先后邀请财政部、市委讲师团、市委党校、烟台大学、市直机关工委等单位的专家学者做学术报告或理论辅导，提升党员队伍的政治理论素养和业务能力；邀请全国基层党员干部实践“三个代表”先进典型的牟平农机推广中心主任邹积华等先进模范为全体干部职工做典型事迹报告；组织党员到英灵山、牟平革命烈士陵园（纪念碑）开展入党宣誓和重温誓词活动；参观胶东党史展览馆，组织党员干部到烟台塔顶驻军部队接受艰苦奋斗教育，去龙口、栖霞、海阳等地感受农村改革开放的巨大变化；带着党课下乡，带着温暖扶贫，组织党员去企业、进农户，深入基层访贫问苦，增强党员干部的群众观念；开展“党旗在我心中”“弘扬烟台精神，开创工作新局面”等征文、演讲比赛和党员“百题”知识竞赛等活动。2005—2007年，全局干部职工累计捐款48000元，资助栖霞30名贫困高中生，帮助他们顺利完成学业，高考成绩优异，21名达到了本科提档线，其中，2人分别被中国科技大学、浙江大学录取，《烟台日报》对市财政局党员干部的爱心行动进行了专题报道。

2007年，市财政局有关领导带队到企业调研

2008年，举办十七大精神知识竞赛，组织党员干部到昆嵛山进行革命传统教育、重温入党誓词。对局属各党支部实行“党建工作百分考核”，组织建立了全局党员管理网络信息库，党建工作开始步入规范化、程序化和网络化轨道。按照“坚持标准，保证质量，改善结构，慎重发展”方针，发展党员5名，培养入党积极分子23名。组织全市财政系统深入开展“讲责任、讲效能、树形象”主题道德实践活动，推进全市财政系统道德建设，建设“为民、务实、清廉”的高效机关，塑造财政系统的良好形象。5.12汶川地震后，组织支援灾区爱心捐助和自愿交纳“特殊党费”活动，全局爱心捐款共计195910元，人均捐款位列市直机关前茅；交纳“特殊党费”126200元；捐赠新棉被310床。

2009年，狠抓基层党建工作，全面深化“三项建设”，牢固树立财政部门党员干部“先锋、模范、廉洁、务实”的良好形象。加强党的思想建设，召开全局党建工作会议，把学习贯彻党的十七大、十七届三中全会精神、邓小平理论和落实科学发展观作为党员干部教育的主要内容。加强党的组织建设，强化“三会一课”制度，加强党员信息管理，充实完善信息库各类信息293人次，信息量达1200余个，党建信息基础工作真正走上规范化、程序化和网络化轨道。加强党员干部队伍建设，考察、培养入党积极分子18人、发展对象6人，发展党员3人；以完善制度、强化党员管理为突破口，修订完善《烟台市财政局加强基层党组织建设若干规定》《烟台市财政局关于保持共产党员先进性的长效管理机制》，强化约束、监督、激励机制。

2010年，进一步完善基层党支部党建基础工作，新型网络党员信息库系统各类统计录入达3000多人次。发展、转正党员4人，培养入党积极分子13人，组织5人参加党员积极分子培训班。参加全省财政系统党建工作研讨会，我局机关党委和蓬莱市财政局作了交流发言。

2011年，深入开展“争先创优，争做财政先锋”活动，按照“推动跨越发展有新举措、促进财政工作有新亮点、服务人民群众有新成效、基层组织建设有新加强”的要求，以创建“五个好”先进基层党组织、争当“五带头”优秀党员为主要内容，在全局党员干部中深入开展创先争优领导点评活动，增强党员干部创先争优意识。

2012年，扎实开展基层组织建设年活动，针对领导班子是否健全、组织制度是否完善、经费场所是否落实、发挥作用是否充分等问题，对机关基层党组织进行排查摸底，找准存在问题，分析原因，明确改进方向。按照“领导班子好、党员队伍好、工作机制好、工作业绩好、群众反映好”的“五个好”标准，对机关基层组织分别进行分类定级，建立局机关基层党组织台账。在局机关党组织中深入开展创先争优活动，表彰先锋基层党组织 4 个，先锋共产党员 15 名，为民服务标兵 10 名。评审中心党支部被评为市级先锋基层党组织，2 名党员分别获得省级、市级为民服务标兵。提倡“读好书、唱好歌、讲礼仪、做文明人”，给党员干部职工办理读书卡，开展读书会活动。制定《市财政局关于构建党员“双管双责”工作机制的实施方案》，组织全局 177 名在职党员分别到 5 个社区、3 个村、8 个会计师事务所进行报到登记，引导他们接受单位党支部和登记活动党支部双重管理，履行岗位工作和群众工作双重职责。按照市委部署，从局机关、培训中心各选派 1 名党员分别到芝罘区奇山街道塔山社区和海阳市发城镇忠厚村担任“第一书记”，局机关和局属 5 个处级单位分别与帮扶村结对子。发展党员 4 名，确定党员发展对象 10 名，入党积极分子 12 名。

2013 年，在全局开展“学习贯彻党的十八大精神”论文征集评比活动，选送优秀论文参加烟台市市直机关论文征集评比，获一等奖。组织进行了局机关基层党组织的充实调整工作，将机关党委下设的机关党支部充实调整为 3 个机关党支部，对局机关 74 名党员干部的党员信息库进行了重新编排和归档整理。组织各支部党务干部参加上级党委组织的党务干部培训班，提高基层党务干部的理论水平和工作能力。贯彻落实《基层组织工作条例》，培养确定入党发展对象 2 名、入党积极分子 4 名。在局机关各党支部中开展“评先树优”活动，表彰党务工作者 1 名，优秀共产党员 3 名。继续深入开展“文明创建”活动，组织党务干部参加市直机关“道德观察团”，组织党员干部群众参加全市“文化、道德大讲堂”和反邪教法制知识学习竞赛等活动。

2014 年，配合群众路线教育活动，组织局机关全体党员干部观看电影《钱学森》。制定机关党建工作责任制、机关党委工作人员学习制度和机关党建长效管理机制。培养发展预备党员 2 名、入党积极分子 6 名。将打击处置各类邪教组织作为重要的政治任务，常抓不懈。

2015 年，深入推进创先争优活动，通过争创“五个好”党组织、党员亮牌上岗、服务承诺、建言献策等多种形式，激励各级党组织和广大党员主动亮身份、比贡献、树形象。扎实推进党员“双管双责”“第一书记”和部门包村工作，先后组织全局近 200 名在职党员分别到社区、村、会计师事务所报到登记，履行岗位工作和群众工作双重职责，部门包村工作连年受到市委通报表扬，选派的“第一书记”每年都被市委组织部给予嘉奖奖励。组织党员关注共产党员微信公众号、共产党员易信，学习弘扬先进典型，引领社会新风尚。当年预备党员转正 2 名，培养党员发展对象 2 名、入党积极分子 5 名。

2015 年，中共烟台市委、烟台市人民政府授予市财政局“2012—2014 年度部门包村工作先进单位”称号

2016年，全面开展党员“360”服务品牌和党员示范岗创建工作。按照“引导党员亮身份树形象、浓厚党建氛围”要求，局机关在职全体党员参加党内重要会议和重大活动，参加“三会一课”“党员活动日”等党内政治生活，开展党员“双管双责”“双联双促”等服务群众活动，都要佩戴党员徽章，亮明党员身份。直接为群众服务的工作岗位，要在显著位置放置“共产党员示范岗”公示牌。结合部门包村工作、党员志愿服务进社区、选派行业党建工作指导员，推行“双报到”登记管理。党员报到登记后，单独组建党支部或编入登记活动党支部，开展“抓发展、促和谐”和“设岗定责、干事承诺、连心结对”等活动。

2017年，学习贯彻中共十九大精神，借助手机App，通过微信公众号、“灯塔—党建在线”等新形式，促进党员学习教育常态化、制度化。在各党支部开展机关党建工作典型案例展示活动，强化“双岗双责”考核与过硬党支部建设。局机关党建网络管理服务平台全面升级。制定合格党员具体标准、不合格党员具体表现，开展争做“四讲四有”合格党员活动。组织20名基层党组织书记、30余名党员骨干进行集中轮训，深入学习中共十九大精神、习近平总书记系列重要讲话精神和党建基础知识。组织133名副科级以上党员干部和基层党支部书记参加党建知识学习测试。发展党员5名。

2018年，以全市“大学习、大调研、大改进”“解放思想大讨论”和“作风大改进”活动为契机，在学懂弄通做实习近平总书记视察山东、视察烟台重要讲话和重要指示精神上下功夫，全面加强党的建设，以党建引领财政工作，抓党建促发展。启动党建材料造假问题专项治理暨党建工作检查，重点检查各类党建检查反馈问题的落实整改情况、党建材料造假问题专项治理以及党建基础材料规范化情况。举办“基层党支部书记集中轮训暨党务工作者培训班”，共50人参加培训，进一步提升党务骨干的党建工作实务能力和基层党组织党建工作规范化水平，经验做法被省委组织部“灯塔—党建在线”宣传推广。发展党员4名、培养发展对象6名。认真落实包村和扶贫工作任务，“第一书记”所在村党支部被市扶贫开发领导小组评选为“2018年度烟台市最美扶贫人”；市财政局、市非税收入管理处、市政府投资评审中心、烟台财会培训中心被市委、市政府评为“2015—2018年度部门包村工作先进单位”。

2018年，中共烟台市委、烟台市人民政府授予市财政局“2015—2018年度部门包村工作先进单位”称号

2019年，建立完善“党建+”融合机制，把党建工作纳入《机关目标管理考核办法》，推动党建工作与财政业务有机融合，扎实开展“党建+业务”提升活动。按照全市统一开展的党支部社区“双报到”“进解促”“万名干部下基层”活动要求，由局领导带队，组织92名党员干部深入莱阳市姜疃镇进行“践初心访

贫困、沉一线促脱贫”大走访大调研，共走访32个村390余户贫困户。同时对财政领域漠视群众利益问题进行专项整治，帮助有关企业解决问题20余个。在全体党员中开展“我是党员、我作表率”“学党章、知荣辱、彰先进、促发展”活动，举办3期“财政大讲堂”，集中进行廉政警示教育、形势政策教育、革命传统教育和先进典型教育。

2019年，市财政局部分事业单位党支部为儿童捐书

2020年，市财政局党组创造性开展“红色先锋”党建联盟试点工作。根据党建引领、资源共享、优势互补、共同发展的总体思路，在局机关、事业单位、六区注册会计师事务所和财政监管市属国有企业基层党组织中建立起四个党建联盟，以开放理念和创新思维组织开展党员活动，政治理论联学，优势资源联享，实践活动联办，党员队伍联建，中心工作联促，党建品牌联创，作风纪律联抓，形成全局各直属党组织互帮互学、共创共赢的新格局，经验做法被烟台日报、胶东在线、大众网等媒体报道或转载，参加2020年度市直机关“三重杯”创新创优创效金方案大赛，获党建创新类项目二等奖。

2020年，市财政局事业单位党建联盟到芝罘区东沟村帮助清理遮屋树木

第二节　主题教育

“三讲”教育

1998年11月开始，全党在县级以上党政领导班子和领导干部中集中时间，分期分批开展以讲学习、讲政治、讲正气为主要内容的党性党风教育。1999年下半年，根据市委统一要求，市财政局集中两个月开展“三讲”教育。领导班子成员采取自学和集中学习相结合方式，对照中央有关文件要求，结合查摆剖析1992年以来党性党风方面存在的突出问题，特别是在全面理解和贯彻党的路线、方针、政策，执行民主集中制，选人用人，工作作风和廉洁自律等方面的问题，制定了整改方案和整改措施，并实行整改工作责任制，确保“三讲”期间发现的问题在规定的时间内得到较好解决。为正确处理学习与工作关系，局党组决定成立市财政局“三讲”期间业务综合协调办公室，负责处理日常内外工作联系，保证局领导班子成员的集中学习时间。在县处级干部开展“三讲”教育同时，局党组还在全局党员干部中进行了“三讲”宣传学习活动。

2000年4月16日至5月12日，根据中央、省、市“三讲”办通知精神，对“三讲”教育开展回头看活动，结合思想实际和工作实践，总结经验，找出差距，促进深入整改，巩固和扩大“三讲”教育成果，真正使讲学习、讲政治、讲正气成为全体财政干部的自觉行动。

“三个代表”重要思想学习教育活动

2003年，按照市委部署，市财政局党组扎实有效开展了“三个代表”重要思想学习教育活动。7月，为集中学习、提高认识、领会精神阶段，以科室为单位，采取个人自学与集中学习、讨论交流相结合的方式，同时邀请有关专家学者进行专题讲座。8月，为梳理思想、专题研讨、找准差距、深化提高阶段，全局党员干部联系本科室、本单位和自己的思想、工作实际，重点针对思想和工作中存在的制约全市财政经济健康运行、影响全市改革与发展的突出问题进行学习研讨。9月，为巩固提升阶段，学以致用，把学习成果转化为贯彻“三个代表”重要思想的具体行动，针对查摆出的问题和不足，制定和落实整改措施，解决影响改革发展稳定、群众反映强烈的矛盾和问题，多办实事好事，取得实实在在的成效。

保持共产党员先进性教育活动

从2005年1月开始，中共中央决定用一年半左右的时间在全党开展以实践“三个代表”重要思想为主要内容的保持共产党员先进性教育活动。市财政局党组认真贯彻落实中央和省委、市委确定的教育活动的指导思想、目标要求、指导原则和方法步骤，坚持以实践“三个代表”重要思想为主线，全面落实科学发展观，分学习动员、分析评议、整改提高三个阶段开展保持共产党员先进性教育活动。活动以学习贯彻党章为重点，坚持正面教育、自我教育为主，广泛发扬民主，走群众路线，并实行试点先行、分批推进、分类指导，紧紧围绕改革发展稳定大局，做到先进性教育活动和工作两不误、两促进。同时，着重强调领导机关、领导干部带头，在各个阶段、各个环节为基层和党员作出表率，形成正确导向，把解决问题、总结经验、探索规律结合起来，实现整体推动，促进先进性教育活动的深入展开。

学习实践科学发展观活动

2009年3—8月，市财政局党组制定了《关于开展深入学习实践科学发展观活动的实施方案》，分学习调研、分析检查、整改落实三个阶段开展学习实践科学发展观活动。确定学习实践活动的主题是“昂扬精神迎挑战、科学务实谋发展”，实践载体是“创新财政工作、服务科学发展、加快推进文明富庶新烟台建设”，并切实做到“五个紧密结合”：一是与提升思想境界、创新发展思路紧密结合，牢固树立科学领导、科学管理的思想；二是与破解发展难题、促进经济发展紧密结合，更加科学地运筹调度资金，充分发挥财政资金的导向作用，提高资金使用效益；三是与优化支出结构、关注改善民生紧密结合，预算安排优先考虑和保障民生，让广大群众实实在在地共享改革发展成果；四是与推动改革创新、强化财政管理紧密结合，在创新管理上取得新突破；五是与加强财政文化建设、转变工作作风紧密结合，在机关建设上获得新成效。5月11日，市财政局领导班子召开民主生活会，紧密联系思想和工作实际，认真总结近年来局党组贯彻落实科学发展观的情况，深刻剖析存在的问题，总结经验教训，统一思想认识，明确整改方向。各基层党支部也按照局党组要求召开了组织生活会和民主生活会。8月末，市财政局党组向市委学习实践活动领导小组提交了《关于开展深入学习实践科学发展观活动的总结报告》。

党的群众路线教育实践活动

根据市委统一安排，2014年3月，市财政局作为第二批单位，紧紧围绕保持和发展党的先进性和纯洁性，以“为民、务实、清廉”为主题，按照“照镜子、正衣冠、洗洗澡、治治病”的总要求，扎实开展党的群众路线教育实践活动。通过深入学习习近平总书记重要讲话精神、开展“三问四观”大讨论、到理想信念教育基地现场参观等，全体党员干部思想灵魂受到洗礼，党性修养得到提升，能够更加自觉地站在全局和政治的高度分析财政问题、把握财政工作。通过召开专题民主生活会、组织生活会和民主评议党员，以整风精神开展批评和自我批评，领导班子和党员干部经受了一次严格的政治生活锻炼。通过严肃查摆和整治“四风”问题，内树正气、外塑形象，提升了精气神，凝聚了正能量，机关作风发生了根本变化。通过开展党的群众路线教育实践活动，全局党员干部的理想信念更加坚定，宗旨意识更加牢固，科学化管理水平进一步提高。

“三严三实”专题教育

2015年4月，按照党中央部署，市财政局在县处级以上领导干部中开展“三严三实”专题教育。专题教育活动以讲党课形式起步，围绕“严以修身、严以用权、严以律己，谋事要实、创业要实、做人要实”主题，结合烟台财政的实际，做了全面、深刻、系统地解读。具体安排3个专题开展学习研讨，持续6个月时间，开好专题民主生活会和组织生活会。同时，局机关县处级干部及正科级领导干部、局属县处级事业单位班子成员、科级事业单位主要负责人按“两对照三联系”要求，认真撰写党性分析材料，做到见人见事见思想，对发现和查摆的问题，逐项抓好整改，建立健全践行“三严三实”长效机制。

“两学一做”学习教育

2016年，为推动全面从严治党向基层延伸，进一步解决党员队伍在思想、组织、作风、纪律等方面存在的问题，按照市委部署，市财政局在全体党员中开展“学党章党规、学系列讲话，做合格党员”学习教育。4月26日，局党委书记、局长黄永政为全体党员上党课，所属23个党支部于4月29日前全部启动学习教育。7月，市委督导组选取市财政局作为“两学一做”学习教育示范点，组织20余名督导员前来开展培训学习，对全局学习教育开展情况给予充分肯定。通过学习，全体党员列出问题整改清单约900余条，形成整改台账，做到即知即改，边学边改。为落实市委“擦亮党徽见行动，比拼作为展形象”活动要求，指导基层党支部开展“转变作风增效能、优化环境促发展”“当好六个模范、争做合格党员”“我为财政改革发展献计策”等主题实践活动，以实际行动践行“四讲四有”。2017年，根据中央和省委、市委要求，结合财政党建工作实际，扎实推进“两学一做”学习教育常态化、制度化。

“不忘初心、牢记使命”主题教育

2019年，中共中央政治局会议决定从6月开始，在全党自上而下分两批开展“不忘初心、牢记使命”主题教育。9月，烟台市启动第二批主题教育。根据市委《关于开展第二批“不忘初心、牢记使命”主题教育的指导意见》，市财政局把开展主题教育作为纵深推进全面从严治党的一项重大政治任务，紧扣主题主线，将学习教育、调查研究、检视问题、整改落实贯穿始终，不断推动主题教育各项工作往深里走、往实里抓、往细里落，达到理论学习有收获、思想政治受洗礼、干事创业敢担当、为民服务解难题、清正廉洁作表率的预期效果。结合财政工作实际，组织全体党员干部认真学习本局编印的《习近平总书记关于财政工作的重要论述》，从中找到解决财政工作矛盾问题的答案，增强财政工作的时代性和科学性。举办县级干部培训班，集中学习研讨。到老岚水库、市垃圾处理厂等一线工地进行调查研究，每人撰写一篇调研报告，反映发展问题和基层困难，帮助基层解难题、办实事。邀请芝罘区大海阳社区党委书记冷晓燕为全局干部作典型报告，引导党员干部体会基层工作的艰辛，增强做好财政工作的责任感和使命感。发动党员干部联系思想工作实际和岗位职责开展“五对照五查找”，全局上下树立“守初心、担使命”的责任意识，为民理财，干事创业，开创财政工作新局面。当年，人事部、财政部再次授予烟台市财政局全国财政系统先进集体称号，成为全省唯一获此殊荣的市级财政部门。

2019年，市财政局举办“不忘初心、牢记使命”主题教育县处级干部读书班

2019年，市财政局县处级干部到老岚水库工地调研

第三节　纪检监察

纪检监察机构

1986—1996年，市财政系统纪检监察工作由市财政局党组负责。1986年，市财政局单设监察科，1987年2月，改设人事监察科。1987年10月，市财政局设立纪检组，设专职纪检组长主管纪检监察工作，具体由局人事（监察）科履行纪检监察职能。1991年，人事教育科负责纪检监察事务。

1997—2009年，市纪委监察局派驻市财政局纪检组，设市监察局派驻市财政局监察室（列局机关编制、正科级），负责财政部门的纪检监察工作，监察室同时向市财政局党组和市纪委、监察局负责。

2010年，市纪检监察机构改革，撤销市监察局派驻市财政局监察室。2010—2014年，烟台市纪委监察局实行归口派驻纪检监察组管理体制，市财政局纪检监察工作由市纪委监察局第四纪检组（正处级）负责，时任组长郝玉子，副组长徐东亮具体联系财政部门。

2014 年 12 月，市委批准市财政局党委设纪委书记，2015—2017 年，市纪委、市监察局设派驻市财政局监察室（副处级），沙淑春任纪委书记兼监察室主任，专职负责财政部门纪检监察工作。

2017 年年底，烟台市委加强市纪委派驻机构建设，实现市一级党和国家机关派驻纪检机构全覆盖，派驻监督是上级纪委对下级党组织的监督，派驻机构与驻在单位党组是监督与被监督的关系。2018 年，撤销市监察局派驻市财政局监察室，市财政局纪检监察工作由市纪委监察局派驻第七纪检监察组（副处级）负责综合监督，时任组长李才令（正处级）。2019 年 2 月，市纪委监委派驻机构改革，确定市财政局由市纪委、市监委派驻第六纪检监察组（副处级）负责综合监督，时任组长于红旗（副处级），由局机关党委（机关纪委）具体负责与派驻纪检监察组的工作联系。

廉政制度建设

1991 年，市财政局印发《关于坚决制止请客送礼的紧急通知》，开始规范接待费、会议费支出，要求局内各种业务会议必须编报预算，由分管领导签发执行，会议期间不摆烟、不上酒和水果，不大吃大喝；制定《公开办事制度》，设立举报箱、监督电话，聘请义务监督员，重点监督办事效率和服务质量。

1993 年，针对党风廉政建设中的突出问题，制定出台《烟台市财政局党组关于加强机关党风廉政建设的若干规定》，提出十条工作禁令，保证财政工作和财政干部两个安全。根据市委统一要求，制定《烟台市财政局关于贯彻落实反腐败斗争和加强党风廉政建设的实施意见》，要求全局党员干部结合工作实际进行对照检查：一是科级以上领导干部重点围绕官僚主义、形式主义、有令不行、有禁不止、以权谋私、权钱交易和用公款吃喝等问题进行对照检查；二是有收费项目的科室和局属单位针对有无乱收费现象进行对照检查；三是一般党员干部主要围绕吃拿卡要、从事第二职业和用公款吃喝等问题进行对照检查；四是按照市委要求抓好“双清”工作落实，成立专门领导小组和办事机构，认真清理乱收费和违规购置豪华轿车问题。

1994 年 6 月，贯彻落实市委《关于当前全市反腐败斗争突出抓好几项工作的意见》，在全市财政系统全面开展反腐败斗争：开展超标准购车、乱购乱占住房和超标准公费装修住房、个人借欠挪用公款等问题检查清理工作；建立三项制度，召开领导班子廉洁自律民主生活会；狠刹利用公车婚丧嫁娶、铺张浪费、互相攀比、用公款参与高消费娱乐活动、弄虚作假、赌博等歪风。

1995 年，成立烟台市财政局专项清理公费出国（境）旅游工作领导小组，严格执行市委、市纪委领导干部个人生活重大事项报告制度、领导干部国内公务活动接受礼品登记制度、领导干部廉洁自律定期民主评议制度等三项制度，对领导干部廉洁自律情况进行全面对照检查。

1996 年，市财政局制定《关于加强机关党风廉政建设的若干规定》和《关于不准接受可能影响公正执行公务的宴请和不准用公款参加高消费娱乐活动的规定》，修订完善一系列反腐倡廉工作制度，包括内部接待制度、公开办事制度、机关财务管理规定、科室单位工作规范等。在全市财政系统实施禁酒令：严禁在工作时间和工作日中午饮酒；严禁在可能影响公正执行公务的各种场合饮酒；严禁在值班、携带机密文件和驾驶车辆任务时饮酒；严禁在正常接待中不文明饮酒；严禁在任何时间、任何场合酗酒；严禁任何时间在机关办公场所饮酒；严禁用公款相互吃请、饮酒。进一步健全和完善党的组织生活制度，认真落实“三会一课”制度，通过召开民主生活会等形式，开展批评和自我批评。贯彻民主集中制原则，在资金分配、政策确定、干部任免等重大问题上由集体研究决定，不搞一言堂，实行政务公开，接受群众监督。加强对重要部位和环节的监督，进一步完善监督制度，对容易产生腐败现象的薄弱部位和环节制定相应的措施和规定，强化监督检查。对一些重要的业务职能科室实行审计监察岗位轮换制度，同时实行管钱、管事和监督检查相分离的三位一体的监督机制。

1997 年，组织学习江泽民在中纪委八次全会上重要讲话精神，要求全体党员干部树立良好的党风政风，深入持久地开展反腐败斗争，推进两个文明建设。加强系统内纪检监察干部队伍的组织建设和思想建设，按照省财政厅各地都要配备专职纪检组长的指示精神，要求各县（市、区）财政局主动与当地组织人事部门取得联系，严格按照干部管理权限和配备标准，当年 10 月底前配齐专职纪检干部。贯彻中纪委、省纪委和省财政厅关于纪检监察工作要面向系统的指示精神，市局加强与各县（市、区）纪检监察工作联系，建立财政系统纪检监察工作网络，通过调查摸底、谈心谈话、会议座谈、检查指导等形式，了解和掌握全市财政系统纪检监察和反腐败工作情况，切实做好纪检监察工作。

1998 年，贯彻市委、市政府《关于 1998 年全市党风廉政建设和反腐败工作的实施意见》，深入学习领会中共十五大精神，加强党性、党风、党纪教育，牵头落实市委、市政府关于公费安装固定电话和电话费用限额报销的规定，清理通讯工具。配合有关部门狠刹利用公款吃喝玩乐歪风，规范接待工作。针对个别地方出现色情、赌博等社会丑恶现象，在全市财政系统内贯彻落实财政部、省财政厅《关于坚决禁止财政系统干部职工涉足色情和赌博活动的紧急通知》，抵制腐朽思想和丑陋行为。

1999 年，贯彻落实中央、省、市《关于实行党风廉政建设责任制的规定》，进一步促进领导干部廉洁自律，制定《烟台市财政局党组廉政建设责任制实施意见》。明确局党组对职责范围内的党风廉政建设负全面领导责任，党组书记对局机关及局属单位的党风廉政建设负总责，对领导班子及其成员的党风廉政建设负直接领导责任，党组其他成员对分管单位、科室及其正职领导干部的党风廉政建设负直接领导责任，并加强责任考核和责任追究。印发《烟台市财政局干部职工廉洁自律守则》十条，加强干部职工廉洁自律教育。

2002 年，根据市纪委、市委组织部、市委宣传部要求，市财政局在党员干部特别是县处级以上领导干部中开展“理想信念、廉政纪律”教育，结合开展“环境建设年”活动，抓“四律”（政治纪律、组织纪律、经济工作纪律、群众工作纪律），刹“三风”（吃喝风、送礼风、说情风），加强和改进党的作风。建立廉政建设工作联络员制度。联络员由机关各科室指定思想正派、有较高的群众威信、自身感召力强的人担任，局属单位设立党支部的，联络员由分管纪检工作的支部委员担任。

2007年，市财政局进一步落实党风廉政责任制。在局党组明确班子成员领导责任的基础上，抓好责任分解，形成局党组统一领导、各科室（单位）各负其责、一级抓一级、层层抓落实的责任网络。要求监察室认真履行职责，贯彻落实好党组确定的党风廉政建设年度计划、目标、措施，确保责任制落实到位。各科室、单位主要负责人强化“一岗双责”意识，把管事与管人、抓业务工作与抓党风廉政建设有机结合起来，切实抓好职责范围内的党风廉政建设工作。

2010年，开展反腐倡廉“制度创新年”活动，从六个方面重点抓好反腐倡廉制度建设：一是完善和规范财政转移支付制度和源头治理相关制度，深入推进国库集中支付制度改革；二是完善国有资本收益管理制度，健全国有企业权力运行制衡约束机制；三是进一步建立健全政府采购制度；四是从重点领域、重点部门、重点环节入手，构筑制度防线，形成以积极防范为核心、以强化管理为手段的科学防控机制；五是建立健全预防腐败信息系统，逐步形成信息共享机制和腐败预警系统；六是加快推进运用现代科技手段预防腐败工作，健全完善与六大综合电子监察平台相适应的制度和规范流程。

2011—2012年，开展廉政风险防控管理工作，重点围绕权力的规范、监督和制约，全面梳理和排查岗位职责、业务流程、制度机制和外部环境等方面可能引发廉政风险的问题，评估风险等级，形成覆盖全局各科室（单位）、各重点岗位和关键环节的廉政风险防控管理体系。邀请市纪委派驻第四纪检组徐东亮书记作《廉政准则》辅导报告，教育引导财政干部认清反腐倡廉形势，坚定理想信念，强化公仆意识，增强拒腐防变能力。制定印发《烟台市财政局加强廉政风险防控管理工作实施方案》，对预防腐败工作实行系统化、科学化管理，逐步建立起超前预防、全程监督、有效制约的廉政风险防控体系。

2013年，深入贯彻落实中央八项规定和市委、市纪委要求，实行领导干部操办婚丧嫁娶等事宜报告制度。召开全市财政反腐倡廉建设工作会议，将财政部门牵头承担的4项和配合参与的40多项惩防体系建设任务，分解落实到具体科室单位。加强廉政教育制度化建设，发放致财政干部家属的“助廉信”，定期组织党员干部观看《廉政中国》专题电教片。开展会员卡专项清退活动，局机关在职干部73人、事业单位中层以上干部79人，全部作出“零持有”报告。严格执行“三重一大”事项报告制度。

2014年，根据市委关于贯彻落实党风廉政建设有关要求，拟订关于落实“两个责任”的实施办法，全面落实党委主体责任和纪委监督责任。落实领导干部报告个人有关事项规定。规范党政领导干部在企业和行业协会商会类社会组织兼职（任职）、操办婚丧嫁娶等事宜。严格执行党政机关办公用房建设标准，采取合署办公、集中办公、调配改造等方法，规范使用办公用房。组织正科级以上公务员参加领导干部德廉知识学习，开辟“廉政专栏”，上廉政党课，观看廉政专题电教片。

2015年，印发《关于落实党风廉政建设党委主体责任纪委监督责任的实施办法》和《中共烟台市财政局委员会党风廉政建设主体责任清单》，落实领导班子全面领导责任、主要负责人第一责任人责任和其他班子成员一岗双责。印发《烟台市财政局廉政风险防控管理工作运行规程》，区分内部和外部职权，进一步梳理、审核权力事项，调整权力运行流程，对预防腐败工作实行系统化、科学化管理。制定“三重一大”事项决策监督办法，进一步健全集体领导、民主决策的工作机制。制定财政内控制度和八个专项风险管理办法，加强财政内控制度建设。深化支出管理改革，压减一般竞争性领域专项资金，规避潜在廉政风险。深化国库集中支付改革，为构建防腐体系增加安全屏障。进一步强化财政监督检查，出台财政监督管理办法，建立业务科室全员参与的监督机制。开展廉政文化建设，丰富完善内网“廉政专栏”内容，开辟《中国共产党章程》学习专栏，在办公楼内悬挂廉政格言警句宣传图板，定期组织党员干部观看廉政教育片、到廉政警示基地接受教育，向全市机关、企事业单位发放财政作风、效能建设和廉洁自律情况征求意见函，征求社会各界的意见建议。

2015 年 9 月，市财政局党组会议研究“三重一大”事项

2016 年，建立健全八大类专项风险管理系统，完成内控制度建设，突出警示教育，强化日常执纪监督工作；开通“财苑学谈”微信公众号，定期发布财政政策、党建知识、廉政规定等方面内容，加强廉政短信平台建设，扩大发布范围，增加发表频率，加强日常和重要时间节点短信警醒。开展廉政大讲堂、参观廉政教育基地、观看廉政教育片等系列教育活动，推动党风廉政建设不断深入。在全市财政系统开展征集廉政警句、格言、短信活动，并集结成册，发放全系统干部职工人手一本作警示教育学习。

2016 年，《风清心正　崇廉尚实——烟台市财政局干部廉政教育感悟感言汇编》

2017 年 11 月，配合市委第二巡察组对扶贫领域开展专项巡察工作，协助省财政厅纪检组在市财政局及个别县（市、区）财政局开展财政系统党风廉政建设工作调研。收集国家和有关部委廉政制度，编印《党纪政纪制度汇编》作为党员干部廉政学习资料。举办财政大讲堂（廉政篇），邀请专家教授为全局党员干部作专题辅导。在全局范围内征集“爸妈的叮咛——我的家风传承”优秀作品，弘扬廉洁文化，培育良好家风；组织观看专题片《巡视利剑》，开展“反腐倡廉”主题党日活动，加强党性教育，发挥教育、警示、监督、震慑作用。结合财政

工作实际，倡树“律己、守正、黜奢、尚俭”的财政廉政文化理念，教育全局党员干部践行“三三工作准则”，即树立“依据意识”“流程意识”和“记实意识”三个“意识”，做到“落实工作有依据”“开展工作有程序”“追溯工作有记录”三个“有”，推动财政各项工作依法依规依纪运行。

2018年，组织召开全市财政反腐倡廉建设工作会议，落实市委进一步完善党风廉政建设主体责任工作台账制度要求，观看廉政警示教育片《失衡的代价》《象牙塔里的蜕变》，参加党纪法规和德廉知识学习测试等。开展局领导班子成员向全体党员干部述责述廉工作。开展违规配备使用公车、滥发津补贴、违规公款吃喝、违规收送礼品礼金等“四个方面”专项治理。

2019年，结合“不忘初心、牢记使命”主题教育，邀请市纪委领导、市委党校专家进行专题授课，提升党员干部的党性修养。组织120多名党员到杨子荣纪念馆和胶东红色文化陈列馆等红色教育基地现场教学，接受革命传统教育。组织400多人次观看《大会师》《苏庆亮》《我和我的祖国》等红色影视作品，激发党员干部爱党爱国热情。在全局范围组织开展专题警示教育活动，组织170多名干部职工集体学习《党政机关警示教育典型案件》通报，集中观看警示教育专题片《亮剑》，党组成员对分管的党员领导干部进行廉政谈话40多人次；组织550多人次观看《歧路》《扪心自问》《特别追踪》等廉政警示教育片，强化党员干部廉洁从政意识。

2020年，大力推进党风廉政建设，深入开展“以案促改”警示教育，全力支持派驻纪检监察组监督执纪，全面落实会议报备和“三重一大”事项报告制度，配合驻点监督领导开展廉政谈话38人次，组织廉政知识测试92人次，通过“四个一”活动（一次大学习、一次大讨论、一次专题警示教育、一次廉政谈话），引导全体党员干部以案为鉴，做到知敬畏、存戒惧、守底线。9月，局党组印发《烟台市财政局“三重一大”事项决策实施细则》，明确“三重一大”事项范围、决策实施程序、监督及责任追究制度。10月14日，召开市委第八巡察组巡察市财政局党组工作动员部署会议，组长郑玲作动员讲话，局党组书记、局长李建平主持会议并作表态发言。

第四节 行业党建

2010年，为贯彻落实省委组织部、省财政厅党组《关于转发中央组织部财政部党组〈关于进一步加强注册会计师行业党的建设工作的通知〉的通知》（鲁组通字〔2009〕50号）精神，烟台市财政局着手建立注册会计师行业党委的筹备工作。当年12月，市委组织部批复，同意建立注册会计师行业党委，负责烟台市六区范围内注册会计师事务所党的建设工作，党的关系隶属市财政局党委。市财政局会计科增挂注册会计师行业管理办公室牌子，承担市注册会计师行业党委的日常工作。市注册会计师行业党委设党委书记1名，由局党委委员、分管副局长兼任；设党委副书记1名，由会计科科长兼任；另安排1名行政工作人员，专职负责行业党建日常工作。

2011年，注册会计师行业党委召开第一次会议，市区30多家会计师事务所负责人和党组织负责人参加。会议重点针对做好党员组织关系转接、党组织建设、党员活动室建设等八个问题进行了安排部署，保证烟台市六区范围内事务所党组织和党员关系有序划转。当年6月，召开行业党委全体党员大会，选举产生党委委员，制定《烟台市注册会计师行业党委工作职责》《烟台市注册会计师行业党委工作制度》《烟台市注册会计师行业党建示范点考评标准》等工作制度。会议决定采取单独组建、联合组建等方式，加大事务所党支部组建力度，构建起“统一要求、系统管理、全面覆盖”的行业党建工作框架。行业党委共成立14个党支部，其中，联合支部、直属支部各1个。

2012年，组织开展“注册会计师行业基层组织建设年”活动，印发《关于加快构建党员“双管双责”工作机制的通知》，按照局党委部署，安排局属41名党员到8家会计师事务所报到，参加各事务所的党组织活动，并以科室为单位与事务所党支部开展共建活动。当年，烟台市注册会计师行业党委被评为“全省先进注册会计师行业党组织”，6个党支部被评为“全省先进会计师事务所党组织”，11人被评为“全省注册会计师行业先进个人”，1人被评为“全省注册会计师行业先进党务工作者”。

2013年，制订《烟台市注册会计师行业党建工作三年规划（2013—2015）》，确定通过三年时间，努力实现注会行业党建队伍思想政治素质提高、党风带行风建设成效显著、基层组织建设水平提升、行业队伍壮大、行业统战群团工作机制完善、行业科学发展和服务城市建设能力增强的六大目标。当年4月，中组部组织二局副巡视员杨保平一行到烟台调研注会行业党建工作，对市注会行业党建工作予以充分肯定。

2014年，按照全局党的群众路线教育实践活动统一部署，注会行业党委结合会计师事务所工作实际，在全行业开展党的群众路线教育实践活动，成立教育实践活动领导小组，制定实施方案，召开全市注册会计师行业大会进行专题动员。当年3月，经烟台市财政局团委批准，成立行业团组织，召开第一次全体团员会议，差额选举产生烟台市注册会计师行业团委。根据中华全国总工会、财政部《关于加强注册会计师行业基层工会建设的通知》精神，2015年2月，经烟台市财政局工会工作委员会批准，成立行业工会组织。经行业工会批复同意，六区范围34家会计师事务所共成立工会组织11个、工会小组23个，实现工会组织建设全覆盖。

2016年6月，烟台市注册会计师行业党委召开第二届党员大会，选举王金钟、孙同旭、刘文湖、刘兰清、李卫东、郝士巍、蔡安民7人为第二届行业党委委员，选举王金钟为书记，孙同旭为副书记。当年，落实市委组织部关于党费收缴问题专项检查工作，对注会行业党费收缴问题进行专项清查，重新确认党费收缴基数，补缴党费12300元。

2017年，14个基层事务所党支部书记参加局党委“两学一做”学习教育常态化制度化座谈会，扎实推进“两学一做”学习教育常态化制度化。同时，以党建工作为引领，推进党外代表人士队伍建设。按照《关于加强注册会计师行业统战工作的意见》要求，注重征求党外代表人士意见，各支部书记在开展党的活动过程中及时与非党员所长沟通，建立良好的双向沟通机制。根据市委统战部《关于推荐党外知识分子和新的社会阶层党外代表人士的通知》，在行业内推选出新的社会阶层党外代表人士 20 名，其中，所长 2 名，副所长 3 名，部门主任 7 名。当年，行业内党外代表人士出任市级人大代表 2 名、区级人大代表 1 名、市政协委员 2 名，参加民主党派 1 名。

2018 年，开展“注会行业党建工作提升年”活动，在目标定位上再提高、思想理念上再解放，扎实做好“大学习、大调研、大改进”各项工作。行业党委书记带队深入事务所调查研究，现场指导组织生活会，并到“两新组织”和未建立基层党组织的事务所调研行业党建工作。印发《关于开展党建材料造假问题专项治理的通知》，对所属 12 个事务所党支部及行业党委直属支部进行党建材料造假问题专项整治暨党建工作实地检查，对检查中发现的问题，各支部列出问题台账，明确整改时间，以检查促改进，以改进促规范。

2019 年，围绕新时代党的建设总要求，以政治建设为统领，以组织建设为重点，夯实党建工作基础，签订《基层党建工作目标责任书》，压实支部书记履行“第一责任人”职责。同时，丰富党建活动形式，开展党建品牌创建，组织观看爱国主义影片，举办庆祝中华人民共和国 70 周年文艺会演等活动，有关信息被市委“不忘初心、牢记使命”主题教育工作简报刊发。

2020 年，按照市委组织部和市财政局机关党委的工作部署，在全行业开展“践初心担使命、攻坚夺取双胜利”主题党日活动，实行党员积分量化管理，对 20 名“学习强国”先进个人进行通报表扬。开展注会行业党建联盟试点工作，行业党建联盟发起《制止餐饮浪费行为、培养节俭文明习惯》倡议活动。新冠疫情发生后，各支部积极动员党员群众捐款、捐物 30 余万元。

市注册会计师行业党委建立以来，按照“将骨干发展成党员，将党员培养成骨干”的原则，注重在政治素质高、业务能力强、群众基础好的业务骨干和青年注册会计师中发展党员，加强入党积极分子的培养、教育和考察工作。至 2020 年，先后有 80 名工作人员向党组织递交了入党申请书，培养发展新党员 27 名，年末，全行业共有中共党员 133 名。

2020 年 12 月，注册会计师行业党建联盟开展专题学习

第四章　群团工作

第一节　群团组织

共青团组织

1986年，市财政局共有团员91人，经市级机关团委批准，市财政局团支部改编为团总支，设书记、副书记各1人，委员3人。团总支下设4个团支部：局机关团支部、驻厂员管理处团支部（驻厂处、财科所、会计师事务所）、财政干部学校团支部及学员团支部。

1993年1月，投资公司团支部由邵仁航、王芳、于彤组成，分别任支部书记、组织委员、宣传委员。9月，会计师事务所团支部增补孙菁、杜中恒、孙超为团支部委员，分别任组织委员、宣传委员、文体委员。1995年1月，成立烟台财会培训中心团支部，由刘其广、路有林、周艳静、韩红梅、丛剑等组成支部委员会，分别任支部书记、副书记、组织委员、宣传委员等职。

1996年，烟台市财政局团总支调整，付强任书记，董新杰任副书记，刘建良、李树宪任组织委员，梁志刚、李知好任宣传委员，邵仁航、路有林、陈清宇任文体委员。

2011年2月，烟台团市委批复成立烟台市财政局团委，组织关系隶属烟台团市委，负责局机关及所属事业单位共青团基层组织建设和团员队伍建设工作，指导六区范围内注册会计师行业开展团的工作。2014年4月，烟台团市委批复同意烟台市财政局团委第一届委员会组成人选，王泽立任团委书记。

工会组织

1992年，市财政局设立工会组织，隶属市直机关工会工作委员会。工会主任由全体工会会员选举产生，1992—2012年，历任局机关工会主任皆由机关党委专职副书记兼任，依次为刘德荣、张顺业、付强。1999年6月，市财政局工会同意烟台财会培训中心工会委员会组成人选，宋友明任主席、战培珍任副主席，姜文军任经费审查委员会主任。

2011年2月，烟台市总工会批复同意成立烟台市财政局工会工作委员会，负责局机关及所属事业单位工会工作，指导六区范围内注册会计师行业开展工会工作。局工会工作委员会主任是正科级领导职位，接受市总工会与市财政局双重领导。历任工会工作委员会主任：马广涛（2013年3月至2014年1月），王泽立（2016年1月至2017年4月），徐少明（2018年4月至2019年5月）。2015年2月，市财政局工会工作委员会批复同意山东省会计干部中等专业学校烟台分校、烟台财会培训中心、烟台市政府采购管理办公室、烟台市非税收入管理处、烟台市政府投资评审中心第一届工会委员会组成人选。2019年，市财政局工会工作委员会撤销，武海鹏兼任局机关工会主任。

第二节　群团活动

1992年，市财政局团总支组织开展“坚持立国立本、确立人生航标”系列主题活动。清明节期间，带领60余名团员青年到牟平烈士陵园进行革命传统教育，并在抗日烈士纪念塔下庄严宣誓。带领团员青年“走出去”，到牟平西关村参观其经济建设和改革开放成就。开展廉政教育，放映《倡廉肃贪启示录》等影像片十余场。各团支部围绕“三爱”开展周末演唱会、座谈会、办黑板报墙报等多种形式的教育活动。“五四”青年节期间，举办颂党爱国卡拉OK歌咏比赛，烟台电视台进行了专题采访报道。“八一”、春节期间，组织演出小分队到驻军某部进行慰问演出。组织团员深入企业调研，为企业提出合理化建议32条，融通资金1620万元，得到省财政厅表彰奖励。

1993年，组织团员青年参加团市委发动的“翻四番、过千亿、青春立功”活动，被团市委授予“烟台市青春立功先进集体”和“烟台市青年全优岗”单位，对10名做出突出贡献的优秀团员予以表彰。组织参加市级机关第七届田径运动会，派出17名运动员参加21个项目比赛，5人夺得7个项目的冠军，4人次打破市级机关田径运动会纪录，取得男子团体总分第一名、女子团体总分第四名的优异成绩，获得最佳体育道德风尚奖。

1994年，组织会计人员参加山东省第十二届珠算技术比赛，获市地组团体一等奖。

1995年，开展“青春立功”活动，持续开展争创“青年全优岗”和“青年文明号”活动，增强岗位意识，争创一流成绩，促进岗位成材、岗位奉献。

1996年5月，参加在济宁市举办的全省财政系统首届职工乒乓球赛，选派两个代表队参加4个项目的比赛，获体育道德风尚奖。

1998年，组织全局50多名妇女干部和团员青年在“三八”妇女节期间到福山SOS村开展献爱心活动，为孩子们捐款捐物。“五四”青年节，组织60余人参加市直机关工委举办的歌咏比赛，获一等奖。

1999年，举办庆祝中华人民共和国成立五十周年国庆文艺联欢会，歌颂党、歌颂祖国、歌颂社会主义，充分展示全局干部职工的精神风貌。关心职工生活，帮助职工解决困难，组织发动全局职工为职工患重病子女捐款6万余元。

1999年，市财政局举办庆祝中华人民共和国成立五十周年联欢会

2003年，配合深入开展“环境建设年”活动、庆祝抗击“非典”工作阶段性重大胜利、欢庆中华人民共和国五十四周年活动，举办

2003 年，市财政局举办第二届全民健身登山比赛

“跨越发展树形象、再立新功创辉煌”市局五区文艺联欢会，以跨越发展、振兴财政为主题，用不同的文艺表演形式，从不同的侧面讴歌财政战线上的新人新事新气象。组织举办第二届“全民健身”登山比赛、全市财政系统“干事创业促发展，我为财政做贡献”征文比赛活动。组织机关妇女到青岛进行参观学习，组织干部职工、离退休人员参观城市规划展和公安系统严打整治成果展。

2004 年，组织机关妇女到开发区参观学习；组织党员到烟台农博园参观学习；与工商银行联合举办“国庆联欢会”；参加市直机关第十届田径运动会，获男子团体总分第三名。参加市直机关“创一流业绩，争做优秀公务员”演讲比赛，获得个人三等奖。参加全省财政系统书法绘画摄影比赛，获优秀组织奖。

2005 年，参加市直机关国庆文艺调演，获“优秀组织奖”和“优秀节目奖”；组织与国税、地税文艺联欢活动；组织市财政局第四届全民健身登山比赛活动。

2006 年，参加省文明委组织的文艺调演，获优秀组织奖和演出节目金奖；参加市妇联组织的“我爱我家”家庭艺术展，获优秀组织奖和优秀作品奖；组织妇女参加市总工会举办的“幸福杯”女职工权益保障知识竞赛活动；组织市财政局第五届全民健身登山比赛活动。

2007 年，举办全局卡拉 OK 比赛和健美操比赛，自编创作的“女子健美操”在市直机关比赛中获得个人和集体一等奖。

2008 年，选拔马广涛为奥运火炬手，参加青岛奥运火炬传递。推选全市财政系统优秀作品参加全省财政系统书法、绘画、摄影比赛，上报优秀作品 52 幅，获优秀组织奖、3 个银奖、5 个铜奖和 9 个优秀奖。

2009 年，组织参加“山东省财政系统庆国庆、迎全运文艺调演”活动，获评优秀节目奖；组织参加烟台市“庆祝中华人民共和国六十周年摄影展”，获二等奖和优秀奖；组织“科学发

2011 年，市财政局庆祝建党 90 周年演讲比赛

展·腾飞烟台”演讲比赛，选派孙菁代表市财政系统参加市直机关大赛，获二等奖。

2010 年，举办“学习贯彻党的十七届四中全会精神征文比赛”，选送优秀征文参加市直机关比赛，获二等奖；开展“节能减排”征文演讲活动，选拔陈光参加市级比赛，获一等奖；组织参加市直机关第十二届运动会，获得两个单项第一名、两个单项第二名、两个单项第三名，女子个人单项破纪录 1 次，女子团体获得第三名。

2011 年，在全市财政系统组织开展“庆祝建党 90 周年”征文和书法摄影作品活动，评选上报参加全国财政系统征文 5 篇、摄影作品 9 幅，林涛创作的小品《攻关》和小说《骗妻》获三等奖；组织参加市直机关“党在我心中”诗歌朗诵比赛活动，陈光获优秀创作奖和优秀表演奖；“三八”节期间，组织全体妇女到革命老区“地雷战”故乡海阳市接受革命传统教育。

2013 年，在全局开展“学习贯彻党的十八大精神”论文征集评比活动，评选一等奖 1 篇，二等奖 2 篇，三等奖 3 篇，选送优秀论文参加市直机关征集评比活动，获一等奖。

2017 年，组织开展“深度阅读”朗读者比赛活动，推选优秀选手参加市直机关比赛获得预赛第一名和决赛三等奖；组织参加市直机关首届游泳比赛，获得 3 个第一名、2 个第二名、1 个第三名，赵英杰分别获得男子 50 米和 150 米蛙泳第一名，王怡获得女子 50 米仰泳第一名。

2018 年，组织参加市直机关第 15 届运动会，选派 16 名运动员参加了 47 个比赛项目，获得 3 个第一名、1 个第二名、7 个第三名和女子团体第六名。

2019 年，组织建立七支志愿者服务队，走访慰问社区贫困户 34 户，开展“爱老敬老、情暖重阳”主题活动和为社区捐赠书籍、体育

2019 年，市财政局选手在市直机关游泳比赛中获奖

器材，清扫辖区卫生死角等公益活动；组织参加全市和市直机关书画比赛，获一等奖和最佳作品奖。组织参加市直机关“我和我的祖国”合唱比赛，获三等奖。组织参加“不忘初心、庆祝建党98周年市直机关健步走活动”。组织参加市直机关游泳比赛，李鹏、张乾、王怡、赵英杰获得4×50米接力第三名，王怡获得女子100米自由泳第一名，赵英杰获得男子100米蛙泳第一名。

2020年，组织“双报到·同战疫”专项行动和爱心捐款活动，财政干部参与社区防疫值守和入户摸排500余人次，为社区捐助防疫物资并捐款151120元，为打赢新冠肺炎疫情防控阻击战贡献力量。在“撸起袖子加油干健康烟台动起来”市直机关庆祝建党99周年广播体操大赛中获集体三等奖。

第三节　老干部工作

1998年1月，烟台市财政局设立老干部办公室，具体负责全局离退休人员的管理服务工作。2000年，烟台市财政局建立老干部办公室党支部，2011年，改为离退休干部党支部，专门负责老干部队伍党建工作。2008年，山东省委、省政府授予烟台市财政局全省老干部工作先进集体称号。2012年，烟台市委、市政府授予烟台市财政局全市老干部工作先进集体称号。2013年，山东省委、省政府再次授予烟台市财政局全省老干部工作先进集体称号。

老干部办公室历任负责人：董振碧（1998年1月至2004年3月）、吴多福（2004年3月至2012年12月）、梁树海（2012年12月开始任职）。

附：“光荣在党50年”老干部风采

中国共产党成立100周年之际，烟台市财政局离退休干部队伍中，有10名党龄50年以上老同志获颁“光荣在党50年”纪念章，他们是高可兴、孙祥祚、李琥、王德琦、王希文、刘好义、王初琴、张兴华、白如江、庄连京。

2019年9月，市财政局有关领导为离休干部颁发中华人民共和国成立70周年纪念勋章

高可兴　1928年10月出生，1946年参加革命工作，在胶东第五兵工厂负责弹药生产与输送。1947年担任军械科仓库保管员，在执行一次物资押送任务时，他单枪匹马连续七天七夜不歇息，圆满完成任务，获得上级颁发的功劳证。1949年5月加入中国共产党。解放后在华东军政委员会胶东物资处理组任出纳、会计。1953年，曾将一公斤铂金缠在腰上，独自一人冒雨骑车从烟台赶往潍

坊乘车至济南，完成了铂金移交任务。1962年，由冶金系统调入财政部门（“文化大革命”期间安排在“五七”干校像章厂工作，1972年转回原地区财政局），长期担任企财科科长，工作兢兢业业、一丝不苟，曾获烟台市委、市政府先进生产者称号。1985年，兼首任烟台市会计学会秘书长，1987年，担任市财政局职称改革领导小组办公室主任，具体负责全市会计中级职称评审和高级职称初评工作。1990年，在（烟台）中央企业财政驻厂员处离休。

孙祥祚　1930年11月出生，1951年8月参加工作，1960年4月加入中国共产党。1959—1960年，连续两年被评为烟台地区财税系统先进工作者。1960年5月，参加全国财贸系统技术革新和技术革命大会并获得奖励证书，在中南海受到朱德、李先念、彭真等中央领导接见。1984年，由市区基层财税机构调入市财政局，先后主持财会干校和会计师事务所筹建工作，起草烟台财政学会和会计学会章程草案并组织成立大会。1987年，省财政厅确定烟台市为会计整顿试点城市，他带领会计师事务所人员深入企业开展会计达标升级试点工作，经验做法得到财政部会计司的充分肯定，并在华东六省一市财政部门现场会议上作交流，1990年退休。

李琥　1942年4月出生，1960年9月应征入伍，1964年6月加入中国共产党。1965—1967年，连续三年被评为连队“五好干部”，曾参加北海舰队及海军学习毛主席著作积极分子代表大会，在北京人民大会堂受到毛主席、周总理等党和国家领导人的接见。1969年10月，被推选为海军代表参加中华人民共和国20周年国庆观礼活动。1970年任政治指导员期间，及时发现并制止了一次恶性政治事件，受到海军政治部通报表彰。1972年，在一次手榴弹投掷训练中，某新兵操作失误出现危险瞬间，他临危不惧果断出手，避免了一场人身伤亡事故，受到师级通报表扬。1982年，获评军级后勤系统先进干部。1984年，由部队转业到烟台市财政局，主要负责人事教育与纪检监察工作，多次受到记功、记大功奖励。1993—1995年，主持财会干校工作，被评为全省财政系统教育先进工作者。

市财政局党龄50年以上老同志获颁“光荣在党50年”纪念章

第五章　机关建设

第一节　行政管理制度

1991年，烟台市财政局制定《烟台市财政局行政管理制度》，明确行政管理事务运行程序与责任。1992年，制定《文件传阅规程》《房产管理暂行办法》《固定资产及物资管理制度》《摩托车管理规定》。1993年，制定《催办查办工作制度》。1999年，各科室实行依次负责制度；成立清房清车工作领导小组，对房产、车辆进行摸底清理清退工作。2000年，局党组将“抓基础、抓规范”作为夯实各项工作的具体要求，增补、修订、完善各项工作管理制度。

2006年，市财政局完善制度体系建设：制定《烟台市财政局工作规则》，对组织领导和职责分工、会议制度、依法行政制度、预算管理制度、学习与调查研究制度、内部管理制度等机关各项工作进行全面规范；制定《机关公文处理办法》，对机关公文的种类、格式、行文规则、发文处理、收文处理、归档和销毁作了系统、翔实的规定；制定《行政印章使用管理规定》《档案管理制度》对行政印章的管理、使用和档案的存取、借阅、保密等工作作出具体规定；制定《保密工作制度》，对密码电报、机要文件管理及办公自动化、通信保密等予以规范；制定《人大建议政协提案办理工作规程》《信访工作规则》明确了建议、提案办理和信访工作的责任主体、工作程序、办理时限等具体要求；制定《财务管理规定》《固定资产管理规定》，对局内各项财务收支和各类资产管理作出明确规定；制定《安全保卫工作制度》《值班制度》，严格值班纪律。

2013年，落实中央八项规定精神，修订完善《烟台市财政局财务管理制度》，先后制定《烟台市财政局公务接待管理办法》《烟台市财政局会议费管理办法》《烟台市财政局差旅费管理办法》《烟台市财政局公务车辆管理办法》，严格控制、规范三公经费支出，建设节约型机关。

2014年，在党的群众路线教育实践活动中，围绕规范职权运行，拟订了“三公”经费管理、内部财务管理、公务接待管理等76项制度建设计划，当年对局内财务报销管理、会议费预算管理、会议费开支范围、标准以及车辆派遣、公务接待等作出明确规定。

2015年，根据市委、市政府《关于全面建立重大事项社会稳定风险评估机制的意见》，制定出台《烟台市财政局重大事项社会稳定风险评估实施办法》和《烟台市财政局重大突发事件应急预案》，明确日常监测与预警、应急处置、后勤保障与善后处理等相关措施，堵塞机关运转风险隐患。

2016年，制定《机关运转风险内部控制办法》《公共关系风险内部控制管理办法》，并按照风险等级逐项落实控制方案；印发《工作人员外出考察学习规定》，明确审批程序和各项纪律要求；加强局属国有资产规范化管理，顺利推进公车改革工作。2017年，进一步修订有关财务管理方面的管理制度。2020 年，印发《烟台市财政局工作人员考勤管理办法（试行）》。

2020 年 12 月，市财政局财务人员核查账目

分工负责制

1986—2020 年，市财政局实行局长负责制。局长负责全面工作，副局长协助局长工作，并在自己的职权范围内独立行使职责。局长因公外出期间，按依次负责制委托副局长主持工作。其他局领导因公外出期间，其分管的工作按照 AB 角制度或补位制度由相应的局领导代管，必要时由局办公室统一协调。副局长按工作分工负责处理所分管工作，受局长委托负责专项或其他方面的工作。对工作中重要情况或重大事项的处理，要及时向局长请示、报告；事前来不及请示的，事后要及时报告。参加省财政厅或市委、市政府会议，会议内容涉及全局性工作或重大财政问题的，要及时向局长或局长办公会议汇报；涉及其他局领导分管业务的，应及时向其他局领导通报。有关会议文件、会议记录通过局办公室分送相关局领导阅，交有关科室办理或存查。各科室、单位主要负责人对本科室、单位的工作负责，在本科室、单位的职责范围内开展工作，每项业务工作至少明确两人负责，实行 AB 角制度或补位制度。涉及多个科室、单位职责范围的工作，主办科室、单位与协办科室、单位协商，协办科室、单位配合。

会议制度

局务会议 1986—2020 年，市财政局实行局务会议制度。会议由局长或局长委托副局长召集，根据工作需要，不定期召开。参加会议人员范围：局领导班子成员，机关副处级以上干部，各科室、单位主要负责人。局务会议是对行政业务进行集体领导的主要形式，负责对市财政局职责范围内的各项重要业务和行政工作进行研究决策。主要任务是：传达重要会议精神和有关方针、政策、指示、决定，提出贯彻意见；讨论拟报请上级领导机关和业务部门审查、批准的有关财政工作报告和其他重要事项；审议财政年度预算决算情况，听取重要工作情况汇报，研究决定相关政策和工作措施；研究由市财政局发布以及代拟的重要文件，地方性法规、规章等；讨论研究机关科室职责分工、工作责任制、经费开支、资产管理、政务运转等重要制度规定；研究其他需要局务会议讨论决定的重大事项。

局长办公会议 1986—2020 年，市财政局实行局长办公会议制度。会议由局长或局长委托副局长召集，局领导班子成员及办公室、相关科室、单位负责人参加。局办公室根据各科室、单位提报议题情况，统一组织安排，不定期召开。主要任务是：按照局务会已确定的原则，研究决定需要有关科室、单位落实的事项；听取有关科室、单位重要业务工作情况汇报；听取有关重要专业会议贯彻情况的汇报；研究向领导机关和上级业务部门提报的材料；研究日常工作中的其他重要事项。各科室、单位提交会议研究的议题，涉及其他科室的，有关意见原则上应在会前协调一致。经协调不能取得一致意见的，须由主办科室、单位列明各方理据，提出倾向性意见，报请分管局领导协调，提出主导意见后，提交局有关会议研究确定。

周一例会制度 1998—2000年，市财政局实行局领导周一例会制度。会议由局长或主持工作的副局长召集，局领导班子成员及大检办主任、驻厂处主任参加，主要内容是通报上周工作情况和安排本周工作，由局办公室记录整理周一例会纪要发局领导及有关科室、单位。

全市财政工作会议 通常根据上级财政部门部署和市政府统一安排召开。20世纪90年代初，全市财政工作会议按惯例与全市计划会议同步召开，主要任务是落实年度预算收支任务和部署全年财政工作。1993年起，年度全市财政工作会议（全市财税工作会议）一般在全市经济工作会议后召开。全市财政工作会议一般由市长或分管副市长出席并讲话，各县（市、区）政府及市直各部门主管领导（有时要求主要负责人与会）和财政局局长及市局有关科室负责人参加。全市性财政工作会议由局办公室负责组织，各有关科室、单位配合。

专业性工作会议 各科室、单位主办召开的各类专业、专题工作会议。2006年，对各科室、单位专业会议实行计划管理，原则上每年召开一次。每年年初，各科室、单位要将本年度拟举办的会议编列计划，报送局办公室汇总后，提交局长办公会议审定。2012年，按照精简、效能的原则，要求各科室、单位召开的工作会议或专业会议应尽可能采用电视电话会议等快捷、节俭形式召开，一般不要求各县（市、区）分管局长参加。

其他会议 主要指市财政局全体干部会议和局机关内部召开的有关政务、人事、党团、后勤等方面的会议及召集有关企业单位人员参加的座谈会、研讨会等。全局干部职工大会召开由局长决定，其他会议由局长或分管局领导确定。财政部在烟台举办的各类培训班、会议及省财政厅安排在烟台召开的全省性专业会议，有关工作由对口科室、单位负责，局办公室配合。

督查制度

1991年，市财政局将落实市委、市政府重要工作部署、落实上级领导批办事项和局党组会议决议、办理人大代表建议和政协提案以及受理人民来信来访等各类事项列入督查范围，实行限时办结制度，采取定期督促、跟踪督查和现场督办等方式，推动各项重点工作和政策加速落实。1993年，人大建议、政协提案办理工作在全市最先实现回复率、见面率、满意率均为100%，最早实现督办事项档案化管理。2006年，强化对督查工作的领导，印发《烟台市财政局督查工作制度》，设立局督查工作领导小组，局长任组长，分管领导任副组长，各科室、单位负责人为成员。建立督查工作网络，办公室设专人负责督查工作，各科室、单位确定一名督查联络员，形成完整的督查工作网络。2008年，全局督办事项的落实、办理情况，每月以《督查通报》形式在全局通报，办理结果作为岗位目标责任制考核依据。当年办理各类督办事项620件，其中，人大建议和政协提案60件，督查工作经验做法在全市政府系统督查工作会议上做了典型交流。2009年开始，人大建议、政协提案办理工作实行领导带队走访制度，局领导带领承办科室主动征求代表、委员对办理工作的要求、对财政工作的意见和建议，增强办理工作的针对性、准确性，提高满意率；

办理工作实行局长负总责、层层抓落实制度，所有建议、提案都由局长审阅办理意见和答复意见，保证办理工作高质量高效率。

考评制度

市财政局不断完善监督考评机制，坚持各项工作有考核，年度有评比，奖优罚劣，激发全体干部职工争先创优意识。市财政局在历年市直机关岗位目标责任制考核中，均获得全市先进集体（十佳单位）等荣誉。

1991 年，制定《局机关工作人员年度考核办法》，对工作人员的“德能勤绩廉”5 个方面进行考核，设立争先创优先进科室（单位）和爱岗敬业、精神文明创建等先进个人奖项，调动干部职工工作积极性和主动性。

1998 年，局机关实行摆牌上岗制度，严格内部考勤，并定期检查通报，印发《烟台市财政局年度主要工作目标管理工作责任书》，包括业务工作目标、公共责任目标、抓大事工作目标，对科室、单位和全体工作人员进行全面考核管理。

2006 年，按市委、市政府统一要求，实行年度岗位目标责任制考核，制定《烟台财政局年度岗位目标责任制考核办法》，量化责任目标，明确责任科室和责任人，实事求是、客观公正考核工作实绩。

2010 年以后，制定《工作绩效考核办法》，修订完善《全局干事创业争先创优考核办法》，健全百分制、千分制考核体系，强化工作留痕，建立工作记实制度，突出工作实绩，突出考核结果的运用，加强考核结果的公示与反馈，将考核结果作为评先树优、干部任用的重要依据。

2015 年，实行领导评价与群众测评相结合，平时考核与定期考核相结合，定性考核与定量考核相结合，对全局全年工作任务完成情况进行绩效评估，同时对干部职工政治素质、职业道德、业务能力和廉洁自律情况进行考核评价。对机关公务员和参照公务员制度管理的事业单位工作人员的考核等次设优秀、称职、基本称职、不称职 4 个档次，其他事业单位工作人员及机关工勤人员的考核等次设优秀、合格、不合格 3 档，调动全局上下干事创业的积极性。

2020 年，制定《烟台市财政局机关工作人员平时考核实施方案》，对机关在编人员工作效能、依法行政、服务质量、工作作风、廉洁守纪等方面进行考核。成立市财政局事业单位专业考核委员会，负责组织实施所属事业单位绩效考核工作。

第二节　干部人事管理

1997 年，结合贯彻实施国家公务员制度，试行干部竞争上岗，探索建立富有生机活力的选人用人机制。市财政局首次通过公开竞争答辩、民主推荐与组织考察相结合的方式，选拔任用 2 名副科长、7 名副主任科员。同时，实行干部轮岗交流，实现人员岗位合理配置。本着相对稳定、结构合理、有利工作的原则，局机关科级以下干部轮岗交流 16 人，其中，6 名干部由局机关交流到局属事业单位工作，6 名干部从公务员执行单位调入局机关工作。

2001 年，按照市级机关机构改革要求，根据《烟台市市级党政机关机构改革选配人员实行竞争上岗的意见》有关规定，结合局机关内设机构设置和公务员队伍变化实际，市财政局制定《机关竞争上岗实施意见》和《机构改革竞争上岗综合测评实施细则》，启动机关科级干部竞争上岗工作。此次竞争上岗涉及岗位职数多、人员范围广、时间跨度长，自3月底酝酿制定工作方案，按照公开、平等、竞争、择优的原则，采取竞争演讲、民主测评相结合的方式，对参与竞争干部进行评价计分，严格考察。至8月初，共遴选提拔科级干部24名，其中，科长4名、副科长5名、主任科员5名、副主任科员10名。在进行竞争上岗的同时，实行科室负责人与科室人员双向选择机制，局机关科级以下干部基本进行全员轮岗。

2004年，局机关分别于上半年和下半年组织2次竞争上岗，选拔任用科长4名、副科长4名、副主任科员7名，提拔2人交流到事业单位担任正科级领导职务；同时对3名科长进行岗位轮换，从局属事业单位调任1名副科长到机关任职。

2006年，局机关通过竞争上岗，有2人担任正科级领导职务，5人晋升副主任科员。

2008年，局机关通过民主推荐方式选拔任用1名正科级、3名副科级领导干部和3名主任科员；通过竞争上岗和民主推荐，6人晋升副主任科员。

2010年，根据机构改革后局机关内设机构调整变化，市财政局对机关及局属事业单位部分科级空缺职位实行竞争上岗。按照公布竞争职位、公开报名、资格审查、演讲答辩、民主推荐的程序，提拔任用科级干部28名，其中，局机关科长3名、副科长2名、主任科员1名、副主任科员4名，局属单位正科级干部8名、副科级干部10名，有效激发了财政干部干事创业的积极性。年底，根据市委组织部工作部署，完成县级后备干部集中调整工作，确定局5名副处级后备干部人选。

2013年，市财政局贯彻落实干部选拔任用四项监督制度，全面实行公开选拔、竞争上岗，不拘一格选贤任能，为优秀人才脱颖而出开辟快车道，进一步提高选人用人公信度。当年，通过竞争上岗，提拔任用局机关科级干部17名，其中，科长3名、副科长7名、主任科员1名、副主任科员6名；局属事业单位提拔任用科级干部22名，其中，正科级7名、副科级15名；同时对机关3名、局属单位4名科级干部进行了轮岗交流。

2014年4月21日，市财政局召开青年干部座谈会

2015年，为强化对干部的管理与监督，有效降低关键岗位廉政风险，对局机关8名科室主要负责人进行了轮岗。

2016年，市财政局按照组织部门关于党政领导干部选拔任用工作的有关规定，主要采取民主推荐、谈话调研推荐形式选拔任用干部。上半年，局机关集中选拔任用科级干部29名，其中，提拔担任科长9名、副科长6名、主任科员5名、副主任科员6名，从局属参公单位调任副科长3名；同时对5名科长进行轮岗交流。下半年，选拔任用事业单位科级干部14名，其中，参公管理单位科长6名、主任科员5名。

2018年，市财政局改善机关事业单位科级干部年龄结构，注重选拔优秀年轻干部担任科级领导职务。当年局机关提拔使用科级干部6名，其中，2名40岁以下年轻干部走上科长岗位；局属事业单位共选拔任用科级干部18名，在参公事业单位提拔使用的10名副科级干部中，30岁以下年轻干部3名，31 ~ 36岁年轻干部5名。

2019年，市财政局结合党的主题教育，修订完善全局干事创业争先创优考核办法，严格落实“好干部”标准，建立以德为先、任人唯贤、人事相宜的选拔任用体系，形成“个人埋头干事、业绩群众公认、进步组织关心”的良好环境。根据工作需要，局机关选拔任用副科级干部9名，从参公管理单位调入副科长3名；事业单位提拔使用科级干部17名，其中，正科级3名、副科级14名。根据机构改革调整变化，对局机关14名正科级、8名副科级干部，以及2个涉改事业单位的15名正科级、13名副科级干部重新公布任职。年末，根据市委组织部统一部署，全面推行公务员职务与职级并行改革，对局机关23名非领导职务公务员（处级3名、科级20名）和局属事业单位23名参照公务员法管理人员进行了职级套转，为首批18名科级干部晋升职级，拓宽了干部晋升通道，让想干事、能干事、干成事的干部有机会、有舞台。

2020年，市财政局贯彻新时代党的组织路线，坚持党管干部原则，执行新修订的《党政领导干部选拔任用工作条例》，进一步加大选拔任用优秀年轻干部力度。当年全局提拔任用科级干部11名，其中，局机关正科级7名、副科级1名，有3名37岁以下、2名32岁以下优秀年轻干部分别走上科长、副科长岗位，同时对局机关3名科长进行轮岗交流；贯彻落实《中华人民共和国公务员法》，对局机关23名科级公务员和参公管理单位14名科级人员晋升了职级，进一步激发干部职工干事创业热情，财政干部队伍年龄结构、知识结构、专业结构更加优化。

第三节　帮扶工作

自80年代开始，烟台市政府实施部门包村扶贫工作。市财政局历任领导高度重视帮扶工作，适时成立扶贫包帮工作领导小组，由主要负责人任组长，加强对扶贫包帮工作的领导。各科室、单位主动谋划，积极争取政策，筹措资金，支持包村帮扶工作。1989—2020年，根据市委、市政府统一安排，市财政局先后选派30多名（次）干部下基层，进乡村（社区）、驻企业挂职锻炼，圆满完成各项工作任务，财政干部队伍综合素质得到提升。

干部驻乡村（社区）

1989年8月至1991年2月，郎丰毅、刘玉海到海阳市大阎家乡挂职，分别任团委副书记、经委副主任。着重为乡办企业建章立制，提高财务管理水平，同时为乡里协调解决化肥、农药等农资物品，扶持农业生产。

1991年3月至1992年12月，张明玉、赵晓晖、韩军到龙口市大陈家镇挂职。张明玉任副书记，主抓工业；赵晓晖、韩军任工业助理，主抓乡镇企业并每人包帮一个企业（分别是龙口福利电器厂和龙口大陈家丝绸厂）。期间为乡镇筹措资金进行荒山绿化，种植了连片连村柿子树等经济林；为乡镇安装程控电话，提高了办公效率；对包帮企业及塑料粉末厂实施技术改造和技术革新，并申报了自动开关等专利产品；帮助企业拓宽资金筹集渠道，实施“走出去”战略，拓展国内、国际市场。

1995年4月至1996年10月，孙同华、董新杰到海阳市发城镇挂职，分别任副镇长、经委副主任。先后为镇水利设施建设争取专项资金76万元；协调进口化肥60吨解决农业种植肥短缺问题；同时指导乡镇水泥厂财务管理工作，完善各项财务会计制度建设。

1997年4月至1998年10月，曲昌盛到海阳发城镇挂职，任副镇长。期间争取省、市资金75万元用于粮食储备库维修改造，因在“三个一”活动（帮助一名贫困学生、帮助一个村、做一件好事）中事迹突出，市委组织部给予通报表扬。

1998年7至1999年7月，孙海成到海阳市小纪镇挂职，任经委主任。争取资金30万元用于河道整治等项目，20万元用于小纪中学校舍改造，15万元用于乡镇公路维修建设。

1999年5月至9月，市委组织部、市人事局选派王京光对口支援西藏聂拉木县，主要任务是帮助聂拉木藏药厂实行会计核算，建立健全各项规章制度。中共聂拉木县委、县政府授予其援藏先进工作者称号。烟台市财政局党组给予通报表彰。

2000年1月至12月，姜世茂在海阳市大辛家镇挂职，任经委主任，帮助筹集资金30万元铺设镇街道路，指导乡镇财政所管理工作。

2010年7月至2013年7月，市财政局负责包帮蓬莱市刘家沟镇马家沟村，选派房培宏挂职任村党支部副书记。期间帮助成立农产品专业合作社，争取将村列入蓬莱市首批农村旧村改造试点单位，筹集资金修建进村主干路，争取国家农业综合开发和高效节水项目政策，全村5000亩土地全部实现水到田间、路到地头，新发展120亩涵盖早、中、晚成熟期共10多个品种的苹果园，实现整个旅游旺季有果可摘。帮扶期间，该村获得五星级示范村、烟台市和谐文明村居、烟台市先进基层党组织等荣誉。房培宏被省委组织部评为2012年优秀到村任职干部，被烟台市直机关党委评为市直机关先锋共产党员。

2012年5月至2013年11月，马广涛到芝罘区奇山街道办事处塔山社区挂职，任“第一书记”。为社区协调解决280平方米的新建办公用房，建起党员活动室、图书阅览室，购置价值30余万元的电脑、复印机、办公桌椅等办公设施，改善办公条件，提高服务效率。同时协调解决价值5万元的健身器材，方便居民健身休闲娱乐。马广涛获评优秀“第一书记”。

2012年5月至2015年7月，财会培训中心与海阳市发城镇忠厚村结成帮扶对子，选派姚宏德挂职任“第一书记”。期间筹资30万元整修村级组织活动场所，修缮房屋21间，购置电脑等办公设施，安装健身器材，组建腰鼓队、秧歌队等，丰富农村文化生活；争取资金投入110余万元建设蓄水池，铺设管道，解决了2000余亩果园灌溉问题；帮助硬化村内道路，绿化河道，安装路灯，建设垃圾堆放场等。2012年7月23日夜，忠厚村遭遇40余年不见的最强降雨，姚宏德冒雨连夜组织党员干部排查险情、疏通渠道、安置孤寡老人和受灾村民，百姓自发给市委组织部写了表扬信，海阳市多家媒体分别以《人到心也到》《忠厚村第一书记很“忠厚”》为题予以宣传报道。

2013年12月至2015年5月，李岳霖到芝罘区奇山街道办事处塔山社区挂职，接任“第一书记”。期间为社区协调到一处200余平方米的房产及院落，经过维修改造，建成了书画室、民事调解室、器乐室、棋牌室、阅览室，改善了社区居民文化娱乐活动场所。李岳霖获评优秀“第一书记”。

2015年6月至2017年3月，初航正到海阳市方圆街道宅子头村挂职，任“第一书记”。期间帮助完善公共设施，铺设自来水管道2万米，改造浆砌水沟，硬化各类场地3000平方米，安装健身器材10余套，修整硬化村内道路2.7公里；改善村居环境，共种植各类树木2000余株，绿化植物30000余株及铺设草坪、安装塑钢栅栏等；争取将1000余亩土地纳入国家高标准农田建设计划，2016年完成4公里田间道路改造。通过帮扶，宅子头村成为海阳市首批省级美丽乡村试点，被烟台市委宣传部评为“乡村文明家园”建设示范村（居），市委书记孟凡利、副书记王继东到村调研指导工作，充分肯定了宅子头村的建设发展和财政帮扶工作。

2015年6月至2018年8月，财会培训中心对口帮扶海阳市发城镇栾家村，选派范革钦任“第一书记”。先后争取帮扶资金200余万元，建设村卫生室，绿化面积2000余平方米，清运垃圾1000余立方米；修建长2.8公里、宽4.7米的山路，解决了上山路难行问题；争取农业综合开发高标准农田建设项目，建设排灌站7座、拦水坝5座、塘坝1座，铺设地下输水管道8.35千米，解决了1100余亩山地灌溉难问题，受益村民200多户。

2017年3月至2018年2月，陈光到海阳市方圆街道宅子头村挂职，接任“第一书记”。期间建设高标准农田1000余亩，建设排灌水站、机电井、小型蓄排水工程各2座，建造渠系建筑物24座、输变线路配套0.9公里。协调相关部门帮助村内安装2台数字科普终端设备，实现互通互联，定时定向为村民播送科普节目。争取政策资金改善村内公共文化基础设施，支持乡村公益性文化建设。

2018年2月至2019年2月，常健到栖霞市臧家庄镇挂职，任党委副书记。期间发动镇机关干部结对帮扶63户贫困户，设公益专岗60个，发放富民生产贷8.7万元，每贫困户年可增收约5700元；组织修缮加固44户危房；推广“集体＋公司＋农户”合作模式，120户贫困户加入获益；委托专业公司经营管理上级分配的188.5万元专项资金，发展村公益事业；该镇北洛汤村和马陵冢村分别被列入省、市级美丽乡村建设试点。市委书记张术平在镇村走访时对财政扶贫攻坚工作给予高度评价，帮扶典型经验在市级以上新闻媒体宣传16篇次。臧家庄镇被栖霞市委、市政府授予扶贫开发工作先进单位称号。

2018年12月，奇山街道塔山社区党委向烟台市政府投资评审中心党支部赠送的锦旗

2018 年 2 月至 2019 年 2 月，陈光到栖霞市臧家庄镇北洛汤村挂职，任“第一书记”。期间采取“党支部 + 合作社 + 公司 + 农户”方式，构建“村社合一”型党组织，集体收入实现“零的突破”，达到 6 万元；将村内 11 户贫困户园区外自有耕地与园区内村集体耕地按 1∶1 置换，构建“一份资源、三份收益”的复合收益模式，增加贫困户收入；争取省、市专项资金 89 万元，硬化村主次干道及所有村民门前道路，安装 120 盏路灯，新建文化健身广场，安装健身器材，制作宣传展板等。北洛汤村入选省乡村振兴“十百千”工程，村党支部被烟台市扶贫工作领导小组评为“烟台市最美扶贫人”、被烟台市委组织部评为“烟台市先进基层党支部”和“烟台市干事创业进步村”，12 篇工作动态在中央、省、市级新闻媒体刊载。

2018 年 3 月，市财政局挂职干部与村“两委”商讨党支部领办合作社及产业扶贫事宜

2019 年 3 月至 2021 年 1 月，刘健到栖霞市臧家庄镇北洛汤村挂职，接任第一书记。帮助申请省农发行贴息贷款 300 万元，用于合作社果树产业园扩大再生产，2020 年村集体收入达到 15 万元；争取政策资金 570 万元硬化村级连接路和村内道路，建设漫水桥、大口井，铺设管路、绿化道路；争取资金 89 万元，建设一座库容 6 万立方米水库；争取省勘探地热项目 240 万元，勘探 1500 米深地热资源，发掘出水量 30 立方米以上的水井；筹集投资 50 万元建设食堂、休憩室和浴室；争取资金 20 万元保护修缮栖霞市第一个党支部原址，建设宣传长廊、阅览室、图书室，打造“乡村儒学讲堂”。

2019 年 7 月至 2021 年 8 月，姜世茂任驻牟平区王格庄镇乡村振兴服务队队长，赵建超为队员。为镇、村争取资金 1700 余万元，增加集体收入 82 万元；完成“一河、三路、一场、一产业基础”配套整治任务；扶持 5 个村形成“一村一品”特色产业；同时建设文化广场，改善饮用水和灌溉用水质量，改善生产、生活条件。王格庄镇获“2019 年度省级耕地保护激励乡镇”，下费格庄村获“山东省第三批美丽村居省级试点村庄”，前柳林夼村获“2019 年省级文明村”“山东省第二批乡村振兴‘十百千’示范创建村”，宋家村和下费格庄村获“山东省卫生村”，山东文明网刊发 7 篇文章予以宣传报道。

2019 年 9 月，市财政局领导带队到牟平区王格庄镇研究乡村振兴工作

2019 年 7 月至 2021 年 8 月，张金瑞任驻栖霞市蛇窝泊镇乡村振兴服务队队长。到任后

为每个村量身定制发展方案，打造规模、特色、优势产业。投资 38 万元在西山村建设库容 10 万立方米水库，扩大浇灌面积 500 余亩，每年可节约灌溉成本 30 余万元。推行村企合作，为 3 个村引入光伏发电项目。投入资金 190 万元推进樱桃大棚项目，扩大集体和村民收入。争取资金 80 余万元硬化东院头村山路和院头窑、禾家庄村内主干道，为禾家庄村安装路灯，在西山村建成以党建为依托的多功能文化中心，在水晶泊村建设党建长廊等。

2020 年 5 月，市财政局挂职干部进村开展帮扶工作

干部驻企业

2008—2010 年，根据市委、市政府统一安排，市财政局先后派出 3 批干部到企业挂职帮扶锻炼一年。第一批赵远堂、李岳霖，分别挂职北方安德利果汁有限公司总裁助理和山东翱特实业有限公司总经理助理；第二批刘万强、孙伟，分别挂职烟台西北林业有限公司副总经理和烟台市政建设集团副总经理；第三批高占军、刘明杰，分别挂职（牟平）丽鹏包装股份有限公司总经理助理和山东翱特实业有限公司总经理助理。

局属单位包村帮扶

按照市委、市政府要求，自 2006 年起，市财政局在派出挂职干部实行对口帮扶工作同时，所属事业单位认真落实包村帮扶任务，助力脱贫攻坚，建设美丽乡村，促进乡村振兴。

1989—2020 年烟台市财政局局属单位包村帮扶情况表

表 4-45

单位	帮扶对象	帮扶年度	主要帮扶项目及工作情况
市政府投资评审中心	莱山区莱山镇解格庄村	2006.06—2009.06	协调有关单位为该村河道治理工程无偿提供 200 吨水泥；将市区旧城改造项目退换下的 2 台变压器用于引水上山工程，将市区部分道路改造后退换下的路灯调剂用于村内主要街道照明，解决该村的实际困难
	海阳市大阎家镇东荆家村	2009.06—2012.06	协调有关单位为村内主要道路硬化工程无偿提供 300 吨水泥；无偿提供 5 万元资金解决村民饮水净化问题
	莱山开发区南堤社区	2012.06—2014.12	帮助社区维修平整上山道路，为果农提供产销服务；积极推动旧村改造工作，并在项目投资概算、土地征收补偿等方面提供服务
	栖霞市西城镇马嘶庄村	2015.01—2017.12	争取惠农补助资金 20 万元，解决村民饮水安全问题；争取市级财政资金补助，为村庄安装健身器材；争取高标准农田建设示范工程项目资金 224 万元，用于治理村庄生态环境、解决果园灌溉和群众出行问题
	栖霞经济开发区东北桥村	2018.10—2021.07	争取高标准农田建设示范工程项目惠农资金 50 万元，用于发展特色农业；争取“文化大院”专项资金 25 万元，用于改善村容村貌

续表 4-45

单位	帮扶对象	帮扶年度	主要帮扶项目及工作情况
市政府采购管理办公室	栖霞市松山街道南交毛寨村	2012.06—2015.06	投资 24 万元建设一座漫水桥及延伸硬化道路；投资 20 万元整修村委办公室、建设村文化大院并配齐健身器材；投资 30 万元全面硬化村街道路
	栖霞市松山街道西鹿头村	2015.07—2018.07	投资 30 万元硬化村内主干道路、新建漫水桥并整修河道；投资 30 万元建立村级文化大院并配齐健身器材；投资 20 万元修建农田灌溉池塘一座；建立健全村支部和村委会议事规则和决策程序，推进村级工作制度化、规范化
市非税收入管理处	莱阳市羊郡镇大黄家村	2015.01—2018.12	协调安排资金 36 万元，硬化村街道路，建设村级文化大院，帮助开展美丽乡村建设；筹集高标准基本农田建设补助资金 200 万元，修筑 2 处拦河坝，进行河道清淤、项目内道路硬化等
市财政集中支付中心	莱阳市河洛镇东于家疃村	2018.10—2021.07	帮助建设高标准农田 200 亩；争取资金 20 万元用于硬化出村道路、建设文化广场、配备健身器械等
市财政干部教育中心	福山区回里镇王村	2020.10—	帮助“打通农田水利灌溉最后一公里”，解决水利灌溉设施供水不足、水位低的问题；启动樱桃大棚建设项目；辅助村党支部、村委会制定 2021—2025 年福山区回里镇王村发展规划
烟台财会培训中心	海阳市发城镇忠厚村	2012.05—2015.05	派出姚宏德挂职任村“第一书记”从事帮扶工作
	海阳市发城镇栾家村	2015.07—2018.07	派出范革钦挂职任村“第一书记”从事帮扶工作
	海阳市辛安镇北茂梓村	2018.10—2021.07	开展慰问走访，参与“两委”村换届选举工作，参与村基层阵地文化建设，帮助拓展农产品销售渠道等

第四节　作风建设

服务基层

1988 年，烟台市开展“双增双节”运动，市财政部门把经济效益高、产品适销对路、提供利税多的企业作为增产增收的重点，组织力量深入企业帮助解决产、供、销、运中的实际问题，实行政策资金倾斜，提供系列优质服务。

1990—1991 年，全市贯彻落实国务院关于开展“质量、品种、效益年”通知精神，广泛开展多种形式、各具特色的社会主义劳动竞赛活动，计划、财税、金融等部门积极为企业创造良好的外部环境。市财政局连续两年被评为优质服务单位，市电视台对财政驻厂员实行重点企业联系户制度、帮助企业排忧解难工作进行了专题报道。

1992 年，市财政局贯彻中共十四大精神，主动转变职能向企业还权，《烟台日报》11 月 9 日头版专栏介绍工作情况。

1995 年，市财政局贯彻全市对外开放工作会议精神，成立对外开放大讨论领导小组，围绕财政部门如何参与和促进对外开放开展解放思想大讨论，深入外向型企业调查研究，提出推进全市对外开放向高层次、宽领域、纵深化发展的财政政策措施。

2002年，按照市委、市政府“环境建设年”活动要求，市财政局开展“我为优化烟台发展环境开创财政工作新局面献一计”活动，结合工作实际，再次对简政放权情况进行全面检查清理，减少办事环节，对基层群众反映的热点难点问题抓好整改落实，提高工作效率和服务质量。

2006年5月，根据市政府关于做好部分企业退休职工上访工作紧急会议部署，市财政局专门成立“做好企业退休职工工作”领导小组，由局领导带队，到烟台开关厂及其主管部门了解情况，宣传政策，帮助解决实际困难。发挥财政职能作用，参与市政府工作组，研究制定了统筹解决部分困难企业退休职工有关费用及补贴发放问题的政策措施。

2007年，按照中共十七大深入贯彻科学发展观要求，市财政局坚持“以人为本、执政为民”的公共财政理念，引导财政干部牢固树立群众观点，始终把实现好、维护好、发展好最广大人民的根本利益作为财政工作的出发点和落脚点。预算安排优先考虑和保障民生，强化支农惠农政策，落实财政投入资金渠道，推动城乡经济社会一体化发展。以市委、市政府确定的20件惠民实事为抓手，确保各项民生政策真正落到实处。落实小额担保贷款、创业补贴等政策，为被征地农民、高校毕业生等群体自主创业营造良好环境，以创业促进就业。对低保边缘家庭在教育、医疗等方面予以救助。支持廉租房、经济适用房建设，做好低收入家庭的住房保障工作。推进城乡义务教育经费保障机制改革，健全资助城乡家庭经济困难学生的政策体系。采取以奖代补等方式，激励县（市、区）加大文化投入，丰富人民群众的文化生活。加快村卫生室的维修改造和城市社区卫生服务中心建设，不断完善城乡公共卫生服务体系。年度预算指标下达后，财政干部主动深入矛盾集中、困难突出的地方，了解基层困难、感受群众疾苦，坚持“群众利益无小事、基层单位无先后”的服务理念，倾力解决基层群众最直接、最现实、最紧迫的实际问题。执行联系企业制度，局党组成员及机关各科室、局属各单位主要负责人常年联系1～2个基层业务单位，定期走访，听取对财政工作的意见；每半年举行1次不同行业、不同所有制企业座谈会，及时通报国家、省出台的财政财务政策，帮助企业了解最新政策动态。建立局长接待日集中接访制度，设接访室，每周三上午由1名局领导值守接访，直接倾听群众意见，有效解决群众反映问题，并探索建立为群众办实事、解难题的长效机制。

市财政局把深入基层调查研究、密切联系群众，作为改进财政工作的重要途径。坚持调查研究工作制度，局领导每年到基层调查研究的时间不少于两个月，对重大和热点问题的调研实行局领导分工负责制，由分管领导组织有关科室进行调研。各科室、单位也结合工作需要，选定年度调研题目，建立内部调研课题分工负责制，每年完成1～2篇切实可行的调研报告。

2009年，市财政局结合深入学习实践科学发展观活动，围绕制约财政科学发展的突出矛盾，广泛开展“寻计献策”调研活动，局领导各牵头负责一个课题，带领责任科室进基层、听民意、出实招，形成财源建设、服务业、农业、文化等方面的调研报告19篇。

2012年，实施党员“双管双责”，全体党员以支部为单位分别到社区、会计师事务所和工作地联系服务的基层单位报到，接受组织关系所在党支部和登记活动党支部的双重管理，履行岗位工作和群众工作的双重职责。党员积极参与群众工作，帮助报到单位解难题、办实事。

2014年，市财政局进一步转变工作作风，全面查摆“四风”问题。明确财政部门和财政干部25个“四风”方面具体表现，局领导班子共查找出“四风”问题16条，班子成员结合自身实际查找问题103条。采取“走下去、面对面、背靠背”等多种形式，听取各方面意见建议，共召开31个座谈会，走访村庄25个，走访困难家庭45户，访谈群众500余人次，向42个市直部门和14个县（市、区）发送征求意见函，有针对性地对查摆出的问题和部门群众的意见进行整改，提高为基层单位和群众服务的水平。开展“双联双促”活动，局领导班子成员参与结对联系村活动，45名正科级以上党员干部参与结对联系困难家庭活动。

2016年，市财政局把开展“两学一做”学习教育与落实全面从严治党要求、践行“十个倍加”、落实“六个始终”紧密结合起来，推动思想建设、作风建设、纪律建设互促共进。继续加大对困难县（市、区）帮扶力度，帮助栖霞入围全省县级现代预算管理制度改革试点，享受省直管县待遇，提升综合财力水平。

2018年，市财政局按照全市“大学习、大调研、大改进”工作部署，集中开展解放思想大讨论活动和作风大改进活动，着力解决全局党员干部思想、政治、组织、作风、纪律等方面的突出问题。把解决民营企业融资难作为重要任务，牵头召开支持小微企业发展座谈会，与主管部门、金融机构通力合作、找准症结、共商对策。在用活用好企业信贷周转资金、高新技术企业培育计划、科技型中小企业贷款贴息等政策措施的基础上，注入资本金5亿元，扩充融资担保公司规模，发挥财政、财金集团、融资担保公司以及烟台银行的资源优势，设立中小微企业贷款“绿色通道”，打好“担保＋银行＋基金”的组合拳，增加民营企业融资便利性。全力以赴保障全市“双招双引”工作开展，主动走出去招商引资，专门赴上海与上汽通用汽车对接洽谈，达成7家汽车配套企业落户烟台的框架协议，推动“腾讯云”双创基地等项目顺利落地，实现合同引资4.2亿元，实际到位1.2亿元。主动为全市生态文明建设“一号工程”长岛生态功能区建设项目服务，主要领导带队，多次深入长岛实地调研，专程赴财政部汇报工

2014年，市财政局组织青年干部到福山区圩上村学习张广秀事迹

作，争取中央、省对海岛县的实际情况有全面的了解，中央、省专门针对海岛县的财政体制和生态保护制定政策。

2019 年，市财政局深入群众、深入基层、深入企业，充分听取人民群众反映的意见建议，把解决基层实际问题作为主题教育的落脚点，作为制定财政政策、编制执行预算的重要参考，让财政工作更接地气。结合市里统一开展的党支部社区“双报到”“进解促”、万名干部下基层等活动，组织了“践初心访贫困，沉一线促脱贫”大走访大调研、财政领域漠视群众利益问题专项整治等活动，走访 32 个村、390 余户贫困户，协调帮助企业解决问题 20 个，帮助东山街道东花园社区清理挡光树木、安装健身设施，给因干旱导致严重缺水的蓬莱市五甲村和后扬头村送水 10 余次，帮助群众解决实际困难。

2020 年，在国内外疫情持续蔓延、减税降费规模空前、可用财力大幅下滑的严峻形势下，全市各级财政部门兜紧兜牢基层“三保”底线，最大程度地维护和谐稳定的良好社会环境。市局领导带头，集中时间深入各区、市开展专题调研，全面掌握全市财政运行整体情况，摸清摸透基层“三保”底数，精准把脉、一地一策提出意见建议和措施方案。市财政局制定并执行财力保障、库款调度、发展激励等“六项机制”，阶段性提高财政资金县级留用比例，充实县级库款，强化动态监测预警，保证各区、市没有一地出现“三保”风险。编制《支持疫情防控和经济社会发展财税政策汇编》，常态化开展“送政策上门服务企业”活动，设立税费事项快捷办理绿色通道，以各种有效方式打通政策落地“最后一公里”，最大程度减轻企业负担。

2020 年，市财政局局长李建平在黄渤海新区调研

提质增效

自 90 年代初，市财政局把督查办工作作为提高工作效能的重要抓手，开始重视机关效能建设。1999 年，在局机关开展“深化机关建设，优化发展环境活动”，围绕“规范管理、文明办公、提高素质、再上档次”的机关建设思路，突出规范管理重点，认真摆问题、找差距、定措施，转变机关工作作风，创造宽松发展环境，树立良好机关形象，建立有利于提高办事效率、有利于改善发展环境、有利于促进经济建设的长效机制，使机关工作逐步走上制度化、规范化轨道。为加强机关建设，进一步提高办事效率和服务质量，市财政局推行办事效率监督卡和办事效率承诺服务制度。对市级控购机构审批权限内的审批事项、申请计算机替代手工记账的单位、外商投资企业财政登记等实行“办事效率监督卡”；对上级部门批办的事项、群众来电来访反映的重要事项、市直各部门的正常经费支出、企业申请领取下岗职工基本生活费、大宗物品集中采购项目、住房公积金和住房补贴缴存登记等 13 个项目实行办事效率承诺制度。

2006年，市财政局进一步加强效能建设，制定《关于进一步规范财政管理程序提高机关工作效能的意见》《机关效能建设考核办法》《机关效能投诉处理制度》《机关行政效能告诫制度》。机关效能建设考核办法规定，考核内容设四大项16小项，实行百分制考核，其中，履行岗位职责25分、提高工作质量30分、端正服务态度20分、遵守工作纪律25分。成立市财政局效能建设考核工作领导小组，负责效能建设考核的组织领导。日常工作由监察室、人事教育科负责，定期或不定期对科室、单位的效能建设情况进行检查督查，并做好督查情况记录，作为年终考核的评分依据。机关各科室、单位及工作人员的效能建设考核分数纳入年度岗位目标责任制考核。建立效能问题投诉网络，聘请义务监督员，促进了工作效率提高和机关作风改进。

2010年，市财政局开展“增强责任心、提高执行力”教育活动，倡导“少说多做、埋头苦干、狠抓落实”的工作作风，解决部分党员干部存在的思想境界不高、责任意识不强、执行效率不高问题和规章制度执行不力等问题，抓落实、求实效、促发展。

2013年，市财政局按照市委、市政府《关于在全市开展“庸懒散”专项治理突出解决办事效率低下问题的实施方案》要求，在全局开展“庸懒散”专项治理工作，严格落实改进作风优化环境“十要十不准”“九个严禁”规定，突出解决工作作风懒散、执行力不强、办事效率低下等问题，重点是政令执行不畅、工作推进不力、改革被动迟缓、群众观念淡化、法纪意识不强、内部管理不严问题，机关作风明显转变，办事效率明显提高。

2016年是市财政简政放权力度最大的一年。对外，全面推进简政放权，围绕加快重点项目建设，先后取消工程概算、招标采购等财政评审环节，将工程类采购、政府投资项目财务决算编审、市级土地收储及出让价格审定等职权放给主管部门和相关县（市、区）。对内，强化目标责任考核，根据全市“三考核两上榜”论功授奖办法，制定出台局内“干事创业争先创优考核办法”，树立目标导向、问题导向，每一项工作都具体化、清单化，明确责任时限和质量要求，形成一抓到底的贯彻流程，激发了全局干部职工优化服务的能动性和创造性。

2017年，市财政局坚持“事不隔夜”高效干，卡实责任、倒排时间、压茬推进，确保全市重点工作在财政部门“零停滞”“零延误”。落实一线工作法，实行“服务到一线、办公在现场”零距离服务，对塔山南北路、滨海西路、朝阳、所城改造建设等全市重点工作，安排专人主动上门、全程参与、同步跟进，提供全方位、“保姆式”服务。进一步加大工程投资评审、招投标“放管服”力度，建立项目审批和资金拨付绿色通道，加快评估审核、协议审定和资金拨付程序，保证了塔山南路实现全线征收、两个标段提前一个月开工；北马路拓宽改造征迁提前两个月完成。

2019年，市财政局对当时财政业务流程进行系统重构重塑，制定了“4+7”财政业务工作流程再造体系，建立对口服务、靠前服务、标准服务机制，开展“上门服务至少一次”活动，变“坐家等”为“上门办”，既上门征求意见，帮助解决实际问题，又及时传达财政改革管理的最新要求，推动提高全市财务管理水平。同时，畅通项目评审、政府采购“绿色通道”，对手续不全的急办项目实行“容缺机制”“随来随办”，提供高效服务。

2020年，新冠肺炎疫情突如其来，经济社会发展受阻、财政收入呈断崖式下滑，市财政局领导班子团结带领全局干部职工紧紧围绕中心工作，坚持疫情就是命令、防控就是责任，大年三十到岗值守，正月初三全员返岗，第一时间制定财政应对新冠肺炎疫情应急预案，搭建专项应急资金拨付“高速通道”、疫情防控政府采购“绿色通道”，用高效率跑出财政“战疫加速度”，保证资金、物资随用随到。调动一切可以调动的资源，以强有力的财政调控手段，对冲疫情减收影响，对冲经济下行压力，对冲基层“三保”压力，

2020年2月，市财政局机关第一党支部到社区防疫

2020年2月，市财政局机关第二党支部到社区防疫

2020年2月，市财政局机关第三党支部到社区防疫

把意想不到的“危”转化为赶超发展的“机”，体现了财政担当，贡献了财政力量。

阳光政务

1996年，按照反腐倡廉、加强机关作风建设要求，市财政局开始制定并实施公开办事制度。2001年11月，为优化政务环境，规范审批行为，提升办事效率，按照市政府要求，市财政局派员入驻行政审批中心窗口，对社会公开财政审批事项及办理程序。2002年，为适应加入WTO新形势，根据市政府关于提高政务公开工作水平的要求，市财政局制定《关于进一步深化政务公开工作的意见》。政务公开主要采取以下几种形式：

在办公楼门口设立固定的政务公开宣传栏；召开社会听证会，对涉及收费等与群众利益相关的事项实行听证会制度；推行干部人事公示制；设立专线咨询电话，与群众直接对话或面对面交流；印发《烟台市财政局规范化服务手册》，制作政务公开指南等便民卡片，方便基层单位和群众查询使用；利用报刊、广播、电视等新闻媒介，对政务公开内容进行不定期宣传；定期进行政务通报；建立财政网站，加

强与基层和群众的网上沟通。

2004 年，市财政局根据市委、市政府在全市继续深化“环境建设年”活动部署，围绕打造勤政、高效、廉洁、务实、为民的新型财政机关，提高工作透明度和公众参与度，大力推进“阳光政务工程”。在巩固已有政务公开成果的基础上，凡是不涉及党和国家秘密的政务信息、政务决策、执法程序都依法公开，并不断完善公开形式，丰富公开内容，提高公开质量。

2006 年起，省财政厅开通阳光政务热线，连线到各地市财政局，每年上线两次。市财政局按照省厅要求，每期均由一位局领导上线，组织相关科室负责人参加，线上回答听众提出的有关问题，畅通同人民群众的互动交流渠道，提高了财政工作透明度和社会影响力。

2010 年，市财政局成立政府信息公开工作领导小组，形成由办公室牵头、相关科室配合、专人负责的信息公开工作机制。按照“公开为常态、不公开为例外”的总体要求，充分利用财政门户网站、烟台市政府采购网、烟台市会计信息网等网络媒体，及时主动公开涉及政策法规、行政权力运行、重大决策部署贯彻落实等信息。同时，落实专人负责市长公开电话、市民论坛信息反馈、人民来信来访等工作，要求事事有回音、件件有落实。为更有效实行政务公开，接受社会各界对财政工作的监督，根据市政府规定，还建立了政府信息公开新闻发言人制度，牟树青、王永刚、赵晓晖、孙福勋等先后担任市财政局新闻发言人。

2014 年，烟台市财政把公开财政预算作为推行政务公开、打造阳光财政的重要举措，在全省率先全面公开财政预决算、部门预决算和“三公”经费预决算。

2019 年，清华大学公共管理学院发布《中国市级政府财政透明度研究报告》，通过对全国 295 个地级及以上城市政府财政透明度进行分析和研究，列出“2019 年地级及地级以上市政府财政透明度排行榜”，烟台市位于全国第六位，地级市第一位。这是自 2017 年以来，烟台市财政透明度连续第三年排名全国地级市首位。

2020 年，烟台市政府财政透明度位居全国所有城市的首位。

附：市财政局驻行政审批中心窗口

2001 年 11 月，市财政局开始派员入驻烟台市行政审批中心窗口，先后负责会计从业资格证审核管理、行政事业单位人员因公出国外汇额度审批、住房公积金收缴、契税缴纳、会计人员继续教育管理、黄标车提前淘汰补贴审核等业务。市财政局在人员调配、职能设置和制度完善等方面高标准、严要求，派驻窗口工作人员牢固树立服务意识、责任意识，不断优化工作流程，完善工作机制，强化监督管理，实行首接负责制、一次性告知制、服务承诺制和限时办结制等工作制度，办事程序规范，服务热情，高效廉洁，展示了财政干部的良好形象，群众满意率每年都达 100%，连续 15 年获得烟台市级“窗口文明单位”荣誉称号。

2017 年 9 月，贯彻中央简政放权政策，取消和下放行政审批事项，市财政局不再直接办理审批业务，工作人员撤出行政审批中心窗口。

2002—2017 年，市财政局派驻审批中心窗口历任负责人：刘卫平（2002 年）、刘福国（2003 年）、杨建康（2004 年）、盛斌（2005 年）、王书泽（2006—2013 年）、薛义旭（2014—2017 年）

工作人员（按派驻年度先后顺序）：姜英胜、

柳宁、高雪梅、岳少鹏、董丽、高立新、高红梅、林琳、赵富辉、盖少菲、刘明杰、郭榕榕、张颖、柴林、陆卉卉、胡振丽、李俏、高明玉、周玉金、段宝祜。

第五节　文化建设

烟台市财政文化建设由早期单纯以各项文体活动为载体，逐步转向以人为本，通过鼓励创新创先创优、倡导无私奉献大局观、加强文化品位培养和文明素养教育，使财政干部自觉接受积极向上的共同价值观，形成做好财政工作的凝聚力和向心力，展示务实开拓高效廉政的精神风貌，树立文明机关良好形象。

1993年，烟台市财政局成立“做文明市民、建文明城市”活动领导小组，制定《关于贯彻落实市委市政府“做文明市民、建文明城市”决定的实施意见》，从做文明市民、参与文明城市建设入手，提升财政干部文明素质。

1996年，在全局开展“学习孔繁森、加强党风廉政建设”大讨论活动，重点学习孔繁森廉洁奉公、无私奉献精神，把树立正确世界观、人生观、价值观放在首位，引导广大财政干部做到讲纪律、讲政治、讲正气。制定《财政干部文明守则》和《财政干部诫勉制度》，与“创文明机关、做文明干部、树文明形象”相结合，塑造文明财政机关形象。

1999年，市财政局印发《烟台市财政局思想政治工作制度》。

2002年2—3月，在全局开展集中教育整顿活动，领导班子和领导干部整顿的内容是破除满、难、软、散、懒，保持良好的精神状态，跳出小团体圈子，树立大局观，确保政令畅通；一般干部整顿的内容是树立群众观念解决态度差问题，提高办事质量和效率解决办事拖的问题，切实履行岗位职责，爱岗敬业，无私奉献。

2004年，开展“创建文明诚信机关，争做文明诚信公务员”活动，加强公务员诚信教育和道德监督，推进依法行政自觉性，确保有诺必践，建设诚信机关。2004—2006年，财政干部思想观念与工作作风明显转变，依法行政，廉洁从政，服务水平和办事效率明显提高，连续三年在全市“万人评机关”中获得热点部门第二名。

2007年，按照科学发展、以人为本的执政理念，市财政局党组继续把加强干部思想作风建设摆到重要位置，重点解决满足于现状、上进心不强的问题，借口应酬多、深入基层少、作风欠务实的问题，工作标准低、责任心不强的问题，服务意识差、工作效率低的问题。

2009年，结合深入学习实践科学发展观，加强财政文化建设，弘扬“创新、拼搏、协作、包容”的新时期烟台精神，初步形成“昂扬向上、争先创优、团结和谐、无私奉献、富有特色”的财政文化理念。

2012年，财政部在烟台召开全国财政系统“财政精神”提炼活动工作座谈会，按照会议安排，在全局广泛开展“财政精神”研讨和征集活动，评选上报“财政精神”意见稿5条供会议研讨，得到上级财政机关好评。

2015年，市财政局结合新时期财政改革发展要求，系统总结、提炼、升华在长期工作实践中形成的富有烟台财政特色的核心价值观、基本价值理念、财政干部职业操守和行为规范等，制定出台《烟台市财政局关于加强财政文化建设的实施方案》。明确财政文化建设以为国理财、为民服务为宗旨，以建设法治财政、民生财政、阳光财政、绩效财政、和谐财政为主线，以对内打造富有凝聚力的团队、对外树立富有战斗力的形象为目标，以建设具有财政特色的精神文化、管理文化、环境文化、团队文化为主要内容，以搭建和完善各类文化建设平台为着力点，围绕创建高绩效机关、打造高素质队伍的总体要求，建设与时代相适应、具有财政自身特色的文化体系，为推动全市财政改革与发展提供思想保证、精神动力和智力支持。印发《烟台市财政局工作人员行为规范（试行）》，包括政治行为规范、组织行为规范、工作行为规范、道德行为规范和廉政行为规范，努力建设“服务优良、办事高效、依法行政、群众满意”的财政机关。当年，市精神文明委员会办公室和市直机关党工委授予烟台市财政局“机关道德建设示范奖”荣誉称号。自 2015 年起，市国库集中支付管理办公室、市非税收入管理处、市政府投资评审中心、省会计干部中专烟台分校、市财政科学研究所、市财政信息中心、市会计事务服务中心、烟台财会培训中心等 8 个局属单位全部被评为市级精神文明建设先进集体。2017 年，市政府采购管理办公室被评为省级精神文明单位。2018 年，市非税收入管理处和市政府投资评审中心被评为省级文明单位。

2020 年，市财政局按照精神文明建设工作的总体部署，加强对社会主义核心价值观、社会主义精神文明和财政文化、财政惠民政策的宣传推介，完善网上舆情管控措施，维护网络意识形态安全。加强干部队伍思想道德建设，将中华传统文化、时代楷模列为干部培训学习内容，采取“线上”“线下”学习融合方式，倡导树立财政文明新风尚，进一步提升财政文化建设水平。

2004—2020 年，烟台市财政局连年获得省级文明机关、省级文明单位称号。

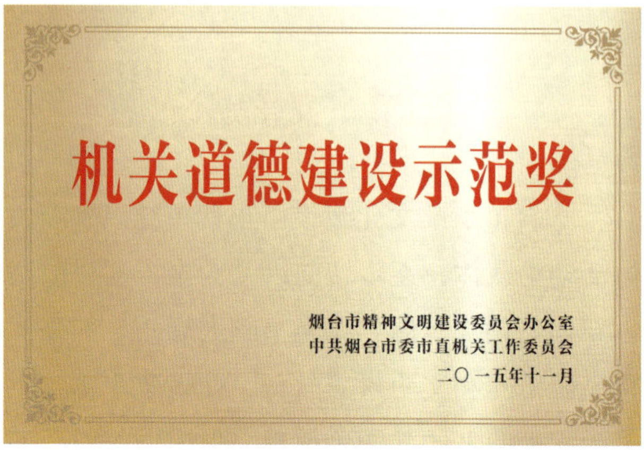

2015 年，市财政局获得“机关道德建设示范奖”

第六节　信息化建设

烟台市财政信息化建设起步于 1997 年。2000 年，烟台市财政信息中心成立，承担全市财政系统计算机网络的管理、开发、利用及有关培训工作。2014 年，全市财政系统金财一期工程通过省财政厅验收，财政信息化水平得到提升，为现代财政管理提供了基础支撑。

计算机网络建设

1997 年，按照省财政厅的统一部署，市财政局开始组织实施全市财政系统计算机局域网建设工作，与省财政厅联网，开通远程电子邮件收发系统。

1998 年，按照《山东省财政系统公用数据网管理暂行办法》要求，先后完成所辖 14 个县级财政局域网建设，实现与全省财政系统广域网联通。

1999 年，财政部计算机中心授予烟台市财政局“全国财政系统信息系统建设先进单位”称号。

2002年，全国财政系统“金财工程”建设正式启动，市财政开始组织实施横向接入同级预算单位、人民银行国库、承担支付代理商业银行的城域网建设工作。按照《山东省财政电视会议系统管理暂行办法》要求，市财政局与省财政厅远程电视会议系统开通运行。

2004年，按照《烟台市政府门户网站管理暂行办法》要求，市财政局门户网站建成开通。

2005年，按照省财政厅《关于金财工程网络安全建设问题的通知》，信息中心组织在局域网实施网络防病毒、防火墙等相关安全措施，从网络核心交换设备、主干线路到用户终端，采取内、外网完全物理隔离，并对终端用户MAC和IP地址进行绑定，实施实名制管理。

2009年，烟台市财政局获全市信息化工作领导小组授予的“全市信息化工作先进单位”称号，获省财政厅授予的“全省财政信息化基础建设先进单位”称号。

2010年10月，市财政局新办公楼局域网与机房建设完工。新办公楼局域网楼层纵向主干线采用光纤直连（共七层），楼层横向采用6类线，配备2台核心交换机和30台楼层交换机，建设以核心三层交换机为主干的局域网络，共开通内外网节点近600个。建成与400余家预算单位（VPN+ADSL）和9家商业银行（2M线路）联网的城域网网络。区县财政系统广域网15个节点全部采用联通公司20M光纤接入方式。新机房面积160平方米，配置专用UPS电源室20平方米和60千瓦电源1台，机房配置专用空调、专用机房消防系统及机房环境监控系统。机房共有小型机2台、服务器30余台、核心交换设备5台，对本单位所有网络设备实行统一配置管理。

2013年，按照省财政厅《关于全面实现县乡财政联网的通知》要求，信息中心指导14个县级财政部门按建设标准和统一规划组织实施，于9月底前全面实现县乡164个节点的广域网联网工作。

2014年，为做好全市财政系统网络信息安全工作，加强计算机客户端安全监控管理，防止计算机违规接入互联网等问题，按照省财政厅《关于开展财政客户端安全监控管理系统建设工作的通知》要求，在全市财政系统部署实施客户端安全监控管理系统。当年，全市财政系统金财一期工程顺利通过省财政厅验收。至2020年，全市广域网覆盖节点17个、联网乡镇164个，城域网联网预算单位430个、联网银行9家。

电子政务系统开发应用

1998年，随着市财政本级局域网和所辖县（市、区）财政局域网先后建成并与全省财政系统广域网联通，烟台市、县财政全部安装电子邮件系统，实现与省厅远程电子邮件收发交换业务。2003年7月，市财政局办公自动化系统上线试运行。

2006年1月，市国库集中支付系统正式上线运行；8月，全市涉农补贴一本通正式上线运行。2007年7月，按照市政府办公室《关于做好全市财税库横向联网工作意见的通知》要求，烟台市财税库横向联网系统正式上线运行。该系统主要是通过电子缴库方式，实行财政、税务、海关、国库间的税款收缴横向联网，实现财税库信息共享，方便纳税人缴税，加快税款入库速度，提高财政资金运行效率。网络覆盖人民银行、财政、金库、国税、地税、海关和全市 8 家商业银行以及近 20 万户纳税单位，实现税款解缴、查询、对账的一体化、电子化、网络化处理。

2008 年 6 月，行政事业资产管理系统上线运行。

2009 年 3 月，市财政局内部信息网正式运行；11 月，市财政局办公自动化系统正式重启运行。

2013 年 7 月，市财政局建立综合业务平台系统，实现部门预算、指标管理、国库集中支付、公务卡、账务管理、统发工资、政府采购等财政核心业务系统稳定运行，各系统之间业务数据互联互通，财政资金实时动态监控。

2015 年 8 月，烟台市财政局门户网站全面改版升级，进一步强化财政信息公开，提升门户网站的时效性、服务性、互动性，财政门户网站成为宣传财政的窗口、为民办事的平台和与公众交流的桥梁。

2018 年 10 月，财政综合业务平台 2.0 升级，实现市级财政支付电子化。财政、人民银行、代理银行、预算单位间支付业务全部实行电子凭证交换的无纸化运行，提升了支付效率，降低了行政运行成本，提高了数据安全化管理水平。

2019 年，市财政局建成全国领先的全流程、实景化、智能化国有资产运营管理平台，为资产运营管理提供了更加高效便捷的服务。

2020 年 9 月，市财政局在全省率先实现“财政一体化业务全市大集中、财政支付电子化及财政全业务 CA 身份认证”三位一体体系，全面完成全市国库集中支付电子化系统建设。

档案管理

1990 年以前，市财政局档案资料处于以科室、单位存档为主的分散管理状态，归档保存及分类的主观随意性大，散失严重，利用程度低。1990 年建立档案室，开始对全局档案实行集中统一管理，明确了文件材料和预决算报表等纸质信息资源的归档范围及借调、查阅程序，配备了专职档案管理人员和专用装具设备，并聘请专业人员对历年积存文件进行了大规模的收集整理，按照“年代—组织机构”进行分类，装订成卷，集中保管，全局档案管理工作步入制度化和规范化阶段。

2002 年，根据国家档案局发布的归档文件整理规则，市财政局档案装订由以册为单位立卷改为以件为单位装盒，档案管理分类与运用进一步合理化。

2004 年，为适应财政办公自动化系统建设需求，市财政局印发《关于认真做好电子文件归档工作的通知》（烟财办〔2004〕4 号），要求各科室、单位将所形成的具有保存价值的电子文件拷贝成软盘（光盘），形成机读文件目录，由专人负责整理刻盘和保存，实行年度电子文件归档制度，于次年移交档案室统一保管。档案室对各年度电子文件机读目录统一保存，规范管理，归档文件的查询利用更加方便快捷，实现传统纸质档案与电子化信息管理同步运行。

2007 年，烟台市财政局被山东省档案局评为“全省档案工作优秀集体”。

2010 年 11 月，市财政局迁入新址后，专门设立了 200 余平方米标准化档案库房，档案管理更加规范。

2015 年，档案管理从单纯的仓储式保存向以计算机和网络技术为平台的信息传播与资源共享趋势发展。

2020年，按市档案管理部门要求，利用政府购买服务方式统一档案信息电子化管理，档案信息化管理与综合利用水平进一步提高。

第七节　干部教育

1986年，山东省会计干部中等专业学校烟台分校成立，主办会计中专学历教育，为财政系统和企事业单位培养输送会计专业干部。

1991年，市财政局设立人事教育科，负责人事管理与干部教育培训工作。

1992年1月，召开首次全市财政系统教育工作会议，专题讨论修订全市财政系统“八五”教育计划和十年规划。

1993年，结合干部人事制度改革，开展“一抓、二改、三培养”干部教育活动，着重加强思想培养、文化培训和岗位技能培训，全面提高干部队伍素质。2002年，烟台市财政局被财政部评为全国财政系统干部教育工作先进单位。

2004年，设立烟台市财政干部教育中心，专门负责组织干部教育培训工作。每年年初，局党组召开专题会议，研究审议年度教育培训计划，由人事教育科和财政干部教育中心负责组织落实，形成“统一领导、各负其责、齐抓共管”的干部培训格局。

2006年起，按照《干部教育培训工作条例（试行）》（中发〔2006〕3号）、《公务员培训规定（试行）》（中组发〔2008〕17号）和《关于2008—2012年大规模培训干部工作的实施意见》（中组发〔2008〕22号）要求，多措并举，统筹安排，全面深化全市财政干部教育培训工作。

2011年，制定《烟台市财政局关于深入推进学习型机关建设的实施意见》和《2011—2015年烟台市财政干部教育培训规划》，以坚定理想信念、增强执政本领、提升财政工作水平、提高理财能力为核心，不断拓展干部教育培训的内涵和外延，促进学习型机关、文化型机关、廉政型机关建设。

2017年，为推进干部教育培训工作科学化、制度化、规范化，制定《烟台市财政局干部教育培训管理暂行办法》。

2018年开始，每年编制年度《干部教育培训计划》并组织实施。

教育培训

烟台市财政会计干部学校于1988年开始承担全市财政系统干部教育培训工作。至1998年，逐步探索确立了以“契约式”合作教育为基础，以“走出去”“请进来”教育为两翼，以互联网远程教育为纽带，以“财政大讲堂”为重点的教育培训新模式。1988—2020年，学校（干教中心）共组织各类培训班928期（次），累计培训财政干部和各类财会人员10.6万人次。

岗位综合能力培训　1988—2020年，共举办基层财政干部（股所长）培训、青年干部培训、文秘培训等各类财政干部岗位培训班100多期，培训财政干部8565人次。

应用技能培训　为适应办公自动化要求，1996—2001年，共举办计算机应用能力培训班16期，培训财政干部及财会人员723人次。

管理能力提升培训　2007—2014年，先后在上海国家会计学院、厦门国家会计学院、浙江大学、北京大学、上海财经大学等知名高校举办6期培训班，邀请国内外知名专家、学者授课，培训科级以上干部312人次。自2014年开始，通过财政大讲堂的方式邀请国内知名专

2007年5月，烟台市财政系统领导干部研讨班在上海国家会计学院举办

家、教授，围绕政治理论、财政业务、党规党纪等举办专题培训班7期，培训市、县财政干部约2500人次。

专项业务培训 2013—2020年，共举办财政支农政策培训班3期，培训237人次。

远程教育培训 2004年，烟台财政被列为省财政远程教育培训网站试点，开始共享省财政系统教育培训网络平台，先后组织全市财政干部参加网上培训学习6114人次。

下基层培训 2004—2019年，组织骨干教师到蓬莱、栖霞、牟平、福山、莱山、高新区等基层财政局举办业务培训班26期，培训2100余人次。

系统外培训 1993—2020年，为提高全市财会人员管理能力和专业水平，先后组织举办企业财务通则、企业会计准则、会计电算化、会计从业资格、会计职称考前培训、会计实务操作培训及会计人员继续教育等各类培训班803期，培训90191人次。

学历提升

20世纪90年代初，烟台市财政局开始选拔优秀干部到高等学校接受干部专修科教育，提高干部学历水平。1993年，支持符合条件的财政干部全部参加山东干部函授大学学习，取得省业余大学学历。

1995年，出台《烟台市财政局成人教育有关问题的暂行规定》，鼓励在职干部职工参加高等教育自学考试，凡通过全国成人高考参加各类成人教育学习的，毕业后按80%的比例一次性报销有关费用。同时，支持财政干部参加中央和省、市党校脱产或函授学习，提高学历层次。

2012年，市财政局出台《关于鼓励干部成长成才的暂行管理办法》，进一步鼓励干部通过在职学习提高学历学位层次，着重激励年轻干部通过学习获得与财政工作相关的学历学位或接受MBA教育，提高干部综合素质。凡参加学历学位教育的，按照《烟台市行政事业单位在职人员学历学位教育费用报销办法》报销最高不超过50%的学费，学历学位教育的经历计入干部教育培训管理档案，并按规定兑现工资福利待遇。该办法实施后，2014年，市局有1人在职获得博士研究生学历，8人在职攻读硕士研究生学历学位。

2020年年末，全市财政干部职工队伍中具备大学及以上学历者达1991人，占比81.1%；其中，市局机关及所属事业单位财政干部214

人中具备大学及以上学历者 188 人，占比达 87.9%。

会计学历教育

20 世纪 80 年代中期，全市财政系统干部队伍的学历层次普遍偏低，受过正规全日制高、中等教育的人数很少，至 1990 年，大学及以上学历人员仅占 3.65%，远不适应改革开放形势对财政工作的要求。山东省会计干部中等专业学校烟台分校建立后，开始为财政系统培养财会中专学历人才。

1993 年 12 月，山东省财政职工大学烟台函授站建立，开设会计专业大专函授班，学制 3 年。

1994 年，中华会计函授烟台分校由市农业局移交财政会计干部学校管理（校长由市财政局总会计师任可昌兼任），设专科、本科会计专业函授，学制 3 年。当年 9 月，又与山东省烟台财政学校联合办学，招收全日制中专委培班。

1986—2005 年，学校（包括财会干校所属莱阳、莱州、龙口、蓬莱、海阳、牟平等 6 个分校教学点）通过脱产、业余、函授、联合办学等方式开办各类中专、大专和本科学历教育（1998 年停止招收全日制财会中专班），累计注册人数 8363 人、毕业 8362 人。其中，1986—1999 年，省会计干部中等专业学校烟台分校中专学历教育累计注册 2225 人，毕业 2224 人；1988—2000 年，省财政职工大学大专学历教育累计注册与毕业人数 722 人；1994—1999 年，中华会计函授学校学历教育（中专、大专、本科）累计注册与毕业人数 2397 人；1986—1998 年，莱阳分校学历教育（中专、大专、本科）累计注册与毕业人数 465 人；1986—2005 年，龙口分校学历教育（中专、大专、本科）累计注册与毕业人数 1328 人；1986—2002 年，莱州分校学历教育（中专、大专、本科）累计注册与毕业人数 1226 人。

高端会计人才培养

2011 年，为贯彻国家和省中长期人才发展规划，培养具有国际视野和战略思维的复合型高层次会计人才，全面提升会计人员队伍整体素质，山东省委组织部、省人社厅、省财政厅决定，争取用 10 年时间，在全省范围内，重点培养 600 名高端会计人才，其中，企业类 400 名、行政事业类 100 名、注册会计师类 50 名、学术类 50 名。符合条件的会计人员通过闭卷笔试、入围答辩，全面展示自身的专业能力、综合分析能力、组织协调能力、应变能力、人际交往能力、语言表达能力、逻辑思维能力以及与职位相匹配的其他能力，优胜者即被列入培养对象。市财政局崔运政、李岳霖、周波、张乾、高钰梅先后入选。

普法教育

1985 年 11 月，中共中央、国务院转发中宣部、司法部《关于向全体公民基本普及法律常识的五年规划》，12 月，全国人大常委会作出《关于在公民中基本普及法律常识的决定》。财政普法活动是与国家全民普法宣传教育活动同步开展的，1986—2015 年，全市财政系统共完成 6 个财政普法教育五年规划。

1986—1990 年，全市财政系统第一个普法五年规划，学习内容主要是“十法一条例”，基本目标是增强法制观念，做到知法、守法，养成依法办事的习惯。

1991—1996 年，全市财政系统“二五”普法规划，重点对象是各级领导干部和执法人员，以宣传宪法为核心，以专业法为重点，普法活动开始转向学用结合和依法治理的轨道。

1996—2000年，全市财政系统法制宣传教育“三五”规划，市财政局成立以局主要领导为组长的法制宣传教育领导小组，下设办公室，具体负责法制宣传教育工作。通过举办培训班、知识讲座、座谈会和个人自学等形式，组织学习了《中华人民共和国宪法》《行政诉讼法》《行政复议条例》《行政处罚法》《国家赔偿法》《国家公务员暂行条例》《公司法》等基本法律法规和《会计法》《预算法》《预算法实施条例》《国债条例》《国有企业财产监督管理条例》《违反财政法规处罚暂行规定》及《企业财务通则》《企业会计准则》与分行业财务会计制度等专业方面的法律法规和规章制度。

2001—2005年，全市财政系统法制宣传教育“四五”规划，市财政局结合工作实际开展全方位普法宣传教育，为全体财政干部职工征订《财政普法读本》《山东省“四五”全民普法读本》《财政行政复议实用手册》《社会主义法制建设基本知识》《社会主义市场经济法律知识》《WTO规则》《政府采购法》《行政许可法》等法制宣传教材和相关法律法规文本，组织学习并参加全市统一的普法闭卷考试，培训率、考试合格率均达到100%。

中共烟台市委、烟台市人民政府授予市财政局“2006—2010年全市普法依法治理工作先进单位”称号

2006—2010年，全市财政系统法制宣传教育“五五”规划，市财政局深入学习以宪法为核心的基本法律和社会主义市场经济知识，重点抓好财税专业法律法规的宣传普及，全面提高财政干部和财务会计人员的法律素质和依法行政能力，增强全社会的财政法律意识，为财政依法理财、依法治财创造法制环境。

2011—2015年，全市财政系统法制宣传教育“六五”规划，市财政局围绕对谁普法、普什么法、怎样普法，创新普法思路，丰富普法形式，组织参加全国财政法规知识竞赛，获得全国市级优秀组织奖。

第八节　财政科研

烟台市财政科研围绕全市中心工作开展课题研究和政策调研，为财政改革发展提供参考意见或建议。年度科研课题选定基本由以下几部分组成：各科室、单位根据财政工作重点，选择事关全局的重要内容作为课题项目；省财政科研所年度课题计划分配本市的研究课题；作为中国财政学会城镇财政研究专业委员会和全国十城区财政工作研讨会的成员单位，承担的专项研究课题；各业务科室、单位承担的省财政厅对口下达的调研任务；财政干部个人对财政政策、财政理论与实践研究形成的成果。1986—2020年，市级共完成财政科研课题80余项，在市级以上报刊发表和交流有价值论文、调查报告等1500余篇，其中，500余篇获得财政部、省财政厅财政科研优秀论文以及省、市社会科学优秀成果奖。部分观点成为上级政策出台的参考，部分论文在国家级报纸杂志发表，部分研究成果成书出版。

1986—1995年，市财政局以烟台市财政学会和会计学会名义主办《烟台财会通讯》（内部刊物，双月刊），宣传财政政策，介绍财会知识，交流财会工作经验，面向全市财会人员征稿，赠发至全市各级机关和企事业单位财务部门，累计编辑发表论文1000余篇。

随着改革开放的深入发展，事业单位开始利用自身条件组织收入，为发展事业提供资金来源。但事业单位收入渠道逐步多元化，收入规模逐步扩大，收入管理相对薄弱，改进事业单位收入核算办法，全面引进企业的成本核算内容、制订适合事业单位收入特点的新的核算办法已经势在必行。1993年，市财政局结合工作实践，探索提出了《关于改进有收入的事业单位收支核算办法的设想》，引起财政部关注，并在全国文教行政财务理论研讨会上交流，成为全国行政事业财务会计制度改革的重要参考。

1994年，《突出特色合理布局》在《经济日报》发表。文章探索了在市场经济条件下，政府在市场建设工作中要注意的问题，认为市场建设必须遵循市场发育规律，立足当地，统筹规划，合理布局，正确引导，财政扶持，逐步完善，建设既突出当地特色、又与国内外市场接轨的市场体系。

1997年8月，市财政局会同海阳市财政局对海阳市教育系统教职工人员增加、经费增加、实际在校学生逐年减少、教育经费投入产出效益降低的现状进行了调研分析，调研报告被市政府《烟台政务调研》和财政部《行政事业财务》刊发（1997年10月第5期），引起财政部、教育部和山东省委、省政府的高度重视，财政部专门安排记者到烟台调研，随后国家在教育系统进行了系列变革，如教职工核编、清理超编人员、核定师生配比、民办教师清理转正、代课教师清退、中小学校布局调整、校舍改造及提高教师待遇、增加中小学生均公用经费等，烟台市的调研和实践为这些决策提供了重要参考。

2001年，《建立国库集中支付制度的模式设计》在《中国财政》发表。文章借鉴国内外国库改革探索，立足国内实际和财税改革整体脉络，对构建适合中国国情的国库集中支付制度进行了深入探讨，关于改革的构思和建议起到了推动改革实践的作用。

2005年，为深化县乡财政体制改革，支持社会主义新农村建设，市财政局对全市村级经费情况进行深入调查研究，完成《烟台市村级经费保障情况》调查报告，得到省财政厅主要领导批示，并报省政府领导参阅。2006年、2009年，两次牵头制定全市村级经费保障办法，在全省率先提出乡镇统筹发放村干部工资思路，按照“低标准起步、宽范围覆盖”和“村干部工资债务新老划断、村干部工资不再留债务缺口”等原则要求，在全市贯彻实施。

《美国政府扶持风险投资业发展对中国的启示》（2007年《中国财经信息资料》第1期）通过剖析美国政府在支持科技风险投资的经验得失，对更快更好地推动中国科技风险投资业的健康发展提出了改革建议，也为财政部门支持科技自主创新提出了新思路。

《烟台打造全方位的财政支出管理模式》（2007年《中国财政》第4期）系统介绍烟台市财政部门按照依法理财、民主理财、科学理财的要求，全面推行以部门预算为基础、以投资评审为支撑、以政府采购为手段、以国库集中支付为保障的“四位一体”财政支出改革。这种“自成体系，优势互补，相互制约，配套联动”的财政支出管理模式，通过对财政支出进行事前审核、事中监控和事后评价，实现了对财政资金的全方位监管，有效提高了财政资金使用效益，把支出监督贯穿于财政资金运行的每一个环节，融汇于财政管理的方方面面，在全国引起较大反响，多地财政部门前来学习经验做法。

2008年，市财政局参与省财政厅组织的《构建财力与事权相匹配的地方财政体制研究》，与威海市、临沂市组成课题组，研究成果获得全省财政科研成果一等奖。《财政干部能力提升战略研究》获全省课题成果第一名。

2009年，市财政局完成了中国城镇研究会《城乡一体化背景下公共服务均等化》课题研究，得到财政部财科所领导高度评价。在全市财政系统组织开展以“创新财政工作、服务科学发展”为主题的财政调研活动，各县（市、区）结合实际，报送了一批思想性、针对性、指导性都很强的调研文章，市局以《财政情况》刊发，在全市财政系统引起广泛反响，达到了交流经验、促进工作的目的。

2010年，市财政局与鲁东大学合作完成《烟台市蓝色经济区建设发展政策支持研究》，为烟台市科学发展提供了战略思考。

2011年，《烟台市城乡一体化背景下基本公共服务均等化问题研究》入选中国财政学会城镇财政研究专业委员会《中国城镇财政改革创新》专辑；围绕如何发挥财政职能促进战略性新兴产业发展，完成《烟台市促进战略性新兴产业发展财税政策研究》，提出了战略性新兴产业发展的财税保障机制对策与建议。

2012年，市财政局参与完成中国财政学会城镇财政研究专业委员会组织的城乡居民社会养老保险制度课题研究。《财政分权与完善地方财政体制研究》出版，该书以财政分权作为研究的理论基础，以地方财政体制作为研究的落脚点，通过借鉴西方财政分权理论的新发展和西方国家财政分权的新实践，从财政分权的视角对中国的地方财政体制演变及现状进行审视和检讨，并运用财政分权理论提出进一步规范和完善中国地方财政体制的措施和建议。

自2013年起，为充分发挥全市财政科研资源整体效能，市财政局在全市财政系统建立财政科研联络员制度，组织县（市、区）财政部门共同参与年度科研课题研究。当年参与完成中国财政学会城镇财政研究专业委员会组织的《支持民营经济发展的财税政策研究》。

2014—2020年，市财政局先后组织参加山东省财政学会“深化财政体制改革”“让人民群众有更多获得感”“我为财税改革落实建言”“撸起袖子加油干财税改革谱新篇”“改革开放四十载财政迈进新时代”“做好财政保障助力全面小康”6次主题征文活动，共征集文章305篇，其中有42篇获奖，先后在《山东财政》等刊物发表，并获得优秀组织奖6次。

2019年，《健全中国事权与支出责任相适应制度的研究》出版，该书在阐述分析事权与支出责任理论基础和文献综述的基础上，对中国政府间事权与支出责任划分的法律框架与现状进行梳理，对中央与地方以及地方政府之间的事权与支出责任划分进行了实证分析，对部分国家的事权与支出责任划分进行了比较分析。在此基础上，全面分析了中国政府间事权与支出责任划分中存在的问题，有针对性地总结了事权与支出责任划分改革的基本目标、基本原则、总体思路以及具体措施。

市财政局图书室一角

第九节 信息宣传

财政信息

1986年开始，市财政局就在局办公室设有专职信息宣传工作人员，负责向省财政厅和市委、市政府报送财政信息，为各级领导了解财政动态、分析形势、发现问题、科学决策和指导工作提供信息服务。90年代起，开始编报《财政情况》《财政信息》，反映全市财政工作动态、改革措施、经验做法及存在问题等，除报送上级机关和有关领导参阅外，同时发各县（市、区）财政局及局属各科室、单位交流学习。市局办公室负责每季度考核通报各县（市、区）、市局各科室、单位信息报送和被各级采用情况，每年年终进行总结评比，评选出全市财政信息工作先进单位、先进组织者、优秀信息员和好信息，予以通报表彰。自省财政厅和市委、市政府实行信息工作考核制度后，烟台市财政信息工作一直在全省、全市名列前茅，市局连年被授予“全省财政系统信息工作先进集体”，市委、市政府系统“信息工作先进集体”称号，多人次获得全省财政系统和市委、市政府系统信息工作先进个人、优秀组织者。2003年，随着经济的快速发展和财政职能的逐步转变，大量新情况、新问题、新矛盾不断涌现，财政部办公厅为加强信息宣传工作，在全国部分省和地级市设立信息直报点，全国共设87个，山东省3个地级市入围，烟台市财政局名列其中。2004—2020年，在财政部对全国地级市信息工作考核中，烟台市财政局连年获得“全国财政系统信息工作先进集体”称号，信息工作者连年被授予“全国财政系统优秀信息员”“全国财政系统信息工作先进组织者”称号，全国每年仅有16个地级市获此荣誉。

2001年，财政信息《偷逃房产税不容忽视》得到省财政厅厅长张昭立的批示肯定。

2006年，介绍投资评审先进工作经验的调研文章《烟台市积极探索政府投资评审监管新模式》被省政府《政务专刊》采用，时任市委书记孙永春批示，要求各县（市、区）加快评审机构组建和评审队伍建设。

2007年，为发挥财政信息宣传在服务经济社会发展中的重要作用，市财政局印发《关于进一步加强财政信息工作的意见》，强调信息报送必须及时、准确、全面反映财政中心工作，提倡报送调研性信息、问题性信息，全面提高信息质量和价值。进一步完善财政信息工作运行机制，各县（市、区）和市局各科室、单位设专（兼）职信息员，形成信息报送网络。实行信息报送审查制度，向上级报送信息由办公室审签，重要信息按层级依次送有关领导审签。信息员每年度接受信息宣传、文秘、公文写作等内容的系统培训，由局办公室组织，邀请省财政厅办公室、市政府办公室有关领导和经验丰富的办公室工作人员授课。

2008年，全市财政信息工作在省财政厅信息工作考核中成绩突出，市财政局获得全省地级市总分第一名，蓬莱市财政局获得全省县级市总分第一名，全市有12篇信息被评为全省财政好信息。

2009年，市财政局印发《关于完善财政信息工作考核机制有关情况的通知》，推动财政信息调研工作再上新台阶。时任市委书记孙永春先后在4条财政信息上批示，高度肯定财政部门的工作。其中，《烟台市争取农业产业化龙头企业贴息扶持资金1200万元总额位居全省第一》被孙永春批示“令人高兴，财政局既分蛋糕，更做大蛋糕。家大业大，理财为上，感谢财政部门的工作”。《烟台市投资评审中心上半年审减节约项目支出3.9亿元》在《领导参阅信息》（272）刊发，市委常委、常务副市长郝德军作出批示，对财政评审工作给予充分肯定。当年，信息工作在全市政府系统信息考核中再获第一名。

2010年，《烟台市政策性农业保险开展情况》《蓬莱市探索推行政府公物仓制度的经验与思考》等一批高质量信息得到省委领导批示，在全省产生广泛影响。《市政府投资评审中心去年为政府节约资金7亿多元》在《领导参阅信息》（21）刊发，市委常委、常务副市长郝德军作出批示给予肯定。

2011年，在《财政情况》中增设了“外地财政参考”“调研版”等栏目，及时将外地财政发展改革的新做法以及综合性调研材料整理报送，为领导决策提供借鉴。8月，《政府投资的“守护神”——烟台市财政评审纪实》一文在省委宣传部《走向世界》杂志刊发，得到市长王良的肯定。

2012—2015年，深入贯彻中共十八大精神，跟踪财政改革与发展，关注社情民意，围绕“转方式、调结构、稳增长、推改革、惠民生”，财政信息及时反映财政政策执行和工作推进中的新情况、新问题、新思路，为推进财税体制改革营造舆论氛围。

2016年，市财政局修订《烟台市财政系统信息宣传工作考核评比办法》，进一步提升财政信息宣传工作考核评比的科学化、

2008年4月29日，全市财政系统办公室主任暨财政信息工作会议在牟平召开，有关人员合影

规范化。完成市委、市政府关于投融资体制改革、酒店业“营改增”对税收影响等约稿信息20余篇，《烟台降低工伤和生育保险费率为企业减负3.2亿元》《烟台多措并举助推旅游产业发展》等7篇信息分别被省委办、省政府办采用，其中的1篇被国务院办公厅采用。在全市政府系统信息工作年度考核中，位列市直部门第一名。

2017年，为提高信息编报的针对性，结合市委、市政府工作重点和上级财政部门要求，市财政局每季度向各县（市、区）财政局及局属机关科室、单位下发信息约稿要点。《烟台调查反映：银行业支持省重点项目建设尚存四方面制约亟待关注》《烟台出台专项资金管理办法助推新材料产业集群集聚发展》等6篇信息分别被省委办、省政府办采用。在财政部信息工作考核中，信息报送和采用得分列地级市直报点第一名。

2018年，为提升全市财政系统信息工作水平，市财政局制定《烟台市财政系统信息工作考核评比办法》。《烟台市上半年经济综合情况分析》等3篇信息被国务院办公厅采用。在省财政厅信息工作考核中位列全省第一名。

2019年，《烟台市反映出口退税税率调整对企业带来利好存在几方面问题需关注》《烟台市降低社会保险费率工作进展情况，推进中遇到的新情况新问题，下一步工作安排》等8篇信息被国务院办公厅采用；《烟台市公立医院债务情况，化解过程中存在的问题及建议》被省政府采用并得到省领导批示。

2020年，烟台市财政编报的7篇信息被国务院办公厅采用，其中的3篇信息得到国务院有关领导批示。

财政宣传

2000年前，烟台市财政对新闻宣传工作重视不足。2000年以后，市财政局逐步加强新闻宣传工作，注重通过报刊、电视、广播等新闻媒体，建立财政部门联系群众、沟通社会、展示形象、赢得支持的桥梁和纽带。

2003年，市财政局调研文章《政府采购阳光灿烂》在省财政厅举办的第六届财政好新闻评选中获报刊类二等奖。

2005年，市财政局着重开展了公共财政支出、农村税费改革、社会保障、粮食直补等专题性宣传报道，助推财政改革。《立法冲突阻碍执行力》一文在2005—2006年度全省财政好新闻评选中获报刊类二等奖。

2008年，市财政局新闻宣传工作有很大突破，在市级报刊发表相关财政工作的报道文章40多篇。其中，《烟台市政府采购运行模式》的典型经验材料，得到上级领导和专家学者的充分肯定和高度评价，省财政厅专门举办烟台政府采购运行模式研讨会，《新华社内参》《人民日报》《中国财经报》等媒体给予宣传报道。将烟台财政管理新手段、新理念总结形成“四位一体管理模式”，《新华社内参》《人民日报》《光明日报》、中央电视台《新闻联播》、新华网等国家级媒体对烟台市以部门预算为基础、以投资评审为支撑、以政府采购为手段、以国库集中支付为保障的“四位一体”财政管理改革经验作了广泛报道，全国各地许多财政部门到烟台考察学习。

2009年，在应对金融危机、促进经济发展过程中，市财政局充分发挥新闻宣传反映情况、辅助决策、沟通内外、媒介社会的作用，及时发现筛选上报新闻信息素材，在省部级新闻媒体上发表文章19篇，在市级新闻媒体上发表文章12篇。在全国第九届财政好新闻评选中，成为全国唯一同时获得一、二等奖表彰的地级市，其中，中央人民广播电台播报的《政绩要算民生账》获评“全国财政好新闻”，成为全国财政系统唯一获一等奖的稿件，中央电视台《新闻联播》报道的《烟台政府采购运行模式》获电视类二等奖。在当年省财政厅新闻宣传工作评比中，囊括了好信息、好新闻、好通讯全部3项考核第一名，分别获得报刊类、电视类、广播类一等奖，是全省唯一全部获得一等奖的地级市，以总分第一名的成绩获“2007—2008年全省财政新闻宣传工作先进集体”称号。

2010年，为加强财政新闻管理制度化、规范化建设，使新闻宣传和舆论监督更好地为财政中心工作服务，根据国家、省、市新闻管理有关规定，市财政局制定出台《关于加强新闻宣传与舆论监督的管理办法》，要求各科室、单位高度重视政府信息公开背景下的新闻宣传和舆论监督工作，通过新闻媒体积极宣传财政政策、财政改革、财政成果，为财政事业发展提供舆论支持。当年，参加全市“比学赶超大擂台”系列报道，新闻稿《节后上班第一天市财政局：部署今年财政工作重点任务》被烟台电视台和《烟台日报》采用报道；在《中国财经报》上刊发《马家沟变迁记》，展示了财政精准扶贫工作成效；在《中国财经报》《大众日报》上刊发《引得源头活水来——山东烟台财政创新思路，调结构、转方式，有力促进财源建设》《烟台财政扶新兴产业“上马”——率先设专项资金增强转方式动力》两篇通讯；在《经济参考报》上刊发《烟台政府采购：“大采购”理念下的新模式》，宣传烟台财政改革创新工作。

2011年，烟台市的为民服务实事涉及就业、保障住房、医疗改革、社保、旧街改造、解决市区停车难等10个方面。市财政局围绕保障改善民生、促进社会和谐，向新闻媒体报送新闻素材，中央人民广播电台在《新闻和报纸摘要》节目中头题播发特别报道《烟台——生活幸福人心暖，文明创建重民生》，面向全国宣传了烟台“以人为本，以民为先”的发展理念和做法。

2012年，市财政局在《中国财经报》刊发《加强乡镇财政管理　确保财政资金安全有效——财政部部长谢旭人在山东烟台芝罘区调研纪实》，调研期间，谢旭人肯定了基层财政部门在为国理财、为民服务方面所取得的成效，同时就进一步加强财政科学化精细化管理、夯实财政“两基”工作提出要求。

2013年，市财政局在《中国财经报》、中国财经报网发表通讯《烟台现代农业发展“不差钱”》和《红了市场富了百姓——山东烟台市农业综合开发助推葡萄产业做大做强》，报道了烟台市财政全力推进现代农业发展，在实施农业综合开发实践中创新机制，确保农业综合开发效益最大化等情况。

2014年，市财政局在《中国财经报》刊发《烟台：从“靠海吃海”到“耕海养海”》《烟台市加大资金投入力度推进社会事业和谐发展》《烟台模板：构建结果导向型监管体系》等多篇文章宣传烟台财政在发展现代渔业、支持教育、文化、卫生、环保等方面的新政策、新举措。

2015年，市财政局在《烟台日报》头版等主要版面，围绕民生财政开展系列报道，连续刊发稿件7篇。2016年，《烟台日报》以专栏刊发市财政局主要领导题为《“两学一做”以学促做知行合一》的宣传稿件。2017年，获得中国政府采购年度创新奖和新闻宣传贡献奖。

2018 年 10 月，市财政局副局长赵晓晖、任信美参加市政府新闻办公室举办的“深化财税体制改革・深入推进行政事业单位国有资产运营管理”新闻发布会，宣传解读《关于进一步深化财税体制改革的意见》《关于深入推进行政事业单位国有资产运营管理的意见》，全面介绍文件制定出台情况及内容，并回答记者提问。中新社、中国国际广播电台、《大众日报》、山东广播电视台、中国山东网等 23 家中央及省市主流媒体记者到会。当年，《烟台日报》先后专栏刊发局主要领导题为《为烟台走在前列贡献财政力量》和《强化基层财力保障激发干事创业热情》的宣传稿件；《中国财经报》对烟台市财政支持农业产业发展进行了系列报道，刊发稿件 3 篇。

2018 年 10 月，市财政局有关领导在“深化财税体制改革・深入推进行政事业单位国有资产运营管理”新闻发布会上介绍情况

2019 年，市财政局在新华网、凤凰网、搜狐网、中国山东网集中开展了《烟台财政持续加大民生支出兜住群众“稳稳的幸福”》宣传报道。

2020 年，市财政局局长李建平先后参加两场市政府组织的新闻发布会。在防控新冠肺炎疫情第五场新闻发布会上，介绍了落实财政政策、助力企业开复工、为企业纾困等工作情况；在烟台市 2020 年“改革攻坚进行时”系列发布会第二场上，通报了全市财税改革推进情况。《烟台日报》专栏刊发局主要领导《红色引领强担当双争双创凝动力创建一流模范机关推动烟台财政高质量发展》《推动各项工作走在前列》宣传稿件。

2021 年 1 月，市财政局有关领导在“十三五”成就巡礼主题系列新闻发布会上介绍情况

第六章　荣　誉

1986—2020年，烟台市财政局全体干部职工立足本职，爱岗敬业，争先创优，逢旗必夺，获得市级以上集体荣誉和个人荣誉各数千项，充分展示了锐意进取、开拓创新的精神风貌和攻坚克难、笃行致远的责任担当。

第一节　集体荣誉

自1990年有荣誉登记统计，至2020年，烟台市财政局机关及直属单位获得省、部级以上集体荣誉千余项。2006年、2019年，烟台市财政局先后两次被人事部、财政部授予“全国财政系统先进集体”称号。1998年、2002年、2016年，先后3次被省人事厅、财政厅授予“全省财政系统先进集体”称号。2004—2020年，连续17年被省精神文明建设委员会评为“省级文明机关”和“省级文明单位”。2003—2012年，连续10年在全市“万人评机关”中名列热点部门前三名。1990—2020年，连续31年被市委、市政府授予“市直机关先进集体”“十佳先进集体”等称号。

1990—2020年烟台市财政局集体荣誉情况表（市级以上）

表4-46

年度	荣誉称号	颁奖单位
1990	市级机关先进集体	市委、市政府
1990	财政总决算先进单位	省财政厅
1990	计划生育工作先进集体	市委、市政府
1990	山东省首届会计知识大赛第二名、组织奖	省首届会计知识大赛组委会
1990	控购工作先进市地	省财政厅
1990	国债工作先进单位	省财政厅
1990	农税工作先进集体	省财政厅
1991	先进外贸科	财政部
1991	省财政系统第二届珠算技术比赛团体总分第一名	省财政厅
1991	全省财税教育先进单位	省财政厅
1991	省企工作先进集体	省财政厅
1991	山东省先进财会工作集体	省财政厅、省人事厅
1991	市级机关先进集体	市委、市政府

续表 4-46

年度	荣誉称号	颁奖单位
1991	“二五”普法工作先进集体	市委、市政府
1991	青少年教育工作先进集体	市委、市政府
1992	监察工作先进单位	省财政厅
1992	全省会计师事务所先进集体	省注册会计师协会
1992	履行计划生育职责先进单位	市委、市政府
1992	市级机关先进集体	市委、市政府
1992	“一、三、五”绿化工程先进单位	市委、市政府
1993	广播电视财务管理先进单位	广电部、财政部
1993	全省财政系统第三届珠算比赛团体总分第一名	省财政厅
1993	财税大检查先进集体	省财政厅
1993	财政驻厂工作先进集体	省财政厅
1993	经济社会发展市直十佳工作部门	市委、市政府
1993	先进基层党组织	市委
1993	门楼库区扶贫先进集体	市委、市政府
1993	重点乡镇开发先进集体	市委、市政府
1993	“八五”巾帼建功杯先进集体	市委、市政府
1993	尊师重教先进单位	市委宣传部、市教委、市人事局
1994	清产核资工作先进集体	财政部
1994	“青春立功”活动先进集体	团省委
1994	“八五”巾帼建功杯先进集体	省建功杯协调小组
1994	全省第十二届珠算比赛市地组团体第一名	省财政厅
1994	会计管理工作先进单位	省财政厅
1994	财政驻厂员先进单位	省财政厅
1994	第二届全国会计知识大赛团体第二名及组织奖、伯乐奖	省财政厅、团省委
1994	人事统计工作先进单位	省财政厅
1994	市直十佳工作部门	市委、市政府
1994	市级机关先进集体	市委、市政府
1994	计划生育工作先进集体	市委、市政府
1994	信访工作达标单位	市委、市政府
1994	依法行政先进单位	市政府

续表 4-46

年度	荣誉称号	颁奖单位
1994	法制工作先进单位	市政府办公厅、市人事局
1995	全国清产核资先进集体	财政部
1995	全国先进财会工作集体	财政部
1995	全省“青春立功”先进集体	团省委
1995	山东省财政科研先进单位	省财政厅
1995	山东省财政系统第四届珠算技术比赛团体第一名	省财政厅
1995	全省驻厂工作先进集体	省财政厅
1995	优秀基层党组织	市委
1995	市拥军优属先进单位	市委、市政府
1995	1994 年履行计划生育工作职责先进单位	市委、市政府
1995	尊师重教先进单位	市政府
1995	全市政府系统 1994 年度信息调研工作先进单位	市政府办公厅、市人事局
1995	全市党委系统 1994 年度信息工作先进单位	市委办公厅
1996	山东省先进财会工作集体	省财政厅
1996	财政信息工作先进单位	省财政厅
1996	财政科研工作先进单位	省财政厅
1996	全省办公室工作先进单位	省财政厅
1996	全省驻厂工作先进集体	省财政厅
1996	市级机关先进集体	市委、市政府
1996	全市计划生育先进单位	市委、市政府
1996	全市信访工作先进单位	市委、市政府
1996	全市依法行政工作先进单位	市委、市政府
1996	“八五”环境保护先进单位	市政府
1996	市区菜篮子工程建设先进单位	市政府
1996	“三八”红旗集体	市政府
1996	先进基层团组织	团市委
1997	全省计划生育工作先进单位	省委、省政府
1997	山东省第十四届珠算比赛团体第一名	省珠算协会
1997	财政科研工作先进单位	省财政厅
1997	新闻宣传工作先进集体	省财政厅

续表 4-46

年度	荣誉称号	颁奖单位
1997	市级机关先进集体	市委、市政府
1997	烟台市先进基层党组织	市委
1997	实施“春蕾计划”先进集体	市委、市政府
1997	履行计划生育职责先进单位	市委、市政府
1997	全市支持再就业工作先进单位	市委
1997	市尊师重教先进集体	市政府
1997	1996 年度市区菜篮子工程建设先进单位	市政府
1997	承办亚太博览会工作先进集体	市委、市政府
1997	捐助济困先进集体	市委、市政府
1997	环境保护 CCP 工程先进集体	市政府
1997	全市政府系统办公室工作先进集体	市政府办公室、市人事局
1997	市精神文明先进集体	市文明办
1998	全省计划生育工作先进集体	省委、省政府
1998	全省财政系统先进集体	省人事厅、省财政厅
1998	1997 年度扭亏增盈先进单位	省财政厅、省经贸委、省统计局
1998	1997 年度文明机关单位	市委、市政府
1998	承办第二届 APEC 博览会工作先进集体	市委、市政府
1998	全市信访工作先进单位	市委、市政府
1998	烟台市尊师重教先进单位	市政府
1998	1997 年度社会治安综合治理先进单位	市委、市政府
1998	市区菜篮子工程建设先进单位	市政府
1998	捐助济困先进集体	市委、市政府
1998	全市募集衣被支援新疆先进单位	市委、市政府
1998	烟台市先进基层团组织	团市委
1999	全国财政系统信息系统建设先进单位	财政部计算机中心
1999	全国珠算协会先进集体	中国珠算协会
1999	1998 年度全省下岗职工基本生活保障和再就业工作先进集体	省人事厅、省财政厅
1999	1998 年度全省财政监督工作先进集体	省财政厅
1999	1998 年度全省财政法规税收工作先进单位	省财政厅

续表 4-46

年度	荣誉称号	颁奖单位
1999	全省财政系统干部培训工作先进集体	省财政厅
1999	地方税税源调查工作一等奖	省财政厅
1999	烟台市先进基层党组织	市委
1999	1998 年度文明机关单位	市委、市政府
1999	1998 年度市直机关先进集体	市委、市政府
1999	救灾捐助先进集体	市委、市政府
1999	1998 年社会治安综合治理先进单位	市委、市政府
1999	全市计划生育先进单位	市委、市政府
1999	创建中国优秀旅游城市先进集体	市政府
1999	帮扶海阳先进单位	市政府
1999	行政接待工作先进单位	市政府办公室、市人事局
2000	1999 年全国财政信息工作先进单位	财政部
2000	全国财税系统文艺作品征文最佳组织单位奖	财政部机关党委、中国财经报社
2000	山东省纪检监察系统先进集体	省纪委、省监察厅、省人事厅
2000	1999 年度全省扭亏脱困工作先进单位	省经贸委、省财政厅、省统计局
2000	市直机关先进集体	市委、市政府
2000	1999 年度社会治安综合治理先进单位	市委、市政府
2000	烟台市科普工作先进集体	市委、市政府
2000	1999 年度文明机关单位	市委、市政府
2000	1999 年度履行计划生育工作职责先进单位	市委、市政府
2000	1998—2000 年度全市信访工作先进单位	市委、市政府
2000	拥军优属先进单位	市委、市政府、烟台警备区
2000	1999 年度环境保护先进单位	市政府
2000	全市纪检监察系统先进集体	市纪委、市监察局、市人事局
2001	全省财政系统干部教育培训工作先进单位	省财政厅
2001	2000 年度市直机关先进集体	市委、市政府
2001	2000 年度履行人口与计划生育工作职责先进单位	市委、市政府
2002	2001 年度全国财政系统干部教育工作先进单位	财政部
2002	全省财政系统先进集体	省人事厅、省财政厅
2002	全省财政系统干部教育培训工作先进单位	省财政厅

续表 4-46

年度	荣誉称号	颁奖单位
2002	2001 年度会计管理工作先进单位	省财政厅
2002	2001 年度全省财政系统计算机应用工作先进单位	省财政厅
2002	2001 年度市直机关先进集体	市委、市政府
2002	2001 年度履行人口与计划生育工作职责先进单位	市委、市政府
2003	2002 年度会计管理工作先进单位	省财政厅
2003	全省财政系统计算机应用工作先进单位	省财政厅
2003	2002 年度社会治安综合治理先进单位	市委、市政府
2003	2002 年度招商引资先进单位	市委、市政府
2003	第五届国际果蔬博览会先进单位	市委、市政府
2003	2002 年度市直机关先进集体	市委、市政府
2003	先进提案承办单位	市委办公室、市政府办公室、市政协办公室
2003	全省财政系统干部教育工作先进单位	省财政厅
2003	山东省医疗保险工作先进单位	省劳动和社会保障厅、省财政厅
2003	全市农村卫生工作先进集体	市政府
2003	山东省助残先进集体	省残疾人工作协调委员会
2003	国防动员工作先进单位	市委、市政府、烟台警备区
2003	烟台市青少年工作先进单位	市委、市政府
2003	老干部工作先进集体	省委、省政府
2003	第五届国际果蔬博览会承办工作先进集体	市委、市政府
2004	全省财政系统书法摄影绘画比赛优秀组织奖	省财政厅
2004	2003 年度市直机关先进集体	市委、市政府
2004	2003 年度履行人口与计划生育工作职责先进单位	市委、市政府
2004	全市信访工作先进单位	市委、市政府
2004	拥军优属模范单位	市委、市政府、警备区
2004	2003 年度全市对外开放工作先进单位	市委、市政府
2004	2003 年度全市精神文明建设工作先进单位	市委、市政府
2004	全省就业再就业先进工作单位	省政府
2005	2004 年全省无偿献血工作先进集体	省卫生厅、省红十字会
2005	2004 年度省级文明机关、省级文明单位	省精神文明建设委员会
2005	建设全国最安全城市工作先进单位	市委、市政府

续表 4-46

年度	荣誉称号	颁奖单位
2005	市直机关先进集体	市委、市政府
2005	环境保护先进单位	市政府
2005	山东省第一次经济普查先进单位	省第一次经济普查领导小组
2005	争创 2005 联合国人居奖先进单位	市委、市政府
2005	创建文明城市工作先进单位	市委、市政府
2006	全省科普村村通工作先进单位	省科学技术协会、省财政厅
2006	契税征管先进单位	省财政厅
2006	建设全国最安全城市先进单位	市委、市政府
2006	人口和计划生育工作先进单位	市委、市政府
2006	2005 年度全省财政干部教育培训工作先进单位	省财政厅
2006	2005 年度市直机关先进集体	市委、市政府
2006	环境保护先进单位	市政府
2006	2005 年度省级文明单位、省级文明机关	省精神文明建设委员会
2006	山东省医疗保险工作先进单位	省劳动和社会保障厅、财政厅
2006	“万名干部下农村活动”先进单位	市委、市政府
2006	2001—2005 全国财政法制宣传教育先进集体	财政部
2006	2005 重点产品国际竞争力调查工作先进单位	省财政厅
2006	烟台市扶残助残先进集体	市政府
2006	全国农村部分计划生育家庭奖励扶助制度和少生快富工程试点工作先进单位	国家人口和计划生育委员会、财政部
2006	全省行政事业单位国有资产统计和产权登记工作先进单位	省财政厅
2006	全国财政系统先进集体	人事部、财政部
2006	全市“四五”普法依法治理先进单位	市委、市人大、市政府
2007	全省“四五”保密法制宣传教育先进集体	省委保密委员会
2007	平安建设先进单位	市委、市政府
2007	2006 年度市直机关先进集体	市委、市政府
2007	2006 年度全市行政审批服务文明窗口单位	市委、市政府
2007	2006 年度全市安全生产先进单位	市安全生产委员会
2007	2002—2006 年度市区城市重点工程建设先进集体（市政府投资评审中心）	市政府

续表 4-46

年度	荣誉称号	颁奖单位
2007	2006 年度人口和计划生育目标执行情况先进单位	市委
2007	2006 年度全国财政信息工作先进单位	财政部
2007	2006 年度履行计划生育工作职责先进单位	市委、市政府
2007	2005—2006 年度全省财政新闻宣传工作先进集体	省财政厅
2007	烟台市老干部工作和离退休干部先进集体	市委、市政府
2007	烟台市党的机关公文处理工作先进单位	市委办公室
2007	全省档案工作优秀集体	省档案局
2008	2007 年度全市行政审批服务文明窗口单位	市政府办公室
2008	2007 年度全市党委系统信息工作先进单位	市委办公室
2008	2007 年度市直机关先进集体	市委、市政府
2008	2007 年度人口和计划生育目标管理责任制执行情况、履行职责情况先进单位	市委、市政府
2008	八项重要工作先进集体	市委、市政府
2008	全市统战系统“富民兴烟”活动先进集体	市委统战部
2008	烟台市双拥模范、双拥工作模范单位	市委、市政府、警备区
2008	2007 年度全省政风行风建设先进单位	省纠风办
2008	省第十八届珠算暨第六届珠心算 A 组团体特等奖	省珠算协会
2008	烟台市先进基层党组织	市委
2008	全省老干部工作先进集体	省委、省政府
2009	2008 年度全省财政教科文工作先进单位一等奖	省财政厅
2009	2008 年度市直机关先进集体	市委、市政府
2009	八项重要工作先进集体	市委、市政府
2009	八项重要工作民营经济发展先进集体	市委、市政府
2009	八项重要工作服务业发展先进集体	市委、市政府
2009	全省财政系统干部教育培训工作先进单位	省财政厅
2009	2008 年度市直机关先进集体	市委、市政府
2009	2008 年度全市行政审批服务文明窗口单位	市政府办公室
2009	全市统战系统“凝心聚力、富民兴烟”活动先进集体	市委统战部
2009	全市信息化工作先进单位	全市信息化工作领导小组
2009	2008 年度全省财政信息化基础建设先进单位	省财政厅

续表 4-46

年度	荣誉称号	颁奖单位
2009	“3+1”联手共建社会主义新农村活动先进单位	市委、市政府
2009	2008 年度履行计划生育工作职责先进单位	市委、市政府
2009	2008 年度人口和计划生育目标管理责任制执行情况、履行职责情况先进单位	市委
2009	创建文明城市工作先进单位	市委、市政府
2009	2007—2008 年全省财政新闻宣传工作先进集体	省财政厅
2009	烟台市国防动员工作先进单位	市委、市政府、烟台警备区
2009	山东省财政投资评审最具影响力单位（市政府投资评审中心）	省财政厅
2009	烟台市国防动员先进单位	市委、市政府、烟台警备区
2009	第十一届全运会烟台赛区筹办工作先进集体	第十一届全运会烟台赛区组委会
2009	全市维护社会稳定工作先进集体	市维护社会稳定工作领导小组
2009	第九届全国财政好新闻奖广播类一等奖（政绩要算民生账）	财政部
2009	第九届全国财政好新闻奖电视类一等奖（烟台政府采购改革运行模式）	财政部
2009	争取批复烟台保税港区、潮水国际机场工作先进集体	市委、市政府
2009	烟台市五一劳动奖状先进集体（市政府投资评审中心）	市总工会
2010	2009 年家电下乡工作先进市	省财政厅
2010	2009 年度目标管理考核市直机关先进集体	市委、市政府
2010	2009 年度八项重要工作先进集体	市委、市政府
2010	2009 年度八项重要工作单项奖（城市经济发展）	市委、市政府
2010	建设和谐稳定模范城市先进单位	市委、市政府
2010	2009 年度履行人口和计划生育工作职责先进单位	市委、市政府
2010	全省医疗保险、工伤保险工作先进单位	省人社厅、省财政厅
2010	2009 年度履行人口和计划生育工作职责先进单位	市委、市政府
2010	2009 年度财源建设先进集体	市委、市政府
2010	2007—2009 年度全省保密系统先进集体	省委保密委员会
2010	2010 年度全省财政投资评审点评优秀单位（市政府投资评审中心）	省财政厅

续表 4-46

年度	荣誉称号	颁奖单位
2010	山东省财政投资评审最具影响力单位（市政府投资评审中心）	省财政厅
2010	全市信访工作先进单位	市委、市政府
2010	全省财政“五五”法制宣传教育工作先进集体	省财政厅
2011	2010 年度会计管理工作先进单位	省财政厅
2011	全省财政法规税政工作综合考核先进单位	省财政厅
2011	2011 年企业财务信息工作先进单位	省财政厅
2011	烟台市对口支援北川灾后恢复重建工作先进集体	市委、市政府
2011	2010 年度市直机关先进集体	市委、市政府
2011	2010 年度八项重要工作综合奖	市委、市政府
2011	2010 年度服务业发展先进集体	市委、市政府
2011	2010 年度新农村建设先进集体	市委、市政府
2011	建设和谐稳定模范城市先进单位	市委、市政府
2011	2010 年度山东省关心国防建设先进单位	省国防动员委员会
2011	2010 年度履行人口和计划生育职责先进单位	市委、市政府
2011	人民防空先进集体	省人社厅、省人防办、省军区司令部
2011	烟台市民族团结进步先进集体	市政府
2011	全省财政新闻宣传工作先进单位	省财政厅
2011	2011 年全省财政投资评审点评优秀单位（市政府投资评审中心）	省财政厅
2011	2006—2010 全国财政法制宣传教育先进集体	财政部
2011	2006—2010 年全市普法依法治理工作先进集体	市委、市政府
2011	山东省文明机关、文明单位	省精神文明建设委员会
2011	烟台市先进基层党组织	市委
2011	万人评机关热点部门第二名	市委
2011	2006—2010 年全市依法行政工作先进单位	市政府
2011	创建全国文明城市突出贡献单位	市委、市政府
2012	2011 年建设和谐稳定模范城市先进单位	市政府
2012	2011 年度市直机关先进集体	市委、市政府
2012	2011 年八项重要工作先进集体	市委、市政府

续表 4-46

年度	荣誉称号	颁奖单位
2012	2011 年度全国财政信息工作先进单位	财政部
2012	“3+1”联手共建社会主义新农村先进单位	市委、市政府
2012	年度履行人口和计划生育工作职责先进单位	市委、市政府
2012	山东省就业工作先进集体	省政府
2012	烟台先锋基层党组织（市政府投资评审中心党支部）	市委
2012	全省农村住房建设与危房改造工作先进单位	省政府
2012	拥军优属先进单位	市委、市政府、烟台警备区
2012	第三届亚洲沙滩运动会筹办工作先进集体	省委、省政府
2012	全省农村和城镇居民社会养老保险工作先进单位	省政府
2012	全市粮食生产先进单位	市政府
2012	全国“两基”工作先进单位	国务院
2012	山东省学生资助工作先进单位	省教育厅、省财政厅
2013	全省行政事业国有资产管理先进单位	省财政厅
2013	2012 年度市直机关先进集体	市委、市政府
2013	全市安全生产先进单位	市安全生产委员会
2013	社会管理综合治理先进单位	市委
2013	2012 年度全国财政信息工作先进单位	财政部
2013	创建全国绿化模范城市工作先进集体	市委、市政府
2013	全市信访工作先进单位	市委、市政府
2013	全省老干部工作先进集体	省委、省政府
2013	中国政府采购年度创新奖、新闻宣传贡献奖	中国政府采购报社、中国政府采购新闻网
2013	第十届中国艺术节筹办组织工作先进集体	省委宣传部、省人社厅、省文化厅、省公务员局
2014	2013 年度财政社会保障工作效能考评先进单位	省财政厅
2014	全省基层财政工作综合考评第一名	省财政厅
2014	全市“模范公务员集体”	市委、市政府
2014	2013 年度市直机关先进集体	市委、市政府
2014	“税收质量三年提升计划”启动工作推进先进集体	市委
2014	建设平安法制和谐烟台先进单位	市委、市政府

续表 4-46

年度	荣誉称号	颁奖单位
2014	2013 年度人口和计划生育目标管理责任制执行况、履行职责情况先进单位	市委、市政府
2015	全省财政国库工作先进单位	省财政厅
2015	农业财政工作绩效考核优秀单位	省财政厅
2015	全省基层财政管理工作综合考评一等奖	省财政厅
2015	2014 年度市直机关先进集体	市委、市政府
2015	重要工作重点项目推进先进集体（国家健康养老服务产业试点城市建设工作）	市委、市政府
2015	2014 年度烟台市五四红旗团委	团市委
2015	山东省加强就业培训提高就业与创业能力五年规划先进单位	省人社厅、省财政厅
2015	2012—2014 年度部门包村工作先进单位	市委、市政府
2015	2014 年度履行统筹解决人口问题职责先进单位	市委、市政府
2015	2014 年度全国财政信息工作先进集体	财政部
2015	2014 年度“三刊两鉴”宣传工作先进集体	中国财政杂志社
2015	机关道德建设示范奖	市精神文明建设委员会办公室、市直机关工委
2015	烟台市创建第四届全国文明城市工作先进集体	市委、市政府
2016	2015 年度全省财政国库工作先进单位	省财政厅
2016	2015 年度全市政务信息工作先进单位	市政府办公室
2016	2015 年度全市政务服务窗口工作先进单位	市政府办公室
2016	2015 年度全省财政信息工作优秀单位	省财政厅
2016	2015 年度全省基层财政信息工作先进单位	省财政厅
2016	2015 年度全省基层财政培训管理工作先进单位	省财政厅
2016	2015 年度全省基层财政管理工作综合考评一等奖	省财政厅
2016	烟台市先进团委	团市委
2016	2015 年度全市党委系统信息工作先进单位	市委办公室
2016	2015 年度会计管理工作先进单位	省财政厅
2016	2015 年全省财政系统干部教育培训工作先进培训基地（市财政干部教育中心）	省财政厅
2016	全省财政系统先进集体	省人社厅、省财政厅、省公务员局

续表 4-46

年度	荣誉称号	颁奖单位
2016	2015 年度市直机关先进集体（获科学发展卓越贡献奖）	市委、市政府
2016	2015 年度市直部门重要指标考核先进集体（发展标兵集体）	市委、市政府
2016	2015 年度安全生产工作先进集体	市政府安全生产委员会
2016	2015 年度全国财政信息工作先进集体	财政部
2016	2015 年度社会治安综合治理工作突出贡献单位	市委、市政府
2016	2015 年度全省财政信息工作优秀单位	省财政厅
2016	2011—2015 年全市普法依法治理工作先进集体	烟台市全民普法依法治理工作领导小组
2016	2015 年度农业综合开发项目省级绩效评价优秀等次	省财政厅
2016	2016 年度“三刊两鉴”宣传工作先进集体	财政部、中国财政杂志社
2016	全省财政“六五”法制宣传教育工作先进集体	省财政厅
2016	全省社会保险基金预决算编报工作优秀单位	省财政厅
2016	2016 年全省农业综合开发工作综合绩效考评优秀单位	省财政厅
2016	2016 年全省税收调查工作先进单位	省国税局、省地税局、省财政厅
2017	2014—2016 年度全市森林防火工作先进单位	市政府森林防火指挥部
2017	2016 年度全市政务服务窗口工作先进单位	市政府办公室
2017	“我为财税改革落实建言”优秀组织奖	省财政学会
2017	2016 年度全省财政信息工作优秀单位	省财政厅
2017	2016 年度市直机关先进集体	市委、市政府
2017	烟台市先进团委	团市委
2017	烟台市五四红旗团支部	团市委
2017	2016 年度全市党委系统信息工作先进单位	市委
2017	2016 年度“三考核两上榜”市直先进集体科学发展卓越贡献奖	市委、市政府
2017	2016 年度市直部门重要指标考核先进集体（发展功勋集体）	市委、市政府
2017	2016 年度全省财政教科文工作先进单位（二等奖）	省财政厅
2017	2016 年度全省财政教科文信息工作先进单位	省财政厅
2017	烟台市女职工建功立业标兵岗	市总工会
2017	2016 年度全省基层财政管理工作综合考评一等奖	省财政厅

续表 4-46

年度	荣誉称号	颁奖单位
2017	全省营业税改征增值税工作先进集体	省人社厅、省财政厅、省国税局、省地税局、省公务员局
2017	2016 年度财政社会保障信息工作优秀单位	省财政厅
2017	2016 年度全省会计管理工作先进单位	省财政厅
2017	全省财政管理工作先进市	省财政厅
2017	2016 年度全省财政国库工作先进单位	省财政厅
2017	争创全国社会治安综合治理优秀城市“七连冠”先进单位	市委
2017	2017 年度“三刊两鉴”宣传工作先进集体	财政部、中国财政杂志社
2017	全省 2016 年度全国重点企业税源调查快报工作先进单位	省财政厅
2017	创建国家食品安全示范城市工作先进集体	市委
2017	第三届“机关道德建设风范奖”单位	市精神文明建设委员会办公室、市委市直机关工作委员会
2017	全市反恐怖工作先进单位	市社会治安综合治理委员会、市反恐怖工作领导小组
2017	全省财政管理工作先进市	省财政厅
2017	2016 年县级现代预算管理制度改革试点工作先进市	省财政厅
2017	2017 年度全省农业财政工作绩效考核优秀单位	省财政厅
2017	2017 年度省级精神文明单位	省精神文明建设委员会
2017	2017 年度财政社会保障信息工作先进单位	省财政厅
2017	2017 年全省税收调查工作先进单位	省国税局、省地税局、省财政厅
2017	2017 中国政府采购奖（年度创新奖）	中国政府采购报
2017	2017 中国政府采购奖（新闻宣传贡献奖）	中国政府采购报
2017	2016—2017 年度全市森林防火工作先进单位	市政府森林防火指挥部
2017	现代预算管理制度改革试点县（市）财政评审信息报送及采用得分第一名	省财政厅
2017	2016 年度全市政务信息工作先进单位	市政府办公室
2017	2016 年度全市政务公开工作考核优秀单位	市政府办公室
2017	2016 年度农业综合开发项目统计工作先进单位	省财政厅
2018	2017 年度全省财政社会保障信息工作先进单位	省财政厅
2018	2017 年度全省财政投融资管理工作绩效考核先进单位	省财政厅
2018	2017 年度全省基层财政管理工作综合考评一等奖	省财政厅

续表 4-46

年度	荣誉称号	颁奖单位
2018	2017 年度全省财政信息工作优秀单位	省财政厅
2018	2017 年度全市安全生产工作先进单位	市政府安全生产委员会
2018	2017 年度全省财政科教工作先进单位	省财政厅
2018	2017 年度全省财政科教信息工作先进单位	省财政厅
2018	2017 年度全省会计管理工作先进单位和会计信息宣传工作先进单位	省财政厅
2018	金融与国际合作（PPP）管理工作综合考核优秀	省财政厅
2018	全省财政国库工作先进单位	省财政厅
2018	2015—2018 年度部门包村工作先进单位（市政府投资评审中心）	市委、市政府
2018	2015—2018 年度部门包村工作先进单位（市非税收入管理处）	市委、市政府
2018	2015—2018 年度部门包村工作先进单位（烟台财会培训中心）	市委、市政府
2018	2017—2018 年度全市森林防火突出贡献单位	市政府森林防火指挥部
2018	全市社会治安综合治理工作先进集体	市委、市政府
2018	创建第五届全国文明城市工作先进单位	市委、市政府
2018	全市支持见义勇为事业爱心单位	市社会治安综合治理委员会、市见义勇为基金会
2018	2017 年度全省行政事业单位国有资产报告编报工作先进单位	省财政厅
2018	全省财政企业财务信息工作先进单位	省财政厅
2018	山东省政府性债务投资项目资产清查登记工作通报表扬单位	省财政厅
2018	2017 年度地方财政信息工作先进单位	财政部
2018	2017 年度全市政务信息工作先进单位	市政府办公室
2018	2017 年度全市党委系统信息工作先进单位	市委办公室
2018	2017 年度全省财政新闻宣传工作优秀单位	省财政厅
2018	2018 年度全国财政科研宣传工作特别奖	中国财政科学研究院
2018	2017 年度乡镇财政基本信息编报工作一等奖	省财政厅
2018	2017 年度农村综合改革工作优秀单位	省财政厅
2018	山东省就业工作先进集体	省政府办公厅
2018	2018 年度全省重点企业税源调查快报工作先进单位	省财政厅

续表 4-46

年度	荣誉称号	颁奖单位
2018	“新时代法制财政建设”征文优秀组织奖	省财政厅
2019	2018 年度全市党委系统信息工作先进单位	市委办公室
2019	2018 年度全市 12345 政务服务热线工作先进单位	市政府办公室
2019	2018 年度全市政务公开评估考核优秀单位	市政府办公室
2019	2018 年度全省财政信息工作优秀单位	省财政厅
2019	2018 年度十佳先进集体	市委、市政府
2019	2018 年度市直先进集体	市委、市政府
2019	全市“七五”普法工作先进集体	市全民普法依法治理工作领导小组
2019	先进基层党组织	市委
2019	全市安全生产工作先进单位	市政府安全生产委员会
2019	社会治安综合治理工作突出贡献单位	市委
2019	2019 年度“三刊两鉴”宣传工作先进集体	财政部中国财政杂志社
2019	全省财政企业财务信息工作突出表现单位	省财政厅
2019	全国财政系统先进集体	人社部、财政部
2019	山东省无偿献血组织表现突出单位	省献血办公室
2019	烟台市支持见义勇为事业先进单位	市委政法委
2019	全省老干部工作先进集体	省人社厅、组织部、老干局
2020	2019 年度全省财政信息工作优秀单位	省财政厅
2020	2019 年度全市离退休干部信息统计工作先进单位	市委老干部局
2020	2019 年度十佳先进集体	市委、市政府
2020	全市抗击新冠肺炎疫情先进集体	市委、市政府
2020	2019 年度市直事业单位考核优秀等次（国有资产运营中心）	市事业单位考核委员会
2020	2020 年度全市市直机关“三重杯”创新创优创效金方案大赛党建创新类项目二等奖	市直机关工作委员会、市委全面深化改革委员会办公室
2020	2020 年度全省财政信息工作优秀单位	省财政厅
2020	“做好财政保障 助力全面小康”主题征文活动优秀组织奖	省财政厅
2020	2020 年度十佳先进集体	市委
2020	2020 年度 12345 政务服务热线工作单位	市政府办公室
2020	2020 年度全市政务信息报送工作成绩突出单位	市政府办公室

续表 4-46

年度	荣誉称号	颁奖单位
2020	创建第六届全国文明城市工作先进单位	市委、市政府
2020	平安烟台建设先进单位	市委、市政府
2020	烟台市模范职工之家	市总工会
2020	市直机关先进基层党组织	市直机关工委
2020	五星级党组织	市直机关工委
2020	2020 年度营商环境工作先进单位	市政府
2020	全市禁毒工作成绩突出集体	市禁毒委员会

注：1. 省财政系统各专业单项奖，本表只列首年奖项或连续三年获奖的末年奖项；年度内不同层级授予的相同内容的表彰项目，只列最高层级的奖项

2. 在历年财政总决算和专业决算编制评比中，烟台市财政各项决算编制均获省财政厅不同等次表彰，本表不一一列示

3. 部分年份集体荣誉统计情况不详

附

勇立潮头展“财”能

——记山东省烟台市财政局

2005 年 12 月 22 日，《烟台日报》在第一版显著位置刊登了烟台市第三次“万人评机关”评议结果，烟台市财政局赫然名列市直热点部门第二名。金杯银杯不如群众口碑。这是继 2003 年第三名、2004 年第二名之后，烟台市财政局再一次赢得人民群众的信任。

这一成绩的取得绝非偶然。

2001—2005 年，财政部授予烟台市财政局“财政信息工作先进单位”称号，市委、市政府授予烟台市财政局“市直机关先进集体”称号；2004 年、2005 年，山东省委、省政府授予烟台市财政局省级“文明机关”、省级“文明单位”称号。

“十五”期间，烟台市财政局共获得部、省、市级以上荣誉称号达 110 多项。

这些荣誉，源自烟台市财政局敢为人先、奋力拼搏取得的非凡业绩。“十五”期间，是烟台经济和社会各项事业赶超发展的关键时期。烟台市财政局党组一班人牢固树立科学发展观，认真落实中央、省和市委、市政府一系列决策部署，以“又快又好、赶超发展”为目标，强化调控保障职能，全面推进财政改革，有力促进了经济社会持续快速协调健康发展。“十五”期间，全市地方财政收入年均递增 29.7%，2005 年增幅达到 36%，列全国首批 14 个沿海开放城市首位。全市境内财政总收入达到 293 亿元，年均递增 21.51%。

新举措——在跨越发展中推出

经济决定财政。没有经济的跨越发展，财政“蛋糕”就难以做大做强。2001 年以来，烟台市委、市政府先后作出“加快发展、跨越发展、赶超发展”三个阶段的决策部署。在全市经济大发展的浪潮中，烟台财政勇立潮头，跳出财政看全局，以高点定位、争创一流的气魄，

打破常规、敢为人先的精神，争做加快发展的排头兵。

经济发展靠产业拉动，产业发展依托企业支撑。为夯实财源基础，从 2001 年开始，烟台财政在全市工业领域实施了以抓大增强为主要内容的“2358”工程。对列入工程的骨干企业，在法人奖励、技改投入、企业改革、技术创新、土地利用、项目审批等方面，配套了 19 项政策。对新认定的国家、省级技术开发中心企业分别给予 50 万元和 20 万元的补助；对获得国家、省级名牌产品和驰名（著名）商标称号的企业分别给予 50 万元和 25 万元的奖励。2005 年，全市销售收入过 50 亿元的企业达到 5 户，过 20 亿元的工业企业由 2 户增加到 16 户；市级重点培植的 18 户工业企业实现利税 85.6 亿元，占全市规模以上工业企业利税总额的 20.6%。

在烟台经济发展的舞台上，县域经济扮演着重要角色。由于受自然条件等方面的制约，县域经济发展很不平衡，13 个县市区中，有 5 个是全国百强县，但也有个别县连发放工资都比较困难。为促进区域协调发展，烟台财政积极实施促强扶弱带中间战略。对龙口、莱州、招远、蓬莱等经济强县实行收入“上台阶”奖励政策，将部分市属企业的税收征管下放管理，调动了强县发展的积极性。2005 年，龙口市财政收入突破 12 亿元，综合实力位居全国百强县第 21 位，当年前移 4 位。对经济困难的栖霞、海阳、长岛等县市，因地制宜，通过加大转移支付力度、调减体制上解比例、地方财政收入全留等措施，在财政体制、资金、政策等方面进行倾斜，有力增强了困难县市自我积累、自我发展的能力。烟台财政运用财政政策导向促强扶弱，为县域经济营造了广阔的发展空间和宽松的发展环境。“十五”期间，全市县域财政收入年均增幅达 30.72%；县域地方财政收入占全市地方财政收入的比重由 2001 年的 75.12% 提高到 81.25%。

烟台濒临黄、渤海，与日本、韩国隔海相望，对外开放成为烟台的最大优势。为打造外经贸发展优势格局，烟台财政更是倾注了大量心血：资金优先保证，政策优先实施，奖励优先兑现。2003 年，在新兴出口市场奖励、机电和高新技术产品出口奖励、企业出口退税质押贷款、利息补贴等十个方面给予重点扶持。2004 年，在保险费补贴、反倾销资助、注册费资助、网络交易费补贴、贷款贴息补助、摊位费补贴、农产品出口增长奖励等八个方面给予重点扶持。2005 年，又出台鼓励外经贸发展九项新政策，对出口规模大的县市区和大户给予奖励，对退税额多的困难县市区给予专项补助，当年全市外贸出口 64.8 亿美元，年均增长 29.6%，带动了全市经济快速发展。

近年来，到烟台的游客常常发出这样的感叹：“烟台的变化太大了，太美了！”烟台市民更是有着深刻的体会：“我们烟台就是干净、漂亮！”作为烟台人，他们由衷感到骄傲和自豪。

2002 年，烟台市确立了“年年有变化、三年见成效、五年大变样”的城市建设目标，实施“贯通山海南北，拓展东西两翼”战略，投入的力度、发展的速度、建设的质量，都是空前的。几年来，先后完成了五区连接路、机场路扩建、南大街改造、滨海路等重点工程，实施了烟台山、南山公园、毓璜顶公园扩建改造，实行了生活垃圾无害化处理，扩大了集中供热、供气面积，建设了 16.9 万平方米的滨海景区和高标准的城市污水处理网管体系，城市综合服务功能大幅度提高。烟台因此频频出彩：2004年被评为“中国最佳魅力城市”，2005年被评为“全国文明城市”，这里凝结着烟台财政的几多汗水、几多心血。

城市建设资金需求越来越大，对于财政实力并不雄厚的烟台来说，仅靠预算资金远远不够。烟台财政局党组认识到：解决城市基础设施巨额投入必须充分发挥财政资金的导向作用、杠杆作用，把财政资金作为“种子”，采用市场机制筹集资金搞建设。为此，他们向市政府建议，科学运营城市资产，借助外力加快建设。一方面，立足城建资金大平衡，按照“项目规划、土地储备—建设投入、土地增值—土地交易、资金回笼—归还贷款、再行投入”的链条，形成资金良性循环。另一方面，积极打造投融资平台，通过扶持和壮大城市投资发展公司，开辟了城建投融资新渠道。2004年以来，通过城市投资发展有限公司融资近30亿元。

支持经济发展的新举措、大投入，推动了全市地方财政收入一年迈上一个新台阶，为全市经济社会发展提供了强有力的财力保障。烟台市市长周齐对市财政局的评价是：“总是能够站在全局的高度想问题、谋发展。烟台的大发展，财政部门功不可没！”

新理念——在为民服务中践行

公共财政体系下，公共化取向决定财政必须弥补市场“缺位”，促进经济社会统筹发展、和谐发展。

2005年3月18日，锦绣新城小区广场，彩旗招展，锣鼓喧天，市区廉租房钥匙发放仪式正在进行当中。看着身边一个个手拿钥匙、兴高采烈、满含感激之情的市民，财政人不胜感慨：“财政部门为民当家理财，心里就应该时刻想着群众，实实在在地为他们办实事，让广大群众共享经济社会发展的成果，这钱才花得应该。”

这次钥匙集中发放，只不过是每年例行中的一次。安居方能乐业。为解决城市低收入家庭的住房困难，从2002年开始，烟台财政安排专项资金5.2亿元用于廉租房和经济适用房建设。到2005年年底，市区已有526户、2500户家庭分别住上了宽敞明亮的廉租房和经济适用房。

为解决好群众关心的热点、难点问题，烟台财政局党组一班人费尽了心思，倾注了真情。围绕提高社会保障水平，全面实施了城乡最低生活保障、被征地农民基本生活保障、城镇“三无”和农村“五保”对象集中供养等制度，社会保障体系建设已延伸到农村。“十五”期间，全市财政社保支出64亿元，占同期财政支出的比重达16%。围绕健全公共卫生体系，先后完成市疾病预防控制中心和传染病医院扩建，建立了疾病预防控制和防治传染病网络。全市财政卫生支出14.7亿元，年均增长16.07%。围绕提高群众物质文化生活水平，投入资金11.8亿元，建设了省内一流的体育公园、新图书馆和60多处休闲健身广场，市民生活环境进一步改善。

“吃水难、行路难、看病难、读书难”，一直是阻碍农民增收和农村社会进步的四大难题。烟台财政局在深入调研的基础上，从2002年开始，在全市农村实施“水、路、医、学”四大改造工程。

——投入资金12亿元，累计完成4236个村通自来水工程，受益人口321.9万人。

——投入资金2.9亿元，累计完成6006个村通油路工程，通油路率达到92%。

——新型农村合作医疗试点范围不断扩大，试点县市区由最初的2个扩大到8个，249

万人被纳入医保范围，农民参合率达到85%。

——投入资金2.7亿元，全面完成了1776处中小学危房改造任务。通过建立农村中小学家庭贫困学生助学金、实施“两免一补”工程等方式，多渠道救助家庭经济困难中小学生8.2万人，减免学杂费和发放助学金1600多万元。

2005年，烟台获得“联合国人居奖”。这一荣誉，是对烟台老城区环境综合整治工作的最高褒奖。2002年，市财政会同有关部门对城市状况进行了调查。在中心区，居住在老城区的市民占70%、设施不配套的老社区约为70%。旧城区市政基础设施不配套，许多区片没有集中供热、管道燃气设施，有的住户没有户内卫生间，居住条件差的市民私自搭建棚厦，乱堆物品，导致周边环境更加脏、乱、差。群众的呼声引起烟台财政的高度重视，市财政每年安排2亿元专项资金，从居住人口最密集、问题最多的社区入手，开始实施以“平改坡”、街巷整治和便民服务设施配套为主的老城区环境综合整治工程。3年累计投入6.7亿元，共改造48个社区，直接受益居民13万户、40万人。如今的烟台老城区，市政公用设施配套，绿化达标，环境整洁，居住条件明显改善。烟台因此连续获得“中国人居环境范例奖”“中国人居环境奖”和“联合国人居奖”，成为全国唯一获得这三项荣誉称号的城市。2004年11月，山东省委书记张高丽批示：“这是以人为本、造福人民的具体体现。”2005年1月10日，中共中央总书记、国家主席胡锦涛在烟台视察期间，专门到塔山社区视察老城区环境综合整治工作，对烟台的做法给予了充分肯定。

新突破——在锐意改革中实现

科学理财、民主理财、依法理财，确保财政资金合理分配、安全运行、高效使用，是烟台市财政局一贯坚持的为政府、为人民当家理财的宗旨。

2005年6月，某市直部门打报告申请80万元的“十一五”专项规划编制工作经费。市财政局很快作出回复：规划编制工作所需费用，由部门提报详细预算，报市政府投资评审中心进行评审，编制工作纳入政府采购，市财政根据采购结果直接拨付资金。最后，该部门仅用20万元就完成了规划编制工作。

经过多年的改革实践，烟台财政逐步探索建立了以部门预算为基础、以投资评审为支撑、以政府采购为手段、以国库集中支付为保障的“四位一体”财政支出管理模式。用超前的思维、改革的思路、市场的办法，创新机制，加强财政支出管理，实现财政资金使用的公平与效率。

昆嵛山林场是烟台市最大的森林保护区和国家级森林公园，设有24个看守点。由于没有供电，给日夜守护在那里的林场职工的工作和生活带来极大不便。2004年8月，林场送来一份500万元的供电设施投资报告。市政府投资评审中心很快组成评审组，到林场实地考察。经过考察论证发现，大部分看守点山势险峻、供电反而容易引起雷击，于是决定在9个看守点实施供电、15个看守点借用太阳能发电，由此节约投资200多万元。如今，政府投资评审已融入财政投资管理的每一个环节，从项目论证到预审，从政府采购到决算，从决算批复到国库集中支付，烟台财政真正做到了“评审先行”。2004年以来，市级共完成工程概预决算审查投资38.5亿元，审减6.3亿元。

如果说，政府投资评审为加强财政支出管

理提供了有力支撑，那么政府采购就是突出市场和专家的作用，确保财政资金高效使用的重要手段。

2003年1月8日，烟台财会培训中心三楼会议厅集聚了来自全国各地的53家供应商，参与4000多万元的烟台市道路交通控制系统项目一期工程投标。为确保招标的公平、公正，市政府采购办邀请来自北京、上海、南京、湖南等地的有关知名专家，组成评标专家组，由专家组行使评标中标决策权。从评审结果看，不仅节省了财政资金，同时对招标项目方案进行了优化和完善，招标单位非常满意。整个招标过程由采购办全程监督，从机制上保证了政府采购成为一项“阳光工程”。

强化事前论证，让专家说了算，是烟台财政精细化管理的一把“利器”。2000年，率先在全国实行了专家决策机制，建了项目咨询专家库，85%以上的成员是来自清华大学、同济大学等50多所大专院校、科研院所的国家级研究员、博士生导师。50万元以上的财政拨款项目必须经过专家论证，论证结果作为财政决策依据。2004年，某部门申请采购200万元的省、市、县三级网络系统，经专家论证认为，目前在这个系统尚不具备联网条件，最后否决了该项目。2005年，城管部门申报学院路污水管道工程预算，经专家组变更设计图纸，投资预算由1350万元减至900万元。“十五”期间，通过专家论证这一环节，节约投资5.3亿元。

长期以来，预算单位一直存在着“重投入、轻效益”“重分配、轻管理”的问题。如何提高财政资源的配置能力和效率，是摆在烟台财政局党组一班人面前的新课题。2004年开始，市财政在市级预算单位进行了绩效评价试点，选择了19个500万元以上支出项目进行绩效评价，评定出4个一般、2个较差。绩效评价改革的推出，在市直部门、单位引起很大震动。用钱讲责任、讲效益的多了，随便伸手要钱、乱花钱的明显少了。

新形象——在转变作风中打造

烟台财政局党组经常这样教育大家：财政工作联系四面八方、千家万户，从某种意义义上讲，服务质量与效率是财政工作的生命线。只有牢固树立主动服务意识和超前服务意识，变被动应付为主动出击，变让我做为我要做，才能真正树立财政部门的新形象。

强化宗旨观念，提升服务水平，是树立人民公仆形象的根本。从2002年开始，烟台财政每年都由分管局长带领业务科室负责人，主动上门到对口预算部门征求下一年度预算安排意见。一些部门负责人激动地说：“过去都是我们到财政局跑腿要钱，现在主动上门为我们解决困难，财政局机关素质就是高。”

烟台市烈士陵园建在“胶东屋脊”英灵山上，从建园的那天起，管理处的同志就只能喝积攒下的雨水。2004年6月，知道这一消息后，财政局主动上山了解情况，当即拨款70万元打了一眼深井，解决了吃水难题。

在抓好主动服务的同时，烟台财政局非常注重提升工作效能。

烟台造纸厂20多名离退休干部因离退休补贴问题多次找有关部门反映，都没有得到解决。抱着试试看的心理找到了市财政局，没想到财政局立即与有关部门协商，使拖了两年的问题5天就得到解决了。

2005年12月，烟台连降20天大雪，历史罕见。为降低雪灾带来的危害，烟台财政在第一时间找到城管部门，共同研究应急预案，并及时拨付资金 120 万元，购置和租赁清雪机械设备，加班加点清除市区主要干道积雪，保障了人民群众正常的生产生活秩序。

在“非典”“禽流感”防控的特殊时期，市财政人都是主动上门服务，特事特办，赢得了市领导和基层单位的一致赞扬，树立了“主动、务实、高效”的机关新形象。

一个出色的团队，必然有一个好的班子。烟台市财政局领导班子团结协作、恪尽职守、以身作则，在全系统营造了“讲大局、讲团结、讲正气、讲奉献”的良好氛围。队伍建设离不开制度约束。烟台财政先后制定实施了党风廉政建设责任制、干部约定谈话制、责任追究制、定期轮岗制、政务公开、首问负责制等 50 多项制度规定，有效规范了全系统干部职工的工作和生活行为。5 年来，全局 230 多人获得市级以上先进个人等荣誉称号。

五年辉煌路，而今从头越。烟台市财政局这个团结、务实、创新的强势团队，带着党和人民的重托，昂首跨入“十一五”，向着更加灿烂的明天阔步前进。

（本文选自财政部《无上荣光——2006 年全国财政系统先进集体、先进工作者事迹汇编》）

不忘初心担使命　创新拼搏敢为先

——记山东省烟台市财政局

在黄海之滨有一座城市，五次获得全国文明城市、七次获得全国社会治安综合治理优秀城市、八次获得全国双拥模范城，是“联合国人居奖”城市、中国投资环境金牌城市，在这座城市里，有这样一群人为铸就这些光环默默贡献着财政智慧和力量。

烟台市财政局现有公务员 72 人，其中，中共党员 65 人。近年来，烟台财政人坚持以习近平新时代中国特色社会主义思想为指导，紧紧围绕大局、服务人民，以解放思想为先导，以改革创新为主线，勇于克服更为严峻的困难，勇于在关系全局和长远的关键问题上啃硬骨头、打硬仗，为实现烟台高质量发展提供了有力支撑。连续多年在全国全省全市各项考核评比中走在前列，2015—2018 年始终保持省级文明单位，2015 年荣获全省财政系统先进集体，2017 年荣获全省预算综合管理绩效考核先进单位，2018 年在全国财政系统信息工作考核中勇夺第一名，荣获全省就业工作先进单位、全市最高综合奖项—“十佳先进集体”荣誉，等等。

——始终把支持高质量发展作为财政工作的重中之重，充分发挥财政资金“输血造血”和杠杆撬动作用，在推动高质量发展上积极作为。面对近年来财政收入增速放缓、收支矛盾突出的严峻形势，烟台财政人强化政治担当、积极主动作为，紧紧围绕保障服务高质量发展这个核心，真正用好解放思想这个法宝，在加快重点领域改革上下功夫，在创新建立长效机制上做文章，不断健全重点工作综合保障体系，为全市经济持续健康发展提供了有力的资金保障。

烟台财政人积极抢抓建设山东省区域性基金管理中心的重大机遇，投入资金 28 亿元，设立新旧动能转换政府引导基金，带动市级新旧动能转换基金总规模达到 120.4 亿元，杠杆放大效应 4 倍以上。通过市场化的项目发现机制、股权化的投资机制、杠杆化的引导机制，穿针引线、放水养鱼，有效激发社会资本活力，为全市新旧动能转换提供更多资金供给。确立了以烟台山基金小镇为核心的一体两翼基金中心建设格局，统筹资金、集聚资源，建成了2300平方米的小镇客厅、展厅和一站式基金服务平台，以一流政策、一流环境、一流服务叫响品牌，以点带面推动全市基金发展整体迈上新台阶。截至2019年，在烟台注册各类基金及管理机构达到434家，基金认缴总规模1756亿元，分别是2014年的16倍和33倍，实缴规模546亿元，累计投资535亿元，有力支持了实体经济高质量发展。

盘活运营好各类政府存量资产既能提高资产配置效率、实现资产保值增值，又能更好发挥国有资产金融属性和经济价值、筹集更多资金保障重点工作开展。烟台财政人坚持刀刃向内，摸家底、理机制、创理念、建平台，以价值管理、市场配置为核心，创造性地提出了资产范围、平台、管理、运营、收支“五个统一”的管理模式，资产内涵更加完整、管理理念更加先进，初步形成了从“入口”到“出口”、从“线下”到“线上”、从收入到支出、全周期、全流程资产管理框架体系，“要素资产化、资产资本化”传导机制更加顺畅，彻底解决了多年来国有资产市场运营无从下手的问题，对于用活用好各类资产，筹集更多资金服务保障全市重点项目建设打下坚实的基础。

宽松的财税政策是推动经济高质量发展的软环境。烟台财政人在财政增收压力不断加大的情况下，坚定落实全面推开“营改增”试点、下调相关行业增值税税率、取消停征部分行政事业性收费等中央、省一系列减税降费政策，深入开展上门送政策活动，一对一开展精准宣传辅导。建立完善涉企收费动态公示制度，创新设立70家企业收费监测点，畅通“直通车”专项举报渠道，切实做到该减的严格减下去，该免的坚决免到位，让企业和群众有实实在在的获得感。2016年以来，累计减轻企业负担830多亿元。

面对经济发展中的一个个新情况、新难题，烟台财政人始终保持“越是艰险越向前”的勇气和“狭路相逢勇者胜”的精神，无论困难多大、压力多重，都不回避、不后退，不讲条件、勇挑重担，只为成功找办法，不为失败找理由，用扎实工作践行着支持高质量发展的责任使命。

——始终把保障和改善民生作为财政支出的优先方向，坚持发展前进一步、民生改善就跟进一步，让全市人民享有更多的获得感、幸福感和安全感。习近平总书记在视察山东时强调“增进民生福祉是发展的根本目的，要在发展中补齐民生短板，促进社会公平正义”。烟台财政人时刻牢记总书记嘱托，在收支矛盾异常突出的情况下，始终坚持民生政策优先落实、民生项目优先保障、民生实事优先做好，以不遗余力的民生投入兜住群众“稳稳的幸福”。

585.8亿元，这是2018年烟台市民生领域的支出总额，占财政支出比重达到78%。数字背后，是病有所医，是居有住所，是幼有所育，是老有所养等系列民生保障——新增城镇就业连续14年超过13万人，城镇登记失业率3.06%，低于全国水平0.74%；县均城乡低保标准分别提高到每人每月590元和411元，救助困难群众130万人次；筹集共有产权住房1284套，发放住房租赁补贴1.6万户；改造棚户区4.3万套、老旧住宅小区243个；新建改建学校45所、幼儿园107所；新建47处医养结合服务机构，新增床位10470个。烟台财政人紧握着手中的方寸算盘，在税费负担上做“减法”，在民生福祉上做“加法”，推动公共服务更加贴近基层，让广大群众看得见、摸得着，收获满满的幸福感。

打赢脱贫攻坚战是党中央作出的重大决策部署。烟台财政人主动出击、一马当先，第一时间赶赴各县市区调查摸排，为制定全市精准扶贫“作战图”拿出了财政方案。同时，创新提出了发挥财政资金行业主导作用支持贫困村发展产业的扶贫思路，形成用行业资金支持产业脱贫、用扶贫资金推动产业升级的“行业资金＋扶贫资金”财政扶贫模式，真正把脱贫攻坚变成夯基础、兴产业、增后劲的过程。2018年，市级财政专项扶贫资金达到1.4亿元，比2017年增长29.2%、是2016年的2倍多，保障277个省定扶贫工作重点村、6.5万名贫困群众稳定脱贫，交出了满分答卷。

一张张民生清单的背后，折射出烟台财政人让人民群众共享发展成果的初心和追求；办好民生实事的一招一式，体现着烟台财政人求解民生幸福这个“多元方程”的勇气和智慧。

——始终把改革创新作为加强财政管理的关键一招，以“全面规范透明、标准科学、约束有力、全面绩效”为目标，加快建设现代财政制度。改革无穷期，创新无止境。烟台财政人在改革创新的新征程中大胆探索、勇往直前，出台了《关于进一步深化财税体制改革的意见》等系列改革政策，形成“1+45”改革制度框架体系，确定了“时间表”“路线图”，为系统性、整体性推进财税改革提供了总体遵循。

“要想风筝飞得高，必须扯好手中的线”。全面实施预算绩效管理，就是烟台财政改革中始终不忘的线。烟台财政人真正用好预算绩效评价这个抓手，不断扩大绩效评价范围，大力开展第三方绩效评价，试点部门整体支出绩效评价，探索完善评价结果公开机制和预算安排挂钩机制，多措并举、综合施策，倒逼部门持续增强“花钱必问效、无效必问责”的意识，财政资金使用效益显著提高。

专项资金清理整合是预算管理改革中最难啃的“硬骨头”，烟台财政人动真碰硬，一项项梳理、一笔笔攻关，将市级专项资金由87项压减到33项，压减62%。特别是涉农资金整合，坚决打破部门利益格局，通过“中央大专项＋地方统筹”的方式，将涉及19个部门的32项专项资金全部整合，聚焦乡村振兴，“一个渠道进水、一个池子蓄水、一个龙头出水”，大大提高了资金投放的精准度，走在了全省前列。

加大预决算公开力度，完善财政信息公开平台、细化公开内容，市级政府财政透明度连续两年位居全国第五、地级市首位；加快财政大数据平台建设，推动财政工作向科学化管理、精准化决策和高效化服务迈进；在全省率先上线运行市级国库集中支付电子化管理系统，支付更便捷、更安全。改革永远在路上，创新是前进的永恒动力。站在新的起点上，烟台财政人改革创新的步伐更加坚定、更加有力。

——始终把队伍建设作为财政事业行稳致远的重要法宝，坚持以党的建设把正方向、作风建设提升形象、廉政建设提供保障，推进服务型、效能型、廉洁型机关建设取得新进展。近年来，烟台财政人以“对内打造富有凝聚力的团队，对外树立富有战斗力的形象”为目标，不断加强机关党的建设、班子建设、作风建设、廉政建设，着力打造政治过硬、业务精通、作风优良、廉洁勤政的财政干部队伍，为财政改革发展提供了坚强组织保障。

高效务实是烟台财政人的鲜明标签，也是这支队伍的真实画像。对市委、市政府的各项部署，坚持“事不隔夜”抓落实，在保障塔山南路、芝罘仙境等全市重点项目上，全面落实一线工作法，提供全方位“保姆式”服务，确保各项工作在财政部门“零延误”；对群众和企业合理诉求，实行首问负责制，深入开展“进现场、解难题、促发展”行动，在第一时间为群众和企业排忧解难。大力推进财政“放管服”改革，深化流程再造、提升服务效率，建立项目审批和资金拨付绿色通道，创新提出了“抓两头、促中间”“抓大放小”的项目监管新模式，诠释了高效服务、主动服务的财政理念。

步入新时代，烟台财政人将以踏石留印、抓铁有痕的实干精神，锲而不舍、稳步向前，在实现中国梦的伟大征途上，再创新佳绩、再做新贡献。

（本文系财政部2019年全国财政系统先进集体事迹介绍）

第二节　个人荣誉

自1990年实行荣誉登记统计，至2020年，烟台市财政局机关及直属单位工作人员获得省部级以上荣誉千余项，市级荣誉若干项。

1990—2020年烟台市财政局工作人员个人荣誉情况表（市级以上）

表4-47

年度	获奖人员	荣誉称号	颁奖单位
1990	张仁强	1990年度考核记功	市政府
1990	李　琥	1990年度考核记大功	市政府
1990	张明玉	1990年度考核记功	市政府
1990	韩　军	1990年度考核先进工作者	市政府
1990	董瑞锋	1990年度考核先进工作者	市政府
1990	丛建良	1990年度考核先进工作者	市政府
1990	汪新太	1990年度考核先进工作者	市政府
1990	张明玉	职工教育先进工作者	市政府
1990	徐双成	先进教育工作者	市政府
1990	盛玉芹	全国先进教师	国家教委
1990	董瑞锋	会计知识大奖赛第二名	省财政厅
1990	董瑞锋	读书竞赛先进个人	省委宣传部
1990	于秋海	国债工作先进个人	省财政厅
1990	于秋海	国债知识大奖赛三等奖	省财政厅
1990	刘显忠	财税大检查先进个人	省大检办

续表 4-47

年度	获奖人员	荣誉称号	颁奖单位
1990	李兴其	稽查先进工作者	省委办公厅
1990	鞠传芹	扭亏增盈先进工作者	省财政厅
1991	张仁强	1991 年度考核记大功	市政府
1991	季英明	1991 年度考核记大功	市政府
1991	王德琦	1991 年度考核记功	市政府
1991	孙建文	1991 年度考核记功	市政府
1991	滕　飞	1991 年度考核先进工作者	市政府
1991	黄永政	1991 年度考核先进工作者	市政府
1991	刘显忠	1991 年度考核先进工作者	市政府
1991	董瑞锋	1991 年度考核先进工作者	市政府
1991	肖玲玲	1991 年度考核先进工作者	市政府
1991	杨雪丽	1991 年度考核先进工作者	市政府
1991	李　妍	1991 年度考核先进工作者	市政府
1991	韩　军	星火奖	省政府
1991	刘化堂	全国中企先进驻厂员	财政部
1991	林咏梅	财税大检查先进个人	市政府
1991	吕延兵	财税大检查先进个人	省财政厅
1991	王文波	财税大检查先进个人	省财政厅
1991	鞠传芹	财税大检查先进个人	省财政厅
1991	姜世茂	财税大检查先进个人	省财政厅
1991	王书凤	财税大检查先进个人	省财政厅
1991	于主姮	财税大检查先进个人	省财政厅
1991	王京光	财税大检查先进个人	省财政厅
1991	刘显忠	财税大检查先进个人	省大检办
1991	荣　锋	扭亏增盈先进工作者	省经委、省财政厅
1991	李　琥	职工教育先进工作者	省财政厅
1991	徐德成	先进教师	省财政厅
1991	孙聚铎	国债工作先进个人	省财政厅
1991	李本弟	驻厂员先进个人	省财政厅
1991	侯春光	驻厂员先进个人	省财政厅

续表 4-47

年度	获奖人员	荣誉称号	颁奖单位
1991	李孝春	信息先进工作者	市政府办公室
1991	吕林平	人口普查先进工作者	省人口普查办公室
1992	张仁强	优秀共产党员	市直机关工委
1992	栾德明	1992 年度考核晋升一级工资	市人事局
1992	刘天聚	1992 年度考核记大功	市政府
1992	赵卫国	1992 年度考核记功	市政府
1992	张　静	1992 年度考核记功	市政府
1992	林咏梅	1992 年度考核记功	市政府
1992	赵京德	1992 年度考核先进工作者	市政府
1992	姜振民	1992 年度考核先进工作者	市政府
1992	方伟穆	1992 年度考核先进工作者	市政府
1992	李　妍	1992 年度考核先进工作者	市政府
1992	黄永政	1992 年度考核先进工作者	市政府
1992	杨雪丽	1992 年度考核先进工作者	市政府
1992	董新杰	1992 年度考核先进工作者	市政府
1992	王金钟	1992 年度考核先进工作者	市政府
1992	姜世茂	税收财务物价大检查先进个人	省财政厅
1992	于主姮	税收财务物价大检查先进个人	省财政厅
1992	王书凤	税收财务物价大检查先进个人	省财政厅
1992	王京光	税收财务物价大检查先进个人	省财政厅
1992	周广韬	税收财务物价大检查先进个人	省财政厅
1992	孟祥宇	税收财务物价大检查先进个人	省财政厅
1992	刘显忠	税收财务物价大检查先进个人	省财政厅
1992	任信美	税收财务物价大检查先进个人	省财政厅
1992	郎丰毅	税收财务物价大检查先进个人	省财政厅
1992	张兴云	税收财务物价大检查先进个人	省财政厅
1992	荣　锋	全省国营工交企业扭亏增盈先进工作者	省财政厅
1992	王仁升	全省驻厂员“三个一”活动先进个人	省财政厅
1992	荣　锋	全省驻厂员“三个一”活动先进个人	省财政厅
1992	季英明	清理整顿行政收费先进个人	省整顿工作领导小组

续表 4-47

年度	获奖人员	荣誉称号	颁奖单位
1992	丛建良	国债工作先进工作者	市政府
1992	于秋海	国债工作先进工作者	市政府
1992	刘显忠	监察工作先进个人	财政部
1992	李孝春	监察工作先进个人	省财政厅
1992	聂万旗	监察工作先进个人	省财政厅
1992	王丽华	优秀妇女干部	市政府
1992	唐德玉	劳动竞赛组织工作先进个人	烟台市劳动竞赛委员会
1992	董彦锋	劳动竞赛组织工作先进个人	烟台市劳动竞赛委员会
1993	徐　海	全省公费医疗管理改革先进个人	省财政厅、省卫生厅、省人事厅
1993	于秋海	1992 年度全省国债工作先进个人	省财政厅
1993	王明霞	全省工业企业扭亏增盈工作先进个人	省财政厅
1993	王新华	全省工业企业扭亏增盈工作先进个人	省财政厅
1993	姜英胜	全省工业企业扭亏增盈工作先进个人	省财政厅
1993	李孝春	全省财政监察工作先进个人	省财政厅
1993	丁　力	全省财政监察工作先进个人	省财政厅
1993	张志强	全省财政信息工作先进个人	省财政厅
1993	聂万旗	全省财政监察工作先进个人	省财政厅
1993	孙建文	门楼水库库区扶贫工作先进个人	市委、市政府
1993	邱习阶	门楼水库库区扶贫工作先进个人	市委、市政府
1993	李　妍	门楼水库库区扶贫工作先进个人	市委、市政府
1993	王德琦	市职工教育先进工作者	市人事局、市教委
1993	姜　春	市职工教育先进工作者	市人事局、市教委
1993	付　强	优秀团支部书记	团省委
1993	吕延兵	1992 年省直财政驻厂员先进个人	省财政厅
1993	侯春光	1992 年省直财政驻厂员先进个人	省财政厅
1993	刘显忠	全国财政监察工作先进个人	财政部
1993	姜振民	尊师重教先进个人	市委、市政府
1993	牟　林	清产核资先进个人	省财政厅、省人事厅
1993	罗荣光	省农税宣传优秀宣传员	省财政厅
1993	高艺文	清产核资先进个人	省清资办

续表 4-47

年度	获奖人员	荣誉称号	颁奖单位
1993	孙聚铎	清产核资先进个人	省清资办
1993	王丽华	“三八”红旗手	省政府
1993	刘显忠	财税大检查先进个人	国务院大检办
1993	吕延兵	财税大检查先进个人	省财政厅
1993	侯春光	财税大检查先进个人	省财政厅
1993	姜世茂	财税大检查先进个人	省财政厅
1993	赵壮丽	财税大检查先进个人	省财政厅
1993	刘化堂	财税大检查先进个人	省财政厅
1993	刘新和	财税大检查先进个人	省财政厅
1993	于主姮	财税大检查先进个人	省财政厅
1993	宋协光	扭亏增盈先进工作者	省经委、省财政厅
1993	纪　纯	扭亏增盈先进工作者	省经委、省财政厅
1993	罗荣光	农税优秀宣传员	省财政厅
1993	李　妍	全省国债工作先进个人	省财政厅
1993	丛建良	全省国债工作先进个人	省财政厅
1994	张仁强	年度岗位目标考核晋升一级工资	市政府
1994	季英明	1993 年度岗位目标考核记大功	市政府
1994	于海平	1993 年度岗位目标考核记功	市政府
1994	方伟穆	1993 年度岗位目标考核记功	市政府
1994	赵京德	1993 年度岗位目标考核先进工作者	市政府
1994	林咏梅	1993 年度岗位目标考核先进工作者	市政府
1994	李　妍	1993 年度岗位目标考核先进工作者	市政府
1994	赵晓晖	1993 年度岗位目标考核先进工作者	市政府
1994	张顺业	1993 年度岗位目标考核先进工作者	市政府
1994	徐　海	1993 年度岗位目标考核先进工作者	市政府
1994	王金钟	1993 年度岗位目标考核先进工作者	市政府
1994	丁　力	1993 年度岗位目标考核先进工作者	市政府
1994	张　静	计划生育工作先进个人	市委、市政府
1994	王传财	残疾人工作先进个人	市政府
1994	赵京德	清产核资工作先进个人	财政部

续表 4-47

年度	获奖人员	荣誉称号	颁奖单位
1994	郎丰毅	清产核资工作先进个人	省财政厅、省人事厅
1994	王仁升	清产核资工作先进个人	省财政厅、省人事厅
1994	季英明	尊师重教先进个人	省财政厅
1994	聂万旗	财政监察工作先进个人	省财政厅
1994	刘华江	财政监察工作先进个人	省财政厅
1994	付　强	新长征突击手	团省委
1994	任可昌	全省农村财政优秀论文成果奖	省财政厅
1994	高　周	农业税收优秀征管员	省财政厅
1994	牟　林	清产核资工作先进个人	市财政局、市人事局
1994	李　敏	清产核资工作先进个人	市财政局、市人事局
1994	仲　文	清产核资工作先进个人	市财政局、市人事局
1994	王　芳	清产核资工作先进个人	市财政局、市人事局
1994	丁焕民	法制工作先进个人	市政府办公室、市人事局
1994	张顺业	毕业生分配先进个人	市教委、市计委、市人事局
1994	郎丰毅	财税大检查先进个人	省大检办
1994	李传强	财税大检查先进个人	省大检办
1994	孙同华	财税大检查先进个人	省大检办
1994	纪　纯	财税大检查先进个人	省财政厅
1994	姜世茂	财税大检查先进个人	省财政厅
1994	王　苹	财税大检查先进个人	省财政厅
1994	于主姮	财税大检查先进个人	省财政厅
1994	纪　纯	工交企业财务会计信息工作先进个人	省财政厅
1994	姜英胜	工交企业财务会计信息工作先进个人	省财政厅
1994	王明霞	工交企业财务会计信息工作先进个人	省财政厅
1994	孟祥宇	工交企业财务会计信息工作先进个人	省财政厅
1994	柳喜军	第二届会计知识大赛第二名（二等奖）	省财政厅、团省委
1994	付　强	“青春立功”一等奖	团省委
1994	柳喜军	“青春立功”二等奖	团省委
1994	孙少波	“青春立功”二等奖	团省委
1995	张仁强	1994 年度考核记三等功	市委、市政府

续表 4-47

年度	获奖人员	荣誉称号	颁奖单位
1995	张　静	1994 年度考核记三等功	市委、市政府
1995	季英明	1994 年度考核记三等功	市委、市政府
1995	林咏梅	1994 年度考核记三等功	市委、市政府
1995	张明玉	1994 年度考核嘉奖	市委、市政府
1995	于海平	1994 年度考核嘉奖	市委、市政府
1995	张云鹏	1994 年度考核嘉奖	市委、市政府
1995	李　妍	1994 年度考核嘉奖	市委、市政府
1995	刘德荣	1994 年度考核嘉奖	市委、市政府
1995	刘显忠	1994 年度考核嘉奖	市委、市政府
1996	张仁强	1995 年度考核记三等功	市委、市政府
1996	于海平	1995 年度考核嘉奖	市委、市政府
1996	林咏梅	1995 年度考核嘉奖	市委、市政府
1996	张云鹏	1995 年度考核嘉奖	市委、市政府
1996	赵京德	1995 年度考核嘉奖	市委、市政府
1997	张仁强	1996 年度考核记三等功	市委、市政府
1997	林咏梅	1996 年度考核记三等功	市委、市政府
1997	于海平	1996 年度考核嘉奖	市委、市政府
1997	季英明	1996 年度考核嘉奖	市委、市政府
1997	张　静	1996 年度考核嘉奖	市委、市政府
1997	姜振民	1996 年度考核嘉奖	市委、市政府
1997	徐淑真	1996 年度考核嘉奖	市委、市政府
1998	张仁强	全国财政系统先进工作者	人事部、财政部
1998	张仁强	1997 年度考核记二等功	市委、市政府
1998	董瑞锋	1997 年度考核记三等功	市委、市政府
1998	赵晓晖	1997 年度考核嘉奖	市委、市政府
1998	张顺业	1997 年度考核嘉奖	市委、市政府
1998	王友志	1997 年度考核嘉奖	市委、市政府
1998	孟　阳	1997 年度考核嘉奖	市委、市政府
1998	李　妍	1997 年度考核嘉奖	市委、市政府
1998	徐淑真	1997 年度考核嘉奖	市委、市政府

续表 4-47

年度	获奖人员	荣誉称号	颁奖单位
1998	唐德玉	1997 年度市区菜篮子工程建设先进个人	市政府
1998	宫建国	全省财政系统先进工作者（记三等功）	省人事厅、省财政厅
1999	张仁强	1998 年度考核记二等功	市委、市政府
1999	赵晓晖	1998 年度考核记三等功	市委、市政府
1999	张顺业	1998 年度考核嘉奖	市委、市政府
1999	杨雪丽	1998 年度考核嘉奖	市委、市政府
1999	李　妍	1998 年度考核嘉奖	市委、市政府
1999	孟　阳	1998 年度考核嘉奖	市委、市政府
1999	董瑞锋	1998 年度考核嘉奖	市委、市政府
1999	高翠玲	1998 年度考核嘉奖	市委、市政府
2000	张仁强	全国先进工作者	国务院
2000	张仁强	1999 年度考核记二等功	市委、市政府
2000	孟　阳	1999 年度考核记三等功	市委、市政府
2000	王传财	1999 年度考核嘉奖	市委、市政府
2000	孙建文	1999 年度考核嘉奖	市委、市政府
2000	徐　海	1999 年度考核嘉奖	市委、市政府
2000	赵宗琦	1999 年度考核嘉奖	市委、市政府
2000	任信美	1999 年度考核嘉奖	市机关岗位目标责任制领导小组
2001	杨雪丽	2000 年度考核记三等功	市委、市政府
2001	孙建文	2000 年度考核嘉奖	市委、市政府
2001	赵晓晖	2000 年度考核嘉奖	市委、市政府
2001	徐　海	2000 年度考核嘉奖	市委、市政府
2001	董彦锋	2000 年度考核嘉奖	市委、市政府
2001	杨书峰	2000 年度考核嘉奖	市机关岗位目标责任制领导小组
2001	林　涛	2000 年度全国财政系统优秀信息员	财政部
2001	林　涛	2000 年度全省财政系统优秀信息员	省财政厅
2002	牟树青	2001 年度考核记三等功	市委、市政府
2002	徐殿文	2001 年度考核记三等功	市委、市政府
2002	王友志	2001 年度考核记三等功	市委、市政府
2002	隋广福	2001 年度考核嘉奖	市委、市政府

续表 4-47

年度	获奖人员	荣誉称号	颁奖单位
2002	董彦锋	2001 年度考核嘉奖	市委、市政府
2002	刘卫平	2001 年度考核嘉奖	市委、市政府
2002	于　波	2001 年度考核嘉奖	市委、市政府
2002	牟　林	2001 年度考核嘉奖	市委、市政府
2002	任信美	2001 年度考核嘉奖	市机关岗位目标责任制领导小组
2002	张明玉	全省财政系统先进个人（记二等功）	省人事厅、财政厅
2002	张　静	全省双拥工作先进个人（记二等功）	省人事厅、省民政厅、省军区政治部
2003	武海鹏	烟台市安全生产工作先进个人	市人事局、市安监局
2003	王伟锋	2002 年度全省财政信息工作先进组织者	省财政厅
2003	李军华	2002 年度全省财政系统优秀信息员	省财政厅
2003	牟树青	2002 年度考核记三等功	市委、市政府
2003	张云鹏	2002 年度考核记三等功	市委、市政府
2003	姜振民	2002 年度考核嘉奖	市委、市政府
2003	刘卫平	2002 年度考核嘉奖	市委、市政府
2003	付　强	2002 年度考核嘉奖	市委、市政府
2003	纪　纯	2002 年度考核嘉奖	市委、市政府
2003	王明霞	2002 年度考核嘉奖	市委、市政府
2003	任信美	2002 年度考核嘉奖	市机关岗位目标责任制领导小组
2003	周白玉	先进提案工作者	市委办公室、市政府办公室、市政协办公室
2003	陈方武	省财政系统干部教育工作先进个人	省财政厅
2003	李　敏	省财政系统干部教育工作先进个人	省财政厅
2003	赵宗琦	省财政系统干部教育工作先进个人	省财政厅
2003	王丽荣	省财政系统干部教育工作先进个人	省财政厅
2003	于海平	记三等功	市纪委、监察局、人事局
2003	王传财	山东省医疗保险工作先进个人	省劳动和社会保障厅、省财政厅
2003	乔国良	全省财政系统计算机应用工作先进个人	省财政厅
2003	丁焕民	全市农村卫生工作先进个人	市人事局、市卫生局
2003	王传财	全市防治“非典”工作先进个人（记三等功）	市委、市政府
2003	孙海成	全市防治“非典”工作先进个人（嘉奖）	市委、市政府
2003	孟　阳	全市防治“非典”工作先进个人（嘉奖）	市委、市政府

续表 4-47

年度	获奖人员	荣誉称号	颁奖单位
2003	牟树青	全市防治“非典”工作先进个人（嘉奖）	市委、市政府
2003	任信美	全市防治“非典”工作先进个人（嘉奖）	市委、市政府
2003	张　静	全省防治“非典”工作先进个人（记三等功）	省委、省政府
2003	李　敏	全市老龄工作先进个人	市老龄委办公室、市人事局
2003	牟树青	山东省优秀青年知识分子	团省委、省人事厅、科技厅、省青联
2003	张明玉	预备役 76 师优秀预任军官	预备役 76 师政治部、市委组织部、人事局
2003	林　涛	2001—2002 年度全省财政系统新闻宣传工作先进个人	省财政厅
2004	王传财	2003 年度考核记三等功	市委、市政府
2004	任信美	2003 年度考核记三等功	市委、市政府
2004	陈方武	2003 年度考核嘉奖	市委、市政府
2004	徐　海	2003 年度考核嘉奖	市委、市政府
2004	王永刚	2003 年度考核嘉奖	市委、市政府
2004	董彦锋	2003 年度考核嘉奖	市委、市政府
2004	于　波	2003 年度考核嘉奖	市委、市政府
2004	纪　纯	2003 年度考核嘉奖	市委、市政府
2004	姜英胜	2003 年度考核嘉奖	市委、市政府
2004	付　强	全市工会工作先进工作者	市总工会
2004	韩　军	山东省绿化奖章	省绿化委员会
2004	刘卫平	烟台市中小学危房改造先进个人	市人事局、市发改委、市财政局、市教育局
2004	方旭波	烟台市中小学危房改造先进个人	市人事局、市发改委、市财政局、市教育局
2004	刘福国	2003 年度市行政审批文明窗口服务先进个人	市政府办公室
2004	董　丽	2003 年度市行政审批文明窗口服务先进个人	市政府办公室
2004	张　静	市双拥模范城先进个人（记二等功）	市委、市政府、烟台警备区
2004	李孝春	全省监督检查工作先进个人	省财政厅
2004	方旭波	全市人口与计划生育工作先进工作者	市人事局、市计生委
2004	赵宗琦	省财政系统干部教育培训工作先进个人	省财政厅
2004	柴　林	省财政系统计算机应用工作先进个人	省财政厅
2004	王永刚	烟台市青年岗位能手	团市委

续表 4-47

年度	获奖人员	荣誉称号	颁奖单位
2004	韩　军	全省农业综合开发先进个人（三等功）	省人事厅、省农业厅、省财政厅
2005	崔运政	烟台市城市建设工作先进个人	市人事局、市建设局
2005	李岳霖	烟台市城市建设工作先进个人	市人事局、市建设局
2005	由艳荣	烟台市城市建设工作先进个人	市人事局、市建设局
2005	刘万强	2004 年度全市政府系统信息工作先进工作者	市政府办公室
2005	张　焱	2004 年度全市政府系统信息工作先进工作者	市政府办公室
2005	杨军伟	2004 年度全市政府系统信息工作先进工作者	市政府办公室
2005	丁焕民	2004 年全省无偿献血工作三等功	省卫生厅、省红十字会
2005	牟树青	烟台市模范公务员	市委、市政府
2005	牟树青	2004 年度考核记三等功	市委、市政府
2005	孙同旭	2004 年度考核记三等功	市委、市政府
2005	董彦锋	2004 年度考核嘉奖	市委、市政府
2005	刘福国	2004 年度考核嘉奖	市委、市政府
2005	王金钟	2004 年度考核嘉奖	市委、市政府
2005	盖光义	2004 年度考核嘉奖	市委、市政府
2005	毕建峰	2004 年度考核嘉奖	市委、市政府
2005	杨建康	2004 年度考核嘉奖	市机关岗位目标责任制领导小组
2005	宋友明	安全生产先进个人	市人事局、市安监局
2005	孙同旭	2004 年度全国财政信息工作先进组织者	财政部
2005	常　健	2004 年度全国财政系统优秀信息员	财政部
2005	杨雪丽	全省财政系统干部教育培训工作先进个人	省财政厅
2005	王书泽	全省财政系统干部教育培训工作先进个人	省财政厅
2005	袁　刚	全省三峡库区移民安置工作先进个人（记二等功）	省人事厅、省发改委
2005	王文波	山东省第一次经济普查先进个人	省第一次经济普查领导小组、省统计局
2005	赵远堂	山东省第一次经济普查先进个人	省第一次经济普查领导小组、省统计局
2005	王永刚	争创 2005 联合国人居奖先进个人	市委、市政府
2005	姜　丽	争创 2005 联合国人居奖先进个人	市委、市政府
2005	王传财	山东省优秀青年知识分子	团省委、省人事厅、省科技厅、省青联

续表 4-47

年度	获奖人员	荣誉称号	颁奖单位
2006	徐　海	全省“科普村村通”工作先进个人	省科学技术协会、省财政厅
2006	方旭波	全省“科普村村通”工作先进个人	省科学技术协会、省财政厅
2006	刘万强	2005 年度全市政府系统信息工作先进个人	市政府办公室
2006	林　涛	2005 年度全市政府系统信息工作先进个人	市政府办公室
2006	苏辉永	2005 年度全市政府系统信息工作先进个人	市政府办公室
2006	盛　斌	2005 年度全市行政审批中心窗口服务标兵	市政府办公室
2006	鞠传芹	全市农村公路建设先进个人（记三等功）	市人事局、市交通局
2006	崔运政	全市农村公路建设先进个人（嘉奖）	市人事局、市交通局
2006	乔玉清	2005 年度安全生产工作先进个人	市安全生产委员会
2006	李　敏	全省财政干部教育培训工作先进个人	省财政厅
2006	张海岗	全省财政干部教育培训工作先进个人	省财政厅
2006	许伏秋	全省财政干部教育培训工作先进个人	省财政厅
2006	隋广福	2005 年度考核记三等功	市委、市政府
2006	付　强	2005 年度考核记三等功	市委、市政府
2006	陈方武	2005 年度考核嘉奖	市委、市政府
2006	王永刚	2005 年度考核嘉奖	市委、市政府
2006	赵远堂	2005 年度考核嘉奖	市委、市政府
2006	祁爱珍	2005 年度考核嘉奖	市委、市政府
2006	鞠传芹	2005 年度考核嘉奖	市委、市政府
2006	徐少明	2005 年度考核嘉奖	市委、市政府
2006	孙　伟	2005 年度考核嘉奖	市机关岗位目标责任制领导小组
2006	周白玉	2005 年度全国财政信息工作先进组织者	财政部
2006	王文波	人民防空工作先进个人	市人事局、市人防办、警备区司令部
2006	房培宏	2005 年度全省财政信息工作先进组织者	省财政厅
2006	常　健	2005 年度全省财政系统优秀信息员	省财政厅
2006	丁焕民	2005 年度山东省医疗保险工作先进个人	省劳动和社会保障厅、省财政厅
2006	徐殿文	2005 年度全省财政监督检查工作先进个人	省财政厅监督检查局
2006	李孝春	2005 年度全省财政监督检查工作先进个人	省财政厅监督检查局
2006	聂万旗	2005 年度全省财政监督检查工作先进个人	省财政厅监督检查局

续表 4-47

年度	获奖人员	荣誉称号	颁奖单位
2006	孙海成	2005 年度全省财政监督检查工作先进个人	省财政厅监督检查局
2006	张顺业	全省财政四五法制宣传教育工作先进个人	省财政厅
2006	徐　海	记三等功	市委、市政府
2006	陈方武	全省财政系统先进个人（记二等功）	省人事厅、省财政厅
2006	许奎山	全省财政系统先进个人（记三等功）	省人事厅、省财政厅
2006	张明玉	记三等功	省军区政治部组织处
2006	张云鹏	2004—2005 年度全国财政评审系统优秀评审人员	财政部
2007	宋协光	2006 年企业财务信息工作先进个人	省财政厅
2007	冯瑞香	2006 年企业财务信息工作先进个人	省财政厅
2007	马广涛	先进提案工作者	市委办公室、市政府办公室、市政协办公室
2007	王永刚	2006 年度考核记二等功	市委、市政府
2007	周白玉	2006 年度考核记三等功	市委、市政府
2007	董彦锋	2006 年度考核记三等功	市委、市政府
2007	张明玉	2006 年度考核嘉奖	市委、市政府
2007	丛　剑	2006 年度考核嘉奖	市委、市政府
2007	方旭波	2006 年度考核嘉奖	市委、市政府
2007	韩　军	2006 年度考核嘉奖	市委、市政府
2007	王金钟	2006 年度考核嘉奖	市委、市政府
2007	曲昌盛	2006 年度考核嘉奖	市委、市政府
2007	付　强	2006 年度考核嘉奖	市委、市政府
2007	林　涛	2006 年度考核嘉奖	市机关岗位目标责任制领导小组
2007	王书泽	2006 年度全市行政审批中心窗口服务标兵	市政府办公室
2007	张　焱	2006 年度全市安全生产工作先进个人	市安全生产委员会
2007	由艳荣	市区城市重点工程建设先进个人	市政府
2007	史本阔	市区城市重点工程建设先进个人	市政府
2007	陈方武	全省财政系统干部教育培训工作先进个人	省财政厅
2007	徐殿文	全省财政系统干部教育培训工作先进个人	省财政厅
2007	徐少明	全省财政系统干部教育培训工作先进个人	省财政厅
2007	徐　涛	全省财政投资评审系统先进个人	省财政厅
2007	姜　丽	全省财政投资评审系统先进个人	省财政厅

续表 4-47

年度	获奖人员	荣誉称号	颁奖单位
2007	孙同旭	2006 年度全省财政信息工作先进组织者	省财政厅
2007	范亚林	2006 年度全省财政系统优秀信息员	省财政厅
2007	王传财	全市统战工作先进工作者	市委统战部、市人事局
2007	吕守伟	“春节回乡见闻”优秀调研成果一等奖	省财政厅
2007	房培宏	全省农业综合开发先进个人（记三等功）	省人事厅、省农业厅、省财政厅
2007	董彦锋	市区菜篮子工程建设工作先进个人	市政府
2007	祁爱珍	市区菜篮子工程建设工作先进个人	市政府
2007	孙同旭	2006 年度全国财政信息工作先进组织者	财政部
2007	初航正	2006 年度全国财政系统优秀信息员	财政部
2007	李孝春	2006 年度全省财政监督检查工作先进个人	省财政厅
2007	孙海成	2006 年度全省财政监督检查工作先进个人	省财政厅
2007	徐少明	全市人事统计工作先进个人	市委组织部、市老干部局、市人事局
2007	穆　心	全省资产清查工作先进个人	省财政厅
2007	李　敏	全省资产清查工作先进个人	省财政厅
2007	赵广礼	全省企业所得税税源调查工作先进个人	省财政厅
2007	林　涛	2005—2006 年度全省财政新闻宣传工作先进个人	省财政厅
2008	陈　光	全省教科文工作优秀信息员	省财政厅
2008	孔万里	年度社会保障基金决算编报工作先进个人	省财政厅、省劳动和社会保障厅
2008	范亚林	2007 年度全市党委系统信息工作先进个人	市委办公室
2008	冯瑞香	2007 年度企业财务信息工作先进个人	省财政厅
2008	刘万强	2007 年度企业财务信息工作先进个人	省财政厅
2008	王书泽	2007 年度市行政审批中心窗口服务标兵	市政府办公室
2008	张顺业	全省资源综合利用认定管理工作先进个人	省经贸委、省国税局、省地税局、省财政厅
2008	姜德永	2007 年全市安全生产工作先进个人	市安全生产委员会
2008	王明霞	社会保险基金监督先进工作者	省劳动和社会保障厅、省财政厅、省审计厅、省监察厅
2008	董彦锋	2007 年度考核记二等功	市委、市政府
2008	陈方武	2007 年度考核记三等功	市委、市政府
2008	王永刚	2007 年度考核记三等功	市委、市政府

续表 4-47

年度	获奖人员	荣誉称号	颁奖单位
2008	马广涛	2007 年度考核记三等功	市委、市政府
2008	丛　剑	2007 年度考核嘉奖	市委、市政府
2008	赵壮丽	2007 年度考核嘉奖	市委、市政府
2008	盛　斌	2007 年度考核嘉奖	市委、市政府
2008	张　焱	2007 年度考核嘉奖	市委、市政府
2008	方旭波	2007 年度考核嘉奖	市委、市政府
2008	隋广福	2007 年度考核嘉奖	市委、市政府
2008	盖光义	2007 年度考核嘉奖	市委、市政府
2008	宋协光	2007 年度考核嘉奖	市委、市政府
2008	曲昌盛	2007 年度考核嘉奖	市委、市政府
2008	孙丽丽	2007 年度考核嘉奖	市委、市政府
2008	鞠传芹	2007 年度考核嘉奖	市委、市政府
2008	徐少明	2007 年度考核嘉奖	市委、市政府
2008	付　强	2007 年度考核嘉奖	市委、市政府
2008	武海鹏	2007 年度考核嘉奖	市委、市政府
2008	于　波	八项重要工作先进个人	市委、市政府
2008	崔运政	八项重要工作先进个人	市委、市政府
2008	史本阔	2007 年度考核嘉奖	市目标管理考核领导小组
2008	刘明杰	2007 年度考核嘉奖	市目标管理考核领导小组
2008	苏辉永	2007 年度考核嘉奖	市目标管理考核领导小组
2008	张海岗	全省财政系统干部教育培训工作先进个人	省财政厅
2008	鞠丽英	全省财政系统干部教育培训工作先进个人	省财政厅
2008	赵晓晖	烟台市拥军优属先进个人	市委、市政府、警备区
2008	张云鹏	烟台市先进工作者	市政府
2008	侯春光	2005—2007 年度矿产资源补偿费征管先进个人	省国土资源厅、省财政厅
2008	鞠传芹	2007 年度全省财政监督检查工作先进个人	省财政厅
2008	聂万旗	2007 年度全省财政监督检查工作先进个人	省财政厅
2008	曲昌盛	烟台市“五一劳动奖章”	市总工会
2008	由艳荣	烟台市“五一劳动奖章”	市总工会
2008	孟　阳	山东省先进会计工作者	省财政厅

续表 4-47

年度	获奖人员	荣誉称号	颁奖单位
2008	赵壮丽	全省企业所得税税源调查工作先进个人	省财政厅
2008	张顺业	全省重点产品国际竞争力调查先进个人	省财政厅
2008	刘福国	全省资源综合利用认定管理工作先进个人	省财政厅
2009	于　晶	全省财政教科文信息工作优秀信息员	省财政厅
2009	李明哲	2008 年度全市党委系统信息工作先进个人	市委办公室
2009	赵晓晖	2008 年度考核记三等功	市委、市政府
2009	周白玉	2008 年度考核记三等功	市委、市政府
2009	肖玲玲	2008 年度考核记三等功	市委、市政府
2009	徐　海	2008 年度考核记三等功	市委、市政府
2009	张顺业	2008 年度考核嘉奖	市委、市政府
2009	王永刚	2008 年度考核嘉奖	市委、市政府
2009	王传财	2008 年度考核嘉奖	市委、市政府
2009	侯春光	2008 年度考核嘉奖	市委、市政府
2009	房培宏	2008 年度考核嘉奖	市委、市政府
2009	李　敏	2008 年度考核嘉奖	市委、市政府
2009	孔繁强	2008 年度考核嘉奖	市委、市政府
2009	丁焕民	2008 年度考核嘉奖	市委、市政府
2009	于　波	2008 年度考核嘉奖	市委、市政府
2009	孟　阳	2008 年度考核嘉奖	市委、市政府
2009	李孝春	2008 年度考核嘉奖	市委、市政府
2009	张海岗	2008 年度考核嘉奖	市委、市政府
2009	付　强	2008 年度考核嘉奖	市委、市政府
2009	武海鹏	2008 年度考核嘉奖	市委、市政府
2009	孙海成	2008 年度考核嘉奖	市委、市政府
2009	柴　林	八项重要工作城市经济发展先进个人	市委、市政府
2009	常　健	八项重要工作财源建设先进个人	市委、市政府
2009	王金钟	八项重要工作民营经济发展先进个人	市委、市政府
2009	韩　军	八项重要工作海洋经济发展先进个人	市委、市政府
2009	刘明杰	2008 年度考核嘉奖	市目标管理考核领导小组
2009	史本阔	2008 年度考核嘉奖	市目标管理考核领导小组

续表 4-47

年度	获奖人员	荣誉称号	颁奖单位
2009	王　苹	2008 年度考核嘉奖	市目标管理考核领导小组
2009	林　涛	2008 年度考核嘉奖	市目标管理考核领导小组
2009	徐殿文	全省财政系统干部教育培训工作先进个人	省财政厅
2009	徐少明	全省财政系统干部教育培训工作先进个人	省财政厅
2009	庞国明	全省财政系统干部教育培训工作先进个人	省财政厅
2009	李岳霖	年度财政性资金投资基本建设项目决算编报工作先进个人	省财政厅
2009	陆卉卉	2008 年度市行政审批中心窗口服务标兵	市政府办公室
2009	宋友明	2008 年度全市安全生产工作先进个人	市安全生产委员会
2009	隋广福	“3+1”共建社会主义新农村活动先进个人	市委、市政府
2009	初航正	2008 年度全国财政信息工作先进组织者	财政部
2009	马广涛	2008 年度全国财政系统优秀信息员	财政部
2009	范亚林	2008 年度全国财政系统优秀信息员	财政部
2009	冯瑞香	2008 年度企业财务信息工作先进个人	省财政厅
2009	刘万强	2008 年度企业财务信息工作先进个人	省财政厅
2009	董　丽	全省农田水利建设先进个人	省水利厅、省财政厅
2009	聂万旗	2008 年度全省财政监督检查工作先进个人	省财政厅监督检查局
2009	李孝春	2008 年度全省财政监督检查工作先进个人	省财政厅监督检查局
2009	周白玉	全省财政新闻宣传工作先进个人	省财政厅
2009	马广涛	全省财政新闻宣传工作先进个人	省财政厅
2009	徐　海	记三等功	省人社厅、省人口和计划生育委员会
2009	林　涛	山东省财政投资评审先进个人	省财政厅
2009	孙　力	山东省财政投资评审先进个人	省财政厅
2009	刘　恒	山东省财政投资评审先进个人	省财政厅
2009	徐　海	第十一届全国运动会烟台赛区筹办工作先进个人	第十一届全国运动会烟台赛区组委会
2009	方旭波	第十一届全国运动会烟台赛区筹办工作先进个人	第十一届全国运动会烟台赛区组委会
2009	周　波	第十一届全国运动会烟台赛区筹办工作先进个人	第十一届全国运动会烟台赛区组委会
2009	宫建国	第十一届全国运动会烟台赛区筹办工作先进个人	第十一届全国运动会烟台赛区组委会

续表 4-47

年度	获奖人员	荣誉称号	颁奖单位
2009	孙同旭	第九届全国财政好新闻奖广播类一等奖	财政部
2009	范亚林	第九届全国财政好新闻奖广播类一等奖	财政部
2009	初航正	第九届全国财政好新闻奖电视类二等奖	财政部
2009	刘明杰	第九届全国财政好新闻奖电视类二等奖	财政部
2009	张明玉	争取批复烟台保税港区工作嘉奖	市委、市政府
2009	于军昌	争取批复潮水国际机场工作嘉奖	市委、市政府
2009	宋慧妮	全省企业所得税税源调查工作先进个人	省财政厅
2009	穆　心	全省行政事业资产管理工作先进个人	省财政厅
2009	张顺业	全省资源综合利用管理工作先进个人	省经信委、省财政厅、省国税局、省地税局
2009	孔繁强	全省创新基金工作财政系统先进个人	省科技厅、省财政厅
2010	孔万里	年度社会保险基金决算编报工作先进个人	省财政厅、省人社厅
2010	王书泽	2009 年度市行政审批中心窗口服务标兵	市政府办公室、市人事局
2010	陈　光	2009 年度全市政府系统信息工作先进工作者	市政府办公室
2010	李明哲	2009 年度全市政府系统信息工作先进工作者	市政府办公室
2010	卜海涛	2009 年度全市党委系统信息工作先进个人	市委办公室
2010	冯瑞香	2009 年度企业财务信息工作先进个人	省财政厅
2010	刘万强	2009 年度企业财务信息工作先进个人	省财政厅
2010	任信美	2009 年度考核嘉奖	市委、市政府
2010	周白玉	2009 年度考核嘉奖	市委、市政府
2010	丛　剑	2009 年度考核嘉奖	市委、市政府
2010	刘福国	2009 年度考核嘉奖	市委、市政府
2010	王永刚	2009 年度考核嘉奖	市委、市政府
2010	肖玲玲	2009 年度考核嘉奖	市委、市政府
2010	王传财	2009 年度考核嘉奖	市委、市政府
2010	方旭波	2009 年度考核嘉奖	市委、市政府
2010	董彦锋	2009 年度考核嘉奖	市委、市政府
2010	韩　军	2009 年度考核嘉奖	市委、市政府
2010	王明霞	2009 年度考核嘉奖	市委、市政府
2010	冯瑞香	2009 年度考核嘉奖	市委、市政府

续表 4-47

年度	获奖人员	荣誉称号	颁奖单位
2010	高占军	2009 年度考核嘉奖	市委、市政府
2010	赵宗琦	2009 年度考核嘉奖	市委、市政府
2010	冯国庆	2009 年度考核嘉奖	市委、市政府
2010	祁爱珍	2009 年度考核嘉奖	市委、市政府
2010	张海岗	2009 年度考核嘉奖	市委、市政府
2010	王宏志	八项重要工作先进个人（财源建设）	市委、市政府
2010	宋协光	八项重要工作先进个人（民营经济发展）	市委、市政府
2010	姜英胜	八项重要工作先进个人（服务业发展）	市委、市政府
2010	隋广福	八项重要工作先进个人（海洋经济发展）	市委、市政府
2010	李　莉	2009 年度考核嘉奖	市目标管理考核领导小组
2010	刘明杰	2009 年度考核嘉奖	市目标管理考核领导小组
2010	李　健	2009 年度考核嘉奖	市目标管理考核领导小组
2010	徐　涛	2009 年度考核嘉奖	市目标管理考核领导小组
2010	徐少明	全省财政系统干部教育培训工作先进个人	省财政厅
2010	郑海燕	全省财政系统干部教育培训工作先进个人	省财政厅
2010	任信美	烟台市“三八”红旗手	市人社局、市妇联
2010	王　镇	2009 年度全省财政信息化工作先进个人	省财政厅
2010	王明霞	2009 年度医疗保险工作先进个人	省人社厅、省财政厅
2010	盖光义	2009 年度工伤保险工作先进个人	省人社厅、省财政厅
2010	周　波	烟台市人口和计划生育工作先进个人	市人社局、市人口和计生委
2010	路有林	2009 年度全市安全生产工作先进个人	市人社局、市安监局
2010	初航正	2009 年度全省财政信息工作先进组织者	省财政厅
2010	范丽娜	2009 年度全省财政系统优秀信息员	省财政厅
2010	马广涛	2009 年度全国财政信息工作先进组织者	财政部
2010	范亚林	2009 年度全国财政信息系统优秀信息员	财政部
2010	李明哲	2009 年度全国财政信息系统优秀信息员	财政部
2010	聂万旗	2009 年度全省财政监督检查工作先进个人	省财政厅
2010	李孝春	2010 年度全省财政监督检查工作先进个人	省财政厅
2010	于军昌	2010 年度全省财政投资评审工作先进个人	省财政厅
2010	林　涛	2010 年度全省财政投资评审工作先进个人	省财政厅

续表 4-47

年度	获奖人员	荣誉称号	颁奖单位
2010	吕国庆	2010 年度全省财政投资评审工作先进个人	省财政厅
2010	张云鹏	山东省对口支援北川灾后恢复重建工作先进个人	省人社厅
2010	孙海成	山东省对口支援北川灾后恢复重建工作先进个人	省人社厅
2010	赵晓晖	全省财政系统先进工作者	省人社厅、省财政厅
2010	王书泽	全省财政系统先进工作者	省人社厅、省财政厅
2010	孔万里	年度社会保险基金决算编报工作先进个人	省财政厅、省人社厅
2010	张顺业	全省财政五五法制宣传教育工作先进个人	省财政厅
2010	王　镇	2010 年度全省财政信息化工作先进个人	省财政厅
2010	冯瑞香	2010 年企业财务信息工作先进个人	省财政厅
2010	张　静	2010 年全省先进会计工作者	省财政厅
2010	孙丽丽	2010 年全省先进会计工作者	省财政厅
2011	侯春光	烟台市对口支援北川灾后恢复重建工作先进个人（记三等功）	市委办公室、市政府办公室、市人社局
2011	王书泽	2010 年度市行政审批中心窗口服务标兵	市政府办公室、市人社局
2011	卜海涛	2010 年度全市政府系统信息工作先进个人	市政府办公室
2011	孙文颖	2010 年度全市政府系统信息工作先进个人	市政府办公室
2011	陈　光	全省财政教科文信息工作优秀信息员	省财政厅
2011	杨建康	全省政府采购监管系统先进工作者	省财政厅
2011	杨书峰	全省政府采购监管系统先进工作者	省财政厅
2011	刘卫平	全省政府采购监管系统先进工作者	省财政厅
2011	刘明杰	全省政府采购监管系统先进工作者	省财政厅
2011	徐　涛	全省政府采购监管系统先进工作者	省财政厅
2011	张　乾	2010 年度全市党委系统信息工作先进个人	市委办公室
2011	张海岗	2010 年度考核记三等功	市委、市政府
2011	张明玉	2010 年度考核嘉奖	市委、市政府
2011	周白玉	2010 年度考核嘉奖	市委、市政府
2011	丛　剑	2010 年度考核嘉奖	市委、市政府
2011	刘福国	2010 年度考核嘉奖	市委、市政府
2011	崔运政	2010 年度考核嘉奖	市委、市政府
2011	穆　心	2010 年度考核嘉奖	市委、市政府

续表 4-47

年度	获奖人员	荣誉称号	颁奖单位
2011	徐　海	2010 年度考核嘉奖	市委、市政府
2011	董彦锋	2010 年度考核嘉奖	市委、市政府
2011	隋广福	2010 年度考核嘉奖	市委、市政府
2011	盖光义	2010 年度考核嘉奖	市委、市政府
2011	孔繁强	2010 年度考核嘉奖	市委、市政府
2011	曲昌盛	2010 年度考核嘉奖	市委、市政府
2011	于　波	2010 年度考核嘉奖	市委、市政府
2011	孙同旭	2010 年度考核嘉奖	市委、市政府
2011	李孝春	2010 年度考核嘉奖	市委、市政府
2011	于希明	2010 年度考核嘉奖	市委、市政府
2011	房培宏	2010 年度考核嘉奖	市委、市政府
2011	孙海成	2010 年度考核嘉奖	市委、市政府
2011	盛　斌	财源建设工作先进个人	市委、市政府
2011	苏辉永	民营经济发展工作先进个人	市委、市政府
2011	孙文颖	海洋经济发展工作先进个人	市委、市政府
2011	张禄厚	2010 年度考核嘉奖	市目标管理考核领导小组
2011	孙　伟	2010 年度考核嘉奖	市目标管理考核领导小组
2011	冯　俐	2010 年度考核嘉奖	市目标管理考核领导小组
2011	史本阔	2010 年度考核嘉奖	市目标管理考核领导小组
2011	林　涛	2010 年度考核嘉奖	市目标管理考核领导小组
2011	孔繁强	全省水库移民后期扶持工作先进工作者（记三等功）	省人社厅、省发改委、省财政厅、省水利厅
2011	初航正	2010 年度全市统战系统“凝心聚力、富民兴烟”活动先进个人	市委统战部
2011	孔繁强	山东省节能突出贡献个人	省政府
2011	穆　心	全市民族团结进步先进个人	市政府
2011	刘福国	全国财政法制宣传教育先进个人	财政部
2011	李　鹏	烟台市人民防空先进个人	市人社局、市人防办、烟台警备区
2011	孔万里	社会保险基金预决算编报工作先进个人	省财政厅、省人社厅
2011	刘万强	2011 年企业财务信息工作先进个人	省财政厅
2011	由艳荣	全省财政投资评审系统先进个人	省财政厅

续表 4-47

年度	获奖人员	荣誉称号	颁奖单位
2011	谭　涛	全省财政投资评审系统先进个人	省财政厅
2011	孙　力	全省财政投资评审系统先进个人	省财政厅
2011	王文波	山东省妇女儿童工作先进个人	省妇工委会
2011	周玉金	2011 年度全市行政审批中心窗口服务标兵	市政府办公室
2012	刘　健	2011 年度全市政府系统信息工作先进工作者	市政府办公室
2012	孙文颖	2011 年度全市政府系统信息工作先进工作者	市政府办公室
2012	付　强	“凝心聚力、富民兴烟”活动先进个人	市委统战部
2012	张明玉	2011 年度考核记三等功	市委、市政府
2012	周白玉	2011 年度考核记三等功	市委、市政府
2012	丛　剑	2011 年度考核记三等功	市委、市政府
2012	刘福国	2011 年度考核记三等功	市委、市政府
2012	马广涛	2011 年度考核嘉奖	市委、市政府
2012	王泽立	2011 年度考核嘉奖	市委、市政府
2012	崔运政	2011 年度考核嘉奖	市委、市政府
2012	孙祥茂	2011 年度考核嘉奖	市委、市政府
2012	王文波	2011 年度考核嘉奖	市委、市政府
2012	徐　海	2011 年度考核嘉奖	市委、市政府
2012	侯春光	2011 年度考核嘉奖	市委、市政府
2012	韩　军	2011 年度考核嘉奖	市委、市政府
2012	王明霞	2011 年度考核嘉奖	市委、市政府
2012	于　波	2011 年度考核嘉奖	市委、市政府
2012	孙同旭	2011 年度考核嘉奖	市委、市政府
2012	祁爱珍	2011 年度考核嘉奖	市委、市政府
2012	于希明	2011 年度考核嘉奖	市委、市政府
2012	房培宏	2011 年度考核嘉奖	市委、市政府
2012	邹建德	2011 年度考核嘉奖	市委、市政府
2012	李　莉	重点财源建设先进个人	市委、市政府
2012	刘万强	民营经济发展先进个人	市委、市政府
2012	姜英胜	服务业发展先进个人	市委、市政府
2012	董彦锋	蓝色经济区建设先进个人	市委、市政府

续表 4-47

年度	获奖人员	荣誉称号	颁奖单位
2012	隋广福	城乡一体化及新农村建设先进个人	市委、市政府
2012	李明哲	转方式调结构重大事项推进工作先进个人	市委、市政府
2012	宋协光	开放经济发展先进个人	市委、市政府
2012	史本阔	2011 年度考核嘉奖	市目标管理考核领导小组
2012	曲　秀	2011 年度考核嘉奖	市目标管理考核领导小组
2012	徐　涛	2011 年度考核嘉奖	市目标管理考核领导小组
2012	隋凤梅	2011 年度考核嘉奖	市目标管理考核领导小组
2012	李少鹏	2011 年度全国财政信息工作先进个人	财政部
2012	隋广福	“3+1”共建社会主义新农村活动先进个人	市委农村工作领导小组
2013	周　慧	2012 年度政府系统信息工作先进个人	市政府办公室
2013	刘万强	2012 年度政府系统信息工作先进个人	市政府办公室
2013	卜海涛	2012 年度全市党委系统信息工作先进个人	市委办公室
2013	陆卉卉	2012 年度全市行政审批中心窗口服务标兵	市政府办公室
2013	马广涛	全市市长公开电话工作先进工作者	市政府办公室
2013	刘　莹	2012 年度企业财务信息工作先进个人	省财政厅
2013	李少鹏	2012 年度全省财政信息工作先进个人	省财政厅
2013	李明哲	2012 年度全省财政新闻宣传工作先进个人	省财政厅
2013	张明玉	2012 年度考核记三等功	市委、市政府
2013	于　波	2012 年度考核记三等功	市委、市政府
2013	孙同旭	2012 年度考核记三等功	市委、市政府
2013	于希明	2012 年度考核记三等功	市委、市政府
2013	崔运政	2012 年度考核记三等功	市委、市政府
2013	周白玉	2012 年度考核嘉奖	市委、市政府
2013	徐少明	2012 年度考核嘉奖	市委、市政府
2013	张顺业	2012 年度考核嘉奖	市委、市政府
2013	于　军	2012 年度考核嘉奖	市委、市政府
2013	刘卫平	2012 年度考核嘉奖	市委、市政府
2013	方旭波	2012 年度考核嘉奖	市委、市政府
2013	姜英胜	2012 年度考核嘉奖	市委、市政府
2013	隋广福	2012 年度考核嘉奖	市委、市政府

续表 4-47

年度	获奖人员	荣誉称号	颁奖单位
2013	盖光义	2012 年度考核嘉奖	市委、市政府
2013	曲昌盛	2012 年度考核嘉奖	市委、市政府
2013	宋协光	2012 年度考核嘉奖	市委、市政府
2013	聂万旗	2012 年度考核嘉奖	市委、市政府
2013	马广涛	2012 年度考核嘉奖	市委、市政府
2013	李　辉	2012 年度考核嘉奖	市目标管理考核领导小组
2013	杨建康	2012 年度考核嘉奖	市目标管理考核领导小组
2013	张禄厚	2012 年度考核嘉奖	市目标管理考核领导小组
2013	李　健	2012 年度考核嘉奖	市目标管理考核领导小组
2013	张　焱	社会管理综合治理先进个人（嘉奖）	市委
2013	冯瑞香	全市安全生产工作先进个人	市人社局、市安监局
2013	庞国明	全省财政系统干部教育培训工作先进个人	省财政厅
2013	范丽娜	全省财政系统干部教育培训工作先进个人	省财政厅
2013	初航正	2012 年度全国财政信息工作先进个人	财政部
2013	李明哲	2012 年度全国财政信息工作先进个人	财政部
2013	孙海成	2012 年度全省财政监督检查工作先进个人	省财政厅
2013	李孝春	2012 年度全省财政监督检查工作先进个人	省财政厅
2013	赵　杰	社会保险基金预决算编报工作先进个人	省财政厅、省社保厅、省卫生厅
2013	孙文颖	创建全国绿化模范城市工作先进个人	市委、市政府
2013	李　莉	申报国家历史文化名城工作先进个人	市政府
2013	周　波	第十届中国艺术节筹办组织工作先进个人（记三等功）	省委宣传部、省人社厅、省文化厅、省公务员局
2013	宋慧妮	全省企业所得税税源调查工作先进个人	省财政厅
2013	刘福国	2013 年全省地方税收调查工作先进个人	省地税局、省财政厅
2013	许奎山	中国政府采购年度人物奖	中国政府采购报社、中国政府采购新闻网
2013	穆　心	全省行政事业国有资产管理先进个人	省财政厅
2014	刘　莹	全省企业财务快报工作先进个人	省财政厅
2014	李明哲	2013 年度全市政务信息工作先进工作者	市政府办公室
2014	孙文颖	2013 年度全市政务信息工作先进工作者	市政府办公室
2014	王　杰	全省基层财政信息宣传工作先进个人	省财政厅

续表 4-47

年度	获奖人员	荣誉称号	颁奖单位
2014	李岳霖	2013 年度全省财政信息工作先进个人	省财政厅
2014	卜海涛	2013 年度全省财政新闻宣传工作先进个人	省财政厅
2014	孙海成	2013 年度全省财政监督检查工作先进个人	省财政厅
2014	聂万旗	2013 年度全省财政监督检查工作先进个人	省财政厅
2014	张　静	2013 年度考核记三等功	市委、市政府
2014	李岳霖	2013 年度考核嘉奖	市委、市政府
2014	范丽娜	2013 年度考核嘉奖	市委、市政府
2014	刘福国	2013 年度考核嘉奖	市委、市政府
2014	常　健	2013 年度考核嘉奖	市委、市政府
2014	盛　斌	2013 年度考核嘉奖	市委、市政府
2014	刘卫平	2013 年度考核嘉奖	市委、市政府
2014	陈　光	2013 年度考核嘉奖	市委、市政府
2014	曲昌盛	2013 年度考核嘉奖	市委、市政府
2014	韩　军	2013 年度考核嘉奖	市委、市政府
2014	王明霞	2013 年度考核嘉奖	市委、市政府
2014	宋协光	2013 年度考核嘉奖	市委、市政府
2014	丁焕民	2013 年度考核嘉奖	市委、市政府
2014	孙丽丽	2013 年度考核嘉奖	市委、市政府
2014	祁爱珍	2013 年度考核嘉奖	市委、市政府
2014	武海鹏	2013 年度考核嘉奖	市委、市政府
2014	林玉辉	2013 年度考核嘉奖	市委、市政府
2014	杨书峰	2013 年度考核嘉奖	市目标管理考核领导小组
2014	孙　伟	2013 年度考核嘉奖	市目标管理考核领导小组
2014	于　澎	2013 年度考核嘉奖	市目标管理考核领导小组
2014	徐少明	2013 年度精神文明建设先进工作者	烟台市精神文明建设委员会
2014	赵　杰	社会保险基金预决算编报工作先进个人	省财政厅、省人社厅
2015	高钰梅	全省农业综合开发信息宣传工作先进个人	省农业综合开发办公室
2015	肖玲玲	全省财政国库工作先进个人	省财政厅
2015	柴　林	全省财政国库工作先进个人	省财政厅
2015	张　乾	全省财政国库工作先进个人	省财政厅

续表 4-47

年度	获奖人员	荣誉称号	颁奖单位
2015	周　慧	2014 年度全市政务信息工作先进个人	市政府办公室
2015	李　俏	2014 年度全市政务信息工作先进个人	市政府办公室
2015	王　杰	2014 年度全省基层财政信息工作先进个人	省财政厅
2015	张明玉	2014 年度考核记三等功	市委、市政府
2015	刘卫平	2014 年度考核记三等功	市委、市政府
2015	赵晓晖	2014 年度考核嘉奖	市委、市政府
2015	王金钟	2014 年度考核嘉奖	市委、市政府
2015	刘福国	2014 年度考核嘉奖	市委、市政府
2015	王泽立	2014 年度考核嘉奖	市委、市政府
2015	崔运政	2014 年度考核嘉奖	市委、市政府
2015	孙祥茂	2014 年度考核嘉奖	市委、市政府
2015	陈　光	2014 年度考核嘉奖	市委、市政府
2015	侯春光	2014 年度考核嘉奖	市委、市政府
2015	盖光义	2014 年度考核嘉奖	市委、市政府
2015	刘万强	2014 年度考核嘉奖	市委、市政府
2015	马广涛	2014 年度考核嘉奖	市委、市政府
2015	初航正	2014 年度考核嘉奖	市委、市政府
2015	李孝春	2014 年度考核嘉奖	市委、市政府
2015	房培宏	2014 年度考核嘉奖	市委、市政府
2015	林玉辉	2014 年度考核嘉奖	市委、市政府
2015	李岳霖	2014 年度考核嘉奖	市委、市政府
2015	李　莉	2014 年度考核嘉奖	市目标管理考核领导小组
2015	李　健	2014 年度考核嘉奖	市目标管理考核领导小组
2015	冯　俐	2014 年度考核嘉奖	市目标管理考核领导小组
2015	于　澎	2014 年度考核嘉奖	市目标管理考核领导小组
2015	李少鹏	烟台市互联网宣传引导工作先进个人	市委宣传部、市互联网信息办公室
2015	张　乾	烟台市优秀共青团干部	团市委
2015	杨义林	2014 年度全市安全生产先进个人	市安全生产委员会
2015	卜海涛	全市市长公开电话工作先进个人	市政府办公室
2015	于军昌	烟台市五一劳动奖章获得者	市总工会

续表 4-47

年度	获奖人员	荣誉称号	颁奖单位
2015	孙　力	烟台市五一劳动奖章获得者	市总工会
2015	于　澎	全市党委系统信息工作先进个人	市委办公室
2015	孙丽丽	2014 年度会计信息宣传工作先进个人	省财政厅
2015	马广涛	芝罘区 2012—2014 年度优秀第一书记	芝罘区委、区政府
2015	李岳霖	芝罘区 2012—2015 年度优秀第一书记	芝罘区委、区政府
2015	张云鹏	2015 年度“三刊两鉴”宣传工作先进个人	财政部中国财政杂志社
2015	赵晓晖	创建第四届全国文明城市工作先进个人	市委、市政府
2015	王文波	创建第四届全国文明城市工作先进个人	市委、市政府
2015	常　健	创建第四届全国文明城市工作先进个人	市委、市政府
2015	王　怡	全省地方税收调查工作先进个人	省地税局、省财政厅
2016	孙祥茂	2015 年度全省财政国库工作先进个人	省财政厅
2016	隋凤梅	2015 年度全省财政国库工作先进个人	省财政厅
2016	李淑美	2015 年度全省财政国库工作先进个人	省财政厅
2016	李林涛	2015 年度全市政务信息工作先进个人	市政府办公室
2016	张　乾	2015 年度全市政务信息工作先进个人	市政府办公室
2016	陆卉卉	2015 年度全市政务服务窗口工作先进个人	市政府办公室
2016	张洪亮	2015 年度全省财政信息工作优秀个人	省财政厅
2016	王　杰	2015 年度全省基层财政信息工作先进个人	省财政厅
2016	郝　征	烟台市优秀团干部	团市委
2016	周　波	2015 年度全市党委系统信息工作先进个人	市委办公室
2016	孙丽丽	2015 年度会计信息宣传工作先进个人	省财政厅
2016	曲昌盛	全省财政系统先进个人（记二等功）	省人社厅、省财政厅、省公务员局
2016	黄永政	2015 年度市直部门重要指标考核先进个人（发展标兵个人）	市委、市政府
2016	黄永政	2015 年度目标管理考核优秀（记三等功）	市委、市政府
2016	李岳霖	2015 年度目标管理考核优秀（记三等功）	市委、市政府
2016	林玉辉	2015 年度目标管理考核优秀（记三等功）	市委、市政府
2016	陈　光	2015 年度目标管理考核优秀（记三等功）	市委、市政府
2016	赵晓晖	2015 年度目标管理考核优秀（嘉奖）	市委、市政府
2016	张云鹏	2015 年度目标管理考核优秀（嘉奖）	市委、市政府

续表 4-47

年度	获奖人员	荣誉称号	颁奖单位
2016	徐少明	2015 年度目标管理考核优秀（嘉奖）	市委、市政府
2016	盛　斌	2015 年度目标管理考核优秀（嘉奖）	市委、市政府
2016	王文波	2015 年度目标管理考核优秀（嘉奖）	市委、市政府
2016	姜英胜	2015 年度目标管理考核优秀（嘉奖）	市委、市政府
2016	王明霞	2015 年度目标管理考核优秀（嘉奖）	市委、市政府
2016	孙海成	2015 年度目标管理考核优秀（嘉奖）	市委、市政府
2016	张顺业	2015 年度目标管理考核优秀（嘉奖）	市委、市政府
2016	高占军	2015 年度目标管理考核优秀（嘉奖）	市委、市政府
2016	刘　莹	2015 年度目标管理考核优秀（嘉奖）	市委、市政府
2016	冯国庆	2015 年度目标管理考核优秀（嘉奖）	市委、市政府
2016	初航正	2015 年度目标管理考核优秀（嘉奖）	市委、市政府
2016	于　澎	2015 年度目标管理考核优秀（记三等功）	市目标管理考核领导小组
2016	许奎山	2015 年度目标管理考核优秀（嘉奖）	市目标管理考核领导小组
2016	冯　俐	2015 年度目标管理考核优秀（嘉奖）	市目标管理考核领导小组
2016	王　苹	2015 年度目标管理考核优秀（嘉奖）	市目标管理考核领导小组
2016	李　辉	2015 年度目标管理考核优秀（嘉奖）	市目标管理考核领导小组
2016	王传财	2015 年度目标管理考核优秀（嘉奖）	市目标管理考核领导小组
2016	刘　恒	2015 年度目标管理考核优秀（嘉奖）	市目标管理考核领导小组
2016	宋孚鹏	2015 年度目标管理考核优秀（嘉奖）	市目标管理考核领导小组
2016	张洪亮	2015 年度目标管理考核优秀（嘉奖）	市目标管理考核领导小组
2016	张晓涛	2015 年度目标管理考核优秀（嘉奖）	市目标管理考核领导小组
2016	孙　力	2015 年度目标管理考核优秀（嘉奖）	市目标管理考核领导小组
2016	王伟锋	2015 年度目标管理考核优秀（嘉奖）	市目标管理考核领导小组
2016	姜晓辉	2015 年度目标管理考核优秀（嘉奖）	市目标管理考核领导小组
2016	李小飞	2015 年度目标管理考核优秀（嘉奖）	市目标管理考核领导小组
2016	李明哲	2015 年度目标管理考核优秀（嘉奖）	市目标管理考核领导小组
2016	姜文军	2015 年度安全生产工作先进个人	市政府安全生产委员会
2016	周白玉	2015 年度全国财政信息工作先进个人	财政部
2016	李明哲	2015 年度全国财政信息工作先进个人	财政部
2016	曲智勇	2015 年度全省财政信息工作优秀个人	省财政厅

续表 4-47

年度	获奖人员	荣誉称号	颁奖单位
2016	张海岗	2016 年度“三刊两鉴”宣传工作先进个人	财政部中国财政杂志社
2016	王　怡	全省财政“六五”法制宣传教育工作先进个人	省财政厅
2016	赵　杰	全省社会保险基金预决算编报工作优秀个人	省财政厅
2016	祁爱珍	第六届省文博会烟台市优秀组织个人	市委宣传部
2016	初航正	第六届省文博会烟台市优秀组织个人	市委宣传部
2016	宋慧妮	2016 年全省税收调查工作先进个人	省国税局、省地税局、省财政厅
2016	王　怡	2016 年全省税收调查工作先进个人	省国税局、省地税局、省财政厅
2017	段宝祐	2016 年度全市政务服务窗口工作先进个人	市政府办公室
2017	徐　涛	2016 年度全省财政信息工作优秀个人	省财政厅
2017	赵　杰	2016 年度财政社会保障信息工作优秀信息联络员	省财政厅
2017	韩　宇	烟台市优秀团干部	团市委
2017	孙文颖	2016 年度全市党委系统信息工作先进个人	市委办公室
2017	黄永政	2016 年度市直部门重要指标考核先进个人（发展功勋个人）	市委、市政府
2017	赵晓晖	2016 年度目标管理考核优秀（记三等功）	市委、市政府
2017	初航正	2016 年度目标管理考核优秀（记三等功）	市委、市政府
2017	张明玉	2016 年度目标管理考核优秀（嘉奖）	市委、市政府
2017	刘宝革	2016 年度目标管理考核优秀（嘉奖）	市委、市政府
2017	沙淑春	2016 年度目标管理考核优秀（嘉奖）	市委、市政府
2017	崔运政	2016 年度目标管理考核优秀（嘉奖）	市委、市政府
2017	马广涛	2016 年度目标管理考核优秀（嘉奖）	市委、市政府
2017	范丽娜	2016 年度目标管理考核优秀（嘉奖）	市委、市政府
2017	李林涛	2016 年度目标管理考核优秀（嘉奖）	市委、市政府
2017	孙同旭	2016 年度目标管理考核优秀（嘉奖）	市委、市政府
2017	唐韶龙	2016 年度目标管理考核优秀（嘉奖）	市委、市政府
2017	刘万强	2016 年度目标管理考核优秀（嘉奖）	市委、市政府
2017	孔万里	2016 年度目标管理考核优秀（嘉奖）	市委、市政府
2017	周　波	2016 年度目标管理考核优秀（嘉奖）	市委、市政府
2017	卜海涛	2016 年度目标管理考核优秀（嘉奖）	市委、市政府
2017	高钰梅	2016 年度目标管理考核优秀（嘉奖）	市委、市政府

续表 4-47

年度	获奖人员	荣誉称号	颁奖单位
2017	李孝春	2016 年度目标管理考核优秀（嘉奖）	市委、市政府
2017	王　怡	2016 年度目标管理考核优秀（嘉奖）	市委、市政府
2017	陈　光	2016 年度全省财政教科文信息工作优秀信息员	省财政厅
2017	王明霞	烟台市女职工建功立业标兵	市总工会
2017	于　波	全省营业税改征增值税工作先进个人（记二等功）	省人社厅、省财政厅、省国税局、省地税局、省公务员局
2017	柴　林	2016 年度全省财政国库工作先进个人	省财政厅
2017	吕守伟	2016 年度全省财政国库工作先进个人	省财政厅
2017	徐　涛	2016 年度全省财政国库工作先进个人	省财政厅
2017	张　焱	争创全国社会治安综合治理优秀城市“七连冠”先进工作者	市委
2017	张海岗	烟台市党的十九大安保维稳工作先进个人（记三等功）	市委
2017	杨书峰	2016 年度目标管理考核优秀（嘉奖）	市目标管理考核领导小组
2017	隋凤梅	2016 年度目标管理考核优秀（嘉奖）	市目标管理考核领导小组
2017	孙铭泽	2016 年度目标管理考核优秀（嘉奖）	市目标管理考核领导小组
2017	王旻纬	2016 年度目标管理考核优秀（嘉奖）	市目标管理考核领导小组
2017	李少鹏	2016 年度目标管理考核优秀（嘉奖）	市目标管理考核领导小组
2017	孙从亚	2016 年度目标管理考核优秀（嘉奖）	市目标管理考核领导小组
2017	刘守辉	2016 年度目标管理考核优秀（嘉奖）	市目标管理考核领导小组
2017	孟　超	2016 年度目标管理考核优秀（嘉奖）	市目标管理考核领导小组
2017	黄　磊	2016 年度目标管理考核优秀（嘉奖）	市目标管理考核领导小组
2017	王伟锋	2016 年度目标管理考核优秀（嘉奖）	市目标管理考核领导小组
2017	郎丰毅	2016 年度目标管理考核优秀（嘉奖）	市目标管理考核领导小组
2017	李大卫	2016 年度目标管理考核优秀（嘉奖）	市目标管理考核领导小组
2017	姜大朋	2016 年度目标管理考核优秀（嘉奖）	市目标管理考核领导小组
2017	张海岗	2017 年度“三刊两鉴”宣传工作先进个人	财政部中国财政杂志社
2017	赵远堂	全省人民防空先进个人	省人社厅、省军区司令部、省人防办
2017	赵　杰	2017 年度财政社会保障信息工作优秀信息联络员	省财政厅
2017	王　怡	2017 年全省税收调查工作先进个人	省国税局、省地税局、省财政厅

续表 4-47

年度	获奖人员	荣誉称号	颁奖单位
2017	许奎山	2017 中国政府采购奖（年度人物奖）	中国政府采购报
2017	王伟锋	2016 年度全市政务信息工作先进工作者	市政府办公室
2017	于青平	2016 年度全市政务信息工作先进工作者	市政府办公室
2017	高钰梅	2017 年度全省农业综合开发信息宣传工作先进个人	省农业综合开发办公室
2017	李金枝	2017 年度全省农业综合开发信息宣传工作先进个人	省农业综合开发办公室
2018	高钰梅	2017 年度全市政府系统信息工作先进个人	市政府办公室
2018	姜晓辉	2017 年度全市政府系统信息工作先进个人	市政府办公室
2018	赵　杰	2017 年度全省财政社会保障信息工作优秀信息联络员	省财政厅
2018	曲智勇	2017 年度全省财政信息工作优秀个人	省财政厅
2018	杨义林	2017 年度全市安全生产工作先进个人	市安全生产委员会
2018	李建平	2017 年度考核优秀（记三等功）	市委、市政府
2018	任信美	2017 年度考核优秀（嘉奖）	市委、市政府
2018	王金钟	2017 年度考核优秀（嘉奖）	市委、市政府
2018	盛　斌	2017 年度考核优秀（嘉奖）	市委、市政府
2018	马广涛	2017 年度考核优秀（嘉奖）	市委、市政府
2018	于　波	2017 年度考核优秀（嘉奖）	市委、市政府
2018	房培宏	2017 年度考核优秀（嘉奖）	市委、市政府
2018	曲昌盛	2017 年度考核优秀（嘉奖）	市委、市政府
2018	祁爱珍	2017 年度考核优秀（嘉奖）	市委、市政府
2018	刘万强	2017 年度考核优秀（嘉奖）	市委、市政府
2018	范丽娜	2017 年度考核优秀（嘉奖）	市委、市政府
2018	于　晶	2017 年度考核优秀（嘉奖）	市委、市政府
2018	孔万里	2017 年度考核优秀（嘉奖）	市委、市政府
2018	孙丽丽	2017 年度考核优秀（嘉奖）	市委、市政府
2018	聂万旗	2017 年度考核优秀（嘉奖）	市委、市政府
2018	李林涛	2017 年度考核优秀（嘉奖）	市委、市政府
2018	陈　光	2017 年第一书记考核优秀（嘉奖）	市委、市政府
2018	于　澎	2017 年度考核优秀（嘉奖）	市目标管理考核领导小组

续表 4-47

年度	获奖人员	荣誉称号	颁奖单位
2018	徐　涛(采)	2017 年度考核优秀（嘉奖）	市目标管理考核领导小组
2018	李艳霞	2017 年度考核优秀（嘉奖）	市目标管理考核领导小组
2018	王旻纬	2017 年度考核优秀（嘉奖）	市目标管理考核领导小组
2018	王伟锋	2017 年度考核优秀（记三等功）	市目标管理考核领导小组
2018	李　伟	2017 年度考核优秀（嘉奖）	市目标管理考核领导小组
2018	李明哲	2017 年度考核优秀（嘉奖）	市目标管理考核领导小组
2018	徐丽平	2017 年度考核优秀（嘉奖）	市目标管理考核领导小组
2018	谭　涛	2017 年度考核优秀（嘉奖）	市目标管理考核领导小组
2018	张洪亮	2017 年度考核优秀（嘉奖）	市目标管理考核领导小组
2018	孟　超	2017 年度考核优秀（嘉奖）	市目标管理考核领导小组
2018	刘文佳	2017 年度考核优秀（嘉奖）	市目标管理考核领导小组
2018	乔君鹏	2017 年度考核优秀（嘉奖）	市目标管理考核领导小组
2018	王　苹	2017 年度考核优秀（嘉奖）	市目标管理考核领导小组
2018	范革钦	2017 年“第一书记”考核优秀（嘉奖）	市目标管理考核领导小组
2018	刘守辉	2017 年度考核优秀（嘉奖）	市目标管理考核领导小组
2018	于　晶	2017 年度全省财政科教信息工作优秀信息员	省财政厅
2018	孙祥茂	全省财政国库工作先进个人	省财政厅
2018	张　乾	全省财政国库工作先进个人	省财政厅
2018	吕守伟	全省财政国库工作先进个人	省财政厅
2018	周　波	创建第五届全国文明城市工作先进个人	市委、市政府
2018	李明哲	创建第五届全国文明城市工作先进个人	市委、市政府
2018	李岳霖	2017 年度地方财政信息工作先进个人	财政部
2018	卜海涛	2017 年度地方财政信息工作先进个人	财政部
2018	高钰梅	2017 年度全市政务信息工作先进工作者	市政府办公室
2018	姜晓辉	2017 年度全市政务信息工作先进工作者	市政府办公室
2018	唐韶龙	2017 年度全市党委系统信息工作先进个人	市委办公室
2018	李少鹏	创建第五届全国文明城市工作先进个人（记三等功）	市委、市政府
2018	赵祺予	2017 年度全省财政新闻宣传工作优秀个人	省财政厅
2018	赵英杰	2018 年度全国财政科研成果宣传工作优秀通讯员	中国财政科学研究院

续表 4-47

年度	获奖人员	荣誉称号	颁奖单位
2018	刘卫平	山东陆军预备役步兵第 76 师优秀预备役军官	市委组织部、市人社局、山东陆军预备役步兵第 76 师政治部
2018	赵远堂	2017 年山东省 1% 人口抽样调查先进个人	山东省 1% 人口抽样调查工作协调小组办公室
2019	孙文颖	2018 年度全市党委系统信息工作先进个人	市委办公室
2019	王文波	2018 年度全市 12345 政务服务热线工作先进个人	市政府办公室
2019	赵祺予	2018 年度全市 12345 政务服务热线工作先进个人	市政府办公室
2019	李明哲	2018 年度全省财政信息工作优秀个人	省财政厅
2019	赵　杰	2018 年度全省财政信息工作优秀个人	省财政厅
2019	李建平	2018 年度考核优秀（记三等功）	市委、市政府
2019	马广涛	2018 年度考核优秀（记三等功）	市委、市政府
2019	范丽娜	2018 年度考核优秀（记三等功）	市委、市政府
2019	刘万强	2018 年度考核优秀（记三等功）	市委、市政府
2019	李林涛	2018 年度考核优秀（记三等功）	市委、市政府
2019	刘宝革	2018 年度考核优秀（嘉奖）	市委、市政府
2019	张云鹏	2018 年度考核优秀（嘉奖）	市委、市政府
2019	李岳霖	2018 年度考核优秀（嘉奖）	市委、市政府
2019	王明霞	2018 年度考核优秀（嘉奖）	市委、市政府
2019	宋协光	2018 年度考核优秀（嘉奖）	市委、市政府
2019	林玉辉	2018 年度考核优秀（嘉奖）	市委、市政府
2019	侯春光	2018 年度考核优秀（嘉奖）	市委、市政府
2019	张顺业	2018 年度考核优秀（嘉奖）	市委、市政府
2019	孙丽丽	2018 年度考核优秀（嘉奖）	市委、市政府
2019	李　俏	2018 年度考核优秀（嘉奖）	市委、市政府
2019	穆　心	2018 年度考核优秀（嘉奖）	市委、市政府
2019	初航正	2018 年度考核优秀（嘉奖）	市委、市政府
2019	陈　光	2018 年度考核优秀（嘉奖）	市委、市政府
2019	陈　光	2018 年度三刊两鉴宣传工作先进个人	财政部中国财政杂志社
2019	王金钟	山东省财政系统先进个人	省人社厅、财政厅
2019	于希明	山东省财政系统先进个人	省人社厅、财政厅
2020	曲智勇	2019 年度全省财政信息工作优秀个人	省财政厅

续表 4-47

年度	获奖人员	荣誉称号	颁奖单位
2020	李林涛	2019 年度全省财政信息工作优秀个人	省财政厅
2020	李建平	2019 年度考核记三等功	市委、市政府
2020	陈　光	2019 年度考核记三等功	市委、市政府
2020	孙丽丽	2019 年度考核记三等功	市委、市政府
2020	赵晓晖	2019 年度考核嘉奖	市委组织部
2020	肖玲玲	2019 年度考核嘉奖	市委组织部
2020	武海鹏	2019 年度考核嘉奖	市委组织部
2020	于　波	2019 年度考核嘉奖	市委组织部
2020	崔运政	2019 年度考核嘉奖	市委组织部
2020	徐少明	2019 年度考核嘉奖	市委组织部
2020	曲昌盛	2019 年度考核嘉奖	市委组织部
2020	王文波	2019 年度考核嘉奖	市委组织部
2020	房培宏	2019 年度考核嘉奖	市委组织部
2020	刘福国	2019 年度考核嘉奖	市委组织部
2020	张　焱	2019 年度考核嘉奖	市委组织部
2020	孙祥茂	2019 年度考核嘉奖	市委组织部
2020	方旭波	2019 年度考核嘉奖	市委组织部
2020	周　波	2019 年度考核嘉奖	市委组织部
2020	李孝春	2019 年度考核嘉奖	市委组织部
2020	聂万旗	2019 年度考核嘉奖	市委组织部
2020	赵　杰	2019 年度考核嘉奖	市委组织部
2020	刘　健	2019 年度考核嘉奖	市委组织部
2020	杨书峰	2019 年度考核嘉奖	市委组织部
2020	王书泽	2019 年度考核嘉奖	市委组织部
2020	王伟锋	2019 年度考核嘉奖	市委组织部
2020	郎丰毅	2019 年度考核嘉奖	市委组织部
2020	李　莉	2019 年度考核嘉奖	市委组织部
2020	李　鹏	2019 年度考核嘉奖	市委组织部
2020	于　澎	2019 年度考核嘉奖	市委组织部
2020	李大卫	2019 年度考核嘉奖	市委组织部

续表 4-47

年度	获奖人员	荣誉称号	颁奖单位
2020	刘　恒	2019 年度考核嘉奖	市委组织部
2020	刘守辉	2019 年度考核嘉奖	市委组织部
2020	刘文佳	2019 年度考核嘉奖	市委组织部
2020	陈　波	2019 年度考核嘉奖	市委组织部
2020	王文波	山东省信访工作先进个人	省人社厅、省信访局
2020	高占军	烟台市民族团结进步先进个人	市政府
2020	王金钟	全省抗击新冠肺炎疫情先进个人	省委组织部、省人社厅、省卫健委
2020	于希明	全市抗击新冠肺炎疫情先进个人	市委、市政府
2020	郝　征	烟台市优秀共青团员	团市委
2020	方　颖	2020 年度全省财政信息工作优秀个人	省财政厅
2020	王海涛	2020 年度全省财政信息工作优秀个人	省财政厅
2020	刘万强	2020 年度 12345 政务服务热线工作先进工作者	市政府办公室
2020	刘卫平	全面依法治市工作先进个人	市委
2020	李林涛	2020 年度全市政务信息报送工作成绩突出个人	市政府办公室
2020	徐　涛	2020 年度全市政务信息报送工作成绩突出个人	市政府办公室
2020	赵　杰	烟台市优秀共青团干部	团市委
2020	孙浩然	烟台市优秀共青团员	团市委
2020	刘文佳	创建第六届全国文明城市工作嘉奖	市委、市政府
2020	陈　光	烟台市优秀共产党员	市委
2020	李少鹏	市直机关优秀共产党员	市直机关工委
2020	孙丽丽	市直机关优秀党务工作者	市直机关工委
2020	杨书锋	烟台市 2020 年度营商环境工作优秀个人	市政府
2020	李艳霞	烟台市 2020 年度营商环境工作优秀个人	市政府
2020	丁学凯	烟台市 2020 年度营商环境工作优秀个人	市政府
2020	李岳霖	市级担当作为先进典型	市直机关工委
2020	房培宏	市级服务群众先进典型	市直机关工委
2020	常　健	市级开拓创新先进典型	市直机关工委

注：部分年份个人荣誉统计情况不详，本表未能全部列出

附 录

勇攀高峰

1986—2015 年烟台市一般预算收支决算总表

1986 年财政决算收支总表

表 5-1 单位：千元

收 入		支 出	
预 算 科 目	决算数	预 算 科 目	决算数
一、工商税收类	713476	一、基本建设支出类	20854
二、农牧业税类	34366	二、企业挖潜改造资金类	6680
三、国营企业所得税类	128406	三、简易建筑费类	200
四、国营企业调节税类	17427	四、地质勘探费类	
五、国营企业上缴利润类	12427	五、科技三项费用类	5619
六、国营企业计划亏损补贴类	-88548	六、其他部门流动资金	390
七、专款收入类	12824	七、支援农村生产支出类	16311
八、其他收入类	3735	八、农林水利气象等部门的事业费类	30461
		九、工业交通等部门的事业费类	8064
		十、商业部门事业费类	
		十一、城市维护费类	53681
		十二、城镇青年就业经费类	482
		十三、文教科学卫生事业费类	215595
		十四、其他部门的事业费类	20071
		十五、抚恤和社会福利救济费类	46949
		十六、民兵事业费	
		十八、行政管理费类	83356
		十九、价格补贴支出类	157388
		二十三、其他支出类	34651
		二十四、总预备费类	
		二十五、专款支出类	11711
全年收入合计	834113	本年支出合计	712463

1986 年财政决算收支总表

表 5-2　　单位：千元

收入		支出	
预算科目	决算数	预算科目	决算数
全年收入合计	834113	本年支出合计	712463
上级补助收入	278740	上解支出	430693
按体制规定定额补助数		按体制规定上解	430693
各项专款补助	231184		
调整收入任务增减补助	1037		
企事业单位上、下划增减补助	7283	地方政府购买国库券	
体制结算补助	36260		
其他补助	2976	年终滚存结余	51102
		减：排污费及水资源费结余	9148
		其中：市、地本级	2292
地方政府兑付国库券本金收入	230	减：中央返还的能源交通基金超收结余	6200
上年结余收入	72843	其中：市、地本级	5941
调入其他资金	8333	减：结转下年的支出	49643
其中：调入预算外资金	2800	净结余	-13889
粮食企业财务检查收入	5533	市、地级结余	3214
		结余县结余（3 个县）	1655
		赤字县赤字（12 个县）	-18758
总　计	1194258	总　计	1194258

1987年财政决算收支总表

表5-3　　　　单位：千元

收　入		支　出	
预 算 科 目	决算数	预 算 科 目	决算数
一、工商税收类	616773	一、基本建设支出类	
二、农牧业税和耕地占用税类	30913	二、企业挖潜改造资金类	2490
三、国营企业所得税类	102975	三、简易建筑费类	550
四、国营企业调节税类	2538	四、地质勘探费类	
五、国营企业上缴利润类	5409	五、科技三项费用类	2917
六、国营企业计划亏损补贴类	-81058	六、其他部门流动资金	
七、专款收入类	15558	七、支援农村生产支出类	13221
八、基本建设贷款归还收入		八、农林水利气象等部门的事业费类	23008
九、其他收入类	4454	九、工业交通等部门的事业费类	4308
		十、商业部门事业费类	
		十一、城市维护费类	39347
		十二、城镇青年就业经费类	467
		十三、文教卫生事业费类	159906
		十四、科学事业费类	3129
		十五、其他部门的事业费类	17219
		十六、抚恤和社会福利救济费类	36853
		十七、民兵事业费	
		十九、行政管理费类	68453
		二十、价格补贴支出类	139076
		二十四、其他支出类	32924
		二十五、总预备费类	
		二十六、专款支出类	11265
		二十八、国营企业改革支出类	723
本年收入合计	697562	本年支出合计	555856

1987年财政决算收支总表

表 5-4　　　　单位：千元

收入		支出	
预算科目	决算数	预算科目	决算数
本年收入合计	697562	本年支出合计	555856
上级补助收入	175075	上解支出	318829
按体制规定定额补助数		按体制规定上解	318829
各项专款补助	153206		
调整收入任务增减补助	781	地方借给中央财政款	24765
企事业单位上、下划增减补助		地方政府购买国库券	
体制结算补助	6350		
其他补助	14738	年终滚存结余	27966
		减：排污费及水资源费结余	8699
地方政府兑付国库券本金收入	1074	其中：市、地本级	2773
地方政府兑付国库券利息收入	257	减：中央返还的能源交通基金超收结余	8599
上年结余收入	48786	其中：市、地本级	7482
调入其他资金	1498	减：本年应支未支的国营企业改革支出	103
其中：预算外其他收入	1018	其中：市、地本级	103
开发区收入调入	480	减：结转下年的支出	16393
		其中：市、地本级	6172
		净结余	-8992
		市、地级结余	3516
		结余县结余（3个县）	201
		赤字县赤字（8个县）	-12709
总　计	924252	总　计	924252

1988年财政决算收支总表

表 5-5　　　　单位：千元

收入		支出	
预算科目	决算数	预算科目	决算数
一、工商税收类	720295	一、基本建设支出类	
二、农牧业税和耕地占用税类	40211	二、企业挖潜改造资金类	2700
三、国营企业所得税类	111976	三、简易建筑费类	210
四、国营企业调节税类	6941	四、地质勘探费类	
五、国营企业上缴利润类	11831	五、科技三项费用类	2836
六、国营企业计划亏损补贴类	-89692	六、其他部门流动资金	
七、国家能源交通重点建设基金收入类		七、支援农村生产支出类	16871
八、专款收入类	35744	八、农林水利气象等部门的事业费类	31075
九、基本建设贷款归还收入类		九、工业交通等部门的事业费类	5973
十、其他收入类	9296	十、商业部门事业费类	700
十一、国营企业承包收入退库类	-995	十一、城市维护费类	54370
		十二、城镇青年就业经费类	803
		十三、文教卫生事业费类	202974
		十四、科学事业费类	4167
		十五、其他部门的事业费类	21331
		十六、抚恤和社会福利救济费类	43571
		十七、国防支出类	
		十八、行政管理费类	63609
		十九、公检法支出类	24875
		二十、价格补贴支出类	121011
		二十一、支援不发达地区支出类	2500
		二十二、其他支出类	38349
		二十三、总预备费类	
		二十四、专款支出类	28336
本年收入合计	845607	本年支出合计	666261

1988 年财政决算收支总表

表 5-6　　　　单位：千元

收　入		支　出	
预算科目	决算数	预算科目	决算数
本年收入合计	845607	本年支出合计	666261
补助收入	175808	上解支出	357649
定额补助数		总额上解数	337729
专项补助数	168720	下放港口定额上解数	
各项结算补助数	6972	地方借给中央财政款	19920
调整收入任务增加或减少补助数	-3884	地方政府购买国库券	
其他补助数	4000	增设预算周转金	
		年终滚存结余	25424
地方财政向国外借款收入		其中：市、地本级	23420
地方政府兑付国库券本金收入	528	减：排污费及水资源费结余	10888
地方政府兑付国库券利息收入	151	其中：市、地本级	3261
		减：能源交通基金结余	8524
上年结余收入	24802	其中：市、地本级	7078
调入其他资金	2438	减：结转下年的支出	29645
其中：调入预算外资金	2438	其中：市、地本级	13798
		净结余	-23633
		市、地级结余	-717
		结余县结余（4 个县）	413
		赤字县赤字（8 个县）	-23329
总　计	1049334	总　计	1049334

1989年财政决算收支总表

表 5-7　　　　　　　　　　　　　　　　　　　　单位：千元

收　入		支　出	
预算科目	决算数	预算科目	决算数
一、工商税收类	821116	一、基本建设支出类	
二、农牧业税和耕地占用税类	53888	二、企业挖潜改造资金类	274
三、国营企业所得税类	104545	三、简易建筑费类	550
四、国营企业调节税类	4475	四、地质勘探费类	
五、国营企业上缴利润类	10732	五、科技三项费用类	3563
六、国营企业计划亏损补贴类	-109933	六、其他部门流动资金	
七、国家能源交通重点建设基金收入类		七、支援农村生产支出类	32895
八、专款收入类	35090	八、农林水利气象等部门的事业费类	31019
九、基本建设贷款归还收入类		九、工业交通等部门的事业费类	8069
十、其他收入类	14072	十、商业部门事业费类	
十一、国家预算调节基金类		十一、城市维护费类	69223
十二、国营企业承包收入退库类		十二、城镇青年就业经费类	651
		十三、文教卫生事业费类	241033
		十四、科学事业费类	4474
		十五、其他部门的事业费类	29715
		十六、抚恤和社会福利救济费类	54472
		十七、国防支出类	300
		十八、行政管理费类	73991
		十九、公检法支出类	31148
		二十、价格补贴支出类	115661
		二十一、支援不发达地区支出类	500
		二十二、其他支出类	60310
		二十三、总预备费类	
		二十四、专款支出类	32235
本年收入合计	933985	本年支出合计	790083

1989 年财政决算收支总表

表 5-8　　　　单位：千元

收　入		支　出	
预算科目	决算数	预算科目	决算数
本年收入合计	933985	本年支出合计	790083
上级补助收入	195261	上解支出	384166
定额补助数		总额上解数	364246
专项补助数	164901	下放港口定额上解数	
各项结算补助数	23610	专项上解数（地方借给中央财政款）	19920
调整收入任务增加或减少补助数	-2563	增设预算周转金	
其他补助数	9313	增设财政专项周转金	
		地方政府购买有价证券	
地方财政向国外借款收入		地方财政向国外借款安排的支出	
地方政府兑付有价证券本金收入	24	地方财政向国外借款还本付息支出	
地方政府兑付有价证券利息收入	8		
		年终滚存结余	9545
上年结余收入	25424	其中：市、地本级	7469
调入其他资金	29092	减：排污费及水资源费结余	9356
其中：补粮基金	20000	其中：市、地本级	1594
预算外收入	5248	减：能源交通基金本年收入及上年结余	9535
房改统筹	3844	其中：市、地本级	8669
		减：结转下年的支出	26639
		其中：市、地本级	7823
		净结余	-35979
		市、地级结余	-10417
		结余县结余（4 个县）	746
		赤字县赤字（8 个县）	-26308
总　计	1183794	总　计	1183794

1990 年财政决算收支总表

表 5-9　　　　单位：千元

收　入		支　出	
预 算 科 目	决算数	预 算 科 目	决算数
一、工商税收类	910907	一、基本建设支出类	
二、农牧业税和耕地占用税类	65076	二、企业挖潜改造资金类	2243
三、国营企业所得税类	89185	三、简易建筑费类	245
四、国营企业调节税类	8951	四、地质勘探费类	
五、国营企业上缴利润类	7313	五、科技三项费用类	4158
六、国营企业计划亏损补贴类	-108383	六、其他流动资金类	
七、国家能源交通重点建设基金收入类		七、支援农村生产支出类	43099
八、专款收入类	47257	八、农林水利气象等部门的事业费类	35027
九、基本建设贷款归还收入类		九、工业交通等部门的事业费类	6730
十、其他收入类	14560	十、商业部门事业费类	
十一、国家预算调节基金类		十一、城市维护费类	68763
十二、国营企业承包收入退库类		十二、城镇青年就业经费类	695
		十三、文教卫生事业费类	264675
		十四、科学事业费类	5093
		十五、其他部门的事业费类	41575
		十六、抚恤和社会福利救济费类	61696
		十七、国防支出类	40
		十八、行政管理费类	81664
		十九、公检法支出类	36623
		二十、价格补贴支出类	156540
		二十一、支援不发达地区支出类	400
		二十二、其他支出类	50819
		二十三、总预备费类	
		二十四、专款支出类	40008
本年收入合计	1034866	本年支出合计	900093

1990 年财政决算收支总表

表 5-10 单位：千元

收入		支出	
预算科目	决算数	预算科目	决算数
上级补助收入	268336	上解支出	424805
定额补助数		总额上解数	393385
专项补助数	245725	下放港口定额上解数	
各项结算补助数	20308	专项上解数（中央借调及贡献度）	31420
调整收入任务增加或减少补助数	-4455	增设财政专项周转金	
其他补助数	6758	增设预算周转金	
		地方财政向国外借款安排的支出	
地方财政向国外借款收入		地方财政向国外借款还本付息支出	
地方政府兑付有价证券本金收入	50	地方政府购买有价证券	
地方政府兑付有价证券利息收入	26		
		年终滚存结余	17219
上年结余收入	9545	其中：市、地本级	17054
调入其他资金	29294	减：排污费及水资源费结余	10889
其中：调入补粮基金	17700	其中：市、地本级	3664
房改基金	4600	减：能源交通基金本年收入及上年结余	5394
预算外资金	6994	其中：市、地本级	4647
		减：结转下年的支出	86524
		其中：市、地本级	19145
		净结余	-35538
		其中：市、地本级	-10405
		结余县结余（5 个县）	2031
		赤字县赤字（7 个县）	-27164
总计	1342117	总计	1342117

1991年财政决算收支总表

表 5-11　　　　　　　　　　　　　　　　　　　　　　　　单位：万元

收入		支出	
预算科目	决算数	预算科目	决算数
一、工商税收类	101163	一、基本建设支出类	
二、农牧业税和耕地占用税类	6818	二、企业挖潜改造资金类	136
三、国营企业所得税类	9056	三、简易建筑费类	235
四、国营企业调节税类	359	四、地质勘探费类	
五、国营企业上缴利润类	1521	五、科技三项费用类	444
六、国营企业计划亏损补贴类	-12161	六、流动资金类	
七、国家能源交通重点建设基金收入类		七、支援农村生产支出类	3890
八、专款收入类	5697	八、农林水利气象等部门的事业费类	3976
九、基本建设贷款归还收入类		九、工业交通等部门的事业费类	812
十、其他收入类	1127	十、商业部门事业费类	
十一、国家预算调节基金类		十一、城市维护费类	5956
十二、国营企业承包收入退库类		十二、城镇青年就业经费类	65
十三、社会保险基金收入类	14319	十三、文教卫生事业费类	29069
		十四、科学事业费类	495
		十五、其他部门的事业费类	5447
		十六、抚恤和社会福利救济费类	6390
		十七、国防支出类	5
		十八、行政管理费类	9575
		十九、公检法支出类	3935
		二十、价格补贴支出类	9734
		二十一、支援不发达地区支出类	
		二十二、其他支出类	6713
		二十三、总预备费类	
		二十四、专款支出类	5173
		二十五、社会保险基金支出类	8521
本年收入合计	127899	本年支出合计	100571

1991 年财政决算收支总表

表 5-12　　　　单位：万元

收入		支出	
预算科目	决算数	预算科目	决算数
上级补助收入	20933	上解支出	47522
定额补助数		总额上解数	42485
专项补助数	19310	下放港口定额上解数	
各项结算补助数	1991	专项上解数	5037
调整收入任务增加或减少补助数	-559		
其他补助数	191	增设预算周转金	
		地方财政向国外借款安排的支出	
地方财政向国外借款收入		地方财政向国外借款还本付息支出	
地方政府兑付有价证券本金收入	7	地方政府购买有价证券	
地息方政府兑付有价证券利收入	6		
上年结余收入	1722		
调入其他资金	3577	年终滚存结余	6051
其中：预算外收入	1477	其中：市、地本级	2310
补粮基金	2100	减：排污费及水资源费结余	1154
		其中：市、地本级	358
		减：能源交通基金本年收入及上年结余	83
		其中：市、地本级	
		减：结转下年的支出	2482
		其中：市、地本级	745
		减：专项结余	5798
		其中：市、地本级	2080
		净结余	-3466
		其中：市、地本级	-873
总计	154144	总计	154144

1992年财政决算收支总表

表 5-13　　　　　　　　　　　　　　　　　　　　　　　　　　　单位：万元

收入		支出	
预算科目	决算数	预算科目	决算数
一、工商税收类	112362	一、基本建设支出类	
二、农牧业税和耕地占用税类	7876	二、企业挖潜改造资金类	70
三、国营企业所得税类	7869	三、简易建筑费类	192
四、国营企业调节税类	685	四、地质勘探费类	
五、国营企业上缴利润类	1472	五、科技三项费用类	602
六、国营企业计划亏损补贴类	-10971	六、流动资金类	
七、国家能源交通重点建设基金收入类		七、支援农村生产支出类	4174
八、基本建设贷款归还收入类		八、农林水利气象等部门的事业费类	4380
九、其他收入类	1410	九、工业交通等部门的事业费类	840
十、国家预算调节基金类		十、商业部门事业费类	
十一、国营企业承包收入退库类		十一、城市维护费类	6441
十二、股份制企业所得税类		十二、城镇青年就业经费类	52
十三、专款收入类	5743	十三、文教卫生事业费类	34026
		十四、科学事业费类	548
		十五、其他部门的事业费类	4583
		十六、抚恤和社会福利救济费类	6896
		十七、国防支出类	7
		十八、行政管理费类	12682
		十九、公检法支出类	4558
		二十、价格补贴支出类	7524
		二十一、支援不发达地区支出类	
		二十二、其他支出类	6923
		二十三、总预备费类	
		二十四、专款支出类	5274
本年收入合计	126446	本年支出合计	99772

1992 年财政决算收支总表

表 5-14　　　　单位：万元

收入		支出	
预算科目	决算数	预算科目	决算数
本年收入合计	126446	本年支出合计	99772
上级补助收入	24116	上解上级支出	52281
定额补助数		总额上解数	45884
专项补助数	22369	下放港口定额上解数	
各项结算补助数	1414	专项上解数	6397
调整收入任务增加或减少补助数	-497	增设预算周转金	
其他补助数	830	地方财政向国外借款安排的支出	
		地方财政向国外借款还本付息支出	
地方财政向国外借款收入		地方政府购买有价证券	
地方政府兑付有价证券本金收入	64	社会保险基金支出	24052
社会保险基金收入	18254	国营企业职工养老保险基金支出	11154
国营企业职工养老保险基金收入	17565	国营企业职工养老保险基金结余	11927
国营企业职工待业保险基金收入	689	国营企业职工待业保险基金支出	269
电力建设基金专项收入		国营企业职工待业保险基金结余	702
		电力建设基金专项支出	
上年结余收入	6110	电力建设基金支出结余	
其中：国营企业职工养老保险基金结余	5516		
国营企业职工待业保险基金结余	282	年终滚存结余	686
电力建设基金支出结余		其中：市、地（县、市、区）本级	164
调入其他资金	1801	减：能源交通基金本年收入及上年结余	148
其中：1. 调入补粮资金	1088	其中：市、地（县、市、区）本级	
2. 预算外资金	302	减：结转下年的支出	3836
3. 房改资金	411	其中：市、地（县、市、区）本级	989
		净结余	-3298
		其中：市、地（县、市、区）本级	-825
总　　计	176791	总　　计	176791

1993 年财政决算收支总表

表 5-15 单位：万元

收入		支出	
预算科目	决算数	预算科目	决算数
一、工商税收类	158433	一、基本建设支出类	
二、农牧业税和耕地占用税类	8358	二、企业挖潜改造资金类	1992
三、国有企业所得税类	7785	三、简易建筑费类	349
四、国有企业调节税类	444	四、地质勘探费类	
五、国有企业上缴利润类	1649	五、科技三项费用类	893
六、国有企业计划亏损补贴类	-10813	六、流动资金类	332
七、国家能源交通重点建设基金收入类		七、支援农村生产支出类	5297
八、基本建设贷款归还收入类		八、农林水利气象等部门的事业费类	4536
九、其他收入类	4077	九、工业交通等部门的事业费类	970
十、国家预算调节基金类		十、商业部门事业费类	
十一、国营企业承包收入退库类		十一、城市维护费类	11081
十二、股份制企业所得税类		十二、城镇青年就业经费类	39
十三、专款收入类	5853	十三、文教卫生事业费类	44296
		十四、科学事业费类	664
		十五、其他部门的事业费类	7236
		十六、抚恤和社会福利救济费类	8516
		十七、国防支出类	
		十八、行政管理费类	16260
		十九、公检法支出类	5877
		二十、价格补贴支出类	6547
		二十一、支援不发达地区支出类	
		二十二、其他支出类	17410
		二十三、总预备费类	
		二十四、专款支出表	6198
本年收入合计	175786	本年支出合计	138493

1993年财政决算收支总表

表5-16　　单位：万元

收入		支出	
预算科目	决算数	预算科目	决算数
本年收入	175786	本年支出	138493
上级补助收入	21979	上解上级支出	57473
体制补助数		体制上解数	49555
专项补助数	20706	下放港口定额上解数	
各项结算补助数	822	专项上解数	7918
调整收入任务增加或减少补助数	-632	计划单列市上解省支出	
其他补助数	1083		
省补助计划单列市收入		增设预算周转金	1460
		地方财政向国外借款安排的支出	
地方财政向国外借款收入		地方财政向国外借款还本付息支出	
地方政府兑付有价证券本金收入	4	地方政府购买有价证券	
社会保险基金收入	24901	社会保险基金支出	24901
国有企业职工养老保险基金收入	23315	国有企业职工养老保险基金支出	24132
国有企业职工待业保险基金收入	1586	国有企业职工养老保险基金结余支出	-817
电力建设基金专项收入		国有企业职工待业保险基金支出	1116
		国有企业职工待业保险基金结余支出	470
上年结余收入	686	电力建设资金专项支出	
		电力建设资金支出结余	
调入其他资金	1357		
其中：预算外资金	800	年终滚存结余	2386
房改统筹	100	其中：市、地（县、市、区）本级	629
补粮基金	457	减：能源交通基金本年收入及上年结余	101
		其中：市、地（县、市、区）本级	
		减：结转下年的支出	3895
		其中：市、地（县、市、区）本级	715
		净结余	-1610
		其中：市、地（县、市、区）本级	-87
总计	224713	总计	224713

1994 年财政决算收支总表

表 5-17　　　　　　　　　　　　　　　　　　　　　　　　单位：万元

收入		支出	
预算科目	决算数	预算科目	决算数
一、工商税收类	79111	一、基本建设支出类	
二、农牧业税和耕地占用税类	14031	二、企业挖潜改造资金类	3062
三、企业所得税类	17216	三、简易建筑费类	575
四、国有企业上缴利润类	-980	四、地质勘探费类	
五、国有企业计划亏损补贴类	-7782	五、科技三项费用类	1076
六、国家能源交通重点建设基金收入类		六、流动资金类	300
七、基本建设贷款归还收入类		七、支援农村生产支出类	4763
八、其他收入类	4783	八、农林水利气象等部门的事业费类	5845
九、国家预算调节基金类		九、工业交通等部门的事业费类	1215
十、所得税退税类	-30	十、商业部门事业费类	65
十一、专款收入类	6910	十一、城市维护费类	9146
		十二、文教卫生事业费类	58863
		十三、科学事业费类	797
		十四、其他部门的事业费类	6441
		十五、抚恤和社会福利救济费类	9809
		十六、国防支出类	30
		十七、行政管理费类	20896
		十八、公检法支出类	8332
		十九、价格补贴支出类	6030
		二十、支援不发达地区支出类	
		二十一、其他支出类	17140
		二十二、总预备费类	
		二十三、专款支出类	6835
本年收入合计	113259	本年支出合计	161220

1994 年财政决算收支总表

表 5-18　　　　　　　　　　　　　　　　　　　　　　　　　　　　　　　单位：万元

收　入		支　出	
预 算 科 目	决算数	预 算 科 目	决算数
本年收入	113259	本年支出	161220
上级补助收入	107997	上解上级支出	58458
税收返还收入	91331	原体制上解数	54245
原体制补助数		下放港口定额上解数	400
专项补助数	19127	专项上解数	3813
各项结算补助数	-3139	计划单列市上解省支出	
调整收入任务增加或减少补助数	163		
其他补助数	515	增设预算周转金	200
省补助计划单列市收入		地方财政向国外借款安排的支出	
		地方财政向国外借款还本付息支出	
地方财政向国外借款收入		地方政府购买有价证券	
地方政府兑付有价证券本金收入	53	社会保险基金支出	29245
社会保险基金收入	29245	国有企业职工养老保险基金支出	35188
国有企业职工养老保险基金收入	27269	国有企业职工养老保险基金结余	-7919
国有企业职工待业保险基金收入	1976	国有企业职工待业保险基金支出	1717
电力建设基金专项收入		国有企业职工待业保险基金结余	259
股票售表收入		电力建设资金专项支出	
		电力建设资金支出结余	
上年结余收入	2386		
调入其他资金	1669	年终滚存结余	5486
其中：预算外资金	421	其中：市、地（县、市、区）本级	3233
其他单位收入	1148	减：能源交通基金本年收入及上年结余	81
房改统筹资金	100	其中：市、地（县、市、区）本级	
		减：结转下年的支出	6817
		其中：市、地（县、市、区）本级	3162
		净结余	-1412
		其中：市、地（县、市、区）本级	71
总　　计	254609	总　　计	254609

1995年财政决算收支总表

表5-19　　　　单位：万元

收　入		支　出	
预算科目	决算数	预算科目	决算数
一、工商税收类	96265	一、基本建设支出类	
二、农牧业税和耕地占用税类	16591	二、企业挖潜改造资金类	5668
三、企业所得税类	23416	三、简易建筑费类	400
四、国有企业上缴利润类	-915	四、地质勘探费类	
五、国有企业计划亏损补贴类	-7280	五、科技三项费用类	1450
六、国家能源交通重点建设基金收入类		六、流动资金类	
七、基本建设贷款归还收入类		七、支援农村生产支出类	3070
八、其他收入类	1939	八、农林水利气象等部门的事业费类	6705
九、国家预算调节基金类		九、工业交通等部门的事业费类	800
十、所得税退税类	-157	十、商业部门事业费类	
十一、专款收入类	8200	十一、城市维护费类	18174
十二、罚没收入、行政性收费收入类	4672	十二、文教卫生事业费类	64329
		十三、科学事业费类	592
		十四、其他部门的事业费类	9108
		十五、抚恤和社会福利救济费类	10315
		十六、国防支出类	
		十七、行政管理费类	23334
		十八、公检法支出类	10210
		十九、价格补贴支出类	3940
		二十、支援不发达地区支出类	
		二十一、其他支出类	23905
		二十二、总预备费类	
		二十三、专款支出类	8088
		二十四、农业综合开发支出类	3930
本年收入合计	142731	本年支出合计	194018

1995 年财政决算收支总表

表 5-20　　单位：万元

收　入		支　出	
预 算 科 目	决算数	预 算 科 目	决算数
本年收入	142731	本年支出	194018
上级补助收入	114008	上解上级支出	61800
税收返还收入	92994	原体制上解数	56800
原体制补助数		下放港口定额上解数	200
专项补助数	19233	专项上解数	4800
各项结算补助数	173	计划单列市上解省支出	
调整收入任务增加或减少补助数	108		
其他补助数	1500		
省补助计划单列市收入		增设预算周转金	
		地方财政向国外借款安排的支出	
		地方财政向国外借款还本付息支出	
地方财政向国外借款收入		地方政府购买有价证券	
地方政府兑付有价证券本金收入	12	社会保险基金支出	25632
社会保险基金收入	34172	社会保险基金专项支出	8540
电力建设基金专项收入		电力建设资金专项支出	
股票售表收入		电力建设资金支出结余	
上年结余收入	6560	年终滚存结余	9345
调入其他资金	1852	其中：市、地（县、市、区）本级	4926
其中：预算外收入	974	减：能源交通基金本年收入及上年结余	49
实体单位预算外收入	878	其中：市、地（县、市、区）本级	
		减：结转下年的支出	9051
		其中：市、地（县、市、区）本级	4838
		净结余	245
		其中：市、地（县、市、区）本级	88
总　计	299335	总　计	299335

1996 年财政决算收支总表

表 5-21　　　　单位：万元

收　入		支　出	
预 算 科 目	决算数	预 算 科 目	决算数
一、工商税收类	119610	一、基本建设支出类	
二、农牧业税和耕地占用税类	22532	二、企业挖潜改造资金类	7466
三、企业所得税类	30833	三、简易建筑费类	200
四、国有企业上缴利润类		四、地质勘探费类	
五、国有企业计划亏损补贴类	-7627	五、科技三项费用类	2869
六、国家能源交通重点建设基金收入类		六、流动资金类	
七、基本建设贷款归还收入类		七、支援农村生产支出类	4497
八、其他收入类	2787	八、农林水利气象等部门的事业费类	8847
九、国家预算调节基金类		九、工业交通等部门的事业费类	1073
十、所得税退税类	-40	十、商业部门事业费类	
十一、专项收入类	9039	十一、城市维护费类	21805
十二、罚没收入、行政性收费收入类	8163	十二、文教事业费类	65478
		十三、科学事业费类	767
		十四、其他部门的事业费类	11557
		十五、抚恤和社会福利救济费类	9525
		十六、国防支出类	236
		十七、行政管理费类	28835
		十八、武装警察部队支出类	
		十九、公检法支出类	17705
		二十、价格补贴支出类	3570
		二十一、支援不发达地区支出类	
		二十二、其他支出类	32051
		二十三、总预备费类	
		二十四、专款支出类	9417
		二十五、农业综合开发支出类	4700
		二十六、卫生经费类	14752
		二十七、行政事业离退休经费类	551
本年收入合计	185297	本年支出合计	245901

1996 年财政决算收支总表

表 5-22　　　　单位：万元

收入		支出	
预算科目	决算数	预算科目	决算数
本年收入	185297	本年支出	245901
上级补助收入	125212	上解上级支出	64606
税收返还收入	95829	原体制上解数	59325
原体制补助数		下放港口定额上解数	200
专项补助数	25196	专项上解数	5081
各项结算补助数	464	计划单列市上解省支出	
调整收入任务增加或减少补助数	481		
其他补助数	3242		
省补助计划单列市收入		增设预算周转金	100
		地方政府向国外借款安排的支出	
		地方政府向国外借款还本付息支出	
地方财政向国外借款收入		地方政府购买有价证券	
地方政府兑付有价证券本金收入		社会保险基金支出	43173
社会保险基金收入	46000	社会保险基金支出结余	2827
电力建设基金收入		电力建设基金支出	
		电力建设基金支出结余	
上年结余收入	10373	年终滚存结余	13824
调入其他资金	3549	其中：市、地（县、市、区）本级	8994
其中：调入预算外资金	109	减：能源交通基金本年收入及上年结余	49
农发基金结余	1940	其中：市、地（县、市、区）本级	
实体单位预算外收入	1000	减：结转下年的支出	13305
其他资金	500	其中：市、地（县、市、区）本级	8828
		净结余	470
		其中：市、地（县、市、区）本级	166
总　计	370431	总　计	370431

1997年财政决算收支总表

表 5-23　　　　单位：万元

收入		支出	
预算科目	决算数	预算科目	决算数
一、工商税收类	147092	一、基本建设支出类	
二、农牧业税和耕地占用税类	24101	二、企业挖潜改造资金类	7314
三、企业所得税类	38810	三、简易建筑费类	395
四、国有企业上缴利润类	249	四、地质勘探费类	
五、国有企业计划亏损补贴类	-5515	五、科技三项费用类	3612
六、基本建设贷款归还收入类		六、流动资金类	3410
七、其他收入类	3886	七、支援农村生产支出类	5106
八、企业所得税退税类	-5	八、农林水利气象等部门的事业费类	11440
九、罚没收入、行政性收费收入类	14090	九、工业交通等部门的事业费类	1024
		十、商业部门事业费类	62
		十一、城市维护费类	27549
		十二、文教事业费类	72217
		十三、科学事业费类	942
		十四、其他部门的事业费类	14867
		十五、抚恤和社会福利救济费类	11278
		十六、国防支出类	286
		十七、行政管理费类	30005
		十八、武装警察部队支出类	
		十九、公检法支出类	18206
		二十、政策性补贴支出类	3580
		二十一、支援不发达地区支出类	
		二十二、其他支出类	39385
		二十三、总预备费类	
		二十四、农业综合开发支出类	6289
		二十五、卫生经费类	17302
		二十六、行政事业单位离退休经费类	5945
本年收入合计	222708	本年支出合计	280214

1997年财政决算收支总表

表 5-24　　　　单位：万元

收入		支出	
预算科目	决算数	预算科目	决算数
本年收入	222708	本年支出	280214
上级补助收入	126882	上解上级支出	63953
税收返还收入	99304	原体制上解数	62291
原体制补助数		专项上解数	1662
专项补助数	26179	计划单列市上解省支出	
转移支付补助数			
各项结算补助数	-2132		
调整收入任务增加或减少补助数	440		
其他补助数	3091		
省补助计划单列市收入		增设预算周转金	92
		地方向国外借款安排的支出	
		地方向国外借款还本付息支出	
地方向国外借款收入		地方政府购买有价证券	
地方政府兑付有价证券本金收入	7	社会保障基金支出	44103
社会保险基金收入	48429	社会保障基金支出结余	4326
上年结余收入	12083	年终滚存结余	19929
调入其他资金	2508	其中：市、地（县、市、区）本级	14663
其中：调入预算外资金	2508	减：结转下年的支出	19291
		其中：市、地（县、市、区）本级	14447
		净结余	638
		其中：市、地（县、市、区）本级	216
总计	412617	总计	412617

1998年烟台市财政一般预算收支决算总表

表 5-25　　　　单位：万元

预 算 科 目	决算数	预 算 科 目	决算数
一、增值税	47844	一、基本建设支出	
二、营业税	54718	二、企业挖潜改造资金	16579
三、企业所得税	50589	三、简易建筑费	730
四、企业所得税退税	-9	四、地质勘探费	
五、外商投资企业和外国企业所得税	7482	五、科技三项费用	5862
六、个人所得税	15850	六、流动资金	143
七、资源税	1026	七、支援农村生产支出	6677
八、固定资产投资方向调节税	8629	八、农业综合开发支出	6695
九、城市维护建设税	15145	九、农林水利气象等部门的事业费	13485
十、房产税	11485	十、工业交通等部门的事业费	706
十一、印花税	1290	十一、流通部门事业费	52
十二、城镇土地使用税	3318	十二、文体广播事业费	11906
十三、土地增值税	117	十三、教育事业费	74514
十四、车船使用税	1718	十四、科学事业费	1022
十五、屠宰税	508	十五、卫生经费	17405
十六、筵席税		十六、税务统计财政审计等部门的事业费	14562
十七、农业税	9141	十七、抚恤和社会福利救济费	11971
十八、农业特产税	14782	十八、行政事业单位离退休经费	7898
十九、牧业税		十九、社会保障补助支出	2695
二十、耕地占用税	1301	二十、国防支出	304
二十一、契税	3186	二十一、行政管理费	34851
二十二、国有资产经营收益		二十二、外交外事支出	227
二十三、国有企业计划亏损补贴	-5856	二十三、武装警察部队支出	
二十四、行政性收费收入	10953	二十四、公检法司支出	23531
二十五、罚没收入	7390	二十五、城市维护费	42040
二十六、土地和海域有偿使用收入	2007	二十六、政策性补贴支出	3675
二十七、专项收入	9993	二十七、支援不发达地区支出	880
二十八、其他收入	2245	二十八、土地和海域开发建设支出	130
		二十九、专项支出	11049
		三十、其他支出	32053
		三十一、总预备费	
本年收入合计	274852	本年支出合计	341642

1998 年烟台市财政一般预算收支决算总表

表 5-26　　　　单位：万元

预　算　科　目	决算数	预　算　科　目	决算数
本年收入	274852	本年支出	341642
上级补助收入	141158	上解上级支出	69239
税收返还补助	103540	原体制上解	65406
原体制补助		专项上解	3833
专项补助	39275	计划单列市上解省支出	
转移支付补助			
股票售表收入上解上级返还补助			
增发国债补助			
结算补助	-3099		
调整收入任务增加或减少补助	210		
其他补助	1232		
省补助计划单列市收入			
		增设预算周转金	40
地方向国外借款收入		地方向国外借款安排的支出	
		地方向国外借款还本付息支出	
国债转贷收入		国债转贷收入安排的支出	
		国债转贷收入结余	
上年结余收入	22049	调出资金	
调入其他资金	2118	年终滚存结余	29256
其中：预算外资金	2118	其中：市、地（县、市、区）本级	18429
		减：结转下年的支出	28309
		其中：市、地（县、市、区）本级	18060
		净结余	947
		其中：市、地（县、市、区）本级	369
总　　计	440177	总　　计	440177

1999年烟台市财政一般预算收支决算总表

表 5-27 单位：万元

预 算 科 目	决算数	预 算 科 目	决算数
一、增值税	54623	一、基本建设支出	
二、营业税	59034	二、企业挖潜改造资金	23875
三、企业所得税	70570	三、地质勘探费	
四、企业所得税退税	-13	四、科技三项费用	8066
五、个人所得税	18230	五、流动资金	183
六、资源税	1222	六、支援农村生产支出	8717
七、固定资产投资方向调节税	12106	七、农业综合开发支出	7743
八、城市维护建设税	17859	八、农林水利气象等部门的事业费	14278
九、房产税	14108	九、工业交通等部门的事业费	648
十、印花税	1596	十、流通部门事业费	20
十一、城镇土地使用税	4826	十一、文体广播事业费	10875
十二、土地增值税	170	十二、教育事业费	73067
十三、车船使用和牌照税	1620	十三、科学事业费	1284
十四、屠宰税	740	十四、卫生经费	19199
十五、筵席税		十五、税务等部门的事业费	11094
十六、农业税	7969	十六、抚恤和社会福利救济费	14742
十七、农业特产税	17755	十七、行政事业单位离退休经费	23992
十八、牧业税		十八、社会保障补助支出	3465
十九、耕地占用税	1741	十九、国防支出	454
二十、契税	3631	二十、行政管理费	37748
二十一、国有资产经营收益	2126	二十一、外交外事支出	150
二十二、国有企业计划亏损补贴	-4214	二十二、武装警察部队支出	
二十三、行政性收费收入	11807	二十三、公检法司支出	26446
二十四、罚没收入	7811	二十四、城市维护费	44170
二十五、土地和海域有偿使用收入	2938	二十五、政策性补贴支出	2839
二十六、专项收入	10434	二十六、支援不发达地区支出	495
二十七、其他收入	2489	二十七、土地和海域开发建设支出	271
		二十八、专项支出	11724
		二十九、其他支出	35248
		三十、总预备费	
本年收入合计	321178	本年支出合计	380793

1999 年烟台市财政一般预算收支决算总表

表 5-28

单位：万元

预 算 科 目	决算数	预 算 科 目	决算数
本年收入	321178	本年支出	380793
上级补助收入	142955	上解上级支出	82992
税收返还补助	108593	原体制上解	68676
原体制补助		专项上解	14316
专项拨款补助	35734	计划单列市上解省支出	
转移支付补助			
股票售表收入上解中央返还补助			
增发国债补助			
增加工资上级补助			
各项结算补助	-4372		
调整收入任务增加或减少补助	450		
其他补助	2550		
省补助计划单列市收入			
		增设预算周转金	
地方向国外借款收入		地方向国外借款安排的支出	
		地方向国外借款还本付息支出	
国债转贷收入	21899	国债转贷收入安排的支出	17599
国债转贷资金上年结余		国债转贷收入结余	4300
上年结余收入	29256	调出资金	
调入其他资金	3886	年终滚存结余	33490
其中：救灾捐款	695	其中：市（地）本级	22038
基金收入	268	减：结转下年的支出	32265
预算外资金	2923	其中：市（地）本级	21500
		净结余	1225
		其中：市（地）本级	538
总 计	519174	总 计	519174

2000年烟台市财政一般预算收支决算总表

表 5-29　　　　单位：万元

预 算 科 目	决算数	预 算 科 目	决算数
一、增值税	63830	一、基本建设支出	
二、营业税	73062	二、企业挖潜改造资金	35149
三、企业所得税	93615	三、地质勘探费	180
四、企业所得税退税	-2	四、科技三项费用	8754
五、个人所得税	21962	五、流动资金	156
六、资源税	1325	六、支援农村生产支出	8035
七、固定资产投资方向调节税	4211	七、农业综合开发支出	7568
八、城市维护建设税	18508	八、农林水利气象等部门的事业费	14206
九、房产税	16874	九、工业交通等部门的事业费	832
十、印花税	2046	十、流通部门事业费	365
十一、城镇土地使用税	6583	十一、文体广播事业费	13259
十二、土地增值税	350	十二、教育事业费	84673
十三、车船使用和牌照税	2593	十三、科学事业费	1571
十四、屠宰税	826	十四、卫生经费	20386
十五、筵席税		十五、税务等部门的事业费	15055
十六、农业税	6564	十六、抚恤和社会福利救济费	17481
十七、农业特产税	20911	十七、行政事业单位离退休经费	26669
十八、牧业税		十八、社会保障补助支出	2892
十九、耕地占用税	1504	十九、国防支出	403
二十、契税	5356	二十、行政管理费	43645
二十一、国有资产经营收益	4763	二十一、外交外事支出	223
二十二、国有企业计划亏损补贴	-3591	二十二、武装警察部队支出	
二十三、行政性收费收入	8874	二十三、公检法司支出	27989
二十四、罚没收入	9049	二十四、城市维护费	51982
二十五、海域场地矿区使用费收入	147	二十五、政策性补贴支出	2844
二十六、专项收入	11698	二十六、支援不发达地区支出	540
二十七、其他收入	5851	二十七、海域开发建设和场地使用费支出	
		二十八、专项支出	12906
		二十九、其他支出	46314
		三十、总预备费	
本年收入合计	376909	本年支出合计	444077

2000 年烟台市财政一般预算收支决算总表

表 5-30

单位：万元

预算科目	决算数	预算科目	决算数
本年收入	376909	本年支出	444077
中央补助收入	152498	上解中央支出	86033
税收返还补助	112439	原体制上解	71610
原体制补助		专项上解	14423
专项拨款补助	39248	计划单列市上解省支出	
转移支付补助			
增发国债补助			
增加工资中央补助			
各项结算补助	-4269		
调整收入任务增加或减少补助	660		
其他补助	4420		
省补助计划单列市收入			
		增设预算周转金	
地方向国外借款收入		地方向国外借款安排的支出	
		地方向国外借款还本付息支出	
国债转贷收入	9323	国债转贷收入安排的支出	9325
国债转贷资金上年结余	5050	国债转贷收入结余	5048
上年结余收入	33490	调出资金	
调入其他资金	2855	年终滚存结余	35642
其中：调入基金预算资金	1187	其中：市本级	22646
调入预算外资金	1668	减：结转下年的支出	34182
		其中：市本级	22048
		净结余	1460
		其中：市本级	598
总计	580125	总计	580125

2001 年烟台市财政一般预算收支决算总表

表 5-31　　单位：万元

预算科目	决算数	预算科目	决算数
一、增值税	81315	一、基本建设支出	
二、营业税	73695	二、企业挖潜改造资金	38093
三、企业所得税	157787	三、地质勘探费	
四、企业所得税退税		四、科技三项费用	9359
五、个人所得税	29516	五、流动资金	
六、资源税	1286	六、支援农村生产支出	9226
七、固定资产投资方向调节税	1369	七、农业综合开发支出	7998
八、城市维护建设税	20719	八、农林水利气象等部门的事业费	17738
九、房产税	18461	九、工业交通等部门的事业费	899
十、印花税	2117	十、流通部门事业费	303
十一、城镇土地使用税	6020	十一、文体广播事业费	14530
十二、土地增值税	440	十二、教育事业费	103171
十三、车船使用和牌照税	3243	十三、科学事业费	1676
十四、屠宰税	344	十四、卫生经费	22319
十五、筵席税		十五、税务等部门的事业费	16911
十六、农业税	7861	十六、抚恤和社会福利救济费	19184
十七、农业特产税	20346	十七、行政事业单位离退休经费	41360
十八、牧业税		十八、社会保障补助支出	5784
十九、耕地占用税	850	十九、国防支出	391
二十、契税	6317	二十、行政管理费	51645
二十一、国有资产经营收益	2622	二十一、外交外事支出	1159
二十二、国有企业计划亏损补贴	-3513	二十二、武装警察部队支出	
二十三、行政性收费收入	10562	二十三、公检法司支出	30299
二十四、罚没收入	8233	二十四、城市维护费	71369
二十五、海域场地矿区使用费收入	137	二十五、政策性补贴支出	1660
二十六、专项收入	13473	二十六、支援不发达地区支出	651
二十七、其他收入	2863	二十七、海域开发建设和场地使用费支出	12
		二十八、专项支出	14101
		二十九、其他支出	54386
		三十、总预备费	
本年收入合计	466063	本年支出合计	534224

2001 年烟台市财政一般预算收支决算总表

表 5-32　　单位：万元

预算科目	决算数	预算科目	决算数
本年收入	466063	本年支出	534224
上级补助收入	165388	上解上级支出	91888
税收返还补助	122919	原体制上解	74591
原体制补助		专项上解	17297
专项拨款补助	37013	计划单列市上解省支出	
过渡期转移支付补助			
民族地区转移支付补助			
中小学教师工资转移支付补助			
增发国债补助			
增加工资上级补助			
艰苦边远地区津贴补助			
各项结算补助	-5405		
调整收入任务增加或减少补助	2706		
其他补助	8155		
省补助计划单列市收入			
		增设预算周转金	
地方向国外借款收入		地方向国外借款安排的支出	
		地方向国外借款还本付息支出	
国债转贷收入	20600	国债转贷收入安排的支出	22900
国债转贷资金上年结余	5048	国债转贷收入结余	2748
上年结余收入	35642	调出资金	
调入其他资金	4595	年终滚存结余	45576
其中：调入预算外资金	2983	其中：市本级	27101
调入基金预算资金	1612	减：结转下年的支出	43904
		其中：市本级	26406
		净结余	1672
		其中：市本级	695
总　　计	697336	总　　计	697336

2002年烟台市财政一般预算收支决算总表

表 5-33　　单位：万元

预算科目	决算数	预算科目	决算数
一、增值税	95911	一、基本建设支出	
二、营业税	94459	二、企业挖潜改造资金	20981
三、企业所得税	66877	三、地质勘探费	90
四、企业所得税退税		四、科技三项费用	12268
五、个人所得税	16709	五、流动资金	
六、资源税	2220	六、支援农村生产支出	11053
七、固定资产投资方向调节税	1691	七、农业综合开发支出	8660
八、城市维护建设税	27372	八、农林水利气象等部门的事业费	23469
九、房产税	21745	九、工业交通等部门的事业费	1344
十、印花税	3031	十、流通部门事业费	85
十一、城镇土地使用税	8053	十一、文体广播事业费	18279
十二、土地增值税	1125	十二、教育事业费	123539
十三、车船使用和牌照税	3424	十三、科学事业费	1793
十四、屠宰税	219	十四、卫生经费	25302
十五、筵席税		十五、其他部门的事业费	24711
十六、农业税	20931	十六、抚恤和社会福利救济费	26785
十七、农业特产税	14500	十七、行政事业单位离退休经费	48081
十八、牧业税		十八、社会保障补助支出	7781
十九、耕地占用税	2196	十九、国防支出	776
二十、契税	11638	二十、行政管理费	64603
二十一、国有资产经营收益	15837	二十一、外交外事支出	358
二十二、国有企业计划亏损补贴	-3935	二十二、武装警察部队支出	
二十三、行政性收费收入	14493	二十三、公检法司支出	36854
二十四、罚没收入	12842	二十四、城市维护费	91667
二十五、海域场地矿区使用费收入	96	二十五、政策性补贴支出	2417
二十六、专项收入	16493	二十六、支援不发达地区支出	249
二十七、其他收入	4384	二十七、海域开发建设和场地使用费支出	53
		二十八、专项支出	17113
		二十九、其他支出	80205
		三十、总预备费	
本年收入合计	452311	本年支出合计	648516

2002年烟台市财政一般预算收支决算总表

表5-34　　　　　　　　　　　　　　　　　　　　　　　　　　单位：万元

预　算　科　目	决算数	预　算　科　目	决算数
本年收入	452311	本年支出	648516
上级补助收入	282345	上解上级支出	94374
税收返还补助	129218	原体制上解	78321
所得税基数返还补助	88161	专项上解	16053
营业税基数返还补助	8373		
原体制补助		计划单列市上解省支出	
上级专项补助	42526		
一般性转移支付补助			
民族地区转移支付补助			
农村税费改革转移支付补助	15000		
其中：中小学教师工资转移支付补助	5941		
增发国债补助			
增加工资上级补助			
各项结算补助	-6339		
调整收入任务增加或减少补助	1000		
其他补助	4406		
省补助计划单列市收入		增设预算周转金	
国债转贷收入	15686	拨付国债转贷资金数	17334
国债转贷资金上年结余	2748	国债转贷资金结余	1100
上年结余收入	45576	调出资金	
调入其他资金	6867	年终结余	44209
其中：调入预算外资金	6867	其中：市本级	22729
		减：结转下年的支出	42309
		其中：市本级	21956
		净结余	1900
		其中：市本级	773
总　　计	805533	总　　计	805533

2003 年烟台市财政一般预算收支决算总表

表 5-35　　　　单位：万元

预 算 科 目	决算数	预 算 科 目	决算数
一、增值税	103757	一、基本建设支出	35
二、营业税	117238	二、企业挖潜改造资金	18847
三、企业所得税	54680	三、地质勘探费	
四、企业所得税退税		四、科技三项费用	13106
五、个人所得税	15510	五、流动资金	
六、资源税	5006	六、农业支出	35907
七、固定资产投资方向调节税	2859	七、林业支出	5896
八、城市维护建设税	33900	八、水利和气象支出	8114
九、房产税	25244	九、工业交通等部门的事业费	1308
十、印花税	5296	十、流通部门事业费	45
十一、城镇土地使用税	12682	十一、文体广播事业费	19998
十二、土地增值税	6686	十二、教育支出	137494
十三、车船使用和牌照税	3663	十三、科学支出	2077
十四、屠宰税		十四、医疗卫生支出	29887
十五、筵席税		十五、其他部门的事业费	31909
十六、农业税	27386	十六、抚恤和社会福利救济	29567
十七、农业特产税	13388	十七、行政事业单位离退休支出	55444
十八、牧业税		十八、社会保障补助支出	13880
十九、耕地占用税	7243	十九、国防支出	978
二十、契税	15764	二十、行政管理费	70714
二十一、国有资产经营收益	30073	二十一、外交外事支出	291
二十二、国有企业计划亏损补贴	-1710	二十二、武装警察部队支出	
二十三、行政性收费收入	26357	二十三、公检法司支出	45441
二十四、罚没收入	16957	二十四、城市维护费	114329
二十五、海域场地矿区使用费收入	134	二十五、政策性补贴支出	3561
二十六、专项收入	20582	二十六、支援不发达地区支出	250
二十七、其他收入	9049	二十七、海域开发建设和场地使用费支出	64
		二十八、债务利息支出	
		二十九、专项支出	20668
		三十、其他支出	95428
		三十一、总预备费	
本年收入合计	551744	本年支出合计	755238

2003年烟台市财政一般预算收支决算总表

表 5-36　　　　单位：万元

预　算　科　目	决算数	预　算　科　目	决算数
本年收入	551744	本年支出	755238
上级补助收入	303728	上解中央支出	99894
消费税和增值税税收返还	133742	原体制上解	82237
所得税基数返还	103625	专项上解	17657
营业税基数返还补助	8373	计划单列市上解省支出	
原体制补助			
专项补助	43047		
一般性转移支付补助			
民族地区转移支付补助			
农村税费改革转移支付补助	14682		
其中：中小学教师工资转移支付补助	8385		
增发国债补助			
调整工资转移支付补助			
结算补助	-4417		
农业税灾歉减免及企事业单位预算划转补助	270		
其他补助	4406		
省补助计划单列市收入		增设预算周转金	
国债转贷收入	15277	拨付国债转贷资金数	12211
国债转贷资金上年结余	1100	国债转贷资金结余	3706
国债转贷转补助	-460		
上年结余收入	44209	调出资金	
调入资金	3635	年终结余	48184
其中：1. 预算外调入	3635	其中：市本级	24100
2. …		减：结转下年的支出	45924
		其中：市本级	23230
		净结余	2260
		其中：市本级	870
总　计	919233	总　计	919233

2004年烟台市财政一般预算收支决算总表

表5-37 单位：万元

预 算 科 目	决算数	预 算 科 目	决算数
一、增值税	75101	一、基本建设支出	50
二、营业税	145449	二、企业挖潜改造资金	12455
三、企业所得税	67237	三、地质勘探费	280
四、企业所得税退税		四、科技三项费用	14835
五、个人所得税	18623	五、流动资金	
六、资源税	9651	六、农业支出	38070
七、固定资产投资方向调节税	3128	七、林业支出	6324
八、城市维护建设税	41338	八、水利和气象支出	6930
九、房产税	29728	九、工业交通等部门的事业费	2391
十、印花税	8265	十、流通部门事业费	51
十一、城镇土地使用税	18425	十一、文体广播事业费	23890
十二、土地增值税	16209	十二、教育支出	155092
十三、车船使用和牌照税	3506	十三、科学支出	2231
十四、屠宰税		十四、医疗卫生支出	32751
十五、筵席税		十五、其他部门的事业费	43440
十六、农业税	14435	十六、抚恤和社会福利救济	31665
十七、农业特产税		十七、行政事业单位离退休支出	63826
十八、牧业税		十八、社会保障补助支出	17496
十九、耕地占用税	13262	十九、国防支出	1033
二十、契税	25309	二十、行政管理费	82476
二十一、国有资产经营收益	53361	二十一、外交外事支出	884
二十二、国有企业计划亏损补贴	-1500	二十二、武装警察部队支出	
二十三、行政性收费收入	39047	二十三、公检法司支出	52384
二十四、罚没收入	27612	二十四、城市维护费	190664
二十五、海域场地矿区使用费收入	80	二十五、政策性补贴支出	3023
二十六、专项收入	26822	二十六、支援不发达地区支出	465
二十七、其他收入	5126	二十七、海域开发建设和场地使用费支出	
		二十八、车辆税费支出	284
		二十九、债务利息支出	
		三十、专项支出	25680
		三十一、其他支出	111786
		三十二、总预备费	
本年收入合计	640214	本年支出合计	920456

2004 年烟台市财政一般预算收支决算总表

表 5-38　　　　单位：万元

预　算　科　目	决算数	预　算　科　目	决算数
本年收入	640214	本年支出	920456
上级补助收入	394180	上解上级支出	102658
消费税和增值税税收返还	141447	原体制上解	86349
所得税基数返还	103625	专项上解	16309
出口退税基数返还	34450	计划单列市上解省支出	
营业税基数返还补助	8373		
原体制补助			
专项补助	58217		
一般性转移支付补助			
民族地区转移支付补助			
农村税费改革转移支付补助	14682		
其中：中小学教师工资转移支付补助	7975		
取消农业特产税降低农业税率转移支付补助	15045		
增发国债补助			
调整工资转移支付补助			
结算补助	13636		
农业税灾歉减免及企事业单位预算划转补助	800		
其他补助	3905		
省补助计划单列市收入		增设预算周转金	
国债转贷收入	14710	拨付国债转贷资金数	3200
国债转贷资金上年结余	3706	国债转贷资金结余	15216
国债转贷转补助			
上年结余收入	48184	调出资金	
调入资金	4082	年终结余	63546
其中：1. 预算外调入	4082	其中：市本级	27441
		减：结转下年的支出	61067
		其中：市本级	26513
		净结余	2479
		其中：市本级	928
总　　计	1105076	总　　计	1105076

2005 年度烟台市财政一般预算收支决算总表

表 5-39　　　　单位：万元

预 算 科 目	决算数	预 算 科 目	决算数
一、增值税	154559	一、基本建设支出	328
二、营业税	171186	二、企业挖潜改造资金	16798
三、企业所得税	79836	三、地质勘探费	170
四、企业所得税退税		四、科技三项费用	16782
五、个人所得税	22827	五、流动资金	
六、资源税	13740	六、农业支出	47424
七、固定资产投资方向调节税	20	七、林业支出	8608
八、城市维护建设税	46563	八、水利和气象支出	10817
九、房产税	38952	九、工业交通等部门的事业费	3014
十、印花税	12091	十、流通部门事业费	172
十一、城镇土地使用税	28380	十一、文体广播事业费	25629
十二、土地增值税	32251	十二、教育支出	189695
十三、车船使用和牌照税	3528	十三、科学支出	2659
十四、屠宰税		十四、医疗卫生支出	36637
十五、筵席税		十五、其他部门的事业费	48817
十六、农业税		十六、抚恤和社会福利救济	39394
十七、农业特产税		十七、行政事业单位离退休支出	79792
十八、牧业税		十八、社会保障补助支出	22061
十九、耕地占用税	13490	十九、国防支出	1050
二十、契税	38762	二十、行政管理费	101642
二十一、国有资产经营收益	109967	二十一、外交外事支出	373
二十二、国有企业计划亏损补贴	-1500	二十二、武装警察部队支出	187
二十三、行政性收费收入	43894	二十三、公检法司支出	69912
二十四、罚没收入	22495	二十四、城市维护费	234074
二十五、海域场地矿区使用费收入	1775	二十五、政策性补贴支出	3854
二十六、专项收入	32749	二十六、支援不发达地区支出	705
二十七、其他收入	4848	二十七、海域开发建设和场地使用费支出	140
		二十八、车辆税费支出	2798
		二十九、债务利息支出	
		三十、专项支出	32619
		三十一、其他支出	144907
		三十二、总预备费	
本年收入合计	870413	本年支出合计	1141058

2005年度烟台市财政一般预算收支决算总表

表 5-40　　　　单位：万元

预 算 科 目	决算数	预 算 科 目	决算数
本年收入	870413	本年支出	1141058
免抵未调库归还收入	16503	上解上级支出	113018
上级补助收入	377839	原体制上解	88939
消费税和增值税税收返还	153642	专项上解	8431
所得税基数返还	103679	出口退税专项上解	15648
营业税基数返还	8373	计划单列市上解省支出	
原体制补助			
专项补助	82188		
一般性转移支付补助			
民族地区转移支付补助			
调整工资转移支付补助			
农村税费改革转移支付补助	14682		
其中：中小学教师工资转移支付补助	5673		
取消农业特产税降低农业税率转移支付补助	19594		
缓解县乡财政困难转移支付补助	3633		
其中：保障性转移支付			
激励性转移支付	3633		
增发国债补助			
结算补助	-12003		
农业税灾歉减免及企事业单位预算划转补助			
其他补助	4051	增设预算周转金	
省补助计划单列市收入			
国债转贷收入	3888	拨付国债转贷资金数	5176
国债转贷资金上年结余	15216	国债转贷资金结余	13928
国债转贷转补助			
上年结余收入	63546	调出资金	
调入资金	4454	年终结余	78679
其中：1. 预算外调入	4454	其中：市本级	27871
2. …		减：结转下年的支出	76012
		其中：市本级	26886
		净结余	2667
		其中：市本级	985
总　计	1351859	总　计	1351859

2006年度烟台市财政一般预算收支决算总表

表 5-41　　单位：万元

预 算 科 目	决算数	预 算 科 目	决算数
一、增值税	191340	一、基本建设支出	15102
二、营业税	194415	二、企业挖潜改造资金	31627
三、企业所得税	104956	三、地质勘探费	1760
四、企业所得税退税		四、科技三项费用	24669
五、个人所得税	25687	五、流动资金	
六、资源税	24611	六、农业支出	52759
七、固定资产投资方向调节税	6	七、林业支出	9190
八、城市维护建设税	54807	八、水利和气象支出	14162
九、房产税	47719	九、工业交通等部门的事业费	4520
十、印花税	14314	十、流通部门事业费	216
十一、城镇土地使用税	37695	十一、文体广播事业费	30788
十二、土地增值税	55181	十二、教育支出	220599
十三、车船使用和牌照税	4057	十三、科学支出	3634
十四、屠宰税		十四、医疗卫生支出	49379
十五、筵席税		十五、其他部门的事业费	60217
十六、农业税		十六、抚恤和社会福利救济	45934
十七、农业特产税		十七、行政事业单位离退休支出	89525
十八、牧业税		十八、社会保障补助支出	32680
十九、耕地占用税	24436	十九、国防支出	1284
二十、契税	66996	二十、行政管理费	118888
二十一、烟叶税		二十一、外交外事支出	476
二十二、国有资产经营收益	147036	二十二、武装警察部队支出	53
二十三、国有企业计划亏损补贴		二十三、公检法司支出	85634
二十四、行政性收费收入	58595	二十四、城市维护费	315666
二十五、罚没收入	24877	二十五、政策性补贴支出	12667
二十六、海域场地矿区使用费收入	162	二十六、支援不发达地区支出	610
二十七、专项收入	37510	二十七、海域开发建设和场地使用费支出	431
二十八、其他收入	9817	二十八、车辆税费支出	2716
		二十九、债务利息支出	
		三十、专项支出	47327
		三十一、其他支出	164378
		三十二、总预备费	
本年收入合计	1124217	本年支出合计	1436891

2006年度烟台市财政一般预算收支决算总表

表5-42　　单位：万元

预算科目	决算数	预算科目	决算数
本年收入	1124217	本年支出	1436891
上级补助收入	433309	上解上级支出	117692
消费税和增值税税收返还	163272	原体制上解	91607
所得税基数返还	103679	专项上解	6217
营业税基数返还	9289	出口退税专项上解	19868
原体制补助		计划单列市上解省支出	
专项补助	120040		
一般性转移支付补助			
民族地区转移支付补助			
调整工资转移支付补助			
农村税费改革转移支付补助	14682		
其中：中小学教师工资转移支付补助	4250		
取消农业特产税降低农业税率转移支付补助	23855		
缓解县乡财政困难转移支付补助	1560		
农村义务教育补助收入			
增发国债补助			
结算补助	-12956		
企事业单位预算划转补助		增设预算周转金	
其他补助	9888		
省补助计划单列市收入			
		拨付国债转贷资金数	13462
国债转贷收入	13526	国债转贷资金结余	13992
国债转贷资金上年结余	13928		
国债转贷转补助			
		调出资金	
上年结余收入	78679	年终结余	86874
调入资金	5252	其中：市本级	26970
其中：1. 预算外调入	5252	减：结转下年的支出	84051
2. 基金调入		其中：市本级	25947
		净结余	2823
		其中：市本级	1023
总　　计	1668911	总　　计	1668911

2006年度烟台市财政一般预算收支决算总表

转换表 5-41　　单位：万元

收　　入	决算数	支出功能分类	决算数
一、税收收入	846220	一、一般公共服务	203454
增值税	191340	二、外交	200
营业税	194415	三、国防	1377
企业所得税	104956	四、公共安全	87915
企业所得税退税		五、教育	249030
个人所得税	25687	六、科学技术	28191
资源税	24611	七、文化体育与传媒	13142
固定资产投资方向调节税	6	八、社会保障和就业	178295
城市维护建设税	54807	九、医疗卫生	54970
房产税	47719	十、环境保护	8627
印花税	14314	十一、城乡社区事务	316243
城镇土地使用税	37695	十二、农林水事务	99893
土地增值税	55181	十三、交通运输	20169
车船使用和牌照税	4057	十四、工业商业金融等事务	63926
耕地占用税	24436	十五、其他支出	111459
契税	66996		
烟叶税			
其他税收收入			
二、非税收入	277997		
专项收入	37510		
行政事业性收费收入	58595		
罚没收入	24877		
国有资本经营收入	103022		
国有资源（资产）有偿使用收入	50561		
其他收入	3432		
三、贷款转贷回收本金收入			
国内贷款回收本金收入			
国外贷款回收本金收入			
国内转贷回收本金收入			
本年收入小计	1124217	本年支出小计	1436891

注：此表系按政府收支科目改革要求填列的转换数

2006年度烟台市财政一般预算收支决算总表

转换表 5-42　　　　单位：万元

预 算 科 目	决算数	预 算 科 目	决算数
本年收入小计	1124217	本年支出小计	1436891
返还性收入	276240	财力性转移支付	111475
增值税和消费税税收返还收入	163272	体制上解支出	91607
所得税基数返还收入	103679	出口退税专项上解支出	19868
营业税基数返还收入	9289	专项转移支付	6217
财力性转移支付收入	37029	专项上解支出	6217
体制补助收入		计划单列市上解省支出	
一般性转移支付补助收入			
民族地区转移支付补助收入			
调整工资转移支付补助收入			
农村税费改革补助收入	14682		
取消农业特产税降低农业税率转移支付补助收入	23855		
缓解县乡困难转移支付补助收入	1560		
农村义务教育补助收入			
结算补助收入	-12956		
企事业单位预算划转补助收入			
其他财力性转移支付收入	9888		
专项转移支付收入	120040	增设预算周转金	
专项补助收入	120040		
增发国债补助收入			
省补助计划单列市收入			
		拨付国债转贷资金数	13462
国债转贷收入	13526	国债转贷资金结余	13992
国债转贷资金上年结余	13928		
国债转贷转补助			
		调出资金	
上年结余收入	78679	年终结余	86874
调入资金	5252	其中：市本级	26970
其中：1. 预算外调入	5252	减：结转下年的支出	84051
2. 基金调入		其中：市本级	25947
3. …		净结余	2823
		其中：市本级	1023
收入总计	1668911	支出总计	1668911

注：此表系按政府收支科目改革要求填列的转换数

2007 年度烟台市一般预算收支决算总表

表 5-43 单位：万元

预算科目	决算数	预算科目	决算数
一、税收收入	1074662	一、一般公共服务	228531
增值税	232612	二、外交	
营业税	248774	三、国防	2784
企业所得税	141471	四、公共安全	106457
企业所得税退税	-3842	五、教育	314811
个人所得税	31502	六、科学技术	35410
资源税	29280	七、文化体育与传媒	23213
固定资产投资方向调节税	16	八、社会保障和就业	226882
城市维护建设税	65884	九、医疗卫生	69914
房产税	49551	十、环境保护	14231
印花税	18317	十一、城乡社区事务	406836
城镇土地使用税	55794	十二、农林水事务	91298
土地增值税	74557	十三、交通运输	12614
车船税	6109	十四、工业商业金融等事务	71332
耕地占用税	22889	十五、其他支出	140647
契税	101748	其中：预备费	
烟叶税			
其他税收收入			
二、非税收入	333528		
专项收入	42974		
行政事业性收费收入	83164		
罚没收入	35816		
国有资本经营收入	123686		
国有资源（资产）有偿使用收入	44563		
其他收入	3325		
本年收入合计	1408190	本年支出合计	1744960

2007年度烟台市一般预算收支决算总表

表 5-44　　　　单位：万元

预算科目	决算数	预算科目	决算数
本年收入小计	1408190	本年支出小计	1744960
返还性收入	287533	财力性转移支付	122820
增值税和消费税税收返还收入	172567	体制上解支出	94355
所得税基数返还收入	103679	出口退税专项上解支出	28465
营业税基数返还收入	9289	专项转移支付	6598
中央四大部门企业税收返还收入	1998	专项上解支出	6598
财力性转移支付收入	56275	其中：粮食风险基金上解支出	6060
体制补助收入		收入分享体制上解支出	
一般性转移支付补助收入		计划单列市上解省支出	
民族地区转移支付补助收入			
调整工资转移支付补助收入	5242		
农村义务教育补助收入	6530		
农村税费改革补助收入	38537		
缓解县乡困难转移支付补助收入	4335		
结算补助收入	-14374		
企事业单位预算划转补助收入			
其他财力性转移支付收入	16005		
专项转移支付收入	146845		
专项补助收入	146845		
增发国债补助收入			
省补助计划单列市收入			
		增设预算周转金	
国债转贷收入	826	拨付国债转贷资金数	8367
国债转贷资金上年结余	13992	国债转贷资金结余	6451
国债转贷转补助			
上年结余	86874	调出资金	
调入资金	324	年终结余	111663
1. 政府性基金调入		其中：本级	24559
2. 预算外调入	324	减：结转下年的支出	108684
3. 其他调入		其中：本级	23468
		净结余	2979
		其中：本级	1091
总　　计	2000859	总　　计	2000859

2008 年度一般预算收支决算总表

表 5-45　　单位：万元

预算科目	决算数	预算科目	决算数
一、税收收入	1308907	一、一般公共服务	258324
增值税	258461	二、外交	
营业税	303393	三、国防	2760
企业所得税	179208	四、公共安全	122327
企业所得税退税	-6659	五、教育	371673
个人所得税	33751	六、科学技术	41066
资源税	30983	七、文化体育与传媒	27130
固定资产投资方向调节税		八、社会保障和就业	273640
城市维护建设税	70186	九、医疗卫生	104037
房产税	55848	十、环境保护	29232
印花税	20516	十一、城乡社区事务	452317
城镇土地使用税	99723	十二、农林水事务	121119
土地增值税	65889	十三、交通运输	13575
车船税	12128	十四、工业商业金融等事务	105539
耕地占用税	63243	十五、地震灾后恢复重建支出	1538
契税	122237	十六、其他支出	168215
烟叶税		其中：预备费	
其他税收收入			
二、非税收入	352756		
专项收入	47517		
行政事业性收费收入	82197		
罚没收入	34990		
国有资本经营收入	106026		
国有资源（资产）有偿使用收入	66092		
其他收入	15934		
本年收入合计	1661663	本年支出合计	2092492

2008 年度一般预算收支决算总表

表 5-46　　单位：万元

预算科目	决算数	预算科目	决算数
本年收入合计	1661663	本年支出合计	2092492
上级补助收入	599647	上解上级支出	150076
返还性收入	295375	财力性转移支付	129143
增值税和消费税税收返还收入	178343	体制上解支出	97186
所得税基数返还收入	103679	出口退税专项上解支出	31957
其他税收返还收入	13353	专项转移支付	20933
财力性转移支付收入	79150	专项上解支出	20933
体制补助收入		计划单列市上解省支出	
一般性转移支付补助收入			
民族地区转移支付补助收入			
调整工资转移支付补助收入	5242		
义务教育补助收入	12393		
农村税费改革补助收入	38537		
缓解县乡困难转移支付补助收入	11465		
结算补助收入	-14598		
企事业单位预算划转补助收入	956		
农村义务教育化债补助收入			
资源枯竭型城市转移支付补助收入			
其他财力性转移支付收入	25155		
专项转移支付收入	225122		
专项补助收入	225122		
增发国债补助收入			
地震灾后恢复重建补助收入			
省补助计划单列市收入			
		增设预算周转金	
国债转贷收入	5000	拨付国债转贷资金数	5510
国债转贷资金上年结余	6451	国债转贷资金结余	5941
国债转贷转补助			
上年结余	111663		
调入预算稳定调节基金		安排预算稳定调节基金	
调入资金	711	调出资金	
1. 政府性基金调入		年终结余	131116
2. 国有资本经营预算调入		其中：本级	24787
3. 预算外调入	711	减：结转下年的支出	127985
4. 其他调入		其中：本级	23619
地震灾后恢复重建调入资金		净结余	3131
预算稳定调节基金调入		其中：本级	1168
预算外资金调入			
总　　计	2385135	总　　计	2385135

2009年度烟台市一般预算收支决算总表

表 5-47　　　　单位：万元

预算科目	决算数	预算科目	决算数
一、税收收入	1520171	一、一般公共服务	298839
增值税	299500	二、外交	
营业税	339709	三、国防	5188
企业所得税	161931	四、公共安全	130459
企业所得税退税	-690	五、教育	438429
个人所得税	34050	六、科学技术	52757
资源税	42210	七、文化体育与传媒	38012
固定资产投资方向调节税		八、社会保障和就业	344919
城市维护建设税	77503	九、医疗卫生	140722
房产税	74927	十、环境保护	47743
印花税	27904	十一、城乡社区事务	398103
城镇土地使用税	120809	十二、农林水事务	227433
土地增值税	69479	十三、交通运输	70709
车船税	15724	十四、采掘电力信息等事务	77458
耕地占用税	97133	十五、粮油物资储备管理等事务	40988
契税	159982	十六、金融监管支出	24
烟叶税		十七、地震灾后恢复重建支出	329
其他税收收入		十八、预备费	
二、非税收入	370995	十九、国债还本付息支出	
专项收入	44840	二十、其他支出	168216
行政事业性收费收入	76070		
罚没收入	43127		
国有资本经营收入	120898		
国有资源（资产）有偿使用收入	83852		
其他收入	2208		
本年收入合计	1891166	本年支出合计	2480328

2009 年度烟台市一般预算收支决算总表

表 5-48 单位：万元

预算科目	决算数	预算科目	决算数
本年收入合计	1891166	本年支出合计	2480328
上级补助收入	751595	上解上级支出	166932
返还性收入	317361	一般性转移支付	140897
增值税和消费税税收返还收入	186781	体制上解支出	100102
所得税基数返还收入	103679	出口退税专项上解支出	40795
成品油价格和税费改革税收返还收入	13548	成品油价格和税费改革专项上解支出	
其他税收返还收入	13353	专项转移支付	26035
一般性转移支付收入	116491	专项上解支出	26035
体制补助收入		计划单列市上解省支出	
均衡性转移支付补助收入			
民族地区转移支付补助收入			
调整工资转移支付补助收入	5242		
农村税费改革补助收入	38537		
县级基本财力保障机制奖补资金收入	11759		
结算补助收入	-14535		
化解债务补助收入			
资源枯竭型城市转移支付补助收入			
企事业单位预算划转补助收入	11633		
成品油价格和税费改革转移支付补助收入			
村级公益事业“一事一议”奖励资金收入			
工商部门停征两费转移支付收入			
一般公共服务转移支付收入			
公共安全转移支付收入	19164		
教育转移支付收入	13215		
社会保障和就业转移支付收入			
其他一般性转移支付收入	31476		
专项转移支付收入	317743		
专项补助收入	317743		

续表 5-48

预算科目	决算数	预算科目	决算数
增发国债补助收入			
地震灾后恢复重建补助收入			
省补助计划单列市收入			
财政部代理发行地方政府债券收入		财政部代理发行地方政府债券还本	
转贷财政部代理发行地方政府债券收入		转贷财政部代理发行地方政府债券支出	
		增设预算周转金	
国债转贷收入		拨付国债转贷资金数	5243
国债转贷资金上年结余	5941	国债转贷资金结余	698
国债转贷转补助			
上年结余	131116		
调入预算稳定调节基金		安排预算稳定调节基金	
调入资金	239	调出资金	1
1. 政府性基金调入	1	年终结余	172855
2. 国有资本经营预算调入		其中：本级	26499
3. 预算外调入	238	减：结转下年的支出	169527
4. 其他调入		其中：本级	25262
地震灾后恢复重建调入资金		净结余	3328
预算稳定调节基金调入		其中：本级	1237
预算外资金调入			
收入总计	2826057	支出总计	2826057

2010 年度烟台市一般预算收支决算总表

表 5-49　　单位：万元

预算科目	决算数	预算科目	决算数
一、税收收入	1802214	一、一般公共服务	358615
增值税	318398	二、外交	
营业税	454285	三、国防	4259
企业所得税	249301	四、公共安全	171376
企业所得税退税	-668	五、教育	566433
个人所得税	43321	六、科学技术	106313
资源税	46726	七、文化体育与传媒	46301
固定资产投资方向调节税		八、社会保障和就业	441014
城市维护建设税	93579	九、医疗卫生	223873
房产税	74315	十、环境保护	77241
印花税	39458	十一、城乡社区事务	417194
城镇土地使用税	140922	十二、农林水事务	379406
土地增值税	107959	十三、交通运输	86808
车船税	19492	十四、资源勘探电力信息等事务	68877
耕地占用税	62057	十五、商业服务业等事务	78274
契税	153069	十六、金融监管等事务支出	245
烟叶税		十七、地震灾后恢复重建支出	134
其他税收收入		十八、国土资源气象等事务	50531
二、非税收入	575744	十九、住房保障支出	12690
专项收入	59816	二十、粮油物资储备管理事务	6228
行政事业性收费收入	106644	二十一、预备费	
罚没收入	44860	二十二、国债还本付息支出	647
国有资本经营收入	252824	二十三、其他支出	142189
国有资源（资产）有偿使用收入	107027		
其他收入	4573		
本年收入合计	2377958	本年支出合计	3238648

2010年度烟台市一般预算收支决算总表

表 5-50　　　　单位：万元

预算科目	决算数	预算科目	决算数
本年收入合计	2377958	本年支出合计	3238648
上级补助收入	966187	上解上级支出	180855
返还性收入	317361	一般性转移支付	144636
增值税和消费税税收返还收入	186781	体制上解支出	103105
所得税基数返还收入	103679	出口退税专项上解支出	41531
成品油价格和税费改革税收返还收入	13548	成品油价格和税费改革专项上解支出	
其他税收返还收入	13353	专项转移支付	36219
一般性转移支付收入	196488	专项上解支出	36219
体制补助收入		计划单列市上解省支出	
均衡性转移支付补助收入			
民族地区转移支付补助收入			
调整工资转移支付补助收入	5242		
农村税费改革补助收入	38537		
县级基本财力保障机制奖补资金收入	23059		
结算补助收入	19727		
化解债务补助收入			
资源枯竭型城市转移支付补助收入			
企业事业单位划转补助收入	13657		
成品油价格和税费改革转移支付补助收入			
工商部门停征两费转移支付收入			
一般公共服务转移支付收入	47		
公共安全转移支付收入	22790		
教育转移支付收入	32737		
社会保障和就业转移支付收入			
医疗卫生转移支付收入			
农林水转移支付收入	2950		
其他一般性转移支付收入	37742		
专项转移支付收入	452338		

续表 5-50

预算科目	决算数	预算科目	决算数
地震灾后恢复重建补助收入			
省补助计划单列市收入			
财政部代理发行地方政府债券收入		财政部代理发行地方政府债券还本	
转贷财政部代理发行地方政府债券收入	46000	转贷财政部代理发行地方政府债券支出	
		增设预算周转金	
国债转贷收入		拨付国债转贷资金数	588
国债转贷资金上年结余	698	国债转贷资金结余	110
国债转贷转补助			
上年结余	172855		
调入预算稳定调节基金		安排预算稳定调节基金	
调入资金	2557	调出资金	
1. 政府性基金调入	679	年终结余	146054
2. 国有资本经营预算调入		其中：本级	77610
3. 预算外调入	192	减：结转下年的支出	142409
4. 其他调入	1686	其中：本级	74760
地震灾后恢复重建调入资金		净结余	3645
预算稳定调节基金调入		其中：本级	2850
预算外资金调入			
收入总计	3566255	支出总计	3566255

2011 年度烟台市一般预算收支决算总表

表 5-51　　　　单位：万元

预算科目	决算数	预算科目	决算数
一、税收收入	2295027	一、一般公共服务	462491
增值税	358306	二、外交	
营业税	570886	三、国防	5303
企业所得税	341815	四、公共安全	174609
企业所得税退税	-247	五、教育	766912
个人所得税	57038	六、科学技术	127111
资源税	53387	七、文化体育与传媒	95555
固定资产投资方向调节税		八、社会保障和就业	571063
城市维护建设税	157890	九、医疗卫生	317163
房产税	84583	十、节能环保	106196
印花税	46347	十一、城乡社区事务	373028
城镇土地使用税	148697	十二、农林水事务	530333
土地增值税	123570	十三、交通运输	152463
车船税	24231	十四、资源勘探电力信息等事务	88463
耕地占用税	85473	十五、商业服务业等事务	98548
契税	243051	十六、金融监管等事务支出	3740
烟叶税		十七、地震灾后恢复重建支出	10
其他税收收入		十八、国土资源气象等事务	53226
二、非税收入	736895	十九、住房保障支出	30669
专项收入	89159	二十、粮油物资管理事务	4526
行政事业性收费收入	140718	二十一、储备事务支出	3977
罚没收入	63836	二十二、预备费	
国有资本经营收入	232206	二十三、国债还本付息支出	13577
国有资源（资产）有偿使用收入	197421	二十四、其他支出	96363
其他收入	13555		
本年收入合计	3031922	本年支出合计	4075326

2011 年度烟台市一般预算收支决算总表

表 5-52　　　　单位：万元

预算科目	决算数	预算科目	决算数
本年收入合计	3031922	本年支出合计	4075326
上级补助收入	1255636	上解上级支出	174836
返还性收入	317361	一般性转移支付	158541
增值税和消费税税收返还收入	186781	体制上解支出	106198
所得税基数返还收入	103679	出口退税专项上解支出	52343
成品油价格和税费改革税收返还收入	13548	成品油价格和税费改革专项上解支出	
其他税收返还收入	13353	专项转移支付	16295
一般性转移支付收入	244708	专项上解支出	16295
体制补助收入		计划单列市上解省支出	
均衡性转移支付收入	1513		
民族地区转移支付补助收入			
调整工资转移支付补助收入	5242		
农村税费改革转移支付收入	38537		
县级基本财力保障机制奖补资金收入	30654		
结算补助收入	15993		
化解债务补助收入			
资源枯竭型城市转移支付补助收入			
企业事业单位划转补助收入	14169		
成品油价格和税费改革转移支付补助收入			
工商部门停征两费转移支付收入			
一般公共服务转移支付收入	38		
公共安全转移支付收入	26250		
教育转移支付收入	30622		
社会保障和就业转移支付收入	20908		
医疗卫生转移支付收入	38021		
农林水转移支付收入	9900		
产粮（油）大县奖励资金收入			

续表 5-52

预算科目	决算数	预算科目	决算数
其他一般性转移支付收入	12861		
专项转移支付收入	693567		
地震灾后恢复重建补助收入			
省补助计划单列市收入			
财政部代理发行地方政府债券收入		财政部代理发行地方政府债券还本	
转贷财政部代理发行地方政府债券收入	56000	转贷财政部代理发行地方政府债券支出	
		增设预算周转金	
国债转贷收入		拨付国债转贷资金数	110
国债转贷资金上年结余	110	国债转贷资金结余	
国债转贷转补助			
上年结余	146054		
调入预算稳定调节基金		安排预算稳定调节基金	
调入资金	320	调出资金	
1. 政府性基金调入		年终结余	239770
2. 国有资本经营预算调入		其中：本级	47113
3. 财政专户管理资金调入	82	减：结转下年的支出	235864
4. 其他调入	238	其中：本级	45520
地震灾后恢复重建调入资金		净结余	3906
预算稳定调节基金调入		其中：本级	1593
收入总计	4490042	支出总计	4490042

2012 年度烟台市公共财政收支决算总表

表 5-53　　单位：万元

预算科目	决算数	预算科目	决算数
一、税收收入	2628317	一、一般公共服务	516994
增值税	378652	二、外交	
营业税	663103	三、国防	7430
企业所得税	418955	四、公共安全	207464
企业所得税退税		五、教育	964213
个人所得税	65480	六、科学技术	131381
资源税	98252	七、文化体育与传媒	81063
固定资产投资方向调节税		八、社会保障和就业	714590
城市维护建设税	178190	九、医疗卫生	375522
房产税	85370	十、节能环保	133483
印花税	45821	十一、城乡社区事务	388124
城镇土地使用税	152458	十二、农林水事务	639975
土地增值税	164720	十三、交通运输	137190
车船税	31784	十四、资源勘探电力信息等事务	126471
耕地占用税	131709	十五、商业服务业等事务	79909
契税	213823	十六、金融监管等事务支出	3901
烟叶税		十七、地震灾后恢复重建支出	
其他税收收入		十八、援助其他地区支出	6749
二、非税收入	945272	十九、国土资源气象等事务	63593
专项收入	101074	二十、住房保障支出	92883
行政事业性收费收入	166334	二十一、粮油物资储备事务	8624
罚没收入	92129	二十二、预备费	
国有资本经营收入	298967	二十三、国债还本付息支出	4223
国有资源（资产）有偿使用收入	279832	二十四、其他支出	84932
其他收入	6936		
本年收入合计	3573589	本年支出合计	4768714

2012 年度烟台市公共财政收支决算总表

表 5-54　　　　单位：万元

预算科目	决算数	预算科目	决算数
本年收入合计	3573589	本年支出合计	4768714
上级补助收入	1463971	上解上级支出	185550
返还性收入	318011	一般性转移支付	167027
增值税和消费税税收返还收入	187431	体制上解支出	109384
所得税基数返还收入	103679	出口退税专项上解支出	57643
成品油价格和税费改革税收返还收入	13548	成品油价格和税费改革专项上解支出	
其他税收返还收入	13353	专项转移支付	18523
一般性转移支付收入	283357	专项上解支出	18523
体制补助收入		计划单列市上解省支出	
均衡性转移支付收入			
民族地区转移支付补助收入			
调整工资转移支付补助收入	5242		
农村税费改革转移支付收入	38537		
县级基本财力保障机制奖补资金收入	34167		
结算补助收入	12090		
化解债务补助收入			
资源枯竭型城市转移支付补助收入			
企业事业单位划转补助收入	13785		
成品油价格和税费改革转移支付补助收入			
工商部门停征两费转移支付收入			
一般公共服务转移支付收入	80		
公共安全转移支付收入	30638		
教育转移支付收入	31394		
社会保障和就业转移支付收入	39039		
医疗卫生转移支付收入	40179		
农林水转移支付收入	13900		
产粮（油）大县奖励资金收入	7160		

续表 5-54

预算科目	决算数	预算科目	决算数
重点生态功能区转移支付收入	4513		
其他一般性转移支付收入	12633		
专项转移支付收入	862603		
地震灾后恢复重建补助收入			
省补助计划单列市收入			
接受其他地区援助收入		援助其他地区支出	
债务收入		债券还本支出	46000
债券转贷收入	57000	债券转贷支出	
		增设预算周转金	
国债转贷收入		拨付国债转贷资金数	
国债转贷资金上年结余		国债转贷资金结余	
国债转贷转补助			
上年结余	239770		
调入预算稳定调节基金		安排预算稳定调节基金	
调入资金	13369	调出资金	
1. 政府性基金调入	9000	年终结余	347435
2. 国有资本经营预算调入		其中：本级	56667
3. 财政专户管理资金调入		减：结转下年的支出	343412
4. 其他调入	4369	其中：本级	55041
地震灾后恢复重建调入资金		净结余	4023
预算稳定调节基金调入		其中：本级	1626
收入总计	5347699	支出总计	5347699

2013 年度烟台市公共财政收支决算总表

表 5-55　　单位：万元

预算科目	决算数	预算科目	决算数
一、税收收入	3454892	一、一般公共服务	672845
增值税	422784	二、外交	
营业税	945680	三、国防	5821
企业所得税	518149	四、公共安全	243628
企业所得税退税		五、教育	1019819
个人所得税	136560	六、科学技术	148168
资源税	91337	七、文化体育与传媒	90581
城市维护建设税	196551	八、社会保障和就业	695979
房产税	107432	九、医疗卫生	372290
印花税	51351	十、节能环保	141798
城镇土地使用税	242947	十一、城乡社区事务	464738
土地增值税	226381	十二、农林水事务	714815
车船税	37390	十三、交通运输	211582
耕地占用税	192157	十四、资源勘探电力信息等事务	135004
契税	286173	十五、商业服务业等事务	54053
烟叶税		十六、金融监管等事务支出	1658
其他税收收入		十七、地震灾后恢复重建支出	
二、非税收入	917403	十八、援助其他地区支出	7520
专项收入	104200	十九、国土资源气象等事务	99418
行政事业性收费收入	127092	二十、住房保障支出	173475
罚没收入	128411	二十一、粮油物资储备事务	11583
国有资本经营收入	46460	二十二、预备费	
国有资源（资产）有偿使用收入	503892	二十三、国债还本付息支出	20495
其他收入	7348	二十四、其他支出	132169
本年收入合计	4372295	本年支出合计	5417439

2013年度烟台市公共财政收支决算总表

表 5-56　　　　单位：万元

预算科目	决算数	预算科目	决算数
本年收入合计	4372295	本年支出合计	5417439
上级补助收入	1467680	上解上级支出	557680
返还性收入	318011	一般性转移支付	539147
增值税和消费税税收返还收入	187431	体制上解支出	483648
所得税基数返还收入	103679	出口退税专项上解支出	55499
成品油价格和税费改革税收返还收入	13548	成品油价格和税费改革专项上解支出	
其他税收返还收入	13353	专项转移支付	18533
一般性转移支付收入	370693	专项上解支出	18533
体制补助收入		计划单列市上解省支出	
均衡性转移支付收入			
革命老区及民族和边境地区转移支付收入	3300		
调整工资转移支付补助收入	5242		
农村税费改革转移支付收入	38537		
县级基本财力保障机制奖补资金收入	51238		
结算补助收入	45992		
化解债务补助收入			
资源枯竭型城市转移支付补助收入			
企业事业单位划转补助收入	13785		
成品油价格和税费改革转移支付补助收入			
工商部门停征两费转移支付收入			
基层公检法司转移支付收入	27475		
义务教育等转移支付收入	33257		
基本养老保险和低保等转移支付收入	40424		
新型农村合作医疗等转移支付收入	50253		
村级公益事业奖补等转移支付收入	14250		
产粮（油）大县奖励资金收入	7914		

续表 5-56

预算科目	决算数	预算科目	决算数
重点生态功能区转移支付收入	5492		
其他一般性转移支付收入	33534		
专项转移支付收入	778976		
地震灾后恢复重建补助收入			
省补助计划单列市收入			
接受其他地区援助收入		援助其他地区支出	
债务收入		债券还本支出	32200
债券转贷收入	76200	债券转贷支出	
		增设预算周转金	
国债转贷收入		拨付国债转贷资金数	
国债转贷资金上年结余		国债转贷资金结余	
国债转贷转补助			
上年结余	347435		
调入预算稳定调节基金		安排预算稳定调节基金	
调入资金	2515	调出资金	
1. 政府性基金预算调入	46	年终结余	258806
2. 国有资本经营预算调入		其中：本级	66483
3. 财政专户管理资金调入		减：结转下年的支出	254683
4. 其他调入	2469	其中：本级	64842
地震灾后恢复重建调入资金		净结余	4123
预算稳定调节基金调入		其中：本级	1641
收入总计	6266125	支出总计	6266125

2014 年度烟台市公共财政收支决算总表

表 5-57　　　　单位：万元

预算科目	决算数	预算科目	决算数
一、税收收入	3932275	一、一般公共服务支出	643240
增值税	527834	二、外交支出	
其中：改征增值税	100663	三、国防支出	6284
营业税	1022290	四、公共安全支出	265482
企业所得税	543220	五、教育支出	1046156
企业所得税退税		六、科学技术支出	166419
个人所得税	110110	七、文化体育与传媒支出	93391
资源税	167611	八、社会保障和就业支出	707102
城市维护建设税	221486	九、医疗卫生与计划生育支出	431117
房产税	122640	十、节能环保支出	98923
印花税	56933	十一、城乡社区支出	707279
城镇土地使用税	259214	十二、农林水支出	786444
土地增值税	238578	十三、交通运输支出	183180
车船税	42358	十四、资源勘探信息等支出	173819
耕地占用税	384471	十五、商业服务业等支出	97099
契税	235530	十六、金融支出	3108
烟叶税		十七、援助其他地区支出	9363
其他税收收入		十八、国土海洋气象等支出	113934
二、非税收入	969371	十九、住房保障支出	112231
专项收入	120045	二十、粮油物资储备支出	5373
行政事业性收费收入	188171	二十一、预备费	
罚没收入	131459	二十二、国债还本付息支出	18687
国有资本经营收入	13390	二十三、其他支出	80002
国有资源（资产）有偿使用收入	504965		
其他收入	11341		
本年收入合计	4901646	本年支出合计	5748633

2014年度烟台市公共财政收支决算总表

表 5-58　　　　单位：万元

预算科目	决算数	预算科目	决算数
本年收入合计	4901646	本年支出合计	5748633
上级补助收入	1398649	上解上级支出	603100
返还性收入	318011	一般性转移支付	576002
增值税和消费税税收返还收入	187431	体制上解支出	521085
所得税基数返还收入	103679	出口退税专项上解支出	54917
成品油价格和税费改革税收返还收入	13548	成品油价格和税费改革专项上解支出	
其他税收返还收入	13353	专项转移支付	27098
一般性转移支付收入	526225	专项上解支出	27098
体制补助收入		计划单列市上解省支出	
均衡性转移支付收入			
革命老区及民族和边境地区转移支付收入	3600		
县级基本财力保障机制奖补资金收入	63557		
结算补助收入	49587		
化解债务补助收入			
资源枯竭型城市转移支付补助收入			
企业事业单位划转补助收入	13785		
成品油价格和税费改革转移支付补助收入			
基层公检法司转移支付收入	28256		
义务教育等转移支付收入	37415		
基本养老保险和低保等转移支付收入	135780		
新型农村合作医疗等转移支付收入	69125		
农村综合改革转移支付收入	19230		
产粮（油）大县奖励资金收入	8625		
重点生态功能区转移支付收入	7514		
固定数额补助收入	43779		

续表 5-58

预算科目	决算数	预算科目	决算数
其他一般性转移支付收入	45972		
专项转移支付收入	554413		
省补助计划单列市收入			
接受其他地区援助收入		援助其他地区支出	
债务收入		债券还本支出	28000
债券转贷收入	89100	债券转贷支出	
		增设预算周转金	
国债转贷收入		拨付国债转贷资金数	
国债转贷资金上年结余		国债转贷资金结余	
国债转贷转补助			
上年结余	258806		
调入预算稳定调节基金		安排预算稳定调节基金	4000
调入资金	49243	调出资金	
1. 政府性基金预算调入	6260	年终结余	313711
2. 国有资本经营预算调入		其中：本级	138381
3. 财政专户管理资金调入		减：结转下年的支出	309256
4. 其他调入	42983	其中：本级	136509
		净结余	4455
		其中：本级	1872
收入总计	6697444	支出总计	6697444

2015年度烟台市一般公共预算收支决算总表

表 5-59　　　　　　　　　　　　　　　　　　　　　　　　　　单位：万元

预算科目	决算数	预算科目	决算数
一、税收收入	4207223	一、一般公共服务支出	597773
增值税	580551	二、外交支出	
其中：改征增值税	113963	三、国防支出	9488
营业税	1101939	四、公共安全支出	327517
企业所得税	544042	五、教育支出	1226863
企业所得税退税		六、科学技术支出	186406
个人所得税	135985	七、文化体育与传媒支出	121895
资源税	143137	八、社会保障和就业支出	867436
城市维护建设税	236952	九、医疗卫生与计划生育支出	491611
房产税	122202	十、节能环保支出	131607
印花税	58561	十一、城乡社区支出	704124
城镇土地使用税	380213	十二、农林水支出	873285
土地增值税	369921	十三、交通运输支出	198426
车船税	48115	十四、资源勘探信息等支出	191091
耕地占用税	262650	十五、商业服务业等支出	152067
契税	222955	十六、金融支出	4383
烟叶税		十七、援助其他地区支出	12642
其他税收收入		十八、国土海洋气象等支出	111194
二、非税收入	1219347	十九、住房保障支出	90528
专项收入	262840	二十、粮油物资储备支出	11855
行政事业性收费收入	139048	二十一、预备费	
罚没收入	93345	二十二、其他支出	82872
国有资本经营收入	16270	二十三、债务付息支出	42248
国有资源（资产）有偿使用收入	697800	二十四、债务发行费用支出	
其他收入	10044		
本年收入合计	5426570	本年支出合计	6435311

2015年度烟台市公共财政收支决算总表

表 5-60　　单位：万元

预算科目	决算数	预算科目	决算数
本年收入合计	5426570	本年支出合计	6435311
上级补助收入	1509155	上解上级支出	692276
返还性收入	318011	一般性转移支付	630572
增值税和消费税税收返还收入	187431	体制上解支出	577655
所得税基数返还收入	103679	出口退税专项上解支出	52917
成品油价格和税费改革税收返还收入	13548	成品油价格和税费改革专项上解支出	
其他税收返还收入	13353	专项转移支付	61704
一般性转移支付收入	607553	专项上解支出	61704
体制补助收入		计划单列市上解省支出	
均衡性转移支付收入			
革命老区及民族和边境地区转移支付收入	6582		
县级基本财力保障机制奖补资金收入	62534		
结算补助收入	32114		
化解债务补助收入			
资源枯竭型城市转移支付补助收入			
企业事业单位划转补助收入	13785		
成品油价格和税费改革转移支付补助收入			
基层公检法司转移支付收入	27994		
义务教育等转移支付收入	48732		
基本养老保险和低保等转移支付收入	153576		
新型农村合作医疗等转移支付收入	81452		
农村综合改革转移支付收入	20873		
产粮（油）大县奖励资金收入	8647		
重点生态功能区转移支付收入	7514		
固定数额补助收入	43779		

续表 5-60

预算科目	决算数	预算科目	决算数
其他一般性转移支付收入	99971		
专项转移支付收入	583591		
省补助计划单列市收入			
接受其他地区援助收入		援助其他地区支出	
债务（转贷）收入	1854000	债务还本支出	1764100
		增设预算周转金	-472
		拨付国债转贷资金数	
国债转贷收入		国债转贷资金结余	
国债转贷资金上年结余			
国债转贷转补助			
上年结余	313711		
调入预算稳定调节基金	3472	安排预算稳定调节基金	119526
调入资金	160155	调出资金	
1. 政府性基金调入	120733	年终结余	256322
2. 国有资本经营调入	37104	其中：本级	100312
3. 其他调入	2318	减：结转下年的支出	256322
		其中：本级	100312
		净结余	
		其中：本级	
收入总计	9267063	支出总计	9267063

烟台市部分年度预算执行情况和预算草案的报告

关于烟台市一九八七年财政预算执行情况和一九八八年财政预算草案的报告

一九八八年一月四日在烟台市第十一届
人民代表大会第一次会议上

烟台市财政局局长　高吉儒

各位代表：

我受市政府的委托，向大会报告烟台市一九八七年财政预算执行情况和一九八八年财政预算草案。请予审议。

一、一九八七年财政预算执行情况

一九八七年，在市委的正确领导和市人大的有效监督下，我市各地、各部门、各单位坚决贯彻全国省长会议和全省市长专员会议精神，认真执行市十届人大四次会议的各项决议，在各行各业中广泛开展了增产节约、增收节支运动，积极推行并不断完善各种形式的企业承包经营责任制，使国民经济保持了稳定增长的好势头，人民群众的生活水平得到进一步提高。在国民经济稳定发展的基础上，一九八七年我市的财政工作取得了很大成绩，财政预算执行情况也是好的，预计大部分指标基本可以完成。

市十届人大四次会议批准我市一九八七年财政预算收入为93515万元。在执行过程中，由于上级调增了计征农业税标准粮的价格，相应调增我市农业税收入任务；并从一九八七年十月起，将威海市一九八七年的财政收入预算划转。我市一九八七年收入预算最后确定为69340万元，已报经市十届人大常委会第二十六次和第二十八次会议批准执行。

一九八七年，预计全市财政收入完成68830万元，占预算的99.26%，比上年增长10.05%。其中，工商税收入完成60819万元，比上年增长13.08%；农业税和耕地占用税收入完成3027万元，比上年增长20.74%；企业收入完成3256万元，比上年下降34.13%；排污费和水资源费收入完成1052万元，比上年增长8.23%。

市十届人大四次会议原则批准全市地方灶内支出预算为44198万元，加上上年结转和省拨入的各项专款，到六月底，全市支出预算调整为55254万元，并经市十届人大常委会第二十六次会议批准执行。此后，由于划转威海市一九八七年的支出预算，我市支出预算调减为 47220 万元，并报经市十届人大常委会第二十八次会议批准执行。而后，由于省继续拨入各项专款及县市区支出预算的调整，最后，全市财政支出预算调整为 55476 万元。

一九八七年，预计全市财政支出（包括地方灶内支出、上年结转和上级专款支出，下同）54176 万元，占预算的 97.7%，比上年支出下降 4.7%，其中，灶内支出比上年下降 0.4%。各项支出完成情况是：（一）生产建设性支出 7079 万元，比上年下降 21.6%。其中，科技三项费用支出 324 万元，比上年下降 29.1%，主要是上级拨入专款减少 108 万元；支援农村生产支出 1453 万元，比上年增长 21.7%；城市维护建设支出 3883 万元，比上年下降 5.2%。（二）各项行政事业费支出 32835 万元，比上年下降 0.5%。其中，文教科学卫生事业费 16163 万元，比上年下降 0.9%；抚恤和社会救济费 3656 万元，比上年增长 13.3%；行政管理费 6916 万元，比上年增长 8.2%。（三）各项财政价格补贴支出 14186 万元，比上年下降 4.2%。

按现行财政体制规定计算，预计当年有四个县市区出现赤字约 500 万元，其余县市区和市级可以做到收支平衡，略有结余。加上历年未弥补赤字 713 万元，有赤字的县市区的累计赤字达 1200 余万元。

此外，预计全市预算外资金收入约 8 亿元，支出 72 亿元；认购国库券 3595 万元；征集能源交通重点建设基金 5052 万元。

因一九八七年度刚刚结束，以上报告的各项收、支数字，只是预计的，实际数字正在组织汇编。待决算正式编成后，建议大会在闭会期间，授权本届人大常委会批准。

一九八七年，我市财政收支情况比较好，这是经济稳定发展的反映，也是各级党委和政府，各级人民代表大会、人大常委会对财政工作重视并加强领导，及时督促检查，财政税务部门与各方面密切配合、共同努力的结果。回顾一年来的财政工作，我们围绕实现财政收支平衡，推进改革，主要抓了以下几点：

（一）围绕实现财政收支平衡，深入开展“双增双节”运动。年初，运动一开始，市委、市政府就制定了《关于开展增产节约、增收节支运动的决定》，召开了县市区长会议和市直机关干部“双增双节”动员大会，成立了“双增双节”办公室，对各项指标实行月调度，季检查；五月份市政府分别召开了全市“双增双节”和财政工作电话会议，使“双增双节”运动广泛深入地开展起来；六月份召开了全市五十六户年利税在 300 万元以上企业“双增双节”经验交流会，检查和总结了前段开展“双增双节”运动的情况和经验。会后，市政府主要负责到年利税在一千万元以上的重点企业现场办公，帮助他们解决经营过程中存在的问题；八月份对各县市区下达了支出控制限额；九月份召开了全市乡镇财政工作经验交流会，调动了乡镇财政增收节支的积极性；十二月份市政府又发出了《关于严格控制财政支出，防止年终突击花钱的紧急通知》。各级、各部门、各单位按照中央、省和市委、市政府的要求，对开展“双增双节”运动进行了全面发动和部署，并普遍成立了领导小组，根据各自的实际情况，确立了奋斗目标和工作重点，狠抓了各种措施的落实，取得了明显效果。

全市工业总产值预计增长 17.3%，利税预计增长 11%，财政支出下降 4.7%。

（二）深化企业改革，积极推行企业承包经营责任制。去年，我市企业改革在进一步推行厂长负责制、厂长任期目标责任制的同时，又在全市范围内，积极推行了多种形式的承包经营责任制。到目前为止，全市县属以上工业企业 562 户中，已签订承包合同的达 500 余户，占县属以上工业企业的 90% 左右，其中，预算内国营工业企业 198 户的承包工作已基本完成。主要形式是上缴利润递增包干、超收分成，有 91 户，占预算内国营工业企业的 46%；其次是资产经营责任制，有 34 户，占预算内国营工业企业的 17%。集体工业企业承包形式主要是资产经营责任制和上缴税金同工资总额挂钩。此外，全市大中型国营商业企业 83 户，已有 40 户签订了承包合同，占总数的 48%；有 205 户小型国营商业企业实行了租赁经营责任制。在承包过程中，约有 40% 的企业，把竞争机制引入承包，面向社会，公开招标经营者，打破了“一对一”的谈判格局，使承包利润基数定得更加积极可靠。同时，对市一轻、二轻、机械、电子、化工、纺织和建材等七个工业主管部门实行了经济目标管理责任制。通过实行多种形式的责任制，充分调动了主管部门和企业广大干部职工增产节约、增收节支的积极性，促进了生产的发展和经济效益的提高。预计全市地方预算内国营工业企业产值比一九八六年增长 15%，销售收入增长 23%，利税增长 10%，亏损企业亏损额降低 30%。

（三）合理安排和使用财政资金，保证重点建设。一九八七年，按照上级要求，我们首先完成了中央借调资金 2477 万元的任务。而后，在保证各项事业发展必不可少经费开支的前提下，按照量力而行的原则，对预算内基建投资项目进行了调整，压缩投资 2000 余万元。为增强农业生产发展的后劲，尽最大努力，增加了对农业的投入，预计该项投资比一九八六年增长 21.7%。特别是为了支持海阳、莱阳两个贫困县（市）经济的发展，我们不仅在县级财政调整收入分成比例时，给予照顾，而且从一九八七年开始，连续三年，采取每年支持两地各 100 万元的支农资金，提前一年拨款的特殊政策，支持发展多种经营，使其尽快致富，以加快两县（市）经济发展速度。

为了尽快解决近几年一直困扰和制约着城市工业生产发展、影响居民正常生活秩序和工作秩序方面的问题，更好地发挥中心城市的作用，对市区建设改造方面的投资，我们本着先“雪里送炭”，后“锦上添花”的原则，集中力量，集中资金，突出抓了八件大事，使城区的综合功能有了很大提高，城市居民的生活、工作环境得到了进一步改善。在市区供水方面，多方筹集资金，共投资 1000 余万元，扩建、改造了陌堂、芝阳、套口三个水厂；改造、新建了市区十一条“卡脖子”供水管路。在市区交通和公交设施方面，投资 463 万元，拓宽解放路南段；改造新海阳路等十一条小街小巷；新建奇山、福山、黄务三处公共汽车站头房；新购置 34 辆公共汽车。在市区校舍改造方面，投资 718 万元，改造、新建了阳春巷智障儿童辅读学校等四所中小学的教学楼。同时，还投资 140 万元，新建了一座液化气钢瓶检验车间。

（四）进一步加强了财政管理和监督。年初，我们在市直各单位推行了预算包干管理制度，实行了单位经费支出“首长负责制”，并严格按月按进度拨款。市政府研究制定了《烟台市市直单位支出预算管理办法》，分别对正常性经费、专项经费和基本建设等项支出提出了具体要求和管理办法。各县市区也采取了相应的管理措施。同时，组织力量，对部分单位用以前年度市财力安排的基建项目的资金使用情况和企业技术改造项目的效益情况，以及财务管理状况进行了认真检查，针对检查出来的问题，采取了相应措施并进行了妥善处理。第四季度，根据国务院和省政府的统一部署，又分别进行了税收、财务、物价大检查。通过检查，严肃了国家法纪，促进了党风和社会风气的好转，保护了各项改革的顺利进行。据统计，在大检查中共查出各类违纪资金 2129 万元，已补交入库 1281 万元。

二、一九八八年财政预算草案

中央提出，今年对财政信贷实行“双紧”的方针，要求经济进一步稳定，改革进一步深化，生产建设和各项事业进一步发展。根据这一精神和我市的实际情况，今年的预算要坚持量入为出、量力而行、勤俭节约、从紧安排的方针。总的原则是：落实企业承包经营责任制，完善内部经营机制，全面提高企业经济效益，努力增加财政收入。同时，按照“紧中有活、有保有压”的方针，从紧安排各项财政支出，适当增加对农业、科技和教育的投资，对各项行政事业费要在严格控制人头经费增加的基础上，压缩公用经费的开支。特别要控制预算拨款单位的集团消费，确保把有限的财政资金用在增强国民经济发展后劲方面；严格预算管理和财税监督，严肃税收法规和财经纪律，强化监督检查的各项措施，切实防止收入中的跑、冒、滴、漏和各种损失浪费以及超标准开支的违纪行为，确保今年财政收支实现基本平衡。具体预算安排如下：

省分配我市一九八八年度财政收入任务是 78525 万元，比一九八七年预计财政收入完成数增长 14.09%（如扣除烟台港下放因素，增长 12.26%）。各项主要预算收入指标安排是：

1. 工商税收 68860 万元，比去年预计完成增长 13.22%。

2. 农业税 2796 万元，保持去年水平。

3. 企业收入 4990 万元，比去年预计完成增长 53.26%。其中，工业企业收入 4900 万元，比去年预计完成增长 20.1%；商业企业收入 1448 万元，比去年预计完成增长 122.43%。

4. 其他收入 125 万元。

5. 排污费、水资源费收入 500 万元。

6. 以港养港收入 1254 万元。

另外，因去年国务院批准新开征耕地占用税，省安排我市耕地占用税计划 1926 万元。还分配我市认购国库券 5211 万元，比去年任务增长 4645%。国家能源交通重点建设基金 4704 万元，与去年任务数持平。

按照省政府的要求，支出预算的安排，要建立在可靠收入的基础上，不能打赤字预算。因此，今年我市财政灶内支出预算按收入增长 10% 所得财力安排，地方可用财力比去年略有增加。在扣除中央借调任务和今年已经出台和即将出台的增支因素后，可用于安排支出的财力只能保持去年的水平。根据中央“有保有压”的方针，对农业、科技和教育的投资要适当加大，因此，其他方面的开支只能在先保吃饭的前提下从紧安排。“灶内”支出预算为38840万元，比去年预计完成增长8.3%。具体安排如下：

1. 生产建设性支出4896万元，比去年预计完成增长11.1%。其中，城市维护建设支出3201万元，比去年预计完成增长10.2%；支援农村生产性支出750万元，比去年预计完成增长23%，科技三项费用100万元，比去年预计完成增长11.1%。基本建设支出没有安排。

2. 各项行政事业费支出30144万元，比去年预计完成增长6.5%。包括农林水部门事业费1870万元，比去年预计完成增长5.6%；文教科学卫生事业费16400万元，比去年预计完成增长10.1%，其中教育事业费9850万元，比去年预计完成增长12%，抚恤和社会福利救济支出2700万元，比去年预计完成增长6%，行政管理费6735万元，比去年预计完成增长4.9%。

3. 财政价格补贴支出3300万元，比去年预计完成增长6.7%。

4. 总预备费500万元。当年达到收支平衡。

因中央与地方实行分灶吃饭的财政管理体制，上述支出预算盘子，只是依据体制规定计算财力安排的全市地方灶内支出部分。在支出预算执行过程中，上级还将陆续拨入各项专款，上述支出预算还要相应地进行变更，年终实际支出要超过现时的预算支出数。

总的来看，今年我市的财政任务是艰巨的。收入任务压力大，支出预算安排得非常紧，财政资金供求矛盾将会更加突出。

三、完成今年财政收支任务的措施

今年，是贯彻执行中共十三大精神的第一年，也是稳经济、深化改革的一年。改革的深入和经济的发展，为扩大财源、增加收入创造了十分有利的条件，财政面临的形势是很好的。但是也要看到，支持改革和促进经济发展，资金供求矛盾仍然比较突出，要实现一九八八年预算，任务非常艰巨。各地、各部门、各单位必须认清形势，明确方向，以中共十三大精神为指针，以深化改革为动力，以提高经济效益为中心，从大局出发，坚持财政收支平衡的原则，力争圆满完成今年的财政预算。重点要做好以下几项工作：

（一）继续深入地开展“双增双节”运动。去年，我市开展“双增双节”运动取得了很大成绩。今年，我们要在总结去年经验的基础上，进一步研究制订“双增双节”的目标和措施，从现在开始就把这一运动抓紧抓好。运动的重点应放在提高企业经济效益、增加收入，控制支出和反对铺张浪费方面。要把经济效益高、产品适销对路、提供利税多的企业作为增产增收的重点，组织力量深入下去，帮助企业解决产、供、销、运中的实际问题，特别是对那些生产名、优、特产品的企业，有关部门要为他们创造一个良好的外部环境，银行要优先保证其生产资金的需要，工商、税务、交通运输和海关等部门要为他们提供优质系列化服务，使这些企业的产品在扩大国内市场覆盖面的基础上，积极打入国际市场，提高这些产品在国际市场上的影响力和竞争力，千方百计地把这些企业办成我市外向型经济的基地。对那些滞销积压和国家淘汰产品，要运用经济的、法律的和行政手段，逐步限产、停产或转产，促进生产要素的优化组合。对那些经营管理不善、消耗大、成本高、损失浪费严重，以及政策性亏损掩盖经营性亏损的企业，要对其进行经营和信用评估，找出问题，根据不同的情况进行整顿，该关的关，该停的停，该转的转。今年压缩企业两费（企业管理费、车间经费可变部分）10% 的任务必须完成；完不成的，在征收所得税时，要将未完成的部分从成本中剔除，剔除部分由企业自有资金承担，并相应增加计税所得额。总之，在“双增双节”运动中，要挖掘潜力，落实措施，把住口子，坚持增产与节约并重，抓增产与抓效益并重的原则，切实把“双增双节”的成果真正反映到财政收支上来。

（二）进一步支持和推进各项改革。财税部门推进改革，一方面要搞好自身的改革，另一方面要支持和配合其他方面的改革。根据去年全国、全省财政工作会议精神和我市目前的情况，今年重点应抓好以下几项改革：

一是继续推进企业承包经营责任制，完善企业内部经营机制。对部分还没有承包的企业，要按照规定的范围和办法，积极创造条件，尽快承包；对那些包干一年的企业，有条件的要改为一包几年，并把竞争机制引入承包，通过公开招标，打破“一对一”的谈判格局，从优选择承包人。同时，应提倡全员财产抵押，使企业从厂长到每个职工都有风险的压力，以风险机制驱动企业提高经济效益。承包以后，要把工作重点放在完善企业内部经营机制上来，研究制订一些相应的配套措施，建立健全车间、班组核算和厂内银行结算制度以及奖罚办法等，使企业更富有生机和活力。要进一步加强企业财会工作，抓基础、达标准、上等级，并认真搞好会计专业技术职务评审，充分调动财会人员的积极性。要帮助企业正确处理国家、企业和职工个人的利益关系，防止出现短期行为。要根据企业租赁、转让和承包形式，制定一些国有资产的财务管理办法，保证国有资产的完善和增值。

二是进一步完善县级对乡镇的财政管理体制。去年，市对县级的财政管理体制进行了调整。今年，各县市区要进一步完善县级对乡镇的财政管理体制，一级对一级，层层采取鼓励的政策，增加收入，尽快改变我市财政资金供求紧张的局面。

三是要积极支持和配合有关部门搞好投资体制、物资体制、外贸体制和价格、工资改革的研究和测算工作，努力创造有利条件，改善宏观环境，保证我市各项改革的顺利进行。

（三）加强税收征管工作，努力组织财政收入。近几年，税收征管工作有所加强，但目前偷、漏、欠税的现象仍然相当普遍。随着改革的不断深入，多种经营成分逐步发展壮大，加之今年国务院要开征一些新的税种，税收征管工作的任务越来越重。因此，要继续认真贯彻执行国务院《关于严肃税收法纪，加强税收工作的决定》和《税收征收管理暂行条例》，建立健全必要的制度和办法，进一步改进和完善税收管理制度，采取有力措施，强化管理，制止偷漏税行为。要充分利用各种宣传工具和阵地，采取灵活多样、群众喜闻乐见的形式，广泛深入地开展宣传教育工作，使有关单位和个人进一步树立和增强纳税观念，为征收管理铺平道路。征收人员要按户按片分工，加强对重点税源和零星税源的征收工作，把大部分时间和精力放在征收现场，按照政策把应该收的税及时足额地收缴入库，杜绝有税不收、应收不收的现象，努力完成或超额完成全年的税收任务，确保财政收入的稳定增长。

（四）从紧安排和严格控制各项财政支出。今年，中央决定财政、信贷实行“双紧”政策，以抑制过于膨胀的消费需求。因此，要根据统筹兼顾、保证重点、量入为出、紧中有活、有保有压的方针，从紧安排和控制各项财政支出，做到必要的生产资金要活，固定资产投资要从紧；技术改造要活，基建要从紧；各项事业费中农业、科技和教育的投入要适当增加，一般事业费要从紧；各项业务费中，公检法办案经费要照顾，一般单位要从严；个人开支要保证；各项补贴要管紧；必须的最低限度的公用经费要维持，属于铺张奢侈性质的开支要管住。要继续坚持“一支笔”“大包干”等控制支出的一些有效的办法，树立过紧日子的思想，发扬艰苦奋斗、勤俭办一切事业的优良传统，处处精打细算，厉行节约，反对浪费。要采取严格的经济和行政措施，坚决制裁大手大脚浪费国家资财的行为。要把能节省下来的钱坚决节省下来，确保全年实现收支平衡。

（五）加强日常监督检查，从严执行财经纪律。去年，国务院颁布了《关于违犯财政法规处罚暂行规定》（简称《暂行规定》），各地、各部门、各单位都进行了认真学习和检查，执行情况是比较好的。但从税收财务物价大检查的情况看，违犯财经纪律的现象依然存在，屡查屡犯的单位为数不少。因此，要坚决贯彻执行国务院的《暂行规定》及其《实施细则》，各级财政、税务部门，要与审计、银行、物价、工商等部门密切配合，通力合作，加强日常的监督检查，常抓不懈，坚决制止各种违纪行为的发生。要针对大检查中暴露出来的问题，研究采取措施，严防屡查屡犯。对违纪情况要根据情节轻重，依法追究有关当事人的责任，直至法律责任。切实做到有法必依，执法必严，违法必究，决不能心慈手软，姑息迁就。财政、税务部门更要严格按国家的有关规定办事，做遵纪守法的模范，以自己的实际行动影响和带动本地区及其他部门执行各项财政法规，真正把执行财政法规作为一切国家机关、企事业单位及工作人员在财政税务财务活动中必须履行的义务。各位代表，今年我市的财政任务虽然非常艰巨，但面临的形势很好。我们相信：有中共十三大正确路线的指引，有各级党委的正确领导和人大的有效监督，只要上下一条心，坚持改革，勇于探索，积极进取，扎扎实实做好工作，就一定能够圆满完成我市今年的财政预算收支任务。

关于烟台市一九九四年财政预算执行情况和一九九五年财政预算草案的报告

——1995年2月28日在烟台市第十二届
人民代表大会第三次会议上

烟台市财政局局长　张仁强

各位代表：

我受市人民政府委托，向大会报告1994年财政预算执行情况和1995年财政预算草案，请予审议。

一、1994年财政预算执行情况

1994年，在市委的正确领导下，全市上下认真贯彻中共十四届三中、四中全会精神，紧紧把握“抓住机遇、深化改革、扩大开放、促进发展、保持稳定”的工作大局，正确处理改革、发展和稳定的关系，经济建设和各项社会事业都取得了新的成就。财政预算执行情况良好，分税制财政体制运行正常，实现了当年财政收支平衡，并略有结余，圆满完成了市十二届人大二次会议确定的各项任务。

（一）全市财政预算执行情况

1994年，市十二届人大二次会议批准的全市地方财政收入预算为101247万元。在执行过程中，由于灾情减免减少农业税任务600万元，收入预算最后调整为100647万元。当年全市地方财政收入实际完成113259万元，占年度预算的112.5%，比上年增长23.4%。

市十二届人大二次会议批准的1994年全市财政“灶内”支出预算为123415万元。在执行过程中，省拨入专款19107万元，上年结转支出3075万元，加上增加的税收返还和收入分成等安排的支出22212万元，支出预算最后调整为167809万元。当年财政支出实际完成161220万元，占年度预算的96.1%，比上年增长16.4%。1994年全市当年可用资金168008万元，扣除当年专项结余6590万元，与支出161220万元相抵，实现了当年收支平衡，结余198万元。

（二）市级财政预算执行情况

市十二届人大常委会第十一次会议批准的1994年市级财政收入预算为21804万元。当年，财政收入实际完成25889万元，占预算的118.7%，比上年增长16%。分项目完成情况是：

1. 工商税收完成21307万元，占预算的106.5%，比上年增长7.1%。其中，城建税完成2347万元，下降5.7%。

2. 企业收入完成 470 万元。其中，工业企业收入完成 3151 万元，比上年增加 1753 万元；商业企业收入完成 –581 万元，比上年的 –964 万元减少补贴 383 万元；粮食企业收入完成 –627 万元，比上年减少补贴 3 万元；集体私营企业收入 620 万元，比上年增加 441 万元；其他企业收入 –2093 万元，按可比口径比上年减少补贴 466 万元。

3. 排污费、水资源费收入完成 958 万元，占预算的 106.4%，比上年增加 142 万元。

4. 其他收入完成 759 万元，占预算的 189.8%，按可比口径比上年增加 169 万元。

5. 农业特产税收入完成 112 万元。

6. 教育费附加收入完成 1015 万元。

7. 以港养港收入完成 1254 万元。

市十二届人大常委会第十一次会议批准的 1994 年市级“灶内”支出预算为 20403 万元，加上以港养港和教育费附加支出 2269 万元，加上上年专项结转 715 万元，在执行中，省对我市增加了税收返还基数，增核了专款指标等，最后支出预算调整为 33413 万元。当年市级实际支出完成 32643 万元，占预算的 97.7%，比上年增长 5.5%。几个主要项目完成情况是：

（1）生产建设性支出完成 8239 万元，占预算的 95.9%，比上年下降 5.1%。其中，城市维护费支出 2617 万元，按可比口径比上年下降 8.1%（主要原因是由于财税体制改革，新的城建税政策没有出台，收入比年初计划减少 353 万元）；支援农村生产支出 688 万元，比上年增长 25.6%；科技三项费用支出 247 万元，按可比口径比上年增长 16.5%。

（2）行政事业费支出完成 22477 万元，占预算的 99.8%，比上年增长 15.7%。其中，农林水事业费支出 987 万元，比上年增长 10%；文教卫生事业费支出 7694 万元，增长 14.6%（教育事业费支出 2186 万元，增长 16.6%）；抚恤和社会福利救济费支出 568 万元，按可比口径与上年持平；行政管理费支出 3615 万元，增长 16.9%；科学事业费支出 388 万元，增长 21.3%；公检法支出 1433 万元，增长 39.5%；其他支出 6550 万元，增长 37.4%。

（3）财政价格补贴支出完成 1927 万元，占预算的 83.9%，比上年下降 31.2%。

按照分税制财政体制计算，1994 年市级财政收入 25889 万元，加上税收返还 25384 万元、上年结转专款 715 万元、上级拨入专款和体制结算等 2817 万元，扣除按体制上解 19181 万元、中央借调和向中央做贡献 2211 万元，当年市级可安排的资金总额为 33413 万元。1994 年市级财政支出为 32643 万元，需结转下年继续使用的专款 612 万元，收支相抵，当年结余 158 万元。

各位代表，1994 年是实行分税制财政体制改革的第一年，也是我市财税工作任务较重、矛盾较多的一年。分税制财政体制改革是我国财政体制的一次重大变革，在组织实施上，财税部门认真执行中央的政策，最大限度地兼顾地方利益，紧紧围绕“保基数、保工资、保平衡”这一工作目标，在各级党委、人大正确领导和有效监督，各部门、各行业积极关心、大力支持下，顺利实施了分税制财政体制改革，做到了连续五年财政收支平衡，有力地促进了经济建设和事业发展。

市级财政在资金安排和管理等方面主要做了以下几方面工作：

1. 顺利实施分税制财政体制改革，促进经济长远发展。

分税制财政体制改革加强了中央宏观调控能力，地方财政收入范围缩小、总量减少。中央对地方实行税收返还将对地方经济的长远发展产生重大影响。为搞好分税制改革，全市各级财政部门积极研究政策，及时提出了分税制条件下发展地方经济、加强地方财源建设的思路及对策，投入大量精力进行调查测算，顺利完成了财政基数的确定工作，确保了我市既得财力，为我市经济的长远发展奠定了基础。

2. 增强宏观调控能力，化解矛盾保稳定。

科学运筹资金，努力保工资、保稳定。市级安排因调资增加的支出 3576 万元，保证了财政拨款的行政事业单位按新的标准发放了工资。为解决市场供应问题，筹集各种资金 1935 万元用于“菜篮子”工程建设，安排粮店铺底购粮资金 300 万元保证市场供应，筹集资金 1590 万元，建立了市级粮食风险基金和市级副食品价格补贴基金，稳定了市场，保护了群众的利益；向市区 12000 名特困居民发放粮食补贴 15 万元，向门楼水库库区困难住户发放粮食补贴 230 万元，促进了社会稳定。制定了《烟台市市直公费医疗经费与个人挂钩的意见》，实行公费医疗费用由国家和个人共同负担，对市级财政拨款的中华人民共和国成立前参加工作的离休干部、二等乙级以上的伤残军人和见义勇为、因公致伤等人员医疗费实报实销。对市级老干部的公费医疗经费，财政做到了不拖不欠，市级财政拨款的行政事业单位公费医疗支出 616 万元，保证了干部职工的看病就医。合理确定了企业工资总额基数和成本开支的政策界限，使多数企业提高工资标准政策得以兑现，对确保社会稳定发挥了积极的作用。

3. 积极筹措资金，支持事业发展和重点项目建设。

加大对科技教育的投入，市级科技三项费用和科学事业费支出 635 万元，安排科技周转金等 1272 万元，取得科技成果 355 项，促进了“科教兴烟”战略的实施。市级教育总投入 3756 万元，比上年增长 17.5%，初中入学率达 100%，初中升高中率达 80% 以上，高校招生大专以上录取率达 85%。投入资金 970 万元用于烟台大学国际经贸学院和党校行政干部学院建设。烟台大学体育学院 1.5 万平方米的教学楼、训练馆、学生宿舍楼，盲哑学校教学实习楼、烟台二中邵逸夫教学楼已交付使用，为教育事业发展提供了良好的硬环境。卫生事业费支出 1704 万元，补助乡镇卫生院改造 150 万元，医疗卫生条件正在得到逐步改善。城市基础设施建设和环境综合整治又有新突破，市区旅游观光路综合治理和环山路东段、通世路拓宽工程已经完成。管道煤气新增用户 7218 户，气化率由 58% 提高到 68%。拨款 900 万元的电视中心一期工程建设顺利完成。完成市区污水处理工程等环境建设项目 23 项，环境污染得到有效控制。

4. 加大工作力度，努力提高企业经济效益。

为了鼓励企业追求利润最大化，提出了以实现利润和净资产增值率为主要考核指标的奖惩办法。为了鼓励企业创名牌产品，增强市场竞争能力，拟定了《关于对企业开拓市场创名牌产品实行奖励的试行意见》。为了积极支持“大高外”经济格局的构建，在外方股利不拿走的前提下，将市属部分合资企业分得股利 3480 万元用于扩大企业生产经营规模。对外贸企业所得税采取先征收后返还的政策，弥补外贸企业历年挂亏 3370 万元，为电子网目板、导电玻璃项目资金担保 1.55 亿元，为大宇汽车项目担保 2 亿元，促进了市级外向型经济的发展。全年共向企业发放贷款 2 亿余元，缓解了部分企业的资金困难，支持了“百强工程”建设。当年，市属国有工业企业实现利润 13082 万元，按可比口径比上年增长 15.7%。

5. 突出基础财源地位，推动农村经济发展。

农业是国民经济的基础，实行分税制后，农业税收在地方财政收入中的比重上升。财政部门把农村经济的发展列为财源建设的重点，当年市级预算内支农支出完成 1667 万元，增长 15.3%。安排支农周转金 2230 万元，促进“海上烟台”“山上烟台”建设。其中，安排 500 万元用于全市 25 处重点开发乡镇的建设；安排 130 万元用于农业开发开放市级示范基地建设，安排 66 万元用于第四批粮食基地县建设，新建吨粮田 20 万亩；安排 1290 万元，扶持乡镇企业的发展。筹集资金 220 万元用于烟台苹果的宣传，使烟台苹果成为第四届世界妇女大会唯一指定专用苹果，扩大了我市在国际上的知名度。市级拨款 180 万元，用于林业建设，全市成片造林 27 万亩，提前一年完成林业部沿海防护林体系建设和“八五”绿化双达标任务。拨款 63 万元支持“畜牧双百工程”建设，建成畜产品基地 32 个。

6. 强化监管手段，确保国有资产保值增值。

积极开展清产核资，市属 285 户国有企业、单位清查资产总额 131.3 亿元，负债总额 104.9 亿元。加强资产评估管理，当年共确认评估项目 71 项，评估价值 29.03 亿元，较账面净值增值 5.73 亿元，增值率为 24.6%。大胆探索，进行了国有资产授权经营管理试点，根据企业经营者贡献大小，变奖钱为奖股，促使企业经营者注重企业长远利益，从而保证国有资产的保值增值。

7. 充分发挥监督职能，维护财经秩序。

广泛深入开展税收财务物价大检查工作，全市抽调 2000 余人组成 640 多个检查小组，对 6662 个单位进行了检查，共查出违纪金额 4666 万元。其中，市直检查 371 个单位，查出违纪金额 1641 万元，应入库 1222 万元，已入库 767.5 万元。将财政日常检查与突击大检查有机结合起来，组织开展了对全市财政支农周转金、乡镇财政收支和农发基金收支等 11 项专项检查，对检查出来的问题均按有关规定进行了处理。通过加强收费票据管理，实行源头控制，把预算外资金纳入了财政管理，资金流向日趋合理，财政调控能力得到进一步加强。

各位代表，1994 年我市财政工作取得了一定成绩，但还存在不少问题：一是企业亏损问题仍比较突出。当年，市属国有工业企业亏损 24 户，亏损面达 34.8%，亏损额 6209 万元，资本金利润率比全省平均水平低 2.3 个百分点。二是在引进选用外资的过程中，存在“假合资”等问题，致使合资企业经济纠纷案件有上升的趋势。三是财务管理约束机制不力，单位多头开户、私设小金库转移资金、逃避检查，致使侵吞国家资金的经济案件时有发生。四是艰苦奋斗、勤俭办事业的观念比较淡薄，铺张浪费现象仍然存在。五是由财政负担经费的人员增长过快，人员经费开支增长比例过大，致使生产建设性资金增长比例较低，甚至下降。这些问题，应引起我们的高度重视，并在今后的工作中认真加以解决。

二、1995 年财政预算草案

根据全国、全省财政工作会议精神，结合我市经济和社会发展的实际情况，1995 年财政收支预算安排原则是：适应分税制财政体制要求，加强财源建设；优化支出结构，在保工资、保稳定的基础上，支持重点事业发展；严格控制财政支出，强化财政监督管理，确保实现当年财政收支平衡。

（一）1995 年全市财政预算草案

1995 年全市财政收入预算为 126160 万元，比上年增长 11.4%。

1995 年全市“灶内”支出预算为 15551 万元，比上年增长 10.2%。

按照分税制财政体制计算，1995 年全市地方财政收入、中央税收返还，扣除体制上解和向中央做贡献等，预算安排收支平衡。

（二）1995 年市级财政预算草案

1995 年市级财政收入预算为 28500 万元，比上年增长 10.1%，分项目情况是：

1. 工商税收 24414 万元，比上年增长 14.6%，其中增值税 7600 万元，比上年增长 4%。

2. 农业特产税 200 万元，比上年增长 78.6%。

3. 契税 13 万元，与上年持平。

4. 企业所得税 6755 万元（含集体、私营企业所得税 620 万元），比上年增长 3%。

5. 国有企业亏损补贴 6396 万元，比上年增长 5.1%。

6. 其他收入 500 万元，比上年下降 34.1%。

7. 排污水资源费收入 960 万元。

8. 教育费附加收入 800 万元。

9. 以港养港收入 1254 万元。

1995 年市级财政“灶内”支出预算为 29872 万元，比上年预算增长 33.6%。主要支出项目安排情况是：

1. 企业挖潜改造支出 700 万元。

2. 城市建设支出 2485 万元，比上年预算增长 8.8%。

3. 排污水资源费支出 960 万元，比上年预算增长 29.7%。

4. 各项行政事业费支出 23173 万元，比上年预算增长 37.3%，其中，正常经费 14813 万元，比上年增长 12.8%（人员经费 8301 万元，增长 7.4%；公用经费 4483 万元，增长 33.2%；专项经费 2074 万元，与上年持平）。

（1）科技三项费用支出 300 万元，比上年预算增长 112.8%。

（2）支援农村生产支出和农林水事业费 2270 万元，按可比口径比上年预算增长 21.3%，其中，支农 1134 万元，比上年预算增长 42.3%。

（3）文教卫生事业费 5784 万元，比上年预算增长 10%，其中，教育事业费 1913 万元，增长 7.9%。

（4）科学事业费 242 万元，按可比口径比上年预算增长 8%。

（5）工交商事业费 313 万元，比上年预算增长 3.3%。

（6）其他部门事业费 573 万元，比上年预算增长 8.5%。

（7）抚恤和社会救济事业费 461 万元，比上年预算增长 32.9%。

（8）行政管理费 3142 万元，比上年预算增长 15%。

（9）公检法支出 1142 万元，比上年预算增长 14%。

（10）其他支出 386 万元。

（11）预留调资经费 200 万元。

5. 教育费附加支出 800 万元。

6. 以港养港支出 1254 万元。

7. 预备费 500 万元，与上年持平。

按照分税制财政体制计算，预算安排收支平衡。

（三）市级预算安排中几个问题的说明

1.1995 年市级安排重点项目支出 7500 万元。其中，主要项目有：莱山区补助 800 万元；新建市图书馆 2000 万元；医疗卫生建设 650 万元：广播电视建设 400 万元（市电视中心 100 万元，罗山电视台搬迁补助 200 万元）；体育 200 万元（城市运动会 100 万元，市体育馆消防设施改造 100 万元）；警备区、武警、公安消防 530 万元（主要用于新建弹药库和组建市消防分局第三消防中队）；工业科技经费 140 万元（共安排 300 万元，其中，列科技三项费用 160 万元）；重点建设项目前期准备资金 700 万元（主要用于项目论证、争取、前期准备、启动资金等）；夹河道平闸工程 100 万元，援藏资金 150 万元。

2. 直接关系到人民群众生活的补贴主要有：管道煤气补贴 1000 万元；公交公司公共汽车亏损补贴 280 万元；粮店职工工资和芝罘区特困居民粮食补贴 300 万元；粮店风险基金 623 万元，副食品风险基金 600 万元；粮油副食品价格放开暗补变明补后，行政事业单位职工补贴 608 万元；食品公司猪肉储存费补贴 50 万元，蔬菜公司调动菜补贴 40 万元（不包括副食品物价调节基金安排部分）；煤店职工工资及亏损补贴 125 万元。

3. 市级预算中安排的重点项目资金、预留调资经费和预备费等，在预算执行过程中，将根据实际支出内容，相应在有关支出科目中列支。

三、确保完成 1995 年财政预算的主要措施

1995 年是“八五”计划的最后一年，全面完成今年的财政工作任务，实现当年财政收支平衡，

对于全市改革开放和国民经济的健康发展具有重要意义。全市财政工作的指导思想是：紧紧围绕抑制通货膨胀这一中心，实行适度从紧的财政政策；深挖增收节支确保全年财政收支平衡；以《预算法》《审计法》的实施为契机，加强财政法制建设；继续深化和完善财税改革，积极支持国有企业改革和其他配套改革，促进现代企业制度的建立；强化财政管理监督，增强宏观调控力，抑制投资和消费需求的过快增长；筹集资金支持重点建设和事业发展，促进改革开放，经济发展和社会稳定。为此，要重点做好以下几方面的工作：

（一）严格执行《预算法》，加强财政法制建设

今年是《预算法》《审计法》实施的第一年，也为财政工作走上法制化轨道提供了法律保障。各级各部门要在做好宣传工作的同时，在各项工作中切实贯彻好《预算法》，严格依法理财、依法行政，并且认真接受监督。为不断适应新形势下财政工作的需要，要采取有效措施，加强财政干部队伍建设，建设一支作风顽强、廉洁勤政、来则能战、战则能胜的财政干部队伍。

（二）全方位加强财源建设，努力增加地方财政收入

按新的财税体制要求，迅速将财政工作的重点转移到财源建设上来。一是加大农业投入，促进“两高一优”现代农业的发展。在确保预算内支农资金有较大幅度增长的前提下，通过多种方式吸引社会资金，膨胀农业投入资金总量，重点扶持“两水”（水果、水产）生产和加工，逐步提高农业税收在财政收入中的比重。二是重点抓好骨干财源建设，着力搞好国有大中型企业。要鼓励企业以经济效益为中心，追求利润最大化。要积极完善财政财务制度，为现代企业制度的建立创造良好的环境。三是大力支持饮食服务、旅游、建筑安装、交通运输等行业发展，增加营业税的收入比重。

（三）加强国有资产管理，确保国有资产保值增值

各级财政和国有资产管理部门要重点抓好产权界定、资产评估、产权交易等方面的工作。要坚决制止低估、漏估、变相私分或低价出售国有资产的行为。国有资产拍卖、转让收入和参股分红，由同级财政、国有资产部门负责收缴，纳入财政专户管理，用于国有资产的再投资、再增值。同时，继续搞好中小型企业的租赁、兼并、联营和出售，以提高国有资产运营效益。

（四）强化监督管理，增强财政宏观调控力度

一是全面加强预算外资金管理，对行政事业单位的企业主管部门的预算外资金进行清理整顿，各项收入和各项基金，要全部纳入财政预算外资金“专户储存”。各项行政性收费要严格按规定纳入财政预算管理，并制定出相应的收支管理办法，切实管好用好。二是加强对企事业单位的财务监督。对企事业单位银行账户进行清理整顿，企业单位原则上只允许在一个银行设立账户，行政事业单位必须按规定开设一个银行账户（特殊规定的除外），对违反规定的，由财政部门会同银行强制取消。三是贯彻适度从紧的财政政策，严格控制财政支出，控制社会集团购买力的过快增长，制止铺张浪费、公款消费、乱发奖金实物等不良现象的发生。要进一步加大财政监督检查工作力度，将财政日常检查与年度财税大检查结合起来，发现问题及时处理。四是大力发展注册会计事业，广泛开展验资、查账、维护财经纪律等工作，充分发挥注册会计师的社会监督职能。

关于烟台市2007年预算执行情况和2008年预算草案的报告

——2008年1月4日在烟台市第十五届
人民代表大会第一次会议上

烟台市财政局局长　叶文君

各位代表：

我受市人民政府委托，向大会提交2007年预算执行情况和2008年预算草案，请予审议，并请市政协委员和其他列席会议的同志提出意见。

一、2007年预算执行情况

2007年，在中共烟台市委的正确领导下，全市人民坚持以邓小平理论和“三个代表”重要思想为指导，全面贯彻落实科学发展观，紧紧围绕建设文明富庶新烟台的宏伟目标，团结拼搏，开拓创新，经济发展速度和运行质量进一步提高，财政预算执行情况良好，全面完成了市十四届人大六次会议确定的预算任务。

2007年，全市地方财政收入完成1407959万元，占市十四届人大六次会议批准预算的104.68%，比上年增长25.24%。全市财政支出完成1744960万元，占预算的98.85%，比上年增长21.44%。按现行财政体制计算，全市财政收入加中央税收返还287533万元、上级专项补助和各项结算等199107万元，共计1894599万元。扣除按体制上解省129144万元和结转下年支出20339万元，与支出相抵，当年结余156万元，累计结余2979万元。

2007年，市级地方财政收入完成225222万元，占预算的100.10%，增长20.12%，剔除行政性收费等因素后，经常性财政收入增长14.86%。市级财政支出完成325920万元，占预算的99.72%，增长18.04%。按现行财政体制计算，2007年市级地方财政收入加中央税收返还和上级专项补助等190222万元，总计415444万元。扣除按体制上解省88533万元及结转下年支出923万元，与支出相抵，当年结余68万元，累计结余1091万元。

2007年，全市基金预算收入完成263862万元，加上级专项补助、体制结算等，总计292699万元。当年基金支出完成281190万元，收支相抵，当年结余11509万元。

2007年，市级基金预算收入完成79958万元，加上级专项补助、体制结算等，总计80780万元。基金支出完成76315万元，收支相抵，当年结余4465万元。

二、2007 年财政工作回顾

各位代表，过去的一年，全市各级财税部门按照市十四届人大六次会议的决议要求，大力推进财源建设，扎实推进社会主义新农村建设，着力促进社会事业发展，积极改善民生，纵深推进财政改革，圆满完成了各项工作任务。

（一）财源建设取得明显成效，财政收入质量稳步提高。一是骨干财源规模进一步膨胀。以实施“3·50”工程为总抓手，先后拨付资金 1.7 亿元，用于支持企业争创名牌、科技创新以及循环经济示范项目补贴、节能成果奖励，鼓励扩大对外开放，提升了全市支柱行业和骨干企业的规模实力、创新能力和品牌优势。四大支柱产业、50 户重点企业实现利税分别增长 20% 和 34.3%，高新技术产值增长 46%。二是财源结构进一步优化。在推进二次产业加快发展的同时，积极安排资金实施服务业“双 50”工程、万村千乡市场工程和特色商业街、民营企业公共服务体系建设，落实海洋经济和临港经济突破发展等政策，不断优化产业发展层次。全市第二、三产业提供地方税收比例由上年的 58∶42 调整为 57∶43。三是县域财源优势进一步突出。引导各县市区走经济特色化、产业规模化、产品集群化的路子，发展壮大区域财源。县级地方财政收入完成 118.27 亿元，增长 26.26%，五年平均增长 32.60%，占全市的比重达到 84%。四是财源质量进一步提高。全市境内税收收入完成 290 亿元，增长 22.76%，五年平均增长 23.32%，占 GDP 的比重达到 10.07%，高于上年 0.2%；全市地方财政收入增幅高于全省平均水平，五年平均增长 30.12%；地方税收占财政收入的比重达到 76.32%，高于上年 1%。

（二）新农村建设扎实推进，农村生产生活条件得到有效改善。一是实施了优势产业提升计划。投入资金 300 万元，实施苹果、大樱桃产业提升计划，通过公开招标确定了 53 个标准化生产示范基地。拨付资金 300 万元，人工增殖放流海洋优质鱼苗 210 万尾。采取奖补方式，对 36 个无公害产品、绿色食品、有机食品进行了认证和奖励，对 7 个获得省以上认证的农业新品种进行了奖励和补助。二是给予了农业龙头企业贴息扶持。拨付资金 500 万元，对全市 23 家发展前景好、带动能力强的龙头企业 8.3 亿元的技改贷款给予了贴息。三是落实了农民直补政策。全年兑付种粮农民补贴 9504 万元，补贴小麦面积 213 万亩，受益农民 90 多万户；成品油补贴 1.49 亿元；能繁母猪补贴 167 万元，保护了农民农业生产积极性。四是提高了农业机械装备水平。落实补贴资金 850 万元，带动农民增加投资 2800 多万元，购买各种农机具 880 台（套），其中大型拖拉机 272 台，玉米联合收割机 212 台。五是加强了农村基础设施建设。三年累计拨付资金 9500 万元，全市 6254 个村、462 万农村人口通上了自来水。拨付资金 300 万元，发展农村沼气 4.2 万户，美化了农村环境，改善了农民生活条件。

（三）民生投入得到重点保障，社会事业发展步伐加快。一是健全了义务教育保障和困难学生救助机制。全市安排义务教育保障机制改革资金 2.58 亿元，重点用于免除城乡义务教育阶段学生杂费和贫困家庭义务教育阶段学生的教科书费，全市义务教育阶段学生全部实行免费教育。

落实资金6000多万元，对9万多名普通高中、普通高校和中等职业学校家庭经济困难学生进行了资助。二是完善了城乡卫生服务体系。省、市两级拨付补贴资金6894万元，在全市推行了新型农村合作医疗制度，农民参合率达到93.4%。拨付资金1460万元，用于91处乡镇卫生院危房改造和市疾控中心等建设。建立了以政府投入为主的社区卫生服务投入机制，市对县市区按社区服务人口给予专项补助，推动了城市社区卫生服务体系建设。三是加强了社会保障体系建设。拨付再就业资金866万元，重点用于解决“4050”人员、“零就业家庭”等困难群体再就业问题。拨付城乡低保补助资金2320万元，其中，年人均纯收入低于1000元的农村贫困人口已全部纳入低保范围。拨付资金1860万元，维修改造乡镇敬老院40处，将符合条件的五保老人全部纳入财政供养范围。拨付资金1285万元，实施残疾人危房改造及千户残疾人从业脱贫工程，对140处残疾人综合服务场所建设进行补助，改善了残疾人就业、康复环境。四是丰富了基层群众文化生活。投入资金200万元，实施文化信息资源共享工程、农村电影放映“2131”工程，共资助开展公益性演出327场，购买发放电影拷贝200部，放映公益性电影249场。五是改善了城乡居民生活环境。筹措资金1400万元，对向阳、东山等街道办事处辖区的老城区进行环境综合整治，完成居民住宅楼“平改坡”2.9万平方米。投资3500万元，对市区自来水供水管网、加压站和宫家岛水厂进行改造，进一步提高了居民饮用水质量。两年投资5200万元，完成村庄规划3881个，综合整治村庄1000个。投资1.6亿元，开工建设了逛荡河整治、辛安河污水处理厂二期、套子湾污水处理厂二级处理扩建等工程。拨付资金730万元，用于环境监测设施和环境执法体系建设。

（四）财政改革进展顺利，财政管理机制日臻完善。一是调整理顺了市对县财政管理体制。将银行、证券、保险等特殊行业营业税以及其他在县市区缴库的市级税收下放县市区管理，取消各县市区的原体制上解，地方税收实行市与县市区按比例分享，调动了各级政府加快发展的积极性。继续对栖霞、长岛在财政体制、资金、政策上给予倾斜和帮扶，进一步缓解了两县市财政困难。二是完善了“四位一体”财政支出管理模式。国库集中支付改革顺利推进，将市级所有单位资金全部纳入了集中支付范围。政府投资评审力度不断加大，评审投资总额68.55亿元，节约资金6.26亿元。政府采购规模不断扩大，市级采购额达到15亿元，节约资金2.8亿元。三是拓宽了“收支两条线”管理范围。重点加强了对矿产资源、水资源、排污、垃圾处理等非税收入的征管，加大了对土地等城市资源出让、转让费用的收缴力度，保证了各项非税收入及时足额上缴国库或财政专户。市级纳入收支计划管理的非税收入完成17.2亿元，比上年增长24.5%。四是探索实行了财政支农项目公示制度。对村庄整治、村村通自来水等市级重点支农项目全部实行公示制，财政支持的科技项目全部实行网上申报、专家评审，提高了项目的透明度和公正性。开展了支农资金整合试点，将农业综合开发资金与农业生态建设、绿化造林、水利等资金统筹安排，形成了政策合力，提高了资金使用效益。

各位代表，2007年我市财政预算执行也面临一些矛盾和问题。一是财政收入结构有待进一步改善，地方税收收入占地方财政收入的比重有待进一步提高。二是县域财政经济发展不均衡，部分县（市、区）财政增收基础不够牢固。三是财政减收增支因素较多，财政收支矛盾仍然比较突出。这些问题将在今后工作中认真加以解决。

三、2008 年财政预算安排意见

2008 年，是全面贯彻落实中共十七大作出的战略部署的第一年，是实施“十一五”规划承上启下的一年。展望今年的财政形势，全市经济结构不断优化、总量膨胀壮大、运行质量稳步提高，为财政增收奠定了坚实基础；同时，国家宏观调控力度不断加大，从紧货币政策的实施、人民币升值、内外资企业所得税合并和出口退税率降低等，都给财政增收带来了困难。对此，各级财税部门要正确分析、准确把握，抢抓机遇、积极应对。今年全市财税工作总的要求是，全面贯彻落实中共十七大精神，坚持以科学发展观为指导，按照科学、和谐、率先发展的总体要求，创新财政工作思路和理财方式，大力加强财源建设，积极推动经济结构调整和发展方式转变，推动城乡区域统筹发展，调整优化支出结构，大力支持发展社会事业，着力关注和积极改善民生，推进社会主义和谐社会建设，为全面建设小康社会和实现文明富庶新烟台宏伟目标提供强有力的财力支撑和保障。

2008 年，全市地方财政收入预算为 168 亿元，比上年增长 20%。全市财政支出预算为 177 亿元，增长 15%。当年预算安排收支平衡。市级地方财政收入预算为 26 亿元，比上年增长 20%。市级财政支出预算为 29 亿元，增长 15%。当年预算安排收支平衡。

全市基金收入预算为 25 亿元，支出预算为 25 亿元。市级基金收入预算为 18 亿元，支出预算为 18 亿元。

2008 年市级预算安排，按照落实科学发展观、构建和谐社会的要求，在保工资、保稳定、保法定支出的基础上，重点向新农村建设、对外开放、循环经济、现代服务业、城市建设、民生和社会保障等方面倾斜。主要安排以下支出项目：

农业安排 2.41 亿元。其中，社会主义新农村建设专项资金 10430 万元，主要用于村村通自来水、村镇规划建设、荒山造林绿化、农村合作医疗、农村义务教育经费保障机制、农村最低生活保障、农村计划生育奖励扶助、村干部补贴发放、农村新型能源建设及农机购置补助等，其他农业专项资金 4040 万元，胶东调水工程建设资金 9600 万元。

教科文体安排 1.22 亿元。其中，教育专项资金 1880 万元，科技专项资金 6510 万元，国家级名牌、新产品扶持 520 万元，市院合作、人才招聘培训 350 万元，文体计生专项资金 2980 万元。

民生和社会保障安排 1.62 亿元。其中，医疗卫生专项资金 4580 万元，社会保障和就业专项资金 7550 万元，双拥及抚恤救济专项资金 1430 万元，供热企业价格补贴及困难群体取暖补贴等其他民生专项资金 2600 万元。

支持经济发展安排 9420 万元。其中，对外开放专项资金 4720 万元，旅游发展及宣传促销专项资金1700万元，循环经济、现代服务业发展专项资金2000万元，民营经济及金融业发展补助资金1000万元。

城市建设维护及基本建设安排10.1亿元。主要用于市区城建及文化设施建设重点项目和社区改造、环境综合整治等补助。

其他项目安排1.19亿元。其中，还贷准备、国债配套及还本付息资金8000万元，栖霞园区基础设施建设贷款贴息1000万元，援藏资金及援藏干部生活补贴425万元。

四、2008年财政工作主要任务

2008年，全市各级财税部门要按照“高举旗帜，提升境界，抓住关键，突破重点，统筹协调，再上台阶”的目标要求，继续深化改革，切实加强管理，努力提高全市财税工作水平，确保圆满完成预算任务。

（一）灵活运用财税政策，进一步提高经济发展质量。按照好字优先、好中求快、又好又快发展的要求，建立完善支持经济发展的财税政策体系，促进经济发展实现速度、质量和效益的有机统一、良性互动。一是支持壮大支柱产业、培育新兴产业。加大对四大支柱产业、三大产品集群的扶持力度，支持培育发展新兴产业和新产品集群，推动现代制造业突破发展，提高支柱产业、产品集群、重点企业对财政增收的贡献份额。二是鼓励扩大对外开放。完善扶持政策，着力推动招商引资、国际市场开拓，对加工制造、基础设施等重点产业境外招商给予积极支持，对拥有自主知识产权的产品和高新技术产品出口给予奖励，促进出口结构优化和出口稳定增长。三是扶持发展服务业和民营经济。大力支持服务业重点项目、重点企业、农贸市场升级改造、特色商业街和“万村千乡”市场工程建设，努力提高现代服务业对地方财政的贡献水平。安排专项扶持资金，用于民营企业创业、民营企业公共服务体系建设及贷款担保机构补助等，为民营企业创造良好发展环境。四是加快发展海洋和港口经济。认真贯彻“以港兴市、科技兴海”战略，积极落实对烟台港和烟大铁路轮渡的发展扶持政策，加快中国科学院烟台海岸带研究所建设，促进海洋经济和临港产业突破性发展。五是促进投融资机制建设。充分利用财政资金的导向作用，通过贷款担保、贷款贴息、奖励补助等方式，引导社会资金向优势产业和优势企业集聚，为抓大培强产业经济提供资金保障。

（二）统筹城乡协调发展，进一步加快新农村建设步伐。调整财政支出结构，加快推进公共财政向农村倾斜、基础设施向农村延伸、社会保障向农村覆盖、现代文明向农村辐射，促进城市与农村联动协调发展。一是促进农村经济发展。以发展现代农业为重点，继续实施苹果和大樱桃产业提升计划、优势农产品竞争力提升计划、渔业资源增殖放流计划以及畜禽标准化生产示范小区建设，推进全市农村支柱产业的优化升级。本着扶优扶大扶强原则，继续对农业龙头企业的固定资产贷款给予贴息扶持，增强辐射带动能力。二是加强农村基础设施建设。继续安排资金，完成400个村“四清四化”整治任务，支持农村“路水电气”等基础设施建设，搞好小型病险水库除险加固，提高农业抵御自然灾害的能力。三是推进农业社会化服务体系建设。安排专项资金，支持在农村创办社区服务中心，在全国大中城市设立烟台农产品配送中心，为农民生产提供便利服务，将烟台农产品逐步推向大中城市，增加农民收入。在扩大农业政策性保险试点范围的同时，探索建立多形式经营、多渠道支持的农业保险体系。四是加快发展农村文化事业。实施文化信息资源共享和农村电影放映工程，努力为广大群众提供公共文化信息服务。五是加大困难县市扶持力度。继续对栖霞、长岛等困难县市进行帮扶，进一步改善财政困难状况，缩小与先进区市的差距。六是加大造林绿化投入。安排资金搞好荒山绿化和沿海防护林建设，加快实现生态市建设目标。

（三）支持科技自主创新，进一步推动产业结构优化升级。积极利用贷款贴息、以奖代补、投资参股等手段，最大限度地吸引社会资金支持和参与企业自主创新和技术进步，为经济发展方式转变、产业结构优化升级提供有力和持久的技术支撑。一是鼓励企业加大研发投入。创新财政投入方式和财税政策，在税率优惠、税收抵扣、成本列支、加速折旧、收入分配、政府采购等方面，对企业研发和设备更新给予支持，调动企业自主创新的积极性。二是支持企业研发机构建设。安排专项资金，支持有条件的企业创建工程技术研究中心、企业技术中心和重点实验室，对新认定的国家级技术中心、省级行业技术中心给予奖励和补助，对新引进或建立的国家级产品检测中心给予补助，加快建设以企业为主体、产学研相结合的自主创新体系，增强企业自主创新的能力。三是打造技术成果转化平台。安排资金 2000 万元，重点支持“三校”科技园科技孵化器建设。用足用好国家给予的财税优惠政策，支持科技含量高、市场前景好、带动作用强的重大项目建设。四是推广节能减排技术。积极扶持节能、节水、节材、节地和循环生产共性技术与关键技术项目，支持淘汰落后生产能力，调动市场主体节能减排的积极性。五是加强科技人才队伍建设。落实财税政策，鼓励引进重点产业和重点项目高端人才，实施高科技人才培训计划，帮助解决高层次人才生活难题，努力营造良好的学术环境、工作环境和创业环境，为企业科技自主创新提供强有力的人才支撑。

（四）更加重视改善民生，进一步推进和谐社会建设。在支出安排上，优先考虑民生，优先保障民生，让公共财政阳光更多地惠及广大人民群众。一是健全教育事业发展保障机制。安排专项资金，健全城乡义务教育经费保障机制，完善普通高中、普通高校和中等职业学校家庭困难学生资助政策体系，向农村义务教育阶段学生免费提供教科书。二是提高公共医疗卫生保障水平。合理确定筹资标准和财政补助水平，推动城镇居民基本医疗保险试点工作顺利进行。实施城市社区公共卫生财政补助政策，巩固完善新型农村合作医疗制度，对农村卫生室进行维修改造，进一步完善城乡公共卫生服务体系。三是完善就业和社会保障体系。认真落实税费减免、小额担保贷款、培训补贴等财税扶持政策，做好统筹城乡就业、城乡“双零”家庭就业援助工作，抓好城乡统一的职业技能培训，完善公共就业服务体系。建立覆盖城乡的最低生活保障制度，逐步提高农村低保家庭补助标准，扩大社会保障覆盖范围。四是建立贫困家庭住房保障机制。多方筹措资金，市中心区建设供应保障性住房不少于3000套、24万平方米。五是加快文化设施建设步伐。积极筹措资金，加快建设集烟台大剧院、京剧院、群众艺术馆、博物馆、青少年宫、书城等公益文化设施于一体的烟台市文化中心，推动全市文化事业再上新水平。六是重视并加强环境保护。积极制定和落实有关环境保护的财税政策，全面推行资源有偿开发使用制度，建立环境保护和生态恢复经济补偿机制。充分利用国外优惠贷款，搞好重点流域、重点企业的污染治理和污水处理厂建设，支持重点污染源自动监控体系和环境监察执法体系建设，确保化学需氧量和二氧化硫等主要污染物达标排放，推进资源节约型和环境友好型社会建设。

各位代表，在新的一年里，各级财税部门要在市委的正确领导和市人大及其常委会的有效监督下，认真贯彻落实中共十七大精神，继续解放思想，提升境界，锐意进取，扎实工作，确保圆满完成全年预算任务，为夺取全面建设小康社会的新胜利做出新贡献。

关于烟台市 2015 年预算执行情况和 2016 年预算草案的报告

——2016 年 2 月 17 日在烟台市第十六届
人民代表大会第六次会议上

烟台市财政局局长　黄永政

各位代表：

我受市人民政府委托，向大会提交 2015 年预算执行情况和 2016 年预算草案，请予审议，并请市政协委员和其他列席会议的同志提出意见。

一、2015 年及“十二五”时期预算执行情况

2015 年，在市委的坚强领导和市人大的依法监督下，全市各级深入贯彻中共十八大、十八届三中、四中、五中全会和习近平总书记系列重要讲话精神，躬身践行“十个倍加”，全面落实“六抓六促”“六个持续”工作思路，坚持改革统领、转调导向、创新驱动、民生优先，抢抓机遇，主动作为，全市经济运行平稳，结构调整成效显现。在此基础上，全市及市级预算执行情况良好，圆满完成了市十六届人大四次会议确定的各项预算任务。

（一）一般公共预算执行情况

2015 年全市一般公共预算收入 542.7 亿元，完成预算的 100.6%，增长 10.7%。全市一般公共预算支出 643.5 亿元，完成预算的 107.6%，增长 11.9%。

2015 年市级一般公共预算收入 29.8 亿元，完成预算的 96.9%，增长 20%。市级一般公共预算支出 107.2 亿元，完成调整预算的 100.1%，增长 9.8%。市级一般公共预算收入，加中央省税收返还和转移支付补助、县市区上解、省转贷地方政府债券、调入资金、上年结转收入等 153.6 亿元，收入共计 183.4 亿元。市级一般公共预算支出，加上解中央省支出、补助县市区支出、地方政府债券还本、结转下年支出及补充预算稳定调节基金等 76.2 亿元，支出共计 183.4 亿元。预算收支平衡。

主要支出项目完成情况是：

一般公共服务支出 9.9 亿元，完成预算的 98.7%，增长 32.9%。

教育支出 10.8 亿元，完成预算的 103.3%，增长 59.3%。

科学技术支出 2.4 亿元，完成预算的 98.2%，增长 44.7%。

文化体育与传媒支出 3.6 亿元，完成预算的 103.7%，增长 98.7%。

社会保障和就业支出 9.3 亿元，完成预算的 124.3%，增长 16.5%。

医疗卫生支出 5.6 亿元，完成预算的 105.7%，增长 39.6%。

节能环保支出 2.4 亿元，完成预算的 77.5%，下降 4%，主要是部分节能环保项目工期延后，从而减少了当年运行费用支出。

农林水事务支出 3.8 亿元，完成预算的 99.3%，增长 35.2%。

交通运输支出 8.3 亿元，完成预算的 119.7%，增长 4.3%。

（二）政府性基金预算执行情况

2015 年全市政府性基金预算收入 205.2 亿元，完成预算的 96.5%，下降 24.6%。政府性基金预算支出 223.9 亿元，完成预算的 100.1%，下降 19.6%。

2015 年市级政府性基金预算收入 31.7 亿元，完成预算的 109.3%，增长 48.9%。主要收入项目是：国有土地使用权出让收入 21 亿元，城市基础设施配套费收入 4.7 亿元，彩票公益金收入 1.7 亿元。2015 年市级政府性基金预算支出 26.3 亿元，完成预算的 83%，增长 31.2%。主要支出项目是：国有土地使用权出让收入安排的支出 17.1 亿元，城市基础设施配套费支出 3.6 亿元，彩票公益金支出 0.9 亿元。市级收入，加中央省补助收入、县市区上解收入、上年结转收入等 18.7 亿元，收入共计 50.4 亿元。当年政府性基金预算支出，加上解中央省支出、补助县市区支出、调出资金等 12.3 亿元，支出共计 38.6 亿元。收支相抵，结转下年支出 11.8 亿元。

（三）国有资本经营预算执行情况

2015 年全市国有资本经营预算收入 7 亿元，完成预算的 134.3%，比上年增长 55.2%。全市国有资本经营预算支出 3.5 亿元，完成预算的 112%，比上年下降 1.8%。

2015 年市级国有资本经营预算收入 2.5 亿元，完成预算的 154.6%，比上年下降 24.9%。市级国有资本经营预算支出 2.5 亿元，完成调整预算的 116.9%，比上年增长 6.4%。市级国有资本经营预算收入，加上年结转收入 0.9 亿元，收入共计 3.4 亿元。市级国有资本经营预算支出，加调出资金 0.2 亿元，支出共计 2.7 亿元。收支相抵，结转下年支出 0.7 亿元。

（四）社会保险基金预算执行情况

2015 年全市社会保险基金预算收入 305.8 亿元，完成预算的 104.9%，比上年增长 12.2%。全市社会保险基金预算支出 303.3 亿元，完成预算的 101.4%，比上年增长 16.7%。收支相抵，全市社会保险基金预算当年结余 2.5 亿元，年末滚存结余 374.6 亿元。

2015 年市级社会保险基金预算收入 199.8 亿元，完成预算的 102.2%，比上年增长 11.4%。市级社会保险基金预算支出 218.7 亿元，完成预算的 92.5%，比上年增长 16.4%。收支相抵，市级社会保险基金预算当年结余 -18.9 亿元，年末滚存结余 180.6 亿元。

（五）开发区、高新区预算执行情况

1. 开发区。2015 年开发区一般公共预算收入 79.3 亿元，增长 13.2%；一般公共预算支出 72.9 亿元，增长 19%。政府性基金预算收入 30 亿元，下降 15.9%；政府性基金预算支出 29.5 亿元，下降 15.1%。社会保险基金预算收入 33.1 亿元，社会保险基金预算支出 22.2 亿元，年末滚存结余 85.9 亿元。

2. 高新区。2015 年高新区一般公共预算收入 7.2 亿元，增长 44.5%；一般公共预算支出 8.8 亿元，增长 14.6%。政府性基金预算收入 5.7 亿元，下降 72.5%；政府性基金预算支出 6.3 亿元，下降 68.9%。社会保险基金预算收入 0.2 亿元，社会保险基金预算支出 0.1 亿元，年末滚存结余 0.6 亿元。

（六）地方政府债务情况

2015 年，省政府共分配我市地方政府债券额度 194.9 亿元，其中，新增债券 11.1 亿元，主要用于对潍莱高铁的地方政府出资等；置换债券 183.8 亿元，主要用于置换政府负有偿还责任的债务本金。经市、县人大常委会批准，上述地方政府债券已全额纳入预算管理。

在 2014 年地方政府债务清理甄别的基础上，省政府核定我市 2015 年度地方政府债务限额为 820.8 亿元。

（七）落实市人大决议和主要财政工作情况

2015 年是新《预算法》实施的第一年。一年来，市财政部门主动接受人大监督，更加注重广泛听取代表意见，更加注重依法依规履行职责，有力促进了各项财政工作的深入开展。一是把主动接受人大监督作为依法理财的内在要求。进一步深化对人民代表大会制度重要地位的认识，更加自觉地将财政工作置于人大及其常委会的监督之下。定期向人大常委会汇报预算执行情况，建立与人大预工委的工作协调机制，积极配合人大财经委、预工委开展首次市级部门预算执行专项检查，全面接受监督指导。二是把执行人大决议决定作为财政工作的基本遵循。高度重视、全面执行市人大及其常委会有关决议决定，严格按法定要求和规定时限落实办理。扎实做好市人大常委会有关水源地保护、食品安全工作的专题询问工作，进一步加大相关重点领域的财政投入，切实把人大的决议决定落到实处。三是把办理人大建议和政协提案作为改进工作的重要途径。不断提高办理质量，确保市人大代表和政协委员的良策变成实实在在的工作成果。2015 年共承办市十六届人大四次会议代表建议和市政协十二届四次会议委员提案 22 件，回复率、办结率、满意率均为 100%。制定出台《关于加强与人大代表沟通联系工作的意见》，做到联络服务规范化、常态化、制度化。具体工作中，主要采取了以下措施：

1. 严格财政收支管理，着力提升财政保障能力。面对宏观经济下行的巨大压力，各级财政部门密切跟踪财政经济形势变化，加大财源培植力度，加强财政收支管理，财政保障能力进一步提升。一是依法强化收入征管。2015 年，全市一般公共预算收入迈上 500 亿元台阶，地方税收收入占一般公共预算收入的比重达到 77.5%，高出全省平均水平 1.5%。二是加快财政支出进度。统筹采取加快项目评审论证、提高预算批复率、加快资金拨付进度等措施，1—11 月份全市一般公共预算综合支出进度达到 91.9%，比上年同期提高 6.9%，预算执行效率明显提升；努力压减部门预算结余结转资金规模，2015 年年底比上年压减 20% 以上；加大财政存量资金回收力度，各级清理收回各类存量资金 10.6 亿元，为保障各项支出政策落实、促进稳增长调结构惠民生发挥了积极作用。三是从严控制一般性支出。认真落实厉行节约反对铺张浪费有关规定，严格控制“三公”经费及其他一般性支出，全年“三公”经费支出比上年下降5.7%。

2. 支持经济发展关键节点，着力激发市场主体内生活力。针对复杂严峻的经济形势，各级财政部门全面落实各项财政政策措施，突出支持经济发展的关键环节和重点领域，努力促进经济稳增长调结构。一是主动应对经济下行压力。在全面落实年初各项政策措施的基础上，各级及时补充出台新的推动经济转型升级财政政策，进一步加大对经济发展的支持力度。初步统计，各级财政共筹集安排100多亿元支持经济发展和转型升级。二是创新财政扶持方式。把发展产业基金作为抓产业促发展和深化财政改革的突破口，截至2015年年底，全市备案的产业基金61支，其中，2015年新成立34支。各级政府引导基金发起设立产业基金26支，基金规模达到124亿元，放大财政资金效应6.3倍，区域性基金管理中心建设开局良好。三是全面落实结构性减税和清费政策。稳步实施“营改增”，认真落实小微企业税收减免政策，继续开展涉企收费基金清理，切实减轻企业负担，优化营商环境。初步统计，通过落实各项税费减免政策，共减轻社会负担44亿元。四是大力支持创业创新。安排创业带动就业扶持资金1.9亿元，重点支持创业孵化基地和创业园区建设。发放创新券支持开展大型科学仪器设备共享试点，157户小微企业直接受益。运用信贷风险补偿、小额担保贷款、信贷周转资金等多种手段，促进金融机构向小微企业融资10亿元。设立天使投资基金、成果转化引导基金，增加成长期科技型中小企业资本供给。

3. 全面落实各项民生政策，着力增强人民群众获得感。把保障和改善民生作为公共财政的优先选择和首要方向，切实加大投入，着力提升公共服务保障水平。2015年全市一般公共预算民生支出达到497亿元，增长12.2%。其中，教育投入123亿元，实施城乡义务教育经费保障机制改革，全面落实各项学生资助政策，推进农村义务教育学校“全面改薄”。医疗卫生投入49亿元，深入推进医药卫生体制改革，全力推进县级公立医院改革试点，提高居民医疗保险和基本公共卫生服务政府补助标准。文化体育与传媒投入12亿元，推进国家级公共文化服务体系示范区创建，支持优秀影视作品拍摄，提升胶东红色文化影响力。社会保障与就业投入87亿元，进一步提高低保、居民养老保险、优抚救济、农村五保补助水平，落实特殊群体保障政策，加大就业创业扶持力度。三农投入87亿元，加强生态文明示范村建设，改善农村人居环境；推动现代农业加快发展，不断做大做强苹果、大樱桃、葡萄等优势特色产业；加强农田水利基础设施建设，实施水源地环境治理；深入推进农村扶贫开发，4.3万人实现增收脱贫目标。

4. 强化重点项目和重点区域投入，着力促进社会公平和谐。多渠道争取和筹措资金，进一步加大对城建重点项目、重点区域以及与群众息息相关的关键领域投入，使人民群众更加直观地感受到公共财政的阳光雨露。一是加大城建重点项目投入。市级通过预算安排、对上争取、盘活财政存量资金等各种渠道，积极筹集资金 50 多亿元，进一步扩大财政直接投资。其中，拨付资金 13.4 亿元，支持重大交通基础设施建设，烟台蓬莱国际机场建成通航，龙烟铁路开工建设，轨道交通前期工作进展顺利；拨付资金 19.8 亿元，加快推进市区城建重点项目建设，全年新建市区主次干道 14 条，胜利路南延隧道即将全面贯通。二是加大对重点区域的投入。继续对高新区、保税港区实行收入全留的管理体制，促进重点区域加快发展。加大对栖霞、长岛等困难县市政策倾斜力度，安排各类补助资金 14.9 亿元，帮助落实各项民生政策，促进基本公共服务均等化。三是加大为民服务实事投入。统筹各类资金 1.8 亿元，推进水源地保护 10 大类 23 项重点整治工程，完成水源地造林 2 万亩，综合治理河道 250 公里。强化大气污染治理，投入资金 2.1 亿元，支持 12 项大气污染防治项目，新增新能源公交车 147 台。推进国家食品安全城市和“食安烟台”创建，实施公路安全生命防护工程，全力支持安全生产工作，努力做好关系群众切身利益的实事好事。

5. 全面深化财税体制改革，着力构建现代财政制度。根据市委全面深化改革部署，确定 7 项财税改革年度重点任务，配套制定 20 多项制度办法，推动改革全面落地。一是健全完善预算体系。首次将市级四本预算完整反映，全部提交市人代会审查，将所有政府收入和支出全部纳入预算管理。二是加大预决算公开力度。除涉密部门外，市政府组成部门均向社会公开政府预决算、部门预决算和“三公”经费预决算，成为全省 4 个按时实现预算全部公开的地市之一。三是强化专项资金管理。对专项资金实行目录管理和动态管理，健全项目退出机制。首次开展第三方中介机构独立绩效评价，增强评价公正性和权威性。四是加强部门单位财务管理。强化主管部门预算编制、执行的主体责任，进一步明确主管部门对所属单位的财务监管职能，建立健全部门单位财务监管的长效机制。五是严格政府债务管理。建立政府债务管理风险监控和预警机制，严格举债审批监管，加强债务资金使用管理，全市政府债务率严格控制在省核定额度以内，既有效保障了经济社会发展，又总体上实现了规模适度、稳健可控。

（八）“十二五”财政发展目标完成情况

随着 2015 年预算任务的圆满完成，“十二五”规划确定的各项财政改革发展目标也顺利实现。五年来，各级财政部门围绕中心、服务大局，推动发展、保障民生，深化改革、提高效能，为全市经济社会发展作出了积极贡献。

一是在应对复杂多变经济形势中，不断膨胀壮大财政收支规模，财政对经济社会发展的支撑能力进一步增强。“十二五”期间，全市一般公共预算收入连续突破 300 亿元、400 亿元、500 亿元大关，2015 年全市一般公共预算收入是 2010 年的 2.3 倍，年均增长 17.9%。全市财政支出快速增长，一般公共预算支出五年累计达到 2645 亿元，2015 年一般公共预算支出是 2010 年的 2 倍，年均增长 14.7%。县级财政实力明显增强，区域发展更加协调，一般公共预算收入过 30 亿元的县市区由 2010 年的 2 个增加到 8 个，5 个区（市）过 50 亿元。

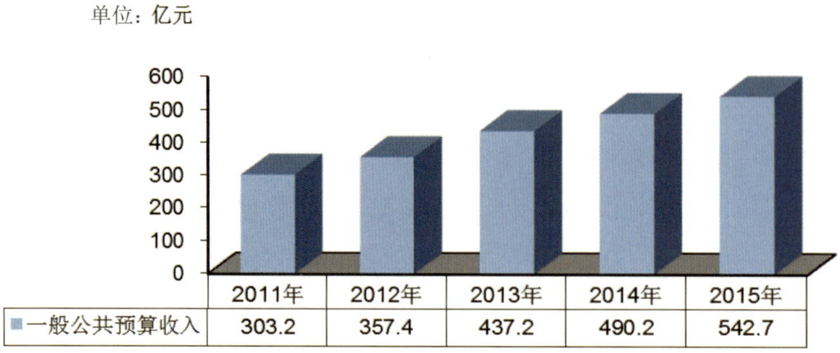

“十二五”期间全市一般公共预算收入完成情况示意图

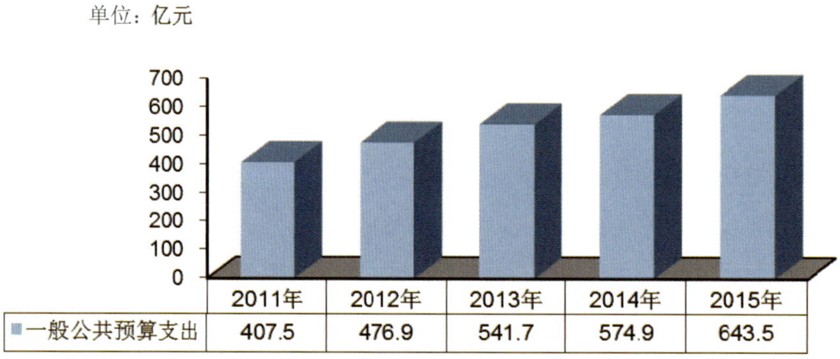

“十二五”期间全市一般公共预算支出完成情况示意图

二是在经济转调发展的要求下，着力健全财税政策支持体系，财政促进经济发展的能力进一步增强。“十二五”时期是烟台发展的重要战略机遇期，“蓝黄”两区、“一带一路”、中韩自贸区等国家级战略接续发力，各级财政预算安排积极与全市重大战略相衔接，与经济转调发展相融合，形成了财政与经济同频共振、互促共进的良好局面。五年来，“六抓六促”“8515”“5510”工程加快助推产业转型升级，市场主体“七个一批”、科技创新“六个十工程”稳步向前推进，全市经济在宏观形势十分严峻的情况下，始终保持了平稳较快发展，为烟台后续发展和财政增收打下了良好基础。

三是在收支压力日趋增大的情况下，千方百计筹集资金办大事，财政对重点项目建设的承载能力进一步增强。“十二五”期间，市级财政累计筹措重点项目建设资金260多亿元，青烟威荣城际铁路、胶东调水工程等一大批事关地方长远发展的大型基础设施投入运营，基础设施互联互通加快推进，现代综合立体交通体系建设迎来崭新时代。城市面貌焕然一新，轸大路等60余条市区主次干道建成通车，白石等10多个区片旧城改造全面推进，市区面貌明显改善，城市发展框架全面展开。

四是在顺应人民群众共享改革发展成果的殷切期望中，加快财政支出结构调整，财政对民生事业发展的保障能力进一步增强。“十二五”是民生领域财政投入最多、政策出台最密集的时期，民生投入累计达到2000多亿元，是“十一五”时期的2.7倍，年均增长15.1%。五年来，城乡医疗、基本养老保险实现全面覆盖，从城市到农村的普惠型社会保障体系初步形成，保基本、托底线、救急难的社会保障网越织越密。群众关心的教育、医疗、就业、住房等问题得到进一步解决，水源地保护、养老服务体系建设等一大批民生实事得到落实。可以讲，“十二五”时期是人民群众得到实惠最多、民生改善最为明显的时期。

在肯定成绩的同时，我们也清醒地看到，财政运行中仍面临不少矛盾和问题。一是财税体制改革进入深水区和攻坚期，推进改革的力度需进一步加大。二是在收支矛盾较为突出的情况下，财政资金引导社会资本进入公共服务领域还不够充分，财政投融资模式仍需要创新。三是财政监管还存在薄弱环节，财经秩序有待规范，进一步加强财政资金管理，提高资金使用效益的任务仍然十分艰巨。对此，我们将坚持问题导向，创新理念，积极作为，精准发力，以深化改革的办法努力加以改进。

二、2016年预算草案

（一）2016年经济财政形势分析及财政收支计划安排

2016年是“十三五”的开局之年，是推进结构性改革的攻坚之年。目前，全市经济正处于增速换挡、结构调整的关键时期。连续多年落实积极的财政政策，政策传导效应将会进一步释放；稳健货币政策呈现宽松趋势，将对投资和消费产生有效的刺激作用；供给侧结构性改革的实施，将进一步增强经济持续增长动力；“蓝黄”两区、“一带一路”、中韩自贸区建设等，也将为我市财政经济发展提供诸多有利因素和良好外部环境。但受复杂多变的外部经济形势的影响，2016年全市经济下行压力仍然较大，财政运行将继续呈现收入中低速增长、支出刚性快速增长的“新常态”，财政保障压力越来越大，财政平衡难度也越来越大。从收入方面看，在现行间接税为主的税制下，随着经济增速放缓，财政收入增长加速放缓的趋势非常明显；与供给侧改革相适应，在财政政策上要全面适度降低企业税负，加上“营改增”等结构性减税因素影响，财政增收十分困难。从支出方面看，民生类、保障类、改革类刚性支出连年大幅增加，机关事业单位养老保险制度改革，加强城建重点项目建设，推进扶贫开发，实施经济转型和创新发展等都需要大量投入，财政支出压力很大。

综合分析上述情况，按照积极稳妥原则，2016年全市财政收支预算安排如下：全市一般公共预算收入安排594.2亿元，比上年增长9.5%左右；一般公共预算支出671亿元，按可比口径增长6.1%（含中央、省补助等安排的支出）。全市政府性基金预算收入安排130.9亿元；政府性基金预算支出安排139亿元。全市国有资本经营预算收入安排1.6亿元，国有资本经营预算支出安排2亿元。全市社会保险基金预算收入安排318.6亿元，社会保险基金预算支出安排324.6亿元。以上收支计划安排是指导性和预期性的，待各级预算经同级人大批准后，我们将及时汇总，报市人大常委会备案。

（二）2016年预算安排的指导思想和基本原则

统筹考虑2016年的财政经济形势，明年预算安排的指导思想是：深入贯彻中共十八大、十八届三中、四中、五中全会精神，按照市委“一二三四五”的发展总目标，积极应对经济发展新常态，全面落实中央、省、市深化财税体制改革的部署，加快构建全面规范、公开透明的现代预算制度；切实强化财政资金运筹，盘活存量，用好增量，重点做好财政资金的统筹协调使用，进一步增强财政保障能力；着力优化支出结构，大力压减一般性开支，集中财力优先保障民生改善、经济转型及重点项目建设，切实发挥财政资金在稳增长、调结构、惠民生中的积极作用，促进全市经济社会持续健康发展。

2016年，市级财政收支矛盾非常突出，预算安排过程中把“统筹协调”作为预算安排的基本原则，通过统筹调剂各级、各类、各项资金完成预算保障任务。

一是推进政府预算体系的统筹协调。从2016年起，按照国家规定，在2015年调入8项基金的基础上，继续将政府住房基金等3项基金转列一般公共预算。加大国有资本经营预算调入一般公共预算的力度，2016年调入比例由2015年的10%提高到19%。二是推进预算编制和预算执行的统筹协调。加强部门全口径预算管理，将部门各类收入全部纳入部门预算，统筹安排支出。三是推进财政资金部门内部和跨部门的统筹协调。严格控制每个部门管理的专项资金项目个数，减少部门间横向分配资金。四是推进各类财政收入的统筹协调。三年内逐步取消一般公共预算中以收定支的规定，2016年先行取消矿产资源补偿费、探矿权采矿权使用费和价款、海域使用金、排污费等专项收入专款专用规定。部门非税收入年度执行中超预算部分，全部统筹使用。五是推进财政存量资金使用的统筹协调。对结余资金和连续两年未用完的结转资金，一律收回统筹使用。对上年末财政存量资金规模较大的县市区和市直部门，适当压缩下年财政预算安排规模。六是推进重点项目资金使用的统筹协调。提前做好项目可研、评审、招投标、政府采购等前期准备工作，确保预算一旦批复或下达，项目就可以组织实施，资金就能拨付到位，尽快形成实物工作量。七是推进财政扶持重点和扶持方式的统筹协调。2016年起，除市政府确定的重点转调领域，财政专项资金原则上不再直接投入一般竞争性领域。切实转变财政扶持方式，主要通过设立股权投资基金采取市场化的手段支持经济发展。

（三）2016年市级一般公共预算安排意见

2016年，市级一般公共预算收入安排22亿元，剔除一次性因素，按可比口径增长5%。按照现行财政体制，市级一般公共预算收入，加调入资金及调入预算稳定调节基金10.5亿元，中央省税收返还、转移支付补助、县市区上解收入及上年结转收入等107.6亿元，市级一般公共预算总收入共计140.1亿元。

2016年，市级一般公共预算总支出相应安排140.1亿元。其中，安排用于市级支出110亿元，按可比口径增长9%；安排用于市对县市区税收返还和转移支付支出26.7亿元；结转下年支出等3.4亿元。市级一般公共预算总支出中，部门正常运转及经常性项目支出47.2亿元，上级有专项用途的补助支出、按体制规定上解中央省支出等28.8亿元，市级重点项目支出64.1亿元。市级重点项目支出主要用于以下方面：

1. 支持农业农村发展2.9亿元（含城建重点项目资金等安排1.2亿元）。其中，安排1.2亿元，用于对全市20个省、市级示范镇建设给予奖补，对困难县市区农村改厕和村容村貌综合整治效果好的村庄给予奖补，推动生态文明乡村建设提档升级。安排 0.7 亿元，统筹整合省、市级涉农涉村资金 1.4 亿元，用于农村“一事一议”奖补、村级经费补助，对“第一书记”及高校毕业生到村任职给予经费补助等，其中，集中安排用于农村扶贫开发 1.5 亿元。安排 1 亿元用于防汛岁修及抗旱应急补助，支持水利事业发展，实施农业综合开发，促进苹果产业提质升级，开展政策性农业保险，加大农产品质量检测力度，扶持农村电商平台建设，提升农机化水平等。

2. 支持生态环保 4.3 亿元（含市级筹措的水源地保护资金等安排 0.7 亿元）。其中，安排 1.5 亿元，用于水源地区域水肥一体化、水源地环境综合整治等，实施门楼水库流域水源涵养林工程，创建国家森林城市。安排 0.7 亿元用于污染源治理、矿山地质环境治理以及环境监测、重点污染监管等。安排 1.5 亿元用于重点海岸、海岛、海域修复整治。安排 0.6 亿元用于购置新能源公交车，对老年人、残疾人免费乘车给予补助。

3. 支持经济创新发展 11.1 亿元（含城建重点项目资金等安排 1.3 亿元），主要用于科技与人才，对外开放创新、旅游及城市营销、工业及服务业发展等。

（1）安排科技与人才资金 2.6 亿元。其中，安排 0.8 亿元，用于支持科技自主创新及技术研发，设立创投及成果转化引导基金等。安排 1.3 亿元，用于引进创新平台和科研院所，开展与国家级科研院所的合作，支持博士后工作站建设。安排 0.5 亿元用于引进高端创新创业人才、蓝色产业领军人才创新创业团队。

（2）安排对外开放和发展资金 1.4 亿元。主要用于支持航空公司新开航线，培育重点航线，鼓励邮轮经济发展，促进中韩客滚航线发展，对口岸查验机构给予补助，推进保税港二期封关等。

（3）安排旅游业发展及城市综合营销资金 0.4 亿元。主要用于在中央电视台、新华社等媒体开展城市形象及旅游宣传，实施旅游促销推介，建设旅游公共服务设施，到全国重点城市进行城市综合营销。

（4）安排工业、服务业资金 6.7 亿元。其中，安排股权投资引导基金 2 亿元，用于吸引社会资本共同出资设立各类产业发展基金，促进经济创新发展。安排 0.7 亿元，用于工业转型升级，支持机器人等战略性新兴产业发展，促进智能制造和“两化融合”，实施技术改造、节能管理及智慧提升工程。安排 0.9 亿元，用于设立贸易融资风险补偿专项资金，支持外经贸发展和出国招商，开展服务外包及电子商务，促进服务业及葡萄酒产业加快发展。安排 2.6 亿元，支持重点行业、重点项目加快发展。安排 0.3 亿元，建设社会信用平台，引导资本市场创新发展。

4. 支持教育文体事业 5.8 亿元（含城建重点项目资金、体彩等安排 1.6 亿元），主要用于支持教育、文化、体育、广电等方面的事业发展。

（1）安排教育资金 3.6 亿元。其中，安排 1.4 亿元，免除义务教育阶段学生杂费、中等职业学校学生学费，对困难家庭学生发放国家助学金。安排 0.6 亿元用于对学前教育建设给予奖补，全面改善农村薄弱学校基本办学条件，对困难县市区“大班额”改造给予奖补，支持中小学校开展足球活动等。安排 1.6 亿元，用于市直一职等学校建设。

（2）安排文化广电资金 1.5 亿元。其中，安排 0.5 亿元，用于创建国家公共文化服务示范区，支持重点红色影视剧目创作，芝罘俱乐部、克利顿旧址红色文化展陈。安排 1 亿元，支持广电事业发展，扩大广电无线数字化覆盖率，对艺术院馆运行、农村电影放映、图书馆及农家书屋等给予补助。

（3）安排宣传体育等资金 0.7 亿元。主要用于新闻宣传、网络管理、精神文明建设，开展群众满意度、人口抽样等统计调查；对体育场馆运行、运动员训练、举办及参加赛事等给予补助，建设体育后备人才基地，开展群众体育和全民健身活动。

5. 支持民生和社会保障事业 7 亿元（含福彩公益金安排 0.5 亿元），主要安排用于支持医疗卫生、社会福利、抚恤安置、食品药品等方面的事业发展。

（1）安排医疗卫生资金 2.7 亿元。其中，安排 1.3 亿元，将城乡居民医疗保险补助标准由 380 元提高到 410 元，将基本公共卫生服务人均补助标准由 40 元提高到 45 元，对实施基本药物制度的基层医疗卫生机构给予补助，对农村计划生育家庭实施奖补。安排 1.4 亿元，取消药品加成，对公立医疗改革、住院医生培训等进行补助；对重大病症以及义务献血储存成本等给予补助。

（2）安排低保救助和社会福利资金 1 亿元。其中，安排 0.5 亿元，进一步提高城乡居民最低生活保障标准，对城乡困难居民实施医疗救助，对遭遇临时性生活困难的群众给予临时救助。安排 0.5 亿元，支持乡镇敬老院建设运营及消防安全防护，对城市养老日间照料中心、农村幸福院建设和运营给予补助。

（3）安排抚恤安置资金 1.6 亿元。主要用于自主择业军转干部补助、退役士兵安置、义务兵优待、军休干部抚恤，对带病回乡复退军人疗养及优恤对象医疗给予补助，发放退役士兵、参战涉核人员及随军家属生活补助，实行双拥共建。

（4）其他民生和社会保障资金 1.7 亿元。其中，安排 1.2 亿元，用于弥补市直机关事业单位养老保险基金缺口。安排 0.3 亿元，加大食品生产、流通以及餐饮服务等环节的抽检范围，确保食品抽检 7000 批次，评价性抽检 3000 批次。安排 0.2 亿元，促进就业与创业，对困难企业离休干部给予补助等。

6. 支持城市建设及维护 44.4 亿元（含土地出让金收入安排 11 亿元，城市基础设施配套费安排 5.7 亿元）。其中，安排 2.1 亿元，用于城市轨道交通前期及中韩铁路轮渡项目工作经费。安排 7.3 亿元，用于城市管理维护，市政道路、路灯等设施大修改造等。安排 5.7 亿元，用于市区环境卫生综合治理，建设海绵城市，规范提升市中心区市政标识，推进既有建筑节能改造和平改坡等。安排 13.2 亿元，用于城市主次干道、红线外配套道路建设，南水北调市区续建配套项目，农村公路安全生命防护工程等。安排 6.1 亿元，用于出资设立基础设施产业基金。安排 5 亿元，用于传染病医院新病房楼、第一看守所等项目建设及部门基本建设项目续建尾款。安排 5 亿元，用于烟台格罗宁根大学建设补助。

此外，通过设立基础设施产业基金等方式，筹措资金 14 亿元，用于滨海西路建设，对市区范围内老旧供水管网和雨污管网进行改造。

7. 支持公检法及部队建设 3.6 亿元。其中，安排 2.3 亿元，用于建设交警部门公路安全防控体系，支持政法系统信息化建设等。安排 1.3 亿元，用于警备区、预备役、武警等地方补助，购置消防车辆、消防器材，建设城市消防站等。

8. 其他重点项目安排 4.6 亿元（含其他资金安排 5900 万元）。其中，安排 3.2 亿元，通过转移支付，支持和帮扶栖霞、长岛、莱阳等困难县市区发展。按照中央、省规定，安排 0.3 亿元，支援新疆、西藏和巫山县。安排 1.1 亿元，用于行政事业单位政府采购、机动业务经费以及税收代征手续费、税务发票兑奖等。

9. 预备费安排 3 亿元。用于当年预算执行中自然灾害等突发事件处理增加的支出及其他难以预见的开支。

（四）2016 年市级政府性基金预算安排意见

2016 年市级政府性基金预算收入安排 25.3 亿元，其中，土地出让金收入 18.5 亿元，基础设施配套费收入 2.8 亿元，彩票公益金收入 1.5 亿元，港口建设费收入 0.8 亿元。市级政府性基金预算收入，加上年结转及中央省补助收入等 13.8 亿元，收入共计 39.1 亿元。

2016 年市级政府性基金预算支出安排 23.7 亿元，其中，土地出让金支出 13.8 亿元，城市基础设施配套费支出 7.3 亿元，彩票公益金支出 0.9 亿元。市级政府性基金预算支出，加补助县市区支出 9.1 亿元，调出资金 1.9 亿元，结转下年支出 4.4 亿元，支出共计 39.1 亿元。当年收支平衡。

（五）2016 年市级国有资本经营预算安排意见

2016 年市级国有资本经营预算收入安排 1.1 亿元，加上年结转 0.7 亿元，扣除按 19% 调入一般公共预算 0.2 亿元，可供安排的资金总量为 1.6 亿元。2016 年市级国有资本经营预算支出相应安排 1.6 亿元，主要安排用于弥补国企改革成本支出 1.4 亿元，国资监管支出 0.1 亿元。

（六）2016 年市级社会保险基金预算安排意见

2016 年市级社会保险基金预算收入安排 212.6 亿元，加上 2015 年结转收入 180.6 亿元，2016 年收入总计 393.2 亿元。2016 年社会保险基金预算支出安排 238.1 亿元。收支相抵，当年结余 –25.4 亿元，年末滚存结余 155.2 亿元。

（七）2016 年开发区及高新区财政预算安排意见

1. 开发区。2016 年开发区一般公共预算收入安排 87.2 亿元，增长 10%；一般公共预算支出安排 61.4 亿元，下降 15.8%。政府性基金预算收入安排 19 亿元，政府性基金预算支出安排 19.1 亿元。社会保险基金预算收入安排 35.5 亿元，社会保险基金预算支出安排 25.6 亿元，年末滚存结余 95.8 亿元。

2. 高新区。2016 年高新区一般公共预算收入安排 8.6 亿元，增长 20%；一般公共预算支出安排 7.2 亿元，下降 18.3%。政府性基金预算收入安排 11.9 亿元；政府性基金预算支出安排 12.2 亿元。社会保险基金预算收入安排 0.1 亿元，社会保险基金预算支出安排 0.1 亿元，年末滚存结余 0.6 亿元。

（八）今年以来的财政拨款情况

在预算草案经本次大会审议批准前，市级已安排支出 8.8 亿元，主要是参照上年同期预算支出数额必须支付的本年度市级部门基本支出和项目支出。预算草案经本次大会批准后，将按照批准的预算执行。

此外，2016年省政府将继续分配新增债券及置换债券，待债券资金到位后，我们将及时向市人大常委会报告分配使用情况和预算调整方案。

三、完成2016年预算任务的主要措施

（一）突出重点领域和关键环节集中用力，深入推进财税体制改革。进一步加大预决算公开力度，除涉密信息外，所有使用财政资金的部门都要纳入公开范围。强化项目预算评审，健全项目预算滚动管理机制。探索建立财政转移支付同农业转移人口市民化挂钩机制，推动基本公共服务由户籍人口向常住人口转变。做好事权和支出责任划分改革准备，在教育、卫生、交通运输等领域开展先行先试。全面推开“营改增”，适时将建筑业、房地产业、金融业和生活服务业纳入试点范围。

（二）创新财政调控引导和政府投融资机制，充分发挥市场的作用和力量。认真抓好引导基金的设立和运营工作，推动已经设立的基金尽快开展项目运营，着力发挥股权投资基金对经济发展和转型升级的促进作用。大力推进政府和社会资本合作（PPP），支持社会资本参与城市基础设施建设、市政公用事业、生态环境建设以及扶贫开发项目建设等。完善政府购买服务政策，在社会管理、技术服务等更多领域推行政府购买服务，推动资源配置效益最优化。

（三）加大财政政策和财政资金的统筹整合力度，增强对重点支出的保障能力。着力推动供给侧结构性改革，坚决落实国家、省出台的各项减税降费政策，为企业和市场主体提供更大的发展空间。重点落实“六抓六促”“六个持续”各项部署，激发经济发展新动力。强化基础设施建设资金保障，尽快启动实施城市轨道交通项目，加快中韩（烟台）产业园建设，促进市区老旧供水供热管网改造、雨污分流改造等民生工程早见成效。围绕市民关注的热点难点问题，进一步完善民生保障体系，让发展成果更多惠及人民群众。

（四）构建多层次、全过程的财政监管体系，增强财政资金使用的安全性和效益性。加强预算执行管理，严格控制预算追加。推进专项资金申报、分配、绩效评价等全过程公开，规范专项资金使用管理。进一步强化政府债务管理，建立健全债务风险应急处置机制，切实防范财政风险。加大财政资金监督检查力度，及时发现违规违纪问题，督促整改并依法追究责任。主动接受市人大及其常委会和人大代表的监督，认真执行市人大及其常委会的决议、决定，虚心听取政协委员的意见和建议，积极配合开展审计监督检查，不断改进和加强财政工作。

各位代表，2016年财政改革发展任务艰巨、责任重大。我们将在市委的正确领导下，在市人大、市政协和社会各界的监督下，按照经济新常态、财政新常态对财政工作提出的新要求，开拓进取，扎实工作，不断推进财政改革发展，努力完成市十六届人大六次会议确定的各项目标，为全面建成小康社会、率先走在前列作出新的更大贡献。

关于烟台市 2020 年预算执行情况和 2021 年预算草案的报告

——2021 年 2 月 20 日在烟台市第十七届
人民代表大会第五次会议上

烟台市财政局局长　李建平

各位代表：

我受市人民政府委托，向大会提交 2020 年预算执行情况和 2021 年预算草案，请予审议，并请市政协委员和其他列席会议的同志提出意见。

一、2020 年预算执行情况

2020 年，面对新冠肺炎疫情的严重冲击，全市上下在中共烟台市委的坚强领导下，在市人大、市政协的依法监督和大力支持下，坚持以习近平新时代中国特色社会主义思想为指导，深入学习贯彻党的十九大和十九届二中、三中、四中、五中全会精神，统筹推进疫情防控和经济社会发展，扎实做好“六稳”工作，全面落实“六保”任务，聚力推进“三重”攻坚，疫情防控取得阶段性成果，经济社会发展总体平稳、稳中向好。在此基础上，全市财政运行好于预期、好于全省平均水平，预算任务顺利完成。

（一）预算收支完成情况

1. 一般公共预算完成情况

2020 年，全市一般公共预算总收入 1061.1 亿元，其中，一般公共预算收入 610.1 亿元，完成调整预算的 100.2%，增长 2.5%；上级税收返还和转移支付补助 192.7 亿元，省转贷地方政府债券 117.9 亿元，调入资金、上年结转收入等 140.4 亿元。全市一般公共预算总支出 1054 亿元，其中，一般公共预算支出 845.4 亿元，完成调整预算的 100.5%，增长 9.1%；上解上级支出及地方政府债券还本支出等 208.6 亿元。收支相抵，结转下年支出 7.1 亿元。

2020 年，市级一般公共预算总收入 255.5 亿元，其中，一般公共预算收入 24.5 亿元，完成预算的 98.1%，按可比口径增长 2%；上级税收返还和转移支付补助 37.9 亿元，区市上解、省转贷地方政府债券 116.4 亿元，调入资金和上年结转收入等 76.7 亿元。市级一般公共预算总支出 246.8 亿元，其中，一般公共预算支出 177 亿元，完成调整预算的 94.8%，增长 16.6%；上解上级支出及补助区市支出 45.1 亿元，地方政府债券还本支出 24.7 亿元。收支相抵，补充预算稳定调节基金 4.9 亿元，结转下年支出 3.8 亿元。

2. 政府性基金预算完成情况

2020 年，全市政府性基金预算总收入 636.7 亿元，其中，政府性基金预算收入 363 亿元，完成调整预算的 96.8%，增长 5.1%；上级补助收入、上年结转收入 49.8 亿元，省转贷地方政府债券 223.9 亿元。全市政府性基金预算总支出 611.6 亿元，其中，政府性基金预算支出 537.9 亿元，完成调整预算的 89.5%，增长 37.4%；上解上级支出、调出资金及地方政府债券还本支出等 73.7 亿元。收支相抵，结转下年支出 25.1 亿元。

2020 年，市级政府性基金预算总收入 218.9 亿元，其中，政府性基金预算收入 132.2 亿元，完成调整预算的 90.3%，增长 27.5%；上级补助和上年结转收入等 11 亿元，省转贷地方政府债券 75.7 亿元。市级政府性基金预算总支出 199 亿元，其中，政府性基金预算支出 100.6 亿元，完成调整预算的 88.5%，增长 27.2%；补助区市支出、调出资金等 98.4 亿元。收支相抵，结转下年支出 19.9 亿元。

3. 国有资本经营预算完成情况

2020 年，全市国有资本经营预算总收入 14.7 亿元，其中，国有资本经营预算收入 8.7 亿元，完成调整预算的 99.2%，下降 16.3%；上级补助和上年结余收入 6 亿元。全市国有资本经营预算总支出 10.2 亿元，其中，国有资本经营预算支出 5.8 亿元，完成调整预算的 99.3%，增长 14.8%；调出资金 4.4 亿元。收支相抵，结余 4.5 亿元。

2020 年，市级国有资本经营预算总收入 14.6 亿元，其中，国有资本经营预算收入 8.6 亿元，完成调整预算的 99.2%，下降 15.1%；上级补助和上年结余收入 6 亿元。市级国有资本经营预算总支出 10.1 亿元，其中，国有资本经营预算支出 5.6 亿元，完成调整预算的 97.2%，增长 14.4%；转移支付支出 0.1 亿元，调出资金 4.4 亿元。收支相抵，结余 4.5 亿元。

4. 社会保险基金预算完成情况

2020 年，全市社会保险基金预算收入 245.2 亿元，完成调整预算的 100.7%，下降 2.7%，主要是为减轻新冠肺炎疫情对企业影响，实行阶段性减免社保费政策导致保费收入减少；全市社会保险基金预算支出 233 亿元，完成调整预算的 97%，下降 2.2%，主要是职工医疗保险基金个人账户结算方式调整，基金个人账户支出同比减少。收支相抵，全市社会保险基金预算当年收支结余 12.2 亿元；加上年结转收入 275.6 亿元，滚存结余 287.8 亿元。

2020 年，市级社会保险基金预算收入 136.9 亿元，完成调整预算的 101.6%，下降 8.2%；市级社会保险基金预算支出 140 亿元，完成调整预算的 97.6%，下降 7.2%。收支相抵，市级社会保险基金预算当年收支结余 –3.1 亿元；加上年结转收入 104.1 亿元，滚存结余 101 亿元。

以上四本预算的具体执行情况详见《烟台市 2020 年预算执行情况和 2021 年预算草案》。同时，需要说明的是，上述执行数据是根据快报统计的初步汇总数，2020 年财政决算编制完成后，部分数据还会有所变化，我们将按照规定及时向市人大常委会报告。

5. 开发区、高新区、长岛综合试验区预算完成情况

（1）开发区。2020 年，一般公共预算收入 106.5 亿元，完成调整预算的 99.5%，可比增长 5.3%；

一般公共预算支出 96.2 亿元，完成调整预算的 111.1%，增长 4.6%。政府性基金预算收入 52.8 亿元，完成调整预算的 103.1%，增长 22.6%；政府性基金预算支出 55.4 亿元，完成调整预算的 102.8%，增长 27%。社会保险基金预算收入 2.5 亿元，完成调整预算的 98.5%，增长 16.7%；社会保险基金预算支出 2.2 亿元，完成调整预算的 93.9%，增长 5.6%，滚存结余 2.1 亿元。

（2）高新区。2020 年，一般公共预算收入 12.7 亿元，完成调整预算的 114.8%，增长 14.8%；一般公共预算支出 12.1 亿元，完成调整预算的 104.3%，下降 8.9%。政府性基金预算收入 16.6 亿元，完成调整预算的 106.9%，增长 63.8%；政府性基金预算支出 14.1 亿元，完成调整预算的 81%，增长 38.6%。社会保险基金预算收入 0.5 亿元，完成调整预算的 104.5%，下降 46.2%；社会保险基金预算支出 0.3 亿元，完成调整预算的 103.8%，增长 13.7%，滚存结余 1.6 亿元。

（3）长岛综合试验区。2020 年，一般公共预算收入 1.4 亿元，完成调整预算的 100%，与上年持平；一般公共预算支出 15 亿元，完成调整预算的 97.1%，增长 37.2%。政府性基金预算收入 0.7 亿元，完成调整预算的 100%，下降 45.9%；政府性基金预算支出 6 亿元，完成调整预算的 97.7%，增长 4.4%。社会保险基金预算收入 1.5 亿元，完成预算的 106.5%，增长 14.7%；社会保险基金预算支出 1.3 亿元，完成预算的 100.6%，增长 8.9%，滚存结余 2.3 亿元。

三区 2020 年收支预算执行的具体情况，详见三区关于 2020 年预算执行情况和 2021 年预算草案的说明。

（二）地方政府债务情况

2020 年，省政府共分配下达我市地方政府债券额度 341.7 亿元。其中，新增一般债券 1.5 亿元，主要用于奇山医院医疗信息化、物流配套和医疗设备配备等项目采购以及城乡市政基础设施建设等；新增专项债券 200.3 亿元，主要用于机场、铁路、棚户区改造、产业园区基础设施、老旧小区改造、医疗卫生、生态建设和环境保护、城镇污水垃圾处理、农林水利、供热供气供水等市政基础设施建设以及职业教育等公益性项目建设等；再融资债券 139.9 亿元，其中，用于偿还 2020 年到期政府债券本金 93.9 亿元，用于建制县防范化解政府隐性债务风险试点 46 亿元。经各级人大常委会批准，上述地方政府债券已全额纳入预算管理。

2020 年，省政府核定我市政府债务限额 1358.9 亿元。截至 2020 年底，我市政府债务余额 1271.9 亿元，其中，市级政府债务余额 331.4 亿元，区市政府债务余额 940.5 亿元。

（三）落实市人大预算审查决议和主要财政工作情况

2020 年，面对异常突出的财政收支矛盾，全市各级财政部门认真执行市十七届人大四次会议各项决议，坚决贯彻“积极的财政政策要更加积极有为”的要求，全面落实减税降费政策，强力推动复工复产，依法组织财政收入；牢固树立过紧日子思想，科学统筹资金资源，加大重点领域投入；纵深推进财税体制改革，有效防控各类风险，各项工作取得了积极成效。

1. 依法加强财政收支管理，增强财政保障能力。面对疫情冲击、经济下行、减税降费等因素叠加带来的财政减收压力，多措并举保障财政平稳运行。多方开源挖潜增收。多层次推动复工复产，激活税收源头活水，高品质推进市区连片开发，提升土地出让收益。财政收入在一季度同比下降24%的不利情况下，稳步回升，进入下半年回升势头逐月加快，1–10月份收入增幅转负为正，全年财政收入总量继续保持全省第三，增幅高于全省平均水平2个百分点，目标任务圆满完成。大力压减一般性支出。坚决落实政府过紧日子的要求，在年初预算压减的基础上，将差旅费再压减30%，会议费、培训费、公务接待费再压减60%；非急需非刚性支出再压减60%以上，市级累计压减资金16.4亿元，全部用于“六稳”“六保”重点工作。强化财政资金统筹。全口径、一体化编制“四本预算”和政府债务计划，加大上级资金与本级资金、当年财力与存量资金、预算资金与债券资金等各类政府性资金统筹整合力度，市级累计收回结余结转资金12亿元，动用预算稳定调节基金、调入周转金33.5亿元，调入政府性基金、国有资本经营收益及专户资金30.9亿元，构建大预算、大统筹格局，集中财力办大事。

2. 全面落实积极财政政策，稳住经济基本盘。管好用好抗疫特别国债、特殊转移支付等中央直达资金。建立起覆盖资金分配、拨付、监控各环节的全流程管理机制，确保资金直达基层、直接惠企利民。全年共争取抗疫特别国债、新增一般债券、特殊转移支付资金等中央直达资金46.6亿元，资金规模居全省第三位，支出进度在全省率先达到100%，有力支持了基层“三保”、基础设施建设等重点工作实施。全面落实支持疫情防控、复工复产、助企纾困减税降费政策。不管财政多么困难，都坚决把该减的税减到位、该降的费降到位，第一时间顶格执行各项减、免、缓措施，对疫情防控重点保障物资生产供应企业给予税费优惠，对受疫情影响严重的交通运输、餐饮、住宿、旅游、展览和电影放映等六大困难行业免征房产税、城镇土地使用税，将小规模纳税人增值税率由3%降至1%，延缓小微企业、个体工商户所得税缴纳，延长阶段性减免社保缴费政策；常态化开展“送政策上门服务企业”活动，在全省率先完成财政电子票据管理改革，以各种有效方式打通政策落地“最后一公里”。全年实现减税降费135.8亿元，其中减税54.7亿元，降低行政事业性收费和政府性基金7.8亿元，减免社保、医保缴费73.3亿元，用减税降费的真金白银支持复工复产，提振发展信心。持续加大关键领域投入。突出科技创新驱动，加大省级以上创新平台支持力度，推进烟台先进材料与绿色制造山东省实验室等加快建设，引进高层次人才7000多人，为高质量发展聚力赋能。深化财政金融联动，市级安排资金4亿元设立应急纾困基金，筹措资金1亿元设立中小企业应对疫情稳定基金，滚动投出资金17.7亿元；全面兑现小微企业贷款风险补偿、再贷款贴息等奖补政策，助力企业纾困解难。坚持扩内需稳外需，市县两级发放惠民消费券4000万元，带动直接消费3.5亿元；用好出口信用保险、财政奖补等政策工具，支持企业开拓多元市场。

3. 坚持集中力量办大事，保障“三重”工作实施。在市场信心不足、社会投资低迷的严峻形势下，发挥财政逆周期调节作用，以更大规模的财政直接投资，稳定社会预期，推动经济加速回暖。市级统筹政府专项债券、一般预算、土地收益等各类资金达到创纪录的300亿元，支持裕龙岛炼化一体化、蓬莱国际机场二期、东方航天港、老岚水库、潍烟高铁等一大批事关长远的重大项目集中建设。以更大力度支持开展市场化融资，大力盘活运营行政事业单位国有资产，有效破解不动产历史遗留问题，加大资本金注入和资产划转整合，推动提升国有资本投资运营公司发展活力和市场竞争力，加快九大片区开发建设。用活用好新旧动能转换基金，累计设立市级新旧动能转换基金 21 只，基金总规模达到 212 亿元，累计投资项目 172 个，投资金额 110.6 亿元，其中，2020 年新增投资项目 78 个，投资金额 38.1 亿元。

4. 坚定不移保障改善民生，共建共享发展成果。把以人民为中心的发展思想贯穿于积极财政政策实施全过程，努力在推动高质量发展中办好各项民生事业、补齐民生领域短板。全市一般公共预算中民生支出达到 645.8 亿元，占比为 76.4%，比上年提高 1.8 个百分点。把保障人民群众生命健康安全作为头等大事，累计落实疫情防控资金 6.5 亿元，紧急搭建专项应急资金拨付“高速通道”、政府采购“绿色通道”，保证资金、物资随用随到，确保人民群众不因担心费用问题而不敢就诊，确保不因资金问题而影响医疗救治和疫情防控。持续加大扶贫资金投入力度，全市 3.6 万户、5.6 万名建档立卡贫困人口全部实现稳定脱贫。及时兑现援企稳岗、一次性用工和吸纳就业补贴等就业扶持政策，促进农民工、高校毕业生以及就业困难人员等重点群体就业。推动教育高质量发展，学前教育普惠率达到 92.5%，新改扩建中小学 50 所，高等教育、职业教育质量稳步提升。所有公立医院取消药品加成，居民医保人均财政补贴标准增加 30 元、达到每人每年 550 元以上，全市新增养老床位 3160 张。全面提高城乡低保对象、困难残疾人、困难儿童等困难群体救助保障水平，将受疫情影响的各类困难群众及时纳入临时救助范围，确保不让一人掉队。深入推进涉农资金统筹整合，保障乡村振兴战略全面实施。推进城乡人居环境持续提升，扎实开展美丽乡村建设，新建改造“四好农村路”1656.8 公里，实施 1893 个村庄城乡供水一体化改造、203 个老旧小区改造。坚决打好蓝天、碧水、净土保卫战，全年市区环境空气质量综合指数居全省第二，县级以上集中式饮用水水源地水质稳定达标。推进“书香烟台”建设，举办烟台国际海岸生活节、第二届烟台市民文化节，群众精神文化生活进一步丰富。

5. 深入推进改革攻坚行动，创新财政体制机制。把改革更加深入地嵌入到财政工作各领域、全过程，突出流程再造，强化协同推进，科学理财水平不断提升，服务保障、风险防控能力显著增强。市级政府财政透明度大幅跃升。在清华大学发布的《2020 年中国市级政府财政透明度研究报告》中，我市得分达到 92.15 分、突破历史纪录，在连续四年蝉联地级市首位的基础上，2020 年在全国 294 个大中城市中位居第一名。政府债务管理持续加强。成功发行再融资债券 139.9 亿元，超额完成政府隐性债务年度化解任务，有效缓解债务偿还压力，全市政府债务总体规模适度、风险可控，部分高风险区市风险等级稳步下调。预算绩效管理改革深入实施。全面构建起“1+2+N”预算绩效管理政策制度体系，重点绩效评价、部门整体绩效管理试点范围持续扩大，覆盖全部财政资金、贯穿事前事中事后的全流程绩效评价体系加快形成。财政服务效能显著提升。市县两级国库集中支付电子化在全省率先实现全覆盖，资金拨付时间由 1–2 天缩短到 2 分钟，支付更便捷、更安全。

（四）“十三五”财政发展目标完成情况

“十三五”以来的五年，是财政改革发展进程中极不平凡的五年。各级财政部门紧紧围绕全市中心工作，坚持稳中求进工作总基调，坚持新发展理念，迎难而上、开拓进取，财政改革发展取得新进展，财政保障和调控能力进一步增强，为全市经济社会持续健康发展作出了积极贡献。

1. 财政运行稳中有进，财政综合实力迈上新台阶。积极推动财政收入与地方经济保持协调增长，财政运行总体平稳、稳中有进。在实施大规模减税降费政策的情况下，全市一般公共预算收入从2015年的542.7亿元提高到2020年的610.1亿元，年均增长2.4%。全市一般公共预算支出从2015年的643.5亿元增长到2020年的845.4亿元，年均增长5.6%。开发区、龙口市一般公共预算收入突破百亿元，为经济建设和社会事业发展奠定了坚实的物质基础。

2. 财政职能充分发挥，服务高质量发展彰显新作为。在复杂严峻的宏观形势和经济下行压力下，始终把促进发展作为第一要务，不折不扣落实减税降费政策，以政府收入的“减法”换取企业效益的“加法”和市场活力的“乘法”。2019年以来全市累计实现减税降费260多亿元，有力减轻企业税负，激发市场主体活力。设立制造业强市、科技人才等重大专项，五年累计安排资金240亿元，重点投向新旧动能转换关键领域和薄弱环节，支持实体经济高质量发展。

3. 财政保障坚强有力，推动“三重”工作取得新成效。创新建立“集中财政资金办大事”工作机制，累计筹措重点项目建设资金841亿元，群众普遍关注的蓬莱国际机场、潍莱高铁、龙烟铁路投入运营，全省新旧动能转换标志性工程——裕龙岛炼化一体化项目开工建设，城市综合承载力和竞争力进一步增强。滨海西路、胜利南路南延工程、塔山南路陆续竣工，城市面貌焕然一新，功能品质显著提升。

4. 财政公共属性凸显，促进社会事业再上新水平。始终坚持把保障和改善民生作为工作的出发点和落脚点，不断加大财政投入力度，解决了一大批群众最关心、最直接、最现实的利益问题。全市一般公共预算中民生支出五年累计达到2884亿元，是“十二五”的1.4倍。脱贫攻坚取得决定性成果，“一元公交”全面推开，社会综合保障网更加全面，教育、医疗、养老、就业、住房等问题得到进一步解决，人民群众的幸福感、获得感、安全感不断增强。

在肯定成绩的同时，我们也清醒地看到，财政运行中还面临一些矛盾和问题，突出表现在：受疫情持续蔓延、经济下行压力加大、大规模减税降费等多重因素叠加影响，各级财政收支矛盾十分突出；一些单位预算编制执行不够规范，财务和资产管理仍有薄弱环节；市场化方式筹集资金保重点力度有待加强，效果不够理想；预算绩效管理不够到位，资金使用效益有待提高，等等。对这些问题，我们一定高度重视、认真研究，采取有力举措，努力加以解决。

二、2021年预算草案

（一）全市财政收支计划安排

综合考虑全市经济财政形势、主要经济预期指标和各项政策性增减因素，本着积极稳妥、统筹兼顾、收支平衡的原则，2021年全市财政收支预算安排如下：一般公共预算收入安排640.3亿元，增长5%以上；一般公共预算支出安排852.5亿元，按可比口径增长3%。政府性基金预算收入安排469.9亿元，政府性基金预算支出安排372.6亿元。国有资本经营预算收入安排2.1亿元，国有资本经营预算支出安排 2.8 亿元。社会保险基金预算收入安排 288.8 亿元，社会保险基金预算支出安排 253.7 亿元。以上收支计划安排是指导性和预期性的，待各级预算经同级人大批准后，我们将及时汇总，报市人大常委会备案。

（二）预算安排的指导思想

2021 年市级预算编制的指导思想是：以习近平新时代中国特色社会主义思想为指导，深入贯彻落实党的十九大和十九届二中、三中、四中、五中全会精神，紧紧围绕市委、市政府部署要求，立足新发展阶段，贯彻新发展理念，融入新发展格局，坚持积极的财政政策要提质增效、更可持续，全面加强财政资源统筹，不断增强全市重点工程、重点项目、重大事项财力保障;牢固树立艰苦奋斗、勤俭节约的思想，不折不扣落实过紧日子的要求，大力压减一般性支出和非急需非刚性支出，坚持统筹兼顾、突出重点，着力保障和改善民生；纵深推进改革攻坚，加快建立现代财税体制，强化预算约束和绩效管理，有效防控政府债务风险，促进经济社会持续健康发展。

（三）市级一般公共预算安排意见

2021 年，市级一般公共预算收入安排 20 亿元，按可比口径增长 4%，加中央、省税收返还、转移支付补助、区市上解收入、调入资金及上年结转收入等 193 亿元，市级一般公共预算总收入共计 213 亿元。

2021 年，市级一般公共预算总支出安排 213 亿元。其中，安排用于市级支出 181.4 亿元，增长 2.5%；安排用于上解中央、省支出以及补助区市支出等 31.6 亿元。收支相抵，当年预算平衡。市级一般公共预算总支出中，市级财力安排的重点项目支出 109.7 亿元，主要用于以下方面：

1. 支持农业农村 12.9 亿元。主要用于支持乡村振兴重大战略实施,保持财政投入力度总体稳定，推进巩固拓展脱贫攻坚成果同乡村振兴有效衔接；支持老岚水库建设，支付南水北调水费，推动苹果产业高质量发展，保障抗旱、防汛等农业救灾应急，推进农机化提升以及农产品质量安全检测等。

2. 支持自然资源保护和生态环保 7.4 亿元。主要用于加强自然资源保护与可持续利用，保护和改善生态环境等。

（1）自然资源保护专项资金 0.8 亿元。主要用于支持林业病虫害防治及全域绿化、地质勘探保护治理、城市地质调查、矿业权实地核查、地价动态监控及保障自然博物馆运转等。

（2）规划编制专项资金 0.2 亿元。主要用于自然资源规划编制及城镇化规划编制等。

（3）生态环保专项资金 6.4 亿元。主要用于开展水环境生态补偿、污染防治、国三及以下营运柴油货车淘汰补贴等，建立污染物排放调节机制，实施城区生活垃圾分类，支持水环境监测，保障垃圾处理厂和污水处理厂运转维护等。

3. 支持经济发展 32.4 亿元（含国资预算安排 1.4 亿元）。主要用于科技人才、对外开放与商贸发展、金融业服务业发展、工业和信息化建设等。

（1）安排科技人才专项资金 9.3 亿元。主要用于支持创新驱动发展，引进创新平台，招引高层次人才等。

（2）安排对外开放和商贸发展专项资金 4.3 亿元。主要用于支持会展业和商务发展，开展出国招商、对外交流活动，支持保税港区建设和发展等。

（3）安排工业和信息化专项资金 8.6 亿元。主要用于推进制造业强市建设，发展现代优势产业集群 + 人工智能，支持信息化和数字烟台建设等。

（4）安排金融业服务业发展专项资金 4.2 亿元。主要用于设立新旧动能转换政府引导基金，支持烟台银行发展等。

（5）安排安全生产应急管理专项资金 3.5 亿元。主要用于支持消防站建设和消防装备提升，城市公共安全应急管理建设，开展直升机航空应急救援，采购储备市级救灾物资等。

（6）安排其他经济发展专项资金 2.4 亿元（含国资预算安排 1.1 亿元）。主要用于支持葡萄酒产业发展，加大市场监管力度，推动国有资本运营集团发展，建设国家级军粮综合保障基地等。

4. 支持教育文体 11 亿元（含体彩公益金、国资预算等安排 0.7 亿元）。主要用于教育、文化旅游、城市宣传、体育发展等。

（1）安排教育专项资金 7.9 亿元。主要用于支持校地融合发展和中国农大、工贸技师学院、一职建设，发放奖助学金，对生均公用经费给予补助，购置及维修、改造学校设施设备，保障学校正常运转等。

（2）安排文化广电专项资金 1.9 亿元（含国资预算安排 0.4 亿元）。主要用于支持开展城市综合推介与宣传，促进文化旅游事业和产业发展，对市区公园免费开放及烟台大剧院、广播电视台以及日报社运营给予补助等。

（3）安排体育发展专项资金 1.2 亿元（含体彩公益金安排 0.3 亿元）。主要用于体育场馆运行及维修改造，体育器材购置，国民体质监测，以及对运动员参赛办赛和生活训练给予补助等。

5. 支持民生和社会保障 22 亿元（含土地出让收入等安排 4.1 亿元）。主要用于医疗卫生和计划生育、社会福利和社会救助、抚恤安置等。

（1）安排医疗卫生和计划生育资金 5.5 亿元（含土地出让收入安排 1.2 亿元，福彩公益金安排 0.1 亿元）。主要用于支持疫情防控，实施城市公立医院综合改革、医药卫生体制改革，支持传染病医院、烟台山医院、口腔医院、妇幼保健院、中医院建设，对基本药物制度及基本公共卫生服务给予补助，推进食品安全及饮用水监测工作，对农村部分计划生育家庭实行奖励扶助和特别扶助，开展新生儿遗传代谢疾病及孕妇产前筛查等。

（2）安排社会福利和社会救助资金 0.9 亿元（含福彩公益金安排 0.2 亿元）。主要用于城乡低保困难家庭救助和残疾儿童康复救助，改造建设儿童福利设施等。

（3）安排抚恤安置专项资金 3.5 亿元。主要用于退役士兵安置和权益保障，帮助退役军人创新创业，对自主择业军转干部、困难企业军转干部、优抚对象、退役老兵等发放生活补助，对基本殡葬服务进行补助等。

（4）安排其他民生和社会保障资金 12 亿元（含土地出让收入安排 1.3 亿元，福彩公益金安排 0.5

亿元，国资预算安排 0.8 亿元）。主要用于弥补社会保险基金缺口和做实职业年金，对市级公墓、老年福利服务中心三期建设及养老机构建设运营进行补助，对困难企业离退休人员给予补贴，支持保障性住房建设维护，实施冬春蔬菜、猪肉、粮油食盐储备等。

6. 支持城市建设及维护 33.7 亿元（含土地出让收入等安排 19.6 亿元）。主要用于城市建设维护、政府债务付息等，支持交通路网基础设施、国家安全教育基地及国防教育训练保障中心建设等。

7. 支持公检法及部队建设 7.4 亿元（含土地出让收入安排 2 亿元）。主要用于建设公安三所、执纪审查场所、审判法庭，支持公检法执法办案，开展社会治安综合治理，解决特殊疑难信访问题等。

8. 支持其他重点项目 8.3 亿元。主要用于援助新疆、西藏和巫山建设，促进县域统筹发展，支持两新组织和第一书记工作开展，推进党群服务中心建设，实施政务热线整合等。

9. 预备费 3 亿元。主要用于当年预算执行中自然灾害等突发事件处置增加的支出及其他难以预见的支出。

（四）市级政府性基金预算安排意见

2021 年，市级政府性基金预算收入安排 181.6 亿元，其中，国有土地使用权出让收入 174 亿元，城市基础设施配套费收入 5.3 亿元，彩票公益金等收入 1.7 亿元，污水处理费收入 0.6 亿元。市级政府性基金预算收入，加上年结转等 19.9 亿元，收入共计 201.5 亿元。

2021 年，市级政府性基金预算支出安排 68.5 亿元，其中，国有土地使用权出让收入安排的支出 51.1 亿元，城市基础设施配套费支出 5.4 亿元，债务付息支出 8.2 亿元，民航发展基金等支出 1.4 亿元，彩票公益金等支出 1 亿元，污水处理费支出 1.4 亿元。市级政府性基金预算支出，加补助区市支出及调出资金等 115.4 亿元，支出共计 183.9 亿元。收支相抵，结转下年支出 17.6 亿元。

（五）市级国有资本经营预算安排意见

2021 年，市级国有资本经营预算收入安排 1.9 亿元，全部为国有企业利润收入，加上年结余收入 4.5 亿元，收入共计 6.4 亿元。

2021 年，市级国有资本经营预算支出安排 2.5 亿元，其中，解决历史遗留问题及改革成本支出 0.7 亿元，国有企业资本金注入 1 亿元，国有企业政策性补贴及其他国有资本经营预算支出 0.8 亿元。市级国有资本经营预算支出，加调出资金及转移支付支出 0.8 亿元，支出共计 3.3 亿元。收支相抵，结余 3.1 亿元。

（六）市级社会保险基金预算安排意见

2021 年，市级社会保险基金预算收入安排 168.9 亿元，加上年结转收入 101 亿元，收入共计 269.9 亿元。社会保险基金预算支出安排 151.7 亿元。收支相抵，当年结余 17.2 亿元，滚存结余 118.2 亿元。

（七）市级财政专户管理资金预算安排意见

2021 年，市级财政专户管理资金预算收入安排 4.2 亿元，加上年结余收入 2.6 亿元，收入共计 6.8 亿元。市级财政专户管理资金支出安排 4.7 亿元。收支相抵，结余 2.1 亿元。

（八）开发区、高新区、长岛综合试验区财政预算安排意见

1. 开发区。2021 年，一般公共预算收入安排 115 亿元，增长 8%；一般公共预算支出安排 95.7 亿元，与上年持平。政府性基金预算收入安排 86.9 亿元，增长 64.7%；政府性基金预算支出安排 68.4 亿元，增长 23.6%。社会保险基金预算收入安排 2.7 亿元，社会保险基金预算支出安排 2.6 亿元，滚存结余 2.2 亿元。

2. 高新区。2021 年，一般公共预算收入安排 14 亿元，增长 10%；一般公共预算支出安排 14.1 亿元，增长 16.5%。政府性基金预算收入安排 31.6 亿元，增长 90.7%；政府性基金预算支出安排 32.1 亿元，增长 127.9%。社会保险基金预算收入安排 0.7 亿元，社会保险基金预算支出安排 0.3 亿元，滚存结余 2 亿元。

3. 长岛综合试验区。2021 年，一般公共预算收入安排 1.4 亿元，与上年持平；一般公共预算支出安排 11.9 亿元，下降 20.4%。政府性基金预算收入安排 0.6 亿元，下降 7.1%；政府性基金预算支出安排 0.7 亿元，下降 87.7%。社会保险基金预算收入安排 1.7 亿元，社会保险基金预算支出安排 1.4 亿元，滚存结余 2.6 亿元。

（九）今年以来的财政拨款情况

在预算草案经本次大会审议批准前，市级已安排支出 9.7 亿元，主要是参照上年同期预算支出数额必须支付的本年度市级部门基本支出和项目支出。预算草案经本次大会批准后，将按照批准的预算执行。

三、扎实做好 2021 年财政改革发展工作

今年是实施“十四五”规划、开启全面建设社会主义现代化国家新征程的第一年。我们将坚决贯彻中央决策部署和省委、市委工作要求，认真落实市人大各项决议，牢牢把握稳中求进工作总基调，立足新发展阶段，践行新发展理念，以推动高质量发展为主题，全面落实积极的财政政策，努力提升财政服务保障水平，圆满完成全年预算目标和各项工作任务，巩固拓展疫情防控和经济社会发展成果。

（一）推动财政政策提质增效，促进经济高质量发展。主动融入“双循环”新发展格局，全面落实支持高质量发展一揽子财政政策措施，统筹资金加大科技创新支持力度，加快推动科创平台建设，支持精准引进高层次人才，不断夯实高质量发展动力引擎。坚决落实减税降费政策，不因财政困难而动摇，不因经济好转而反弹，努力为企业成长减负鼓劲，为经济发展蓄能添力。充分发挥产业基金、政府专项债券、财政股权投资、国有资本运营、PPP 等组合优势，推进全市重大工程、重点项目建设，持续扩大精准有效投资，及时足额兑现稳外贸、稳外资、促消费等扶持政策，更好发挥财政资金在构建新发展格局中的引导带动作用。

（二）着力加强预算收支管理，增强财政保障能力。持续加强财政运行分析监测，依法依规组织财政收入，精准施策、开源挖潜、堵漏增收，不断夯实财源基础，更好展现高质量发展成果。强

化综合预算管理，加快构建“四本预算”、存量资金、资产资源和政府债务计划相结合的统筹机制，提升综合财力运筹能力。全面推行零基预算，打破预算支出固化僵化格局，完善能增能减、有保有压的分配机制，腾出财力办大事。坚持厉行勤俭办一切事业，调整优化财政支出结构，高质量保障和改善民生，满足人民日益增长的美好生活需要。接续推进全面脱贫与乡村振兴有效衔接，着力解决相对贫困问题。探索将精准扶贫形成的有益模式应用到更广泛的民生领域，精准识别保障对象，精准投入财政资源，更好发挥公共财政保基本、补短板、兜底线的作用。

（三）持续深化财税体制改革，提升财政管理水平。全面贯彻落实预算法及其实施条例，深入实施预算管理改革，强化中期财政规划管理，推进财政支出标准化，加快财政核心业务一体化系统建设，以信息化标准化助推财政管理体系和管理能力现代化。持续优化市县两级财政分配关系，着力构建财权、事权与支出责任相统一的财政预算管理体制。强化政府债务管理，健全规范举债融资机制，多渠道推动隐性债务展期重组，有效防范政府债务风险。全面实施预算绩效管理，完善事前绩效评估机制，强化绩效目标管理，健全预算绩效指标体系，推进预算和绩效管理深度融合，加大绩效评价结果应用力度，将重要绩效目标、绩效评价结果与预决算草案同步报送市人大、同步向社会主动公开，不断提升财政管理效能和资金绩效。

各位代表，做好 2021 年财政工作任务艰巨、责任重大。我们将以习近平新时代中国特色社会主义思想为指导，在中共烟台市委的坚强领导下，认真落实本次大会决议，强化责任担当，积极主动作为，为建设新时代现代化强市作出新的更大贡献，以优异成绩庆祝建党 100 周年！

关于烟台市 2022 年预算执行情况和 2023 年预算草案的报告

——2022 年 12 月 28 日在烟台市第十八届
人民代表大会第二次会议上

烟台市财政局局长　孙福勋

各位代表：

我受市人民政府委托，向大会提交 2022 年预算执行情况和 2023 年预算草案，请予审议，并请市政协委员和其他列席会议的同志提出意见。

一、2022 年预算执行情况

2022 年，在中共烟台市委的坚强领导下，在市人大、市政协的依法监督和大力支持下，全市上下坚持以习近平新时代中国特色社会主义思想为指导，全面贯彻党的十九大、十九届历次全会和党的二十大精神，深入落实“疫情要防住、经济要稳住、发展要安全”要求，锚定“走在前、开新局”，加快构建“1+233”工作体系，奋力推动“十个发展新突破”，高效统筹疫情防控和经济社会发展，保持了稳中向好、进中提质的发展态势。在此基础上，全市财政运行情况良好。

（一）预算收支执行情况

1. 一般公共预算执行情况

2022 年，全市一般公共预算总收入 1132 亿元（全年预计数，下同），其中：一般公共预算收入 627 亿元，完成调整预算的 94.3%，同口径增长 6%；上级税收返还和转移支付收入 223.7 亿元，省转贷地方政府债券 78.7 亿元，调入资金、上年结转收入等 202.6 亿元。全市一般公共预算总支出 1088.5 亿元，其中：一般公共预算支出 914.1 亿元，完成调整预算的 97.1%，增长 13.8%；上解上级支出 84.5 亿元，地方政府债券还本支出 79.8 亿元，安排预算稳定调节基金 10.1 亿元。收支相抵，结转下年支出 43.5 亿元。

2022 年，市级一般公共预算总收入 269.8 亿元，其中：一般公共预算收入 20 亿元，完成预算的 100%，与上年度持平；上级税收返还和转移支付收入 44.3 亿元，区（市）上解收入 104.4 亿元，省转贷地方政府债券 19.9 亿元，动用预算稳定调节基金 20.4 亿元，调入资金和上年结转收入等 60.8 亿元。市级一般公共预算总支出 253.5 亿元，其中：一般公共预算支出 197 亿元，完成调整预算的 93%，增长 20%；上解上级支出和对下转移支付支出 36.6 亿元，地方政府债券还本支出 19.9 亿元。收支相抵，结转下年支出 16.3 亿元。

2. 政府性基金预算执行情况

2022 年，全市政府性基金预算总收入 804.8 亿元，其中：政府性基金预算收入 390.5 亿元，完成调整预算的 83.8%，下降 7.2%，主要是房地产市场下行，土地出让收入减少较多；上级转移支付收入、上年结余收入、调入资金等 64.8 亿元，省转贷地方政府债券 349.5 亿元。全市政府性基金预算总支出 768.3 亿元，其中：政府性基金预算支出 624.4 亿元，完成调整预算的 94.9%，增长 14%；上解上级支出 0.3 亿元，调出资金 70.3 亿元，地方政府债券还本支出 73.3 亿元。收支相抵，结转下年支出 36.5 亿元。

2022 年，市级政府性基金预算总收入 231.8 亿元，其中：政府性基金预算收入 118.1 亿元，完成调整预算的 100.2%，下降 22.2%；上级转移支付收入、上年结余收入等 28.1 亿元，区（市）上解收入 1.1 亿元，省转贷地方政府债券 84.5 亿元。市级政府性基金预算总支出 204.8 亿元，其中：政府性基金预算支出 102.7 亿元，完成调整预算的 100.4%，下降 23%;对下转移支付支出 55.3 亿元，地方政府债券还本支出 36.7 亿元，调出资金及上解支出等 10.1 亿元。收支相抵，结转下年支出 27 亿元。

3. 国有资本经营预算执行情况

2022 年，全市国有资本经营预算总收入 17.9 亿元，其中：国有资本经营预算收入 9.9 亿元，完成预算的 107%，下降 8.5%，主要是以前年度欠缴收益于 2021 年组织入库；上级补助和上年结余收入 8 亿元。全市国有资本经营预算总支出 17.1 亿元，其中：国有资本经营预算支出 12 亿元，完成预算的 100.5%，增长 271.9%，主要是国有企业资本金注入和国有企业改革成本支出增幅较大；调出资金 5.1 亿元。收支相抵，结余 0.8 亿元。

2022 年，市级国有资本经营预算总收入 17.6 亿元，其中：国有资本经营预算收入 9.8 亿元，完成预算的 108.7%，下降 6.8%；上级补助和上年结余收入 7.8 亿元。市级国有资本经营预算总支出 16.8 亿元，其中：国有资本经营预算支出 11.7 亿元，完成预算的 99.7%，增长 276.1%；转移支付支出 0.1 亿元，调出资金 5 亿元。收支相抵，结余 0.8 亿元。

4. 社会保险基金预算执行情况

2022 年，全市社会保险基金预算收入 310.4 亿元，完成预算的 103.9%，增长 0.1%，与上年度基本持平。全市社会保险基金预算支出 265 亿元，完成预算的 100.6%，增长 7.2%。收支相抵，全市社会保险基金预算当年收支结余 45.4 亿元；加上年结转收入 336.1 亿元，滚存结余 381.5 亿元。

2022 年，市级社会保险基金预算收入 178 亿元，完成预算的 104%，下降 3.9%，主要是自 2021 年起职工医保基金个人账户由实拨改为记账，2021 年一次性收回沉淀在个人账户结余资金 21 亿元。市级社会保险基金预算支出 157.2 亿元，完成预算的 101.2%，增长 7.3%。收支相抵，市级社会保险基金预算当年收支结余 20.8 亿元；加上年结转收入 125.2 亿元，滚存结余 146 亿元。

5. 黄渤海新区、高新区、长岛综合试验区预算执行情况

（1）黄渤海新区。2022 年，一般公共预算收入 115 亿元，完成调整预算的 98.3%，同口径

增长 9%；一般公共预算支出 106.7 亿元，完成调整预算的 98.9%，增长 9.3%。政府性基金预算收入 47.9 亿元，完成调整预算的 94.1%，增长 33.5%；政府性基金预算支出 66.7 亿元，完成调整预算的 117.3%，增长 32.1%。社会保险基金预算收入 3.3 亿元，完成预算的 107.9%，增长 30.6%；社会保险基金预算支出 2.6 亿元，完成预算的 97.9%，增长 6.9%，滚存结余 2.9 亿元。

（2）高新区。2022 年，一般公共预算收入 16.4 亿元，完成调整预算的 98.9%，同口径增长 14.3%;一般公共预算支出 14.1 亿元，完成调整预算的 100.1%，增长 2.3%。政府性基金预算收入 3.7 亿元，完成调整预算的 100%，下降 87.1%；政府性基金预算支出 16 亿元，完成调整预算的 100%，下降 42.7%。社会保险基金预算收入 0.7 亿元，完成预算的 110.6%，增长 14%；社会保险基金预算支出 0.3 亿元，完成预算的 101.5%，下降 5.3%，滚存结余 2.3 亿元。

（3）长岛综合试验区。2022 年，一般公共预算收入 1.3 亿元，完成调整预算的 100%，同口径增长 4.7%；一般公共预算支出 14.1 亿元，完成调整预算的 100.5%，增长 37.3%。政府性基金预算收入 0.6 亿元，完成调整预算的 100%，下降 23.6%；政府性基金预算支出 5 亿元，完成调整预算的 99.7%，增长 59.1%。社会保险基金预算收入 2 亿元，完成预算的 113.5%，增长 19.1%；社会保险基金预算支出 1.5 亿元，完成预算的 98.4%，增长 5.8%，滚存结余 3.1 亿元。

以上预算的具体执行情况详见《烟台市 2022 年预算执行情况和 2023 年预算草案》以及 3 区关于 2022 年预算执行情况和 2023 年预算草案的说明。

需要说明的是，由于预算执行尚未完成，上述执行数据是根据快报统计的初步预计汇总数，2022 年预算年度结束后，我们将根据实际的预算执行情况重新编制《烟台市 2022 年预算执行情况和 2023 年预算草案》，并及时报送市人大常委会。

（二）地方政府债务情况

2022 年，省政府共分配下达我市地方政府债券额度 428.2 亿元，其中：新增专项债券 277.7 亿元，主要用于铁路、棚户区改造、产业园区基础设施、老旧小区改造、医疗卫生、生态建设和环境保护、城镇污水垃圾处理、农林水利、供热供气供水等市政基础设施建设以及职业教育等公益性项目建设；再融资债券 150.5 亿元，全部用于偿还 2022 年到期政府债券本金。经各级人大常委会批准，上述地方政府债券已全额纳入预算管理。

2022 年，省政府核定我市政府债务限额 1848.1 亿元。截至 2022 年底，我市政府债务余额 1815.7 亿元，其中：市级政府债务余额 459.7 亿元，区（市）政府债务余额 1356 亿元。

（三）落实市人大预算审查决议和主要财政工作情况

2022 年，全市各级政府及其财政等部门认真落实市十八届人大一次会议及市人大常委会各项决议，坚持“积极的财政政策要提升效能，更加注重精准、可持续”，强化财政资源统筹，深化财政管理改革，集中财力稳经济、惠民生、保重点，推动政策靠前发力，全力支持疫情防控常态化和经济社会平稳健康发展。

1. 坚持固本强源，加力推进财源建设集中突破。启动实施全面加强财源建设三年行动，建立

“1+1+N”组织协调工作机制，全市上下齐抓共管的大财源建设格局全面形成。聚焦特色产业、重点项目、关键领域，成立裕龙石化、航空航天、新能源等7个财源建设工作专班，推动裕龙石化、核电风电等重点项目加快建设，相关税源前期筹划取得积极进展；加紧推进网络货运行业发展，促进新兴税源快速崛起；加快黄金矿权转让整合，黄金产业税收贡献进一步提升；更好发挥商业综合体聚合效应，一批商贸、餐饮领域市场主体升规纳统、做大做强。统筹推进13个方面重点攻坚，出台促进房地产市场健康稳定发展、金融支持房地产闲置资产盘活等政策措施，开展关联交易环节税收磋商谈判，加大企业信息跟踪服务力度，推进招商引资项目税收评估筹划，强化“三闲”资产处置，在全面落实各项减税降费政策的基础上，加强水资源税、环保税等重点税种和建筑业等重点领域税收征管，确保应收尽收、应缴尽缴。

2. 坚持精准施策，奋力推动经济发展稳进提质。坚决落实国务院稳经济33项措施、省“稳中求进”高质量发展政策清单和我市纾困解难稳中求进30条、稳经济促发展38条等政策，全力保畅稳链纾困，推动经济稳中向好。严格落实大规模留抵退税等新的组合式税费支持政策，累计办理退税、减税、缓税、降费46万户次、近200亿元，真正用政府减收让利护航市场主体行稳致远。筹措资金5800多万元，全面兑现企业增产奖励。出台10项重点扶持政策，深化“免申即享”流程再造，推动实施企业倍增计划。市级设立规模1亿元的应急转贷基金，全年预计为270户企业提供435笔、106亿元资金支持。加快政府性融资担保体系建设，全市担保总额约149亿元，累计为1万余户市场主体免收担保费7309万元。全市发放各类消费券1.7亿元，促进汽车、家电、餐饮、文体等消费回暖复苏。统筹资金2.2亿元，全面落实阶段性国内客运航班运营补贴政策，支持开通加密国际航线班次，对烟台南至济南东“一站式”动车、龙口至烟台动车给予运营补贴。市级安排资金1.3亿元，支持用好市场采购贸易、出口信保等政策，鼓励扩大出口创汇，稳住外贸基本盘。

3. 坚持蓄势赋能，聚力支持重大战略加速实施。围绕加快新旧动能转换，市级安排科技创新发展资金10亿元，支持新药创制山东省实验室等高能级科创平台加速实施，推动重大创新等5大类155个科技创新发展计划项目集中攻关。拨付工信领域高质量发展资金4.5亿元，支持企业技术改造、智能升级，全市新增省级以上专精特新企业313家、瞪羚企业61家、制造业单项冠军25家，推动“9+N”制造业产业“链式”突破。安排人才资金6亿元，全面兑现安居补贴、创业扶持等人才政策，支持新增高层次人才9000多人。市级累计设立新旧动能转换政府引导基金25只、认缴总规模283.4亿元，累计投资123.5亿元。围绕加快城市能级跃升，全市新增入库PPP项目12个、总投资290亿元，位居全省首位；成功争取新增政府专项债券277.7亿元，创历年新高，有力保障基础设施“七网”、潍烟高铁、老岚水库等168个重点项目建设，助力中心城区更新提升、五大新城起势成势。争取省新旧动能转换基金设立全省首只、总规模30亿元的省级新区建设专项基金，支持黄渤海新区率先突破。依托市属国有企业，探索组合融资模式，推动城市快速路系统加快建设，市公共卫生临床中心莱山院区等总投资140亿元的7个新建医疗项目全面实施。用好系统化全域海绵城市建设、北方地区冬季清洁取暖、新城建等国家级试点政策，统筹资金约11亿元，完成雨污分流改造141公里，清洁取暖改造16.3万户，支持改造老旧小区393个，棚户区改造开工6874套。围绕加快乡村全面振兴，统筹整合涉农资金64.4亿元，土地出让收入用于农业农村比例提高到7%，出台农业产业发展激励政策13条，支持7个市级以上田园综合体项目加快建设，推动特色果业高质量发展，在全省率先开展生猪“保险＋期货”试点，实施国家、省、市三级农村综合性改革试验试点，支持打造美丽乡村样板村103个，促进农村人居环境不断改善。围绕加快县域经济振兴，设立总规模10亿元的振兴县域经济政府投资母基金，推动73.8亿元中央财政直达资金第一时间下达区（市），制定支持莱州崛起、加快莱阳突破、支持长岛发展等财政扶持政策，支持7个区（市）分别入选科技创新、现代流通等全省11个领域“十强县”，共获得省级奖补支持3.7亿元，助力县域发展质效双升。

4. 坚持兜牢底线，全力保障民生福祉持续提升。1–11月份，全市一般公共预算民生支出达到668.7亿元，占比74.5%，优先支持办好重点民生实事，全面保障各项民生政策，不断提升群众获得感、满意度。其中，卫生医疗支出86.1亿元，支持新冠病毒疫苗免费接种、方舱建设和专用设备购置等；连续第十年提高基本公共卫生服务经费补助标准，人均达到84元；将居民基本医疗保险政府补助标准由每人每年580元提高到610元；全面落实基本药物制度补助，支持建设基层急救站点16处，新建县级以上示范村卫生室360处。教育文体等支出143.3亿元，市级教育支出增长11.2%，支持提高高中以下各学段生均公用经费财政拨款标准，均位居全省前两位；新改扩建中小学30所，新增公办幼儿园35处，保障全市义务教育学校课后延时服务全覆盖；对公共文化体育场馆免费、低收费开放进行补助，支持举办烟台国际海岸生活节等系列文旅和全民健身活动。安排政府专项债券3.7亿元，提升职业院校基础设施，支持职业教育高质量发展。社会保障和就业支出161.3亿元，全面落实稳就业20条等政策措施，支持高校毕业生等重点群体就业创业；将9类困难群体救助保障标准提高10%以上，城乡低保标准分别达到每人每月953元、745元；筹集资金1500余万元，为特困人员、重点困境儿童等困难群众发放一次性生活补贴。节能环保支出17.7亿元，全面推行环境质量生态补偿、主要污染物排放调节等生态文明建设财政奖补机制，支持推进新一轮“四减四增”，我市空气质量综合指数改善率位居全省首位。

5. 坚持守正创新，着力推进财政管理提能增效。进一步深化预算管理制度改革，全面推进综合预算、零基预算、刚性预算、绩效预算、透明预算、可持续预算等“六个预算”建设，市级财政透明度连续第六年位居全国地级市首位。健全完善预算项目全生命周期管理等制度，严格执行已出台的各类支出标准，做到“花钱”更规范、“管钱”更高效。深入开展预算绩效管理深化提升年活动，聚焦加强事前绩效评估、强化绩效运行监控等14个方面集中突破，分别选取2个区（市）、3个项目开展市对下财政运行综合绩效评价试点和成本绩效管理试点，对32个项目实施财政重点评价，预算绩效管理全链条、各环节运行效果显著提升。全面系统开展市级行政事业单位经营性国有资产清产核资工作，在全省率先推行公车租赁配置改革试点，我市入选全省首批创新资产市场化租赁配置试点城市。在全省率先建立政府采购掌上监督、采购代理机构积分管理等5项创新机制，财政领域营商环境持续优化。完善新增政府专项债务限额分配、资金管理等制度办法，稳妥有序化解政府存量债务，分类推进融资平台市场化转型，全市政府综合债务率保持在合理区间。

一年来，全市财政部门深入贯彻预算法及其实施条例，严格按法定要求执行市人大批准的预算，主动向人大报告预算绩效管理、政府债务管理、国有资产管理等情况，自觉接受人大监督。高质高效办理市人大代表建议 7 件、政协委员提案 50 件，答复率、满意率均为 100%。但在肯定成绩的同时，我们也清醒地看到，在财政运行和改革发展中还面临一些问题，主要表现在：财政收支矛盾日益突出，预算刚性约束仍需增强，资源配置效率有待提升，预算绩效管理还需强化，防范化解债务风险仍需用力，等等。对这些问题，我们将高度重视，通过深化改革与加强管理，努力加以解决。

二、2023 年预算草案

（一）预算安排的指导思想

2023 年市级预算编制的指导思想是：坚持以习近平新时代中国特色社会主义思想为指导，深入学习贯彻党的二十大精神，全面落实习近平总书记对山东工作的重要指示要求，完整、准确、全面贯彻新发展理念，主动服务和融入新发展格局，着力推动绿色低碳高质量发展，更好统筹疫情防控和经济社会发展，更好统筹发展和安全，锚定“走在前、开新局”，持续构建“1+233”工作体系，紧紧围绕“五个更高”目标要求、“六个观念”思想方法、“十个发展新突破”重要任务，坚决落实“积极财政政策要加力提效”，全面加强资源统筹调配，持续创新财政支持方式，牢固树立政府过紧日子思想，全力保障重点支出需要，纵深推进财政改革创新，不断提升财政管理效能，为奋力开创新时代社会主义现代化强市建设新局面贡献财政力量。

（二）全市财政收支计划安排意见

综合考虑全市财政经济形势、主要经济预期指标和各项政策性增减因素，本着积极稳妥、统筹兼顾、收支平衡的原则，2023 年全市财政收支预算安排如下：一般公共预算收入安排 661.5 亿元，增长 5.5%；一般公共预算支出安排 949.9 亿元，增长 3.9%。政府性基金预算收入安排 533.3 亿元，政府性基金预算支出安排 509.1 亿元。国有资本经营预算收入安排 10.7 亿元，国有资本经营预算支出安排 7.8 亿元。社会保险基金预算收入安排 322.3 亿元，社会保险基金预算支出安排 283.7 亿元。以上收支计划安排是指导性和预期性的，待各级预算经同级人大批准后，我们将及时汇总，报市人大常委会备案。

（三）市级一般公共预算安排意见

2023 年，市级一般公共预算收入安排 23 亿元、增长 15%，加上级税收返还收入 13.5 亿元、转移支付收入 22.5 亿元、区（市）上解收入 110.7 亿元、调入资金和上年结转收入等 95.4 亿元，市级一般公共预算收入总计 265.1 亿元。

2023 年，市级一般公共预算总支出安排 265.1 亿元，其中：安排用于市级支出 224 亿元，增长 13.7%；安排用于上解上级支出、对下转移支付支出等 40.2 亿元，安排债务还本支出 0.9 亿元。

2023 年，市级安排重点项目支出 144.1 亿元，主要包括：

1. 安排农业农村发展支出 12.9 亿元。主要用于乡村振兴重大战略实施，保持财政投入力度总体稳定，推进巩固拓展脱贫攻坚成果同乡村振兴有效衔接，支持中小河流治理，推动海洋牧场示范项目建设，保障村级组织运转经费，支付南水北调水费，推动苹果产业高质量发展，保障抗旱、防汛等农业救灾应急，推进农村综合改革等。

2. 安排自然资源保护和生态环保支出 8.7 亿元。自然资源保护专项资金 1 亿元，主要用于支持林业改革发展、地质勘探保护治理、自然保护区内矿业权退出补助、耕地保护激励、自然资源日常管理等。规划编制专项资金 0.7 亿元，主要用于自然资源规划编制及城镇化规划编制等。生态环保专项资金 7 亿元，主要用于市区污水处理厂运行改造、垃圾处理转运补贴及设施大修设备采购、水环境生态补偿及水源地保护等。

3. 安排经济发展支出 45.6 亿元。科技人才专项资金 16.4 亿元，主要用于支持创新驱动发展，引进创新平台，招引高层次人才等。对外开放和商贸发展专项资金 6.2 亿元，主要用于落实商贸政策、支持航线培育、推动会展业和葡萄酒产业高质量发展，开展出国招商、对外交流活动等。工业和信息化专项资金 10.4 亿元，主要用于推进制造业强市及倍增计划奖补、长城自主创新基地补助、数字烟台建设等。服务业金融业发展资金 0.9 亿元，主要用于支持金融业发展及金融风险防控、推动服务业高质量发展等。安全生产应急管理资金 3.3 亿元，主要用于支持消防站建设和消防装备提升、安全生产应急管理、采购储备市级救灾物资等。其他经济发展专项资金 8.4 亿元，主要用于支持加大市场监管力度、政府引导基金出资、新能源汽车推广应用等。

4. 安排教育文体支出 11.9 亿元。教育专项资金 9.1 亿元，主要用于支持校地融合发展和推动中国农业大学烟台研究院建设，发放奖助学金，对生均公用经费给予补助，购置及维修、改造学校设施设备，保障学校正常运转等。文化旅游及城市宣传资金 2.1 亿元，主要用于支持城市综合营销和对外宣传，促进文化旅游事业和产业发展，对烟台大剧院、广播电视台以及日报社运营给予补助等。体育发展专项资金 0.7 亿元，主要用于体育场馆运行及维修改造，体育器材购置，支持射击射箭竞技学校建设，对举办体育赛事、运动员参赛及生活训练给予补助等。

5. 安排民生和社会保障支出 22.6 亿元。医疗卫生和计划生育资金 7.7 亿元，主要用于疫情防控、城乡居民医疗保险市级补助、新冠病毒疫苗及接种费用市级补助，实施城市公立医院综合改革、基本药物体制改革，支持基本公共卫生服务、家庭医生签约服务、基层名医补助、老乡医补助、村卫生室建设运行，对基本药物制度及基本公共卫生服务给予补助，推进食品安全及饮用水监测工作，对农村部分计划生育家庭实行奖励扶助和特别扶助，开展新生儿遗传代谢疾病及孕妇产前筛查等。社会福利和社会救助资金 2.8 亿元，主要用于困难群众救助补助、优抚对象抚恤和生活补助、退役军人安置和权益保障、儿童村生活补助及运行、养老产业项目补助等。其他民生和社会保障资金 12.1 亿元，主要用于就业补助，为自主择业军转干部、困难企业军转干部发放生活补助，弥补社会保险基金和企业养老保险金缺口，对市级公墓、惠民殡葬给予补助等。

6. 安排城市建设及维护支出 16.1 亿元。主要用于城市建设维护、交通建设等，支持城市快速路、智慧城市交通、城市基础配套道路工程、老旧小区改造等项目建设，公交运营补助、公路养护建设补助、“四好农村路”提质增效行动奖补等。

7. 安排公检法及部队建设支出 6.6 亿元。主要用于加强政法基础设施建设，支持提升公检法执法办案能力，增强交通警务和执纪场所保障能力，健全完善公共安全体系，扎实推进平安烟台建设等。

8. 安排其他重点项目支出 15.7 亿元。主要用于债务还本付息支出、统筹区域发展，长岛边境地区及特殊县转移支付市级配套，支持政务服务中心和 12345 政务服务热线运行等。

9. 安排预备费 4 亿元。主要用于当年预算执行中自然灾害等突发事件处置增加的支出及其他难以预见的支出。

（四）市级政府性基金预算安排意见

2023 年，市级政府性基金预算收入安排 164.3 亿元，其中：国有土地使用权出让收入 158.8 亿元，城市基础设施配套费收入 3 亿元，彩票公益金等收入 1.8 亿元，污水处理费收入 0.7 亿元。市级政府性基金预算收入，加政府性基金转移支付收入、债务转贷收入等 57.3 亿元，收入共计 221.6 亿元。

2023 年，市级政府性基金预算支出安排 75.3 亿元，其中：国有土地使用权出让收入安排的支出 32.6 亿元，城市基础设施配套费安排的支出 1.4 亿元，污水处理费收入安排的支出 0.7 亿元，债务付息支出 12 亿元，彩票公益金等其他支出 28.6 亿元。市级政府性基金预算支出，加对下转移支付支出及调出资金等 146.3 亿元，支出共计 221.6 亿元。

（五）市级国有资本经营预算安排意见

2023 年，市级国有资本经营预算收入安排 10.3 亿元，全部为投资服务企业利润收入，加上年结余及上级补助收入 0.9 亿元，收入共计 11.2 亿元。

2023 年，市级国有资本经营预算支出安排 7.4 亿元，其中：解决历史遗留问题及改革成本支出 1.2 亿元，国有企业资本金注入 6 亿元，国有企业政策性补贴及其他国有资本经营预算支出 0.2 亿元。市级国有资本经营预算支出，加调出资金及转移支付支出 3.7 亿元，支出共计 11.1 亿元。收支相抵，结余 0.1 亿元。

（六）市级社会保险基金预算安排意见

2023 年，市级社会保险基金预算收入安排 185.3 亿元，加上年结转收入 146 亿元，收入共计 331.3 亿元。社会保险基金预算支出安排 168.7 亿元。收支相抵，当年结余 16.6 亿元，滚存结余 162.6 亿元。

（七）黄渤海新区、高新区、长岛综合试验区财政预算安排意见

1. 黄渤海新区。2023 年，一般公共预算收入安排 123 亿元，增长 7%；一般公共预算支出安排 93.5 亿元，下降 12.4%。政府性基金预算收入安排 42.7 亿元，政府性基金预算支出安排 36.4 亿元。社会保险基金预算收入安排 3.3 亿元，社会保险基金预算支出安排 2.8 亿元，滚存结余 3.3 亿元。

2. 高新区。2023 年，一般公共预算收入安排 17.6 亿元，增长 7%；一般公共预算支出安排 13 亿元，下降 6%。政府性基金预算收入安排 14.9 亿元，政府性基金预算支出安排 14.8 亿元。社会保险基金预算收入安排 0.8 亿元，社会保险基金预算支出安排 0.3 亿元，滚存结余 2.7 亿元。

3. 长岛综合试验区。2023 年，一般公共预算收入安排 1.3 亿元，增长 3.2%；一般公共预算支出安排 12.9 亿元，下降 8.2%。政府性基金预算收入安排 0.7 亿元，政府性基金预算支出安排 1.2 亿元。社会保险基金预算收入安排 1.7 亿元，社会保险基金预算支出安排 1.5 亿元，滚存结余 3.2 亿元。

三、扎实做好 2023 年财政改革发展工作

2023 年是全面贯彻党的二十大精神的开局之年，是实施“十四五”规划承上启下的关键一年。我们将坚决贯彻中央决策部署和省委、市委工作要求，全面落实市人大各项决议，坚持稳中求进工作总基调，主动作为、靠前发力，保证财政支出强度，加快资金支出进度，确保圆满完成全年预算目标，为全市绿色低碳高质量发展提供坚强财力保障。

（一）着力推动财源建设量质齐升。坚持点面结合推进税源培育，抓好裕龙石化项目、黄金产业、航空航天领域等税源筹划工作，统筹关联交易环节税收磋商谈判、重大项目税源筹划提前介入机制等重点，突出房地产业、建筑业、网络货运等重点行业领域和蓝色药谷生命岛、东方航天港等骨干税源征收管控，汇聚起财源建设工作的强大合力，提升财源建设质量和效益。以重点行业重点企业重点领域为突破口，深入挖潜增收。对全市纳税骨干企业进行摸底监控，掌握企业投资、经营和税收变化。针对 200 户倍增培育企业，依托税收大数据进行牵线补链助企纾困，助力企业实现倍增发展。与上市企业、公司股东之间建立常态化联络沟通和信息共享机制。推动税收大数据平台数据资源整合，加强汽车零部件、葡萄酒、农副食品加工、生物医药等重点行业税收规范化管理，实现管理增收。充分借鉴大数据评估结果，开展专项稽查行动，增强稽查震慑力，杜绝偷税漏税，实现稽查增收。

（二）加大重点领域财政支持力度。创新财政组合融资模式，发挥专项债券政策效能，支持加快建设潍烟高铁、莱荣高铁、烟台蓬莱国际机场二期、栖莱高速、城市快速路等重大交通设施，保障实施基础设施“七网”、老岚水库、海绵城市、数字强市等重点工程，助力提升城市发展能级。继续保持科技创新强市、人才引进培养等领域财政投入强度，全面兑现制造业强市、重点产业培育、企业倍增计划等奖补措施，推动实体经济质效提升。坚决落实减税降费政策，健全完善“财政 + 银行 + 保险 + 担保”财金联动政策体系，稳步推进政府性融资担保机构市县一体化整合，充分激发市场主体活力。支持建设乡村振兴齐鲁样板示范市，深化农村综合性改革试点工作，强化村级组织运转保障，推动乡村公益岗扩容提质，促进巩固拓展脱贫攻坚成果同乡村振兴有效衔接。坚持在发展中保障和改善民生，集中财力保障困难群众救助、优抚安置等民生政策落实，支持办好教育、医疗、就业、养老托育等 10 方面重点民生实事，强化基础性、普惠性、兜底性民生保障，推进共同富裕。

（三）推进财政支出管理方式变革。围绕提升财政资金配置效率和资金使用效益，改变传统的支出管理模式，倒逼部门单位创新专项资金分配方式，推动竞争性领域资金由“行政性分配”为主向“市场化运作”为主转变。2023 年市级选择城市维护、科技等领域专项资金，推进支出管理方式改革，更好发挥财政资金对经济社会发展的保障支撑和引导带动作用。推进财政支出标准体系建设，

将支出标准作为预算编制的基本依据，建立不同行业、不同地区、分类分档的预算项目支出标准体系和动态调整机制。结合公共服务状况、支出成本差异、财政承受能力等因素，制定公共服务保障标准，推进基本公共服务项目清单化管理。加强政府性引导基金与相关政策配套衔接，强化政府投资基金与政府专项债券政策、与中小企业信贷产品的联动协作，发挥好政策叠加作用，推动“有为政府”和“有效市场”的有机结合，更好发挥市场配置资源的决定性作用。

（四）增强财政资源统筹调控能力。把强化政府资源统筹作为对冲财政收支矛盾的重要抓手，加大各类资金、资源、资产的统筹力度，集中财力保障刚性支出和重点支出。加强政府性基金预算、国有资本经营预算与一般公共预算的统筹衔接，加强地方政府债券、财政拨款资金与非财政拨款资金、不同年度间财政资金的统筹衔接。合理确定国有资本收益上交比例，提高国有资本经营预算、政府性基金预算调入一般公共预算比例。强化部门单位收入统筹管理，部门单位依法依规将取得的各类收入纳入预算，未纳入预算的收入不得安排支出。加强行政事业性国有资产收入管理，资产出租、处置等收入按规定上缴国库或纳入单位预算。盘活各类存量资源，定期核查清理财政存量资金，重点监管财政存量资金规模大、结存时间长的部门，完善结余资金收回使用机制。加强国有资产统筹管理，健全新增资产配置与资产存量挂钩机制，优化通过调剂方式配置资产。

（五）加快构建现代财税体制机制。按照“权责配置更为合理、收入划分更加规范、财力分布相对均衡、基层保障更加有力”的原则，适时开展新一轮市对下财政体制改革，适度提高市级统筹调控能力。强化“三保”支出在财政支出中的优先地位，细化落实“三保”预算编制审核、执行监测、风险预警等机制，切实兜牢基层“三保”底线。加强和规范财政预算管理，切实把厉行节约、坚决落实过紧日子要求落到实处。严格落实常态化财政资金直达机制，确保财政资金规范安全高效使用。深化预算绩效管理改革，扩大成本预算绩效管理试点范围，基本建成市县两级全方位、全过程、全覆盖的预算绩效管理体系。健全完善政府债券全生命周期管理机制，强化专项债券项目穿透式监测，有效防控政府债务风险。持续推进水资源税远程在线监控管理改革，深化城镇土地使用税差别化改革试点，促进资源节约集约利用。坚决贯彻预算法及其实施条例，自觉接受人大审查监督，依法全面履行财政职能，严肃财经纪律，不断提升财政管理法治化水平。

各位代表，做好 2023 年的财政工作任务艰巨、责任重大。我们将以习近平新时代中国特色社会主义思想为指导，在中共烟台市委的坚强领导下，认真落实本次大会决议，坚定信心、开拓创新，务实重行、勇毅奋进，为奋力建设新时代社会主义现代化强市作出新的更大贡献！

编修始末

2015 年，烟台市财政局党委书记、局长黄永政提出编修《烟台财政志（1986—2015）》，将其作为财政文化建设的重要内容，旨在通过记录烟台财政 30 年改革发展历程，传承优良作风，激励财政干部知史鉴今、与时俱进、再创佳绩。同年 5 月，局务会议确定由市政府投资评审中心书记周白玉牵头负责，财政科学研究所主任许伏秋配合，酝酿启动编修工作。

2015 年 11 月，市财政局成立志书编纂委员会和领导小组，加强对修志工作的组织领导和业务指导；充实编修力量，在原有人员基础上，邀请退休干部唐德玉、抽调财会培训中心周慧，组成 4 人编纂组；市财政局党委委员、编纂工作领导小组组长赵晓晖主持召开会议，明确各科室、单位供稿人，对编修工作提出具体要求；举办编纂工作培训班，提升编纂人员的理论水平和业务能力。2016 年年初拟定志书的篇章结构，确定需征集的资料图表，逐一向供稿人布置具体工作任务，修志工作全面展开。

全局供稿人员克服种种困难，用了 3 年时间，搜集汇总了近 200 万字的原始素材。难忘他们辛勤忙碌的身影！敬佩他们孜孜以求的工作态度和一丝不苟的敬业精神！这期间，主要由唐德玉汇总资料，疏理脉络，编纂组边搜集资料边编辑整理原始材料，凭日复一日查阅资料、字斟句酌连缀成篇的执着，于 2019 年 12 月完成志书初稿。

2020 年春节过后，新冠疫情肆虐，不能正常上班。为尽快拿出成果，编纂组通过微信在线核稿，每天的工作时间比上班时间还长，用一个多月时间完成了第一次修改。修改稿发送给部分熟悉业务工作、写作能力强的同事，征求意见、建议，编纂组根据大家意见进行第二轮修改。

第三轮修改完成时，已是 2020 年年末。志书原下限至 2015 年，为了更好彰显新时代烟台财政事业的辉煌成就和奋斗足迹，按照志书内容越全越近越好的原则，经请教有关史志专家，决定将部分篇章续编至 2020 年。编纂组成员各负其责，分头查找整理原始资料，2021 年 10 月完成新志稿。

新志稿形成后，即印发征求局领导、机关各科室、局属各单位及部分离退休老干部的意见。编纂组汇总整理各方面意见、建议，对志书进行修改完善，请专家进行审核指导。2022 年 6 月形成送审稿，编纂组解散。10 月，送审稿经局党组会议研究通过，决定交付出版社公开出版，由周白玉负责总纂定稿及联系出版等相关工作，许伏秋配合。

出版过程艰苦而漫长。出版社对送审稿三审三校提出很多问题，专家再审也给出许多修改意见，印刷厂校对出不少错误，编者也惴惴不安、反复校改。总纂统稿事无巨细，落实细节、补充资料、查找图片、增删文字、核对图表、设计版面、修改字句，几经打磨，数易其稿，终成此书。

《烟台财政志（1986—2015）》从酝酿到成书历时八年，回首历程，不胜感怀！编修志书是一项繁重复杂的系统工程，而且，1986—2015年是中国社会主义市场经济逐步建立完善和公共财政理念与框架体系基本形成的重要历史时期，多项重大财税改革全面发力，多点突破，纵深推进，加大了志书编修工作难度。编修工作启动初始，编者深感责任重大、压力巨大，既怕困难重重半途而废，又怕能力有限，失之偏颇，对不起历史，对不起辛勤付出的财政人。但是，有组织的信任鼓励，有全局同志的关注支持，编者怀揣敬畏，勇敢地履行身为财政人的责任与义务、使命与担当。编修过程中，得到各方面的关心支持，真正是众手成志！黄永政、李建平、孙福勋三任局长多次听取工作汇报，给予关心指导。副局长崔运政从财政专业角度给予全面指导。烟台市委党史研究院（烟台市地方史志研究院）院长李丕志、副院长李迎春多次审核指导。徐海、陈光、李少鹏等同事帮助校对了送审稿。全局同志不遗余力支持，不辞辛苦随时补充各种资料，不厌其烦回首往事、解答问题。离退休老干部主动提供资料，时常关心问询编修进度。有关单位和个人友情提供了大量图片。凡此种种，不胜枚举！这是激励编者满腔热情接续修志、几度春秋不改初心的不懈动力，在此一并表示衷心感谢！向大家致敬！同时衷心感谢方志出版社，感谢山东麦德森文化传媒有限公司！

虽克勤不怠，反复斟酌，十余遍修改，但终因时间跨度较长、部分资料缺失及编纂水平所限，志书难免疏漏与不当，敬请读者批评指正。

编　者

2023年7月